ラルース
世界宗教大図鑑
歴史・文化・教義
LAROUSSE des Religions

アンリ・タンク 編
Henri Tincq

蔵持不三也 訳
Fumiya Kuramochi

原書房

Direction éditoriale
Catherine Laulhère-Vigneau

Direction artistique
Henri-François Serres-Cousiné

Couverture
Cynthia Savage

Réalisation maquette
Marie-Laure Miranda

Iconographie
Frédéric Mazuy

Cartographie
Légendes Cartographie

Lecture-correction
Madeleine Biaujeaud, Jean Delaite, Joëlle Guyon-Vernier, Édith Zha

Fabrication
Anne Raynaud

凡例

1　本書『ラルース世界宗教大図鑑——歴史・文化・教義』は *Larousse des Religions,* dir. d'Henri Tincq, Larousse, Paris, 2009の全訳である。
2　原著に明記されている旧約聖書や新約聖書の引用（内容・出典個所）は、しばしば『新共同訳聖書』（日本聖書協会）と異なっているが、本訳書では原則的に後者にならった。
3　本文中、訳注は［　］で示した（「序文」では章末にまとめた）。また、著作の題名については、邦訳書のあるものにかぎり、それにならった。固有名詞もできるかぎり定訳を参照した。
4　改行は読者の便を考えて適宜行い、明らかな誤記・誤植も訳者の判断で訂正した。
5　日本正教会ではキリストを「ハリストス」、イエスを「イイスス」と表記するが、表記の煩瑣さを避けるため、以下ではそれぞれキリスト、イエスで統一した。なお、その他の正教用語は、基本的に日本正教会の定訳を用いた。
6　関連語彙の欧語表記は、原則的に原著にならったが、ユダヤ教とイスラーム教の一部の用語については、ヘブライ語とアラブ語の欧語表記を採用した。
7　原著刊行後の重要な変化（2013年3月のフランシスコ教皇即位など）については、できるかぎりそれを訳文に反映させた。

ラルース
世界宗教大図鑑
歴史・文化・教義
LAROUSSE des Religions

アンリ・タンク 編　蔵持不三也 訳
Henri Tincq　　*Fumiya Kuramochi*

執筆者

アンリ・タンク（Henri TINCQ） フランスの宗教言論界にその人ありと知られるジャーナリストで、1985年から98年まで、世界的な新聞「ル・モンド」紙の宗教記事を担当した。おもな著書に、『星と十字架』（L'Étoile et la croix, J.-C. Lattès, 1993）、『キリスト教の象徴的人物たち』（Les Génies du christianisme : Histoires de prophètes de pécheurs et de saints, Plon, 1999）、『フランスの神——カトリックの死と再生』（Dieu en France, mort et réssurection du catholicisme, Calmann-Lévy, 2003）、『カトリックとはだれか？』（Les Catholiques qui sont-ils? Grasset, 2008）がある。

ラシ・バンジヌ（Rachid BENZINE） モロッコ出身のイスラーム学・コーラン解釈学者で、エクサン＝プロヴァンス政治学研究院の大学院などで教鞭をとる。著書に、クリスティヌ・ドゥロルムとの共著『われわれは多くのことを自分に語らなければならない』（Nous avons tant de choses à nous dire, avec Christine DELORME, Albin Michel, 1997）、『イスラームの新しい思想家たち』（Les nouveaux penseurs de l'Islam, Albin Michel, 2004）がある。

ドミニク・シヴォ（Dominique CHIVOT） フランスのカトリック系日刊紙「ラ・クロワ」のローマ特派員や、カトリック系テレビ局KTOの編集局長をへて、現在はパリ政治学研究院の准教授。ジャーナリストとしても活躍している。著書に、『ヨハネ・パウロ2世』（Jean-Paul II, Flammarion, coll. «Dominos», 2000）、『聖アエギディウス——アンドレア・リッカルディとの対話』（Sant'Egidio, entretiens avec Andrea Riccardi, Bayard, 2001）がある。

サロモン・マルカ（Salomon MALKA） ジャーナリスト・作家。著書に、『身内に戻されたイエス』（Jésus rendu aux siens, Albin Michel, 1999）、『エマニュエル・レヴィナス——その人生と痕跡』（Emmanuel Levinas, la vie et la trace, J.-C. Lattès, 2003）、『フランツ・ローゼンツヴァイク』（Franz Rosenzweig, Le Cerf, 2005）などがある。

ジャン・メルシエ（Jean MERCIER） パリ・プロテスタント神学自由大学卒で、現在はキリスト教系週刊誌「ラ・ヴィ」の副編集長をつとめている。著書に、『神の王国のための女性たち』（Les femmes pour le royaume de Dieu, Albin Michel, 1994）がある。

エリック・ロムリュエール（Éric ROMMELUÈRE） 副学長をつとめるヨーロッパ仏教大学で禅仏教を教えている。著書に、『空の花』（Les fleurs du vide, Grasset, 1995）や『禅入門』（Guide du zen, LGF. /Hachette, 1997）、『火から生まれるブッダたち』（Les bouddhas naissent dans le feu, Seuil, 2007）などがある。

目次

序文   7

第1部   一神教   12

ユダヤ教   14

キリスト教   56

     東方正教会   84

     カトリック   114

     プロテスタント   166

イスラーム教   204

第2部   東洋的伝統   250

ヒンドゥー教   252

仏教   274

その他の思想と叡智   330

第3部   アニミズム、シンクレティズム、セクト主義   342

第4部   付録   362

詳細目次   364
用語解説   370
世界の宗教   371
参考文献   372
図版出典   373
訳者あとがき   375
索引   377

＊詳細目次は364ページ以降に掲載。

序文

アンリ・タンク

本書『ラルース世界宗教大図鑑——歴史・文化・教義』がよって立つ基盤は、観察と確信、そして教育にある。

まず、**観察**についていえば、宗教的な出来事は徐々に国際的・政治的・社会的な現実から生じるようになっている。今日、こうした出来事は、特定の宗教に属していない者ないし無宗教を自認する者を含むすべての人々に知られている。

さまざまなテレビ番組や雑誌によって宗教にかんする情報、たとえば2001年9月11日のテロ以降の高揚したイスラーム教やローマ教皇の後継者問題、アメリカ合衆国における宗教的権利の拡大、西欧世界への仏教の影響などにかんする情報の量が増幅しているのにくわえて、一般人のうちにも宗教現象に対する関心が高まりをみせている。宗教的知識の伝統的な伝達様式（学校、家庭、教理教育(カテキシス)）がもはや機能していない、あるいはすくなくともかつてほどではなくなっているのとは裏腹に、である。

同様に、生きる意味や倫理的基準、価値観の伝達、共同体の緊張やいらだちを超えて、世界を互いに分担している大宗教間の対話——可能かどうかはともかく——をめぐる形而上学的な秩序をどうするかという、もはや猶予のならない問題もみられる。

アンドレ・マルロー［1901-76。作家でド・ゴール政権の情報相・文化相もつとめた］は、1955年、「世紀末の重要な課題は、おそらく宗教問題となるだろう」と述べ、さらに「人類が経験したことのない最大の恐ろしい脅威に直面して、もはや神々を再統合する以外に道はない」と付言している。21世紀における神の再来を唱えたものともいわれる、『人間の条件』［1933年。ゴンクール賞受賞作］の著者マルローは、数年後にその関心をこう明示している。「私がきたるべき21世紀が宗教的な時代になると断言したという。むろん私はそうしたことを決して明言してはいない。それについては何もわからないからだ。私はより曖昧に言っただけである。ただ、地球的規模で精神的な大事件が起きるという可能性まで否定するわけではない」

じつのところ、人間と神との関係は周期的なものである。古代における絶対神の恐怖が去ると、神をもたない人文主義(ユマニスム)の圧倒的な支配が続いたが、マルローは、彼自身の言葉を借りていえば、人間はいずれ「永遠なるものの国王大権」に回帰すると考えた。たしかに彼は間違っていなかった。20世紀に神の死を予想した者たちは、高らかに神の回帰を唱えていた者たちと同じように誤りを犯したからだ。

1960年代末、神は死んで埋葬された。それを悼む献花も王冠もなかった。ニーチェやマルクス、フロイトをはじめとする「懐疑的な大家たち」以後の新しい哲学者や社会学者、政治学者たちもまた、宗教の死滅と近代社会の「魔法からの解放(デシャンテマン)」を固く信じて疑わなかった。彼らは科学的かつ技術的な理性の進歩が、必然的に宗教からの「出口」へ通じると書き記したものだった。

しかし、当時のことである。はたして彼らを難じることができるだろうか。たしかに、すべてがある一点に収束していた。都市化の波と、村の鐘に象徴される教会の小教区文化の終焉、大教会の衰退と歴史的な告解、離散状態(ディアスポラ)にあったユダヤ教の現代社会への「同化」、イスラーム諸国の世俗的、アラブ的ないしトルコ的国家主義の支配、豊かな国々における物質的消費モデルの浸透、さらに女性の社会的地位の変容、余暇文化の登場、人々の心を加工するメディアの偏在化…。

こうした個人主義や世俗化、宗教的無関心の大規模な拡大をまの

序文

あたりにしていた同じ者たちが、しばらくして「神の復讐」が進行中であることを認めるようになった。神はただ「押さえこまれていた」だけであり、いつでもよみがえる用意があったのだ。1965年、アメリカの社会学者ハーヴェー・コックスは、『世俗都市』［塩月賢太郎訳、新教出版社、1967年］と題された主著をものしているが、それから30年後の1994年、彼は『神の回帰』（フランス語訳版。原題『天からの火──ペンテコステ運動の台頭と21世紀における宗教の再形成』）を著し、南アメリカやアジア、アフリカ、さらに先進諸国の巨大都市において、なぜペンテコステ派が成功したかを分析している。

同様に、イスラーム研究者のジル・ケペルは、その著『神の復讐』［邦題『宗教の復讐』、中島ひかる訳、晶文社、1992年］で、1970年代末期からみられるようになった宗教現象の軌を一にした奇妙な随伴関係を強調している。すなわち、ユダヤ教では、正統派と「黒い党」の台頭が、イスラーム教では、イラン革命（1979年）の成功とイスラーム化した集団の進出、そしてキリスト教では、プロテスタント系福音派の確立と先年物故したヨハネ・パウロ2世（教皇在位1978-2005年）の積極的な福音化が、あいついでみられたのだ。

それからというもの、すべての出来事がフランスや世界の舞台でこうした直観を裏打ちしている。たとえばフランスでは、北アフリカからの帰還以降、セファルディたち[1]のあいだで、ユダヤ教の宗教的実践がめざましいまでに復活し、シナゴーグ（会堂）や律法に従って処理した肉を売る店、あるいはタルムードやトーラーの講義も増加の一途をたどっている。今日、パリ市内とその周辺には100を超えるシナゴーグが集まっているが、1960年代初頭、その数は30たらずだった。また、1976年には、国との契約にもとづいたユダヤの私立学校が44校だったのに対し、今ではその3倍を数えるまでになっている。コシェル（摂食規定）や安息日、ユダヤ研究などへの回帰は、もはや枚挙にいとまもないほどである。さらに、ユダヤ共同体のラジオ放送も、視聴者の増加をみている。

一方、イスラームの発展はよりすみやかで、フランスにおけるムスリム出身者の数は4倍（500万）にふくれあがっている。そしてそれは、1世紀前の1905年に政教分離法によって定められた、共和国の宗教的中立にかんする問題を提起するようになってもいる。

パリをはじめとする大都市郊外の「再イスラーム化」は、1980年代には、さまざまな政治結社にとりこまれた「ブール」と呼ばれるアラブ系2世たちの「行進[2]」や、その他の社会統合運動をともなった。これらの運動は最終的に挫折したが、再イスラーム化自体は、もはやそのイスラーム的出自とは遠い関係しかもっていない世代、大部分がマグレブからの移民を親としてフランスで生まれ、文化的に引き裂かれた世代全体のアンデンティティを求める要請にこたえるものだった。こうして宗教への過剰な思い入れ（スカーフの着用など）は、必然的に若者たちの社会統合の失敗（学校教育、失業、生活の困難な郊外）に対する代償とみなされるようになった。モスクの建設やイマーム（イスラーム教学者）の養成、コーラン学校、公共墓地のムスリム区域といった、イスラーム信仰を営むうえでのあらゆる困難さは、ほとんどがこのようなイスラームの主張をあらためて引き受け導くことができるエリートを見出しえない、共同体の無力さと結びついている。

一方、プロテスタントの福音系ないしペンテコステ系共同体の驚異的な台頭や、カトリック教会におけるカリスマ主義的ないし非カ

序文

リスマ主義的な「新しい共同体」の急増は、是非はともかく、近代の世俗社会の中で虐待されたと思える宗教的アイデンティティの再強化という、共通の要求があることを物語っている。これらの共同体は宗教的な下地のない若者たちを刺激し、感動や直接的な神体験を重視する。それを立証するのが、世界青年大会（1977年8月のパリ、2000年のローマ、2005年のケルンなど）のような集会に、おびただしい数の参加者がつめかけたことや、サンティアゴ・デ・コンポステーラ（スペイン）などの聖地をめざす伝統的な巡礼に、新たに何千人もの信徒たちがくわわっていることである。さらには、精神的な休息や、信徒たちが訪れて瞑想をし、他の信徒たちと宗教的体験を分かちあうスピリチュアルな場や修道院（あるいは僧院）もまた、多くの人々を引きつけている。今日、信徒たちは互いに相手を認めあう場所を探しているが、そこではだれもが大いなる真理や規範性を口にするかわりに、さまざまな経験や探求を共有しようとしているのだ。

以上はフランスの場合である。目を世界に転ずれば、短兵急な混同は避けなければならないとしても、そこでは宗教が数多くの要求、たとえば国家主義的ないし民族主義的な戦争のきっかけともなっている。神の「復讐」はこれまで各種の新聞やスクリーンを侵略してきた。だが、その神とは、2001年9月11日、ニューヨークの世界貿易センターのツインタワー・ビルに航空機で激突したイスラーム教徒たちや、イスラエルを爆撃するテロリストたち、さらにイスラームやヒンドゥー教の原理主義者たち、ときにはキリスト教やユダヤ教徒たち、つまり自分たちの聖典の中途半端な引用や粗野な解釈によって、攻撃的かつ殺戮的なテキストを創り奉じる者たちの神にほかならない。

こうした宗教的な過激主義は、世界を席捲したりはしないが、民主主義国家の指導者たちにたえざる警戒を余儀なくさせている。それは国際政治に影響を与えるばかりか（かつてブッシュ大統領が唱えた「対テロ戦争」）、疫病のように伝染して新たに過激主義を育み、恐怖と暴力の終わりのない螺旋をもたらしてもいる。

これに対し、福音派のプロテスタントは、過去30年、アメリカ合衆国において順調な歩みをきざみ、善の力と「悪の枢軸」とが対立する世界、神によって新たに「選ばれた民」たるアメリカ人たちが、みずから改宗と改革という普遍的な使命を与えられたと信じている世界の聖書的な解釈に根を張っている。このプロテスタンティズムは、活発な勧誘や倫理的・社会的な保守主義、自由放任、さらに神と無縁のすべての近代性に対するたえざる戦いなどを特徴とする。

過激なイスラーム主義ないしヒンドゥー的ナショナリズムもまた、両者についてだけみれば、北アメリカ起源の福音派教会ないしバプテスト教会と結びついたキリスト教グループの、こうした攻撃性に影響を受けていることを見すごすわけにはいかない。宗教的な帰属意識（アイデンティティ）とは、激化と暴力のなかで育つものなのだ。このような帰属意識とかかわる宗教という見方は、「文明の衝突[3]」、すなわちすべてのファンダメンタリズム（原理主義）がその違いを超えて共有する信条となっている。

21世紀の始まりにある今日、真実は神の「死」と「復讐」という両極端のあいだにある。今世紀はかつて考えられていたような宗教の衰退の世紀などではない。反対に、貧しいもしくは弱体化した社会の真っ只中における信仰拡大の時代にほかならない。より豊かで発展した社会と同様に、である。

現代社会の「世俗化」や個人主義と無関心のいちじるしい増大

序文

は、無垢ないし危険な、あるいはセクト主義的ないしファンダメンタリズム的な多様で強い宗教的主張と共存している。かつて近代的な意味での合理性が登場すると、「なぜ生きるのか」という問いは、おそらく「いかに生きるのか」という問いを前にして色あせるだろうと考えられていた。だが、現代社会はめまぐるしいまでに不安定な変化の社会である。情報や知識や技術的装置が増えれば増えるほど、疑問もまた増える。生きることは何の役にたつのか。人生をどうしたいのか。生と死との境界はどこにあるのか。こうした疑問はすべて不透明さや複雑さから生じるのだ。

『ラルース世界宗教大図鑑』と銘打った本書は、以上の観察にもとづいて編集されたものだが、それはまた、執筆者の積極的な賛同にくわえて、強い**確信**にも依拠している。「宗教的事象」とは心性や営為、政治体制にその影響をおよぼして終わるものではない。それは現代文化や現代人の基本的な構成要素であったし、今もそうである。これまで宗教的感情は聖典の編纂に象徴され、これが神学や哲学、芸術における着想の源となってきた。科学的・文学的・政治的・経済的思想の歴史において、いわば主役を演じてきたのである。

人類の4分の3がなおもよりどころとする宗教は、個人の運命を集団的な冒険として方向づける。21世紀を生きる多くの人々にとって、信仰は依然としてみずからのアイデンティティとかかわる重要な要素としてある。それは彼らの人生に意味を与え、自己をつくり上げる手助けをするだけでなく、行動を導くための規範となり、社会的ないし政治的な活動をするうえでの動機すら提供するのだ。だとすれば、宗教的事象に対するこうした新しい関心にこたえなければならない。本書執筆者たちの確信はまさにここにある。知識が寛容の源泉であり、無知があらゆる非妥協的保守主義(アンテグリスム)の母だからである。

本書はまた、ある**教育的な計画**を体現してもいる。世俗的伝統教育連盟やさまざま宗教当局者、知識人、教育省の責任者といった、社会的・教育的活動家の多くは、フランスにおいて宗教的事象にかんする文化的教育が行われるべきだということを、何年も前から主張しているが、本書の計画とはこのパースペクティヴに沿うものであり、ラルース本社もそうしたパースペクティヴの実現をみずからの使命と心得ている。現代の大規模な宗教システムにかんする最上の研究者数人の協力で生まれた本書は、過大な知識より、むしろ正確さと徹底さにおおいにこだわって、年齢をとわず、またリセや大学の学生と教員とをとわず、読者に、現代の生活においても重要視される複雑な宗教や信仰のなかで、自分の立つ位置を見定めるのに不可欠な道具を提供するものである。

本書の基盤となる6つの基準

1　歴史──原典、創唱者、宗教システムの拡大にかんする歴史。
2　教義と教理──巨大宗教ないし宗派を特徴づけるさまざまな教義と信仰個(箇)条。
3　祭儀と実践──それぞれの宗教は信徒各自に対し、誕生から死にいたるまで、日常生活のあらゆる面にかかわるさまざまな祭儀にくわわり、実践することを多少とも強制的に義務づける。これらの祭儀や実践は信徒の人生の時間や社会参加に節目を与える。
4　制度──それぞれの宗教は特定の権力システムに従い、組織や規律の面で固有の原理原則を有する。しかし、こうした考え方は宗教によってかなり流動的である。制度化はカトリックではきわ

序文

めて強力かつ中央集権的であるが、イスラーム教ではさほど発達していない。

5　地理的定着——世界の信仰「地図」は、何年も前からきわだった進展をみせている。南北アメリカにおける福音主義派やペンテコステ派と、アジアやアフリカにおけるイスラームの圧力、第三世界での拡張に相殺されるヨーロッパにおけるカトリックの後退などである。

6　人間と世界にかんする見方——それぞれの宗教は生存や生活原則、さらに人類の偉大な遺産の一部をなす教育について、独自の考えを有している。

以上のことから明らかなように、本書は宗教的事象を、政治的・社会的・文化的生活とまったく同等の分野として扱い、一般人の宗教文化にかんする問いに答え、21世紀を理解するための参考文献や研究手段、そして判断基準をも提供しようとするものである。こうした努力は、宗教的多文化主義を排除するのではなく、むしろ認めようとする非宗教的なパースペクティヴのうちに組みこまれるだろう。

訳注
(1) セファルディとは、もともとスペイン・ポルトガルにいたユダヤ人たち、転じて地中海岸諸国のユダヤ人をさす。キリスト教徒たちがイベリア半島からのムスリム（イスラーム教徒）の追放をはかったいわゆるレコンキスタ運動は、1492年、最後の拠点だったグラナダ陥落によって完了するが、この年、キリスト教への改宗をこばんだユダヤ人約16万人はスペインを去り、そのうち9万人がオスマン帝国に逃げ、2万5000人はオランダに、フランスとイタリアにもそれぞれ1万人が移り住み、アメリカにも5000人が渡ったとされる。さらに、一部はマグレブ諸国（チュニジアのカイルワンにあるユダヤ人共同体は8世紀にさかのぼる）に向かった。革命期にユダヤ人にも市民権を認めたため、今日、フランスにはパリ一帯を中心に60万のユダヤ人が住むというが、その一部は、アルジェリア戦争後にフランスに渡った人々である。

(2) これを「マルシュ・ド・ブール」という。民族差別反対と平等推進をスローガンとして、フランス全土で展開されたアラブ系住民たちの抗議活動。1983年10月15日にフランス南部マルセイユを出発した行列は、最終的に参加者6万あまりの規模となって、12月3日、パリに到着する。時の大統領ミッテランは彼らの代表者と会い、全員に滞在許可証の発行と10年間の労働許可証の発行を約束した。

(3) ハーヴァード大学政治学教授のサミュエル・ハンチントンが、1996年に著した『文明の衝突と世界秩序の再構築』[邦題『文明の衝突』、鈴木主税訳、集英社、1998年]のなかで提唱したパラダイムで、冷戦後の世界構造がイデオロギーではなく、これまで世界の秩序をつくり上げてきた西欧文明と、拡大するイスラーム文明や中国文明などの非西欧文明との衝突によってもたらされるとする。9・11同時多発テロやアメリカのイラク出兵の際に、にわかに脚光を浴びたが、この文化本質主義的パラダイム自体とそれを唱導する一部の政治家や知識人たちに対しては、たとえばマルク・クレポンが『文明の衝突という欺瞞』[白石嘉治訳、新評論、2004年]で厳しい批判を展開している（同書併載の桑田禮彰・出口雅敏の論稿も参照されたい）。

第1部
一神教

ユダヤ教
サロモン・マルカ

次ページ：「嘆きの壁」、エルサレム神殿西壁の遺構。ユダヤ人たちはそこで祈りを捧げ、神殿の破壊とイスラエルの民の離散を嘆き悲しむ。

第1部 一神教

歴史
確固たる記憶

　ユダヤ教は世界的な一神教のうちで最古のものである。それは世界の創造者で永遠かつ超越的な存在でもある唯一神への信仰を旨とする。この神はある至上命令によって族長アブラハムに顕現している。カルデアにある父祖の町を去り、未知の土地カナンへ向かえという命令で、それには彼の子孫たちが偉大な民となり、地上のあらゆる民に祝福をもたらすという約束がともなっていた。

　ユダヤ教の歴史と向きあうためにはどこから始めるべきだろうか。ポール・ジョンソンの『ユダヤ人の歴史』（ラテス社、1989年）のひそみにならえば、ヘブロンにある族長たちの墓をその場所に選ぶことができるだろう。『創世記』によれば、そこは妻のサラを埋葬するため、アブラハムが何がしかの金を払ってヒッタイト（ヘト）人たちから手に入れた、わずかばかりの土地だという。3代の族長――アブラハム、イサク、ヤコブ――とその妻たち――サラ、レベカ、レア――が埋葬されたのがここだった（もうひとり、レアの妹であるラケルの墓はベツレヘムへと向かう道にあった）。ユダヤの歴史と人類の歴史をひとつにまとめようとするタルムード［ユダヤ教の律法や宗教的伝承などを集めた書］の伝承によれば、アダムとエバ［「命」の意］もまた、ここに眠っているという。

　アブラハムはカナンのウルに生まれ、ヘブロンにあるマクペラの洞穴に葬られている。前2千年紀頃とされる彼の生涯の中心は、メソポタミアからカナンの地へ、異教からユダヤ教へと彼を導いた、地理的かつ宗教的な旅にある。そんなアブラハムの約束は、やがて契約のうちに書きこまれることになる。ヘブライ語で「ブリト」と呼ばれるこの契約は、神とアブラハムのあいだで結ばれ、ふたりの息子イサクとヤコブによって確認されたもので、のちにシナイ山の麓でイスラエルのすべての民によって更新される。その際、モーセに率いられた彼らは神からの十戒を受け入れることになる。こうした契約の主題は、神とイスラエルの民とのあいだに結ばれ、ブリト・ミラ、すなわちそれをほどこされた者だけが「アブラハムの息子」と認められる割礼に象徴されるが、それはユダヤの伝統や聖書のみならず、とくにしばしば「契約の更新」を訴える預言者たちのなかにみられるようになる。

　ユダヤ人たちと彼らの歴史のもっとも密接なつながりは、旧約聖書、とくに彼らの起源や出エジプト以後の彷徨、さらに隷属から解放されて、前述したシナイ山での神との契約や十戒の提示をへて約束された地に入るまでの話を語るモーセ五書にみてとれる。これらの話は世代を越えて受け継がれ、その記憶を守り、たえず教えこまれていったのだ。

旧約聖書との密接なつながり

　「あなたはこの日、自分の子どもに告げなければならない」（『出エジプト記』13・8）。旧約聖書はエジプト脱出を喚起しながらこう記している。「モーセの律法」とも呼ばれるユダヤ教の実質的な創唱者であるモーセの生涯は、パピルスの籠に入れられてナイル川を漂った嬰児の姿から始まり、詩的な創作の果実とするにはあまりにも人間的すぎる個人と民族のドラマや神秘を語る。エジプトの王家で育てられた若いモーセは、ある日、町に出て、同胞たちがエジプトの奴隷となっているのを知る。やがて彼は、これら同胞たちの指導者となり、立法者や牧者ともなるが、何にもまして、彼は神の声を聞き、神から律法の石版を受けとることができる神の人だった。さらに同胞たちのかつての奴隷精神を鍛えなおし、自由人にした政治的な指導者でもあった。

　吃音だったため、話すことにさほど慣れていない孤独な性格の持ち主だったモーセの運命は、つねに悲劇と隣りあわせだった。約束された地を遠くから望み、民をその境まで導きながら、立ち入ることができないという運命。シナイ半島の砂漠をイスラエルの民の先頭に立って40年間さまよった後、彼はモアブの平野にあるネボ山で没するが、だれひとり彼が葬られた場所を知るものはいなかった（『申命記』34・6）。しかし、彼はかねてよりヌンの息子ヨシュアを後継者に選んでいた。やがてそのヨシュアがカナンの地を征服し、イスラエルの部族に土地を分け与えるようになる。歴史家たちによれば、この征服はヨシュアの時代には成就しえなかったというが、すくなくとも事業は続けられた。

　では、前1200年頃の当時、カナンの地はどのような状況にあったのだろうか。西は地中海に面し、北にはフェニキア人、南にはペリシテ人、そして中心部にはアラム人やアンモン人、モアブ人などさまざまな民族や部族が住んでいた。ヤコブ（イスラエルとも呼ばれる）の10人の息子と2人の孫（マナセとエフライム）の血筋を引いて、12部族に枝分かれしたイスラエルの子孫たちは、ヨルダン川の両岸に定住した。おそらく始祖のモーセとヨシュアのあとを継いだ士師［軍事的指導者］の時代は、200年続いた。

　これら士師のうち、マナセ部族出身のゲデオンは、300たらずの兵の先頭に立って、ミディアン人を一掃した。超人と呼ばれるにふさわしい身体的能力をそなえたギレアド人エフタやサムソン、ラピドトの妻デボラもまた士師だった。カリスマ的な女性のデボラは、旧約聖書が語っているところによれば、アビノアムの息子バラクを

ユダヤ教

◆「エルサレム入城」、マルク・シャガール（1887-1985）。このタペストリーはイスラエル議事堂のクネセット・ホール入り口にある。

呼び、神の名において、彼に北方部族の兵1万を動員し、カナンの王でヤビンの将軍シセラと戦うよう命じたという。ガリラヤでのこの戦は圧倒的な勝利をもたらす。『士師記』はまた、イスラエルの子たちが、ヨシュアの死からサウルが塗油によってイスラエル国王に即位するまでの200年間、彷徨したことを語っている。

諸部族の民から統一王国へ

それから2世紀後、士師たちに導かれていた諸部族の民は統一王国へと移る。ヘブライ人たちは国王を求める。小アジア出身のギリシア系ペリシテ人たちは、王国の沿岸部に定住し、しだいにヘブライ人の脅威となっていったが、その圧力が最終的に預言者サムエルのためらいを打ち砕く。そこでサウルが［サムエルから］油を注がれて王となり、イスラエル王国の礎を築く。そして前10世紀初頭、彼の玉座はダビデとソロモンに受け継がれるようになる。

さまざまな年代記にはダビデにかんする記録が遺されている。それによると、彼は恐れを知らない若い戦士で、ペリシテの巨人ゴリアト（ゴリアテ）を投石紐で打ち倒したという。彼はまたサウルの息子ヨナタンの友で分身でもあった。だが、逃亡者であり、反逆者でもあった彼はイスラエルの初代王の怒りを避けるため、エン・ゲディの要害にのがれた。やがてサウルが没して王に選ばれたダビデは、エブス人のエルサレムを征服し、これをイスラエルの首都にする（この首都は今も「ダビデの町」と呼ばれている）。彼はまた詩人や楽師といった顔にくわえ、『詩編』の一部をものした著者であり、神の恩寵を授かった霊感豊かな王としての顔ももっていた。伝承は、そんな彼をメシア、すなわち、いつかその民を救い、世界に平和と正義をもたらすために送りこまれるメシア王のイメージと結

第1部　一神教

◆ビザンティン版詩編入り典礼書細密画（部分）、フランス国立図書館蔵、パリ。イスラエルの娘のひとりがペリシテ人（インド・ヨーロッパ系民族）に対する勝利のあと、サウル王（900-950）の前でダビデに敬意を表している。

びつけている。メシアニズムという思想は、こうしてダビデの名に結びついたまま残ることになる。事実、やがて登場する救世主は、ダビデ直系の血を引くとされた。

ダビデは詩人、楽師、戦士、君主といった顔をあわせもつ唯一の存在であり、彼の『詩編』は、今日までなおもシナゴーグ（会堂）やキリスト教会における典礼の基礎となっている。ダビデのあとを継いで統治した息子のソロモンは、ユダヤ王制のこの栄光ある期間を存続させた。イスラエルの第3代王（在位前970-前930）である彼は、ユダヤ国家を強い経済力を有する国家にし、さらに国の統一を確立するのに力をつくして、隣国との活発な交易も維持したのだ。エルサレムに神殿を建立するという父の夢を実現したのも、ほかならぬ彼だった。建設工事に7年かかったこの神殿は、彼の名を冠してソロモン神殿と呼ばれ、ユダヤ人の宗教生活の中心となる。

やがて「奉献の家」（ベイト・ハミクダシュ）と同時に「祈りの家」でもあるシナゴーグが神殿の代わりとなるが、契約の箱は神殿内の至聖所に安置された。それゆえ人々は1年に3度、「巡礼祭」——ペサハ（過越祭・除酵祭）、シャヴオット（七週祭・五旬節）、スコット（仮庵祭）——のときに神殿を訪れなければならなかった。

ソロモンの時代は平和と繁栄のときで、その在世中、王国［ユダとイスラエルの人々］は、「ダンからベエル・シェバにいたるまで、どこでもそれぞれ自分のぶどうの木の下、いちじくの木の下で安らかに暮らした」（『列王記上』5・5）［のちに、この「ダンからベエル・シェバまで」は「果てから果てまで」を意味する定型句となる］。伝承では、このイスラエル第3代王は『箴言』や『雅歌』、『コヘレトの言葉』の著者となっている。

ソロモン没後、王国は内部の緊張や分裂のときを迎え、最終的にベニヤミン族とユダ族からなり、レハブアムを王とする南部のユダ王国と、他の10部族からなり、ヤロブアムを王にいただく北部のイスラエル王国とに分かれる。この分裂時期、ふたたび預言者たちが王に代わってユダヤ教の精神を守り、統一と理性と正義の声を発するようになる。

神殿崩壊後　前587年、エルサレムは新バビロニア王ネブカドネツァル2世［在位前605-前562］の軍に攻撃され、ソロモンが築いた神殿も火を放たれ、西側の外壁を除いて崩壊する。翌年、ユダ王国は滅び、何千もの人々がバビロンに強制移住させられた。バビロン捕囚である。のちにユダヤ人たちは、この日、ユダヤ暦［前3761年を創世元年とする太陽太陰暦］のアヴ［第4月］9日を、エルサレムの第一・第二神殿の破壊を想い起こす、服喪と悲しみの日「ティシャ・ベアヴ」として記念し、断食を行い、シナゴーグで嘆きの『エレミア記』の巻物を読むようになる。

バビロン捕囚はユダヤ教内部での深刻な激動の始まりとなった。ヘブライ人がユダヤ人へと変わる移行期となったのだ。それまではイスラエルの民（アム・イスラエル）ないしイスラエルの子どもたち（ブネ・イスラエル）と呼ばれていたが、イスラエルの地がユダヤ地方に縮小した結果、慣行としてヘブライ人とはユダヤ地方の住民たち——アラム語でイェフダイエ、のちにギリシア語でユダイス——の謂いとなった。一方、国家の仕組みや聖地での生活、神殿での祭祀などと結びついていたユダヤ教は、新たな重心へと向かっていく。モーセ五書や祈り、霊性、シナゴーグ、そして学校へ、である。バビロニアのユダヤ教はその存続を確かなものとするため、草創期の文書を中心として再編されていく。ユダヤ教が異教徒との結婚を禁じるようになるのも、ユダヤ人の純血を守るためだった。

これと同じ時期、同じ運動のなかで、「ディアスポラ」［民族離散・離散生活・離散社会］という考え方が、ユダヤのメッセージを世界中に発信して、それを受け容れてくれる社会に適応させようとする意図と、そのメッセージが無力化するのを防ぐため、庇護の「垣根」を築く必要性とともに生まれる。だが、そうした希望が再生するには、キュロス2世［在位前559-前530］がペルシア帝国全土を支配するようになるまで、数世紀待たなければならなかった。キュロスは古代都市の再建や古代信仰の奨励、帝国内の多様化を政策とした。そして前538年、ユダヤ人の「ホームランド」（ナショナル・ホーム）建設にかんする後代のバルフォワ宣言［イギリス外相のバルフォワが在英ユダヤ人協会会長のロスチャイルド卿に宛てた書簡形式の宣言。ユダヤ人に好意的なこの宣言は、1915-16年に在エジプトのイギリス高等弁務官マクマホンが、メッカのフサイン（フセイン）にアラブ独立を約束したフサイン・マクマホン書簡と矛盾し、パレスティナ問題の原因のひとつとなる］にも比べられうる宣言によって、キュロスはユダヤ人たちにエルサレムへの帰還と神殿の再建を認めた。

この僥倖とも呼ぶべきキュロスの勧めに従って——「キュロスに向かって、わたしの牧者／わたしの望みを成就させる者、と言う。／エルサレムには、再建される、と言い／神殿には基が置かれる、と言う」（『イザヤ書』44・28）——、以前からの難民は帰国の途につき、バビロンの捕囚たちも一部が聖地に戻る。だが、彼らの大部分は帰国せずにディアスポラの生活を選んだ。数万のユダヤ人がバビロンを去り、徒歩でエルサレムに戻るようになるのは、のちに

ユダヤ教

「書記官」と呼ばれるようになる新たな祭司エズラが指導者となってからだった。やがて第一神殿が崩壊して70年後の前515年、預言者ハガイとゼカリアの霊的権威のもとで、第二神殿が建てられる。おそらくそれは第一神殿を忠実に復元してはいるものの、壮麗さにおいては見おとりした。だが、ソロモン時代の栄光に包まれた王国より、ペルシア帝国の属領となったユダヤ地方に見あったものだった。

書記官エズラの活躍は、しかし神殿再建にとどまらなかった。時代に適したユダヤ教を立ち上げることに尽力した彼は、信仰を確立してさまざまな慣行や伝統を統一し、典礼に新しい形を与えようとした。すなわち、月曜日と木曜日の朝に、シナゴーグでモーセ五書の一節を会衆が朗誦することも始めたのである。こうしたエズラの活躍によって、伝統的な祭司とシナゴーグを基盤とするユダヤ教は独自の特徴をそなえることになった。

アレクサンドロスの征服［前331年］によって、ペルシア帝国の属領だったユダヤ地方はマケドニア帝国の一部となり、ユダヤ人とギリシア人が混住するようになる。こうして2つの文明が出会い、互いに混ざりあうが、それと同時に対立が生じ、やがてハスモン一族（前2-1世紀にマカベア家が興した祭司王朝）によるギリシアの影響に対する抵抗運動が始まる。この運動の先頭にたったのが、ヘンデルがオラトリオを捧げたユダス・マカベウス［前200頃-前160頃］だった。彼は顕現神アンティオコス4世エピファネス［前212?-前164］率いるギリシア化されたシリア軍と戦い、エルサレム神殿を奪取・解放してこれを浄め、ふたたび信仰を捧げる場とする。無勢が多勢を破ったこの勝利を記念して祭りが生まれ、そこでは1週間、ハヌキヤと呼ばれる八枝の燭台に火がともされるようになる。

このハスモン王朝は、前63年にポンペイウス［前106頃-前48］がエルサレムに入城し、ローマ帝国の支配が始まるまでの2世紀近く、ユダヤの歴史にその名を刻んだ。前63年から前37年まで、ユダヤ地方はローマの属領となり、ふたたび反乱が頻発する。だが、当局から厳しく弾圧され、数万の死者を出し、誇り高いハズマニアン王家もヘロデ大王［前73-前4、ユダヤ王在位前37-前4］によって追放され、やがて後者を中心として一種の王国が建設される。これにより、ユダヤ地方は自治を享受するが、それはローマの支配下における自治だった。

当時、この地は文化的かつ宗教的な沸騰をみせ、数多くの多様な潮流が共存していた。歴史家のフラウィウス・ヨセフス［後1世紀］は、『ユダヤ戦記』でその主たる運動をとりあげ、これを「セクト」と呼んでいるが、それが意味するものは、現在の意味とは異なっている。

ユダヤ人の反乱に対するローマの勝利

後70年、奇しくも750年前にネブカドネツァルの軍隊が第一神殿を破壊したのと同じユダヤ暦アブ［第4月］9日、のちにローマ皇帝となるティトゥス［在位79-81］の部隊がエルサレムに侵入し、ヘロデが築いた第二神殿に火を放つ。ヨセフスによれば、これによって11万ものユダヤ人が殺され、これとほぼ同数が帝国外へ離散を余儀なくされたという。ユダヤ人の反乱に対するローマ軍の勝利は、ティトゥスにとってまさに自慢の種となったはずで、帝国がJudea Capta（囚われのユダヤ）という銘文入りのメダルを鋳造し、ローマの中心部に凱旋門——メノラー（枝つき大燭台）を掲げて行進するユダヤ人や、神殿からそれを運び出すユダヤ人たちの姿を今も目にすることができる——を建立しても、文句のつけようがなかった。この破壊の日は、ユダヤ史における苦難の転換期として、崩壊や大混乱の日としてきざまれることになる。これ以後、ユダヤ人の生活はディアスポラへと向かう。世界に散らばり、その離散の地で自分たちを結びつける絆をいかにして保つかを学ばなければなら

✦「神殿再建」、ギュスタヴ・ドレ（1832-83）、個人蔵。

サドカイ派・ファリサイ派・エッセネ派・ゼロテ党員

サドカイ派

　ヘブライ語で「ツェドキム」——呼称は、ダビデとソロモンの時代に生きていた大祭司ツァドク[『サムエル記下』8・17]の名に由来する——と呼ばれたサドカイ派は、前2世紀からエルサレム神殿や聖職階級を中心として組織された集団。宗教的には厳格主義を標榜し、戒律の遵守を旨とするが、「書かれたモーセ五書」に属している戒律のみを強制力をもつものとして受け入れ、「口伝のモーセ五書」に属する戒律はすべて排除した。

ファリサイ（パリサイ）派

　ヘブライ語で「ペルーシム」——字義は「分離された（者）」ないし「区別された（者）」——と呼ばれたファリサイ派は、一般民衆を出自とし、宗教的価値を重視していたが、サドカイ派ほど厳格ではなく、時代で変わる教義により順応する傾向があった。書かれた伝承と口伝の伝承をいずれも強制力があるものとみなし、旧約聖書の新たな釈義や解釈にも開かれた態度を示した。さらに、シナゴーグや学修所で生まれた新しい伝承や祭式もすすんで受け入れた。この一派に与えられた呼称の解釈は諸説ある。ファリサイ派がその純潔さや口頭伝統へのかかわり、信仰心、道徳的資質などによって、互いに相手を区別しようとしていたところに呼称の由来を求める説や、対抗勢力であるサドカイ派の支持者たちが、ファリサイ派をそう呼んでいた

◆パレスティナ・死海沿岸のクムラン洞窟群遺跡。1947年、その11個所の洞窟内から、壺に入ったヘブライ語ないしアラム語による600巻の手写本、通称「死海文書」が発見された。これらは紀元60年、ローマ人によるエルサレム神殿破壊の前に隠された。

とする説などである。

エッセネ派

　ヘブライ語で「イシイム」と呼ばれ、「献身的な（者）」を意味するハシディム［前2世紀頃に登場したユダヤ教の一派で、ヘレニズム化に抵抗した］と同一視されることもある。彼らは、フラウィウス・ヨセフスやアレクサンドリアのフィロン［前13から20-後50頃。ユダヤ思想とギリシア哲学の融合をはかった］、大プリニウス［23-79。37巻からなる『博物誌』を著した政治家・学者］などの著作から、この潮派が存在していたことがわかっている。だが、前1世紀に都市から離れた地で苦行を旨とする共同体を営んでいた、彼らエッセネ派に新しい光が向けられるようになったのは、死海のほとりに位置するクムラン遺跡の洞窟群から、ヘブライ語やアラム語で書き記された羊皮紙とパピルスの巻物、いわゆる死海文書が1947年に発見されてからである。この宗団は第二神殿が破壊された直後に完全に消滅している。

ゼロテ（熱心）党員

　ヘブライ語でカナイム（字義は「渇望者、熱狂的支持者」）と呼ばれた彼らもまた、後70年のローマ軍による第二神殿掠奪後に姿を消している。ローマの支配を屈辱として敵対し、その徴税をこばみ、反乱を企図した。

なくなる。むろんそうしたディアスポラ状態は、この時期に現われたものではない。彼らはすでにギリシア・ローマ世界やエジプト、メソポタミア、そしてローマに数多く住んでいたからである。だが、これ以後、ゴラ（「ディアスポラ」をさすヘブライ語）がユダヤ史の中心をなすようになる。エルサレムはなおもノスタルジーや夢や渇望の源としてありつづけたが、もはやユダヤ人の生活の中心たりえなかった。

イスラエルの地の継続的支配

エルサレム攻囲戦のあいだ、ファリサイ派のラビで、ヒレル［生没年不詳。バビロン生まれのユダヤ人指導者。サンヘドリンのメンバーで、エルサレムのユダヤ教徒を指導した賢者。「ベイト・ヒレル（ヒレルの家）」と呼ばれたミシュナ学校の創設者］の弟子だったヨナハン・ベン・ザッカイ［前47頃-後73（！）］は、自分が死んだと見せかけて、弟子たちに棺を運ばせて聖都を脱出し、のちにローマ皇帝［在位69-79］となる将軍ウェスパシアヌスから、エルサレムと海岸のあいだに位置する小都市ヤヴネに学校を設ける認可を受ける。66年に大反乱が起きると、彼はゼロテ党員たちに反対し、ローマ側との協調を説いた。だが、彼に従う者はいなかった。エルサレムの破壊後、新たな精神的支柱を打ちたてようとしたが、彼にとってそれは神殿にとって代わる学問だった。

前586年の第一神殿の崩壊から70年の第二神殿の崩壊まで、イスラエルの地に住んでいたユダヤ人たちは4度、すなわちバビロニア、ペルシア、ギリシア、そしてローマの支配をあいついで受ける。イスラエルの外交官出身で、「マラシャ（遺産）」なるタイトルでテレビドラマ化された物語の著者アバ・エバンが指摘しているように、バビロニアとペルシアの支配はユダヤ教に深い刻印を遺さず、影響もおよぼさなかったが、ギリシアとローマの支配は決定的なものだった。エバンは書いている。「ナザレのイエスと同時代を生きたアレクサンドリアのフィロンは、あきらかに（旧約）聖書の預言とギリシア哲学の融合をはかった。（…）ティトゥスがメダルを鋳造していた時代、亡命ユダヤ人たちを台頭させ、キリスト教を飛躍的に発展させた影響を、はたしてだれが予見しえただろうか」

ユダヤ人とキリスト教徒たちは、それぞれローマ帝国による迫害をこうむっている。しかし、4世紀、歴史の流れを根底から変えるある出来事が起きる。ローマ皇帝コンスタンティヌス［在位306-337］の改宗とローマ帝国の東西分裂［395年］である。この皇帝の

◆ 70年のローマ人による「エルサレム神殿の破壊」、フランチェスコ・アイエツ（1791-1881）、油彩画（部分）、アカデミア美術館蔵、ヴェネツィア。

改宗により、キリスト教は国教となった。一方、神殿が破壊されたユダヤ人たちは、もはや土地にしがみつくことなく、世界各地に散らばっていた。ただ聖書とタルムードのみをよりどころとして、である。律法やおびただしい数の宗教的伝承・解釈をあつめたこのタルムードは、バビロニアの大河に沿ったスーラやプンペディタの学院（イェシヴァー）ですでに編まれていた。

マサダ　エルサレムの崩壊後、ゼロテ党の抵抗拠点はユダヤのほぼ全土に分散して生きのびた。そのなかで歴史に名を残すのが、死海の西岸、海抜下400メートルに位置するマサダ要塞［マサダとはヘブライ語で「要塞」の意］である。ゼロテ党員はここに立てこもり、要塞を包囲したフラウィウス・シルヴァ将軍率いるローマの第10軍団に抵抗した。包囲戦は長く、激しいものだった。だが、73年、ローマ軍の総攻撃を受けて防衛戦を打ち破られ、全滅した。あとに残ったのは、1000人近くとされる男女や子どもの亡骸だけだった。ただ、かろうじて女2人と子ども5人が生きのびたという。

エレアザル・ベン・ヤイルを指導者とするマサダ防衛隊は、占領者に降るより、むしろ集団自決を選んだ。イスラエル国防軍の副参謀長で、のちにエルサレムのヘブライ大学考古学教授となったイガル・ヤディン［1919-84］が指導した発掘は、マサダにまつわる暗い歴史の一頁に光をあてるさまざまな発見をもたらしたが、やがてそれらはユダヤ人のシンボルとなり、1948年のイスラエル建国時に多くの論争や反論をひき起こすことになる。このマサダの攻防戦を精神的な勝利とみるべきか、それとも無益な供犠とみるべきか。輝かしい失地回復運動だったのか、あるいは異常なまでの執念だったのか。希望のない勇気だったのか、栄光ある敗北だったのか…。ちなみに、のちに辞書に登場するようになる「マサダ・コンプレックス」という表現は、絶望的な状況下で生まれる矛盾した感情や行動を意味する。

◆「モーセ像」(1515年)、ミケランジェロ (1475-1564)。教皇ユリウス2世の墓所サン・ピエトリ・イン・ヴィンゴリ教会、ローマ。

ユダヤの伝承における最初の預言者はモーセである。「イスラエルには、ふたたびモーセのような預言者は現われなかった」(『申命記』34・10)。彼は歴史的に最初というだけでなく、優越さという点でも最大だった。神が直接語りかけたところからしても、モーセは「預言者たちの父」とみなされている。

しかしながら、ユダヤの歴史に何世紀にもわたって登場する預言者は、初代イスラエル王のサウル時代に本格的に現われ、エルサレムの第二神殿破壊［紀元70年］まで続いた。初期の預言者たちにかんする話は『列王記』にみられるが、たとえばサムエルは、アマレク人との戦いで、十戒にそむいて戦利品を盗んだとしてサウルを糾弾し、ナタン［宮廷預言者］はバテシバ［将軍ウリヤの妻］と不行跡を働いたダビデを叱責している。

旧約聖書に登場する15人の預言者は、以下のとおりである。イザヤ、エレミヤ、エゼキエル、そしてホセア、ヨエル、アモス、オバデア、ヨナ、ミカ、ナホム、ハバクク、ゼファニヤ、ハガイ、ゼカリヤ、マラキの12「小預言者」。

これら預言者たちの伝記や預言の内容は多岐にわたる。たとえば、アモスはアッシリアによる征服［前721年］直前に、北のイスラエル王国に住んでいた牧者である。同じ時代に生きたイザヤは、王家につながるエルサレムの名門一族の息子であり、エゼキエルはエルサレム第一神殿の破壊［前587年］と最初の民族離散のあと、バビロニアで捕囚生活を送っている。さらにヨナはニネヴェを破滅から救い出すという使命をおびていた…。

伝承はモーセとアロンの姉であるミリアムも預言者としているが、それ以外に女性の預言者はいなかった。こうした預言者たちに共通しているのは、彼らが神の言葉を伝える者だということである。ユダヤ教の神は話す神、その言葉を伝えることができる神でもある。それゆえ、ヘブライ語で預言者は「代弁者」を原義とするナヴィと呼ばれる。一方、ホゼ、すなわちさしせまった破滅を救いの可能性として「みる者」とも呼ばれる預言者たちは、警告する者、逸脱を激しく糾弾し、躓きを告発する者、見せかけの平穏さの真っ只中にすら危機をみてとる者、さらに苦しみを慰め、悔い改めを呼びかける者でもある。彼らは支配者に反対して立ち上がることをおそれない。いわばそれこそが彼らの最大の役目でもあるのだ。王侯や長の前での不遜な態度。これが預言者たちの特徴にほかならず、権力者たちの驕

りや慢心を徹底的に攻撃し、特権を暴いて、社会的な不正や悲惨さ、搾取、儀礼主義、そして信仰心と犠牲を混同しようとする偽善を非難したりもする。

アモスは言っている。「お前たちの騒がしい歌をわたしから遠ざけよ。／竪琴の音もわたしは聞かない。／正義を洪水のように／恵みの業を大河のように／尽きることなく流れさせよ」(『アモス書』6・23-24)。イザヤも叫ぶ。「お前たちの捧げる多くのいけにえが／わたしにとって何になろうか、と主は言われる。／(…)善を行うことを学び／裁きをどこまでも実行して／搾取するものを懲らし、孤児の権利を守り／やもめの訴えを弁護せよ」(『イザヤ書』1・11-17)。

互いに結びつき、一方の言葉が他方の言葉を見守っていた、こうした王や預言者たちの時代は、ユダヤの歴史にきわめて深い刻印を遺している。その言葉の激しさや辛辣さにもかかわらず、預言者たちは畏れられ、尊敬されていた。導き手であり、道しるべであり、予見者でもあった彼らは、ユダヤ教に倫理的・普遍的な契約概念をもたらしている。しばしば民族集団に訴えかけ、有名な[神による]「イスラエルの選択」が特権ではなく、むしろ責務であるという考えを主張し、ユダヤ教にメシア的な力を与えもした。

おそらくそれは預言者文書が伝えるもっとも新しい、そしてもっとも強力な思想であり、そこでは、こうしたメシア的なイメージが平和のイメージ、つまり苦しみや軋轢、さらに戦争が神の恩寵によってたった1日で終わり、人々の協和が訪れるという期待ともなっている。それは過去の郷愁やまいもどるかもしれない黄金時代、ふたたび見出されるかもしれない失われたエデンの園といった古代への回帰ではなく、未来や進歩、目的への歩みの時にほかならない。よりよい世界や社会的進歩、正義、人間の完璧さ、強者から弱者を守る平和への夢。まさにこれこそが預言者たちの伝えるメシア的なイメージなのだ。ユダとエルサレムについて預言を行ったアモツの子イザヤは、「狼は小羊と共に宿り／豹は子山羊と共に伏す。／子牛は若獅子と共に育ち／小さい子供がそれらを導く」(『イザヤ書』11・6)世界、「わたしの聖なる山においては／何ものも害をくわえず、滅ぼすこともない水が海をおおっているように、大地は神を知る知識で満たされる」(同、11・9)ような世界の到来を願っている。預言者はまたユダヤ教のうちに、倫理的なメッセージが地上に広がり、神への認識を増幅させることを望んでもいる。「シオンは裁きをとおして贖われ／悔い改める者は恵みの御業によって贖われる」(同、1・27)

こうした終末の待望や未来を証言する方法、よりよい時代への楽観的なイメージこそが、まさに預言者の考えに特有なものであり、ユダヤ的考えを特徴づけることになる。

◆「エレミヤ」、レンブラント(1606-69)、オランダ国立美術館蔵、アムステルダム。旧約聖書の預言者が神殿の廃墟で悲しんでいる。

ユダヤ教とキリスト教徒の分離

ユダヤ教徒とキリスト教が互いに袂を分かつまでには4世紀かかっている。それは、親子関係や議論、論争、対立関係の時代が終わってからのことである。

すべては、ガリラヤのクファル・ナウムないし福音書でカファルナウムと呼ばれる、キネレト（字義は「琴の海」）の湖岸にある小村で福音を最初に説いた、ナザレ生まれのひとりのユダヤ人から始まる。そこにはなおも当時のシナゴーグの名残りがみられるが、おそらくそれは、イエスが彼の話を聞こうとつめかけた信徒たちに向けて説教を行ったシナゴーグのひとつである。イエスの宣教は、当初、同類たちのそれとさほど異なってはいなかった。1930年代初頭に最初のヘブライ語によるイエスの書『ナザレ人イエス』を著した、ヨセフ・クラウスナー［1874-1958。リトアニア出身のシオニストでユダヤ宗教史家］の指摘によれば、第二神殿時代末期のユダヤ教はいろいろあり、それぞれの信徒にトーラー（律法）を読むことだけでなく、ときにはそれに注釈をくわえることまで認めていたという。だが、当時、とくにガリラヤ地方のファリサイ（パリサイ）派はそれを行う能力にもっとも恵まれており、したがって彼らがその役目を引き受けていた。

クファル・ナウムで、イエスは律法の文言やその釈義に通じているファリサイ派のように語りはじめ、おそらくはエルサレムに姿を現すまで、教えを説きつづけた。しかし、のちに最初のキリスト教徒となるイエスの弟子たちと同時代のユダヤ人たちとのあいだには、受肉したメシアへの信仰を除いて、なんら違いはなかった。彼らは同じシナゴーグで祈りを捧げ、自分たちの信仰の中心に神殿を置き、救い主の到来を待望していたからだ。だが、イエスは安息日（シャバット）における収穫や治療行為の禁止といった、一部律法の厳格な遵守を問題視した。戒律の実践より、道徳的な規定の遵守を主張したのである。つねに聖書を直接引用するのではなく、とくにたとえ話を用いて語りかけた（こうしたたとえ話はファリサイ派も一般に用いていたが、彼らにとってそれはむしろ例証のための意味をおびていた）。イエスはまた病人の奇跡や快癒を強調した。しかし、端的にいって、受肉の問題以外に、両者の分裂を予兆するものは何ひとつなかった。伝統的なユダヤ人の考えからすれば、メシアは神によって生み出され、遣わされた人間でなければならなかった。人間以外の何者でもなかった。だが、神の子ないし神が受肉して、世界を救うべく運命づけられた人間を生むという考え方は、当時のユダヤ教と対立し、神が超越的な存在であり、形も姿もなく、目にすることもできないとする、もっとも深奥な信仰を揺さぶらないはずがなかった。

ナザレのイエスの裁判と死の謎は、今もなお容易に解きほどくことができない問題としてある。たしかに歴史家や神学者、思想家、さらに第二神殿時代の専門家たちは、それについて多くを書いている。とりわけ近年では、マルティン・ブーバー［1878-1965］やアハド・ハーム［1856-1927］、ダヴィッド・フルッサー［1917-2000］、ヨセフ・クラウスナー、ハイム・コーヘン［1911-2002］らの著作があるが、イエスの裁判がファリサイ派ではなく、サドカイ派の掟にしたがって行われたとする説がある一方で、サンヘドリン（最高法院）の集会が、ローマ総督を前にして、この裁判を回避するという目的で開かれたにすぎないとする説もある。ただ、いずれの説も、ひとにぎりの聖職者や権力者たちが根深い敵愾心によってつき動かされたというより、むしろ義務感から立ちふるまったという点では一致している。

ともあれ、出来事自体はそれを知り、語り、解釈する方法ほど重要ではない。何世紀にもおよぶ迫害の重みや強制改宗の試み、そしてユダヤ人に対する集団的な罪悪感の植えつけは、ユダヤ教とキリスト教がなぜ対立するようになったかを説き明かしている。これらふたつの宗教が対話を始め、それぞれの教義を改訂するようになるには、近年まで、とくにショアー（ユダヤ人大虐殺）のあとまで俟たなければならなかった。ヴァチカン第2公会議（1962-65年）は、歴史家のジュール・イサーク［1887-1963］が「侮蔑の教育」と呼ぶことになるものを見なおすようになるが、ユダヤ側でも、これらの出来事を、論争やユダヤ史のうちにとりこむための情熱から切り離そうとする新たな接近がなされるようになる。

キリスト教の勝利は西欧各地に離散したユダヤ人たちの運命を変えていった。一方、中世前期の東洋では、新しい宗教のイスラーム教が興ってすみやかに教勢を拡大し、ユダヤ人の多くがその支配下で生きることを余儀なくされた。アラビア半島に住み着いていたユダヤ教徒とキリスト教徒は彼らの信仰を伝え、一神教を広めていた。ムハンマドとメディナ

◆クファル・ナウム（カファルナウム）のシナゴーグ址。イスラエル。福音書によれば、イエスはこのガリラヤの町で説教を行っていたという。

マイモニデス

モーシェ・ベン＝マイモーンないしマイモニデスは、1135年、スペイン南部アンダルシア地方のコルドバで生まれている。父親はユダヤ教のラビで判事だった。13歳のとき、彼はアンダルシアを制圧したばかりのムワッヒド朝による宗教迫害からのがれて、12年ものあいだ、家族ともどもアンダルシア内を、ついでキリスト教下のスペイン各地を彷徨し、25歳になった年、モロッコのフェズに避難する。それから第2回十字軍に荒らされた聖地を訪れ、さらにエジプトに住み着いて没する。タルムードや諸科学を愛しながら育ち、ラビ学とギリシア・アラブ哲学という2通りの文化を教育され、医学も学んだ彼は、サラディン［サラーフ・アッディーンとも。1138–93。アイユーブ朝創設者］の侍医に任じられ、さらにナギッド、すなわちラビであると同時に、エジプトのユダヤ人共同体の裁判官・指導者となる。いたるところからそんなマイモニデスを庇護したいとの申しこみがあった。獅子心王リチャード1世［在位1157–99］もまた彼にさまざまな申し出をしているが、断わられている。マイモニデスにとって、エジプトでの生活は快適であり、名誉に満ちたものでもあったからだ。そしてこの地で彼は生き、人生最期のときまで書きつづけた。

彼の著作は3種類に大別できる。そのうちの2種類は、ヘブライ語で書かれた宗教書とトーラーやミシュナ［トーラーの注解・議論］、さらにタルムードに由来するユダヤ法を編纂・総括した『ミシュネー・トーラー』──字義は「トーラーの反復」──である。理性的で情熱にあふれていたマイモニデスは、時代の知を集めて、それを1巻にまとめようとした。のちに「シナゴーグの鷲」と呼ばれるようになる彼はまた、心身医学への道を開いたギリシア語の医学書も遺している。そんな彼の肖像は、今もパリ大学医学部の正面入口に見ることができるが、彼はさらにさまざまな哲学書もものしており、そのなかの1冊で、アラブ語をヘブライ文字に転写して記した『迷える人々のための導き（ダララート・エル・ハ

◆コルドバのシナゴーグにほど近いバリオ・デ・ラ・フデリア地区にあるマイモニデスの彫像。トレドにはイブン・ガビロル［1021–58。詩人・哲学者］の彫像もみられる。

イリン）』は、理性と信仰を調和させることのできない者たちに向けられている。宗教を知性と倫理の徳性にもとづかせたマイモニデスは、やがて呪術や誤った信仰、俗信などを遠ざけ、ユダヤ教を時代の大きな思潮と対峙させるようになる。この書の大部分は、聖書の言葉づかいに捧げられているが、彼はそこで神の手や神の顔といった比喩的な用語で神と人間とを同一化しようとする神人同型論を批判し、それによって神秘的ないっさいの考え方を避けようとした。スペイン系ユダヤ人の末裔で、プロヴァンスのリュネルに生まれたマイモニデスの弟子のひとり、サムエル・イブン・ティボン（1150–1230）によってヘブライ語に翻訳された［1204年］この著作は、ヨーロッパと北アフリカを一巡し、感銘と反論をひき起こした。

RAMBAM（ラムバム）［ラビ・モーシェ・ベン・マイモーンの頭字語］というマイモニデスの異名は、今日でこそユダヤ世界全体の合意を得ているが、かつてはきわめて激しい感情をかき立てずにはおかなかった。事実、ラビの世界では、「マイモニデス的反論」といえば、彼の著作によってひき起こされた論争をさしていた。そして死後、この「体系家」はタルムードの問題をあえて棚上げしようとしたとして非難される。ユダヤ教を体系化しようとしたとして、彼が提唱した13の信条個条［32ページ参照］に警戒の目が向けられるようになるのだ。だが、ユダヤ教を構成する基本的な信仰をまとめた彼の13の原理は、今では各地の宗教共同体に受け入れられ、日々の朝祷の最後に唱えられている。

『迷える人々のための導き』は焼却処分にこそあわなかったものの、長いあいだ危険視されてきた。だが、ユダヤ世界では大評判をとった。12世紀には、この書は「諸民族の知恵」に対して開かれた、ユダヤ的理性主義のもっとも評価の高い代弁者とされた。それはまたひとつの時代、すなわち中世初頭に3宗教が交わり、ユダヤ人が享受者であると同時に主役でもあり、異常なほどの文化的沸騰の地となったスペインの時代を象徴するものだった。

第1部　一神教

のユダヤ教徒たちとの関係は両義的なもので、魅惑や説得の試みから力ずくないし追放へと変わっていく。ただ、アラブ人による征服は進み、1世紀もたたないうちに、その版図を地中海地方からペルシア湾岸地域にまで拡張していった。

イスラーム諸国におけるユダヤ人たちの状況　こうして中世には、3つの宗教が直接的に対峙するようになる。だが、そのうちのふたつ、すなわちキリスト教とイスラーム教はさまざまな国家や帝国内に宗教としての地歩を固めていったが、両者の母宗教ともいうべきユダヤ教は、その聖典や伝承、さらに「種属保存の本能」［ショーペンハウエルの言葉］の力にすがって、みずからの永続性のための戦いを強いられた。

イスラーム諸国におけるユダヤ教徒たちの状況は、ディムミ、つまり「二流市民」としての地位に甘んじなければならなかったが、同時に「庇護」も受けていた。この事実は、彼らが自分の身体や財産を守り、信仰を実践することができたということと同時に、あらゆる禁令に従っていたということも意味する。見方によれば、こうした彼らの状況はキリスト教国におけるそれより恵まれていたといえる。しかし、彼らは「不信心者」とみなされており、それゆえ、のちに「黄金時代」と呼ばれるようになる時代と結びつけられる、輝かしい歴史の数頁を享受することができなかった。

10世紀から11世紀にかけて、スペイン・アンダルシア地方では、第一級の哲学・宗教書や詩があいついで登場する。今日のシナゴーグで営まれている典礼の大部分は、当時の偉大な著作にまでさかのぼる。当時、思想家や神学者たちは質・量とも絶頂期に達し、それは19世紀のヨーロッパにおけるユダヤ人の解放以後まで、比類のないものだった。いうところの宗教哲学は、サーディア・ガオンの『信仰と信念の書』やイェフダ・ハレヴィ（1075-1141）の『ハザールの書』、マイモニデスの『迷える人々のための導き』といった重要な著作もあって、まさにこの時代に生まれている。これら3書はいずれもアラブ語で書かれ、のちにヘブライ語に訳されて、ユダヤ世界に尋常ならざる輝きを放つようになる。

まず、『信仰と信念の書』は、ラビ文学の父とされる哲学者・詩人・文法家・言語学者の書である。ガオン（882-942）はエジプトで生まれ育ち、やがてバグダードに移って、スーラ［バビロニアの古都］のタルムード学院教授となるが、ヘブライ語で『エムーノト・ヴェハデオット』と呼ばれるこの書は、一方でアリストテレス哲学から、他方でカラム［字義は古代インド南部の絵画に用いられた「葦の筆」］のイスラーム哲学から影響を受けて編集された、ユダヤ哲学の古典とみなされている。

これに対し、『ハザールの書』はユダヤ教の擁護と祝賀を意図したもので、アラブ語による最初の題名は『低下した信仰を守るための証拠と立証の書』だった。トレド生まれの著者ハレヴィは、ソロモン・イブン・ガビロル（1021-58）とならぶ中世最大のユダヤ詩人である。彼はこの著作において、ハザール人［7世紀から10世紀にかけて、カスピ海・黒海・カフカス地方の遊牧国家を築いた］の異教徒の王が、キリスト教徒とイスラーム教徒、それにユダヤ教徒をひとりづつ招き、互いの信仰を論じさせたようすを想像たくましく描いている。著者にとって、これは神の名をいただく民族としてのユダヤ人観を発展させるきっかけとなった。ユダヤ人とは全人類に与えられた倫理的律法の担い手であり、もっとも脆弱であると同時にもっとも敏感な器官としての《人類の心臓》でもある。これこそが彼の中心的な比喩にほかならない。

1204年、マイモニデスはエジプトのフスタート［カイロ南部］で没し、パレスティナのティベリアに埋葬されていた。その墓石には次のような文言がきざまれている。「ここに眠るのは一介の人間などではない。もし汝が人間ならば、天上界の存在が汝を生んだのである」。この碑文はのちに削除され、以下の言葉に置き換えられた。「ここに眠るモーシェ・マイモニデスは、追放されし異端者である」。そしてこれもまたきざみなおされ、その3度目のより鮮明な碑文には、こう記されている。「モーセからモーシェまで、モーシェに匹敵する者はおらず」

ユダヤ世界はやがてアシュケナジとセファルディに分かれるようになる。前者は最初ドイツを出自とするユダヤ人たち、のちに意味を広げてフランス北部の、さらに17世紀からは西欧のユダヤ人たちをさし、後者はスペインのユダヤ人と、1492年にスペインから、96年にポルトガルから追放され、のちにオランダやイギリス、トルコ、北アフリカに移住したユダヤ人の子孫たちである。

このアシュケナジ［複数形アシュケナジム］とセファルディ［複数形セファルディム］は、それぞれ異なる言語——中世のドイツ語［諸方言］に由来するイディッシュ語（アシュケナジム）、民衆スペイン語方言を出自とするラディノ語［ラディノは中米の白人とインディオの混血も意味する］ないしユダヤ・アラブ語（セファルディム）——のみならず、慣習・慣行や固有の儀礼も発達させていく。

◆マイモニデス『ミシュナ・トーラー』装飾頁、1400年頃、エルサレム大学図書館蔵。

ユダヤ人がヨーロッパに定着した歴史は古く、一部の共同体は紀元前までさかのぼる。たとえばローマの場合、彼らはすでに前２世紀にそこに住み着き、その移住の流れは現在までとぎれることがない。そしてローマ人の征服にともなって、彼らはしだいにヨーロッパ全域に定住するまでになる。とりわけフランス南部のプロヴァンス地方は、中世前期からユダヤ人の精神的中心地となっており、前述したように、そこではマイモニデスの著作が翻訳されたが、より北部のトロワでは、ほぼ同時期に、ユダヤ全史をとおしてもっとも高名な注釈学者のラビ・ソロモン・ベン・イサーク（1040頃-1105）、通称ラシ［ヘブライ語名の頭文字から］が生まれている。

最初期の注釈と文献

　1475年に編集されたラシの聖書注釈は、最初のヘブライ語著作であった。のちにガリラヤ湖北岸のサフェド（ツファット）において、ヘブライ語の『シュルハン・アールク』（字義は「盛りつけられた食卓」）がはじめて草される。1565年にヴェネツィアで新版が出されたこれは、ユダヤ共同体で用いられていた宗教的戒律や規則を総括的かつ実践的にまとめたもので、現在もなお使われている。この書の著者であるヨセフ・カロ（1488-1575）は、おそらくトレドに生まれ、家族とともに追放されたのち、一時期トルコに、ついでサロニカ［ギリシア北部テサロニケ］に移住したのち、聖地に「上って」、晩年までサフェドに住んでいる。彼の『シュルハン・アールク』は「ハラハー（ハラカー）」（ユダヤの宗教的法規）として権威のあるもので、セファラディムの世界にすみやかに受け入れられた。ポーランド・ユダヤ教の教師モーシェ・イセルリス［1520-72。アシュケナジのラビ］は、この「盛りつけされた食卓」に、さらに「マッパ」（ヘブライ語字義「テーブルクロス」）の題名で、アシュケナジ共同体に固有の慣行や慣習を記録した書をつけくわえた。

　ところでカロは、全面的にマイモニデスに依拠しながらも、当時サフェドで盛んだったユダヤ神秘主義の大きな潮流、つまりカバラにひきつけられている。13世紀初頭、スペインで『ゾーハル（光輝）の書』――この書の大部分はモーシェ・デ・レオン［1250頃-1305。ラビ・カバラ学者］が編集しているが、本文は２世紀のタンナー（タルムード学者）である、ラビのシモン・バル＝ヨハイに帰せられている――が刊行されると、隠秘科学がまさにこの「光輝の書」から普及をみせるようになっていた。

　ヘブライ語でカバラとは伝承を意味する。ありていにいって、こ

◆1276年からの２通りの太陰暦をもりこんだ、きわめて洗練された「ラビ暦」。フランス国立図書館蔵、パリ。

のことは、伝統的な注解から隠秘的な解釈を擁護する思潮からすれば、逆説的に思われる。だが、こうした解釈学の延長上にみずからを位置づけようとするカバラの意図は、それまでユダヤの神秘主義がユダヤ文化において高い地位を一度たりと享受していなかったにもかかわらず、十字軍のあと、そして異端審問のトラウマがまだ生々しかった時期にユダヤ人たちが生きた風土に、ふたたび根を張るようになった。たとえばユダヤ神秘主義の権威だったゲルショム・ショーレム［1897-1982］は、カバラの復興とユダヤ人のスペインからの追放とのあいだに直線的なつながりをみているが、哲学や文学や詩の偉大な創出期のあとに、新たな形態の高揚が宗教的思

ラシ　ブドウ栽培で生計を立てていたこのシャンパーニュ出身のラビは、浩瀚な知識と野心によって大きな仕事を遺し、おそらくフランス史上もっとも有名なユダヤ人といえる。彼は旧約聖書のすべての節に徹底的な注釈をほどこした。『タルムード』についてもまたしかりである。そのスタイルはあくまでも簡潔・簡明で、話の細部と全体に注意をはらいながら、きわめて明晰なフランス語力を駆使しては注釈書を編んだが、それは以後、不可欠な文献資料となった。アシュケナジムやセファルディムのあいだでは、あらかじめラシが語ったものを知らずして、聖書や『タルムード』を学ぶわけにはいかなくなったのである。

　トロワで生まれたラシ――今日、この生地には彼の名を冠した通りと大学研究所があり、パリにもラシ文化センターがある――は、ドイツ中西部のヴォルムスで学業を修め、ブドウの栽培で質素な生活を営みながら、余暇のすべてを研究や教育、そしてラビとしての活動についやした。そんな彼の注釈にはしばしば古フランス語の翻訳が含まれており、その結果、数百もの古い語彙が保存されている。これは後代の専門家たちにとってまぎれもない僥倖といえる。ラシに息子はいなかったが、孫やひ孫［さらに弟子］たちが１世紀以上も彼の仕事を引き継いだ。彼らは「トサフィスト（Tossafistes）」という名で知られている（アルメニア語のトサファタ（Tossafata）は「追加」の意）［彼らがまとめた注釈集は「トサフォ（Tossafot）」と呼ばれる］。

第1部　一神教

↦ 1791年、フランス革命によってユダヤ人に与えられた信教の自由と平等を確認するナポレオン。1807年、彼はユダヤ人の信仰を組織化し、彼らから国家の基本法を遵守するとの誓約をとりつける。彩色版画、作者不明、1802年。

シディズム［呼称はヘブライ語「敬虔なる者」に由来］、すなわち敬虔主義的な熱情と宗教復興運動のうちにも、より独創的で民衆的な、そしてより広範な形をとって現われる。このハシディズムは、知性より感情を、厳格さより信心を重視しようとした、創唱者バール・シェム・トフ（トーヴ）［1700-60］の後押しを受けてヨーロッパ東部全域に広まり、さまざまな亜流も生み出した。その信条とは何か。歓喜しつつ神に仕えること（シンハ）、熱情（ヒトラハブート）、そして霊的交わり（デヴクート）である。

ハシディズムは、とりわけリトアニアのベラルーシにおいて、ヴィルナのガオン［本名E・ベン・シュロモ・ツァルマン、1720-97。旧約聖書『ソロモンの雅歌注解』などの著作がある］の周囲に相反する運動体、すなわちミトナグディーム（字義は「反対者たち」）をひき起こす一方で、ユダヤ教のうちに、民衆的な信仰復興も呼び起こした。だが、このハシディズムは、啓蒙思想やユダヤ教の自由化・世俗化と結びついた運動である、ハスカラ（ハスカーラー）の支持者たちによってやがて打ち倒されるようになる。

ユダヤ人解放におけるフランスの役割

フランス革命はユダヤ人たちを自由で平等な市民としたが、これによって導かれた彼らの解放は、なおも大きな衝撃をもたらしたしるしとなり、象徴ともなっている。いわばフランスは、ユダヤ人解放のモデルとなったのだ。この運動はまず18世紀中葉、「ドイツのプラトン」と呼ばれ、レッシングが寛容を讃えた戯曲『賢者ナータン』［1779年］で英雄化した、モーゼス・メンデルスゾーン（1729-86）によってドイツで始まった。そのメンデルスゾーンと出会ってまもなくの1787年、ミラボー［1749-91］はフランスで一書を上梓する。題して『ユダヤ人たちの政治改革』。そしてその1年後、フランス東部メスの王立科学・芸術協会が次のような課題でコンクールを開く。「フランスのユダヤ人をより幸福かつ有益にする方法とは何か」。このコンクールで1等賞を授けられたのは、ユダヤ人解放のきわめて熱心な支持者だった司祭グレゴワールこと、アンリ・グレゴワール［1750-1831］だった。その精神を、憲法制定議会での演説で、代議員のクレルモン＝トネール伯［1757-92］はこう要約している。「民族（共同体）としてのユダヤ人には何ひとつ認めないが、個人としてのユダヤ人にはすべてを与えなければならない」

フランス革命はユダヤ人の法的身分をすみやかに修正し、彼らに同胞と同様の市民権を与え、彼らの上に重くのしかかっていた差別的措置をとりのぞいた。それは「ゲットー」からの解放であり、我慢を強いられていたマイノリティ身分の終息であり、社会的・政治

想の復興と軌を一にしてたち現われたのだ。

17世紀中葉、終末論的発想をおびた神秘主義的思潮やそこから派生した思想は、その異説・異端ともども、ユダヤ史のうちでもっとも破天荒な出来事をひき起こしている。1626年にトルコのスミルナ、現イズミル出身のユダヤ人シャバタイ（シャブタイ）・ツヴィが、メシア王国の到来を告げるべく、サロニカ（テサロニケ）やカイロ、はてはエルサレムにまで長旅をした。そしてカバリスト集団を率い、忠実な弟子ガザのナタン［1643-80。エルサレム生まれの医師］に支えられて、スミルナのシナゴーグを訪れ、ショファル（羊の角笛）の音も高らかに、みずからイスラエルのメシアであると宣言したのである。聖地への帰還が早まると信じた民衆の熱狂のみならず、敵愾心や猜疑心をもいたるところでまきおこしたこの事件の顛末は、しかし悲惨なものだった。ツヴィに疑いの目を向けたトルコの当局は、彼を投獄したのち、死刑をまぬがれさせるかわりに、ユダヤ教の棄教とイスラーム教への改宗を強制した（それにもかかわらず、一部の信徒たちが意気を阻喪することはなかった）。

やがてユダヤ神秘主義の流れは、1648年に蜂起した、ホフダン・フメリヌィーツィクイ［1595-1657。ポーランド・リトアニア王国の貴族］率いるコサックたちの大虐殺直後にポーランドで生まれたハ

> **ハスカラ**　ユダヤ教のふたりの偉大な歴史家ハインリヒ・グレーツ［1817-91］とシモン・ドゥブノフ［1860-1941］にとって、モーゼス・メンデルスゾーン［作曲家フェリクス・メンデルスゾーンの祖父で、啓蒙思想の立場から、信教の自由とユダヤ人の解放などを説いた］の著作とフランス革命は、「近代」の始まりを告げる2つの重要な契機となった。

的・文化的構造への十分にして完全な参画をも意味した。こうしたフランスの対応は、オランダやベルギー、デンマーク、イギリス、オーストリア、ハンガリー、イタリア、ドイツ、スイス…へと、じわじわと広まっていった。その普及の動きをうながしたのが、革命軍やナポレオン軍だった。

1806年の名士会議［15名のラビと100名の有力者からなる会議で、フランスを祖国として、居住国の法律をユダヤ法に優先させることや、ラビの地位、妥当な利子を得る金融業の擁護などが定められた］や、従来のサンヘドリンをモデルとして、45名のラビと26名の在俗信徒が1807年に開いた大サンヘドリン（宗教会議）のあと、ナポレオンは他の宗教にならってユダヤ教を統制し、県単位と中央の長老会議を創設するとともに、ラビの位階（ラビと大ラビ）を設ける政令を公布する。これが、今日まで続くユダヤ共同体の構造となる。

「ハスカラ」の運動とその結果

こうした社会的地位の変化と市民権の獲得によって、ユダヤ世界はすみやかに変容をとげ、その固有の宗教的遺産も見なおされるようになる。メンデルスゾーンを理論家とする「ハスカラ」の運動は、ユダヤ教に「ふたたび宗教的性格を与え」、純粋に宗教的な戒律、つまり道徳や実践、典礼、儀式にかんする戒律と、社会的・政治的生活にかんする戒律との区別を強く説くという変化をもたらした（メンデルスゾーンのきわめて詳細な伝記は、ドミニク・ブーレル『モーゼス・メンデルスゾーンと近代ユダヤ教の誕生』、ガリマール社、パリ、2004年を参照されたい）。マスキリム（字義はヘブライ語で「開明的な精神」）と呼ばれるハスカラの支持者たちは、人文主義的な理念とユダヤ的な理念の協調をはかり、自分たちの考え方を要約すると思えるひとつの規範に忠実たろうとした。「家ではユダヤ人、外では人間たれ」という規範である。

ヨーロッパの西から東まで数を増し、大きな影響力をおよぼすようになっていたこのユダヤ教の運動を信奉する者たちは、近代の反ユダヤ主義が彼らに致命傷を負わせ、さまざまな反動をひき起こしたにもかかわらず、自分たちの宗教を見かぎろうとはしなかった。それどころか、彼らは独自のやりかたでユダヤ的アイデンティティを確認しようとした。教育を発展させて学校網を創設し、ヘブライ語やヘブライ文学の再生を促進したのだ（とくにロシアで）。過去2世紀のあいだに、ユダヤ民族の大部分は解放の恩恵を喜んで受け入れ、結果的にユダヤ教を適応させてきた。そういってもよいだろう。と同時に、彼らは一部の信奉者が唱えたいきすぎを否定しつつも、伝統的な戒律における信仰を失ったときですら、まわりの社会に完全に同化することをこばんだ。

哲学者や釈義学者、聖書翻訳者でもあった「ハスカラの父」モーゼス・メンデルスゾーンは、その著『エルサレムもしくは宗教的力とユダヤ教』［1783年］において、理性の宗教としてのユダヤ教を確立しようとしたが、死後、かつてのマイモニデスに対して用いられた表現［モーセ（Moshe）からモーシュ（Moshe）まで、モーシュに匹敵する者はいない］と同様の表現で、次のように讃えられている。「モーセからモーゼスまで、モーセ（モーゼス）に匹敵する者はいない」

◆ユダヤ教と啓蒙思想の統合を計画した哲学者モーゼス・メンデルスゾーン（1729–86）宅のドイツの作家ゴットホルト・エフライム・レッシング（1729–81）。モーリツ・ダニエル・オッペンハイムの油彩画、1856年、ユダヤ記念博物館蔵、バークレー（アメリカ）。

教義と教理
トーラー教育

　イスラエルの神がもつ特徴のひとつは、神自身が語るというところにある。世界が創られたのは、まさに神の言葉によってであるとする。神はその預言者たちの口をとおして語るが、もっとも偉大な預言者がモーセにほかならない。神はまたトーラーをとおして民に現われる。トーラーの字義は「教え」である（ヘブライ語のモレーは「師」と同時に「導き手」を意味する）。それは神の言葉の教えであり、ミツヴァー（戒律）の教え、そしてイスラエル史の物語の教えでもある。

◆「トーラーをもつユダヤ人」、マルク・シャガール（1887-1985）、個人蔵。

　トーラーとはまずモーセ五書、すなわち旧約聖書の最初の五書──『創世記』、『出エジプト記』、『レビ記』、『民数記』、『申命記』──をさしていた。やがて広義で聖書と預言書と旧約学者（旧約聖書第三部著者）の全体をさし、さらに「成文トーラー」と「口伝トーラー」によって示されるものすべてを意味するようになる。

　「口伝トーラー」にはすべての説明や注解、そしてシナイ山で与えられた律法に由来する手続きに従って、「成文トーラー」にもりこまれたさまざまな命令が含まれている。『ピルケイ・アヴォート』［賢者たちの格言・箴言集］によれば、シナイ山でトーラーを授かったモーセはそれをヨシュアに託し、ヨシュアはさらに長老たちに、そして長老たちは以後、代々それを伝えたという。

　おそらく当初、この長い注解は、口伝という呼称が示しているように、文字化されなかった。だが、そのままでは失われてしまうという懸念が生じたため、ラビたちはそれを書き写すことを認めた。こうしてタルムード──『ミシュナ』と『ゲマラー』──とラビ文書全体が生まれることになる。

　ミシュナとは4世紀近くものあいだ受け継がれてきた、イスラエルの賢者たちによるトーラーの注解や議論を集めたものである。法的な論述やあらゆる分野にかかわる決定および戒律の集大成ともいうべきそれは、ラビのイェフダ（ユダ）・ハナシ［135-220］によって書きとめられ、体系化された。そこには63の論述が農事法、祝祭、家族、世俗法、刑法、神殿奉仕、純潔法の6通りの主題に分類してまとめられている。一方、アラム語で編纂されているゲマラー［字義は「完成」］は、ミシュナの説明と賢者たちのあいだでかわされた議論や反論の集成である。

　同じタルムードでも、バビロニア・タルムードとエルサレム・タルムードとは区別されている。前者は後者の3倍の分量があり、5世紀に編纂・成立している。

実践と信仰

　教理観はユダヤ教と無縁である。とくにタルムードの思想

聖書 広義の旧約聖書は、ヘブライ語で「タナーハ（Tanakh）」と呼ばれるものをさす。「トーラー（Torah）」（モーセ五書）、「ネヴィイーム（Neviim）」（預言書）、「ケトゥビーム（Ketoubim）」（諸書）の頭文字からなるこのタナーハには、24の書が含まれている。『創世記』、『出エジプト記』、『レビ記』、『民数記』、『申命記』のモーセ五書と、前期預言書と呼ばれる『ヨシュア記』、『士師記』、『サムエル記』、『列王記』、さらに旧約聖書第三部、すなわち『詩編』、『箴言』、『ヨブ記』、および『雅歌』や『ルツ記』、『哀歌』、『コヘレトの言葉』、『エステル記』などの諸書である。これらの書を「正典」に組み入れ、残りを枠外に置くという決定は、第二神殿の時代になされている。だが、紀元1世紀、いくつかの書、とりわけ『エゼキエル書』や『箴言』、『コヘレトの言葉』、『雅歌』、『エステル記』の扱いをめぐって、イスラエルの賢者（学者）たちはなおも論議を重ねていた。最終的にその全体が組みこまれ、現在のような正典が定められたのは、イスラエル南西部のヤムニア（現ヤヴネ）で開かれた賢者たちの会議［ヤムニア会議、90年代］であった。

タルムードの大海

タルムードについて伝統的に用いられている大海のイメージ、すなわち「ヤム・ハ・タルムード」［字義はタルムードの海］は、何世紀にもわたってユダヤ教の研究とともにあり、これを育て鼓舞してきたタルムード（字義は「教え」）の広がりを示す言葉として重宝されている。タルムードとは、かならずしも明確に秩序立てられているわけではないが、一種の百科事典的な知としてあり、そこにはさまざまな民衆的説話や日常的規範にかんする議論、聖書の文言にかんする注釈・注解、伝承、機知に富んだ言葉、賢者たちの言葉、談論などがもりこまれている。そのテクストといかにして向きあうかは、各人のやり方にまかされているが、ラシやトサフィストたちを支えとしながら、タルムードのテクストを解読・精査・注解しなければならない。こうしたタルムードの研究は、通常、決疑論にもとづいてなされる。

今日、朗読者は、タルムードの大海のなかをより自由に動くことを可能にしてくれる、「コンコルダンス（語句・用語索引）」を参考にしている。そこにはなんら硬直化したものはない。「それぞれが生きている神の言葉である」や「すべてがそこにある以上、くりかえしあらゆる角度からそれを検討せよ」という慣用句からもわかるように、いっさいが自由で開かれているのだ。タルムードにかんする論考全体は、20世紀に、エルサレムでラビのアディン・シュタインサルツ［1937-］によってアラム語からヘブライ語に翻訳されている。さらにフランスの哲学者エマニュエル・レヴィナス［1906-95］は、近年イスラエルでも翻訳されて大成功をおさめた『タルムード読解選集』によって、フランスにおけるタルムード研究を一新している［邦訳されたレヴィナスのタルムード関連書としては、『タルムード新五講話』（内田樹訳、国文社、1996年）などがある］。

◆トロワのラシによる書きこみがあるイサーク・アルファジ［1013-1103］の『簡約タルムード』。ボヘミア、1400年頃、フランス国立図書館蔵、パリ。

第1部 一神教

◆エルサレムのシナゴーグにあるトーラー（モーセ五書）の巻物。トーラーの朗読は典礼の基本的要素であり、その儀式では会衆にこの巻物が厳かに示される。

は、それがつねに問いに門戸を開きながら、しばしばテクー（メシアが回答すること）によってその論争を閉じるため、扱いが一筋縄にはいかない。ユダヤの伝統は信仰よりも戒律の遵守を、「信じること」より「行うこと」を、信仰告白より善行を強調しているからである。たしかにかつては、ユダヤ的信仰の大部分を原則とする試みもくりかえしなされた。たとえば第二神殿時代、ヒレル［本書21ページ参照］は彼が1本足で立っているとき、つまり特別な準備もせずにいたとき、ユダヤ教の何たるかを要約するよう求めた不信心者に、次のように答えている。「隣人を自分と同様に愛せ。残りのすべては注解的なものにすぎない」。さらにそれから数年後、ラビ・アキバ［ガリラヤ出身のアラム系ユダヤ人で、ミシュナ学者の第3世代を代表するラビ。第2次ユダヤ戦争（132-35年）で「星の子」バル・コホバの反ローマ反乱軍にくわわり、殉教する］は、こう語っている。「汝と同じように隣人を愛せ。これがトーラーの大いなる原則である」。だが、シメオン・ベン＝アザイ［2世紀前葉のタルムード学者。ラビ・アキバの友人で論敵でもあった］は、究極の原理は次のようだと反駁している。「遠い昔の日々を思い起こし、代々の年をかえりみよ」（『申命記』32・7）。

ヨセフ・カロ以前、信条（ヘブライ語「アニ・マーミン」）をさらに遠くまで探求したのはマイモニデスだった。コルドバ出身のこの哲学者は、みずからが信じたユダヤ教の本質をなす信仰の構成要件を13通りの信条個条にまとめた。これらの個条は、今もなお日々の朝祷にみられる。

マイモニデスの13信条個条

私は以下のことを絶対的な信仰として信じます——

神は宇宙の創造者にして生き物の主です。

唯一なるもの、無形のもの、初めであると同時に終わりであるもの、それは、祈りを捧げるのにふさわしい唯一の存在です。預言者たちの言葉は真実です。モーセの教えは真実です。モーセは最大の預言者です。われわれのトーラーはまさにそのモーセに明らかにされたものです。このトーラーは不変のものであり、将来改められることはありません。神は人間のすべての行いを知っています。神はその戒律を守る者に報酬を、おかす者には罰を与えます。私はメシアの到来を完全に信じ、たとえ到来が遅れても、毎日その訪れを待ちます。創造主が望むとき、死者がよみがえるのを信じます。

死者のよみがえりという考えは、こうしてユダヤ教の根本原理のうちに組みこまれる。だが、マイモニデスのあと、それは徐々に姿を消し、すくなくとも中心的な位置をはずれていった。ただ、「シュモレ・エスレ」（朝祷の18の祝福）のひとつに——目覚めの朗誦ゆえ、ときにさまざまな解釈で文言は変えられながらも——もりこまれている。「死者をよみがえらせる永遠なる存在よ、祝福されよ」

祭儀と実践

人生階梯のための慣行

宗教的なユダヤ人の日常生活は、数多くの儀礼や慣行や実践に特徴づけられているが、ふつうの信徒たちにとっては強制的な義務ではない。これらの義務の遵守は、それゆえ個人の問題となっている。すべてのユダヤ人にとって、たとえ1年が年間をとおして多くの祝祭に特徴づけられているとしてもである。

ハラハー

ユダヤの宗教的法規であるハラハーによれば、ユダヤ人とはユダヤ人の母から生まれた者、しきたりに則ってユダヤ教に改宗した者をさす。旧約聖書［モーセ五書］のアラム語訳者であるオンケロス［35頃-120頃］をはさんで、偉大なタルムード学者のラビ・アキバとレーシュ・ラキシュ［3世紀末没。ユダヤ人の反乱を制圧してエルサレムを占領したローマ皇帝ティトゥス（在位79-81）の甥クリニクスの息子］は、いずれもユダヤ史に名声を残す改宗者であり、モアブの女ルツ［『ルツ記』参照］もまたしかりである。

ユダヤの男児は生まれて7日目に割礼を受けなければならず、この宗教儀礼のあとに名前がつけられる。そして13歳になると、大人たちの世界に入り、成人儀礼のバル・ミツヴァにのぞんで戒律を守ることになる。バル・ミツヴァ［字義は「戒律の息子」］の安息日、彼はトーラー［の置かれた祭壇］に「のぼり」、当該週の章句を読む。これは男児のまわりに家族や友人、それに近親者たちが集って営まれる祝い事で、この日から、彼はシナゴーグでの公式な典礼に必要な成人の定数［10名］のうちに数えられるようになる。女児の通過儀礼であるバット・ミツヴァも同様の祝い事だが、年齢は12歳である。

ユダヤ人は日に3度、祈りを捧げなければならない。朝の祈り（シャハリート）と午後の祈り（ミンハー）、そして夕べの祈り（マアリブ）である。典礼のあいだは、頭をキッパー［縁のない皿状のかぶりもの。ヤムルカともいう］でおおい、朝の典礼ではタリート（祈祷用肩掛け）を身につけなければならない。週日の朝は、テフィリン（聖書の章句が記された羊皮紙入りの皮製小箱）を額と左腕につける。

家の戸口にはメズザー［字義は「門柱」］、すなわち「聞け、イスラエルよ、われらの神、主は唯一の主である」［『申命記』6・4］という信仰告白［シェマ］が書かれた羊皮紙をおさめた小箱がとりつけてある。これはその家の住人が出入りする際に、神の存在を想い起こさせるものだという。一方、台所は「隠されて」いて、豚をそこに入れてはならない。乳製品や肉は火をとおさずに食したり、一緒にとったりしてもならない（これはとくに厳格な食事規定［カシュルート］である）。

シナゴーグ

ヘブライ語でベイト・クネセット（集会場）と呼ばれるシナゴーグが、いつから登場したかは定かでない。だが、通常は前586年にエルサレムの第一神殿が破壊されてまもなく、バビロニア捕囚からの帰還時代に、最初期のシナゴーグが誕生したとされる。福音書が示しているように、イエス時代にはすでに存在しており、70年の第二神殿破壊後に発展して、ユダヤ教を保護する場となっていった。エルサレムの方角に向けられたシナゴーグの東壁には、トーラーの巻物群を納めた聖櫃がおさめられ、それぞれの巻物の羊皮紙には、毎週土曜日の朝夕、月曜日朝、木曜日朝、さらに祭日や各月の初日に会衆朗誦で読まれるモーセ五書の章句が書かれている。巻物はビロードの覆いをかぶせられ、小さな鈴が多数ついている。シナゴーグに沿って運ばれた巻物は、まず会衆の前に掲げられ、それからトーラーが読誦される。シナゴーグの中央部にはビマー（講壇）があり、ここからハザン（司宰者・先導者）が祈祷を指揮する。会衆た

◆エルサレムにおけるバル・ミツヴァ祭のようす。一族に囲まれてトーラーをもつ少年は、戒律を守る年齢である13歳。

第1部　一神教

◆ヨーロッパ最大のシナゴーグ。ブダペスト（ハンガリー）。

ちはこの祈祷のあいだ、キッパーをかぶって頭部をおおう。

会衆の祈祷にはミンヤン（成人10名の定数）が不可欠で、正統派のシナゴーグでは女性たちのためのバルコニーも設けられている。改革派ないし保守派のシナゴーグでは、男女の会衆が一緒に祈る。

今日、ニューヨークは1市だけで400ものシナゴーグを数え、パリおよびその周域では150個所以上にそれがある。

安息日（シャバット）

安息日は休息と霊魂の奉献のための日で、世界創造の第7日目にあたる。「六日の間に主は天と地と海とそこにあるすべてのものを造り、七日目に休まれたから、主は安息日を祝福して聖別されたのである」（『出エジプト記』20・11）。伝承によれば、それは「来るべき世界の前兆」だという。

安息日は金曜日の日没から始まる。一家の主婦は2本のロウソクに火をともしてそれを迎える。シナゴーグから戻ると、家長はキドゥーシュ（ぶどう酒の聖別）を唱え、パンをさいて会食者全員に分ける。安息日のあいだは、働いたり、火をつけたり、旅行をしたりすることは禁じられている。こうした安息日はハヴダラ［字義は「分離」］と呼ばれる儀式で終わる。それはぶどう酒の聖別と、新しい1週間、毎日をその香りで満たしてくれるはずの香料の聖別からなる。

祝祭日

典礼年はいくつかのユダヤ式祝祭を節目とする。それには以下のようなものがある。

まず、新年祭の**ローシュ・ハシャナ**（ハッシャーナー）は、ヨーム・ハディン、すなわち「審判の日」とも呼ばれる世界創造の日と結びつけられた、1年で最初の祝祭日である。祈りのなかで、信徒は次のように唱える。「今日は世界の産みの日です。今日は宇宙のすべての生き物が審判にかけられます」。シナゴーグではショファルが吹かれる。ローシュ・ハシャナから贖罪の日であるヨーム・キップール（ヨム・キプール）までの10日間は、ヤミーム・ノライーム（畏れの日々）と呼ばれ、テシューヴァ（悔い改め）と信仰の確認が行われなければならない。

ヨーム・キップールはユダヤ暦でもっとも神聖な日とされ、祈りと断食と悔い改めに捧げられる。この祭日は特定の行事とは結びついておらず、宗教的な意味のみをおびている。この日はまた「安息日（シャバット）の安息日」とも呼ばれる。信徒たちは丸一日をシナゴーグですごし、24時間断食をしなければならない。

ヨーム・キップールの5日後に訪れる**仮庵祭（スコット）**は、1週間営まれる。三大巡礼祭のひとつ（ほかのふたつは過越祭と五旬祭）で、「収穫祭」とも呼ばれる。それはまた、『レビ記』にある、「わたしがイスラエルの人々をエジプトの国から導き出したとき、

過越祭（ペサハ）　種なしパンの祝日ないし除酵祭としても知られる過越祭は、イスラエルの民の出エジプトと隷属からの解放を祝う。各家では、セデル（字義は「順序」）、すなわち祝宴を開き、食卓のまわりに座った会食者たちは、皆でハガダー［聖書の解釈や詩編・祈りなどが記された挿絵入り冊子］を読む。そこでは最年少の会食者が次のような儀礼的質問を投げかける。「今晩と他の夜との違いは何ですか」。これを受けて、家長が出エジプトの故事を引きながら答える。この祝宴では、メシアの到来を告げるとされる預言者エリヤのため、伝統的に椅子を1脚空けたままにしておくという慣習がある。

過越祭期間の7日間、古代のヘブライ人奴隷たちが、その隷属の地を一刻も早く離れたがっていたということを想い起こすため、種なし以外のパンを食べることが禁じられている。

彼らを仮庵に住まわせたことを、あなたがたの代々の人々が知るためである」(23・43)というモーセの言葉を受けて、砂漠を横断した時代を象徴するものでもある。こうした苦難の日々の記憶として、信徒たちは家の中庭やテラスに「小屋（仮庵）」を立て、そこで食事をしなければならない。もっとも厳格な者たちは、天気がよければ、スッカ（仮庵）を開け放ち、夜空の下で一晩そこですごすことさえする。

ヘブライ語で「奉献」を意味する**ハヌカ**は、前164年、ハスモン朝［ユダス・マカベウス］がセレウコス朝軍を相手に少数で多数を、精神で力を打ち破り、敵に汚されたエルサレム神殿を浄めたことを記念するために設けられた祝祭である。祭りは8日間続く。その間、各家は、荒らされた神殿のなかで見つかり、ふたたび神殿に光をともすのに用いられた最後の油壺の「奇跡」［1日分の油量しかなかったが、8日間燃えつづけた］を偲んで、8枝の燭台［ハヌキヤ］に火をともす（8日目まで毎晩1本ずつロウソクが追加される）。

しばしば「籤の祝日」とも呼ばれる**プーリム**（プリム）は、アダル月［ユダヤ暦第12月、グレゴリウス暦2-3月］の14日目に祝われる。『エステル記』に記された、クセルクセス［アハシュエロスとも。アケメネス朝ペルシア王。在位前486-前465］時代のさまざまな出来事や、ペルシア帝国からのユダヤ人の救出を記念する。この日、シナゴーグでは『エステル記』の物語が書き記された羊皮紙の巻物「メギラー」が朗読され、クセルクセス王の宰相ハマン［ユダヤ人を一掃すべく、虐殺の時期を籤で定めたが、エステルの機転で処刑される］の名が読み上げられるたびに、子どもたちはクレセル（玩具のガラガラ）を鳴らし、あるいは足を踏み鳴らす。こうしたプーリム祭は、喜びと解放を表す機会といえる。

ユダヤ教の五旬祭（七週祭）である**シャヴオット**は、過越祭後の7週間を通しての祭りである。もともとは収穫祭だったが、シナイ山でのトーラーの啓示と結びつけられて、今日の形となった。

ティシャ・ベアヴは、呼称がヘブライ語でアヴ月［第4月］の9日目を意味することからもわかるように、70年にローマ軍によってエルサレムの第二神殿が破壊された日を偲ぶ行事である。ユダヤ教の伝承によれば、この日にはまた、前586年に［新バビロニア軍によって］第一神殿が破壊されているという。断食と悔い改めの日である。

死者と結びついた伝統

ユダヤ人の臨終の言葉もしくは代理者が唱える最期の言葉は、「聞け、イスラエルよ。我らの神、主は唯一の主である」［『申命記』6・4］というシェマである。喪に服すことになる近親者は、死者の枕もとで、悲しみを示すため、着衣の裾を引き裂かなければならない。これをケリハという。彼ら近親者たちはまた通夜を行い、死者のかたわらで詩編を読む。ミツヴァ［613ある戒律］のひとつである。両親のいずれかを喪った息子は、神をほめたたえる次のようなアラム語の祈り、すなわちカディッシュを唱えなければならない。「その名が崇められ、終末のときまで聖められますように」

葬儀が終わると、遺族は続く1週間、シブア［喪。字義は「7」］に服する。この服喪中、遺族は地面ないし床に座り、彼らの悲しみを慰めに訪れる義務をおびた友人や親族を迎える。これをニフーム・アヴリムという。

◆カーニヴァルの特徴をおびるようになった愉しいプーリム祭［アダル月14日］のあいだ、子どもたちは行列を組んで練り歩き、家族は互いに贈り物を交換する。

◆過越祭は出エジプトと解放を祝う。一族は集まってセデルの宴を開き、会食者たちは食卓のまわりでハガダーを朗読する。

結婚

　ユダヤの伝統は結婚を、神が定めた個人の宿命と人類を永続させるという責務を果たすための神聖な戒律とみなしている。ユダヤ人の結婚はキドゥシン（聖化）と呼ばれる。［ノーマン・ソロモンの『ユダヤ教』（山我哲雄訳、岩波書店、2003年）によれば、キドゥシンは婚約式をさし、結婚式はニスインと呼ばれるという］。新郎は羊皮紙のケトゥバー（結婚契約書）に署名するが、そこには新婦に対する義務がアラム語で明記されている。こうしたケトゥバー用羊皮紙の作成や能書術、さらにその装飾術は、豊かな手工業を生み出している。一方、挙式自体は新居を象徴するフッパー（挙式用天蓋）の下で営まれ、新郎がグラスを足で踏み砕く象徴的所作をもって終わる。この伝統は、新郎新婦の人生における最大の歓喜の瞬間が、多少とも悲しみによって抑えられなければならないということを意味する（一部の注解者によれば、これはエルサレム神殿の破壊を喚起する慣行だという）。

　ときに夫婦が離婚の前兆をみせたり、結婚式の招待客から贈られた真新しい皿が、たび重なるけんかのはてに散々に砕けちったりすると、ラビはかけひきの妙を発揮してふたりを仲なおりさせ、家庭生活に円満さをとりもどさせる。しかし、ラビの仲裁も徒労に終わると、ラビ的ユダヤ教は離婚を認める。そこではやはりアラム語で書かれたゲット（離縁状）が作成される。ふたりの証人が署名したこの離縁状は、夫から妻に渡され、後者はこれによっていっさいの義務から解放されることになる。

◆キドゥシン（聖化）と呼ばれるユダヤの結婚式。カサブランカ（モロッコ）。

ユダヤ教

制　度
各国のユダヤ教

　さまざまな実践行為を管理・統制し、人生の重要な舞台を見守るラビの権威下で、離散ユダヤ人たちはコミュニティの宗教組織をさまざまな方法で整えてきた。ユダヤ人の生活を枠づける諸制度は国ごとに異なり、多少とも改革的ないし保守的な傾向に応じて組織されている。フランスにおける彼らは、一種の宗教共同体を営み、公権力との対話をとおして固有のモデルを築いてきた。

ラビ

　ユダヤ教の宗教的権威は、ヘブライ語で「わが師」を意味するラビによってになわれている。ラビの役割ないし肩書きは徐々に制度化されてきた。中世末期まで、この役割は、『ピルケ・アヴォート』［前出］に示された規則にしたがって無報酬だった。トーラー（律法）が糊口をしのぐ術であってはならなかったからだ。それゆえ、ラビたちは別に本業をもっていた。農民、職人、商人、医師などである。ユダヤ人共同体がそのラビたちに給料を払うことを通常とするようになるのは、16世紀に入ってからのことである。期を同じくして、ラビの肩書きは修養と試験を受けて免状を授かった者に与えられるようになる。

　今日、ラビはしばしばダヤン（ラビ裁判官）の役割もになうほか、宗教的実践を統制し、シナゴーグで説教を行ったり、結婚や埋葬の面倒をみたりもしている。

近代ユダヤ教の潮流

　近代のユダヤ教にはいくつもの潮流がみられる。まず、正統派は、ユダヤ教の中心的潮流や伝統の正統な守り手になろうとしている。それは19世紀中葉に登場し、改革派の運動や西欧で生まれたハスカラの潮流に反対しながら、真に自己を鍛え上げていった。

◆ルバヴィッチ運動の国際会議。2004年11月、ニューヨーク。

第1部　一神教

　これら正統派のユダヤ人たちはトーラーの規定に従って生活し、行動している。神はシナイ山頂で民に啓示を与え、その戒律を遵守すべきトーラーを彼らに授けた。それは生活様式や善行の規範となるものであり、状況しだいで棄てたりしてはならない実践の教えでもあった。たとえば19世紀中葉、ラビのサムソン・ラファエル・ヒルシュ（1808-88）はドイツで、信仰心と伝統の厳格な遵守を近代世界の自由さと調和させようとする、いわゆる「新正統派」運動を立ち上げる。そのモットーは「聖地の道とともにあるトーラー」だった。

　改革派の運動もやはりドイツで18世紀に興っている。この啓蒙主義運動は、理性や科学、さらに進歩に適応すべきだとする信念を信仰にとりいれた。そして19世紀の解放機運によって、現行の慣習や規則に適合するのに不可欠な万人の平等や市民権、さらに世俗化への道が開かれることになる。この運動の代弁者となったのが、宗教的実践の変革を唱えたラビで神学者のアブラハム・ガイガー（1810-70）だった。改革派は食事規定であるカシュルートをゆるめ、祈祷文を地元の言語に翻訳し、ときにはそれを短くもした。また、典礼における男女の別も廃止した。

　アメリカ合衆国の改革派は、アイザック・M・ワイズ［1819-1900。ボヘミア出身のラビで、1846年、アメリカに移住。『ユダヤ教の本質』などの著作がある］を指導者としたが、彼はやがてヒブリュー・ユニオン・カレッジを創設する［1875年、シンシナティ］。この改革ラビの大学は、1870年代より女性ラビの育成を始める。こうした改革派の運動は、やがてイスラエルやイギリス、フランスへと広まっていった。

　「改革派」というより、むしろ「自由派」という呼称が用いられるようになるフランスでは、この運動はいくつかの分派を生み出すまでになる。ULI（自由イスラエル連盟）やMJLF（フランス自由ユダヤ運動）などだが、後者には20世紀末に最初の女性ラビが登場している。

フランス方式

　フランスにおけるユダヤ人の生活を統べる組織は、長老会議［1808年、ナポレオンにより創設］とCRIF（全仏ユダヤ機関代表委員会）、FSJU（統一ユダヤ社会財団）を基盤としている。これら3団体の代表者たちは、行政機関や公権力の特権的な協議相手となっている。

　宗教面では、フランスのユダヤ教はナポレオンが遺したシステムを維持してきた。すなわち中央長老会議は選挙で選ばれて祭式の運営をになう議長［非聖職者］と、同様に選挙で選ばれ、ユダヤ共同体を精神的に導く大ラビによって導かれている。長老会議に託された役割のうち、とくにめだつものとして、信仰の実践に不可欠な自由の擁護や文化施設における典礼の挙行、必要と思われる場所でのシナゴーグの建設、カシュルート（食事規定）とシェヒタ（儀礼的屠殺法）、ユダヤ神学校でのラビ養成、宗教教育、ユダヤ教を代表してのさまざまな政府機関や他宗教との折衝、さらに結婚や離婚、改宗を管轄するベイト・ディン（ラビ法廷）の組織化などがある。

　このシステムは第2次世界大戦中のフランス解放後に大きな変革をとげている。大戦以来のユダヤ共同体の拡大や宗教的実践の衰退、そして団体生活の拡張によって、もはや唯一の文化的分野に収斂されなくなっていた信仰表現に変わる、新たな表現様式が出現したのである。1943年に秘密裏に創設されたCRIFは諸組織の連合体で、公選によるその委員長は、政府機関や政党や世論に対し、反ユダヤ主義との戦いやイスラエル国家の生死にかかわる利害の擁護といった、より全体的な問題について立場を明らかにするという使命をおびている。また、文化・教育・社会にかかわる機関であるFSJUは、戦後まもない1949年に創設されているが、その目的はユダヤ共同体の再建や国外亡命者の社会復帰、とくにアルジェリアからの新たな引揚者たちの受け入れを援助するところにあった。現在、この組織はとりわけ学校や共同体センターの維持運営にくわえて、さまざまな社会援助なども行っている。フランス・ユダヤ教のいわば中核的機関である。

　解放の2世紀後、社会学者で、フランス中央科学センター（CNRS）に設けられている学際的宗教研究所の研究員であり、ユダヤ教にかんする社会学も講じているレジヌ・アズリアによれば、ユダヤ教の宗教的実践はふたたびフランスに適応しているという。「70年代以降、いちじるしい展開をとげたにもかかわらず、厳格な遵守派は少数にとどまっており、大半の傾向はさまざまな妥協によって軽減された実践形態をとるようになっている」（『ユダヤ教』、「世界の発見」シリーズ、2003年）。このことは、ユダヤ人たちの

◆ラビのナーマー・ケルマン。イスラエル初の女性ラビ、1992年。

◆シナゴーグでの祈り。テフィリムは聖句の入った小箱と一緒に、細い革帯で信者の額と左腕につけられる。

帰属意識にかかわる新たな判断基準が、宗教的ないし文化的内容より、むしろ記憶や反ユダヤ主義、あるいはイスラエルと結びついているという事実を物語る。

改革派と保守派

しかし、改革派がユダヤ教にもたらした急激な変革は、万人の受け入れるところとはならず、かろうじて正統派との衝突をまぬがれただけだった。19世紀に生まれた保守主義的な思潮は、改革派と正統派のいわば中間に位置していた。正統派ユダヤ教ほど頑迷ではなく、改革派ユダヤ教ほど急進的ではない保守派は、近代に適応することを模索しながら、伝統に忠実たろうとした。数多くの変動を経験したドイツで、ブレスラウの神学校長だったツァハリアス・フランケル［1801-75］が提唱した保守主義は、とくにアメリカに進出していった。

こうした保守派の運動は集団的な意識やユダヤ民族の概念、イスラエルとの結びつき、さらに近代シオニズムなどを主張した。今日のフランスでは、ラビのリヴォン・クリジェの周囲にその流れをみることができる。

> **ルバヴィッチ運動**　この運動は、宗教的な錯綜の枠外に位置する、少数の超正統派のうちにみられる。18世紀末にポーランドのバール・シェム・トフによって創唱され、ハバド（字義は「知識、知性、智慧」）の伝統と結びついた神秘思想、すなわちハシディズムの信奉者たちである。異常なまでの献身を旨とする彼ら超正統派は、みずからの使命として、ユダヤ世界の「宣教師」たろうとし、「迷える羊たち」にユダヤの伝統を学ばせ、それを厳守させようとすることに邁進した。この運動の最後の指導者であるラビのメナヘム・メンデル・シュネルソン（1902-94）は、運動の創設者であるリャディのシュネウル・ツァルマン（1745-1813）の霊的な後継者で、ハシディズムの衣鉢を受け継ぐ者だが、彼はブルックリンに住み着き、その信奉者たちの枠を越えるまでのオーラと影響力を享受した。人々は群をなして彼のもとに走り、礼賛者たちは彼の助言や指導、あるいは祝福を求めて、世界中からやってきた。そんな彼が没すると、運動は霊的な指導者のいない孤児状態におちいるようになるが、運動自体はなおも活発である。

分布と普及
アリヤーとディアスポラ

はたして世界中にユダヤ人はどれほど存在しているのか。それに答えるのは容易ではない。なによりもユダヤ人を定義すること自体がむずかしいからである。ハラハー［ユダヤ教の日常的規範］にしたがって、みずからをユダヤ人とみなす者、ユダヤ人の母から生まれた者、あるいはユダヤ教に改宗した者。そのように規定される者たちをさすのか。唱えられている数は正確に把握されなければならないが、このことは、一方で同化や多様な結婚形態、宗教的実践の衰退が進み、他方で東欧や旧ソヴィエトでの政治変革が重大な人口変動を生んでいる時代であってみれば、とくに強調されるべきだろう。

都市人口

正確にいえること、それは今日のユダヤ世界が二大軸からなっているという事実である。すなわちユダヤ人がおよそ550万住んでいるイスラエルと、600万近くを擁するアメリカ合衆国である。これにくわえて、ユダヤ人口がより少ない軸として、ヨーロッパ（200万以下）、ラテンアメリカ（40万）、カナダ（35万）があり、さらにアフリカ（10万以下、うち90パーセントが南アフリカ）やニュージーランド（約10万）、イスラエルを除くアジア（約5万）など、世界中に分散している小規模のコミュニティもあげられる。しかしこれは、ごく大雑把に押さえた都市人口にすぎない。たしかにユダヤ人のいるすべての国では、彼らはどちらかといえば都市に住んでいる。しかし、一般的な現象としての都市化が進行し、これに少子化の波もくわわって「脱ユダヤ化」が起き、イスラエルを除いては、ユダヤ人の高齢化と減少がみられるようになっている。

中央統計局の公式な数値によれば、2004年初頭におけるイスラエルの全人口は675万に達し［2012年度は770万］、そのうちユダヤ人は80パーセント以上で、545万を数えるという。この人口は1948年のイスラエル国家成立以前および以後の、とどまるところを知らない移住の波によるものである。1950年から70年にかけての20年間で、人口は120万から250万へと倍増した。そこにはまずショアー（ユダヤ人大虐殺）直後に壊滅したヨーロッパ・ユダヤ人社会からのアリヤー（帰還）があり、ついでイラクからのユダヤ人のアリヤーがあった。こうして12万のユダヤ人が「エズラ・ネヘミヤ」と呼ばれる作戦によってイスラエルに移された。それは、近東や北アフリカにあった、古いそして弱体化したコミュニティ住民たちに対する作戦だった。さらに、「空飛ぶ絨毯作戦」により、4万以上のユダヤ人がイエメンから移され、1950年からの20年間で、モロッコからも20万人が帰還している…。

一方、「ファラシャ」と呼ばれるエチオピアのユダヤ人たちは、1980年からイスラエルへの移住を開始しているが、これは「モーセ作戦」と命名されている。旧ソヴィエトからのたえまない移住もあった。国外移住の最初となる1970年、それまでソヴィエト当局から出国ビザの発給をこばまれていたレフズニクス、つまり「沈黙のユダヤ人たち」が声をあげ、ペレストロイカが始まってまもなくの1990年からも、移住の波は続いた。こうして何年かのあいだに、じつに100万近くものロシア系ユダヤ人が旧ソ連からイスラエルに移り住んで同化し、周囲の社会を大きく変貌させていくのだった。

イスラエルのユダヤ人口は、現在ではイスラエル人の大半が国内で生まれているものの、なおも移住人口による坩堝状態にある。彼らと宗教との関係がどうなっているのか。それを資料的に正確に見定めるのはむずかしい。宗教によって規定されるユダヤ人の比率はどうか。その答えは容易に出そうにないが、イスラエル人のおよそ15パーセントが宗教政党に賛成投票をしている。この比率は、ユ

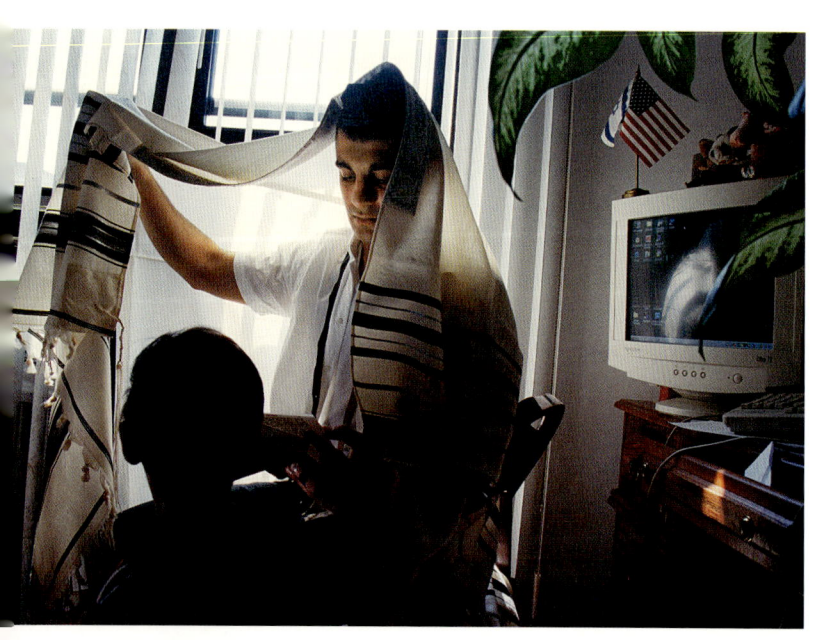

◆朝の祈り（シャハリート）に用いられる祈祷用の肩掛け（タリート）と被り物（キッパー）。ニューヨークのクイーンズ地区。

ダヤ人の政治史を方向づけてきたさまざまな選挙についても、ある程度あてはまる［2009年の総選挙における「シャス」（トーラーを信奉するスファラディ同盟）と「統一トーラー・ユダヤ教」、さらに「ユダヤ人の家」の3宗教政党の得票率は15.8パーセント］。また、イスラエルのユダヤ人の90パーセントが、キップール（贖罪の日）の断食を遵守している。

アメリカのユダヤ人社会

アメリカ合衆国内におけるユダヤ人の数は約600万と見積もられており、その最大のコミュニティはニューヨークにある（約250万人）。

ここ何年ものあいだ、旧ソ連やイランからの移住ユダヤ人にとって、アメリカはなおも魅惑的な国となっている。だが、大部分のアメリカ在住ユダヤ人は国内で生まれている。じつをいえば、アメリカは、他の国と同様、ユダヤ人の移住の地ではなかった。にもかかわらず、ユダヤ教はたしかにこの国の歴史を構成する要素のひとつだった。フランスやドイツ、スペイン、ポーランド、イタリア、エジプト…といった他の国々は、ユダヤ人の来住以前にすでに独自の文化がつくられていた。つまり、これらの国々には、ユダヤ人が到来する以前の歴史があったのだ。それに対し、アメリカの場合、ユダヤ人は国家の形成時にすでにユダヤ人が住んでおり、以来、彼らが姿を消すことは一度もなかった。アバ・エバン［1915-2002。イスラエルの政治家で、国連代表や駐米大使、外務大臣などを歴任した］は、《遺産》にかんする一連の著作のなかで、次のように記している。「ユダヤ的な糸は、アメリカの国家的経験の各部分、各段階で織り上げられている。（…）ユダヤ人たちと彼らをとりまく人々との関係は、なおも緊張や不信感、猜疑心から切り離されていなかった。だが、時がたつにつれて、そこには親密さやしっかりと根を張った定住意識が生まれていく。ユダヤ人にとって、それは世界や他のいかなるディアスポラ・コミュニティにもみられないものだった」

1880年に23万たらずだったアメリカのユダヤ人人口は、こうして1930年には450-500万を数えるまでになる。そして今日、600万以上ものユダヤ人を擁する、世界初のユダヤ人社会ができあがっている。だが、アメリカのユダヤ教はジレンマと自問の真只中にある。とくに大きな問題は以下である。すなわち、ユダヤ人社会は、それが脅威に晒されていないとき、また、いかなる者の生存も危機的な状況にないときでもみずからの性格や統一性を維持しうるかどうか、という問題である。定着したと思えるユダヤ人相互の影響は、最終的に固有のアイデンティティを徐々に遠ざけていくのではないか。

◆ニューヨークのユダヤ人街、20世紀初頭。この都市のユダヤ人社会は世界で最大規模のひとつ。

いずれにせよ、正統派や保守派、改革派といった思潮が交錯し、ユダヤ教教育がいちじるしく進展し——史上初のユダヤ系大学であるイェシーヴァ大学［ニューヨークにある1886年創設のユダヤ教正統派大学］はいうにおよばず、全米の大部分の大学でユダヤ関連学科が設けられている——、さらに10あまりの慈善団体や数百ものコミュニティ・センター（ニューヨーク1市だけで250個所）などの活動もあって、アメリカのユダヤ教はきわめて活発な宗教となっている。たしかにユダヤ人の減少は不安材料だが、非教徒との異宗結婚がひんぱんに行われるようになって、それも埋めあわされている。

旧ソヴィエト連邦からのアリヤー　これはイスラエル史上最大規模のアリヤー［ユダヤ人によるイスラエルの地（エレツ・イスラエル）への移住をさす。シオニズム運動の基本的思想］で、1989年、ミハイル・ゴルバチョフ［1931-］がその門戸を開いた。ユダヤ人移民たちはまずフィンランドやハンガリー、ルーマニアを通過し、それからモスクワとテル・アヴィヴのあいだをほぼ毎日結ぶ直行便に乗った（運動の最盛期には、テル・アヴィヴのベン・グリオン空港だけで日に1000人ものオリム［ユダヤ人移民］を受け入れた）。こうして1989年から2004年までに、100万ものユダヤ人が旧ソ連からイスラエルに移り住むようになった。今日、それはモロッコ出身のユダヤ人よりはるかに多く、イスラエル国内で最大の同一出自共同体となっている。

国家主義的で、どちらかといえば右寄りだが信心深いわけではなく、文化的な嗜好を育みながら英語を話さず、「東洋人」ではないにもかかわらず骨の折れる仕事をいとわない。この新しいユダヤ人たちは風景を変えてきた。つねに順応に困難を覚えるものの、一部の人々が予想していたような「文化闘争（クルトゥーアカンプ）」は起こらなかった。最近の調査によれば、そんな彼らの58パーセントは自分を完全なイスラエル人だと感じており、85パーセントがイスラエルにとどまる意志を示しているという。

人口動態と予測

ユダヤ人口統計学の専門家として知られるセルジオ・デッラ・ペルゴラは、「世界のユダヤ人口数を算出するのはきわめてむずかしく、不確かな作業でもある」としている。エルサレム・ヘブライ大学に付属するハルマン現代ユダヤ教研究所教授の彼は、慎重におおまかな数字をあげるにとどめるとして、世界中のユダヤ人数を約1300万と算定している。

1998年刊の『アメリカ・ユダヤ年鑑』に発表した論文のなかで、彼はユダヤ人の95パーセントが15カ国に住んでいると力説している。その内訳は、アメリカ570万、イスラエル456万7000、フランス52万4000、カナダ36万2000、ロシア34万、イギリス29万1000、アルゼンチン20万5000、ウクライナ15万5000、ブラジル10万、南アフリカ9万5000、ドイツ7万、ハンガリー5万3500、メキシコ4万700、ベルギー3万1700である。これらの国々のなかで、ユダヤ人の70パーセントは大都市に集住している。テル・アヴィヴ240万、ニューヨーク193万7000、ハイファ65万、ロサンゼルス59万、エルサレム55万、マイアミ38万2000、パリ31万、フィラデルフィア28万、シカゴ26万3000、ボストン23万5000、サンフランシスコ21万6000、ロンドン21万、ブエノス・アイレス17万8000、ワシントン16万6000、トロント16万6000、パーム・ビーチ15万、ベエルシェバ［イスラエル南部］14万3000、モスクワ12万、ボルティモア10万5000、モントリオール10万…のようにである。

だが、これらユダヤ人の人口増加率はかなり低く、減少傾向すらみられる。第2次世界大戦直後の1945年、全世界でのその人口は1100万を数えていた。1945年から58年にかけては1100万から1200万に増え、1958年から96年までの38年間で1300万となったが、その増加率はあきらか

◆ジェルバ島グリバのシナゴーグ内部。チュニジア。

に鈍化している。ペルゴラは、2000年刊の『アメリカ・ユダヤ年鑑』に、ふたりの人口統計学者ウジ・リバーンとマーク・トルツとの共著で、いく通りもの人口予測を素描した論文、「ユダヤ人の将来展望──2000-2008年の人口予測」を発表しているが、それによれば、世界のユダヤ人口は2000年に1310万、2020年に1380万、2030年に1400万、そして2080年には1500万に達するはずだという。

一方、イスラエルのユダヤ人人口は2020年に600万、2030年に800万弱、2080年には1000万を超えるだろうとしている。つまり、80年間で倍増するというのである。

だが、すでに始まっている人口の高齢化と結びついた出生率の低下により、世界の他の地域におけるユダヤ人の数は不可避的に減少化へと向かうというのだ。こうしてディアスポラ、すなわちイスラエル以外の国々に住むユダヤ人は、2000年の830万から2020年には780万、2050年には650万、さらに2080年には530万へと減少する。アメリカ国内のユダヤ人も2000年の570万から2020年には560万、2050年には470万、2080年には380万に落ちこむともしている。

この予測にしたがえば、今世紀中葉にはユダヤ人の過半数がイスラエルに、さらに15歳以下のユダヤ人の75パーセント以上が、イスラエルに住むことになるという。そして2080年までに、ディアスポラのユダヤ人のうち、40パーセント以上が65歳以上になるとの予測もある。

フランスのユダヤ人もまたしかりで、その数は徐々にではあるがたえず減少し、2000年の52万が2020年には48万、2050年には38万、2080年には30万にまで落ちこむとい

あえていえば、非ユダヤ教徒が改宗する傾向があり、異宗結婚から生まれた子どもたちがしばしばユダヤ教とユダヤ的伝統のなかで育てられているからである。

フランスのユダヤ人社会

　一般にフランス全土には60万のユダヤ人が住んでいるとされる。その数は地域によってさまざまだが、パリおよび周域だけで35万を数えるともいわれている。こうしたユダヤ人社会は、何世紀も前にフランスに定住したユダヤ人（一部は中世までさかのぼる）の子孫たちと、19世紀末に中・東欧から移住したユダヤ人の子孫たち、さらに今日ではもっとも多い地中海低地地方、とくに北アフリカからの移住者たちからなる。そしてこの3番目の移住者たちが、フランスのユダヤ教を刺激し、その今日的な特徴を生み出している。

　フランスのユダヤ人社会は世界で4番目のコミュニティであり、ディアスポラ、すなわちイスラエル以外に住むユダヤ人世界では3番目の規模である。1789年のフランス革命時、フランスのユダヤ人社会はさまざまな集団からなっていた。イディッシュを用いていたアルザス・ロレーヌのアシュケナジ、フランス南部コンタ・ヴネサン（ヴナスク伯爵領）のユダヤ人、南西部に住んでいたポルトガル出身のセファルディたちである。だが、今日、様相は一変し、フランスのユダヤ人の半数以上は、1950年からの非植民地化や、とりわけ1962年のアルジェリア独立後にフランスに移ったアルジェリア（15万）やチュニジア（6万）、モロッコ（5万）、エジプト（2万5000）からのセファルディ系となっている。

　ミシェル・ウィノク［1937–。フランス近・現代史家で、知識人運動や反ユダヤ主義・国粋主義・極右運動の研究などでも知られる］は、『フランスとユダヤ人』（スイユ社、パリ、2005年）と題した著書で、ユダヤ人の解放と、19世紀末のポーランドやロシアからポグロムや迫害をのがれた彼らの、自由の国フランス——当時「フランスなら神のように幸福」といわれていた——への移住とをへだてる2世紀の歴史を語っている。ドレフュス事件［1894-1906年］はこうしたフランスへの信頼を揺さぶるものであり、試すものともなった。と同時に、この事件は、エミール・ゾラやシャルル・ペギー、ベルナール・ラザール［1865-1903。無政府主義の文学批評家・政治ジャーナリストで、最初のドレフュス再審支持者たちの指導者のひとり］らを初めとする知識人たちの働きかけのおかげで、もうひとつの物語を明るみに出した。共和派の発奮と失脚した大尉の復権という物語である。だが、一度撲滅されたはずの反ユダヤ主義は、国際的な経済危機とドイツにおけるヒトラー主義（ナチズム）を背景として、1930年代にふたたび姿を現す。そして1940年のフランスの敗北とヴィシー親独政権の樹立によって、ユダヤ人たちは暗い時代を迎えることになる。黄色い星の装着と学校や職場からの追放、強制移送というナチ政策への協力、冬期競輪場での一斉検挙［1942年7月］…。ナチ占領軍の要求を先取りする形で、反ユダヤ主義の法律もフランス国家に採用された。こうしてフランスでは、他のヨーロッパ諸国ほどではないまでも、ユダヤ人の4分の1以上が強制移送され、殺戮されるようになる。

　ミシェル・ウィノクはまた現代、とくに第2次インティファーダ［2000年9月28日、イスラエルのリクード党首シャロン（のちに首相）が、1000名の武装勢力を率いて、エルサレムのアル＝アクサー・モスクに入ったことに反撥してパレスチナ人が一斉蜂起した事件］直後の、反ユダヤ主義的行動の爆発と、アラブ・ムスリム起源の敵対意識の高揚と向きあった憎悪感とをともなった、いわゆる「2000年危機」と呼ばれる時期についても言及している。西欧世界最初のユダヤ人コミュニティであるフランスのそれは、なおも存続して活動中であり、多元的かつ多種多様な傾向をおびている。だが、これからは将来への不安や苦しみにくわえて、各方面にわたる新たな疑問とも向きあわなければならなくなっているのだ。

ユダヤ教徒とユダヤ人

　フランス語には、ユダヤ人社会に帰属するものをさす言葉が2通りある。「イスラエリット（ユダヤ教徒）」と「ジュイフ（ユダヤ

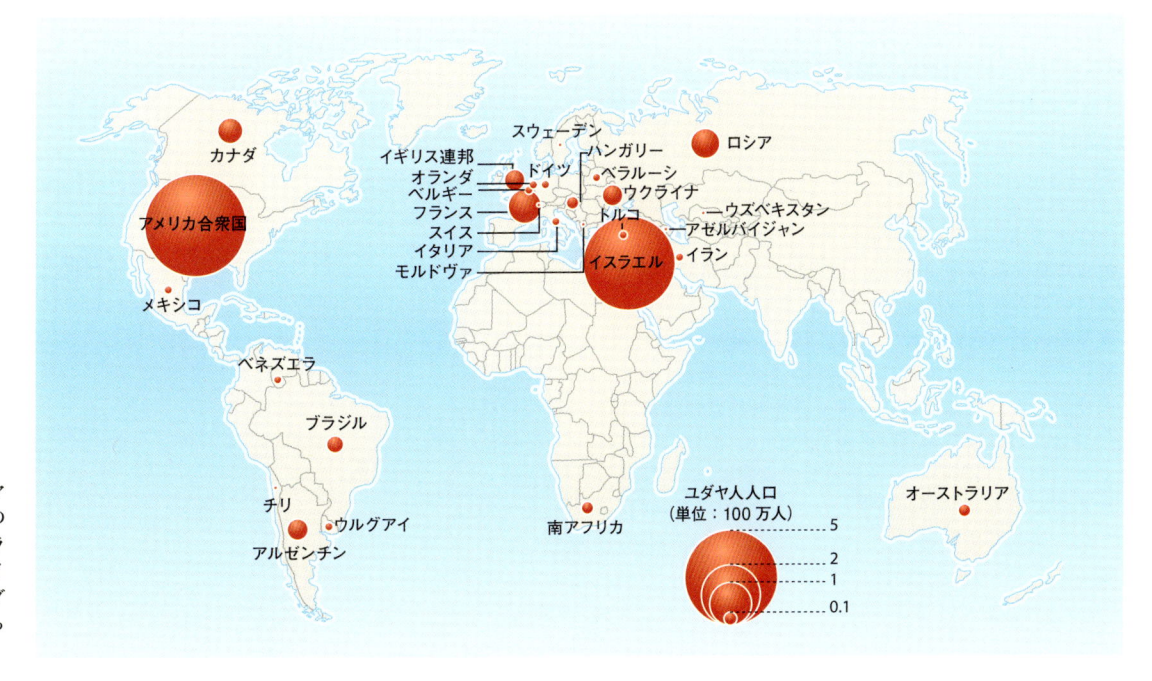

◆現代世界におけるユダヤ人の分布。イスラエルのほかに、アメリカやフランス、ロシア、ウクライナ、アルゼンチンがユダヤ人の主要在住国となっている。

第1部　一神教

◆「黄色い星」（ナチ占領下の国々ですべてのユダヤ人に課された）を胸につけて、パリの目抜き通りを歩くふたりの若いユダヤ人女性、1942年6月。

人）」である。2002年12月、社会学者のエリック・コーエンは、統一ユダヤ人社会財団のために主導的な調査を実施し、その成果をフランスのユダヤ教関連月刊誌である「アルシュ」誌（第538号）に公表しているが、それによれば、イスラエリットという語は、ジュイフという語に比べてほとんど使われていない。このアンケート調査に答えてくれた情報提供者の67パーセントはみずからを後者と規定し、前者としたのは5パーセントたらず、両方のいずれかを無頓着に用いている者は28パーセントだったという。ここ30年間に起きたこの意味論的な変化は、おそらく基本的に信仰様式を糧にして生きてきたユダヤ社会と関連する変容を示している。もしも生まれ変わることができるなら、回答者の80パーセントはユダヤ教徒としてではなく、ユダヤ人として生まれることを選ぶともいう。これもまた新しい変化の兆しといえる。そこではユダヤ人としての自己同一化が、消極的な態度によるというより、むしろ積極的に受け入れられているのだ。

一方、前記アンケート調査によれば、宗教的実践について、ユダヤ人の大半が自分を「伝統主義者」と定義しているという。ただ、この「伝統主義者」なる言葉はいささか曖昧で、それは服従と対応するものではない。回答者たちが、ハラハーの教えや戒律に従っているわけではないにもかかわらず、ユダヤ的な「伝統」にかなっていると思える行為を実践する者を示しているにすぎないのだ。そのことを念頭に置いていえば、回答者の5パーセントが正統派を標榜し、15パーセントが「自由派」を自称し、29パーセントが「非実践者」であると唱えている。さらに、アンケートに寄せられた回答によれば、ユダヤ系フランス人の50パーセントの家が、規則的に安息日のロウソクに火をともし、キドゥーシュ（聖別の祈り）を唱えているという。配偶者がいると答えた回答者のうち、70パーセントがユダヤ人として生まれた、あるいはユダヤ教に改宗した配偶者をもち、26パーセントがユダヤ人学校に通っているとしている（2002年には2万9000人の学童がユダヤ人学校網に就学しているが、この数値は1988年の学童数より80パーセント近く増えたことを示している）。最後に、ユダヤ系フランス人の86パーセントは多少ともイスラエルに親近感を覚えており（「きわめて身近」が48パーセント、「どちらかといえば身近」が38パーセント、「どちらかといえば遠い」が11パーセント、「きわめて遠い」が3パーセント）、イスラエルに家族ないし友人がいる者は84パーセントにのぼるという。

この調査では、近東の政治的状況に対するユダヤ系フランス人の立ち位置について、補足的な質問も行っている。それによれば、回答者の半数近く（48パーセント）が、原則的に和平の実現と領土の交換を是としているのに対し、39パーセントが反対、14パーセントが、フランスに住むユダヤ人はそれについて態度を明らかにする立場にないと答えているという。さらに調査では、ユダヤ系フランス人の人口変動のうち、アシュケナジとセファルディでは、セファルディが今後も増えつづけるという予測をしている。回答者の70パーセントがセファルディであると言明し、24パーセントがアシュケナジ、残りの6パーセントがセファルディであると同時にアシュケナジだとしている。そして2002年の段階では、ユダヤ人の多くがフランス本国で生まれ、そのほとんどがフランス国籍を有している（96.3パーセント）ともいう。

> **ファラシャ**　ファラシャとはエチオピア系ユダヤ人をさす。彼らの信仰と慣習は伝統的なユダヤ人のそれと異なっており、タルムードの伝承も知らないが、1974年、イスラエルのラビたちは、彼らをユダヤ人と認めている。1984年のエチオピア内戦中、1万近いファラシャたちが北西部のゴンダル地方から、「モーセ作戦」と呼ばれる空路輸送によってイスラエルに脱出をはたした。1991年には、第2次作戦［ソロモン作戦］によって1万4000人が移住した。そして1999年、エチオピア政府はクワラ地方に残る最後のユダヤ人たちの出国を許可したが、そのなかには19世紀にキリスト教に強制改宗させられ、数年前にようやく帰還法の恩恵を受けることができるようになった、「ファラシュモラ」たちも含まれていた。現在、イスラエルには8万人のファラシャが住んでいる。

人間と世界のイメージ

各世代への回答

18世紀中葉や19世紀のユダヤ人解放初期以来、ユダヤ教にはハスカラや改革派、正統派、新正統派、社会主義、ブンディスム［1897年にロシア帝国で組織された全国ユダヤ人労働者同盟を原型とするユダヤ社会主義・世俗的運動］、シオニズムといった、さまざまな思潮が入りこんだ。かつてあいついで興ったこれらすべての思潮は、ときに互いに争いもした。

ショアーとイスラエル国家の誕生

ユダヤ人の20世紀は、ふたつの出来事によって明確に特徴づけられることになる。第2次世界大戦中のショアーと、大戦3年後のイスラエル国家の誕生である。これらの出来事は付随的に起きたものであり、人々の意識のなかでは互いに結びついている。

事実、両者を完全に分離することはできない。ショアーをまぬがれたヨーロッパからの何千もの難民たちは聖地に避難し、「動き出した」国家に受け入れられた。この「若くて古い」国を洗礼盤に漬けるという国連の決定は、ヨーロッパで起きたばかりの出来事についての生々しい記憶と無縁ではなかった。だが、これら歴史の2頁は、たとえ両者が過去の一時期に起こったものであっても、それぞれが別個に書きとめられなければならず、その固有の原因と背景に答えを出す必要がある。

ショアーはヨーロッパにおける反ユダヤ主義の高まりを背景としている。それはヨーロッパ系ユダヤ人が孤立した状態にあったばかりか、完全に遺棄され、脆弱な状況に置かれていたことをも示している。

イスラエル国家の再生は、やはりヨーロッパで生まれたあるイデオロギーと展望の果実だった。このイデオロギーと展望とは、パリに滞在して、みずからが主幹をつとめる「ノイエ・フライ・プレス（新自由新聞）」［1864年創刊のウィーンの日刊紙。1939年廃刊］の紙面を、連日ドレフュス大尉裁判関連記事で埋めつくした、ウィーンのジャーナリストが唱えたものだった。1世紀近く続き、最終的にいくつかの国、とくにヨーロッパ各国の支援と支持のおかげで承認された、長い戦いの結果。それがイスラエル国家の再生だった。

殲滅と再生というきわめて暗い頁ときわめて誇らしい頁の重なりあい。そこには大きな問題が未解決のまま残された。何がショアーの原因であり、いかにしてその記憶を維持するか。いかにしてそれを教え、そこからいかなる教訓を引き出すか。ショアーが他の場所でくりかえされ、他の犠牲者を生み出すのをどうすれば防げるか。それを、ユダヤ人の宗教的・政治的歴史のどこに位置づけるべきか。

一方、イスラエルについていえば、その特徴はどうあるべきか。ユダヤ教はそこでいかなる場を占めるべきか。その政治はどうあるべきか。昔からのユダヤ的メッセージをいかなる形で保持し、あるいはそれをどう更新すべきか。哲学者エマニュエル・レヴィナスのひそみにならっていえば、「カエサルの国家もしくはダビデの国家」か。

これらの問いはなおも開かれたままであり、ユダヤ社会内部で、やむことがない、というより、むしろイスラエル・パレスチナ紛争の激化やオスロ合意［イスラエル国家とパレスチナ国家の共存をうたった1993年の合意］の終焉、さらに過激派の台頭などにともなって激しさを増しつつある論争の種となっている。

戦争と平和

20世紀のあらゆる歴史のうちで、もっともありそうになかった出来事は、おそらくユダヤ人の再生とイスラエル国家の建設だろう。ダビデとソロモンの王国から3000年後、そしてローマ皇帝ティトゥス［在位79-81］の軍団によるエルサレム第二神殿の破壊から2000年以上たってから、ユダヤ人たちは父祖の地に戻ってきた。それまで、彼らは世界中に離散していた。ショアーはそんなヨーロッパ・ユダヤ人の大半を根絶やしにしようとし、パレスチナはイ

◆エルサレムのヤド・ヴァシェム（ホロコースト記念館）にある、強制収容所に移送された人々の写真。320万人以上の名前がわかっている。

ショアー

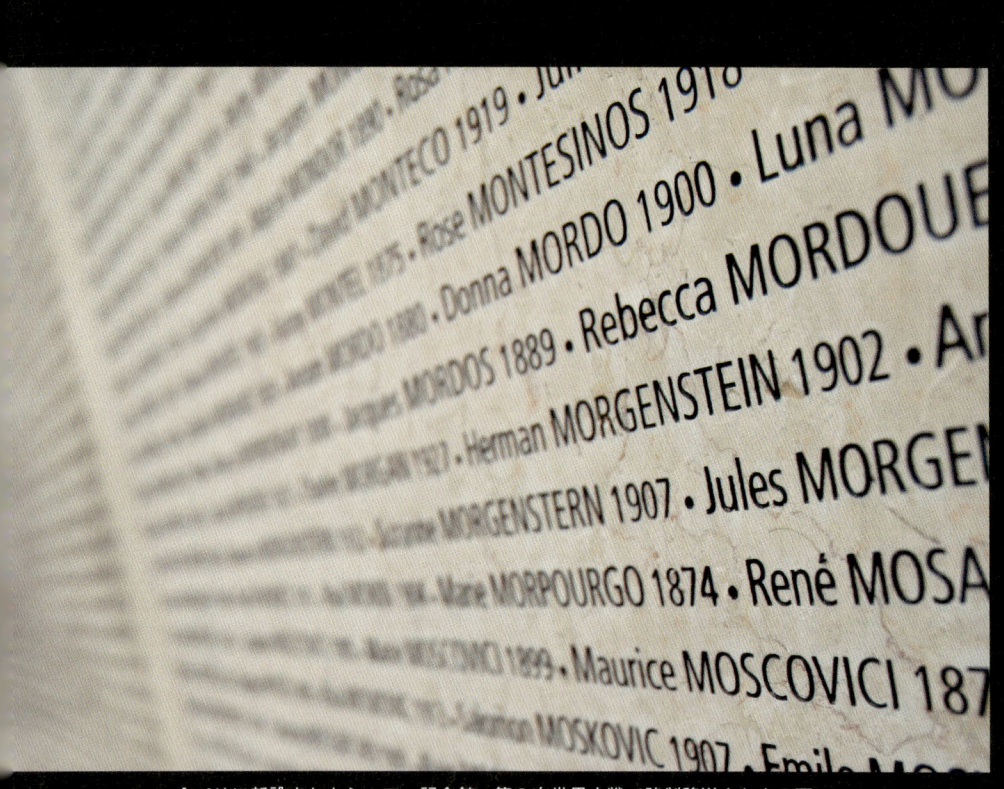

◆パリに新設されたショアー記念館。第2次世界大戦で強制移送された7万5000人の在仏ユダヤ人を崇敬するため、犠牲者や家族の名前がきざまれている。

　ヘブライ語の「ショアー」はカタストロフィーを意味する。この語は自然災害や天変地異ないし災厄を語る際に用いられ、1939年から45年にかけてのナチによるユダヤ人の殲滅をさすものではなかった。それが使われだしたのは、ここ30-40年のことである。それまでの長いあいだ、「ジェノサイド（集団大虐殺）」、あるいはより宗教的な語である「ホロコースト」が用いられていた。クロード・ランズマン監督の「記念碑的映画」[「ショアー」1985年]によって、このショアーという語は広く知られるようになり、以後、現代史家たちもそれを使うようになった。

　こうして今日、ショアーはナチによる筆舌につくしがたい惨劇を意味するがそこでは老若男女あわせて600万人ものユダヤ人——当時のユダヤ人口の3分の1以上——が、ガス室をはじめとするこの上もなく残酷かつ前代未聞の方法で殺戮されたのだ。1933年にアドルフ・ヒトラーが権力の座についてから、1939年に第2次世界大戦が勃発するまで、50万を数えていたドイツのユダヤ人とオーストリアの40万のユダヤ人は、迫害の最初の犠牲者となった。1939年から41年まで、西ヨーロッパからスターリングラードの西側地域にいたるまで、ナチの支配下に置かれた。そして1941年から、「究極の解決法」と呼ばれた計画が実施される。アウシュヴィッツやトレブリンカ、テレージエンシュタット、マイダネク、ベルゲン・ベルゼンなどの強制収容所での、ユダヤ人大量殺戮がそれである。

　ワルシャワのゲットーでユダヤ人が蜂起したユダヤ暦ニサン月の第15日［1943年1月18日］は、イスラエルで「ショアーと英雄的行動の日」と定められ、1953年には、ヤド・ヴァシェムと命名されたホロコースト記念館が、エルサレムのヘルツルの丘と向きあう記憶の丘の上に創設されている。その目的はショアーの記憶を永遠に伝え、生存者たちの証言を集め、戦争中にユダヤ人を救出するのに尽力し、「諸国民のなかの正義の人」なる称号が与えられたすべての人々の勇気を讃えることにある［ユダヤ人に旅券を発給して6000人あまりの命を救った、在リトアニア・カナウス日本領事館領事代理の杉原千畝（1900-86）や、映画にもなったドイツ人実業家のオスカー・シンドラー（1908-74）もこの称号を与えられている］。フランスでは、強制収容所から生還した過去をもつシモーヌ・ヴェイユ［1927-。保健相時代に妊娠中絶の合法化を実現したのち、欧州議会議長や社会問題・保健・都市計画相などを歴任し、2008年、アカデミー・フランセーズ会員に選ばれる］を理事長とする、「ショアー記憶基金」が設けられた。さらに、革命記念日の7月14日直後の日曜日を、冬期競輪場（ヴェル・ディヴ）での一斉検挙［1942年7月］を追憶する祝日ともしている。

ギリス人たちに占領されていた。彼らはバルフォワ宣言［イギリスの外務大臣アーサー・J・バルフォワ（1848-1930）が、1917年、ユダヤ人社会の指導者ライオネル・ロスチャイルド（1868-1937）宛ての書簡で明らかにした宣言］によって、ユダヤ人に国家を建設する権利を認めたあと、掌を返したかのように、「白書」［1939年の「マクドナルド白書」］によって、入植者の来住を制限するようになる［このバルフォワ宣言に先立つ1915年、イギリスの駐エジプト高等弁務官のヘンリー＝マクマホン（1862-1949）が、メッカの太守フサイン・イブン・アリー（1853-1931）との往復書簡で、オスマン帝国支配下におけるアラブ人居住地の独立を支持するかわりに、反オスマン軍事行動への参加を約束させている。これを「フサイン＝マクマホン協定」と呼び、やがてアラブ側は独立国家の領域にパレスティナを含めるとしたが、イギリスは含まないとして、見解の相違が表面化した］。

イギリスは第2次世界大戦開戦時から、ユダヤ人と連携してナチズムと戦ったが、パレスティナにおいては支配勢力としてあり、やがて反乱をまねくことになる。それについて、シオニズム運動の指導者であり、イスラエル国家の初代首相をつとめたダヴィド・ベン・グリオン［1886-1973］は、次のように語っている。「白書がないかのように、イギリス人とともにヒトラーと戦い、ヒトラーがいないかのように、イギリス人や白書と戦わなければならない」

ユダヤ人入植問題は、ユダヤ人とアラブ人、そしてイギリス人のあいだに紛争をひき起こすようになる。1947年11月29日、国連はパレスティナ分割案を決定する。シオニストの指導者たちは受け入れたが、アラブ側はこれをこばんだ。翌1948年5月14日、イギリス軍はパレスティナから撤退し、ベン・グリオンはイスラエルの独立を宣言する。その歓喜の真只中、この新しい国家は周囲のアラブ諸国（エジプト、トランスヨルダン、イラク、シリア、レバノン）に侵攻する。これが「独立戦争」である。それによって、イスラエル側も数千の戦死者を出したが、国連の分割案より広い領土を手にすることができた。しかし、たしかにイスラエル人は戦争に勝利したが、平和を得ることはできなかった。こうしてアラブ世界との善隣関係を築けなかったため、たえることのない敵対状態とくりかえされる戦争が、イスラエルの国家建設から今日までのその歴史に刻まれている。

シナイ戦争は1956年に始まった。当時エジプト大統領だったガマル・アブドゥル・ナーセル［1918-70］は、ティラン海峡の封鎖を決める。これに対し、イスラエルは、イギリス軍やフランス軍とともに、エジプト大統領によって国有化されたばかりのスエズ運河に、「カデシュ作戦」と呼ばれる軍事行動を起こす。そしてふたたびティラン海峡の封鎖が行われ、これが1967年のいわゆる「六日戦争」［第3次中東戦争］のきっかけとなる。イスラエル国家と隣接諸国（エジプト、ヨルダン、シリア、レバノン）全体が戦ったこの戦争は、前者によるヨルダンとエジプト領、すなわちヨルダン川西岸地域とガザ地区の占領をもって終わる。それは、ディアスポラのユダヤ人たちがはじめて如実な脅威とみなすようになった戦争であり、さらにイスラエル国内においても、他の民族を押しのけての支配を認めない人々と、「エレツ・イスラエル（イスラエルの地）」の信奉者たろうとする人々のあいだで、ユダヤ人国家の価値と性格についてきわめて激しい、そしてきわめて本質的な議論をまきおこした戦争でもあった。

やがてそこから新たな問題が表面化し、増幅と先鋭化の度を強めていくことになる。安全を求めることと占領を避ける必然性をいかにして両立させるか、どうすればユダヤと国家の倫理的な性格を保証できるのか。さらに、ユダヤ的伝統やユダヤ教との関係、宗教的なものと世俗的なものとの結びつき、あるいは宗教機関と国家との結びつきなどにかんする問題も登場した。

そして1973年10月6日、ヨーム・キップール戦争［第4次中東戦争］が勃発する。ユダヤ暦でもっとも神聖な日［贖罪の日］に、エジプト軍がシナイ半島を奇襲したのである。時を同じくして、シリア軍もゴラン高原を攻撃した。これにより、イスラエル軍は多大の損害をこうむった。これに対し、イスラエル軍のアリエル・シャロン将軍［1928-。第15代首相］は、シナイ半島の反対側から敵軍の背後をつく反撃作戦を敢行し、成功する。この戦争のトラウマによってイスラエルと周辺諸国のあいだに裂け目ができたが、やがて関係改善がはかられる。

◆1950年のメナヘム・ベギン［1913-92］。1977年から83年までイスラエル首相をつとめた彼は、1947年頃に秘密武装組織イルグンの指導者となり、ベン・グリオン率いる「ハガナー」［自衛民兵組織、のちに国防軍］と対立していた。

シオニズム（sionism）という語は、預言書のなかでエルサレムないユダヤ人をさす聖書的な「シオン（Sion）」に由来する。近代的な意味でのこの語を創り出したのは、テオドール・ヘルツル［1860-1904。ブダペストに生まれたシオニズムの提唱者で、世界シオニスト機構の創設者］の友人である、ウィーンのナータン・ビルンバウム［1864-1937。ユダヤ人をはじめて「民族」と定義し、オーストリア初のユダヤ民族大学人団体「カディマ」を創設した］だった。

19世紀におけるシオニズム最初期の先駆者は、ラビのツヴィ・ヒルシュ・カリシャー［1795-1874］とイェフダ・アルカライ［1798-1878］である。彼らは贖罪を急いで行うため、離散ユダヤ人たちに聖地への帰還を呼びかけた。今日でもなお、アブラハム・イサーク（イツハク）・クック（クーク）［1865-1935。ユダヤ思想家・トーラー学者・カバリストで、1924年、エルサレムのタルムード・ラビ学院創設者］の強力な個性に象徴される宗教的シオニズムは、イスラエル国家の建設をアサルサ・ディ＝ゲウラー、すなわち神聖な贖罪の始まりとしている。

カリシェルの世俗的な活動は、モーゼス・ヘス［1812-75］に影響を与えた。カール・マルクスの友人でドイツ社会民主主義の父ともされるヘスは、『ローマとエルサレム』［1862年］を刊行し、パレスティナの地におけるユダヤ再生を情熱的に擁護する。この書は、フランス革命や「諸国民の春」［1848年の二月革命と三月革命の総称］の方向と精神のな

◆テル・アヴィヴ博物館に飾られた、シオニズムの精神的父であるテオドール・ヘルツルの肖像画の下で、1948年5月14日、ダヴィド・ベン・グリオンがユダヤ国家誕生の宣言書を読み上げた。

かに確実に位置するものだった。

シオニズムにかかわる同様の思想は、「ホヴェヴェイ・ツィオン（シオンを愛する者たち）」運動が起きたロシアでも反響を呼んだ。ユダヤ人医師のレオン・ピンスケル［1821-91］は、その著『自力解放』［1882年］でこうした思想をとりあげ、シオニズム運動の計画と厳密な分析を語っている。

だが、シオニズムが政治的意味をおびるようになるには、本格的な理論家で運動の予言者ともいえる、ウィーンのジャーナリストだったテオドール・ヘルツルの登場を待たなければならなかった。「ノイエ・フライ・プレス」紙のパリ特派員としてドレフュス事件の裁判と、群衆の叫び声を耳にしながら、陸軍士官学校の中庭での大尉位階の剥奪に立ち会った彼は、この衝撃のあと、次のように記している。「1894年のパリで傍聴したドレフュス裁判が、私をシオニストにした」。ヘルツルはカンボン通りのホテルの一室に閉じこもって、『古くて新しい国』を書き、44年という短い生涯の最後の10年間を、夢の実現をめざして、関係当局やユダヤ人コミュニティのあいだを走りまわった。

1897年8月、バーゼルで開かれた第1回シオニスト会議で、ヘルツルは予言者的な呼びかけを発している。「50年後には、ユダヤ人の国家が誕生するだろう」。そして、その言葉どおり、それから約50年後の1948年5月14日、ダヴィド・ベン・グリオンがテル・アヴィヴ博物館の小部屋で、ユダヤ国家の誕生を宣言することになる。

1977年11月、エジプト大統領のアンワル・アル＝サダト［1918-81］は、エジプト航空の飛行機で、テル・アヴィヴ空港に降り立ち、彼の前にはだれひとりなしえなかったことを行おうとした。クネセト（イスラエル議会）で、エジプトが戦争を放棄することを望んでいると宣言し、高らかにこう呼びかけたのである。「ノー・モア・ウォーズ（戦争はもういい）！」。シナイ半島の返還とパレスチナ問題の解決を条件として、彼は和平協定の調印を決意した。そしてそれは実現した。アラブ諸国最大の国が、はじめてイスラエルとの和平協定を結んだのである。以来、エジプトとイスラエルのあいだには「冷たい平和」が定着しているものの、直接的な戦争状態にはいたっていない。

これは重要な出来事だった。しかし、ありていにいえば裂け目はそのままであり、パレスチナ問題全体、とくに六日戦争以後、イスラエルの実効支配下にあった、ヨルダン川西岸地域とガザ地区の150万を数えるパレスチナ人の拘束状態は、なおも放置されたままだった。1980年代の第1次インティファーダや、2000年初頭の第2次インティファーダにみられるパレスチナ人の蜂起、紛争の最終的な調整への道を開くはずだった、パレスチナ解放機構議長のヤーセル・アラファトとイスラエル首相のイツハク・ラビン、そしてシモン・ペレス［ラビン政権下での外務大臣］の3者間で結ばれたオスロ合意［1993年］の失効、1995年11月にテル・アヴィヴで催された平和集会での、過激なユダヤ教徒［イガール・アミル（1970-）。オスロ合意に反対して犯行におよんだ極右学生］によるラビン首相の暗殺、キャンプ・デーヴィッド・サミット［2000年7月のイスラエル・パレスチナ・アメリカの三者会議］と、アメリカ大統領ビル・クリントン、アラファト、イスラエル首相エフード・バラクによるエジプト・タバでの三者協議［2001年］の不調。こうしたことすべてが折り重なって、パレスチナは和平への希望がついえ、ふたたび混乱と暴力の時代に蹂躙されることになる。そして、現在もなおテロリズムと抑圧に向きあっているのだ。

老練な外交官でユダヤ教史家でもあったアバ・エバンは、当時、こう記している。「ときに人間ないし国家は、他のすべての可能性がつきたあと、理性にまかせることがある。近東では、エジプトとイスラエルの関係とは無縁のところで、実際にあらゆる可能性が試みられた。戦争、封鎖、検疫、閉鎖、休・停戦、テロ行為、石油輸出禁止、強大国の圧力、国連のさまざまな決定などである。だが、和平だけはいまだ試みられていない唯一の可能性である。おそらくこの新しい冒険、すなわち平和への道は開かれているはずだ」。この幾分なりと楽観主義的な言葉は、1990年直前に書かれたものである。その後、エバンの期待とは裏腹に、和平への道は断たれ、過激派が台頭するようになる。こうした事情は今日もなんら変わっておらず、激化の一途をたどっているのだ。

国家における宗教の位置もまた、厄介な問題である。それはなんら決着がついておらず、くりかえし問題化している。イスラエルは中東の他の国々と異なる。ヘブライ語再生のシンパたちが国の近代化に大いにあずかって力があり、聖書の遺産を受け継いで、なおも聖書の言語が話されているのだ。最初期のシオニストたちが伝統的なユダヤ教と距離を置こうとしていたにもかかわらず、ユダヤの歴史の連続性を守ろうともしている。ここはユダヤ人たちの国家なのか、それともユダヤ教国家なのか。宗教的な問題はつねに不安定な均衡のうちにある。聖俗をとわず、人々は国家建設時にまでさかのぼる状況を生きている。たとえば、独立宣言はイスラエルの「岩」を想い起こさせる。この「岩」とは象徴的な表現で、アブラハムやイサク、そしてヤコブの神を明確かつ宗教的な根拠とするのを避けながら、人々は「岩」に合意をもたせている［ちなみに『イザヤ書』44・5-8は、岩の比喩を次のように用いている。《ある者は「わたしは主のもの」と言い／ある者はヤコブの名を名乗り／またある者は手に「主のもの」と記し／「イスラエル」をその名とする。（…）あなたたちはわたしの証人ではないか。／わたしをおいて神があろうか、岩があろうか》］。

イスラエルは信教の自由が保証される民主的・世俗的国家であるとみずから宣言している。それゆえ、原則的に国家宗教なるものは存在していない。だが、実際のところ、結婚や安息日における公共の場の開放といった基本的ないし状況的な問題については、世俗の者と宗教者たちのあいだでしばしば議論がなされ、互いに容赦のない非難合戦をくりひろげているのだ。

同様に、現行の比例代表制による選挙と政府の連立志向は、小規模の宗教政党に等身大を超えた存在感を与えており、イスラエルの政治生活に座視できない役割を演じさせている。そしてこうした傾向は近年さらに増幅している。たとえば1967年以降、これらの政党ないしその一部は、占領地へのユダヤ人入植にかかわって宗教的ナショナリズムを生み出し、このナショナリズムが入植事業の先兵となって、「グーシュ・エムニーム［大イスラエル主義］」運動の周辺で勢力を拡大しているのである。また、憲法の不在［議会や大統領、国土、軍などにかんする基本法はある］、非宗教的な結婚や離婚を制定しようとする試みの失敗も、宗教政党の責任とされている。

現代の諸問題

21世紀に入って、その始まりからユダヤ教が抱えていたさまざまな疑問は、各世代にそのまま、あるいは多少とも形を変えて残さ

◆1977年11月、イスラエルを訪問したエジプトのアンワル・アル＝サダト大統領と、贈り物を交換するゴルダ・メイア首相［1896-1978。イスラエル第4代首相］。

第1部　一神教

れている。そこでは各人が自分の答えを見出さなければならないが、イスラエルでは、世界各地のユダヤ人コミュニティと同じように、ユダヤ史の二重の屈性が作用している。すなわち、この国は「ハラカーの近く」で身を守り、何にも打ち解けずに閉じこもり、信仰心を育み、その単一性を祝わなければならないのだ。それでいて、自分の理想を他国と分けあい、その真実を広めたいという傾向もおびている。たしかに、世界中の文化でユダヤ的要素を滋養としていないものは少なく、みずからのうちに周囲の文化を含まないユダヤ文化もまた存在しない。

では、すべての大陸で3000年にもわたって展開してきたユダヤ史をつらぬく、続いているものとは何か。あきらかにそれは追放をものともしない持続であり、排斥をものともしない再生である。これこそが、歴史家のポール・ジョンソンをして、この弱小民族が有する「異常なまでの持続力」と呼ばせたものである。すでに旧約聖書の預言者たちは、引き算を引きあいに出して、「残り」によってイスラエルの民が再生すると述べていたが、こうした持続力はさまざまな離散を味わっても、つねに彼らのうちに保たれていた。彼らは領土という根拠や国家という基盤を失いながら、言語同様、その持続性を守りつづけたのである。

長きにわたる犠牲や苦痛、さらにあらゆる迫害の歴史にもかかわらず、ユダヤ人はけっして希望を失わなかった。そして、一度たりとあきらめることがなかった再生の奇跡を手に入れたのである。

今日のユダヤ社会は、本質的な激変を経験したにもかかわらず、過去においてしばしばそうであったように、小規模で世界各地に散らばっており、脆弱であると同時に自尊心をもち、みずからを信頼しながら分裂し、宗教的真理や不安、脅威、確信、夢、疑問、そして希望をもあわせもっている。

現代のユダヤ教教育は、2世紀以上も前からのさまざまな変容と符合している。解放、世俗化、ショアー、イスラエル国家の再生、ディアスポラさなかの移住運動など、これらはすべてユダヤ人の生活になにがしかの変化を生んできた。ユダヤ人の教育は、開放的な現代社会における新たな挑戦に対応できるようなされてきた。

「タルムード・トーラー」（トーラー教育）はエルサレム第二神殿の崩壊以降、なおもディアスポラのユダヤ人の生活にとってきわめて重要なものとなっている。それはユダヤ人の価値基準のなかで第一位を占めているのだ。ユダヤ教に対する知はつねに優越さを示すしるしであり、教育は宗教的に規定され、学習は神の道にならうこと〔『申命記』28・9〕、つまり、神とその霊性に近づくための方法だった。ベイト・ハミドラシュ（学びの家）は聖所とされ、祈りには学習が、学習には祈りが組みこまれていた。さらに両者は、しばしば同じ場所で行われもした。「タルムード・トーラー」の最初の段階は「ヘデル（初等学校）」で、そこでは児童たちにモーセ五書やラシの注解を学ばせる基礎的な教育がほどこされていた。

やがてヨーロッパにおいてユダヤ人の解放と世俗化運動が始まると、ユダヤ人コミュニティのなかに相反する結果が生じるようになる。一方は、周囲の文化を拒絶して、それとは無縁のままでいようとする動き、他方は周囲の環境に全体的に溶けこもうとする同一化の動きと欲求がみられるようになったのである。そして、この両者のあいだに、中間的な動きも数多く登場した。

現代世界の真只中でユダヤ社会の存続をはかろうとするこうした戦いでは、ユダヤ教の教育が中心的な価値観の基準として、と同時に、ユダヤ人であることを教える新たな存在様式への適応の場として、決定的に重要な役割を果たすことになる。ハラカーの信奉者たちが教育をとおしてユダヤ的価値観の変革を行おうとする一方で、正統派は独自の制度を発展させていった。イェシヴァと呼ばれる神学院が東欧のほぼ全域に設けられるようになったのである。このイェシヴァは、ひたすらユダヤ教の研究のみを行う閉ざされた場である。学生たちはそこでの数年間を、聖書にかんするみずからの知識を蓄積するために捧げている。しかし、世俗化の動きによって、徐々にではあるが、教育は、現代世界のさまざまな制約にユダヤ教を順応させようとする、多くのユダヤ人の新しい要請と期待を引き受けなければならなかった。こうして教育は再生し、古くからの内容を一新して、新たな公式化を模索するようになった。

フランツ・ローゼンツヴァイクの「レルハウス」　レルハウスは、20世紀初頭のドイツで、フランツ・ローゼンツヴァイク〔次ページ参照〕が成人教育用に企画した行動の一例で、とくにアメリカとイスラエルでめざましい発展をとげた。第2次世界大戦直後、カッセル出身のこの若い哲学者は、こう自問していた。いかにすればユダヤ人たりうるか、なぜではなく——それはすでに彼になかで解決ずみだった——、いかにしてか。同世代の男女が彼らの原点から遠ざかっており、ユダヤ的価値観から切り離されている。ローゼンツヴァイクはそう考えていた。トーラーは家庭のみならず、シナゴーグですらもはや行動様式の基準とはなっていない。彼にとって唯一の救い、ユダヤ的生活を一新するための唯一の方法は、教育と深くかかわっていた。だが、それは、近代のユダヤ文化と距離を置き、ユダヤ教に対する伝統的なアプローチとの関係を考慮した、新しい教育でなければならなかった。

1920年、ローゼンツヴァイクはフランクフルト・アム・マインに、同市のラビ、ネヘミア・ノーベル〔1871-1922〕とともに「レルハウス」——「ベイト・ハミドラシュ」（学びの家）、すなわち「自由学校」——を創設する。ここで彼は、ユダヤ文化と西欧文化を同時にのびのびと学びたいと願う一般人に向けて、ユダヤ教育の革新を開始する。このベイト・ハミドラシュは、大学機関とユダヤ教への帰還をはかる骨組みになろうとした。中世の哲学者マイモニデスは、コルドバで、ユダヤ的伝統をギリシアや哲学、そして科学の分野に根づかせようと全身全霊を傾けたが、ヨーロッパ文化に浸かっていた若いドイツの知性ローゼンツヴァイクは、ユダヤ教の失われた知を復権するために戦った。こうしたパラドックスを、彼はラテン語の定式的表現を引きあいに出して示している。「ユダヤ的もののうち、私にとって無縁なものはなにひとつない」

多様な潮派

ユダヤ教の正統派はさまざまな潮派に分断されている。合理主義的、神秘主義的、実存主義的な潮派だが、近代を特徴づけたラビとしては、とくにジョゼフ・ソロヴェイチク［1903-93。アメリカの正統派ラビでタルムード学者］や、アブラハム・イサーク・クック［前出］がいる。彼らは周囲の社会にユダヤ教を開放するために力を注ぎ、ユダヤ教徒を、変化する世界にあって、自分が属するコミュニティに対する責務と他者に対する義務とのあいだの、たえざる弁証法的緊張のなかで生きる者と定義している。こうした正統派のかたわらには、ユダヤ教内での多元論をこばんで近代主義を警戒し、シオニズムを激しく攻撃して、超国粋主義を唱える超正統派が命脈を保っている。

さらに、おもにドイツやフランスにはユダヤ教を根底から一新しようとした、ユダヤ人の思想家や神学者も台頭している。これらの思想家たちはヨーロッパで生まれ、西欧文化を吸収している。解放の果実とでもいうべき彼らは、最高学府を卒業し、ユダヤ教へと戻っていった。たとえば、ヘルマン・コーエン［1842-1918。ドイツのユダヤ人思想家・哲学者で、新カント派のマールブルク学派創唱者］がそうである。ハザン（シナゴーグにおける祈祷の先唱者）の息子である彼は、ブレスラウのラビ学院に学んだのち、大学教員としての輝かしい経歴を積む。そして、マールブルク大学の学長となり、やがてユダヤ教が理性の宗教であることを見出す。コーエンと同様の家柄を出自とする、フランツ・ローゼンツヴァイク（1886-1929）［コーエンの弟子で、ヘーゲルの歴史哲学の批判的研究者。ユダヤ人は神との契約、非ユダヤ人はイエス・キリストによってのみ救われるとした「二契約神学」の提唱者としても知られる］もまた、そうした知性のひとりだった。彼が受けたユダヤ教教育は、かなり希薄なものだった。彼にユダヤ教の基礎を授けたのは、大叔父のみだったからだ。あるかあらぬか、彼は従兄弟たちのようにキリスト教に改宗しようとすらした。

コーエンとローゼンツヴァイクはふたりともヨーロッパの文化的伝統にどっぷりと浸っていた。前者は新カント学派の指導者と目され、後者はヘーゲルを徹底的に分析した論文をものしている。ふたりはユダヤ人たちが「テシュヴァ」、すなわち父祖たちの信仰への帰還と呼ぶものを経験している。この帰還は個人がたどる路程であり、彼らの源泉の再解釈にほかならない。と同時に、昔からいくどとなくくりかえされてきたテシュヴァは、彼らユダヤ人たちのうちに実存的な次元を獲得するようになっている。すなわち、失われてしまった、だが、自分たちが本来帰属すべき対象をふたたび見つけ出すだけでなく、彼らとその対象との絆が何なのか、それをふたたび明確にするという次元である。とすれば、前述のふたりのほかに、さらにマルティン・ブーバーやアブラハム・ヘシェル［1907-72。20世紀を代表するアメリカのユダヤ神学者・哲学者・教育者］、さらによりわれわれに近いフランスの哲学者エマニュエル・レヴィナスをくわえてもよいだろう。

宗教的哲学者とはなにか。ここに列挙した思想家たちは、たしかにそうした宗教的哲学者ともいえる。彼らが唱えたテシュヴァが、ラヴ（賢者）・クックやラヴ・ソロヴェイチクといった、同時代の近代正統派の代表者たちが主張したそれと異なっているとしても、である。彼らが考えていたユダヤ教は教義や戒律からのみ成り立つものではない。それはさらに、善なるものを得るための方法でもあるのだ。

宗教？　民族？　文化？

ユダイズムは宗教であり、と同時に民族であり、文化でもある［ユダイズム（Judaisme）とは多義的な語で、ユダヤ教を第一義とするが、ほかにユダヤ主義やユダヤ人の世界観・価値観・哲学、ユダヤ人共同体などをさす］。だが、ユダヤ人の集団的な歴史は、キリスト教やイスラーム教といった他の一神教文明と同様に、そしてそれらとかかわる一個の「文明」としてのみ理解できる。唯一の領土で生きることなく、共通の言語ももたぬまま、ユダヤ人は2000年前から存続している。その歴史の主役をつとめながら、帰属意識と召命観をもちながら、である。

このユダヤ人の歴史は進行中であり、新たな挑戦ないし脅威に立ち向かわなければならない。ハラカーが日常生活を導いていた時代とは異なる開放的な現代社会のなかで、ユダイズムにいかなる未来が待っているのか。イスラエルとディアスポラとの関係はどうあるべきか。精神的中心とは何か。バビロニアやエルサレムの時代のような二極構造はどうか。漸進的な遠隔化とは…。こうした問題に対する回答は、他の問題――たとえばショアー以後の反ユダヤ主義や、西洋とイスラーム世界におけるネオ・反ユダヤ主義の「違法化」、第2ヴァチカン公会議によって唱道され、ヨハネ・パウロ2世の行動によって強化されたユダヤ教とキリスト教との接近、宗教間の対話におよぼすユダヤ・アラブ紛争の影響など――に対する回答と同様、これから数十年先までのユダイズムの進歩を決定づけることだろう。

◆イスラエル首相アリエル・シャロンの政策に反対する、「シャローム・アフシャーヴ（ピース・ナウ）」運動の路上デモ、2002年10月、エルサレム。

第1部　一神教

関連用語解説

［ヘブライ語（hebr.）のアルファベット表記は、吉見崇一『ユダヤ教小辞典』などによる］

アシュケナジ Ashkenazi［複数形 Ashkenazim］(hebr.) 最初、ドイツおよびフランス北部のユダヤ人をさしていたが、17世紀以降は、広義で、西欧世界のユダヤ人をさすようになる。

アニ・マーミン Ani Ma'amin (hebr.)「私は信じる」の意。マイモニデスが定式化した13通りの信仰個条は、すべてこの語から始まる。

アリヤー Allyah (hebr.)「上ること」の意。宗教的な意味では、ユダヤ人が年に3度エルサレムに「上る」義務をさす。現義ではユダヤ人のイスラエル帰還の意［シナゴーグでトーラーを朗読するため、壇上に上がることもいう］。

安息日 Shabbat (hebr.) シャバトの字義は「休息、停止、休止」。安息日の起源は『創世記』にあり、そこには「第七の日に、神は御自分の仕事を離れ、安息なさった」（2・2）と記されている。この日の安息を遵守することは、ユダヤ的宗教生活の中心をなす。

イェシヴァ Yeshiva (hebr.) タルムードの教育機関。複数形はイェシヴォット Yeshivot。

エッセネ派 Essenes (hebr.) 第二神殿時代におけるユダヤ教の三潮派のひとつ。苦行と俗界からの隠棲を説き、他の潮派との断絶を望んだ。

カシェール/コシェール Cacher/Kacher/Kocher (hebr.) 字義は「適法」。宗教的な食事規定にかなっていることをさす（実詞カシュルート「食事規定」）。

カディッシュ Kaddish (hebr.) アラム語で、祈りや神の頌栄（「御名が終末のときまで祝福されますように」）の意。さまざまな礼拝や親族の服喪に発せられる。

仮庵祭（スコット）Sukkot (hebr.) イスラエルの民が40年ものあいだ、砂漠をさまよったことを追憶する7日間の祭り。

キップール Kipur (hebr.) ユダヤ暦でもっとも神聖な日である贖罪の日で、断食と禁欲を旨とする。

キドゥーシュ Kiddush (hebr.) 字義は「聖別・聖化」。安息日（シャバット）の食事前や祭日に、ぶどう酒の上で唱えられる。

ゲマラ/グマラ Gemara (hebr.) ミシュナの解釈と、賢者ないし学者間の対立する意見や議論を集めたタルムードの一部。

ゴイ Goi (hebr.) 民族、国家。複数形ゴイム（Goyim）。旧約聖書にある語で、ユダヤ民族をさす。のちには広義で非ユダヤ人の異教徒をさすのにも用いられた。

ゴラ Gola (hebr.) ディアスポラ（民族離散）のこと。

サドカイ派 Tzedokims (hebr.) 呼称は創始者のサドク（大祭司家）に由来するという。第二神殿時代の名士や祭司たちの一派で、ローマの権力と結びつき、神殿やその祭祀をとりしきっていたが、口伝律法や死者の再生信仰は認めなかった。

サンヘドリン Sanhedrin (hebr.)［ギリシア語シュネードリオン synēdrion「集会」のアラム語化］長老議会。第二神殿時代のユダヤ世界最高機関［最高法院とも訳される］。

シドゥール Siddur (hebr.) 祈祷書。

シムハット・トーラー Simkhat Torah (hebr.) 字義は「トーラーの歓喜」。仮庵祭（スコット）最終日に営まれる行事で、シナゴーグでのモーセ五書の朗読納めを示す。

シャヴオット Shavuot (hebr.) 字義は「週」。シナイ山上でモーセが神からトーラーを授かったことを祝う祝祭で、過越祭（ペサハ）の7週間後。

シュテットル Shtetl（イディッシュ）中欧および東欧に住むユダヤ人の小邑をさす。ショアーとともに消滅した。

ショファル Shofar (hebr.)「角笛」。古代、ショファルを吹いて信徒たちを目覚めさせ、悔悛の苦行を呼びかけた。今日、その音は、重要な祝日、すなわちヨム・テルアー（ショファルを吹き鳴らす日）と呼ばれる、ローシュ・ハシャナ（新年）祭や、ヨム・キプール（贖罪の日）祭の断食が終わるときに吹かれることになっている。

セデル Seder (hebr.) 字義は「順序」。ペサハ（過越祭）の第1日目［ディアスポラでは第1・第2日］の夕べを示す儀礼的な晩餐で、『出エジプト記』が読誦される。

セファルディ Sephardi［複数形 Sephardim］(hebr.) スペインとポルトガルにいたユダヤ人たちの子孫。この語はのちに広まって、北アフリカや地中海全域および近東のユダヤ人コミュニティにまで用いられるようになる。

七十人訳旧約聖書（セプトゥアギンタ）Septante（フランス語）前3世紀に行われた旧約聖書の最初のギリシア語訳。伝承によれば、呼称にあるように、この訳業は70人の翻訳者によるという［複数形のSeptantesはその70人（ないし72人）の訳者たちをさす］。

族長 Avot (hebr.) ユダヤ民族の3代の父祖、アブラハム、イサク、ヤコブをさす。

タルムード Talmud (hebr.) 字義は「学び、教え」。イスラエルの賢者たちの思想や言葉の集成。その編纂は、エズラとネヘミヤの呼びかけから後5世紀まで、何世紀もかけてなされた。

ティシャ・ベアヴ Tishah be-Av ユダヤ暦アヴの月の9日目。エルサレムの第一・第二神殿が破壊されたのを記憶するために行う断食の日。

テシュヴァ Teshuvah (hebr.) 悔悟、告解、懺悔。

テフィリム Tephillim ないしテフィリン Tefillin (hebr.) トーラーの文言（『出エジプト記』13・1-10、11-16、『申命記』6・4-9、13-21）が記された羊皮紙をおさめた小型の聖句箱。祈りの際、信徒たちはこれを額や左腕につける。

ハガダー（アガダーとも）Haggadah (hebr.)「物語、語り」の意。タルムードにおいてハラハーに属さず、旧約聖書の教訓や伝承などを示す。

ハシディズム Hasidism「敬虔なる者」の意。17世紀ごろ、東欧で生まれた宗教的・神秘主義的運動。熱情と歓喜を神に捧げ、神と霊的に交わることを説いた。創唱者はラビのバール・シェム・トフ（トーヴ）［1700-60］。

ハスカラ Haskalah (hebr.) 字義は「啓蒙」。18世紀後葉から19世紀後葉にかけてドイツやポーランド、ロシアなどで展開した思潮。都市在住のユダヤ人の解放や、ユダヤ的伝統と近代精神との接近をはかった。

ハヌカ Hanukkah (hebr.) 字義は「奉献」。アンティオコス・エピファネスに対する蜂起と、ユダス・マカベウスによるエルサレム神殿の解放を記念するため、マカバイ家（祭司王朝）が始めた祝祭。

ハヌキヤ Hanukkiya (hebr.) 八枝の燭台。

ハラハー Halakhah (hebr.) 字義は「進む」。トーラーのなかで、人と神、人とその隣人との関係を規定する律法にかわるすべてのもの。広義で、ユダヤの律法や伝承の枠組みに含まれるすべての規定をさす。

バル・ミツヴァ Bar Mitzvah (hebr.) 宗教コミュニティに入る年齢である13歳になった少年を祝う宗教儀礼。これ以後、ユダヤ人の子どもはさまざまな宗教的義務を遵守し、ミンヤン（ミニヤン）の一員に数えられる。少女の場合はバット（Bat）・ミツヴァといい、12歳のときに祝われる。

ファリサイ（パリサイ）派 Parushim (hebr.) 成文律法と口伝律法にこだわった、第二神殿時代におけるイスラエルの賢者（学者）団。呼称は「分離した者」を意味するが、それは彼らがその道徳性や戒律の几帳面な遵守によって、民衆から離れようとしていたことによる。

ブリト・ミラ Brit Milah (hebr.)「割礼」。ユダヤの男児全員に対する包皮の切除で、生後8日目に行われる。神とかわした永遠の契約のしるしとして、アブラハムとその子孫たちに受け継がれる最初の戒律。

プーリム Purim (hebr.)『エステル記』にある出来事を記念する祝祭で、ユダヤ暦のアダル月14日［第12月、グレゴリウス暦2-3月］に営まれる。伝承によれば、この語は「籤」を意味するプール（pur）に由来するという。ペルシア帝国内のユダヤ人にとって望ましい籤が出たおかげで、クセルクセス［アハシュエロスとも。アケメネス朝ペルシア王。在位前486-前465］時代の宰相ハマンがくわだてた、ユダヤ人殺害の謀略の裏をかくことができたという。

ベイト・ディン Beit Din (hebr.)「裁きの館」の意。ラビの法廷で、基本的に宗教的な結婚や離婚、さらにカシュルート（食事規定）や改宗（背教）の問題など

マックス・ファーガソン「カッツ・デリカテッセン」、1933年、個人蔵。

エルサレムの小学校教室。

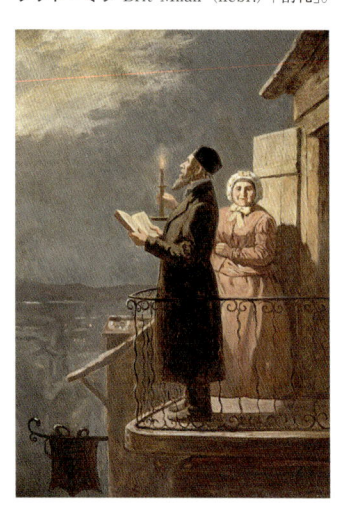

ジャック・アルフォンス・レヴィ、通称サイド（1843-1918）「晩祷」、ユダヤ教博物館蔵、パリ。

を扱う（→カシェール）。

ペサハ Pesach (hebr.) 出エジプトを祝う過越祭。ユダヤ暦のニサン月15日に始まり、ディアスポラでは8日間、イスラエルでは7日間続く。いわゆる三大巡礼祭のひとつ。

ミシュナ Mishna (hebr.) タルムードの一部で、さまざまな律法や決定の集成からなる。いわゆる「口伝」の律法が忘れ去られるのをよしとしなかった、ラビのイェフダ（ユダ）・ハナシ［135-220］が書きとめたもの。

ミツヴァ Mitzvah (hebr.) 戒律・教訓。複数形ミツヴォト Mitzvot。

ミドラシュ Midrash (hebr.) ダラシュ darash「求める、学ぶ、捜す」(hebr.) の派生語。律法の注釈や研究にもとづくラビ文学の一ジャンル［ミドラシュ文学］。この語はまた旧約聖書のさまざまな解釈をもさし、本来的な意味からかなり遠ざかるようになっている。

ミンヤン Minyān (hebr.) 礼拝を行うために必要な成人男子（バル・ミツヴァを行った者）10名の定足数。

メズザー Mezuzāh (hebr.)［字義は「門柱」］。「聞け、イスラエルよ。我らの神、主は唯一の主である」［『申命記』6・4］という信仰告白［シェマ］が書かれた羊皮紙をおさめた小箱で、家の敷居や入り口の柱にとりつけられる。

預言者 Nabi (hebr.) 旧約聖書の預言者は未来の予言を行うのではなく、神の意をその民に伝える存在だった。なお、フランス語で預言者をさすプロフェート (prophètes) は、ギリシア語で「宣言する者」の謂いであるプロフェーテースを語源とする。

ローシュ・ハシャナ Roch ha-Shanah (hebr.)「年頭」の意。年初の祝祭。

関連年表

旧約聖書時代
前2000-前1700年頃　3代族長（アブラハム、イサク、ヤコブ）
前1700-前1300年頃　ユダヤ人のエジプト隷属
前1250-前1200年頃　出エジプト。モーセに導かれての荒野彷徨とヨシュアを指導者としてのカナンの地の征服
前1030-前928年　王政（サウル、ダビデ、ソロモン）と預言者たち
前1000年頃　ソロモンのエルサレム神殿建設
前928-前726年　ヘブライ王国の分裂。以後、イスラエル王国とユダ王国に
前586年　第一神殿の破壊。第1次バビロニア捕囚と最初のディアスポラ（エジプト、小アジア）
前586-前538年　ペルシアの支配。キュロスの勅令によるバビロニア捕囚終焉。エズラとネヘミヤの呼びかけによる聖地への帰還

第二神殿時代
前515年　エルサレム神殿再建
前332-前142年　ギリシアの支配（アレクサンドロス大王）とマカベウスの反乱
前142-前135年　ローマの支配
前142-前37年　ハスモン（マカベア）朝
前37-後66年　ヘロデ王朝
後66-70年　ユダヤ人の反ローマ大蜂起
70年　エルサレムの陥落と第二神殿の破壊（第一神殿と同じアヴ月9日）
74年　マサダ要塞の奪取
132-135年　バル・コホバの反ローマ反乱と再度のディアスポラ

タルムード時代
200年頃　ミシュナの編纂
425年頃　エルサレム版タルムードの完成
550年頃　バビロニア版タルムードの完成

中世
1040年　トロワでラシ生まれる。1105没
1135年　コルドバでマイモニデス生まれる。1204没
1240年　パリでフランシスコ会士とラビとのタルムード論争。タルムード焼却処分［1244年］
1492年　異端審問（宗教裁判）によるスペインからのユダヤ人追放
1496年　ポルトガルからのユダヤ人追放
1515年　ヴェネツィアに最初のゲットー
1517年　ラビのヨセフ・カロによる『シュルハン・アールク』（「盛りつけられた食卓」。ユダヤ法の集成）の編纂
1626年　トルコのスミルナでシャバタイ（シャブタイ）・ツヴィ生まれる。背教者として没したメシア僭称者

近・現代
1700年　ハシディズムの創唱者とされるバール・シェム・トフ（トーヴ）生まれる。1760年没
1729年　「ハスカラ（啓蒙）」運動の父モーゼス・メンデルスゾーン生まれる。1786年没
1791年　フランスのユダヤ人解放
1820年　ドイツでユダヤ教改革派活動開始
1897年　第1回シオニスト会議
1917年　バルフォア宣言
1933-45年　ナチズム下でのユダヤ人迫害
1948年　イスラエル国家建設

参考文献

ANTELME, Robert, *L'Espace humaine*, Minuit, Paris, 1947（ロベール・アンテルム『人類――ブーヘンヴァルトからダッハウ強制収容所へ』、宇京頼三訳、未来社、1993年）

BADINTER, Robert, *Libres et égaux: l'émancipation des Juifs 1789-1791*, Fayard, Paris, 1989（ロベール・バダンテル『自由と平等――ユダヤ人解放、1789-1791年』、ファヤール社、パリ、1989年）

BOURETZ, Pierre, *Témoins du futurs*, Gallimard, Paris, 2003（ピエール・ブーレ『未来の証人たち』、ガリマール社、パリ、2003年）

BREDIN, Jean-Denis, *L'Affaire*, Julliard, Paris, 1893（ジャン=ドゥニ・ブルダン『事件』、ジュリヤール社、パリ、1893年）

CHARBIT, Denis, *Sionismes, textes fondamentaux*, Paris, Albin Michel, 1998（ドゥニ・シャルビ『シオニズム基本文献』、アルバン・ミシェル社、パリ、1998年）

EISENBERG, Josy, *Histoire moderne du peuple juif*, Stock, Paris, 1997（ジョジー・エーゼンベール『ユダヤ人近代史』、ストック社、パリ、1997年）

FINKIELKRAUT, Alain, *Le Juif imaginaire*, Le Seuil, Paris, 1980（アラン・ファンキエルクロート『想像のユダヤ人』、ル・スイユ社、パリ、1980年）

GRAETZ, Michael, *Les Juifs en France au XIXᵉ siècle: de la Révolution française à l'Alliance israélite universelle*, trad. S. Malka, Le Seuil, Paris, 1989（ミヒャエル・グレーツ『19世紀におけるフランスのユダヤ人――フランス革命から世界イスラエル連盟まで』、ヘブライ語版からの仏訳、S・マルカ訳、ル・スイユ社、パリ、1989年）

JOHNSON, Paul, *Histoire des Juifs*, Lattès, Paris, 1989（ポール・ジョンソン『ユダヤ人の歴史 上・下』、阿川尚之・池田潤・山田恵子訳、徳間書店、1999年）

LÉVINAS, Emmanuel, *Difficile liberté*, Albin Michel, Paris, 1963（エマニュエル・レヴィナス『困難な自由』、合田正人監訳、三浦直希訳、法政大学出版局、2008年）

OZ, Amos, *Une histoire d'amour et de ténèbre*, Gallimard, Paris, 2004（アモス・オズ『愛と闇の歴史』、ガリマール社、パリ、2004年）

ROTH, Cecil, *Une histoire du peuple juif*, Ramsay, 1996（シーセル・ロス『ユダヤ人の歴史』、長谷川真・安積鋭二訳、みすず書房、1966年／原著1959年）

WISEL, Elie, *La Nuit*, Minuit, 1958（エリ・ヴィーゼル『夜』、村上光彦訳、みすず書房、1967年）

WINOCK, Michel, *La France et les Juifs*, Le Seuil, Paris, 1958（ミシェル・ヴィノック『フランスとユダヤ人』、ル・スイユ社、パリ、1958年）

ZORGBIBE, Charles, *Théodor Hertzl: l'aventurier de la terre promise*, Tallandier, Paris, 2000（シャルル・ゾルグビブ『テオドル・ヘルツル――約束された地の冒険家』、タランディエ社、パリ、2000年）

ZWEIG, Stefan, *Le Monde d'hier*, Belfond, 1982（シュテファン・ツヴァイク『昨日の世界 1・2』、原田義人訳、みすず書房、1999年）

エルサレム旧市街でタルムードを読む学生。

律法を教えるモーセ。禿頭王シャルル2世の聖書より、フランス国立図書館蔵、パリ。

次ページ：エルサレムの眺望。嘆きの壁の左手前にロシア正教会、壁の向こうにはアル=アクサー・モスクと岩のドームが見える。

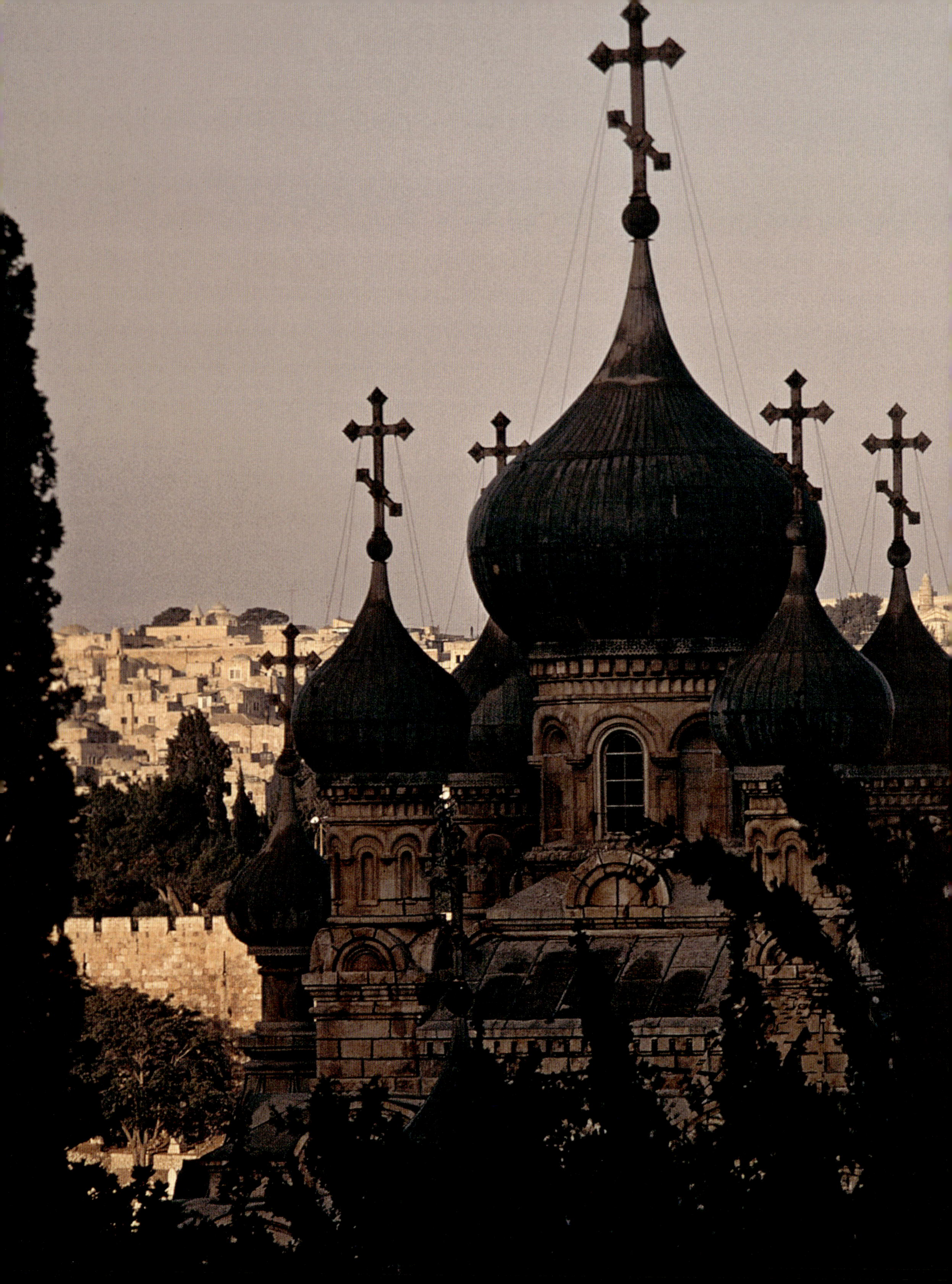

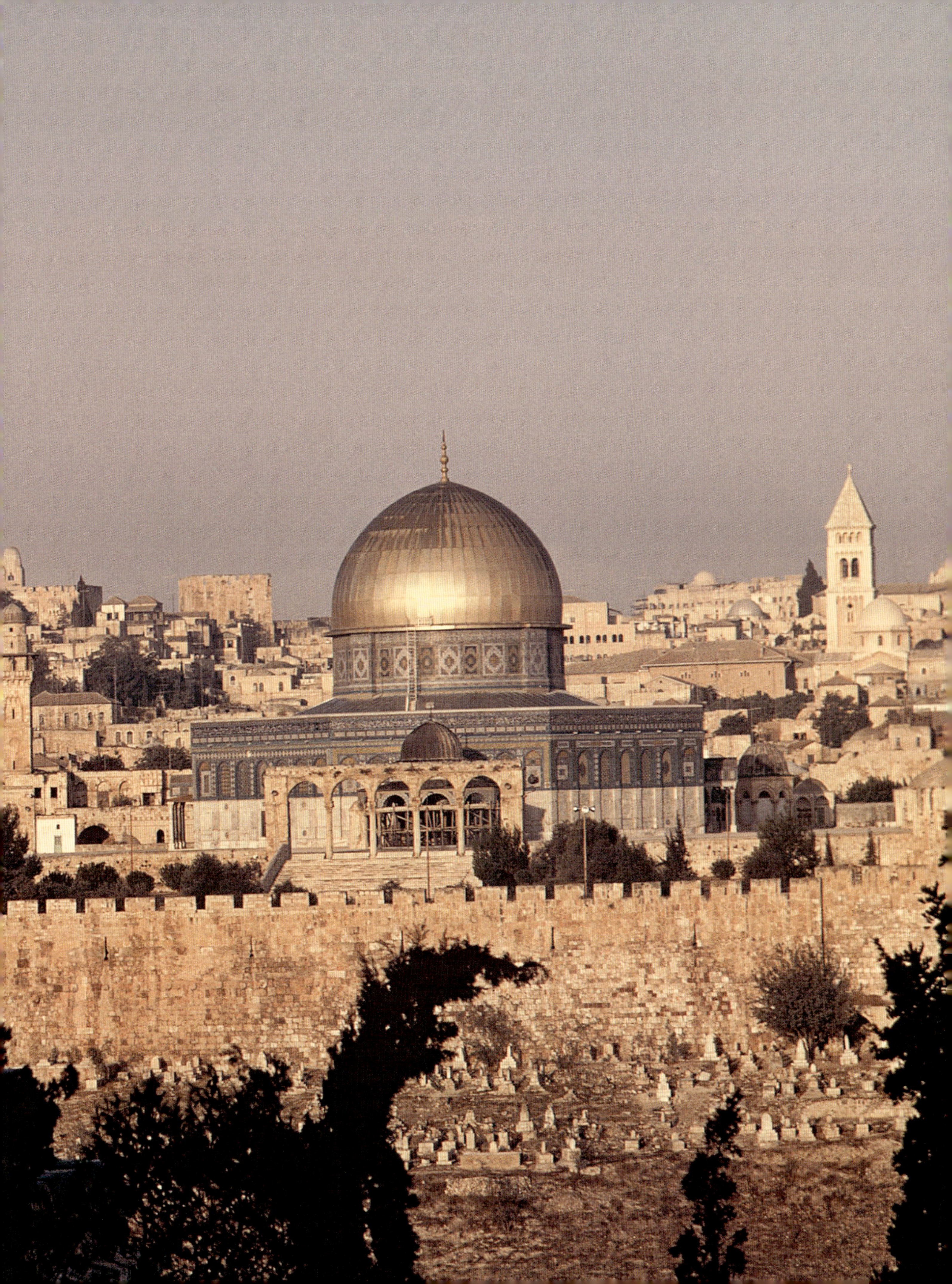

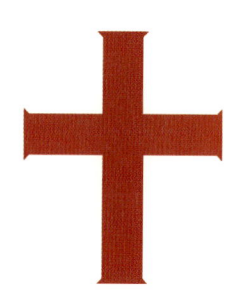

キリスト教

アンリ・タンク

次ページ：福音史家とその象徴［テトラモルフ（四形象）］に囲まれた「荘厳のキリスト」。キリスト教徒にとって父と子と聖霊は三位一体である。『ベリー公のいとも豪華な時祷書』（14世紀）より、フランス国立図書館蔵、パリ。

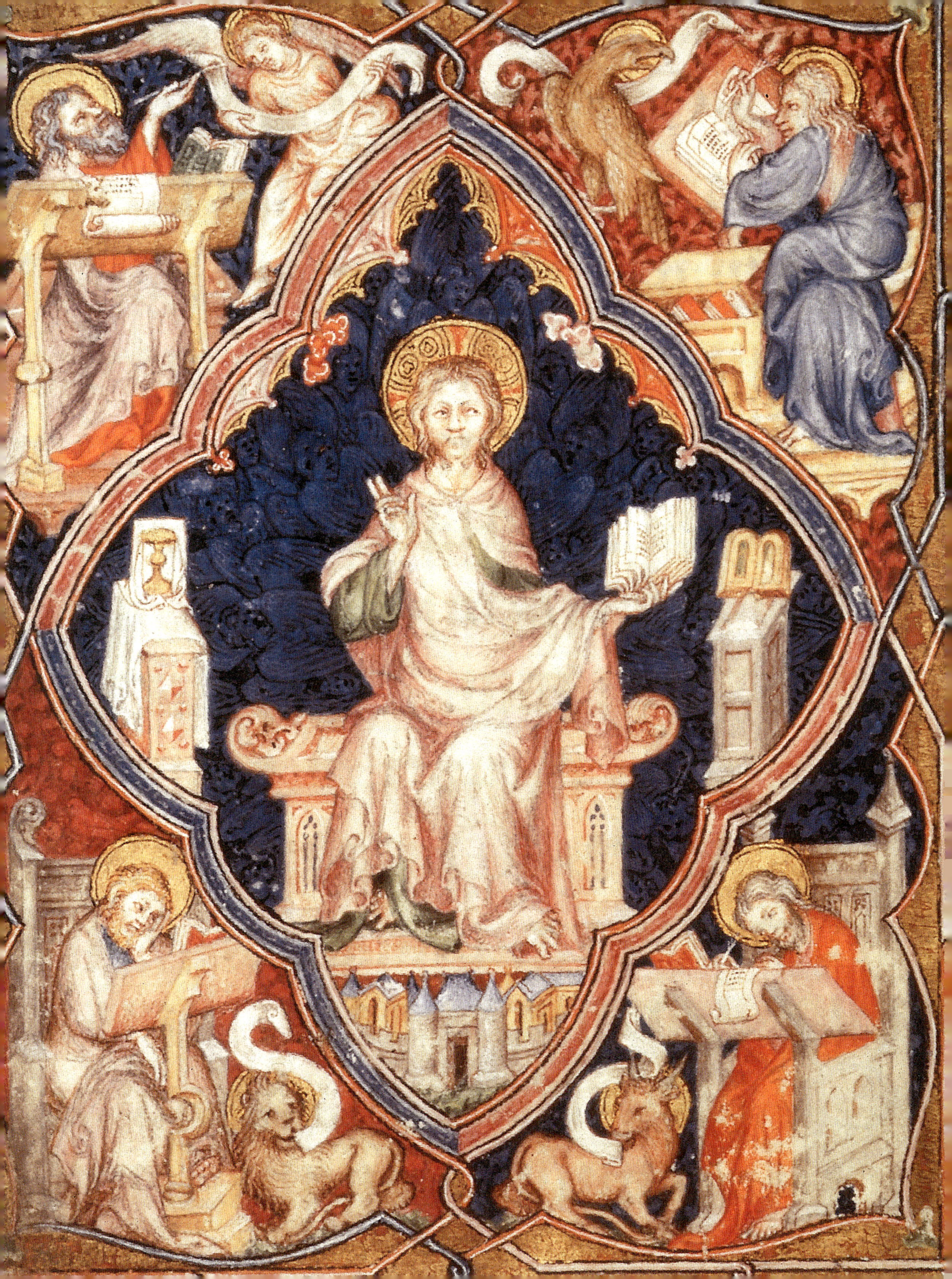

第1部 一神教

創唱者イエス
歴史と解釈

　2000年におよぶキリスト教の歴史は、西洋世界がたどってきた運命のみならず、この西洋をとおして世界史にも深く足跡を残してきた。それは創唱者であるイエスの歴史とともに始まる。キリスト教教会によって正式に認められ、「正典」と呼ばれる福音書によれば、キリスト教徒たちのメシアであるイエスは、「ダビデ家」の分家のひとつに生まれた子孫だという。したがって、キリスト教はそれが出自とするユダヤ教の文脈のうちに位置づけられる。

　イエスは最初の弟子たちから、ギリシア語で「油を塗られた（者）」をさすクリストス（Khristos）の派生語で、「聖香油を受けた者」を意味するキリストと呼ばれていた。このギリシア語自体は、イエス時代のユダヤ人たちが用いていた話し言葉の訳語である。それはヘブライ語のマシアハ（Mashiah）に由来するが、このマシアハから「メシア（救い主）」つまり「神から送られた者」という語がつくられている。キリスト教徒にとって、イエスは最初期から旧約聖書（ユダヤ史を尊重して第一聖書とも呼ばれる）の預言者たちが告げた、メシアそのものだった。新たな解放者、新たなダビデ王として、万民から期待されたメシアでもあった。前1000年頃にユダヤ人を統治していたダビデ王への尊崇は、預言者たちにとってメシアがまちがいなくダビデの系譜に属していると思えるほど強いものだった。

処女懐胎

　キリスト教会によって正式に認められ、「正典」と呼ばれる福音書によれば、キリスト教徒たちのメシアであるイエスは、ガリラヤ地方ナザレのしがない大工の父親ヨセフの系譜から、「ダビデ家」の一分家の子孫だったという。おそらくイエスはユダヤ地方の、やはりもとはダビデに由来するベツレヘムに生まれている。彼はキリスト教の主要な神秘のひとつである「処女懐胎」によって、若いマリアのなかに入った。キリストとしてのイエスは、何ひとつ文書を残していない。彼についてわかっているのは、その生涯を特徴づける奇跡とみなされるさまざまな出来事や、彼につきしたがった弟子たち、1世紀初頭にローマに占領されたパレスティナへのその影響力、さらに公生涯の3年間における彼の教えなど、四福音書に報告されていることだけである。

　福音書はイエスの伝記ではなく、イエスへの信仰を共有させるた

マリア　『ルカによる福音書』によれば、マリアは「男の人を知りませんのに」（1・34）イエスを身ごもったという。『マタイによる福音書』はそれについて次のように付言している。「二人が一緒になる前に、聖霊によって身ごもっていることが明らかになった」（1・13）。イエスの誕生は、こうしてキリスト教信仰の最大の神秘のひとつとなっている。これが「処女懐胎」と呼ばれるものである。ただし、この「処女懐胎」を、マリアが原罪を犯すことなく生まれたことを意味する、カトリック的な教説である「聖母マリアの無原罪の御宿り」と混同してはならない。

　世界を科学的にみようとすることに特徴づけられる今日、こうした考え方を理解するのはむずかしい。だが、すでにキリスト教が生まれる以前の東洋の諸宗教やガリアの宗教［ドルイド］には、処女懐胎という神話的な考え方がきわめて明確な形をとっていた。たとえば「処女＝母（神）」というイメージは、豊饒・多産を神の御業として表していた。ヘレニズム時代には、処女から生まれた皇帝や王たちが、尋常ならざる異能さを与えられたという。

　ユダヤ世界では、女性の不妊は不幸ないし呪いとみなされ、奇跡的生誕のテーマは広く普及している。聖書には、神のとりなしによって、不妊症の多くの女性が出産したとある。たとえばサラによるイサク、アンナによるサムエル、さらにマリアの従姉妹であるエリザベトによる洗礼者ヨハネがそうである。

　これらの事例は、最初期のキリスト教徒たちがイエスの誕生を処女懐胎として語ることで伝えようとした、信仰の二重の主張を理解するうえで役に立つ。彼らにとって、イエスはその誕生が異常なしるしをおびているがゆえに、まぎれもない「神の子」だった。この異常な懐胎は自分ひとりでは救済されない、それゆえに神のとりなしが不可欠であるという、人間の根源的な無力さのしるしである。と同時に、みずからの助力なしに人間を救えないという、神の根源的な無力さのしるしでもあった。信徒たちにとってみれば、こうしたしるしは、処女懐胎のうちにすでに縮約されているイエスの全生涯のしるしにほかならないのである。

めのものである。それらを編纂した使徒たちは、ジャーナリストや歴史家としてではなく、信仰心をもつ人間として、彼らを自分のあとに従うようまねき、その人生に意味を与えてくれた超人的な人物（イエス）の足跡をたどりながら、見聞きしたすべてのことを証明しようとした。この行動的なユダヤ人は、律法と預言者たちの教えを「廃止」するのではなく、「完成」しようとし、メシアとも「神の子」でもあるといわれた。福音書には、さまざまな出来事やイエスが発したとされる言葉が記されているが、その記述は正確に年代を追っているわけではない。紀元65-70年にローマで編まれた『マルコによる福音書』と、75-90年のあいだにパレスティナでまとめられた『マタイによる福音書』、さらに、65-80年にシリアのギリシア人社会で生まれた『ルカによる福音書』、そしておそらく小アジアで80-100年頃にできた『ヨハネによる福音書』のあいだには、少なからぬ記述の一致が認められるが、これらの一致は、福音書に語られている出来事の大部分が実際にあったということを示すものといえる。ただし、それらは信徒の信仰という視点から再解釈された実際の行為を語る物語となっている。なお、マルコ、マタイ、ルカの三福音書は、そこに記された一連の出来事がほぼ同じであるところから、一般に「共観福音書」と呼ばれる。

イエスの幼少期や青年期の話は精確な情報に欠けており、歴史的にかなり疑問符がつけられている。それらはきわめて多様な解釈を生んでおり、教会が認めていないいわゆる「聖書外典」の解釈にいたっては、空想的なものすらある。たとえばイエスの生誕日だが、これについても専門家のあいだでなおも議論の的となっている。わかっているのはただ、「ヘロデ王の時代」（『マタイによる福音書』2・1）に生まれたということだけである。だが、何年か。おそらくはキリスト紀元元年として公に定められた生年より、6、7年は早かっただろう。

福音書（『マタイによる福音書』、『ヨハネによる福音書』）によれば、ガリラヤ地方のナザレに住んでいた大工ヨセフの妻マリアが、子どもを生み、これにイエスと命名したのは、ヨセフの故郷であるユダヤ地方のベツレヘムだったという。ローマ皇帝の令を受けて実施された住民登録に応じるため、ヨセフとマリアが帰郷したときだった。イエスという名前は、ヘブライ語で「救い主である神」を意味する名詞イェシュアに由来し、これはイスラエルの民を約束された地に導いた、ヨシュア（モーセの後継者）の名前と同じ語根をもつ。

「公式な」福音書や聖書外典に語られている、イエスの誕生をとりまくさまざまな出来事は、キリスト教の起源をなす「驚異」や神秘に滋養を与えた。たとえばクリスマス（キリスト降誕祭）の起源となった、馬小屋──のちにこれはもっとも貧しい者たちの近くにいる神の象徴となる──でのイエスの出生や、ベツレヘム地方の羊飼いたちによる、ついで東方から来訪した三博士による乳飲み子イエスの礼賛、さらに「ユダヤ人の王」が生まれたとする噂をおそれたヘロデ大王（前37-前4）による新生児の虐殺をまぬがれるため、イエスと両親のエジプトへの脱出などである。

◆「聖母子と2天使」[1460年代]、フラ・フィリッポ・リッピ（1406-69）、ウフィツィ美術館蔵、フィレンツェ。「聖母子」は神の御業としての多産を象徴する。

イエスの家族

ナザレでのイエスの幼少期は、他のユダヤ人男児のそれと同じだった。『ルカによる福音書』はユダヤの伝統に従って、イエスが生後8日目に割礼を受け、両親とともにはじめてエルサレムに上り、神殿に捧げられたと述べている。イエスはユダヤの子どもとしてふるまい、シナゴーグに出かけてラビの説教に耳を傾けた。やがて、侮蔑されていたガリラヤ地方の小村ナザレで父親と同じように大工となる。「ナザレから何か良いものが出るだろうか」。カファルナウム（カペナウム）でのイエスの説教を聞いた最初の証人たちは、こういってあざ笑ったという。

福音書はギリシア語［コイネー］で書かれた聖典である。比較的短いこれら四書は、イエスの生涯におけるさまざまなエピソードと教えを語っている。それらは4人の作者が書いたとされている。キリスト教図像学で有翼の人物として描かれるマタイ、ライオンのマルコ、有翼の牛のルカ、そして鷲のヨハネである［この象徴的表現をテトラモルフ（四形象）という］。キリスト教の伝統は、徴税人でイエスに従った使徒マタイによる福音書を第一福音書に置いてきた。この福音書は、イエス時代のパレスティナでもっとも広く通用していたアラム語を用いて、80年頃に編集されている。ギリシア語版はシリアで生まれている。

四福音書のなかでもっとも数多くの注釈がなされてきた『マタイによる福音書』は、旧約聖書にみられるメシア待望をイエスの出現と結びつけて語り、さらに、救いの「福音」を象徴する天上の王国のことが、約50回も述べられてもいる。この王国の地上での現われが教会であり、ギリシア語で「集会」を意味するエクレシア（ecclēsía）の派生語であるそれは、『マタイによる福音書』に2度登場しているが、他の福音書にはない。

『マルコによる福音書』はもっとも古い福音書で、福音のきわめて忠実な伝承者だった使徒ペトロの死の直後、すなわち64年から70年にかけて書かれている。マルコは使徒ではなかったが、最初エルサレムで、ついでローマでなされたペトロの宣教に従った初代キリスト教徒のひとりである。この福音書はガリラヤ地方とエルサレムにおけるイエスの生涯のあらゆる出来事を正確に跡づけている。

第三の福音書は、異教徒だったルカによるそれである。おそらくルカは、当時ローマ帝国第3の都市だった生地アンティオキア（現トルコ）の医者で、使徒パウロと出会い、その旅に同行したのち、キリスト教に改宗している。『ルカによる福音書』はパレスティナの外、つまりアンティオキアで書かれ、異教からの改宗キリスト教徒に向けられていた。イエスの幼少時代と聖母の役割について、もっとも正確に記しているのがルカである。それゆえ彼は、イエスの幼少期の福音史家であり、マリアの使者とみなされている。その福音書には、「聖母賛歌」や「グロリア」を初めとする、伝統的な賛歌となった有名な文言がある。おそらくルカは『使徒言行録（使徒行伝）』の著者だが、この書はエルサレムからの福音の宣教と、ユダヤ人と異教徒とをとわず、すべての者に開かれた初代教会について述べている。

以上の三福音書は同じ構成で書かれており、そこから「共観福音書」（語源はギリシア語で「ひと目で把握する（者）」を意味するシュノプティコス synoptikós）と名づけられている。これらは同様の年代を順にたどって書かれ、その地理的範囲も同じである。『マタイによる福音書』と『ルカによる福音書』に描かれたイエスの誕生と幼少期のあと、共観福音書はほぼ同一の構想を示している。メシアの到来を告げる洗礼者ヨハネの説教、イエスの説教とガリラヤにおけ

◆「聖マタイ」、ジャンピエトリノ・ビラゴ（1470-1513）による写本画、「スフォルツァ家時祷書」より、大英図書館蔵、ロンドン。キリスト教社会が重視する第一福音書を編んだマタイはイエスの弟子で、カファルナウムの徴税人だった。その福音書はシリアにおいて、伝承ではアラム語で、より正確にはギリシア語で書きあげられ、伝えられている。

るその奇跡、過越祭を祝うためのエルサレム訪問、さらに使徒たちとの最後の晩餐、イエスの逮捕と死刑宣告、さらに磔刑などである。わけてもイエスの死（受難）にかんしては最大の力点が置かれており、これら三福音書は遺骸のない墓の発見や復活の告知、使徒たちへのよみがえったイエスの出現で締めくくられ、これらが新たな信仰の支えとなった。

第四の福音書、すなわち『ヨハネによる福音書』は80年から100年のあいだに完成しているが、その著者は、ヤコブ——通称「大ヤコブ」——の弟の使徒ヨハネとされている。ふたりはティベリアス（ガリラヤ）湖近くのベトサイドないしカファルナウムの漁師だった。ヨハネはイエスの「お気に入り」の弟子で、磔刑で没する際、イエスは彼に母マリアのことを託している。その福音書は共観福音書とは異なる構成をとり、次の大きなプロローグから始まっている。「初めに言があった…」。ことば、すなわち神のことばは、永遠の生のメッセージを人々に伝えるためのものだった。『ヨハネによる福音書』はイエスの生涯の主たる出来事を周知のことと想定して書かれている。そこではイエスにまつわる意味深いエピソードがいくつかとりあげられ、その神学的な重要さが強調されている。これらの文章は共観福音書に通じるものであり、ときには後者の記述を補足してもいる。しかし、とくにヨハネは、史的イ

◆「聖マルコ」、作者不明、1442年、シュトゥットガルト国立美術館蔵。エルサレム生まれのマルコは、ペトロの影響でキリスト教に改宗している。そして、彼とともにローマに赴き、65年から70年にかけて、そこで第二福音書を編んだとされるが、この書は『マタイによる福音書』とペトロの教えをまとめたものである。伝承によれば、彼はアレクサンドリアで没したという。

エスと教会的キリストとを結びつけることで、そこに護教的な意味を与えようとした。『ヨハネによる福音書』はまた、キリスト教文学のなかでもっともみごとな書とみなされてもいる。キリストのすべての信徒に課されるべき新しい戒律、すなわち「愛する者」（神）を愛することや、隣人を愛することを唱えているのが、この福音書である。こうした弟子たちの一体性ないし統一性こそ、まさに主を信じるために人々が待ち望んだしるしにほかならなかった。

『ヨハネによる福音書』の護教的な側面は、在位したばかりの皇帝ティトゥスが送りこんだローマ軍によるエルサレム神殿の破壊（70年）のあとに再生をはかったユダヤ教と、台頭しつつあったが、なおも若く脆弱さを抱えていたキリスト教とのあいだで引き裂かれていた、紀元1世紀末の時代状況と結びつけられている。ヨハネは自分の周囲にいるキリスト教徒たちの信仰心を強化することに力を注いだ。そのことは、彼の福音書の末尾近くに記された有名な一文が端的に示している。「これらのことが書かれたのは、あなたがたが、イエスは神の子メシアであると信じるためであり、また、信じてイエスの名により命を受けるためである」[20・30]。ヨハネはまた聖書文献である『黙示録』の著者とされてもいる。この書は彼が追放され、没したエーゲ海のパトモス島で編まれたという。

◆「聖家族」、ジュゼッペ（ホセ・デ）・リベラ、通称ロ・スパニョレット（1591－1652）、サンタ・クルス美術館蔵、トレド、スペイン。おそらくマリアはイエス以外にも子どもを生み、ヨセフは最初の結婚で何人か子どもをもうけているのではないか…。こうした仮説がカトリック教徒と東方正教徒、そしてプロテスタントを分けてもいる。

イエスの公生涯はわずか3年たらずである。それはヨルダン川で洗礼者ヨハネから施された洗礼から始まる。イエスと縁続きだったというヨハネの説教は、一般に紀元27年の年末になされたとされている。おそらくヨハネは、死海近く、ユダ砂漠の宗団エッセネ派となんらかの関係をもっていた。それから彼はヨルダン河畔に戻り、終末、つまり神の裁きが間近に迫っていることを告げ、自分に従う弟子たちに改心を呼びかける。ローマによる占領とユダヤ人が極度の窮乏状態に置かれていたこの時代、預言者たちがさながら雲霞のごとくおり、メシア王ダビデの時代へのノスタルジーがぎこちなく出まわっていた。そんななかにあって、洗礼者ヨハネの説教を聞いた者たちは、みずからの改心と浄化のしるしとして、ヨルダン川に「身を浸す」ことを受け入れた。これが洗礼の始まりである。

イエスが洗礼にあずかるために姿を現すと、「これはわたしの愛する子、わたしの心に適う者」（『マタイによる福音書』3・17）という、天からの声が聞こえたという。洗礼者ヨハネはイエスがメシアの王国の到来を告げる神の小羊であると指ししめし、彼の前では、自分はその履物のひもを解く資格もないと告白している（『ヨハネによる福音書』、1・19-34）。だが、やがてヨハネは悲惨な最期を迎えることになる。ヘロデ・アンティパス王の命で逮捕され、斬首されてしまうのである。王とその異母兄の妻ヘロディア［サロメの母］との結婚を、ヨハネが非難したためだった。

当時、ガリラヤ湖岸でみずから選んだ弟子たち（使徒）——大部分が漁師や農民および貧民——に囲まれていたイエスは、ガリラヤ地方とユダヤ地方を歩きまわって、天国の近い到来を説いていた。

イエスの家族 イエスには兄弟姉妹がいたのだろうか。これはキリスト教の起源や後代の分裂を理解するうえで、決して周縁的な論争ではない。福音史家たちはこれについてはっきりと語っている。ルカはマリアが「月が満ちて、初めての子を産み」［『ルカによる福音書』2・6］と記しているが、これは彼女がほかにも子どもをもうけていたことを推測させる。イエスがナザレでの大工の仕事をやめた際、その聴衆たちは不安げにこう言っている。「御覧なさい。母上と兄弟姉妹がたが外であなたを捜しておられます」［『マルコによる福音書』3・32］。さらに、のちに会堂（シナゴーグ）で次のように問われている。「この人は大工の息子ではないか。母親はマリアといい、兄弟はヤコブ、ヨセフ、シモン、ユダではないか。姉妹たちは皆、我々と一緒に住んでいるではないか」［『マタイによる福音書』13・55-56］。とすれば、あるいは聖母は大家族の母親ではなかったか。

イエスの母マリアが永遠の処女だったという教説にもとづいて、カトリック教会はイエスが兄弟や姉妹をもっていたことを認めてこなかった。『ヨハネによる福音書』にある一文、すなわちイエスの十字架のそばに、クロパの妻で小ヤコブとヨセの母として知られる、聖母の「姉妹」［マリア］がいたとする一文もまた、議論の的となっている。だが、小ヤコブとヨセは、東洋の呼称にならって「主の兄弟たち」と呼ばれているが、どうみてもイエスの「従兄弟」にすぎない。当時のイスラエルでは、東洋諸国と同様に、同じ屋根の下に住む者はすべて、あきらかに従兄弟であっても「兄弟」と呼ばれていたからである。さらに、旧約聖書ヘブライ語では、「兄弟」を意味するアフは、「従兄弟」の意味でもあった。また、『七十人訳聖書』（前150年頃に成立したギリシア語版旧約聖書）［セプトゥアギンタとも］は、「従兄弟」（アネプシオス）より「兄弟」（アデルフォス）という語を、はるかにひんぱんに用いてもいる。

カトリック教徒と東方正教徒たちは、したがってイエスの兄弟と姉妹を近親者の一員とみなしている。これに対し、プロテスタントたち（すくなくともその一部）は、この彼（女）らをヨセフとマリアの実子だとする。一方、別の仮説も長いあいだ流布してきた。福音書に登場するイエスの兄弟姉妹をヨセフが最初の結婚でもうけた子どもたちだとする説である。当時は兄弟と異母兄弟のあいだになんら区別がなかった。マリアの処女懐胎の教説を信奉するカトリックや東方正教会の当局者たちにとって、この問題はなおも未解決の厄介なものとなっているが、おそらくこの問題が解決することは永遠にないだろう。

そして、ユダヤ法の良心的な実践者として預言者たちの託宣を次々となしとげ、ユダヤ人の千年王国待望にこたえていった。

イエスは「たとえ話」を用いて具体的に語りかけ、過ちの赦しと神との和解を約束した。そうした説教は多くの群衆をひきつけた。「これまでこの人のように語った者はいない！」。病や貧しさ、屈辱などに苦しむ者たち、あるいは社会の最弱小者たち（子ども、よそ者、囚人）は、イエスが目を向ける対象となった。彼がたどった道には次々と奇跡や驚くべき出来事が起きた。ろうあ者や中風、ハンセン病などからの快癒や悪魔祓いなどである。こうして弟子たちは、もっとも貧しい者たちに対する彼の愛のメッセージを信じるようになる。イエスのきわめて象徴的な出会いや奇跡のなかで、とくに指摘しておくべきは、その最中に彼が水を神聖なぶどう酒に変えた最後の晩餐と、彼に従っていた群衆に供するため、パンと魚の数を増やしたこと、生まれつき盲目だった者の目を見えるようにしたこと、そしてラザロのよみがえりである。

だが、ガリラヤ地方におけるイエスの説教の成功は、既存の権力とぶつかるようになる。まず、エルサレム神殿を守っていた聖職者階級のファリサイ（パリサイ）派とサドカイ派に代表される宗教権力と、である。イエスが唱えたのは、より格式ばらない信仰のありかたとユダヤ法の克服だった。彼は新しい掟を説いたわけではない。愛の掟が律法（トーラー）に優先していることを力説したのである。神の目からすれば、人間の隣人に対する義務は、ユダヤ法に定められた戒律（ミツヴォト）の几帳面な遵守以上に重要ではないか。イエスはあえてこう主張してもいる。たとえば、「安息日は、人のために定められた。人が安息日にためにあるのではない」（『マルコによる福音書』2・25）というのだ。唯一の掟とは、地上の権威の意志とは無縁な神と隣人に帰すべき愛である。イエスが言いたかったのは、要するにこういうことだった。

今日でもなおすべてのキリスト教徒が知っているイエスの説教は、ガリラヤ湖近くの小さな山の上で唱えた「山上の説教（垂訓）」である。「心の貧しい人々は、幸いである、天の国はその人たちのものである。悲しむ人々は、幸いである、その人たちは慰められる…」［『マタイによる福音書』5章］。おそらくここでの幸いとは、身体的と精神的とをとわず、現在と未来のあらゆる病や不運からの解放をさしている。身体の快癒はより全体的な快癒の象徴だった。「あなたの罪は赦される」（『マタイによる福音書』9・2）。中風者を治療した際、イエスはこう言っている。彼はピラミッド状の社会階級を転倒させる。「だれでも高ぶる者は低くされ、へりくだる者は高められる」［同、23・10］。だれひとりイエスのように話したものはいなかった。イエスは自分が「義者（正しい者）たち」のためでなく、罪びとのためにやってきたとも言っている。こうした言葉は、純潔さを宗教的エリートへといたる道としていた敏感なファリサイ派に衝撃を与えた。しかし、まさにこれこそがイエスが唱えた挑発と断絶の論理にほかならなかった。

イエスの言葉はまた政治権力をもゆさぶった。彼の宗教的使命はローマの支配に対する既成の秩序を破壊しようとする試みと混ざりあっていた。事実、彼はたえずこう言っていた。「わたしの国はこの世には属していない」［『ヨハネによる福音書』18・36］。そんなイエスにとって大切なのは、パン生地からパン種をとりのぞかせ、新しい種を人間の心のなかに植えて、新しい人類を誕生させること

だった。だが、自分が何者であるかについては、あえて明確にしなかった。弟子たちから「ダビデの息子」や「メシア」、あるいは「人々の救い主」と呼ばれても、否定することはなかった。イエスはイメージや比喩に富んだ定式的な表現を増幅させていったが、彼のメッセージの本質を形作ると同時に迂回させもしたこれらの表現は、やがてすべてのキリスト教徒の宝となる。「わたしは道であり、真理であり、命である」（『ヨハネによる福音書』14・6）、「わたしは良い羊飼いである」（同、10・11）、「わたしは世の光である」（同、8・12）、「わたしはまことのぶどうの木である」（同、15・1）、「わたしは天から降って来たパンである」（同、6・41）

イエスは祖国パレスティナのユダヤ人やローマ人の指導者たちにあらがった。争いはエルサレム神殿の境内で起きた。過越祭を祝うべく、イエスは栄光の都エルサレムに上り、棕櫚の枝を手にした民衆から、「ダビデの子にホサナ。主の名によって来られる方に、祝福があるように」［『マタイによる福音書』21・9］と歓呼の声で迎えられた――のちにキリスト教徒は「枝の主日」［復活祭直前の日曜日］の祝いでこのことを追慕するようになる。彼の奇跡をたたえる群衆が群れをなしてそのあとに続いた。

だが、イエスは宗教当局とまさに彼らの土壌で対決した。神殿に

◆「キリストの受洗」、フラ・ジョヴァンニ・ダ・フィエーゾレ、通称フラ・アンジェリコ（1387-1445）、フレスコ画（一部）、サン・マルコ寺院、フィレンツェ。イエスはヨルダン川で洗礼者ヨハネから洗礼を受けたとされる。ヨハネは聖霊が鳩の姿でイエスの頭上に降り立ったとき、彼をメシアだと確信した。そこでは天上からの声がこう告げたからである。「お前はわが息子である」。ここではイエスはマリアと聖ドミニコとともに描かれている。

第1部　一神教

◆「最後の晩餐」、ジャン＝バティスト・ド・シャンペーニュ（1631-81）、デトロイト美術インスティテュート蔵、デトロイト。イエスがその弟子（使徒）たちとのぞんだ最後の食事。イエスはパンとぶどう酒を祝福した。これが聖体祭儀（感謝の祭儀）の起源となる。

入った彼は、「そこで売り買いしていた人々を追い出しはじめ、両替人の台や鳩を売る者の腰掛けをひっくり返された」（『マルコによる福音書』11・15）。その怒りの言葉はやむことがなかった。「あなたたちは、それ（祈りの家）を強盗の巣にしてしまった」［同、11・17］。こうした暴力はイエスには似つかわしくないが、それはユダヤの祭礼を悪用することへの異議申し立てだった。この出来事はなおも過熱傾向にあったユダヤ世界とローマの支配とのあいだの危うい均衡をも粉砕した。過越祭の時期、ローマの治安当局は神経を緊張でぴりぴりさせており、エルサレム市内でのちょっとした騒動すらおそれたからである。しかし、人々の声はイエスの側にあり、彼を「ユダヤの王」とまで呼んだ。こうしてイエスは、ユダヤ人の王国を求めてローマ帝国の権力をおびえさせる反乱者として告発される。死刑の断罪はもはや避けられないものとなった。

イエスは弟子たちと最後の食事をとる。これが最後の晩餐である。彼はそこで種なしパンとぶどう酒を祝福する。イエスが全人類と分かちあう命の象徴であるこのパンとぶどう酒は、やがてキリスト教の主要な祭儀であるミサ（聖餐式）で用いられるようになる。「とって食べなさい。これはわたしの体である」、「皆、この杯から飲みなさい。これは、罪が赦されるように、多くの人のために流されるわたしの血、契約の血である」［『マタイによる福音書』26・26-28］。この最後の晩餐は、ユダヤ人がエジプトでの隷属状態から解放されたことを祝う過越祭の食事である。おそらく紀元30年のことと思われるが、イエスが最後の晩餐で語り、明らかにしたのは、新しい過越祭、つまり罪への隷属からの新しい解放だった。晩餐時のぶどう酒は彼が注ぐことになるその血と、そしてパンはやがて復活する彼の体、命と復活と永遠性のパンと同一視される。

イエスはゲッセマネの園（オリーヴ山）で、大祭司の兵たちに逮捕される。前大祭司アンナスと彼の婿でその年の大祭司だったカイアファに召喚されたイエスは、最高法院（サンヘドリン）に引き出され、それからローマ総督ポンティオ・ピラト（ポンティウス・ピラトゥス）のもとに連行される。ピラトゥスは群衆の声に押されて、イエスを鞭打ち刑に、ついで当時の伝統的な刑だった磔刑に処するとの判決をくだす。こうしてイエスは、他のふたりの罪人とともに、エルサレムの郊外ゴルゴタと呼ばれる丘に導かれる。そして、金曜日の正午から午後3時まで、十字架にかけられたイエスは苦しみに耐える。イエスの死について、福音書から読みとれるすべての詳細は、ローマ帝国内で行われていた極刑のありさまと符合している。十字架にかけられた者に酸いぶどう酒を含ませた海綿を差し出したことや、十字架の上に罪状を書いた板をつけること——イエスの場合は、「ユダヤ人の王、ナザレのイエス」（IESUS NAZARENUS REX IUDÆORUM）の頭文字をとって、INRIと記された——、さらに四肢を砕いたり、罪人の死を確実なものにするため、その心臓に槍で最後のひとつきをすることなどである。

イエスの磔刑は紀元29年から33年のあいだ、より正確にいえば、30年のニサン月14日（4月7日）に行われた。多くの歴史家は、イエスの生涯が30年のこの過越祭での死で終わったとしている。だが、彼の弟子たちの証言やキリスト教徒の信仰にもとづけば、過去20世紀にわたって唱えられてきたように、この死をさらに延ばさなければならない。死後3日目、弟子たちはイエスが復活して永遠に生きたことを認めているからだ。伝統的な埋葬儀礼を行おうとやってきた女性たちも、空の墓をまのあたりにした。「あの方はここにはおられない。復活なさったのだ」［『ルカによる福音書』24・5］。やがてイエスはエマオ村にいた弟子たちに、のちに使徒たち、とくにイエスが昇天する前に復活したことを信じようとしなかったトマスにも現れている。初代教会は、キリスト教的信仰の根本的な出来事である復活の告知、さらに聖三位一体の第三位格をなす聖霊が使徒たちに現れた日、つまり五旬祭（聖霊降臨）のあとに結成されて各地に分かれ、あらゆる民族を教化するために世界の端までおもむいて、神と隣人への愛というイエスの福音を説くという使命を受け入れた、これら最初期の弟子たちの共同体から生まれている。

キリスト教は福音書で正当化された、以下のさまざまな出来事から生まれた。イエスの誕生と死、復活、さらにキリスト教に「カトリック」、すなわち「普遍的」という召命を与えた聖霊降臨などである。神は受肉によって人間を生み出した。イエスは人間たちのなかに生きるため、聖母マリアをとおして「受肉」している。そしてイエスは、アブラハムとモーセが神と結んだ最初の契約を奉じる預言者たちによって告げられたメシアにほかならない。

イエスはその死によって、みずからの体を犠牲にし、ついには受肉までして人間の運命を受け入れるということを示した。だが、復

活によって、自分が死を凌駕し、自分を信じる者すべてに永遠の生を授けられるということも示した。まさにこれこそが、キリスト教の核心といえる。

キリスト教徒と歴史批判的注釈

イエスの歴史性にかんする論争は、啓蒙時代や聖書の原典研究（テクスト）における実証主義の出現以来、つきることなくなされている。18世紀には、ヘブライ語教授のドイツ人ヘルマン・ライマルス［1694-1768、啓蒙思想家］は聖書批判書を著し、キリスト教の啓示やキリストの神性、三位一体の教説を打ち砕いて、宗教に対する合理主義的な見方を展開している。

同様に、ドイツのダーフィト・フリードリヒ・シュトラウス［1807-74、ヘーゲル左派の哲学者・神学者］や、フランスのエルネスト・ルナン［1823-92、思想家・宗教史家］、さらに牧師でもあったアルベルト・シュヴァイツァー［1875-1965］もまた、19世紀後葉から20世紀初頭にかけて、伝統的なイメージや教義とは異なる『イエス伝』を出版している。こうして生まれた歴史批判的注釈は、とくにカトリック教会内に嵐を呼び、エルネスト・ルナンやマリ＝ジョゼフ・ラグランジュ神父［1855-1938、エルサレムのフランス聖書・考古学校や「ルヴュ・ビブリック（聖書雑誌）」の創設者］、そしてアルフレッド・ロワジ神父［1857-1940。1902年に上梓した『福音と教会』で筆禍をまねき、のちにルナン同様破門される］も断罪された。20世紀まで、「イエスとはだれか」という問題は、教義的にしか考えられも問われたりもしなかった。

今日、聖書の注釈にはすくなくとも3通りの潮派がみられる。まず、原理主義者（ファンダメンタリスト）たちである。彼らは世界が7日で創造され、イエスの奇跡も疑問視されえないとして、聖書を文字どおり読むことを遵守する。これは、プロテスタントの福音派やペンテコステ派の勢力圏──アフリカやラテン・アメリカないしアジア各地の都市の貧困部で拡大しつつある──や、改革的な第2ヴァチカン公会議（1962-65年）によって主導された聖書の再解釈の努力を決して受け入れなかった、マルセル・ルフェーヴル師［128ページ参照］の伝統主義的カトリック教徒たちのなかにみられる。

2番目は、福音書の読み方に歴史学や聖書解釈学、さらには考古学の知見を導入しようとする潮派である。ジャック・デュケヌが著した『イエス』（1991年）や、イエスの裁判とその人生の最期を描いた、ジェラール・モルディとジェローム・プリウールの演出になる、テレビ局アルテの番組「聖体祭」（1997年）は、この潮派の典型である。彼らの世俗化の手法は初代教会のあり方に影響された解釈を分析し、それを美化してきた伝承や神秘に異議を申し立てるところにある。だが、聖書のより科学的な解釈と科学を超える信仰へのこだわりをいかにして両立させることができるか、問題は未解決のままである。

第3の潮流は、聖書と教会の真実を選別するものである。この潮派は、今日、西欧の宗教的風景を支配している「アラカルト的キリスト教」の特徴を示している。過去何世紀ものあいだ、神学は信仰と信徒のあいだに設けられた教義的な骨組み全体をいく度となく注釈・解説し、つくりあげてもきた。しかし、現代人は原罪やイエスの無原罪の誕生といった、どうみても科学的な注釈とは符合しそうにないと思われる信仰に揺すぶられている。現代人はそれを信じているのか、もはや信じてはいないのか。いずれにせよ、彼らは人間に近い神の受肉やその死と復活といった、初期キリスト教共同体の堅固な信仰の核を単純化かつ純化した信仰で満足しようとしている。そうした彼らの信仰の核は、時代の流れのうちに過剰なまでに蓄積された教義を、およそ必要とはしないものなのである。

✝ 磔刑図、シャルトル司教座聖堂のステンドグラス、1150-55年。最高法院（サンヘドリン）の提言を受けたローマ総督ポンティオ・ピラトによって死刑を宣告されたイエスは、紀元30年の過越祭の日に、ゴルゴタの丘で磔刑に処された。

紀元1世紀のイスラエルの地に、「歴史的」イエスが実在していたことを示しうる考古学的痕跡はきわめてとぼしい。もっともよく知られている遺物や遺構は、イエスの実在についてこそ語っていないが、聖書に記されたさまざまな話にかんする情報量は増やしてくれる。2002年10月、フランスの考古学者アンドレ・ルメールは、福音書に登場する主たる人物3人の名を、以下のように記した石棺を1基発見している。「イエスの兄弟ヨセフの息子ヤコブ」。だが、翌年6月、イスラエルの考古局はそれと福音書の話との関係をすべて打ち消している。

考古学的痕跡のかわりに、研究者たちはとくに原典史料をとりあげている。これらの史料からは、福音史家や初期の弟子たちの共同体が証言している「信仰や教会のイエス」と異なる「史的イエス」が、たしかに実在していたことがうかがえる。最古の史料はもともとキリスト教徒が記したものゆえ、多少とも留保が必要だが、そこに追加されたユダヤやラテンの原典は科学的により信頼のおける資料といえる。

キリスト教徒が書いた最古の史料は、50年から58年にかけて最初の改宗キリスト教徒共同体に向けられた、使徒パウロの書簡である。65年頃にローマで編まれた『マルコによる福音書』は、「正規の」四福音書のうちでもっとも古い。次に古いのは、パレスティナで75年から90年にかけて書かれた『マタイによる福音書』と、シリアのギリシア人社会で65年から80年のあいだに書かれた『ルカによる福音書』である。『ヨハネによる福音書』はもっとも新しく、80年から100年にかけて、おそらく小アジア、現在のトルコで書かれている。だが、これらの福音書は、一説に、最初期の改宗者共同体のなかで、新たな改宗者を生み出すべく編まれた

◆ローマに移り住んだユダヤ人歴史家のフラウィウス・ヨセフス（37–100）は、この図版にあるように、その著作『フラウィウス遺言』[『ユダヤ古代誌』所収] を、皇帝ウェスパシアヌスとその息子ティトゥスに捧げた。これはイエスにかんするユダヤ人唯一の証言で、比較的異論の余地がない判断材料となっている。彩色写本、1100年。

イエスについて比較的異論の余地がない判断材料を提供してくれるユダヤ人の唯一の証言は、100年に没したフラウィウス・ヨセフスのそれである。「フラウィウス遺言」のなかで、このユダヤ人歴史家は、「イエス、通称キリストの兄弟で」、62年にユダヤ人法廷で死刑を宣告されたヤコブの殉教を語っている（『ユダヤ古代誌』巻20）。この史料は非キリスト教徒がイエスの実在に触れた最初の証言である。おそらく93年ないし94年に書かれたものと思われるが、批評家たちは、キリスト教徒の写字生が加筆したとされる巻18と異なり、その記述の正当性を認めている。「当時、行いの正しかったイエスなる賢者がいた。ピラトゥスは彼を十字架にかけて処刑するとの判決をくだした。（…）だが、彼の弟子たちは彼が磔刑の3日後に彼らに現れ、生きていたと語った」。ヨセフスはこう記している。

一方、ローマでは、3人の著述家、すなわち（小）プリニウス［61/62–114］とタキトゥス［55頃–120頃］、さらにスエトニウス［69頃–128頃］が、初期キリスト教徒と帝国当局とのもめごとにかんして、イエスというよりむしろ「キリスト」について語っている。小アジアの総督だった（小）プリニウスは、112年頃、「さながら神に対するかのように、キリストに賛歌を捧げている」イエスの弟子たちへの対策をローマに報告している。それから数年後、おそらく116年頃に、タキトゥスもまたその『年代記』第15巻44でキリストについて触れている［「この一派の呼び名の起因となったクリストゥスなる者は、ティベリウスの治世下に、元首属吏ポンティウス・ピラトゥスによって処刑されていた」、国原吉之助訳、岩波文庫］。さらに120年頃、スエトニウスは『皇帝伝』でキリストが不穏分子だと記している。

キリスト教

福音宣教と最初期の分裂

根本的論争

イエスはエルサレムでの最後の晩餐の部屋に集った12人の使徒たちに、救いのための「よき知らせ」ないし福音（ギリシア語エヴァンゲリオス〔エヴァンジル〕）を、地の果てまでおもむいて広めるよう命じる。そして、聖霊のとりなしにより、「終末まで」彼らとともにいることを約束する。この「使命」の呼びかけこそ、キリスト教の世界的規模を示すもっとも確かな証のひとつといえる。

イエスの復活と五旬祭の使徒たちの宣教派遣は、以後、いわゆる「教会の時代」、すなわち弟子たちによる地中海世界への最初の宣教時代、キリスト教普及のはじまりの時代を開いた。まさに復活と聖霊降臨という驚くべき出来事を光明として、弟子たちはイエスの生涯とメッセージを読み返したのである。そしてイエスの行為と言葉にもとづきながら、初代キリスト教会が生まれ、説教や祝福、さらに宣教を開始するようになるのだった。

やがてこの最初の飛躍は、なおもキリスト教徒の聖典として、さまざまな祭式や典礼・ミサで読み返されている文書の「集成」へと向かい、新約聖書の27書――四福音書、『使徒言行録』、書簡集、『ヨハネの黙示録』――が、キリスト教信仰の重要な準拠となる。これらはイエスの生涯の出来事を語り（福音書）、新しい信仰の基礎をまとめ（書簡集）、さらにキリスト教会のモデルともなっている、初期キリスト教共同体の日々を伝えてもいる（『使徒言行録』）。

75年から80年にかけて編集された『使徒言行録』は、復活後40日目のイエスの昇天からはじまり、エルサレムから小アジア、はてはローマへといたる福音宣教のすべての歩みを跡づけている。これはキリスト教史を知るうえで最重要な著作といえる。この言行録のおかげで、最初期のキリスト教徒たちとその宣教、とりわけ初代教会の「2本の柱」、すなわち同様に崇敬されていたペトロとパウロの尽力とその目をみはるような宣教が、はたしていかになされたかを知ることができる。

『使徒言行録』はとくに帝国の首都ローマで終わるパウロの旅を語っている。この終焉の地で、彼は逮捕・投獄され、ペトロ同様、死刑を宣せられ、64年頃、処刑されている。皇帝ネロ［在位54-68］による最初のキリスト教徒迫害のひとつである。言行録の著者はパウロの旅の同行者だった。一人称複数形でこう書かれているからである。「わたしたちは着いた…」。そのギリシア語の完璧な使いこなしや、当時帝国の東方属領の中心地だったアンティオキアにかんする知識からして、著者はユダヤ世界から異教徒世界への福音宣教を直接まのあたりにし、ペトロやパウロと同じ崇敬を集めたルカだとされている［『使徒言行録』が『ルカによる福音書』の続編とする説もある］。

新しい信仰の布教者

五旬祭に「諸国民」（当時は異教徒をさす）を教化するために派遣されたイエスの使徒たちの活動はまず、ローマ人に支配されていたが、エルサレムの神殿を心のよりどころとしていたパレスティナのユダヤ人たち、ついで、みずからの意思ないし強制されて祖国を離れ、ディアスポラ（ギリシア語で「離散」の意）と呼ばれていたはるかに数多いユダヤ人たちに向けられた。彼らはアレクサンドリアをはじめとする地中海周域の各地、さらにはローマでも、共同体をつくって生活していた。だが、心と信仰の中心はなおもエルサレムにあり、ユダヤの祝祭（過越祭、五旬祭、仮庵祭など）にははるばるエルサレムを訪れてもいた。

福音は最初、これら2か所のユダヤ人集住地で告げられ、ある程度の成功をおさめた。イエスの死後30年のあいだに、のちに「ユダヤ・キリスト教徒」［初代教会で律法遵守を唱えたキリスト教徒］と呼ばれるようになる、ユダヤ人キリスト教徒たちの集団が、パレスティナや現在のシリア（ダマスカス）とトルコ（アンティオキア）、小アジア（とくにエフェソス）、ギリシア、エジプト（アレクサンドリア）、さらにローマで生まれていった。彼らにとってキリスト教に入るということは、しかしユダヤの律法をすてることを意味しなかった。ギリシア文化に属していたディアスポラの改宗ユダヤ人たちは、「ヘレニスト」（ギリシア語を話すユダヤ人キリスト教徒）と呼ばれ、この最初期の福音宣教に決定的に重要な役割を果たすようになる。最初の殉教者であるステファノ（ステパノ）［?-35頃］のように、地方のユダヤ人権力から迫害された彼らは、ユダヤやサマリア、フェニキア、キプロスといった地方で数を増し、アンティオキアでは、彼らキリストの弟子たちがはじめて「キリスト教徒」と呼ばれた。

新しい信仰の宣教者たちは、パレスティナはもとより（この地を支配していたローマ人やギリシア人商人を対象とした）、地中海低地地方の東側にあった異教世界にも赴く。一説に、最初に改宗した異教徒はコルネリウスというローマの百人隊長だったという。彼はペトロから受洗しているが、福音を異教世界に知らしめるようになるのは、とくに「異教徒たちの使徒」と称されたパウロだった。ここでは、このディアスポラのユダヤ人パウロもまた異教世界、つま

◆光で目が見えなくなった聖パウロ（サウロ）。メートル・ド・ブシオー『マルコ・ポーロの旅』の細密挿画、1298-99年頃、フランス国立図書館蔵、パリ。ダマスコ（ダマスカス）への道の途中、彼は啓示を受けたという。

りタルソス［現トルコのタルスス］出身だったことを想い起こしたい。44年から58年にかけて、彼は小アジアやギリシアへと宣教のための長旅を3度行っている。アテネではあざけりを受けたが、さまざまな運に恵まれて、彼はキリストのことばを種まきし、のちに異教キリスト教徒と呼ばれるようになる改宗異教徒たちの新たな共同体を立ち上げた。そして、新改宗者の熱情をもって信じがたいほどの危険をおかし、ユダヤ人のみならず、ユダヤ人キリスト教徒とも対決した。

異教世界との出会い

第1世代の異教キリスト教徒と改宗ユダヤ人とのあいだに生まれた対立は、やがて拡大して両者を切り離し、最終的にユダヤ教徒とキリスト教徒を遠ざけ、周知のような歴史的結末をまねくようになる。キリスト教の宣教者たちにとって、次のような問題がすみやかに頭をもたげたからだ。イエスへの信仰に改宗しようとする異教徒にユダヤの儀礼、とくに選民を結びつける儀礼である割礼を受けさせるべきかどうか、という問題である。これこそがエルサレム使徒会議［公会議の原点］と、ペトロ［ケファ］とパウロのあいだの「アンティオキア事件」と呼ばれるものの問題点だった。

49年から50年にかけて、ユダヤ人キリスト教徒がエルサレムに集まって開いた集会の際、勝利をおさめたのは、キリストがあらゆる人間に救いの手を差し伸べるとするパウロの立場だった。おそらくそれは、異教徒出身のキリスト教徒にユダヤの戒律を課そうとするペトロの意図とは裏腹なものだった。救いは信仰にあり、律法にはない。パウロが『ガラテアの信徒への手紙』で記しているアンティオキア事件も、同じ問題にかかわっていた。この町に滞在した際、ペトロはユダヤの掟にそむいて、まず改宗異教徒たちと食事をしている。それから、「ヤコブのとりまきたち」［『ガラテアの信徒への手紙』2・11では「ヤコブのもとからある人々」］、つまりユダヤ人キリスト教徒が来ると、ペトロは態度を変える。パウロはこれを勇気のなさとみなし、キリスト教の「陪席」（汚れた者とすら一緒に食事をすること）の掟に従わない行為だと非難するのだ。

この事件は、自分たちにとって真の信仰とはどうあるべきかという定義をめぐって、初期キリスト教徒たちを支配していた雰囲気、すなわち意見の対立なり緊張なりがあったことを示している。やがてエルサレムとアンティオキアで最終的に方針が打ち出され、これにより、それまでなおもユダヤ教に近かった若い教会は、危険をかえりみずにこれと袂を分かち、異教徒の改宗活動にさらに邁進するようになる。

だが、当時のユダヤ的ナショナリズムのなかにあって、こうした方向性は混乱と分裂をひき起こしただけだった。それは誕生まもないキリスト教の運命を示すものでもあった。キリスト教は生存が脅かされていたイスラエルの民を離れる。数年後の70年、エルサレムが皇帝ウェスパシアヌス［在位69-79］の息子ティトゥス［前出］が派遣した軍隊に破壊されつくすと、若いキリスト教会は多様な文化に門戸を開き、ギリシア世界やローマ世界に広がっていくようになる。普遍的なるもの（カトリック）へ向かう歩みを始めたのである。

この頃、エルサレムに閉じこもり、ヤコブ（イエスの12使徒の大ヤコブと同名）に率いられていたユダヤ人キリスト教徒の共同体は迫害を受ける。ヤコブは逮捕され、ローマ支配に対して今にも反乱が勃発しそうな状況のなかで処刑される。この共同体の生き残りはヨルダン川の対岸から撤退し、これがユダヤ社会との分離をうながす追加的な段階をきざむことになる。

70年、ユダヤ人の抵抗は皇帝ティトゥスによって粉砕された。抵抗運動は以後も半世紀にわたってさまざまな形でくりかえされたが、皇帝ハドリアヌス時代［在位117-138］の135年、最終的に消滅する。同じ頃、キリスト教徒に対する迫害も始まっている。64年、皇帝ネロは彼らがローマに火を放ったとして非難し、弾圧を正当化したのである。その最初の犠牲者がおそらくペトロだった。パウロもまた、それから少しあとの67年にローマで処刑された。

書簡集 新約聖書には21の使徒書簡（エピストル）（語源はギリシア語で「重要な手紙」をさすエピストレ）が含まれており、もっとも有名なその大部分は使徒パウロによるとされる。「パウロ的」神学をかたちづくり、キリスト教の典礼で日常的に読み上げられているそれらは、成立年代順ではなく、文書の使用言語に応じて分類されている。それぞれは書簡の宛先の名で、『ローマの信徒への手紙』、『コリントの信徒への手紙』（2通）、『ガラテアの信徒への手紙』、『エフェソの信徒への手紙』、『コロサイの信徒への手紙』、『テサロニケの信徒への手紙』（2通）、さらに『テモテへの手紙』（2通）と『テトスへの手紙』からなる司牧書簡などである。『ヘブライ人への手紙』は書き手が不明である。これらの書簡はすべてがパウロの教えをまとめたものであり、そこでは神の恩寵や信仰による義化（義認）、聖霊によるキリストの生命との一体化などが説かれている。

使徒ペトロとパウロ

ペトロは、イエスが彼を探しに来たとき、ガリラヤ地方（現在のイスラエル北部）にあるティベリアス（ガリラヤ）湖の漁師をしていた。当時はシモンと呼ばれていた。イエスは彼にペトロの名を与え、12使徒の長として、次の有名な言葉によって、弟子たちを導く使命を授けている。「あなたはペトロ。わたしはこの岩の上にわたしの教会を建てる。陰府（よみ）の力もこれに対抗できない。わたしはあなたに天の国の鍵を授ける。あなたが地上でつなぐことは、天上でもつながれる。あなたが地上で解くことは、天上でも解かれる」（『マタイによる福音書』16・18-19）。キリスト教の聖伝は、『使徒言行録』が異教徒たちを新しい信仰に引き入れる方法をめぐって、パウロとのあいだに意見の対立があったことを記しているにもかかわらず、ペトロに優越性と権威を認めている。

ペトロはとくにパレスティナやシリアのユダヤ人世界で福音宣教を行い、パウロは当時「ゲンティリス」［字義は「氏族の、外国の」］と呼ばれていた異教徒たちのもとに向かった。だが、実際には教化すべき土地と人々に境界などなく、ペトロとパウロは、ともにローマの異教徒たちに対する福音宣教の責任者だった。

ペトロはエルサレムで2度捕まっているが、49-50年にエルサレムで開かれた使徒会議に出席している。歴史家たちによれば（この点については比較的意見が一致している）、おそらくペトロは64年頃ローマで逮捕され、現在ヴァチカン丘のサン・ピエトロ大聖堂が建つ場所に埋葬されたという。この場所で、考古学者たちは初期キリスト教徒たちが

◆キリスト教の二大使徒である聖ペトロと聖パウロ、アルメニア語版新約聖書の手稿本細密挿画、1280年、大英図書館蔵、ロンドン。

殉教した円形競技場をかなり前から発掘している。教皇ピウス12世（在位1939-58）によって計画された発掘は、そこで墓地の遺構も発見している。

パウロは、今日ならさしずめ国際人とでも呼びうる人物だった。小アジアの東岸、ローマの属州キリキアの首都タルソスで生まれた彼は、ローマの市民権をもち、ギリシア語を使うユダヤ人だった。イエスと同時代人だったとしても、彼はイエスを知らなかった。ただ、その死の経緯についてはおそらく知っていた。ファリサイ派［に属するテント職人の］息子だった彼は、最初ファリサイ派に近いイスラエルの初代王の名をとって、サウロと呼ばれていた。彼はイエスの最初の弟子や新しい信仰への改宗者たちを迫害する側におり、「律法を授けられながら、それを遵守しなかったユダヤ人たち」を激しく批判していた、輔祭（長）ステファノの投石刑にも立ち会っていたという（32年から37年のあいだ）。このステファノは、キリスト教の聖伝で最初の殉教者となっている。

サウロの人生の転機は不意に訪れた。回心である。それは36-38年頃、キリスト教徒を迫害すべく、ダマスコ（ダマスカス）へと向かっていた道の途中のことだった。天から彼に呼びかける声が聞こえたのだ。「サウル、サウル、なぜわたしを迫害するのか」、「わたしはあなたが迫害しているイエスである」［『使徒言行録』9・4-5］。『使徒言行録』によれば、一瞬目が見えなくなった彼は、やがて視界をとりもどし、新しい信仰に改宗したという。それ以来、彼は最初期のキリスト教時代でもっとも強い熱情につき動かされた宣教者となり、今もなお宣教師たちの原型とされている。

迫害と拡大

キリスト教徒に対する迫害は、中断期間、とくに皇帝ガリエヌス［単独在位260-68］の時代をはさんで、2世紀半（64-313年）続いた。もっとも激しい迫害は皇帝デキウスの時代（250-251年）と、とりわけディオクレティアヌス時代（303-05年）に起きた。キリスト教徒たちは帝国内の特定の地に住まわされた（ガリアでは聖女ブランディヌがリヨンで殉教している［マルクス・アウレリウス治世下の177年、棄教をこばんで40人ほどの同宗者ともども殉教した］）。だが、迫害の大部分はローマで行われた。犠牲者にかんする詳細な数値はないが、その数は4000から数万に達すると推定されている。こうした状況にもかかわらず、キリスト教信仰は発展・定着・拡大していった。まさに「殉教者たちの血はキリスト教徒の種である」という、つとに知られた言いまわしが語るとおりである。それにともなって、若い教会の中心地も移った。もはやそこはエルサレムやパレスティナではなく、帝国の首都ローマとなった。おそらく使徒ペトロが44年にたどりついたローマの教会はやがて重要性を増し、帝国の他の主要都市も知的生活や福音宣教の活発な拠点となっていった。たとえば、帝国第3の人口を擁していた前述の都市アンティオキアのようにである。アレクサンドリアもそうした都市のひとつで、聖伝によれば、福音史家のマルコが、のちにその神学者たちがもちまえの活力と影響力を発揮してきわめて重要な役割を演じるようになる、アレクサンドリア教会を創設したという。さらに、古代の王国都市エデッサ（現トルコ南東部のウルファ）の名もあげておこう。

一方、西欧ではキリスト教の発展はより遅く、かなりのばらつきもあった。そうした発展はイタリア中部（ローマ）のほか、スペイン南部、アフリカ北部（カルタゴ）、イリリア（現クロアチア）、イタリア北部、さらにガリア地方（拠点としてのリヨン）でもみられた。ローマ帝国の境界外では、キリスト教徒たちは地中海高地やアルメニア（聖ゲオルギウス［竜の退治で知られる。303年殉教］のおかげで、300年頃にキリスト教化）に広がり、地元の伝承によれば、はるかに遠いインド南部のマラバール地方でも、パルティア人たちが使徒のヤコブとトマスによって福音を授かったという。キリスト教会の「普遍性（カトリシテ）」はこうして徐々に現実化していった。ただ、たしかに信仰は同じだったが、地元の教会はその司教たちの権威のもとで独自の性格をおびるようになった（言語、組織法、典礼など）。しかし、それより厄介な問題は、新しい教会内部での暴力的対立のもととなる分裂や分派をひき起こした、教義の多様化だった。

この最初期の教勢拡大は、ひとりキリストの使徒たちの力によるだけではなかった。それは「ヘレニスト」、すなわちキリストの復活という新しい信仰に回心したディアスポラのユダヤ人たちにも多くを負っていた。彼らは普遍主義や愛の神、霊的信仰といった教えを受け入れた。最初の教会言語だったギリシア語は、帝国の西側一帯（イタリア、アフリカ北部）で、2世紀以降、徐々にラテン語にとって代わられていった。時期を同じくして、キリスト教文学の歴史もまた、「ギリシア系教父」と「ラテン系教父」とを区別するようになった。こうした言語の二重性が、やがて東西両キリスト教の関係に多くの誤解を生むことになる。

迫害の終わり　さまざまな迫害は、皇帝コンスタンティヌス1世（在位306-37）のおかげで終息する。当時のローマ帝国は内部抗争に明けくれていたが、コンスタンティヌス帝は、312年、ローマ近郊のミルウィウス橋の戦いで政敵マクセンティウス（四分統治皇帝在位306-12）を破り、実権を掌握する。この戦いに先だって、コンスタンティヌス帝はもしも自分が勝利したなら、キリスト教徒たちに信教の自由を認めると約束していた。彼はその約束を守り、313年、ミラノ勅令により、彼らの自由な信仰と没収財産の返還を行う。さらに、キリスト教に対する共感をしだいに強くしてもいった。以後、背教者ユリアヌス（皇帝在位361-63）の時代を除いて、キリスト教は勢力範囲を広げ、今度は異教を禁止するまでになる。そして、皇帝テオドシウス1世（在位379-95）はキリスト教の公認をさらに進め、異教の神殿を閉鎖したのみならず、これを破壊して、キリスト教の国教化を宣言するまでになる。霊的な力と世俗の力との融合を特徴とする新しい時代がこうして幕を開ける。だが、この融合は、「皇帝のものは皇帝に、神のものは神に返しなさい」［『マタイによる福音書』22・21ほか］と教えた、イエスの命令からかなり逸脱した考えだった。

◆聖女ブランディヌの殉教。フランスの写本装飾、15世紀後葉、ヤコブス・デ・ウォラギネ［1230頃-98］『黄金伝説』より、フランス国立図書館蔵、パリ。キリスト教徒だったため、ブランディヌは177年、リヨンで殉教している。ライオンの餌食となっても、信じがたいほどの勇気を示したという［一説に、ライオンたちは彼女に襲いかかろうとしなかったとされる］。

教会分裂と異端

　教会の最初の数世紀にみられた大きな論争はキリストの神性と人間性、さらにその死にかんするものだった。いくつかの教義は紀元2-3世紀に広まったが、いずれもがキリストの受肉を否定する点で一致していた。これらの教義によれば、キリストはたんに人間の姿をまとっていただけだという。そこから、これらの理論と結びついたキリスト仮現論〔ドセティズム〕（語源はギリシア語のドケイーンdokeīn「～と思われる」）が派生している。同様の思潮は6世紀のキリスト単性論〔モノフィジット〕にもみてとることができる。さらに、カバラをはじめとするユダヤ的グノーシスやイスラーム的グノーシスに類似した、キリスト教的グノーシス（霊知）も、創世が神の御業であることを否定し、キリストの受肉についても、キリストが本質的に物質的かつ不純な肉体を得るはずがないとして否定した。キリストの回帰待望もまた認めなかった。グノーシス主義〔神よりも前に原初の深淵があり、そこから神を含むすべてが発出したとする1-4世紀に興隆した思想運動で、人間がみずからの神性によって物性を超越できるという霊（善）・肉（悪）二元論を唱えた〕という語は、これら原初的なグノーシスから派生した後代の異教思想すべてをしばしばさすようになっている。それはさまざまな宗団の源泉で、3世紀にそのもっとも知られるようになった宗団として、マニ〔210頃-75。サーサーン朝ペルシアの予言者〕を創唱者とし、善・悪の2原理を厳密に対立させたマニ教がある。

マルキオン主義　呼称は、創唱者のマルキオン（85頃-160頃）に由来する。小アジアに生まれ、ローマで教鞭をとっていた彼は、キリストと福音書によって示された善なる神と、旧約聖書を義とする神とを対峙させた。決然と否定した旧約聖書と唯一価値があるとする新約聖書の断絶を唱えた「思想家」でもあった〔ただし、新約聖書については『ルカによる福音書』とパウロ書簡のみを認めた〕。マルキオンはキリストがたんに人間の姿をしているだけだとし、極端なまでの厳格さで倫理を説いた。そのため、144年に破門されるが、マルキオン派の教会はなおも5世紀のシリアの数か所で信徒群を擁していた。

ドナトゥス主義　4世紀から5世紀初頭にかけて興った異端教義で、創唱者はアフリカ北部カルタゴの司教だったドナトゥス〔355頃没〕。ディオクレティアヌス帝によるキリスト教徒迫害の時代、彼は皇帝の命に従って聖書を棄てた。だが、公会議やコンスタンティヌス帝から断罪されたにもかかわらず、アフリカ北部で活動中のキリスト教会の大部分を教会分裂にまきこんだ。ヒッポ〔現アルジェリア最北東部のアンナバ〕の司教だった聖アウグスティヌス〔354-430〕は、このドナトゥス派と戦うことになる。

アリウス主義　紀元後数世紀間の最大の教会分裂をひき起こした宗教思想。創唱者はアレクサンドリアの司祭アリウス（250頃-336頃）である。神という言葉が唯一の父〔父なる神〕にのみ向けられるものである以上、イエスが「神の子」ではありえないとした。アリウスによれば、イエスは神から養子によって親子関係になるという特権を受けた、例外的な人間にすぎないという。こうしてアリウスはキリスト教信仰の基盤そのものを踏みにじった。だが、アレクサンドリア教会による断罪にもかかわらず、彼は東方全域で大いなる成功をおさめた。この混乱をまのあたりにしたキリスト教徒の皇帝コンスタンティヌスは、325年、ニカイア公会議を召集して、事態の解決をはかろうとするのだった。

◆第1ニカイア公会議。中世の写本装飾、トゥールーズ市立図書館蔵。第1回ニカイア公会議（325年）は、キリストの神性を否定したアレクサンドリアの司祭アリウスを異端として断罪し、イエス・キリストが神の独り子であることを宣言した。

ニカイア公会議はアリウスの教説を断罪し、キリスト教信仰にかんする最初の公式化を行う。この公式〔ニカイア信条〕が「使徒信条」の原型となる。それはキリストの神性を正式に認めるもので、「父と同じ特性」を有するがゆえに、キリストと父（なる神）は「同質」であるとする。同公会議がこの立場をとったため、アリウスはコンスタンティヌス帝によって追放処分となり、彼の信奉者たちにもさまざまな対策がとられたが、それでもアリウス主義が東方全域に広まるのを防ぐことができなかった。キリスト教会の統一性と信仰内容は、それによりいちじるしく脅かされた。そんななか、皇帝テオドシウス1世〔在位379-95〕の呼びかけで、第2回目の公会議が381年、コンスタンティノープル（コンスタンティノポリス）で開かれる。この公会議は、ニカイアで素案が作成された三位一体、すなわち、唯一にして不可視な本質のうちに、互いに区別されながらも等しくかつ「同質」な三位格が宿るという、唯一神の玄義にかんする教説を完成した。

　アリウスをきっかけとして興り、最初期のキリスト教徒たちをあおった神学論争は、やがて父と子の同質性と三位一体との関係を対象とするようになる。そして5世紀以降、議論はキリストの人格を

ユダヤ教とキリスト教——分裂

　悲劇とはまるで無縁の最初の分裂は、イエスとその家族、さらに使徒たちが属していたユダヤ教とキリスト教とのそれである。キリスト教の聖伝にかんする最初期の原典群（テクスト）は、ユダヤ人たちにとってやりきれないものだった。これらのテクストはイエスの受難や磔刑、そして死の責任が、彼らユダヤ人にあるとしているからだった。イエスの裁判時、ユダヤ総督のピラトゥスが「この人の血について、わたしには責任がない」と言明し、「お前たちの問題だ」と言って決裁したあと、福音史家のマタイはエルサレムの群衆に以下のような言葉を叫ばせている。「その血の責任は、我々と子孫にある」[『マタイによる福音書』27・24-25]。これが、のちに初代教会の反ユダヤ的定本全体にとり入れられるようになる、有名な「血の誓い」である。ユダヤ教とキリスト教の分裂をうながした聖書の文言は、ほかにもある。たとえば使徒パウロは、「テサロニケの信徒への手紙一」のなかでユダヤ人についてこう記している。「ユダヤ人たちは、主イエスと預言者たちを殺したばかりでなく、わたしたちをも激しく迫害し、神に喜ばれることをせず、あらゆる人々に敵対し、異邦人が救われるようにわたしたちが語るのを妨げています」[2・15-16]。

　これらの言葉が語られた背景には、エルサレムのユダヤ人社会における極度の緊張状態があった。ローマによる苛酷な支配と熱気をおびたメシア待望の時代であってみれば、いかなる論争でも攻撃的なものとなった。イエスの「メシア性」にかんするファリサイ派と最初期の弟子たちとの亀裂は、もはや避けられないものとなっていた。現代の他の専門家たちと同様、『カトリック教会とユダヤ人』（カルマン＝レヴィ社、2003年）の著者ジャン・デュジャルダン神父も、次のように強調している。「こうしたテクストが初代教会の反ユダヤ主義を鼓吹したわけではなかった。実際はその反対だった。まずユダヤ教とキリスト教との分離の空気が生まれ、やがてさまざまな対立が起きて、当初にはまちがいなくなかった暴力性や公然たる非難が、最初期の新約聖書にもりこまれるようになったのだ」

　ユダヤ教とキリスト教の分離はイエスの弟子たちのユダヤの律法、すなわちトーラーに対する忠誠の問題とかかわっていた。マタイをはじめとする福音史家たちは、イエスがユダヤの律法に忠実だったと証言しているが、それだけではトーラーをきわめて厳格に適応しようとしていたファリサイ派にとって、けっして十分なものではなかった。やがてファリサイ派の不信感が増幅し、弟子たちは独自の運命を選ぶことになる。彼らはシナゴーグ（会堂）での実践を守ったまま、異教世界に活路を見出した。そしてそれは、初期キリスト教徒たちが[旧約]聖書やモーセの律法にそむいているとするユダヤ人たちの非難の度を強め、やがて分裂が生まれたのである。

　そうしたなかにあって、使徒パウロの役割は決定的に大きかった。彼は異教徒たちに教えを説き、イエスの新しい信仰に改宗した彼らが、ユダヤの儀礼に従わなければならないという状態を断つよう圧力をかけた。パウロはファリサイ派の世界に生きたファリサイ系ユダヤ人だったが、イスラエルの民が受けとったメッセージの普遍的な価値については、だれよりもよく理解していた。ダマスコ（ダマスカス）への道の途中で有名な回心を体験する前、彼はユダヤ人のみならず、異教徒たちにも向けられたイエスの人格とその普遍的なメッセージに惹かれていた。反対に、彼が理解できなかったのは、のちに彼がそれを伝える中心的な役割を演じるようになる、磔刑に処されたメシアということだった。同時代のすべてのファリサイ派と同様に、パウロは約束された地を前にしてモーセが言った言葉、すなわち「信じれば生きられる」という言葉を信じていた。そんなパウロにとって、救い主イエスが十字架の上で死ぬということは考えられない出来事であり、挫折の明確かつ耐えがたいしるしでもあった。だが、ダマスコへのぼる道の途中で事態は一変する。「わたしは、あなたが迫害しているイエスである」[『使徒言行録』9・5]。そしてパウロは、イエスの道が死の道ではなく、生の道であることを悟る。

　したがって、パウロは弟子たちのなかでもっとも逆説的な存在だったといえる。もっとも厳格なユダヤ人であると同時に、ユダヤ教の普遍的な重要性に対してもっとも開かれた弟子でもあったからだ。彼はユダヤ教との断絶を望んでいなかったが、イエスの新しい信仰へ入る証として、割礼を強制しようとは思わなかった。彼はユダヤの律法をおろそかにせず、シナゴーグに通いもした。だが、キリストの神秘のうちに、「異民族」への扉が開かれていることをとくによく理解していた。もうひとつの逆説は、イエスの弟子となったこのユダヤ人がエルサレムの最初のユダヤ人キリスト教徒共同体に接触

◆ユダヤ人たちに説教する「異邦人たちの使徒」パウロ。「信じれば生きることができる」、金箔七宝、1180年、ヴィクトリア＆アルバート博物館蔵、ロンドン。

した際、ペトロとヤコブの周囲で生まれつつあった教会の一体性に、だれよりも強い危機感をいだいたことにある。

ティトゥスの軍隊による70年のエルサレム神殿破壊や、新たなユダヤ人の反乱、すなわち2世紀中葉のバル・コホバの反ローマ蜂起といった政治・軍事的出来事もまた、ユダヤ教とキリスト教の分離をより激しくうながした。最初期のキリスト教徒たちは、これらの出来事を、ユダヤ人がイエスのメシア性を認めなかったために神に罰せられた証拠とみなすようになる。「神殺し」の民について語ることはなかったが、神がその民を見棄てたということだけでなく、イエスへの信仰がモーセへの信仰にとって代わるという「代替わり」の考え方が、しだいに広まっていった。「旧い契約」に代わる「新しい契約」が、こうして神とモーセとその選民のあいだに入っていったのだ。ヤコブの衣鉢を受け継いだエルサレムの小規模なユダヤ人キリスト教徒共同体は、それまでつながりを保っていたが、この宗教的かつ政治的な外傷の衝撃で分散してしまう。

やがて帰属意識の葛藤が大きくなる。キリスト教徒の第1世代はなおもシナゴーグにしばしば足を運んでいたが、彼らの指導者たちの叱責とぶつかるようになる。教父文書、たとえばアンティオキアの司祭だったヨハネス・クリュソストモス［344/349-407。名説教者として知られ、「金口ヨハネス（イオアン）」と呼ばれた。コンスタンティノープル総主教で、カトリックでは33人の教会博士のひとり］のそれは、ユダヤ人が置かれた状態のこうした「イデオロギー化」（ジャン・デュジャルダン）を激化させていった。ユダヤ人の離散は、イエスをメシアとして認めないという過ちに対する制裁だったというのである。新しい教会は、やがて神との契約においてユダヤ人の代理となり、「神殺し」や離散と彷徨を余儀なくされた「不実な」民といった言葉が登場するようになる。それは、実際的に第2ヴァチカン公会議（1962-65年）まで続く、追放と迫害の長い歴史の始まりであり、ユダヤ教に対するキリスト教の神学は、もはやゆれうごくことがなかった。

第1部　一神教

◆カイロ旧市街（マル・ギルギス地区）のコプト墓地。コプト教会は、アレクサンドリア教会がローマと分離したカルケドン公会議（451年）で生まれた。現在、この教会はエジプトを中心に600-700万の信徒を擁している。

中心にくりひろげられた。三位一体の神秘のあと、次に受肉の問題が議論を呼ぶようになる。その代表的な二大潮派がネストリウス派と単性論派（モノフィジット）である。

ネストリウス派問題は、コンスタンティノープル大主教のネストリウス［381頃-451］が、キリストの2通りの本性を区別して、人性と神性があるとしたことに始まる。マリアは人間イエスの母［キリストトコス（キリストの母）］にすぎず、生まれつつあったマリア信仰がすでにそう命名していたにもかかわらず、神の母（テオトコス）と呼ばれるものではないとした。アレクサンドリア総主教のキュリロス［376頃-444］は、教皇ケレスティヌス1世［在位422-32］の合意を得て、ネストリウスと論戦を行う。そして431年、東ローマ帝国第2代皇帝テオドシウス（在位408年-450）が召集したエフェソス公会議は、ネストリウスの教説を断罪して彼の罷免［破門］を余儀なくさせる。だが、2年後の433年、なおも「エフェソスのシンボル」と呼ばれる共通の信仰宣言にかんする妥協がなされる［ネストリウスを支持してエフェソス公会議で追放された、アンティオキ

「教父たち」　最初期の偉大な思想家や著作家は「教父」（教会の父）と呼ばれる。彼らはギリシア語ないしラテン語を用いた。2-3世紀のもっとも高名なギリシア教父としては、ユスティノス［100年頃-162年頃］やエイレナイオスないしイレネウス［130頃-202］、アレクサンドリアのクレメンス［150頃-215頃］、オリゲネス［182年頃-251頃］、カイサリアのエウセビオス［260頃-339］などがいる。さらに、同時期のラテン教父として、テルトゥリアヌス［160頃-220頃］やキプリアヌス［258没］の名もあげておくべきだろう。こうしたキリスト教思想の黄金時代は4世紀から5世紀にかけてで、後代にまで名を残したギリシア教父には、カイサリアのバシレイオス［カエサリアのバシリウスとも。330頃-79］やナジアンゾスのグレゴリウス［329-89］、ニュッサのグレゴリウス［332-95］、ヨハネス・クリュソストモス［344/349-407］、アレクサンドリアのキュリロス、ラテン教父にはポワティエのヒラリウス［315頃-36］、ミラノのアンブロシウス［340頃-97］、聖ヒエロニムス［340頃-420］、聖アウグスティヌス［354-430］がいる。

　彼ら教父たちの思想は初期キリスト教時代の神学論争で鍛えられた。彼らは生まれつつあったさまざまな異端と戦い、キリスト教信仰の形成と確立にあずかって力があった。哲学者であると同時に聖職者——司祭・司教——であり、教理問答の教師でもあった。彼らは教え、教化して、信徒共同体をその成熟へと導いた。最初期のギリシア・ラテン教父たちは皆、キリスト教を生んださまざまな出来事や、福音書編纂のもととなった口頭伝承の間近にいた。そして、新・旧両聖書にもとづいて任務を遂行し、いわば最初期の朗読者の象徴ともなった。こうした彼らの著作はパトロロジー（教父文献学）と呼ばれる［パトロロジーには「教父学」の意味もある］。この語は、教父たちにかんする研究や知識をさすパトリスティック（教父学）と区別されなければならない。

ア総主教ヨアンネスのアンティオキア派と、キュリロスのアレクサンドリア派とがニカイア信条に合意したこと〕。これにより、キリストの人性と神性は一体であり、マリアも公的にテオトコスと呼ばれるようになる。

しかし、ネストリウスに対する断罪にもかかわらず、彼の教説はペルシア人やインドにまで広まった。現在もなおその信徒は存在しており、アッシリア東方教会（イラク、イラン）とマラバール派のシリア教会（インド）は、それぞれ15万と25万の信徒を擁しているという。だが、これらの教会の大部分は16世紀にローマ教会に戻り、独自の典礼を維持しつつも、当初のネストリウス主義を放棄した。ここからバグダードに総主教を置くイラクのカルデア教会や、インド南部ケーララ州のシリア・マラバール教会が生まれている。

単性論問題はネストリウス派問題とは対照的なかたちで展開した。エウテュケス〔380頃-456頃〕というコンスタンティノープルの修道士が、キリストの人格における2通りの本性が一体化している、つまり人性と神性が融合しているという考えを擁護したことから始まり、そこからこの理論は単性論（ギリシア語でモノmonoは「単一の」、ヒュシスphusisは「自然、性質」をさす）と呼ばれるようになった。

この単性論はコンスタンティノープルの総主教から断罪されたが、アレクサンドリア大主教のディオスコルス〔在位444-54〕によって、さらにテオドシウス皇帝からも支持された。キリスト教会内でのこうした対立に直面して、新たに第4公会議が451年、東ローマ皇帝マルキアヌス〔在位450-57〕とローマ教皇レオ1世〔在位440-61〕によって、カルケドン〔コンスタンティノープルの対岸〕に召集される。この公会議〔第4全地公会議〕は最終的に単性論を断罪する。たしかにキリストの唯一の人格には2通りの本性が存在しているが、両者は合体しても別々の本性をもつ〔両性論〕としたのである。その結果、アレクサンドリア大主教は職を解かれた。これはローマ司教の教皇が決定的な役割を演じた最初の公会議となった。

カルケドン公会議の結果は、歴史的に重要な意味をおびている。その大主教と連動していたアレクサンドリア教会は、分派して単性論を保持した。これにより、今日600万もの信徒を有するコプト教会〔世界全体の信徒数は、エジプトやエチオピア、アメリカなどに5000万いるという〕が誕生する。シリア教会とアルメニア教会もまた分離した。これら東方単性論教会〔いずれも単性論を教説にとりいれておらず、したがって単性論教会と自称することをこばんでいるが、ここでは原著の記述に従う〕はなおも「正教会」を名のっているが、1054年の東西両教会の分裂〔ローマ教皇とコンスタンティノープル総主教の相互破門〕後に成立し、今日では東方単性論教会より数が多く、より強大な正教会と区別しなければならない。これらの教会はまた、カルケドン公会議の決議を認めていないところから、「非カルケドン教会」とも呼ばれている。こうした単性論をめぐる考え方の相違は、実際的に東方教会内部での最初の大分裂といえる。

キリスト教会にもうひとつの危機をもたらしたペラギウス派は、その呼称をスコットランド出身のローマの修道士ペラギウス（360頃-422頃）に負っている。この派の場合、不一致は父なる神と神の子との関係や神の子の人性と神性にかんするものではなく、神との関係において、人間がどこまで意志と自由を有するのかという問題にかんしてであった。キリスト教徒の多くをひきつけた3世紀の異教マニ教の根本的な悲観主義への反動として、ペラギウスは人間の意志の役割を重視し、聖パウロが確立した教義で救済に不可欠とされた、神の恩寵の役割を低くみた。

回心前、マニ教の教えに惹かれていた聖アウグスティヌスは、ペラギウスの主張をきっぱりとはねつけ、人間の贖罪において神の恩寵が果たす役割を重視した。彼によれば、人間が善と救いを得ることができるのは、ほかならぬこの恩寵によるのだという。激しい論争をまきおこしたアウグスティヌスの堅固な説は、最終的に人間の救いないし堕落は神によってあらかじめ定められているとする、いわゆる「予定調和説」へといたる。やがてこの考えは、キリスト教の歴史、とくに16世紀の宗教改革に大きな影響を与えることになる。つまり、その急進的な解釈が、マルティン・ルター〔1483-1546〕やジャン・カルヴァン〔1509-64〕、さらにはヤンセニウス〔1585-1638〕らの神学に決定的に重要な場を占めることになるのだ。そして、ペラギウスやアウグスティヌスによって投げかけられた恩寵にかんする論争は、キリスト教の思想全体を超えて、神と人間との関係に対する西欧世界の考え方を組み立て、西洋と東洋の心性を互いに遠ざける契機となるのだった。

◆サン・セバスチャン・カトリック教会のミサ。コーチン、インド・ケーララ州。ネストリウス派（5世紀）を受け継ぐシリア・マラバール教会は、ケーララ州で組織された。

第1部　一神教

共通のクレド
イエスにおける一体性

　東西ローマ帝国のあいだにできた溝は急速に広がり、キリスト教もまたさまざまな教義論争と向きあうようになる。だが、今日まですべてのキリスト教徒は、カトリックと東方正教会、そしてプロテスタントとをとわず、クレド（使徒信条・使徒信経）［クレドの字義はラテン語で「わたしは信じる」］、すなわち信仰個条を共通のものとしている。

　福音書に語られ、最初期の使徒たちから今日にいたるまで、世代を超えて受け継がれてきたイエスの教えは、当時の人々にとって徹底して新しいものだった。彼はギリシア・ローマ世界の偶像や以前の伝統を打ち砕き、さらにもっとも重大な破壊行為として、みずからの出自であるユダヤ的伝統、はじめて唯一神の存在を立証した民によって受け継がれてきた伝統とも絶縁した。

　ユダヤ人の家に生まれ、ユダヤの信仰を教えこまれ、同時代の人々と社会の神聖な掟や実践に慣れ親しんでいたイエス・キリスト。その教えは最初少人数の弟子たちをひきつけていただけだったが、やがて権力当局に混乱をまきおこした。しかし、彼はモーセの律法を改革しようとしたのではなく、ただそれを完全なものにしようとしただけだった。「わたしが来たのは律法や預言者を廃止するためだ、と思ってはならない。廃止するためでなく、完成するためである」［『マタイによる福音書』5・17］。彼は何も新しい啓示をもたらしたわけではなかった。活動の目的は、神がモーセとアブラハムの民と結んだ契約（旧約）を延長することにあったのだ。そしてみずからを預言者たちが告げた「約束」のメシアであり、ダビデの子孫で、ベツレヘムで生まれたと言い、人々に「新しい契約」を提唱した。この契約がやがて「新約聖書」に記されることになる。

このイエスは神自身か

　福音書は50回以上もくりかえしてイエスを神の子と呼んでいる。たとえばシモン・ペトロは言っている。「あなたはメシア、生ける神の子です」（『マタイによる福音書』16・16）。たしかに、神を信じる者はすべて「神の子」だが、イエスが「神の子」だとする主張の新しさは、ユダヤ的意識にとっては受け入れがたいものだった。福音書の話はこの神の子を神的なものとする点で一致している。たとえばイエスは、ベツレヘムでの誕生からして、天使ガブリエルに告知されているのだ。「今日ダビデの町で、あなたがたのために救い主がお生まれになった。この方こそメシアである」［『ルカによる福音書』2・11］。イエスは神の国の新しい福音、すなわち罪の赦しと人々の救いを告げにやってきた。さらに、磔刑に先立つ受難の話には次のようにある。「お前は神の子、メシアなのか」。最高法院での大祭司カイアファの尋問に、イエスはこう答えている。「それは、あなたが言ったことです」［『マタイによる福音書』26・63-64］。

　慈悲と愛の神　福音の新しさは3通りある。それはまず「慈悲と愛の神」の啓示である。3年間とされる公生涯でのイエスの教えは、福音書に書かれているように、神を、善良な者に褒美を授け、みずからの掟にそむく者に罰を与える一種の全能の裁判官とする、当時の支配的な考え方と絶縁したものだった。イエスにとって、慈悲と愛は律法に優先していた。だからこそイエスは、安息日に病人を癒したことをファリサイ派からとがめられても、神と隣人への愛が唯一の掟だと公言してはばからなかった。「心を尽くし、精神を尽くし、思いを尽くして、あなたの神である主を愛しなさい。（…）隣人を自分のように愛しなさい」［『マタイによる福音書』22・37-39］。

　たしかにこれは、永遠の存在と隣人にかんする旧約聖書の一文を、文字どおり忠実にくりかえした表現である［あなたたちのもとに寄留する者をあなたたちのうちの土地に生まれた者同様に扱い、自分自身のように愛しなさい（『レビ記』19・34）］。しかし、慈悲に優先的な意味をもたせるこうした主張は、すぐれてキリスト教的なものである。以下の「山上の説教」におけるイエスの教えに、十戒を否定したり、たんに杓子定規に語ったりするような言葉はない。

　キリスト教のあらゆる信仰告白に共通するこれらの祈りの言葉は、「真福」と呼ばれる。「心の貧しい人々は、幸いである。天の国はその人たちのものである。悲しむ人々は、幸いである。その人たちは慰められる。柔和な人々は、幸いである。その人たちは地を受け継ぐ。義に飢え渇く人々は、幸いである。その人たちは満たされる。憐れみ深い人々は、幸いである。その人たちは憐れみを受ける。心の清い人々は、幸いである。その人たちは神を見る。平和を実現する人々は、幸いである。その人たちは神の子と呼ばれる。義のために迫害された人々は、幸いである。天の国はその人たちのものである」［『マタイによる福音書』5・3-10ほか］。福音書の神はこうしてファリサイ派や学者たち以上に、貧しい者たちや純朴な者たちに語りかける。まさにこれこそが「よき知らせ」にほかならない——フランス語のエヴァンジル（Évangile）［福音］は、ギリシア人が「よき知らせ」の語にあてた、エウアゲリオン（euággelion）［eu + ággelion］から派生した表現である。

個人的な神　ユダヤ人たちは、神が地上にあって、ある使命、すなわち唯一神の存在を啓示し、世界を聖なるものとする、という使命をまっとうさせるためにみずから選んだ人々のあいだに居を定めたと信じていた。だが、キリスト教徒たちにとって、いわば第2の新機軸となるが、神は人格をもたず、すべての人々に呼びかけるということである。イエス・キリストの名によって結ばれた契約は全人類との契約であり、特筆すべきことに、特定の民族や特定の地のみを対象としたものではない。イエス・キリストは万人に現れる神の執成人である。万人に救いを告げるためにやってきたイエス・キリストが示す神の愛は、普遍的なものなのだ。新しい契約——宗教的なユダヤ人に衝撃を与えることを避けるなら、むしろ「第二の契約」と呼ぶべき契約——は、イエス・キリストを介して告げられ、人種や出生、さらに文化のいかんをとわず、洗礼という唯一の恩寵によってあらゆる人々に開かれている。パウロが「ガラテアの信徒への手紙」で述べているように、キリストのうちにあっては、「ユダヤ人もギリシア人もなく、奴隷も自由な身分もなく、男も女もありません。あなたがたは皆、キリスト・イエスにおいて一つだからです」[3・28]

復活のイエス　第3の新機軸は、人類の救済という考え方にある。それは、ナザレのイエスが、宗教権力や世俗当局、さらにローマ人支配者によって極刑が宣告され、十字架上で死んだあとに復活したという点にある。このメッセージは、それまでのユダヤ的信仰と比して、きわめて革命的なものだった。イエスが預言者たちによって告げられたメシアだっただけでなく、死んで復活しているからである。この復活は生がとりもどせるということを意味すると同時に、われわれ自身の復活の先駆けともいえる。生はつねに死に打ち克つ。神は基本的に生命の神であり、従う者はだれであれ救われる。換言すれば、イエスが言うように、何世代にもわたってユダヤの民が待ち望み、終末に約束されていた神の時代は、まさに実現しつつあったのだ。これがキリスト教的信仰の核心である。それはたんに姿を現す神の宗教ではなく、復活する神の宗教でもある。パウロは「コリントの信徒への手紙一」でこう記している。「キリストが復活しなかったなら、わたしたちの宣教は無駄であるし、あなたがたの信仰もむだです」[15・14]

だが、イエスが仮庵祭で命じたように、以後、地の果てまで赴く宣教団によって告げられることになるキリスト教は、たんなる思想や道徳にとどまらない。それは、死んでよみがえり、天に昇って永遠の生を生きるまぎれもない人間への信仰なのである。キリスト教はまた、哲学を超えた経験でもある。キリスト教徒になるということは、ひとりの人物に従うため、みずからの生を賭けることでもある。ユダヤ教が律法と伝承のより厳格な適用に主眼を置くのに対し、キリスト教の核心は、信じる者たちのために永遠に生きるイエス・キリスト自身にある。

新約聖書のなかで四福音書に続く『使徒言行録』の意味は、まさにここにすべてがある。それはエルサレムにおけるイエス・キリストの昇天の話から始まり、使徒たちや初代教会の最初期の共同体による、ローマにいたるまでの新しい信仰の普及を語っている。

✚イエスの復活。アラゴン王マルティヌス[1356-1410]の聖務日課書（一部）、14世紀末、フランス国立図書館蔵、パリ。キリスト教徒にとって、人類の救済は万人の復活の先駆けであり、死に対する生の勝利を意味するナザレのイエスの復活をとおして成就する。

「クレド」の内容

キリスト教徒の信仰告白に共通するおもな信条個条は、紀元1000年まで、つまりキリスト教会が分離する以前に開かれた、さまざまな公会議までさかのぼるクレドにみられる［以下の個条は原著からの翻訳で、訳文はカトリック中央協議会刊『日々の祈り』所収の「ニケア・コンスタンティノープル信条」を参照した］。

　　わたしは父なる神と父のひとり子イエス・キリストを信じます。（…）いのちの与え主であり、父と子から出た聖霊を信じます。

これはキリスト教徒のクレドの最初の個条で、神が唯一の存在であると同時に、「天と地、見えるもの、見えないもの、すべてのものの造り主」であることの表明となっている。この神はその子イエス・キリストのとりなしによって人間たちに現れ、三位一体でもあ

第1部　一神教

る。つまり、キリスト教徒の神は唯一の人格ではなく、3人格が一体となっているのだ。こうした三位一体は第一の「神秘」である。キリスト教の信仰は信徒をキリストへと、そしてキリストを超えてさらに神へと導くが、そこには三位一体の一位格である聖霊から発した精神の高揚と力とがともなう。この聖霊は信徒が神の啓示を理解するのを助け、信奉と誓約によって信徒を強くしてくれる。

キリスト教にはそれゆえ三柱の神ではなく、三位格を有する神のみが存在する。これはキリスト教徒にとっての根本的な信仰上の真理であり、周知のように、彼は「父と子と聖霊の御名によって」と唱えながら行う、日常的な所作のひとつである十字を切る。この言葉はまた、幼児洗礼の印として、司祭が幼児の額に水をふりかける際にも唱えられる。神のうちにあるこれら三位格間の密接な関係は、使徒パウロがコリントの信徒たちに宛てた書簡で示されているが、こうした関係は、カトリックの司祭たちが会衆によびかける、ミサ冒頭の次の言葉のなかでも明らかにされる。「主イエス・キリストの恵み、神の愛、聖霊の交わりが皆さんとともに」

　わたしは神のひとり子イエス・キリストを信じます。イエス・キリストは神から生まれ、父と同質の神です。おとめマリアよりからだを受け、人となられました。ポンテオ・ピラトのもとで、十字架につけられ、苦しみを受け、葬られました。

ここにあげたクレドのもうひとつの定言には、キリスト教徒を結びつける第二の「神秘」がある。受肉のそれである。神が啓示を世界にもたらして救いの福音を告げるため、イエス・キリストの「からだ」を受ける。この言葉には、イエスより前ないし同時代の他のすべての宗教に対する根本的な新しさがみてとれる。現代と同様、イエス時代のユダヤ人世界では、神は受肉しうる存在ではなく、表すことのできない存在でもある。みだりにその名を唱えることすらできない。ところが、パウロがコロサイの信徒たちに対する宣教で語っているように、イエスは「神の子」であり、「目に見えない神の姿」[『コロサイの信徒への手紙』1・15]であると自称している。つまり、キリスト教徒にとって、イエスへと向かう歩みは、神に向かう歩みと同じなのである。「わたしを見た者は、父を見たのだ」(『ヨハネによる福音書』14・9)

初代の宣教者や教父あるいはキリスト教的伝統全体の指導者たちが、イエス・キリスト自身の人性と結びつけられたこの神的な神秘を異教世界で説くために、どれほど厳しい努力をしたかは想像にかたくない。そして、初期のすべての公会議が、受肉したキリストの二重の位格、すなわち人性と神性にかんする論議に捧げられたとしても、驚くことではない。

　主イエスは3日目に復活し、天に昇り、父の右の座に着いておられます。主は、生者と死者を裁くために栄光のうちにふたたび来られます。その国は終わることがありません。

ここにはキリスト教信仰における第三の神秘、すなわちイエス・キリストの死と復活といった出来事によって明示された贖罪の核心がある。福音史家たちにとって、イエスの全生涯は過越祭の神秘に向かって収斂していった。すなわち、復活のキリストは世界を救うために教会に現れているのだ。キリスト教徒にとって死と復活はつねに一対のものである。そこではあらゆる者がイエスとともに復活し、神の栄光のうちに生きる定めとなっており、人はその罪を恩寵と慈悲の神によって償われることが約束されている。これが贖罪の意味であり、こうして示されるのが、ほかならぬ救いの神秘なのである。人は悪から解き放たれ、かつて奴隷についていわれていたように、「買いもどされる」。だが、救われるためには、イエスがみずからの死によって全人類を買いもどしたように、人はそのための代価を払わなければならない。

この贖罪という考え方は、つねに罪意識の重荷をともなってきた。それは、たとえばカトリック神学とプロテスタント神学のあいだの対立因となっており、後者の場合、神は人間を救い、おしみなくその恩寵を与える。だが、それは、彼が現世でなしたこと——その行いと長所に応じて——に対してではなく、神への信奉と信仰の力そのものによって、そして神の恩寵に対する感謝によってである。これが「信仰のみによる義認」と呼ばれるものである。この義認こそ、贖宥状(免罪符。贖宥すなわち免償とは、犯した罪が赦されるため、現世で支払うべき罰が教会から許されること)の販売行為を典型とする、中世教会に広くみられた「行為による義認」[善行によって神が人を義とすること]と区別して、その販売行為を非難した宗教改革者のマルティン・ルターが、みずからの教えの中核にすえた考えにほかならない(171ページ「免償とは何か」参照)。

◆クレドはキリスト教信仰の核心である。それは祈りのうちにみられる。エジプト・ビリャナのコプト教会における子どもたちのミサ。

わたしは、聖なる、普遍の、使徒的、唯一の教会を信じます。

信仰にかんする最後の問題は、第2ヴァチカン公会議（1962-65年）で言明されたように、福音書によって伝えられた言葉を解釈し、それを万人に告げることを主たる使命として受け入れた教会とかかわっている。

一体としての教会——これは信徒たちとキリストおよび神との一体性のことであり、この表現はまた、教会をその神秘的な形とする聖体における世界の一体性を表してもいる。信徒間の亀裂がどれほど大きなものであっても、キリストとその教会との結びつきをそこなったり、人類をまとめようとする神の意志を変質させたりすることはできない。教会は分裂した世界にとって、一体性の象徴として存在するはずだ。だからこそ、カトリック、プロテスタント、東方正教会という教会の分裂状態は、逆にエキュメニズム（世界教会一致運動）へと向かう和解のためのあらゆる努力をひき起こす、強い反作用因とみなされている。

聖なる教会——神のみが神聖だとすれば、教会と信徒たちは聖化される可能性を有する。とりわけこのことは、秘跡、つまりそれを受け入れる者たちに神の赦しを受ける可能性を与えてくれる秘跡のおかげによるところが大きい。

カトリック教会——「カトリック」（万人に開かれた、普遍的な）という語は、当初から地域の教会と区別して、普遍的な教会をさすのに用いられてきた。それは、教会が年齢や人種、身分、文化などをとわず、神の恵みを享受できる者ならだれにでも向けられているということを意味する。今日、通常語の「カトリック」は、正教会やプロテスタント教会、あるいは英国国教会と区別して、ローマと結びついているキリスト教徒をさしている。一方、プロテスタントもまた自分たちのクレドを唱え、彼らがカトリック教会、つまりローマ教会とは別の、「普遍的」という本来的な意味での教会を信じているという。

使徒教会——カトリックの信仰は使徒たちをつなげている。教皇やその後継者たちはこれら使徒の継承者であり、なおも「聖伝」（デポ・ド・ラ・フォワ）と呼ばれているキリスト教的信仰の寄託物の完全さを確実に守ることを使命とする。

秘跡

秘跡はキリスト教的生の中心概念である。それは呪術的な行為でもなければたんなる祭式でもなく、ありきたりの慈悲や典礼の実践でもない。秘跡は教会の伝統のうちに根を張り、所作や塗油、聖別の言葉といった象徴的な方法を用いて、神のふるまいが人生のあらゆる出来事のうちに現れうるという確信を示すものである。

正教会の機密と同じように、カトリックは以下の7通りの秘跡を認めている。洗礼、聖体、堅信、告解（ないし悔悛。ただし、今日ではむしろ「赦しの秘跡」と呼ばれている）、結婚、叙階、病者の塗油［かつては「終油の秘跡」と呼ばれていた］。これに対し、プロテスタントは2通りの秘跡、すなわち洗礼と彼らが聖餐と呼ぶ聖体を認めているだけである。他の秘跡は、結婚のそれを含めて、たんなる祭式にすぎないとする。

洗礼は秘跡の第1番目である。それは、イエスの生涯にきわめて

◆キリスト教会における最初かつ共通の秘跡である洗礼は、キリスト教的生に入ることを示す。人はキリスト教徒として生まれるわけではなく、洗礼によって教徒になる。写真はデュシャンベ（タジキスタン）のロシア正教会教会での浸水礼。

顕著だった水のシンボリズムによって、受洗者——幼児ないし成人——をキリスト教的生に立ちいたらせることを示す。人はキリスト教徒として生まれるわけではなく、自発的な信仰行為によってキリスト教徒となるのである。通常、この洗礼は両親（代父母）が洗礼を求める子どもの名において行う。

全身ないし体の一部を水につけて洗礼を行う浸水礼は、今もなお東方の一部の教派やバプテスト派プロテスタントのうちにみられる。カトリックでは、むしろ受洗者の頭部に水をかける聖水散布（灌水）による洗礼が好まれている。受洗者はついで浄化の象徴である油、すなわち「聖香油」を塗られる。白い衣をまとった受洗者は、最後に光の象徴であるロウソクを1本受けとる。こうした洗礼の秘跡はつねに名望家——通常は聖職者——によって行われなければならないが、緊急の場合、教会はいかなるキリスト教徒にも瀕死の者に洗礼をほどこすことを認めている。その際は、「わたしはあなたに父と子と聖霊の御名により」という定言を唱えながら、受洗者に水をふりかけるだけでよい。洗礼を受けずに死んだ子どもは、かつて一部の民間信仰が主張していたように、かならずしも地獄ないし辺獄〔リンボ〕［天国と地獄のあいだにある］に行くわけではない。教会は子どもが神をこばむという明白な行為を働いてはいないと考えているからだ。

堅信はキリスト教徒のもうひとつの入信秘跡である。通常は思春期に達した時点（教理教育〔カテキシス〕の最後を意味するが、秘跡ではない「信仰告白」のあと）で受け入れられるこの堅信は、重要な誓約ができる思春期の子どもに対する洗礼の行為を、いわば公然と認めるものである。この秘跡は司教ないしその代理者によってのみ与えられる。

告解（赦しの秘跡）ないし**悔悛**は、悔悛者が自分の罪を聴罪司祭

に告白することと同時に、神の赦しの表明でもある。カトリック教徒はみずからが犯した大きな罪を告白し、すくなくとも年に1度、通常は復活祭のときに規則的にこれを行わなければならない。この秘跡は、徐々に「共同回心」と呼ばれる共同体的な形をとって営まれるようになっている。

聖体はキリスト教的生の柱であり、もっとも重要な秘跡である。信徒が他のキリスト教徒やキリストとともに聖体拝領（聖餐）にあずかるのは、聖別されたホスチア〔字義はラテン語で「生贄の供物」。酵母抜きのパン〕に象徴されるこの聖体によってである。聖体拝領はカトリック教徒の中心的な典礼、すなわちミサの挙行時に営まれるが、ミサという語はしだいに聖体ないし聖体祭儀という語にとって代わられる傾向にある。祭儀のなかで、パンとぶどう酒の聖別は、司祭がキリストの犠牲を追慕してホスチアとぶどう酒を満たした聖杯（カリス）を差し上げ、次のような象徴的な言葉を発するときに行われる。「イエスはパンをとり、祝福した後で、それを裂き、使徒たちに与えて仰せになりました。《これはわたしの体です。これはあなた方のために流したわたしの血です。これは新しい契約の杯です。それを飲むたびに、わたしを記念してこのように行いなさい》」。ここで記憶すべきは、この最後の晩餐の暗示が、イスラエルの民のエジプトからの解放を祝うユダヤ教の典礼を受け継いでいるということである。

叙階は司教や司祭・助祭のための秘跡である。これによって叙階された者は聖職者となり、カトリック信者に秘跡を授ける権能が与えられる。カトリックないし東方正教徒にとって、叙階はイエス・キリストの使徒たちから代々受け継いだ権能の伝達を意味する。これが「使徒継承」の原理であるが、プロテスタント教会はそれとは無縁で、牧師が聖職者として公的に認められた役割となっている。一方、聖職者と女性の叙階にかんするカトリック教会と英国国教会の対応の違いは、古くから大きな問題となっている。

結婚は神の前で結びつくことを願う男女が、「互いに」自分を捧げあう秘跡である。キリスト教徒にとって、それは神と人間とのあいだにかねてより存在している契約を象徴する。カトリック教会はすでに民法上結びついているカップルしか結婚させない〔カトリック信者同士以外の結婚は秘跡とされない〕。

病者の**塗油**の秘跡はかつては「終油の秘跡」と呼ばれ、瀕死の者に対してのみ行われていた。今日、それは苦しみながらも神の愛に忠実たろうとする病人一般に対してほどこされる。司祭は病人の上に手を置き、その額に聖香油を塗る。この秘跡は不治の病に罹った者や、高齢だが、なおも自分の行動をはっきりと意識している者に行われる。

◆結婚は神の前で結びつくことを願う男女が、「互いに」自分を捧げあう秘跡である。キリスト教徒にとって、それは神と人間とのあいだにかねてより存在している契約を象徴する。写真は、サンクトペテルブルク（ロシア）の「主の顕在栄祭」教会におけるロシア正教の結婚式。

関連用語解説

[以下の用語説明は、おもにカトリック的視点からのものである。見出し語に付したGは東方正教会、Pはプロテスタント、無印はカトリックでの呼称、丸括弧内の〈は語源をそれぞれ示す。なお、語源自体および訳語が説明と重複している原文は、一部訳者の判断で修正ないし削除してある。正教のみにかんする事項は後出の「正教関連用語解説」に移した]

アリウス主義 Arianisme アリウス（4世紀）の唱えた異端説。キリストが神ではなく、神によって生み出された超越的存在だとした。

異教 Paganisme（〈ラテン語paganus「村人」）ローマ帝国の民衆が長いあいだ信奉していた多神教に対し、初期キリスト教徒たちが与えた呼称。

異端 Hérésie ローマ教会の共通かつ公式な教義から逸脱した教義。

隠修 Anachorèse 隠遁、脱俗。荒地ないし荒野に引きこもること。

隠修士 Anachorète 独住修道士・修道女。隠者。(→共住生活修道士)

宇宙発生論 Cosmogonie（〈ギリシア語kósmos「宇宙」＋ gónos「生成」）宇宙の形成にかんする神話伝承。

栄唱（P頌歌・G詠頌）Doxologie（〈ギリシア語dóxa「栄光・意見」＋lógos「言葉」）三位一体への賛辞。

エキュメニズム Oecuménisme 世界教会一致運動。全キリスト教会の一体化を進める運動。

恩寵（神の）Grâce（〈ラテン語grātia「歓待」）神が救いのために与える超自然的な贈物。

悔恨 Componction（〈ラテン語compungere「刺しとおす」）神にそむいたことへの後悔。

会衆制 Congrégationalisme プロテスタントの教会機能で、教会員たちの集団に教義的・精神的権威をゆだねることからなる。

回勅 Encyclique 教理ないし司教の方針を明確化あるいは徹底するため、ローマ教皇から司教たち（ときに信徒全体）に送られる書簡。

カトリック Catholicisme（〈ギリシア語katholikós「普遍的な」）教義や教説について教皇の権威を認めるキリスト教徒の宗教。

神の母 Theotókos（ギリシア語）聖母マリアの主称号。431年にエフェソスで開かれた第3回全地公会議でつけられた。

カルヴァン派 Calvanistes ジャン・カルヴァンの活動からその名と考え方が出ている宗派。改革教会と長老派教会がこれに属する。

管轄権 →裁治権

記念唱 Anamnèse（〈ギリシア語anámnesis「追想」）ミサでのパンとぶどう酒の聖別に続く聖体祭儀の祈り［キリストの受難・復活・昇天を想起する］。

救済 →救い

教会 Église（〈ギリシア語ekklēsia「集会」）大文字から始まる場合（Église）は典礼が行われる建物、小文字から始まる場合（église）は、現世および天上での人々の集まりないしキリスト教徒の共同体をさす。

教会分離 Schisme（〈ギリシア語skhísma「分離・分裂」）教義や組織、ときには教皇の権威をめぐる問題で生じたキリスト教会内部の分離。東方正教徒にとって、東方教会の分離とは1054年の東西両教会の分裂をさす。

教会論 Écclésiologie キリスト教会全体の性質や活動にかんする神学の一部。

教義・教条 Dogme（〈ギリシア語dógma「意見」）宗教的教理のうち、議論の余地なしとみなされる基本的な要素。

教皇選挙会議（場） Conclave（〈ラテン語cum「ともに」＋ clāvis「鍵」、転じてconclāve「鍵で締まる小部屋」）新しい教皇を選ぶため、枢機卿たちが閉じこもる部屋、あるいはこれら枢機卿たちの集会。

共住生活修道士 Cénobite, cénobitique（〈ギリシア語koinóbion「共同生活」）共同生活を送る修道士や修道女にかんする、あるいは彼（女）ら自身をさす語。

教父学 Patristique 教父を理解するための研究。教父文献学（patrologie）と混同してはならない。

キリスト教 Christianisme イエス・キリスト自身とその教えを基盤として創唱された宗教全体。旧約聖書が先鞭をつけ、神の子であり、世界の救い主でもあるイエス・キリストの教えのうちにきわめて明確にみられる神の啓示にもとづいている。キリスト教は徐々に共通の信仰をつくりあげていったが、その信仰の中心は三位一体と受肉、そして贖罪である。4-5世紀の深刻な教義的危機につき動かされたキリスト教には、やがて根本的な分裂が生じ、東方教会（11世紀）とプロテスタント教会（16世紀）が、ローマ教会から離れていった。

キリスト単性説 Monophysisme（〈ギリシア語mono「唯一の」＋ phýsis「自然・性質」）キリストのうちに神性と人性が同質なものとして一体化しているとする5世紀の教義。451年のカルケドン公会議で断罪されたが、一部の東方教会で残存している。

苦行・禁欲 Ascèse（〈ギリシア語áskēsis「修業」）霊的完徳さを得るために行う肉体的・道徳的修練。

グノーシス（霊知） Gnose（〈ギリシア語gnôsis「知識」）宗教的・秘教的な特性を有する神の真理にかんする知識で、この知識は一般信徒のそれより上位にあり、救いをもたらすものとする。

グノーシス主義 Gnosticisme しばしばキリストの受肉にかんする教義と結びつけられる異端派をさす。

クレド（使徒信条、使徒信経）Credeo 字義はラテン語で「私は信じる」。キリスト教徒の基本的な信仰個条を短縮した定言。

堅信 Confirmation 司教（主教）が司祭し、洗礼の恩寵をさらに堅固なものとする、カトリック教徒と正教会教徒における秘跡（機密）。プロテスタントの場合、それは秘跡としての価値をもたず、聖餐式に受け入れられる前、洗礼の誓約を公に唱える行為としてある。

高位聖職者 Pontife 司教・主教・監督。ローマ司教をローマ教皇という。

高位聖職者 Prélat カトリック教会の高位者だが、かならずしも司教ではなく、「猊下」の肩書を受ける権利を有する。この猊下という名誉称号は、ローマ教皇庁や司教区の聖職者に与えられる。

公会議（教会会議） Concile カトリックで、教皇の呼びかけで全世界の司教が一堂に会する会議。

沽聖 Simonie 霊的財産（秘跡や司教・司祭職、聖物）の私利的売買で、とくに8世紀から12世紀にかけて、カトリック教会の災厄となった。

言葉 Verbe（〈ラテン語verbum〈ギリシア語lógos「言葉」）聖三位一体の第2位格である神の子とその言葉をさす。

根本主義 →ファンダメンタリズム

最後の聖餐・聖餐式（P）Cène ou Sainte Cène キリスト教徒がキリストの最後の食事を追慕するために与えた呼称。プロテスタントでは二秘跡のうちのひとつとなっている。

再洗礼派 Anabaptisme 宗教改革時に生まれた宗派で、宗教を意識的に選ぶことができない幼児の洗礼を否定する。

祭壇 Autel 聖体祭儀を行う卓。

裁治権 Juridiction 正教会で行使される最高司牧権力。

司教（P/G主教・P監督）Évêque（〈ギリシア語epíscopos「見張り」）ローマ教会および東方正教会で、司教区を精神的に導く高位聖職者。

司教会議 Conférence épiscopale 全司教の会議。

司教区（P監督官区）Diocèse 教会の管轄区域。居住地域や人間集団（軍隊など）に対応して設けられ、司教の権限下におかれる。

司教区会議（P教会会議・G主教会議）Synode 第2公会議最終年の1965年に創設されたこの会議は、ローマ教会のレベルでは、教皇の召集によって司教たちが集まり（司教会議）、地方教会のレベルでは、司教の呼びかけで聖職者や一般信徒が集まる（司教区会議）。これらすべての会議は諮問的なものである。東方正教会の主教会議は総主教ないし大主教が主宰する。

四旬節 Carême（〈教会ラテン語quadragesima「復活祭の40日前」）復活祭を迎える準備をするための潔斎期間で、灰の水曜日から復活祭木曜日までの40日間。この期間中に遵守する節食もさす。

至聖所 Saint des saints エルサレム神殿にならって教会内に設けた内陣。

実体変化 Transsubstantiation 聖体の秘跡時、神によってパンとぶどう酒の実体がイエスの実体、すなわちその肉と血に変えられる働き。

使徒 Apôtre（〈ラテン語apostolous〈ギリシア語apostéllein「遣わす」）イエス・キリストによって選ばれた12弟子（ペトロ、アンデレ、大ヤコブ［ゼベダイの子息子］、ヨハネ、フィリポ、バルトロマイ、マタイ、トマス、小ヤコブ［大ヤコブの息子］、シモン、タダイ、ユダ）の各人をさす。ただし、ユダはその死後、マッテヤに代わられる。また、パウロやバルナバのように、最初期の福音宣教者も使徒と呼ぶ。

詩編集 Psautier 旧約聖書の『詩編』。

宗教行列 Procession 聖務や大祭日における荘厳な行列。

終末論 Eschatologie（〈ギリシア語éskhatos「最後」＋ lógos「言葉」）人間と世界の最後（死、世界の終わり、復活、審判、永遠の生）にかんする教えや教理、準拠。

受難 Passion（〈ラテン語passiō＜patī「苦しむ・耐える」）逮捕から死までのイエス・キリストの生涯最後の日々に対する呼称。

受肉・化身 Incarnation キリスト教信仰の中心的な神秘で、聖三位一体の第2位格である神の子が、イエス・キリストとして人間の体と霊魂を得たとする。

主の公現・公現祭（G神現祭）Épiphanie（〈ギリシア語epi「頭上に」＋ phanés「出現」）旧約・新約聖書における神の顕現。東方正教会では同義語のThéophanieの方がより多く用いられる。

主の昇天・昇天祭 Asension（〈ラテン語ascensio「上ること」）過越祭40日後のイエスの昇天。この出来事を記念する祭。

贖宥状 Indulgence 教会が罪を許して煉獄の責め苦をまぬがれさせる免罪符。この贖宥状の売買は、ルターのローマ教皇に対する反抗の一因となった。

助祭（P執事・G輔祭）Diacre（〈ギリシア語diákonos「下僕、奉仕者」）カトリックと東方正教会では、助祭は司祭に次ぐ叙階。プロテスタントでは、一般信徒が執事として貧者の世話や教会の資産管理を行う。

助祭職 Diaconat カトリックの場合、助祭は叙階秘跡第1段階で、終身助祭職には一般信徒が用いられる。この終身助祭は結婚できるが、ミサをあげることはできない。

女性聖職者 Sacerdoce féminin 英国国教会では、1975年から95年にかけて、女性司祭（教役者）が一般化しており、今日のフランスの改革教会でも、聖職志願者の半数が女性となっている。

神学 Théologie（ギリシア語theós「神」＋ lógos「言葉」）神にかんする研究。

信仰告白・信仰宣言 Confession 信仰を宣言し、自分が罪人であることを認め、その罪を告白する行為。カトリックの場合、罪が赦される秘跡を意味する。

救い Salut 罪を負った状態から救われ、永遠に生を与えられること。

政教協約 Concordat ローマ教皇庁と世俗国家とが結んだ協約。

聖香油 Chrème ou saint chrème（〈ギリシア語khrisma「香油」）受洗者に塗られる油で、浄化の象徴。

聖座・教皇座 Saint Siège/Siège apostolique 使徒ペトロの継承者で、普遍的教会の長でもある教皇の教権にかんする用語。この使命を支え、今日、実体としての国際法を構成している機関全体（教皇庁・教皇大使）を意味する。この教皇の住居は

「キリストの洗礼」、アンドレア・デル・ヴェロッキオ（1435-88）、ウフィツィ美術館蔵、フィレンツェ。

第1部　一神教

「磔刑」(一部)、フランティシュク・イグナツ・ヴァイス (1695-1756)、プラハ国立美術館蔵。

ヴァチカン市にある。

聖省 Congrégation romaine　ローマ教皇庁の行政部門。

聖職 Sacerdoce（ラテン語sacerdōs「司祭」）キリストの仲介者としての役割。使徒たちの後継者である司教は、特定の共同体で聖職者としての役目を果たす。司祭と助祭は彼らの代理である。プロテスタントは一般信徒の聖職について普遍的な原則を立てており、そこでは牧師たちは一般信徒と異なる存在ではなく、聖職位階制も否定している。

聖職位階制 Hiérarchie（<教会ギリシア語 hierárkhes「儀式執行者」<hiéro「神聖な」）さまざまな天使の階級と服従関係［天軍九隊］、および宗教内の責任位階をさす。

聖書外典・偽典 Apocryphe（<ギリシア語 apokrýptein「隠す」）初代キリスト教徒の文書。ただし、その正統性は確認されておらず、キリスト教徒、ユダヤ教徒の双方から受け入れられることもなかった。旧約聖書の一部の文書［『トビト記』、『ユディト記』、『シラ書』など］は、ときに第二正典ないし外典と呼ばれる。

聖人 Saint　聖性は本質的に神の属性である。神の姿にならってつくられた人間は、それゆえ聖性を約束される。初代教会では、聖人たちは福音的精神を生きた受洗者だった。現在では、聖人は教会から認められた人物で、彼らは現世において神の聖性を分かちもつという重要な地位に達し、神の前で生者たちのためにとりなす存在である。

聖体(の秘跡) Eucharistie（<ギリシア語 eukharistía「恩寵の行為・神への感謝」）受難と死の前夜の最後の晩餐時に、イエスが定めた教会の基本的な秘跡。教会の基盤である聖体の秘跡自体は、イエスの唯一の犠牲とその現実化、すなわち現世における天国の到来と存在を意味する。

聖体拝領（G聖体礼儀・P陪餐／聖餐）Communion　聖体の秘跡を受け入れること。信徒共同体や教団の意味もある。

聖徒の交わり Communion des saints　生者と死者をとわず、全キリスト教徒の霊的共同体。

聖母 Vierge　カトリックと東方正教徒たちにとっての神の母、プロテスタントの場合はキリストの母とされる。

聖母の被昇天 Assomption　死後の聖母の奇跡的な昇天と肉体的存在。1956年11月1日にローマ教皇ピウス12世により定められた教義。プロテスタントからは認められていない。カトリックと東方正教会では8月15日に祝われている。

聖母マリアの無原罪の御宿り Immaculée Conception　1854年にピウス9世によって宣言された教義で、それによれば、聖母マリアは特別の恩寵により、原罪は無縁に懐胎したという。

世界教会一致運動　→エキュメニズム

宣教（伝道・布教）(の) Apostolique　使徒たちの使命に由来する活動。カトリックでは教皇庁から命じられる。

洗礼志願者 Catéchumène　洗礼にのぞむ信徒。

洗礼派 Baptistes　浸水によって成人洗礼を行うキリスト教徒たち。17世紀初頭にイングランドで生まれた宗派で、アメリカ合衆国で教勢を伸ばした。

総大司教 Patriarche　歴史的な大都市（アンティオキア、エルサレム、アレクサンドリア、コンスタンティノープル、ローマ）の司教に与えられた位階のほか、東方教会と正教会の首座（コンスタンティノープル総主教）もさす（総大司教はカトリック教会のヴェネツィア、リスボンにあった）。

総大司教職・G総主教職 Patriarcat　職位のみならず、その管轄区を示すこともある。

待降節 Avent　12月25日のキリスト生誕祭に先立つ40日の典礼期間。

超越性 Transcendance　いっさいの説明の以上でもあり以下でもある本質を有する神の特性。

ディアスポラ Diaspora（<ギリシア語 diaspeírein「まき散らす」）世界各地に離散したが、互いの関係を保ちつづける人々の集団全体。

伝統完全保存主義者（アンテグリスト） Intégriste　ローマと絶縁したファンダメンタリスト（→ファンダメンタリズム）。

典礼（P聖礼典・G聖餐式）Liturgie（<ギリシア語 leitourgía「公共奉仕」<*leîtos「公共の」+ érgon「仕事」）礼拝祭儀の手順を定めた規定全体。

同質の Consubstantiel（<ラテン語 cum「とともに」+ substancia「実質」）聖三位一体の三位格間の関係が唯一かつ同質だとする。

独立正教会 Autocéphalie　字義はギリシア語で「独自の頭をもつもの」。国内の正教会に属する教会のことで、互いに一体性を保ちながら、教会の独立を享受している。

ドセティスム・キリスト仮現論 Docétisme（<ギリシア語 dokeîn「…と思われる」）キリストの受肉を否定する説で、2-3世紀に盛行したその教義によれば、キリストは人間の姿をまとっているだけにすぎないという。

塗油 Onction　神に身を捧げ、悪や病と戦うための恩寵を授けるため、人に聖香油をつける儀礼的行為。カトリックの終油は病者に対する秘跡となっている。

内陣 Sanctuaire（<ラテン語 sanctuārim <sanctus「神聖な」）祭壇が置かれている教会堂の一部。一般的には宗教施設や聖域をさす。

ニヒリズム Nihilisme（<ラテン語 nihil「無」）絶対的なものは存在しないとする教説。

閥族主義 Népotisme　教皇がとくにルネサンス期に、甥をはじめとする親戚にさまざまな特権や任務、利益などを与えたふるまい。

破門 Excommunication　教皇によって宣言され、聖職者ないし一般信徒を教会共同体から追放する懲戒措置。

秘跡（P聖礼典・G機密）Sacrement（<ラテン語 sacrāmentum「宣誓・供託金・聖なるもの」）信徒の成聖（P聖化）のための儀礼的行為。プロテスタントには二秘跡（洗礼・聖餐）があるにすぎない。これに対し、カトリックと東方正教会はいずれも7通りの秘跡を有する（洗礼・聖体・堅信・赦し・結婚・叙階・病者の塗油）。

ピューリタン（清教徒） Puritain　英国国教会と対立し、聖書を文字どおり厳密に解釈しようとした長老派信徒。

ファンダメンタリズム Fondamentalisme　根本主義。とくにアメリカ合衆国における一部プロテスタント社会の保守的な運動で、聖書の字義的な解釈しか認めず、歴史的・科学的な読み方に反対した。ただし、一部の信奉者は彼らが原点とみなすものに帰る傾向がある。

福音史家 Évangéliste　厳密には福音書の作者を意味し、広義には福音書を知らしめる使命に身を捧げた一般信徒や聖職者をさす。

傅膏 Chrismation　東方正教会の七機密（秘跡）のひとつ。カトリックの堅信に対応する。

復活 Résurrection（<ラテン語 resurgere「ふたたび立ち上がる」）死から生への回帰。キリストの復活による。

復活祭 Pâques　キリストの復活を記念するキリスト教会の年祭。

ヘシカスト・安静観想主義者 Hésychaste（ギリシア語 hesycházein「じっとしていること」）静寂と祈りの日を送る修道者。

奉献 Anaphore（<ギリシア語 anaphérein「ふたたび持ってくる」）典礼の主要部分で、聖体の祈り。

牧師 Pasteur（<ラテン語 pastōrem < pastor「牧人」）プロテスタントの聖職者。

マニ教 Manichéisme　善悪の二原理を拮抗させる厳密な二元論を唱えたマニが、3世紀に創唱した宗教で、中世までキリスト教徒と対立していた。

マリア学 Mariologie　聖母にかんする考え。

免償　→贖宥状

目的論 Téléologie　森羅万象を規定する目的や合目的性にかんする考え。

赦し Pénitence　秘跡のひとつで、カトリックの聴罪司祭は信者に赦し（告解、悔悛）の秘跡を行うよう求めることができる。

予定説 Prédestination　世界の終末や人間の永遠の生ないし断罪は、神の永遠の意志によるとする考え。

ルター派 Luthérien　ルターの思想を継承したプロテスタントの総称。

列福・列聖 Béatification et Canonisation　カトリック教会の一員である死者の区分。信徒たちの模範として提唱され、一般の崇敬対象として、キリスト教暦にその祝日を設け、聖遺物の開示を行う。福者（列福）に対する崇敬は、聖人（列聖）のそれより限定的である。この区分はローマ教皇庁によってなされる。

煉獄 Purgatoire　カトリックで、恵まれた状態にあるが、なおもその霊魂が天国で神を直接見ることのできる至福へのヴィジョンに必要な完徳には達していない死者のための象徴的場。

連祷 Litanie（<ギリシア語 litanós「嘆願者」）信徒たちが唱え歌う一連の短い言葉からなる祈り。

ローマ教皇庁 Curie romaine　カトリック教会の総本山。

関連年表

イエス・キリストの生誕から年を数える紀年法は、いうまでもなくキリスト教国のみならず、世界各国で行われているが、それは6世紀の修道士ディオニュシウス・エクシグウス［470頃~540頃］。ローマの神学者・教会法学者。短躯だったところから、小ディオニュシウスと呼ばれた］による誤った計算にもとづいている。今日、歴史家たちはイエスが「イエス・キリスト以前」に、つまり前9年に生まれたと確信している。

30年頃　イエスの磔刑
40-50年代　パウロの地中海地域宣教
60年代　ローマでのペトロとパウロの殉教（？）
64年　ローマ大火。皇帝ネロ、それをキリスト教徒の責に帰す
65-85年　四福音書編纂
112年頃　小プリニウスの書簡。非キリスト教徒が書いた文献における最初のキリスト教徒言及
2-3世紀　最初のキリスト教教父・神学論（ユスティヌス、テルトゥリアヌス、オリゲネス）。キリスト教徒迫害
313年　ミラノ勅令。皇帝コンスタンティヌス、キリスト教徒たちの迫害を終わらせ、彼らに信教の自由を与える
325年　第1全地公会議（ニカイア）でアリウス派断罪
381年　コンスタンティノープル公会議
391年　キリスト教、ローマ帝国の国教に
395年　東西両教会分離
410年　西ゴート族のローマ劫略
430年　聖アウグスティヌス没
451年　カルケドン公会議：単性論断罪
496年　クローヴィス［465頃~511。初代フランク王］、カトリックに改宗。異民

族のキリスト教改宗始まる
732年　シャルル・マルテル［686-741。メロヴィング朝フランク王国の宮宰］、ポワティエでアラブ軍撃退
800年　カール大帝（シャルルマーニュ）、西ローマ皇帝即位［在位、-814］
910年　クリュニー修道院創建
1054年　シスマ（東方教会と西方教会の分離）
1073-85年　グレゴリウス7世教皇在位。在位中、グレゴリウス改革を行う。中世キリスト教世界の明確化［神聖ローマ皇帝（ドイツ皇帝）ハインリヒ4世破門］
1096-99年　第1回十字軍
1115年　聖ベルナルドゥス［1090-1153］、クレルヴォー修道院創建
1179年　カタリ派断罪
1210年　アッシジの聖フランチェスコ［1182頃-1226］、フランシスコ会創設
1265-70年　第8回（最終）十字軍
1294年　ボニファティウス8世、教皇選出［在位、-1303］
1453年　コンスタンティノープル陥落。人文主義の登場。印刷術の発明（聖書印刷）。大発見（アメリカ大陸）
1517年　ルター、「95カ条の論題」。宗教改革の始まり
1520年　ルター破門
1540年　イエズス会創設
1545-63年　トリエント公会議
1562-98年　フランスでの宗教戦争。カトリック勢力によるサン・バルテルミの夜［8月24日］のプロテスタント大虐殺（1572年）。ナントの勅令（1598年）による対立解消
1589年　モスクワ、総主教座に
1633年　ガリレイ断罪
1685年　ナントの勅令廃止。竜騎兵によるプロテスタント（ユグノー教徒）迫害［改宗強制］。カミザールの反乱［フランス中央山地セヴェンヌ地方のカルヴァン派プロテスタントたちによる。呼称のカミザール（シャツ）は反徒たちが白シャツを着て互いの目印としたところから］

1705年　ジャンセニスム断罪［ルイ14世・教皇クレメンス11世による］
1787年　ルイ16世、プロテスタントに信教の自由を認め、法的な地位を与える
1790年　フランスで聖職者基本法成立
1801年　ナポレオンとヴァチカンのあいだに宗教協約結ばれる
1854年　処女懐胎の教義成立
1864年　教皇ピウス9世［在位1848-78］、当時の社会の「過ち」［啓蒙主義や自由主義など］を「誤謬表」（シラバス・エロラム）によって断罪
1869-70年　ヴァチカン公会議、教皇不可謬説宣言
1878年　救世軍創設
1905年　9月9日、フランスで「教会と国家の分離にかんする法律」成立
1906年　アメリカで最初のペンテコステ派デモ
1917-18年　モスクワ総主教座復活
1919年　アメリカでファンダメンタリズムの誕生
1922年　ピウス11世、教皇選出［在位、-1939］
1929年　ラテラノ協定［教皇とムッソリーニとのあいだで結ばれた条約。これにより、ヴァチカン市国誕生］
1958年　ヨハネ23世、教皇選出［在位、-1963］
1962-65年　第2ヴァチカン公会議。教会の近代化論議
1978年　ヨハネ・パウロ2世、教皇選出
1989-91年　東欧の共産主義終焉。正教会、再自由化
1994年　イギリスのプロテスタント教会で女性聖職者叙任
1999年　カトリック教会と世界ルーテル連盟、義化にかんする共同宣言締結
2005年　ヨハネ・パウロ2世没。ベネディクトゥス16世、教皇選出
2013年　ベネディクト16世退位。フランシスコ、教皇選出

参考文献

Histoire du christianisme, collectif, 15 vols., Desclée de Brouwer-Fayard, Paris, 1995-2001（論集『キリスト教史』、15巻、デスクレ・ド・ブルウェル＝ファヤール社、パリ、1995-2001年）

BROWN, Peter, *Une histoire du christianisme*, Le Seuil, Paris, 1997（ピーター・ブラウン『キリスト教の歴史』、ル・スイユ社、パリ、1997年）

CHADWICK, Owen, *Une histoire de la Chrétienneté*, Le Cerf, Paris, 1996（オーウェン・チャドウィック『キリスト教世界史』、ル・セール社、パリ、1996年）

DANIÉLOU, Jean, *Les Manuscrits de la Mer Morte et les origines du Christ*, Le Seuil, Paris, 1995（ジャン・ダニエルー『死海文書とキリストの起源』、ル・スイユ社、パリ、1995年）

DEBRAY, Régis, *Dieu, Un itinéraire: Matériaux pour l'histoire de l'Eternel en Occident*, Odile Jacob, Paris, 2004（レジス・ドゥブレ『神、ある道のり——西欧における永遠の歴史のための資料』、オディル・ジャコブ社、パリ、2001年）

DELUMEAU, Jean, *Guetter l'aurore. Un Christianisme pour demain*, Grasset, Paris, 2003（ジャン・ドリュモー『夜明けを待ちわびて。明日のキリスト教』、グラセ社、パリ、2003年）

DUJARDIN, Jean, *L'Église catholique et le peuple juif*, Calmann-Lévy, Paris, 2003（ジャン・デュジャルダン『カトリック教会とユダヤ人』、カルマン＝レヴィ社、パリ、2003年）

GÉOLTRAN, Philippe, *Aux origines du christianisme*, Gallimard, Paris, 2004（フィリップ・ジョルトラン『キリスト教の起源』、ガリマール社、パリ、2004年）

QUÉRÉ, France, *Jésus-Christ*, Flammarion, Paris, 1994（フランス・ケレ『イエス・キリスト』、フラマリオン社、パリ、1994年）

QUESNEL, Michel, *L'Histoire des Évangiles*, Le Cerf, Paris, 1997（ミシェル・ケネル『福音書の歴史』、ル・セール社、パリ、1997年）

Id., *Jésus, l'homme et le fils du Dieu*, Flammarion, Paris, 2004（同『人であり、神の子でもあるイエス』、フラマリオン社、パリ、2004年）

Id., *Les Évangiles apocryphes*, Le Seuil, Paris, 2004（同『疑わしい福音』、ル・スイユ社、パリ、2004年）

Id., *Sagesse biblique*, Desclée de Brouwer, Paris, 2005（同『聖書の知恵』、デスクレ・ド・ブルウェル社、パリ、2005年）

QUESNEL, Michel & GRUSON, Philippe, *La Bible et sa culture*, Desclée de Brouwer, Paris, 2000（ミシェル・ケネル＆フィリップ・グリュゾン『聖書とその文化』、デスクレ・ド・ブルウェル社、パリ、2000年）

QUESNEL, Michel & BRIEND, Jacques, *La vie quotidienne aux temps bibliques*, Desclée de Brouwer, Paris, 2001（ミシェル・ケネル＆ジャック・ブリアン『聖書時代の日常生活』、デスクレ・ド・ブルウェル社、パリ、2001年）

TROCMÉ, Étienne, *L'Enfance du christianisme*, Hachette, Paris, 1999（エティエンヌ・トロクメ『初期キリスト教』、アシェット社、パリ、1999年）

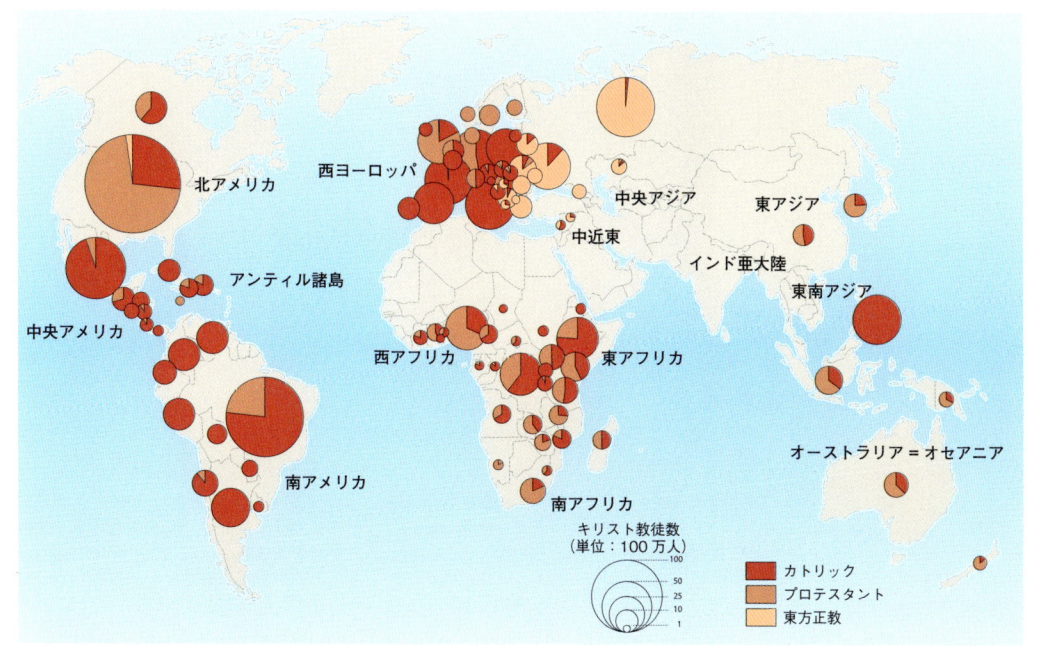

世界のキリスト教徒分布図

東方正教会

アンリ・タンク

次ページ：「全能の主なるキリスト」。17世紀のイコン、サンクトペテルブルク国立博物館蔵。ビザンティン教会は、ギリシア神話がゼウスに与えた尊称「全能なる主・万物の支配者」(Pantocrator＜ギリシア語 pant(o)「全能の」＋ krateîn「力が強い」)をキリストにも用いた。キリストは万物の至高の主であり、イコンは受肉のキリスト教的神秘のシンボルそのものとしてある。

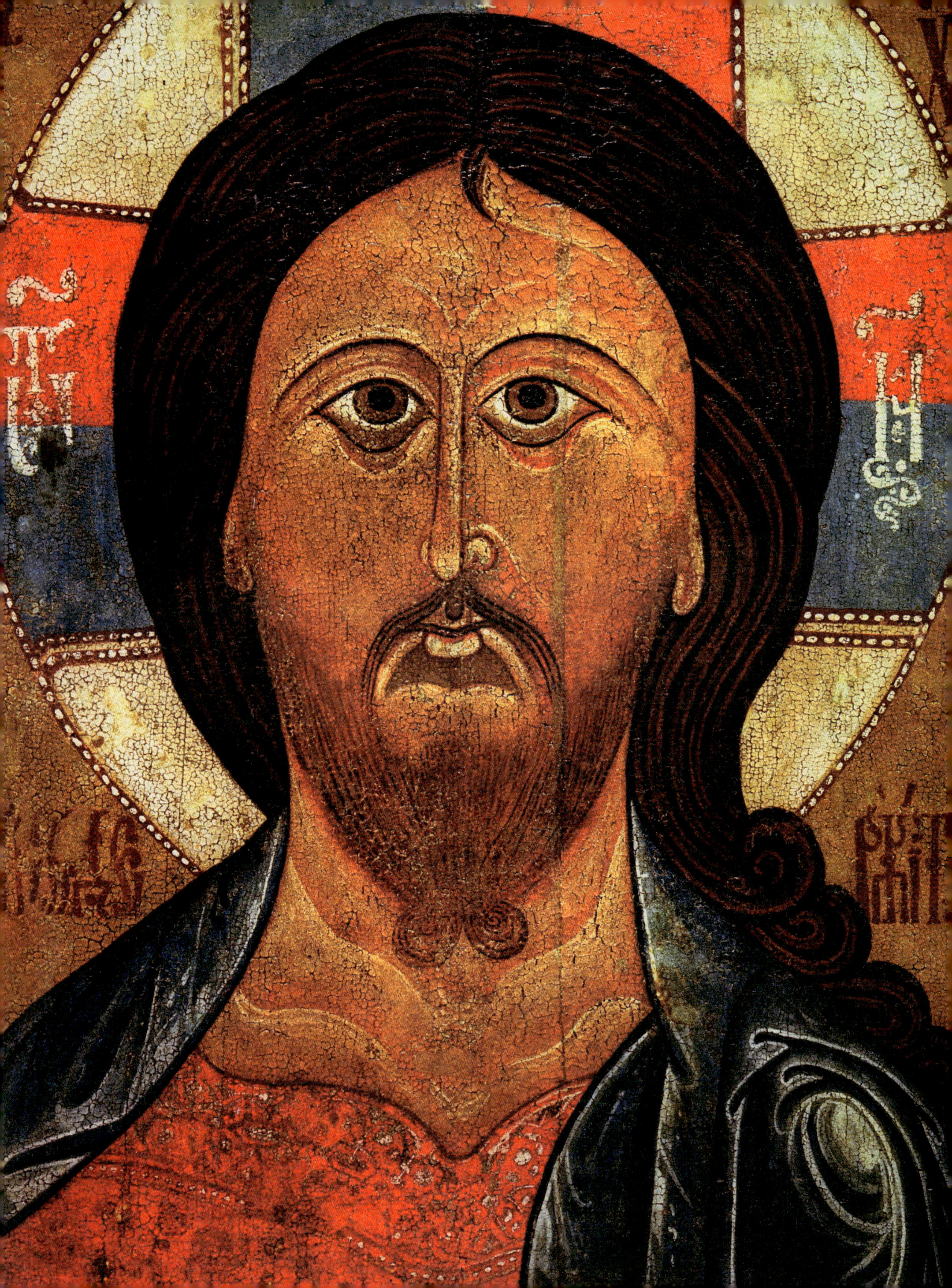

歴 史

断絶と接近

　協調機運にあった紀元千年紀のあと、キリスト教徒たちは分裂する。1054年のローマとコンスタンティノープルの「教会大分離」である。決定的な転換点。たしかにこの大分離は東方教会と西方教会のあいだの長い政治的・宗教的対立の帰結であると同時に、同じキリスト教を奉じる「兄弟」同士の、今日まで続く長い分離の時代の始まりを告げるものだった。そして、この分裂の後、東方教会は東方正教会を名のることになる。

　「正教」（orthodoxe）という呼称は、ギリシア語の「法」（orthós）と「意見」（dóxa）に由来する。正教であるということは、したがって「正しい教義に合致する意見をもつ」を意味する。

　過去6世紀ものあいだ、東方正教会は西方教会に対してさまざまな不平不満をつのらせてきたが、それらは一時的にしろのりこえられていた。やがて両者にいく度か和解（合同）が生まれるが、それらもまたつかの間という宿命を避けることができなかった。そして20世紀。東方教会と西方教会とのあいだに重要な——ただし、最終的なものではない——歩み寄りがみられるようになる。

東方帝国と西方帝国

　285年、ディオクレティアヌス［皇帝在位284-305］のローマ帝国は東方帝国と西方帝国に2分裂する。以来、異なる文化と言語、さらに宗教的な正統性を有する2つの地域がたえず対立するようになる。たしかにラテン語とギリシア語は全帝国内でもっとも実用的な言語だったが、周知のように、前者は西方で、後者は東方で徐々に支配的になっていった。こうした言語の違いは、やがて多様な心性を生み出し、宗教的な誤解を由々しきものにしていった。

　それまで迫害されていたイエス・キリストの宗教に改宗したローマ皇帝コンスタンティヌス（在位306-37）は、313年、キリスト教を帝国の国教とし、首都をトラキア東端のビザンティオンに移して、これをみずからの名を冠してコンスタンティノポリス（コンスタンティノープル）［字義は「コンスタンティヌスの都市」。当初はノウァ・ローマ（新ローマ）と改称したが普及しなかった］と命名した。

　この創始者の行為以降、コンスタンティヌスの後継者である歴代の皇帝は、霊的権力と世俗的権力を混同して、みずから時代の宗教論争に介入できると思いこみ、ついにはローマ教皇と衝突するまでになる。その結果、帝国の旧首都で殉教したペトロとパウロの後継者であるローマ司教、つまり教皇の権勢は弱体化し——ビザンティウム［コンスタンティノープル］と比べて——、西方帝国自体も、異民族のたび重なる侵略により、5世紀以後いちじるしく衰退する。そして410年、「永遠の都ローマ」は西ゴート族の王アラリック1世［在位396-410］の軍門に下る。

　一方、そんなローマとは対照的に、コンスタンティノープルは異常なまでの特権を享受する。7世紀にイスラームが東方の「総司教区」（アンティオキア、アレクサンドリア、エルサレム）を制圧したため、以後、何世紀にもわたって東方世界の政治的・文化的・宗教的な中心地となるのだ。まさに「新ローマ」である。こうしてコンスタンティノープルは洗練と同義のビザンティン（ビザンツ）文明を生み出す。そして、より粗野な習俗を有し、東方世界からすみやかに侮蔑されるようになっていた西方帝国との距離を広げ、芸術（イコン）や典礼の面では、ビザンツ祭儀が東方正教会の唯一の祭儀として課されるようになった。

◆第7ニカイア全地公会議の皇帝コンスタンティヌス6世。中世の細密画、ヴァチカン使徒図書館蔵。787年に聖像崇拝にかんする正教会教義を定めたのが、ニカイア（現トルコのイズニク）で開かれたこの公会議である。

東方正教会

これに対し、西方帝国では、ローマの歴代教皇が世俗の王侯君主たちに援助を求めることを余儀なくされた。754年、教皇ステファヌス［在位752-57］はカロリング朝フランク王国の初代国王小ピピン［在位751-68］と手を結び、フランスで彼を聖別する。小ピピンはローマをロンバルディア人の脅威から解放し、アドリア海に面したラヴェンナの町——この町のモザイクは旧ビザンティンの影響を今に伝えている——を奪い返して教皇に寄進し［ピピンの寄進］、教皇領を拡大させた。これを受けて、レオ3世［在位795-816］は、800年にフランク王のカール大帝［シャルルマーニュ。西ローマ皇帝在位800-14。小ピピンの息子］を聖別し、ビザンティンを尻目に、フランク族のために西方帝国を再建するのだった。

1054年の東西教会分離

ローマとコンスタンティノープルの分離は1054年に起きた。それはローマ帝国内における二大勢力間の政治的・宗教的対立の帰結点だった。これら2つの首都同士の不信感や政治的対立を背景として、神学上の不一致は予期せぬほど増幅していった。

一方には、「荒地の教父たち」（キリスト教的伝統の最初期の修道者たち）の、ついで「教父」と呼ばれた最初期の偉大な神学者たちの出自である東方世界があった。そこはまた、すでにキリスト教の共通の起源にかんする前章でその展開をみておいた、第1回から7回までの「全地公会議」［カトリックと正教会双方がその有効性を認める第1回から第7回までの公会議］が開かれた地でもあった。以下は、4世紀から8世紀までのこの公会議の開催地と開催年である。ニカイア（325年）、コンスタンティノープル（381年）、エフェソス（431年）、カルケドン（451年）、コンスタンティノープル（553年・680年）、ニカイア（787年）。これらの公会議は最初期の異端者たちを断罪し、キリスト教の基本的な教義や現在まで受け継がれている組織や規律をつくった。それは今日、東方正教会が誇りとしている大きな遺産といえる。

もう一方の西方ラテン世界は、カロリング朝の皇帝たち［カール大帝はローマ教皇から皇帝位を受けた］の利害が、しだいにローマ教皇権ないし教皇庁の神政政治的要求と合致していった。この「皇帝＝教皇」体制は、11世紀、グレゴリオ改革で有名な教皇グレゴリウス7世［在位1073-85］のもとで絶頂期を迎える。彼は司教や首都大司教、総大司教に伝統的に認められていた権利を無視して、君主や教会を直接規制できる法的権力［司教や大修道院長を任命できる叙任権］を渇望した。彼をはじめとする歴代教皇は、使徒ペトロとパウロの墓がローマにあることによって正当化される首位権を、みずからのために要求するだけで満足せず、東方教会の服従すら求めた。ローマ教会のそうした独裁的・ピラミッド状の権力観は、当然のことながら東方教会に支配的だった合議的な主教権の考え方と衝突した。衝突しながら、こうして生まれたこれら2通りの教会システム、すなわちローマ・カトリックのシステムと東方正教会のシステムは、20世紀まで存続することになる。

紀元千年紀に東西両教会のあいだには数多くの出来事が起きたが、とくにここでは聖像破壊問題とフィリオクエ問題［次ページ解説参照］をあげておこう。激しい怒りと情熱を解きはなったこれらの問題は、たしかに仮借のない対立がひき起こした無理解が行きつくところまで行きついた感もするが、その一部は周縁的なものだった。

✚ 451年から総主教座が置かれた、ビザンティン帝国の首都コンスタンティノープル（現イスタンブール）は、かつてビザンティウムと呼ばれていた。皇帝コンスタンティヌス1世の名を冠したそこでは、（全地）公会議が4度開かれている（381年、553年、680-81年、869-70年）。図版は陥落前の市街図、フランス国立図書館蔵、パリ。

周縁的ではあったが、相互の不信感は、さまざまな全地公会議の際、コンスタンティヌス帝と、キリスト教を国教化したテオドシウス帝［在位379-95］の後継者である、コンスタンティノープルの歴代皇帝が、実質的にすべての議論に介入して方向づけをしたため、いっそう激しさを増した。そこではまた、遠距離という理由で教皇大使を派遣せざるをえなかった、ローマ教皇の劣位も明らかとなった。

ありていにいえば、1054年の「クラッシュ（劇的な分裂）」の原因となったのが、教皇特使として公会議に出席した、枢機卿アンベール・ド・モワイヤン＝ムーティエ［1000頃-？。フランス東部ヴォージュ地方モワイヤン・ムーティエ修道院のベネディクト会士］だった。同年7月16日、彼は教皇レオ9世［1049年に教皇となり、東西両教会の統一に腐心したが、1053年、イタリア南部に侵攻してきたノルマン人（ヴァイキング）の捕虜となり、獄中でマラリアを発症して、54年4月に没］の特使としてコンスタンティノープルに到着する。この激情的な特使は、ミサの最中、ハギア・ソフィア大聖堂の祭壇に、コンスタンティノープル総主教ミカエル・ケルラリウス［ギリシア語名ミハイル・ケプラリオス。在位1043-58］を破門するとの教皇教書

第1部　一神教

を提出する。その有名な排斥文にはこう書かれていた。「われわれは教皇座（ローマ）に向けられた前代未聞の罵言と侮辱に耐えることができず、カトリックの信仰があきらかに傷つけられていることに鑑みて、ミカエル・ケルラリウスとその信奉者たちが悔悛しない

◆1453年のトルコ軍によるコンスタンティノープルの攻囲。ジャン・ミエロによる細密画、フランス国立図書館蔵、パリ。オスマン帝国によるこの陥落後、コンスタンティノープルはイスタンブールとなった。

かぎり、彼らに破門を言いわたすものである」

反撃はすみやかだった。総主教はただちに主教約20名を召集して公会議を開き、ハギア・ソフィア大聖堂に「不純なる証書」を差し出した「ラテン人たち」を逆に破門するのだった［ケルラリウスはやがて追放されるが、死後、皇帝コンスタンティヌス10世（在位1059-67）の王妃となった姪により、東方正教会独立の象徴として国家的に称揚された］。

西東二大帝国の首都であると同時に、ラテン、ビザンティン二大文明の中心地でもあったローマとコンスタンティノープルの分裂は、こうして行きつくところまでいく。西方教会——16世紀の宗教改革で分裂する——はローマの庇護、東方正教会はコンスタンティノープルの庇護を受けながら、以後別々の道を歩むようになる。

十字軍とコンスタンティノープル劫略

ローマ教皇がムスリムの手に落ちたキリスト教の聖地奪回をめざして呼びかけた十字軍は、イスラームという共通の脅威に対して、カトリック教徒と東方正教教徒が歩み寄れる、おそらく絶好の機会だった。くわえて11世紀、トルコ軍はコンスタンティノープルの市門まで侵攻していた。そこで東ローマ帝国の皇帝はローマ教皇と和解の道を探り、1095年、教皇による最初の十字軍派遣が宣せられる。だが、東ローマ帝国内の帝位継承戦争につけこんだヴェネツィア人たちが参加した第4次十字軍（1202-04年）は、ビザンティン帝国制圧のための血なまぐさい策謀へと変質した。これが歴史上有名なコンスタンティノープル劫略である。

1204年6月、十字軍はコンスタンティノープルに到着し、皇帝イサキオス2世をふたたび帝位につける［それまで帝位はイサキオスの弟アレクシオス3世に簒奪されており、前者の皇子アレクシオス4世が、十字軍の遠征資金の提供や東西教会の統合などを条件として、ヴェネツィアに父を復権させるための助力を求めていた］。だが、ギリシア人に対するラテン人の数世紀にわたる憎悪のはけ口として、略奪や暴行が4日ものあいだ続いた。ギリシア人たちの教会や修道院は徹底的に攻略されて荒廃し、その祭壇やイコンも侮辱と瀆聖の対象となった。こうしてコンスタンティノープルの半分が焼きはらわれた。

教皇インノケンティウス［在位1198-1216］はこの十字軍の暴力ざたを非難したが、コンスタンティノープルの首座にヴェネツィア人の総主教を任命した。これにより、ビザンティン帝国内にラテン帝国が樹立された。それからしばらくすると、ヴェネツィア人やジ

フィリオクエ論争　ニカイア公会議（325年）とコンスタンティノープル公会議（381年）で決議されたキリスト教の教義は、三位格（三位一体）の唯一の神にかんする問題を中心に扱っている。父なる神と神の子（イエス・キリスト）と聖霊の三位格間に位階はないとされてきたが、「ニカイア・コンスタンティノープル（ニケア・コンスタンティノープル）信条（信経）」は、『ヨハネによる福音書』第15章にならって、「聖霊は、父から」出ていると説いている。ところが、6世紀から、西方教会はこれに追加して「聖霊は、父と子から出て」とするようになる。なぜか。それは、西ゴート族のアリウス主義——アレクサンドリアの司祭アリウスを奉ずるアリウス派は、神の子は神ではないとして、イエス・キリストの神性を否定した——と対峙した西方教会が、子イエスの神聖な役割を教化するためだった。それから3世紀後、カール大帝（シャルルマーニュ）はこうした解釈を強化し、このクレドのラテン語訳を強制するようになる。これが今も各地の西方教会［日本のカトリック教会でも］で用いられているもので、そこには「聖霊は、父と子よりいで」と明記されている。ローマ教会は11世紀にこのフィリオクエを正式に承認した。正教会にとって、そうした解釈は異端的であり、三位一体の内的な均衡に疑いの目を向けるものだとする。この神学上の不一致は後代まで存続することになるが、東方正教会を他のキリスト教界と対立させる教義的な差異のなかでは、もはやそれは副次的な重要性をおびているにすぎない。

ェノヴァ人、カタラン人たちのこうした凶暴な侵略が東方世界全域のみならず、スラヴ諸国やロシアにまで拡大し、この蛮行にくわわったすべての「ラテン人」に対する怨嗟が、以後長きにわたって、東方正教徒たちの集団的記憶にきざみこまれるようになる。

しかし、コンスタンティノープルにはもうひとつのより深刻な脅威があった。オスマン帝国によるそれである。この脅威は東ローマ帝国の首都を狙ったものであり、皇帝はあらためてローマ教皇との妥協を模索した。これを知った民衆の怒りは、今にも爆発寸前となった。1274年のリヨン公会議で、東ローマ皇帝ミカエル8世パレオロゴス［在位1261-82。ラテン帝国に奪われていたコンスタンティノープルを奪回して東ローマ帝国を再興し、帝国最後の王朝パレオロゴス朝の初代皇帝となる］は、西方教会からもちかけられた「統一案」に調印するが、彼はまもなくコンスタンティノープル総主教から破門され［コンスタンティノープル陥落後、東ローマ帝国の貴族たちが建てたニカイア帝国最後の皇帝ヨハネス4世（在位1258-61）を虐待したため］、宗教葬儀をあげる権利も剥奪されてしまう。

それから2世紀後、今度は正教会の主教たちがローマの要求に譲歩し、フィレンツェ公会議（1438-39年）で教皇に屈服して、統一案に署名する。だが、彼らがコンスタンティノープルに戻ると、民衆が蜂起して、締結したばかりの統一案をこばむのだった。長年におよぶラテン人の敵たちとの協定は、これにより破棄された。

こういってよければ、以後、東方正教会とカトリック、ビザンティン世界とラテン世界とのあいだを、のりこえがたい壁がさえぎることになる。1453年にコンスタンティノープルがトルコ人の手に落ちる前、東方ではこんな話が飛びかったという。「ラテンの司教冠（ミトラ）より、トルコ人のターバンが支配するのを見るほうがよい」。ともあれ、東方正教会のビザンティン時代は、この分裂をもって終焉する。以後、東方正教会はみずからの運命そのものにゆだねられるようになる。ひとりでイスラームと戦うようになるのだ。それは以後何世紀も続く東方正教会の「夜」の始まりだった。

ビザンティンの衣鉢を受け継ぐという僥倖をえた好運なロシアを除いて――モスクワは「第3のローマ」を自称しようとさえした――、東方正教会の世界は、実質的には19世紀まで、イスラームのくびきにつながれていた。たとえばアテネは、コンスタンティノープル陥落後に3年間イスラームの支配下に置かれ、1000年ものあいだキリスト教会だったパルテノン神殿も、ハギア・ソフィアにならってモスクに変えられた。セルビアは1459年から、ボスニアは1463年から、さらにエジプトは1517年からオスマン帝国に占領されるようになった。それでも辛うじてキリスト教の信仰だけは守りつづけた。

これらすべての占領地でトルコ人は教会を認めたが、その活動は「ミッレト制」（公認だが、規制下にある共同体）の名で知られる一種の疎外地内にかぎられていた。そこでは知的生活の可能性はなく、福音宣教にいたってはなおさらだった。ギリシア国内の正教会はこうして不振をかこった。総主教もさながらムスリムたちにあやつられる人形と化していた。たとえばそれは、18世紀の73年間に、じつに48人（！）もの総主教が彼らによって任命されたという事実からも明らかだろう。およそ400年ものあいだ、ギリシアやセルビア、そしてルーマニアでも、独自の文化や教育、慣習、言語が無視され、地図から消された。西欧世界はそれに目を閉じたままだった。

正教会がその聖職者を先頭に抵抗運動に身を投じるようになるには、19世紀の国民的な爆発まで待たなければならなかった。オスマン帝国に対する反乱はまずギリシアで勃発した。トルコとコンスタンティノープルのキリスト教徒たちは報復に耐え、殉教という犠牲をあらためて払うことになる。事実、1823年の復活祭主日、コンスタンティノープル総主教のグレゴリウス5世は、トルコ軍によって居宅の表門で絞首刑にされている。それは20世紀初頭にようやく終わるオスマン帝国の抑圧体制の象徴的な出来事だった。

スラヴ正教会の台頭

スラヴ世界でも、正教会は長い苦しみと殉教の歴史を刻んでいる。それはどこからきたのか。コンスタンティノープルは、陥落する前にある重要な宣教活動を完遂していた。9世紀から10世紀にかけて、カフカス地方からカルパティア地方までのヨーロッパ東部全域をキリスト教化し、文明化させたのである。聖女ニノ［ニーナとも。296-338/340。コンスタンティノープルからカフカスに来て国王ミリアン3世をキリスト教に改宗させ、327年、この国王によってキリスト教が国教化されたという］によってキリスト教化したグルジアは、まずカフカスの人々にキリスト教を伝えた。だが、歴史に名を残しているのは、偉大な宣教師で聖人［(亜)使徒］だった、メトディアス［826-85］とキュリロス［827-69］兄弟である［この兄弟はギリシアのテッサロニキに生まれ、兄はのちにモラヴィア主教となり、弟はキリル文字（考案者ではない）に名を残す］。今日すべてのキリスト教国で崇敬されている彼らは、モラヴィアやブルガリアをはじめとするすべてのスラヴ人のため、聖書をスラヴ語に翻訳し、典礼を紹介した。さらに、今もなお東欧各地の教会で典礼言語として用いられている教会スラヴ語を考案してもいる。

ブルガリア人とセルビア人は、ルーマニア人［9世紀初頭］より遅れて、9世紀中葉にキリスト教徒となっている。一方、キエフと

◆ 14世紀の創建になる三位一体セルギイ大修道院。呼称は創建者の隠修士であるセルギイ・ラドネジェスキー［1313頃-92］にちなむ。ザゴルスク（現セルギエフ・パサド）、ロシア。

聖像破壊運動は、すくなくとも1世紀のあいだ、ビザンティン教会内部にさまざまな迫害と暴力をひき起こした。キリスト像の崇拝については2通りの考え方が対立していた。一方は、キリスト像の複製がその神性と霊性をそこなうとするもの、もう一方は、それとは反対に、ギリシアの神学者ヨアンネス・ダマスケノス（ダマスコのイオアンないしヨハネス）（676頃－749）を主たる制作者とするイコン（聖画像）とは、キリストの受肉によって可能になった崇敬対象への賛美を、目に見える形で示すしるしにほかならないとする考え方である。

8世紀のビザンティン［東ローマ］皇帝、レオン3世（在位717-41）とコンスタンティヌス5世（在位741-75）は、イコン制作者たちを迫害した。イコンのみならず、聖遺物の崇拝すら禁じた。彼らはいわゆる「イコン破壊」皇帝で、2つの権力をあわせもつことが当然だと考えていた。「余は皇帝であり、祭司でもある」。レオン3世はそう言っていたという。ローマ教皇の代理不在のまま開かれた680-81年の第3回コンスタンティノープル公会議は、すでにいっさいのイコン崇拝を強圧的に禁止してもいた。

コンスタンティヌス5世が没すると、イコン制作者たちは失地を回復し、女帝エイレネ［在位797-802］は787年のニカイア公会議において、イコン禁止令を断罪する。こうしてイコン崇拝は再開され、その霊的価値が再確認されるまでになる。だが、この崇拝は神のみに帰せられる崇拝と混同されることはなかった。イコンの迫害はほかにもさまざまな出来事を生んだが、842年の東ローマ皇帝ミカエル3世の即位により、宗教的平和の到来と同時に、その崇拝が最終的に認められる。

世俗生活の平和もまた同様の変化をとげた。すなわち、教会をわが物にしようとする皇帝の意図が、世俗権力と宗教権力の分担という「協調」体制にとって代わられ、教会（総主教）と帝国（皇帝）が不即不離の関係となるのだ。正教会のフランス人神学者オリヴィエ・クレマン（1921-2009）は、それについてこう書いている。「国家的なメシアニズムと神聖王国の妄想が、東方キリスト教世界の歴史的かつ主たる罪のひとつとなっていった」

この時代を機に、イコンのビザンティン芸術は驚くほどの名声を手に入れ、発展をとげていく。だが、教皇がイコン（聖画像）破壊主義の皇帝たちを非難したことで、ローマとコンスタンティノープルの距離はしだいに拡大していった。

◆ダマスカス出身の聖ヨアンネス・ダマスケノス、東方教会教父。彼はその著『知の源泉』において、聖画像破壊主義の異端を論駁した。ペロポネソス半島アエロポリス修道院フレスコ画、ギリシア。

東方正教会

ノヴゴロド公国——ロシア・ウクライナ・ベラルーシのもととなる広大な領土——のルス（ルーシ）族［ノルマン・ヴァイキング系で、この民族名から「ロシア」の呼称が生まれた］は、ウラジーミル1世［958-1015。ノヴゴロド公・キエフ大公］が988年に受洗したのを契機に、キリスト教化した。コンスタンティノープル教会はこれら新しい教会のすべてを府主教区に組みこみ、その主教、つまり府主教（メトロポリット）は、コンスタンティノープル総主教によって任命・聖別された。

ロシアでは、モンゴル兵に国土を侵略され、府主教が周囲の者たちとともに命からがら北・東へと逃げて、モスクワに移らなければならなかったとき、ロシア正教会が国家的アイデンティティの拠りどころとしての役割を果たした。のちにオスマン帝国のくびきにつながれていたバルカン諸国の場合と同様に、である。そして14世紀、封建領主たちを和解させ、モスクワ大公ドミトリイ4世［在位1350-89］のために神の加護を祈った、セルギイ・ラドネジェスキー［1313頃-92］のおかげで修道院制度が再建される。その霊験ゆえか、やがて大公はクリコヴォの戦い（1380年）でモンゴル［タタール］軍とその同盟軍を打ち破る。これにより、ロシア各地に数多くの修道院が建立されるようになる。それはモルダヴィアやブルガリア、ルーマニアも同じだった。ロシア正教会の聖画像（イコノグラフィー）文化は、修道士だったアンドレイ・ルブリョフ（1360頃-1430）の登場を待って最盛期を迎える。コンスタンティノープルの神学と精神性は、聖グレゴリオス・パラマス［1296-1359。アトス山の修道士でのちにテサロニケ大主教。安静観想主義の提唱者］の思想とは区別しなければならないが、たしかにそれはこうした正教会の覚醒を支えた。

コンスタンティノープルの陥落（1453年）とトルコ人によるバルカン諸国の征服によって、モンゴルの支配から脱したばかりのロシアは正教会の中心地となる。この正教会はロシア東部からアラスカ、中国、さらには日本にまで教勢を広げていった。コンスタンティノープルの母教会から認められた、正教会の世界的指導者としての役割を果たそうとしたロシアは、1589年、モスクワに総主教庁を創設するまでになる。そして、かつて総主教がコンスタンティノープルの皇帝たちとそうしたように、歴代のツァーリ（君主）と協力する。ロシア正教会はみずからが異端視した教皇権や、トルコ人ムスリムのくびきにつながれたコンスタンティノープルに対する、真の信仰の擁護者をもって任じた。だが、1721年、大帝ピョートル1世（皇帝在位1682-1725）はモスクワ総主教庁を廃止し、聖務会院を創設して、これを支配下に置く。こうしてロシア正教会は国家に従属するようになるのだった。

◆東方教会によって列聖された隠修士の聖イヴァン・リルスキ［946没］が、10世紀に創建した広大なリルスキ修道院。ブルガリア。

啓蒙時代、女帝エカテリーナ2世［在位1762-96］は聖職者の財産を国有化し、修道院の増築も制限した。ロシア正教会が再生したのは、まさにそんな苦難の時代だった。この再生劇には、とりわけ安静観想主義者（Hésychaste＜ギリシア語hesycházein「じっとしていること」）の祈りが大きくものをいった。安静観想主義者とはイエスの名をひたすら唱える祈りによって、心のなかに平安を呼び起こす瞑想に身を捧げる者をさす。

こうしたロシア正教会の再生はまた、結果として、普遍的正教のみならず、アトス山の修道士やコリント司教らがまとめたきわめて美しい文章の選集である、フィロカリア文書［フィロカリア（字義は「美しいものへの愛」（カリア・フィロ））とは、安静観想主義の体系内に含まれる神秘主義で、美しいものへの観想をとおして神を認識することを説いた］の影響力にも、より大きな可能性を開いた。オリヴィエ・クレマンの指摘によれば、フィロカリア文書は「崇拝の百科全書であり、教父や荒野への実存的な回帰」だという。教会スラヴ語やロシア語で書かれたフィロカリア文書は、やがて19世紀における教会の霊的再生を構造化していく。セラフィム・サロヴスキー［1759-1833。安静観想主義の隠修士で、ロシア正教会でもっとも知られた聖人のひとり］はとくにこの改革に寄与しているが、さらにそれには、修道院や予言者的隠者（スタレッツ）の増幅しつつあった威信ないし威光もあずかって力があった。

ピョートル大帝や西欧の啓蒙思想が残していった知的・精神的空白は、これによって埋められた。ゴーゴリーやドストエフスキーは、予言者的隠者と同様、苦悶と疑念によって更新されたロシア正教が、近代無神論の深淵の真っ只中に姿を現していることを示した。この復活を公的に認め、あわせてモスクワ総主教庁を再建させるために

第1部　一神教

公会議を開くことが、1904年、主教会議で決定された。だが、皇帝ニコライ2世［在位1894-1917。ロマノフ朝ロシア帝国最後の皇帝。皇太子だった1891年、来日して大津事件に遭遇する］が躊躇したために公会議は延期され、会議がようやく始まったのは1917年8月、つまりボルシェヴィキ革命の前夜だった。

ロシアの殉教録

正教会にとって、20世紀は過去5世紀間続いたオスマン帝国の抑圧からの解放と同時に、マルクス主義に鼓吹された無神論による前代未聞の暴力の時代でもあった。1918年から41年にかけて、ロシア教会はそれまでキリスト教世界が味わったことのないほどの苛酷な迫害に苦しめられ、殉教者も数万を数えた。1922-23年には、集団的な裁判と処刑も行われた。1928-34年には、農村部におけるキリスト教の破壊と聖職者の強制移送、1937-38年にはスターリンによる大粛清もあった。

共産党の計画は、「宗教抹殺」にあった。そこでは、修道院や神学校が閉鎖され、宗教教育はすべて禁止された。1925年にモスクワ総主教の聖ティコン［本名ヴァシリイ・I・ベラヴィン。ロシア正教会復興のため、全世界のキリスト教指導者たちに救済援助を呼びかけるとともに、国内の信徒からも義援金を呼びかけた］が没すると、だれも後任に選ばれなかった。聖職位階制はソヴィエト当局と協調しなければならなかった。その格好の事例が、総主教座の守り手だったモスクワ府主教のセルギイ・ストラゴロドスキーで、彼は「われわれの祖国ソヴィエトの喜びと苦痛が、われわれ自身の喜びと苦痛である」として、1941年、ドイツ軍に対する「救国戦争」を教会に呼びかけている。そして1943年、その忠実な奉仕活動の見返りとして、彼は総主教となっている。だが、亡命者たち、とくにアメリカへの亡命者たちは、こうした協調政策を拒んで、「在外ロシア正教会」を立ち上げた。

第2次世界大戦後、ロシア正教会は多少とも正常化される。強制移送されていた主教をはじめとする聖職者が戻り、数こそ少なかったが、神学校も再開された。しかし、1960年から64年まで、最高指導者フルシチョフのもとでふたたび迫害が始まるのだった。これにより、数多くの教会がまたもや閉鎖に追いこまれ、モスクワ総主教と教会活動が政府機関の宗務委員会によって管理・規制された。

ロシア正教会の復興が形をとりはじめたのは、1980年代のペレストロイカによってであり、88年にはロシア各地で無数の洗礼式が盛大に営まれるまでになる。ロシア教会の再編も、政治的な規制が徐々に除かれて容易になった。教区と修道院も各地で再開した。ニコライ・ベルジャーエフ［1874-1948。レーニンの革命政府から国外追放の処分を受けた歴史哲学者・モスクワ大学教授。マルキストだったが、革命で転向し、共産主義を一種の宗教と断じて批判して、人間は歴史を反映するミクロコスモスだとした。1922年に国外追放の処分を受けた彼は、1924年以降パリに住み、ベルリンで創設した「哲学・宗教アカデミー」をパリに移す。日本では邦訳20数点のほか、著作集も紹介されている］や、ウラジーミル・ロスキー［1903-58。正教神学者。哲学教授の父や家族と1922年に国外追放され、終焉の地パリのサン・ディオニシュス学院で教義神学を講じる。主著は『東方教会の神秘神学』］といった宗教哲学者や亡命神学者たち、さらにはソルジェニーツィン［1919-2008。ノーベル文学賞を受賞した4年後の1974年に国外追放］の著作も出版されて、国内に出まわった。受洗者の数も、キリスト教関連結社や雑誌同様、増加の一途をたどった。

1990年10月1日に公布された「良心の自由と宗教団体にかんする法律」は、ロシア教会からの要求を大部分満足させるものだった。この教会は世俗社会のあらゆる分野に進出し、学校や施物分配所、社会事業を創設している。そして、ボリス・エリツィンからウラジーミル・プーチンまで、政治指導者たちは教会の高位聖職者とつれだって公衆の面前に現れ、1990年に全ロシアの総主教に選ばれたアレクシイ2世［1929-2008］は、すべての公式祝賀行事に出席していた。

多少の違いこそあるが、ルーマニアやブルガリア、セルビアの教会も、ロシアと同様の変動を経験した。とりわけ前二者の主教団は、共産主義体制と妥協した過去を悔いている。

ロシア──ロシア正教の死と再生

ロシア正教会は共産主義体制から厳しい迫害を受けてきた。今日利用しうるもっとも正確な数値によれば、1918年から80年にかけて600人の主教が訴追され、そのうちの約250人が処刑されるか（たとえば有名なペトログラード府主教のベンジャミン［反革命の陰謀をくわだてたとして、1922年、ボルシェヴィキによって銃殺刑に処された］）、あるいは強制収容所で命を失っている。50万人もの教会関係者（司祭、修道者、一般信徒）が投獄ないし強制移送され、20万人が処刑された。これらすべての人々は真の殉教者だった。信仰のために死んだからである。こうした弾圧はスターリンによる大粛清がなされた1937-38年にとくに猖獗をきわめ、逮捕者20万、処刑者10万を数えた。1939年、ソヴィエト連邦の領土では、礼拝可能な教会が、革命前の5万5000か所から100か所に激減していた。だが、およそ70年におよぶ冷酷無慈悲な迫害の後、信仰はめざましく復興する。1988年から94年の6年間で、正教会の教区数は7000か所から1万6000か所へと2倍以上の増加をみせる。そして今日、それは2万か所を超えるまでになっている。

教義と教理

「真の」信仰と崇拝

　正教会の思想が有する特殊性を理解するには、キリスト教史の紀元千年紀とともに、東西両教会の漸次的な分離まで戻って考えなければならない。キリスト教の基本的な教義——受肉やキリストの復活、三位一体、聖母マリアのうちに仮現した神の言葉など——は、キリスト教の他の一族と同様、すべての正教徒たちが共有している。

　キリスト教信仰にかんする基本的教義は、ニカイア公会議（325年）とコンスタンティノープル公会議（381年）の「信仰告白」にみてとれる。これはクレドの名でつとに知られ、もっとも完全なものとみなされる規範である。正教会においては、それぞれの聖体祭儀や修道院の聖務時に読まれるこのクレド［ニカイア（ニケア）・コンスタンティノープル信条］は、聖書とともに、変更できない永遠の権威をおびている。

　正教会は1000年までに開かれた7回の全地公会議の遺産を、以下の言葉によって総括している。「われわれは途中に中断をはさみつつ、主の教えを守り、主がわれわれに与えた信仰を奉じている。われわれはそれを、さながら王の財宝や無限の価値をもつ記念碑のように、けっして汚したり縮小したりせず、つけくわえたり、削除したりすることもなく、無傷のまま護るものである」。1718年に正教会の総主教たちによって草されたこの文章は、正教会の特徴と力のみならず、真の信仰宣言の不変性、歴史に忠実たろうとする決意、さらにはイエスの弟子たちの最古の共同体から続くキリスト教信仰の永続性の意味を、はっきりと打ち出している。

　正教会はもっとも正統で、キリスト教の原点にもっとも忠実な初代教会——第7回までの公会議によって、その教義的な枠組みを普遍的教会［カトリック教会。後述］に与えた——の直系を自任している。正教会はまた、東方全域や小アジア、スラヴ・バルカン諸国などへの教会の拡大を可能にした、キリスト教の偉大な瞑想的・修道的伝統（最初期の「荒野の修道者たち」）を始めたのも自分たちだとしてもいる。だが、つねにいっさいを明確にするということについては、古代ローマの法的精神に特徴づけられる西方教会のような必要性を覚えていない。正教会が重視するのは、ローマと分離する以前の全地公会議が定めた定義であり、信仰を教義のうちに閉じこめるべきだとはしない。

　「オルトドクス（正教）」という語自体は、真の信仰や真の栄光と同義である。東方正教徒たちは、当然のことながら、自分たちが神をたたえる真の信仰の受託者だと確信している。彼らの教会は、同様にカトリックを自称するラテン・ローマ教会に属してはいないが、真のカトリック教会（原義はギリシア語で「普遍的な」を意味するkatholikós＜katá「～によって」＋hólos「全部の」）だという。たしかに正教会は、みずからを東方教会としてのみみなしているわけではない。たとえ小規模なものではあっても、正教会はアジア（日本）、さらに数多くがアメリカ大陸やオーストラリアに進出しており、これが普遍性を主張する根拠となっている。では、その教義はどうか。以下でいくつかの点を検討しておこう。

神

　神は世界の創造主であるとともに、愛やエネルギーや光でもあり、

◆「テオトコス（神の母）」の庇護。ロシアのイコン、1399年、ズヴェリン（神の母の庇護）修道院、ノヴゴロド博物館、ロシア。神の母テオトコスは、東方正教徒たちから神の被造物のなかでもっとも栄光に満ちたものとして崇敬されている。

◆聖母子像、トレチャコフ美術館蔵、モスクワ。このイコンは「エレウーサ（慈悲、優しさ）」様式のなかで最古のものである。聖母の顔には熱情と寛容さがみてとれる。1155年、アンドレイ・ボゴリュースキー公がキエフを発って北に向かうが、その際、たずさえていったこのイコンは、［現ウラジーミル市のウスペンスキー大聖堂に安置され、］奇跡を起こす「霊験」ゆえに多くの信徒を引き寄せたという。

いたるところに顕現する。神はまたみずからの姿に似せて人間をつくった。と同時に、創造の向こうに存在している。神はまず世界を超越しながら、自然の美しさや時間周期の秩序、生の調和のうちに現れ、ついで聖書のうちに、その民と最初の契約を結んだ父として（旧約聖書）、さらにベツレヘムの馬小屋で生まれ、十字架上で死んでよみがえった子として姿を現す。そして最後に、この世の終わりに教会を誕生させるため、過越祭の日に使徒たちのうえに燃える炎の形で降臨した聖霊として登場する。

三位一体

神は絶対的に一者だが、その一体性のうちに、父と子と聖霊として顕現する。これが三位格を有する神である。その愛を表すには一者以上の存在でなければならない。愛は存在自体を表す。すべての正教徒は聖霊の名において受洗する。

キリスト

東方教会はキリストの神秘の神的側面を強調する。西方教会はこの神秘を否定することなく、キリストの人間的な側面により力点を置く。こうした違いは神学的な考察や霊性、正教典礼のうちにみてとれる。東方教会が受肉の神的で輝かしい側面を重視するのに対し、西方教会はむしろそこに人間的な側面をみる。換言すれば、正教会の考え方はつねにきわめて神秘的であり、信仰の効力以上に神秘の大きさを感じとるものといえる。

神の母（テオトコス）としてのマリア

正教会はマリアの処女懐胎（その永遠の処女性とは区別すべきである）というカトリックの教義を認めていない。正教会が絶対に受け入れがたいとする教皇の不可謬性はなおのことである。反対に、神の母で永遠の処女（アエイパルテノス）マリアは、その伝承が豊富にある正教の聖人たちのなかで、きわだった位置にある。神の被造物のうちでもっとも栄光に満ちた存在として崇敬されているのだ。テオトコスという称号は、431年の第3回エフェソス公会議、アエイパルテノスは553年の第5回公会議でつけられている。

人間

いかなる人間もその出自を創造主の意志に負っている。たしかに科学は出生へといたる条件がいかにしてつくられたかを説明できるものの、出生の原因はなおも神秘としてある。

この神秘は恩寵として受け入れられているが、すべての人間は神の姿にならってつくられ、これが人間と他の被造物とを分けている。人間それぞれは、たとえどれほど罪深くとも、神の目には際限なく貴重な存在である。したがって、そうした人間を拷問にかけ、死にいたらしめるといったことは、神自身を傷つける行為になる。神と似ているということは、みずからの努力によって恩寵への道を開き、神と一体となって生き、たえず自分に磨きをかける者にとっては、一種の活力源となる。

人間は自由な存在として生みだされた。神が望むのは「奴隷」ではなく「友」である（『ヨハネによる福音書』15・15）。神はその恩寵をけっして押しつけたりしない。それを望む者、その資格を得ようと努める者にのみ与える。神は自分を愛するよう強要することもない。自分の恩寵を受けるか受けないかは、人間の自由にさせる。

はたして人間は恩寵の呼びかけにつねにこたえてきたのだろうか。答えは、ノンである。神はアダムが果実を食べるのを禁じなかった。永世と死のどちらを選ぶか、アダムの自由にさせたのである。「それを食べれば、死ぬだろう」。だが、アダムは神の言葉をかえりみず、自分の意志を神意と対立させて、苦しみと死の生へと入っていった。正教会は、人間がみずから善をなすことができないとする予定説を受け入れない。

悪

はじめに、人間は楽園で永遠に幸福な生活を送るべくつくられた。だが、失楽のあと、人間が生きる世界は二重の意味をとるようになる。神によって創造された秘密の美しさを隠す世界と、戦争や残虐さ、疫病、天変地異などをひき起こす、「世界の王」たる悪霊に服従する世界である。悪はキリスト教徒が向きあって戦わなければな

らない現実、人間が神にそむくたびににになう現実にほかならない。キリスト教徒はそうした世界に属しながら、天国を探し求める余所者としてある。

教会

正教会は世界中に広まった教会からなる宗派である。その完全なモデルが、一体性と多様性の対立を凌駕する三位一体である。この世を去るとき、イエスはこう言っている。「わたしは去っていくが、時のおわりまであなたがとともにある」。教会はキリストを頭とする体である。そのキリストの生を地上に広げる教会はまた聖霊の住処でもあり、この聖霊が、教会の必要とする恩寵の賜物を与えてくれるとする。ここでは世俗的なものと霊的なものとが不可分な関係にある。さらに教会は不正義や苦しみのすべての状況に目を向けなければならず、世界のために神の慈悲を得るべくとりなしをする。信仰は社会の文化と同様、道徳を鼓舞することもできる。こうした教会は世界のなかにあって、人間のために奉仕し、たとえいかなる者であれ、救いへと導く役目を負っている。世界もまた教会のなかにあって、歴史の終末を待つといってもよいだろう。キリスト教徒が少なければなおのこと、彼らは万人のためによりいっそう熱心に祈るのだ。

◆正教会の祝祭では、今もなお長い時間をかけて盛大な典礼が営まれている。20世紀初頭に建立されたブルガリアのソフィア大聖堂は、この写真にあるように、復活祭を祝う群衆であふれかえる。

教皇の首位権も不可謬性も認めず

　人間たちにその救いの使命を成就するため、イエスによって考え出された教会観は、正教会、カトリック、プロテスタントとをとわず、いずれの場合も同じである。だが、東方正教会では、この教会という考え方は「教父」や初期の公会議にもとづく厳格な伝統に限定されている。これについて、ヨアンネス・ダマスケノスはこう記している。「われわれは祖先たちが設けた永遠の境界を変えるつもりはない。伝統もまた、われわれが受けとったとおりに護っていく」。カトリックと正教会とのあいだの根本的な違い——今日ではごくわずかといってよい——は、教会における権威の性格やその指導および一体性にかんする見解だけである。だが、正教会にはカトリック教会が「臨時教導権」と呼ぶもの、すなわち教皇ないし教皇の周囲に集まった司教団の教導権に与えられる役割はない。もはや定期的に「公会議」を開き、何かを再規定する必要性も覚えない。基本的な事柄はすでに西暦1000年のあいだに語られているからだという。基本的な事柄、すなわち主教の集団合議制を堅持して、神への称讃と「真理」の言葉を広めることである。

　正教会においては、もっとも高い権威をもつ真理の最高機関——カトリックでは教皇職とヴァチカンがになう役割——は特別な組織ではなく、復活したキリストのなかで、聖霊の力によって結ばれた全員が出席するという意味での教会なのである。父と子と聖霊の聖三位一体の啓示である「真理」そのもの以外の真理はない。正教会と他のキリスト教会のあいだの基本的な違いは、したがって教会の存在と性格、さらに中核的な組織にはみられない首位権にかんする教会論にあるといえる。

　正教会は地元の自立した教会、つまり「自治独立教会」の

◆コンスタンティノープルの聖使徒教会（現在消失）。ギリシア語写本『聖母説教集』所収細密画（一部）、12世紀、フランス国立図書館蔵、パリ。

集合体から構成されている。これが使徒と最初期のキリスト教共同体（エルサレム、アンティオキア、アレクサンドリア、コンスタンティノープル）を継承する近東の「使徒教会」やロシア正教会、ギリシア正教会、セルビア正教会などである。これら教会の一体性は、同じ信仰を中心として位階と権力を等しくする主教たちの「霊的交わり」にもとづいており、カトリックのように、中央集権的・権威的な構造に立脚してはいない。正教会では、1991年よりバルトロメオ1世が全地総主教となっているが、彼は他の総主教や教会長に対して名目的な首位権を有しているにすぎず、他の教会に介入する権限もない。正教会で唯一認められている至上権は、すべての主教を召集して「世界（普遍的）公会議」を開くことだけである。だが、この公会議は過去数世紀にもわたって開催されていない。そのかわり、「汎正教公会議」は1920年以来（！）続行している。

　各教会は使徒伝承の原則を忠実に守って、その司教たちを任命・叙階している。そのかぎりにおいて、ローマ司教、つまり教皇の首位権や権力、さらに不可謬性の問題は、正教会にとって理解しがたいものとしてある。東西両教会の合同というエキュメニズムのためのすべての努力を妨げているのは、まさにこの問題にほかならない。正教徒にしてみれば、教皇とは、初代教会におけるローマ司教ないし西方総主教にすぎない。だが、カトリック教徒にとって、教皇は教会の普遍的な司祭とされる。正教会では、すべての主教は等しく使徒の継承者であり、その権力は同一とみなされている。これに対し、カトリック教徒はペトロとその継承者、つまり歴代のローマ司教が、教会全体の一体性と使徒たちの教えに対する忠誠を護るという使命を、キリストから受けとったとす

東方正教会

祭儀と実践
典礼と霊的生活

　正教会では典礼（聖餐式）が最重要視されている。それは天と地が出会う場だという。教会の歴史的・霊的継続性においてコンスタンティノープルが果たした役割からわかるように、ビザンティン典礼にはきわめて豊かなものがある。数多くの祝祭では長時間続く盛大な典礼が営まれ、その宗教芸術はまことに華やかである。

　今日、正教会の典礼は世界中のきわめて多様な言語圏で営まれている。教義文書の豊かさや祭式の象徴性、カトリックのミサやプロテスタントの聖務よりはるかに長い式次第の厳粛さ、さらにそれを華やかに彩る宗教芸術の数々。典礼にみられるこれらすべては、聖なるものの強烈な意味や神の超越性を表している。その礼拝はまず霊的世界の美しさに対する黙想としてある。「われわれは自分が天と地のいずれにいるのか知らなかった。しかし、神が人間たちのなかにいるのは感じていた」。コンスタンティノープルのハギア・ソフィア大聖堂で聖務に参席したのち、ロシア人の長老たちはこう報告している。

　典礼は天と地が出会う場である。聖別が起きるのは、聖像屏壁（イコノスタシス）（身廊と司祭が祭儀を司式する聖所［内陣に相当］とをへだてるイコンで飾られた仕切り壁）の閉ざされた扉の後に位置する至聖所のなかである。西方教会の場合、司祭は聖別された聖体（キリストの体と血を象徴するパンとぶどう酒）を会衆に示す。

　カトリックは第２ヴァチカン公会議（1962-65年）の際、それぞれの国の言語を生かすため、現行の祭儀にラテン語を用いることを廃した（例外なく）。これに対し、正教会ではもともと地元の言語が用いられている。したがってアラブ語やルーマニア語、アルバニア語など、各国の正教会によってさまざまだが、ロシアでは、若い世代にもはや理解できない教会スラヴ語ないし「古スラヴ語」となっている。

　信徒たちは日常生活の折に触れてみずからの信仰を実践している。教会のイコン崇敬やくりかえし行う厳格な断食、あるいは「神のおかげで」や「主に感謝しよう」といった一般的な表現によってである。復活祭時にすべての人々が使うあいさつ、「キリストはよみがえられた」はきわめて特徴的なもので、復活祭主日とそれに続く日、人々はおそらくこのあいさつを口にしてから会話を始めるのだ。そして、それに対する返答も興味深い。「はい、キリストはたしかによみがえられました」

　教会に信徒たちの姿がみられるのはごくありふれた風景で、彼らは聖務の時間外ですら教会を訪れる。たしかに、人々は礼拝の場──教会ないし修道院──にかつてほどひんぱんに足を運ばなくなっているが、正教国の熱心な信徒の比率は今もかなりのものである。さらに聖体の機密は、パンとぶどう酒の共食をとおして、信徒たちを神に結びつける。この聖体拝領（領聖）はすべての正教会、それが祝われるどこでも一体性の象徴となっている。

機密（秘跡）［（　）内はカトリックの呼称］

　カトリック教会と同じように、正教会には７通りの機密がある。洗礼、傅膏（ふこう）（堅信）、聖体、痛悔（赦し）、神品（叙階）、婚配（結婚）、聖傅（せいふ）（病者の塗油）。今もなお「ミスティリオン」［字義は「謎

◆体を３度水に浸すことによって行われる洗礼は、正教徒たちにとって、傅膏のすぐ後になされる機密である。写真はパレスティナのヨルダン川での洗礼。

（解き）」］とも呼ばれている機密は、外的な所作と「恩寵」と呼ばれる目に見えない顔によって特徴づけられる。機密と同一視される所作と実践はほかにもある。修道服の着用や洗礼祭（公現祭）における水の聖別、埋葬儀礼などである。

洗礼は浸水によってなされる。幼児であれ成人であれ、新たな受洗者は贖罪のための聖水に浸けられる。傅膏は主教ないし主教によって聖別された聖香油を用いる司祭から授けられる。この機密としての傅膏はまた、他のキリスト教会を出て、正教に改宗する者にも授けられる。

聖職者

正教会は聖職者（神品の機密）を主要な三位階に分けている。輔祭品と司祭品、それに主教品である。その下に誦経者と副輔祭がいる。神品叙聖は主教だけが執り行えるが、主教品合議体であるため、新しい主教の叙聖は最低でも2、3人の主教によってなされなければならない。その際、主教たちは満場一致で、「彼はそれに値する！」とギリシア語で叫んで叙聖を承認することになっている。

司祭と輔祭は、結婚が叙聖の前である場合にかぎり、妻帯できる。ただし、寡夫となった司祭は再婚できない。一方、主教たちは妻帯できない。彼らは修道誓願（純潔誓願など）をした修道士たちから選ばれる。

司祭が主教によって地方の正教会に派遣されるのに対し、修道士は俗界をすて、すべてを神に捧げながら修道院ないし荒野で生きる。正教会では一般的に聖職者たちは人気がある。彼らは地元の生活に完全に溶けこみ、教区の生活は彼らを中心に営まれている。

祝祭日

正教会の祝祭日は数多く、それらは最初にかならず長時間の立派な典礼をともなう。その教会暦は9月1日に始まる。とりわけ重要なのは復活大祭だが、とくに熱心に営まれている祝祭日としては、ほかに9月8日の誕生祭（聖母生誕祭）や9月14日の十字架挙栄祭、11月21日の生神女進堂祭［幼いマリヤ（マリア）がエルサレムの神殿に入ったことを記念する祭日］、12月25日の主の降誕祭、1月6日の神現祭ないし主の洗礼祭（公現祭）、幼子イエスをエルサレム神殿に奉献した2月2日の迎接祭（主の奉献の祝日）、3月25日の生神女福音祭（神のお告げの祭日）、イエスのエルサレム入場を記念する復活大祭1週間前の聖枝祭（枝の主日）、復活大祭後40日目の主の昇天祭、復活大祭50日後の聖霊降臨祭、さらに8月6日の主の変容祭ないし顕栄祭（主の変容の祭日）、8月15日の生神女就寝祭（聖母被昇天の祭日）がある。

斎

正教会の1年には、肉や魚、乳製品をひかえる4通りの斎（ものいみ）期間が含まれる。復活大祭7週間前の大斎、聖霊降臨祭8日後の月曜日に始まり、聖ペトル（ペトロ）・聖パウェル（パウロ）の祝日前夜の6月28日に終わる使徒の斎、8月11日から14日までの生神女就寝祭の斎、11月15日から12月24日まで、40日間続く降誕祭の斎である。正教会はまたしばしば水曜日と金曜日にも潔斎を行う。

イコン（聖画像）

イコンの崇敬は正教徒たちがもっとも規則的に行う実践のひとつである。それは、そこに描かれている彼らの「主」ないし聖人たちの姿を見ようとするキリスト教徒たちの欲求から生まれている。イコンないしフレスコ画は、教会、ときには家の装飾や瞑想の要素以上の意味をおびている。それは神にたどりつき、神と一体化する手段であり、その神は美によって接近可能となるからである。それゆえ信徒はイコンと神の前で頭を下げ、前者に3度接吻をする。このイコンを用いて、目に見えない天上の教会は、信徒の祈りを目に見える地上の教会と結びつけて、同じ聖なる神秘を祝うのだ。

イコンはまた、受肉というキリスト教の神秘の象徴そのものとしてある。ヨアンネス・ダマスケノスは指摘している。「イコンのなかで、わたしのために素材となり、それによってわたしを救ってくれた素材の創造者を、わたしは讃える」。象徴としてのイコンは、つねに人々のためにある。人物や宇宙の神聖化を予感させてくれるからだ。イコンは存在を描き出す。さまざまな造形的モチーフ同様、神やキリスト、聖母、さらに数多くの聖人たちの姿を、である。

◆キリストの復活を祝う復活大祭は、正教徒たちにとってもっとも重要なものである。日常生活のなかで信仰表現に慣れ親しんでいる彼らは、こうした祝祭日に進んで次のようにあいさつする。「キリストはよみがえられました」。復活大祭のアトス山での宗教行列。マケドニア地方（ギリシア）。

東方帰一教会信徒とはだれか

　ヴァチカンと、988年に大公ウラジーミル1世が受洗して以来正教会の母教会となっていた、キエフ府主教座とのあいだで実現した「合同」（ユニア）は、1596年のブレスト・リトフスク（現ベラルーシ最南西端）教会会議で追認されたが、正教の記憶のなかで、それは東欧およびバルカンの正教諸国における、カトリック復権に向けたあらゆる試みの象徴となっている。

　「東方帰一教会」（東方典礼カトリック教会、ユニア教会）と呼ばれるギリシア・カトリック教会は、正教会の心臓部とでもいうべきウクライナはもとより、ルーマニア（トランシルヴァニア）、スロヴァキア、ポーランドの東境（旧ウクライナ地方）に刺さった棘ともいえる。それは正教会のビザンティン典礼や妻帯聖職者といった、いっさいの伝統を有しながら、ヴァチカンの管轄にある。

　この東方帰一教会は、ヴァチカンと正教会の重大な争いの種となっている。第2次世界大戦後、ウクライナのギリシア・カトリック教会が、ナチに協力し、ソ連に対する国家主義的要求を鼓吹したとして非難され、スターリンによって厄介ばらいされると、みずからも迫害されていた正教会はこれに抵抗せず、宗教の自由に対してなされたきわめて由々しき犯罪を傍観するだけだった。

　1945年4月、ギリシア・カトリック教会のすべての主教は罷免される。そして翌1946年3月、ウクライナ西部リヴィウないしリヴォフの「操作された」主教会議が、ギリシア・カトリック教会のモスクワ正教会への強制的な併合を宣する。それに抵抗した1400名の司祭や主教、数百名の修道者、さらに数千に上る一般信徒が逮捕・移送され、虐殺もされた。彼らが収容所から出られたのは、じつに1956年になってからである。こうして信仰の場を奪われ、正教会の聖務にふり分けられた全ウクライナの東方帰一教会信徒たちは、「カタコンベ（地下墓地）」で自分たちの信仰に生きなければならなかった。

　東方帰一教会が地下活動から解放されるのは、1989年12月1日、すなわち教皇ヨハネ・パウロ2世［2005没］とミハイル・ゴルバチョフが対面した日以降にすぎない。だが、1946年に没収されたその財産や教会堂の返還は、正教会との新たな紛争の原因となった。1990年代初頭から、ウクライナでは各地で暴動が起こり、大聖堂や教会が強制占拠された。これを受けて、正教会と東方帰一教会の合同委員会が発足し、やがてウクライナ正教会に属していた1500か所の宗教施設のうち800か所が、リヴィウに本部を置く［1803年以来］再建いちじるしいギリシア・カトリック教会に返還される。以後、事態は沈静化したが、東方帰一教会──カトリック教会はすでに関係を断ち、これを「過去の信仰方式」とみなしている──は、ローマとモスクワ総主教座とのあいだの対立をまねいている。ヨハネ・パウロ2世とロシア正教会首座主教アレクシイ2世［2008没］の、この問題にかんする会談は一度も開かれなかった。

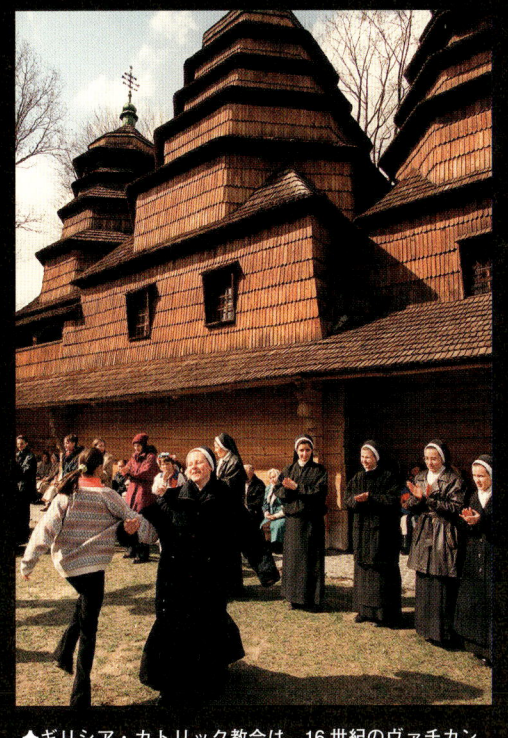

◆ギリシア・カトリック教会は、16世紀のヴァチカンとキエフ府主教座との合同を受けて「ユニエイト」と呼ばれる。今日、ウクライナのギリシア・カトリック教会は、リヴィウに本部を置いている。

祭式とアイデンティティ

信徒にとって、正教はもっとも奥深いアイデンティティの一部となっている。それは典礼のきわめて規則的な遵守や、伝統的な祝祭および潔斎に対する誠実な崇敬によって特徴づけられる。オスマン帝国の支配下ないし共産党の抑圧下にあった国々では、東方キリスト教徒たちは宗教を実践することで抵抗した。だが、正教会はみずからの存在を証明し、信徒たちを教化するために、典礼祭儀以外の方法を用いることができなかった。たしかに多くの信徒が国外に脱出したが、残った信徒たちはその大地や宗教や国に忠実だった。

ありていにいえば、正教諸国は記憶の国である。そこでは、正教会が歴史の桎梏に耐え、それを克服した国民の魂ともなっている。近年の西欧風世俗化の攻撃にさらされながら(たとえばギリシアや旧共産諸国)、正教会が人々から支持を集めているゆえんである。そこからはまた正教会の独自性と国家との共存関係も生まれている。たとえばロシアでは、ギリシアやグルジア、セルビアなどと同じように、たとえ宗教的な実践行為を行っていないとしても、人々は正教徒となっている。彼らが正教の領土に属しているからである。

こうした領土の宗教的独占という考え方は、正教に属さない弱小宗派に対する不寛容という対応へと向かう。しかし、この不寛容さは、さらに悪いことに、なおも「ビザンティン的」と呼ばれているが、制度的にローマ・カトリックと結びつけられている、ギリシア式祭儀を営むキリスト教徒に対しても向けられているのだ。

東方帰一教会信徒[東方典礼カトリック教徒]と呼ばれる、ギリシア(ビザンティン)・カトリック教徒たちにかんする微妙な問題が、まさにその事例といえる。ソ連崩壊後、正教諸国、とくにウクライナに再登場したこの教会の位置づけが、第2ヴァチカン公会議(1962-65年)における、モスクワとローマの二大教会の対話が紛糾・決裂した原因となったからである。

◆ヴェリキ・ウステュグのイコン「受胎告知」。トレチャコフ美術館蔵、モスクワ。ヴェリキ・ウステュグは12世紀の壮大な教会で知られる町。大天使ガブリエルがマリアにメシアを生むことを告げている。正教会は処女懐胎の教義を認めず、ただマリアが永遠の処女であることだけを認めている。

制　度
地方に分散した教会

　正教会組織の基本原理は、地方ないし地元教会のそれである。そこでは、ひとりの主教がいくつもの(小)教区からみずから選んだ司祭たちとともに1主教区を形成する。主教は地元の信徒共同体を活性化する責務をおびている。この責務はまず府主教区で、ついで独立正教会（自分たちの首座主教を選ぶ）ないし自治正教会（府主教庁によって了承される前に首座主教を選ぶ）において行使される。

　独立正教会はかつて宣教団だった、あるいはふたたびそうなった歴史的宗教組織——たとえばアフリカに宣教したアレクサンドリア正教会やアラブ世界へ宣教したアンティオキア正教会——、もしくは国名を冠した宗教組織と符合する。ただし、世界的な基準でいえば、11世紀の東西教会分離以降、正教会全体のなかで名誉ある首位権やなんらかの先導的ないし指導的役割を有しているのは、イスタンブールのファナル地区に本拠を置く、コンスタンティノープル教会ないし全地総主教職である。

　今日、正教会はコンスタンティノープル、アレクサンドリア、アンティオキア（本部はダマスカス）、エルサレムの4都市にくわえて、「使徒的」（使徒たちがおもむいたところから）かつ歴史的総主教庁を置いている。さらにモスクワ総主教庁（1589年創設）や、より近年に改組されたが、起源自体は4世紀までさかのぼるセルビア（1920年創設）、ルーマニア（1925年創設）、ブルガリア（1953年創設）の総主教庁や、グルジアの古代教会などがある。これら正教会の実際的な権限は総主教の手中にあるが、彼は総主教区の主教たちからなる主教会議の補佐を受ける。この総主教は教会生活のすべてを決定する主教会議によって選ばれ、任期は終身である。

　正教会はまた独立正教会ないし自治正教会を擁している。その首座は大主教（キプロス、ギリシア、フィンランド、アルバニア教会）ないし府主教（ポーランド、チェコ、スロヴァキア、アメリカ、日本教会）である。

　豊かな使徒伝承を有し、ユダヤ教ないし改宗異教徒たちを出自とする、初代キリスト教会の継承者でもある近東の正教会は、世界の宣教史においてもっともきわだった位置を占めている。だが、この正教会は、3通りの一神教が生まれた同地域のたび重なる戦争や人々の国外脱出、さらに宗教的過激主義によって非常に弱体化した歴史がある。

総主教座

アレクサンドリア総主教座　おそらく聖マルコが福音を告げたアレクサンドリアの総主教は、伝統的に正教会の位階制で名誉首座でもあるコンスタンティノープル全地総主教の次位に位置する。だが、アレクサンドリア総主教という位階は、非カルケドン系正教会に属するエジプト・コプト正教会のふたりの総主教、すなわち「教皇」シェンウーダ3世［在位1986-］とカトリックの枢機卿ステファノス・ガッタス［1920-2009］が名のっている。

　アレクサンドリア総主教座の典礼言語はギリシア語である。この総主教座にはエジプトやリビアの少数のギリシア人信徒や、サハラ以南のアフリカ諸国（スーダン、エチオピア、カメルーン、コンゴ、

総主教座（職・区）　ギリシア語のパトリア（patriá「家、家長、国」）とアルケ（arkhé「長、権威」）を語源とする総主教（パトリアルク）は、共同体の長、すなわち正教会内でもっとも高位の位階（神品）をさす。正教であるかローマ・カトリックに結びついているかをとわず、すべての東方教会において、総主教は、同じ典礼ないし同じ地域の信仰共同体を構成する大主教——とくに東方教会では「府主教」と呼ばれることもある——や主教、司祭、一般信徒への管轄権を有する宗教的責任者でもある。この総主教制度の起源は、初代教会時代までさかのぼる。

　キリスト教の拡張はローマ帝国内の3大都市を中心にきわめてすみやかに実現していった。アンティオキアとアレクサンドリア、そしてローマである。これら3都市に対する司教＝総主教の権威は、325年のニカイア（ニケア）全地公会議で確認されている。この公会議では上席権にかんしても規定が定められ、ローマの総大司教首座、前記3都市の総主教がそれに続くとされた。皇帝コンスタンティヌスがローマ帝国の首都をビザンティウム、のちのコンスタンティノープルに移したことを受けて、381年、ここで全地公会議が開かれる。そこでは同市の司教座に対し、ローマに次ぐ位置が与えられた。総主教座が置かれ、のちにペンタルキア（五大総主教制）と呼ばれるようになるこれら5か所の拠点——ローマ、コンスタンティノープル、アレクサンドリア、アンティオキア、エルサレムは、正教会ないしローマと結びついたすべての東方教会の制度的な基盤となっている。

ケニア、ザンビア、ウガンダ、ガーナ、ジンバブエ、南アフリカなど）の信徒共同体を代表する15の主教区が含まれる。アレクサンドリア教会の宣教活動が開花したことは、これらアフリカ人たちがビザンティン典礼に引き寄せられたことや、西方の宣教団や入植者の波に対する忌わしい記憶による。2004年10月、セオドロス2世［1954-］が総主教に選ばれると、聖庁がアレクサンドリアに置かれるようになった。

アンティオキア総主教座はアラブ語を用い、現在、シリアやレバノン、イラン、イラク、アラビア半島、クウェートに10あまりの主教区を数える。南北アメリカ正教会やオーストラリアのアラブ語を話す移民たちは、その管轄下にある。1940年代に創設されたいわゆる「正教青年会」の運動のおかげで、同主教座は近東での精神的な深化に一役かい、社会的かつ政治的な活動を積極的に展開しているが、総主教はアラブ人で、14世紀以降、ダマスカス［総主教庁がある］に住んで執務している。現在の総主教はイグナティウス4世ハジム［在位1979-2012。後任はヨハネ・X・ヤジギ］で、正教会の偉大な知性であるモント・レバノン府主教のゲオルグ・コドル［1923-］の補佐を受けている。これらアンティオキアの正教徒たちは、長きにわたってイスラームとの対話を行っている。

エルサレム総主教座は聖地エルサレムやイスラエル、ヨルダン、さらにヨルダン川西岸地域のイスラエル占領地の信徒たちを抱え、有名な聖女カタリナ修道院を擁するシナイ山教会に対する監査権を有している。信徒の圧倒的多数はアラブ人だが、指導層はなおもギリシア人に占められており、総主教はエルサレムに住む。

コンスタンティノープル総主教座は、正教会全体に対して歴史と名誉のある首位権を行使するところから、「全地」総主教座とも呼ばれる。これは「同格のなかの首座」である。だが、この首位権はコンスタンティノープル総主教に対し、他の正教会の内部問題に介入する権限を与えるわけではない。しかもそれは、とくにモスクワ総主教座からしばしば異議申し立てを受けてもいる。こうして今日、コンスタンティノープル総主教座は限定された地域を管轄するにすぎなくなっており、その直接的な統治権はトルコのわずか数千の信徒に行使されるだけとなっている。しかしながら、さまざまな歴史的理由により、コンスタンティノープル総主教座はなおもギリシアの領土（アトス半島、パトモス島、ドデカネス諸島、クレタ島）や南北アメリカ、西欧、オセアニア、アングロサクソン諸国の国外離散者たちを管轄している。

このコンスタンティノープルの総主教座は、特権的な位置にあるにもかかわらず、政治的・歴史的理由により、その地位にも陰りがさしている。いわゆる「使徒継承」の総主教座（アンティオキア、アレクサンドリア、エルサレム）ともども、コンスタンティノープル総主教座はオスマン帝国のもとで、たしかに正教会全体を牛耳っていた。だが、19世紀、オスマン支配をゆさぶるためにひき起こされ、とくに各国の聖職者たちによって刺激された国家主義的な革命のため、コンスタンティノープルの中央集権的な引力はそこなわれ、その権限も激減した。

やがて、トルコのくびきから解き放たれた国家的教会があいついで建てられるにつれて、コンスタンティノープル総主教座の管轄権が狭められていく。バルカン諸国にとって、こうした国家的教会の建立は政治的至上権への回帰を容認することにほかならなかった。解放された国が、しばしばコンスタンティノープル総主教の意図に反して自前の教会をつくっていったが、この国家的教会の創設は、それだけ新たな国家を強化した。19世紀から20世紀にかけてみられた国家と教会の特権的な関係は、正教会に固有の一体的・国家的規模の基本的な構成要素となった。

教会

ギリシア教会はコンスタンティノープルから独立した最初の教会である。その独立正教会は1850年に全地総主教座から認められた。80の主教区を擁するこのギリシア教会は、今日、正教世界のなかでもっとも栄え、もっとも活気のある国家的教会のひとつとなっている。正教はその教書の第1条によれば、ギリシアの「支配的な宗教」だという。ギリシアがヨーロッパ連合に加盟するまで、各市民の身分証明書に正教徒であることが記載されなければならなかった。たしかに社会主義者たちは1982年に世俗婚の制度を制定したが、それを実際に行った者はきわめて少なく、教会はな

◆エジプトのモーセ山麓にある聖女カタリナ修道院。今日、ここには20人あまりの修道士が住んでいる。写真はアメリカ生まれのジョン修道士。

おも宗教とは無縁の者の身分を非難しつづけている。ギリシア国内におけるこうした正教会の存在は、かならずしも深い信仰とは結びついておらず、むしろそれが国家全体に浸透していることを示すものといえる。

　ギリシア人は自分たちの教会に一種の恩義を感じている。19世紀、「ムスリム」に対する国家主義的であると同時に宗教的でもあった戦争のあと、教会が独立運動のもっとも強力な原動力のひとつとなったからである。20世紀には、教会は内戦［1942年から49年まで、英米の支援を受けた中道・右派勢力と共産主義ゲリラとのあいだで戦われ、前者が勝利する］や軍事独裁政権によってゆれうごいた歴史に決然と立ち向かった。教会はこのようにギリシアの歴史全体につねにかかわってきたのだ。その文化や遺産（主教座聖堂やイコン）、さらに国家的・社会的生活においてである。ギリシア教会は民衆の教会であり、過去5世紀のもあいだオスマン帝国に占領され、さらに革命や戦争に激しくゆさぶられてきた国にあって、正教が国家的アイデンティティの存続シンボルであるかぎり、それは民衆とつねに結びついてきた。現在、教会はアテネで執務する大主教イエロニモス2世の指導下にある［原文に記されているクリストドゥロス2世は2008年没。享年69］。

　セルビア教会は1879年以降独立正教会となり、1920年に総主教座の列にくわえられている。第2次世界大戦中、クロアチアから進入したウスタシャ［1929年に創設され、クロアチアの分離独立を唱えて活動したファシズム的テロリスト集団］の攻撃でかなり疲弊した同教会は、ティトー大統領［在位1953-80］のもとで限定つきながら至上権を享受していた。より近年、ミロシェヴィッチ［2006没。1989-2000年までセルビアおよびユーゴスラヴィア大統領］の独裁政権やボスニア・コソヴォ戦争で苦難の日々を送るが、1999年に共和国が独立すると、セルビア教会はその歴史的・芸術的遺産や聖所の大部分を回復するようになった。

　セルビア教会には東西教会の分離とは別の分離もある。それはティトーがマケドニア自治教会の創設［1967年］を認めたことによる。この教会は他の正教会から承認されてはいないが、1991年以来、マケドニア共和国の独立による恩恵を受けている。

　ルーマニア教会の場合、国家の独立が教会の独立をもたらしてくれている。1920年［ルーマニアがオーストリア＝ハンガリー帝国の支配から脱して2年後］、モルダヴィア・ワラキア独立正教会はトランシルヴァニアとブコヴィナの府主教座にくわわり、その管轄権をベッサラビアにまで拡大した。しかし1945年、トランシルヴァニアの東方帰一教会（東方典礼カトリック教会）が強制的にブカレスト総主教座に組みこまれると、ベッサラビア［府主教座］もモスクワ総主教座の管轄下に置かれるようになる。やがて共産主義の崩壊によって東方帰一教会が再建されるが、それは、教会堂やその不動産［ソヴィエト政権によって没収されていた］の回収をめぐり、正教会とのあいだで激しい緊張を生むことになる。

　ソ連解体後の1991年に独立国［モルドヴァ共和国］となったモルダヴィアでは、一部の聖職者がブカレスト総主教にくわわろうと模索した。この国家主義的な動きを封じるため、**モルダヴィア教会**が

◆受胎告知に奉献された11世紀の創建になるヴァトペディ修道院の主堂「カトリコン」（カトリコンの語源は、ギリシア語で「普遍的」を意味するkatholikós）。ここは各修道士が一個の人格として、その生活のリズムを正教会の独創である独居性修道院に適合させる場である。マケドニア地方アトス山（ギリシア）。

モスクワ総主教座の管轄下に自治正教会として創設された。

　ブルガリア教会が、過去のさまざまな経緯のなかで独立正教会として公に認められるようになったのは、1945年のことである。1953年には総主教座が創設されたが、これがコンスタンティノープル総主教座から承認を受けたのは1961年だった。

　アルバニア教会は1922年に独立正教会を宣言したが、それが承認されるには1937年まで待たなければならなかった。共産主義体制の1967年、他の共産主義国家と異なり、教会は徹底的に破壊されて廃墟と化し、聖職者も迫害された。この正教会が非合法ではない公的活動を始めるようになったのは、1990年代末である。

　ロシア正教会は、旧ソ連を出自とする国のなかで、もっとも輝きかつ強大な存在である。それはロシア1国内だけで60あまりの主教区を擁しているが、この数値にCIS（独立国家共同体）に属する独立国、とくにウクライナやベラルーシ、さらにCISに未加入のバルト諸国（歴史的にコンスタンティノープル総主教座に属しているが、現在その教会がコンスタンティノープル派とモスクワ派に分裂しているエストニアを除く）の主教区をくわえなければならない。

　ロシア正教会は1990年より、「全ロシア人の総主教」と呼ばれるアレクシイ2世を指導者にいただいている［2009年よりキリル1世］。だが、ソ連崩壊後は、物質的・精神的再建や新たな世俗化の台頭、さらに新参のプロテスタントないしカトリック系教会の宣教活動といった試練に直面している。

第1部　一神教

グルジア教会はロシアによる征服時にロシア正教会に吸収されたが、1918年、ロシアから独立した際に独立正教会となる権利を得た。スターリンによる迫害にもかかわらず、この教会は生き残り、首都トビリシの総主教座は頑迷なまでに厳格かつ独立した総主教座のひとつとなっている。だが、リベラルで進歩主義的実践活動を行ったとして非難され、世界教会協議会（COE［英語略称はWCC］）から脱退している。

ディアスポラの教会

いくつもの主教区からなる正教会と独立正教会のこの組織は、東西両教会が分離する以前にローマとともに五総主教区（ペンタルキア）を形成していた旧四総主教座と、伝統的に正教会の管轄地にあった東欧で、より近年に創設されている。他所の場合は事情が異なる。

たとえば西欧では、正教徒たちの共同体が20世紀になってから定着したアメリカ合衆国やオーストラリアと同様、管轄地の区分原則の適用がかなり雑だった。そんななかにあって、1973年、独立正教会が合衆国で生まれている（合衆国にはすでに17世紀末から正教会が進出していた）。この独立正教会は、たしかに重要な存在ではあったが、当初はアメリカ大陸の少数の信徒たちを集めただけだった。そしてそれは、今もなおコンスタンティノープル総主教庁をはじめとする正教会全体から認められていない（1970年創設の日本の自治正教会も同様である）［ただし、両国の正教会はモスクワ総主教庁から承認されている］。現在、合衆国の独立正教会は国内に12の主教区とおよそ100万の信徒を擁しているが、とりわけ信徒数が多いのはアラスカである。ほかにカナダやメキシコにもいる。

もし各国に調整機関が設立されるなら、いくつもの主教区がもともとの独立正教会から離れて、同一地域に共存できるだろう。ディアスポラ、つまり独立正教会ないし自治正教会の境界の外にある信徒共同体の合法的な組織を設けるという問題は、とくに数年前から準備されている汎正教的公会議の重要な議題といえる。

以上のことをまとめれば、次のようになるだろう。正教会は独自の執行機関によって自治を行う各地の教会の連合体である。この正教会はみずからの一体性を、ローマ・カトリック教会のように組織された中央集権機構にではなく、一体的な信仰と共有の機密（秘跡）という二重の結びつきに負っている。つまり、各正教会は一個の独立した存在でありながら、教義にかんするすべての問題で他の教会と全面的に合意し、機密を完全に共有しているのだ。

とはいえ、正教の地政学は、歴史の重みにもかかわらず、それぞれが正教世界の指導者をもって任じる、コンスタンティノープルとモスクワのあいだの対立になお支配されている。コンスタンティノープルの場合、その物理的テリトリーは先細りになっているが、歴史上の特権と、西欧やアメリカ大陸およびオーストラリアのギリシア人ディアスポラに対する影響力によって、みずからの権限を正統化している。エキュメニズムのため、コンスタンティノープル総主教は全地教会公会議に名をつらね、ローマとも比較的良好な関係を保っているが、モスクワ正教会の超国家主義者のあいだでは、彼は「新教皇礼賛者」とみなされている。

一方、モスクワは共産党時代の対立や迫害を忘れようとしているかのようである。その教会は、自治正教会へと傾きつつあるウクライナやバルト諸国にみられるように、新たな支配者の要求の生贄になっている。とりわけウクライナの場合、モスクワ総主教座は、宗教的・個人的理由で破門されていた元府主教のフィラレートが新たに率いる

◆モスクワの生神女福音大聖堂で、1990年にロシア正教会の総主教に選ばれたアレクシイ2世が、スラヴ人への福音宣教を行った聖メトディアスと聖キュリロスの祝日における聖務を司式している。

［1995年から］、独立合法ウクライナ正教会との競争を強いられている。この教会は、モスクワのみならず、コンスタンティノープルや他の正教会からも承認されていないが、とくに国内の国家主義者たちにきわめて大きな影響をおよぼしている。たび重なる確執を越えて、かつてオスマン帝国とソヴィエト体制の人質となった国々の、いわば国家的アイデンティティの貯水池たる正教会のどれほどが、今もなお歴史や国家的冒険の変転と結びついているかは理解に難くない。

◆7世紀から東方教会における修道院文化の中心地となっているアトス山には、時代を追って建てられ、さまざまな財宝を有する修道院が数多くある。写真は14世紀に建立されたグレゴリウ修道院。マケドニア地方（ギリシア）。

アトス山 ここはきわめて正教的な修道院生活の中心地である。アトス山はエーゲ海につき出たアトス半島に11世紀から建てられた20の修道院からなる複合施設で、今日そこには1000人ほどの修道士（ソヴィエト革命前は数千人）が住み、典礼と祈りの日々を送っている。アトス山はギリシアの一部だが、1920年までは一種の自律的な神政体制によって治められていた。それぞれの修道院は主権を有し、毎年、この神政共和国の執行会議のメンバーとして、修道士をひとり選んでいる。アトス山の会議体は権限を行使して、財政・司法問題をすべて管理する。ギリシアはここに行政長官と憲兵隊を派遣している。20ある修道院のうち、17か所はギリシア系、残りはロシア、ブルガリア、セルビア系である。

これらすべての修道院は「共住制修道院」と呼ばれるが、そこでは修道士たちが、みずから選んだ終身の修道院長——「エーグメノス（典院）」という——の権威下に置かれた共住制の生活を営んでいる。かつて「独居制修道院」と呼ばれていた11の修道院では、修道士たちが生活や祈りを同じリズムで行わず、むしろそのリズムを各人の個性にあわせていた。だが、こうした修道院は10年以上前に姿を消し、今日、修道士たちは修道院に結びつけられ、その一部は通常アトス山の洞窟内で生活している。残りは「放浪修道士」である。このアトス山に入れる一般信徒は、成人男性のみで、女性と子どもはすべて除かれる。だが、入山3年後には、これら男性信徒たちは修道生活に入るか島を離れるか、いずれかを選ばなければならない。

第 1 部　一神教

分布と定着
歴史の気まぐれ

　コンスタンティノープル全地総主教の名誉首位権のもとに集まった正教会は、1億8000万の信徒を数え、とくにアレクサンドリア、アンティオキア、エルサレムの伝統的な総主教区、さらにより新しいグルジア、ブルガリア、ロシア、ルーマニアの総主教区、およびキプロス、クレタ、ポーランド、アルバニア、チェコ、スロヴァキアの独立正教会を傘下におさめている。

　世界全体の正教徒数は、1億2500万から1億8000万いるとされる。地域教会の統計手段の脆弱さを考えれば、この数値はかなり不確かといわざるをえないが、これらの教会は、東欧やバルカン、中東諸国の政治的・軍事的な気まぐれによる、信徒たちの継続的な離散・亡命をこうむっている。正教のこうした分散化は、1917年のボルシェヴィキ革命に続く東欧からの移住の結果である。1921年の小アジアからの移住は、200万のギリシア人がトルコから追放された「大災難」のあとに起きた。より近年では、パレスティナ人とレバノン人の中東からの移住もあったが、それは彼らにとっての悲劇でもあるイスラエル建国（1948年）の結果にほかならない。

　これらキリスト教徒の移住は、安全や自由、生活水準の向上を求めて、さらにより民主的で豊かな西欧への憧れによるものだった。19世紀、とりわけ20世紀の大移住劇によって、正教は地理的に東方という性格を失った。今日、それはすべての大陸に存在し、ディアスポラのおかげで、正教とカトリックとの邂逅が現代における精神的な大事件のひとつとなっている。以下では、正教徒たちをいくつかの地域ごとにみておこう。

　まず、国外移住によって壊滅的となった中東地域である。1948年に約5万のキリスト教徒を数えていたエルサレムは、現在ではその5分の1に激減している。アレクサンドリア総主教区のギ

◆ 2004年4月10日、エルサレムの聖墳墓教会に1万以上の正教徒が集まった。

フランス──およそ20万人の正教徒共同体

　フランスは15万人から20万人の正教徒を擁している。19世紀にギリシアから来住した最初期の正教徒たちはマルセイユ（1820年）やパリ（1895年）に自分たちの「教会」を建て、その周囲に共同体を建設した。第1次世界大戦と小アジアからの強制移送のあと、新たなギリシア人がフランスに定住し、フランス南部やリヨン地方で子孫をもうけるようになる。じつは19世紀に、貴族や外交官をはじめとするロシア人もパリ──8区のダリュ通りには彼らの「大聖堂」がある──やカンヌ、ニース、ビアリッツ地域に移住していた。だが、ロシア人の大移住、つまり役人や知識人のそれは、ボルシェヴィキ革命のあとである。この時期の有名な移住者としては、たとえばセルゲイ・ブルガコフ［1871-1944。神学者・哲学者。160人あまりの知識人とともに追放された彼は、最初プラハで神学を講じ、1924年、パリに移って、ペルジャーエフのサン・セルジュ（聖セルギウス）正教会神学院の院長兼神学教授となる。パリにて没］や、ニコライ・ベルジャーエフ、ウラジーミル・ロスキー［このふたりについては92ページ参照］、ゲオルギイ・フロロフスキー［1893-1979。正教神学者。パリに亡命し、サン・セルジュ正教会神学院で神学を講じたが、やがてベルジャーエフと距離をおき、ハーヴァードやプリンストン大学の講壇に立つ。エキュメニズム（世界教会一致運動）提唱者。パリにて没］などがいる。

　これらロシア人やギリシア人の共同体に、さらにセルビア人、ブルガリア人、ルーマニア人たちの教区をくわえなければならないが、今日そのすべては完全にフランス社会に同化している。まず第1世代の移民たち、おもにロシア人やギリシア人、さらに彼らの子どもや孫たちは、完全な権利を有するフランス人になった、あるいはなりつつある。次いで、より新しい旧ユーゴスラヴィアやレバノンからの移民たち、最後に正教に改宗

◆19世紀以降、数多くのロシア人がフランスに移り住み（その最大の移住劇は1917年の革命後）、各地に信仰の場と共同体をつくった。写真のロシア式葱花形屋根と彩色は、1903年に建てられたニースのサン・ニコラ「大聖堂」のもの。

したキリスト教徒ないし無神論者の生粋のフランス人たちもいる。

　フランス国内には正教の礼拝場所──修道院、教会、精神修養所──が150か所、教区が約75か所、修道院や隠修所が数か所あり、若者たちの運動や多様な同宗団も存在している。ほとんどが妻帯している司祭たちは、教師や研究者、医師、技術者、専門家といった仕事に精を出している。もし大部分の教区で典礼にその母教会の言語、すなわちギリシア語や教会スラヴ語（ロシア人やブルガリア人のため）、ルーマニア語、セルビア語、グルジア語、アラブ語などがさらに用いられるようになるなら、いずれフランス語もそうなるだろう。

　これらの教区は、東欧ないし中東の総主教座に属する主教区に再編されている。エキュメニズムにおける共通の立場を可能にするため、1960年代に組織されたフランス国際正教会主教委員会は協議・調整機関となった。そして、それは1997年にフランス正教会主教会議に衣替えされ、府主教エマニュエル・アダマキス［1958-］を指導者にいただいている。この府主教は、ほとんどの正教会教区が結びついているコンスタンティノープル全地総主教のフランスにおける代理である。フランスの正教共同体はまたパリに、さまざまな国籍をもつ教師や学生を受け入れる前述のサン・セルジュ正教会神学院を有している（19区クリメ通り93番地）。さらに毎週日曜日の朝、かぎられた時間だが、宗教番組の公共奉仕チャンネルで情報を流し、さまざまな内容の新聞も発行している。フランス正教会はさらにカトリック教会やプロテスタント教会とも、宗派の枠を超えた対話をじつに積極的に行ってもいる。なお、前記フランス正教会主教会議の議長は、フランス教会委員会（CECEF）のメンバーで、もちまわりでそれを主宰する。

第1部　一神教

リシア人正教徒は、かなり近いエジプトの「非カルケドン派」コプト正教徒が600万いるのに対し、たかだか数万程度にすぎない。

つぎにバルカン地域では、ギリシアとキプロス島民（島民の半数に近い50万人のうち、多くがキプロス＝トルコ支配下にあった地域からの難民）、さらにクレタ島民や、トルコ在住で、コンスタンティノーブル総主教区の管轄区にいるギリシア人を総計すれば、厳格なギリシア正教会は1200万の信徒を擁していることになる。

一方、スラヴ地域では、ロシア、ウクライナ、ベラルーシに1億2000万もの正教徒がいる。1教会あたりの信徒はソヴィエト体制末から完全に回復傾向にあり、1990年代初頭には、キリスト教の信仰を見出した、あるいはふたたび見出した受洗者の数は、いちじるしい伸びを示している。ここではさらに、セルビア1000万、マケドニア200万、ブルガリア900万、スロヴァキア20万、ポーランド50万のキリスト教徒をくわえなければならない。

このスラヴ圏では、上記諸国と起源は同じでないが、スターリン時代とチャウシェスク独裁政治下で厳しい迫害を受けたルーマニアの「ラテン典礼」正教徒をくわえる必要がある。今日、ルーマニア総主教区にはおよそ1500万の信徒がいる。また、フィンランド正教会は数万の信徒を抱える。

次に西欧地域だが、この地域は、20世紀以降の西欧諸国（とくにフランス）やアメリカ大陸へと向かう移住とかかわる。正教徒の数は西欧で約100万（うち20万がフランス在住）、北アメリカで500万、ラテンアメリカで400万と見積もられている。これらの数値には、さらにオーストラリアに移住した正教徒100万がくわわる。

最後に、アフリカの正教徒たちについても触れておかなければならない。ウガンダやケニア、コンゴ（旧ザイール）、ガーナなどは、アレクサンドリア総主教座からの積極的な宣教活動を受けた地域だが、その正教徒たちは、1400万を数えるエチオピアの「非カルケドン派」正教徒と区別すべきである。なお、正教徒の共同体は日本や中国にすら何か所か存在している。

◆世界の正教徒たち。共産体制下で虐げられていた東方教会とロシア教会がその信徒をとりもどすのに苦心しているのに対し、伝統的な正教（ギリシア）は社会の世俗化過程に向きあっている。聞こえてくるのは、いずれの場合も宗教的というよりは、むしろ政治的（国家主義的）理由である。

人間観と世界観

伝統と近代性

正教はその禁欲と修道院という伝統、典礼と哲学という遺産のおかげで生きのびてきた。教会堂の丸天井と聖像屛壁（イコノスタシス）のもと、香煙の渦巻きのなかで、正教会の一部は、おそらく伝統にしがみついて硬直化したような宗教に似ている。歴史によって苦しめられたそれは、しかし今日、現代世界の問題点を以前よりよく理解するようになっている。

国家と地政学

正教ほど国家意識の重圧をこうむってきた宗教はない。バルカン半島で、小アジアないし中央アジアで、そして中東で勃発し、なおも続いている戦争にあやつられ、道具化された正教は、ときに古代的な国家主義や領土拡張のノスタルジーないし復権の夢の共犯者となった。

国家主義の再出現、イスラーム主義の台頭、長期にわたるムスリム支配による教会の衰退、そして共産党一党独裁。これらが緊張と幻想を目覚めさせた。ときには宗教を抑圧することが、民族的な対立をあおる燠（おき）ともなった。正教のこうした独自性にかかわる問題は、ヨーロッパ連合に加盟したことによるギリシアや、旧ユーゴスラヴィア紛争の際にヴァチカンがクロアチアを支持したことによるセルビアにおいて激化した。モスクワからベオグラードないしアテネまで、宗教は大衆の反応を刺激し、外国人への嫌悪感、すなわち反ユダヤ主義や反民主主義を強める要因になった。コンスタンティノープルの全地総主教がもはや調整できないほどの緊張が、こうして生まれた。その結果、正教では、外の世界の「闇」と内側の「光」を対立させようとする妄想が大きくなり、この地政学的条件のなかで、正教徒共同体は現代世界の現実と争点を意識せざるをえなくなっている。とくに西欧のキリスト教に対して、過去の幻想がふたたび唐突に姿を現したのだ。なによりもそれは、「東方帰一主義」、つまりローマが東欧と中東の正教諸国をあらためて制圧するという、古い妄想を中心として生まれた。ただ、ウクライナとルーマニアでは、信教の自由が回復して以来、信仰の場をとりもどすことができるようになった。

エキュメニズム（世界教会一致運動）

教会間の分離にもかかわらず、正教徒たちはキリスト教徒の再統一をはかろうとしている。彼らは、信仰の全体的な一致が、すべての側から宣言されないかぎり再統一の実現が不可能であることを知りながらも、カトリックやプロテスタントとの各種の教会統一機関に参加している。

1948年にアムステルダムで創設された世界教会協議会（COE）の初代事務局長は、W・A・フィセル・ト・ホーフト［1900-85］がつとめたが、コンスタンティノープル全地総主教のロンドン駐在代理だったゲルマノス府主教、西欧在住のロシア人神学者のセルゲイ・ブルガコフ［1871-1944］やセルゲイ・フロロフスキー［1893-1979］といった正教会の名士たちが、正教をエキュメニズムへと向けるうえで決定的な役割を果たした。こうしてこの運動は第2次世界大戦後と第2ヴァチカン公会議（1962-65）後に訪れた和解の機運のなかで、もっとも好運な時期を迎えた。とりわけそれは、1967年1月6日、教皇パウロ6世（在位1963-78）と総主教アテナゴラス（1886-1972）の歴史的な会談のときだった。

◆ローマとのさまざまな違いを残しながらも、世界教会へと向けた正教の意志の象徴。教皇パウロ（パウルス）6世は、1967年7月27日、コンスタンティノープル全地総主教庁のあるイスタンブールのファナリに、総主教アテナゴラスを訪問した。

ジュネーヴに本部がある世界教会協議会への正教の参加は、結果的に共産党の要職者たちによってテコ入れされたことになる。彼らが多少とも妥協的な態度を示した数人の主教と教会役職者たちの外国旅行を認めたからである。皮肉といえば皮肉な話だが、ともあれこうした動きは、アパルトヘイトや人種差別、ラテンアメリカの独裁政治などを批判した、同協議会の進歩主義的志向によって助長された。しかし今日、協議会は、「世界教会主義者たち」が社会の片隅に追いやられている正教世界内部の緊張の犠牲になっている。

保守主義者たちは、世界教会協議会の自由かつ「プロテスタント」的精神のみならず、その典礼の革新やスタンスが習俗と社会の進展にあまりにも好意的すぎるとして、一種の異議申し立てを行い、グルジアやブルガリアの正教会は協議会との関係を断ってしまった。だが、協議会の指導者たちは、これを、女性の聖職叙任や性的倫理といった異論をまねいている問題に決定権を有する傘下教会に対し、独自の権限をなんらもちあわせていない連合組織へのいわれのない非難だとしている。

こうした事情を受けて組織された特別委員会は、2002年8月に世界教会協議会の中央委員会が承認した報告書のなかで、正教側からの批判をとりあげ、さまざまな決定がもはや多数決ではなく、全会一致でなされるべきであると認めている。この報告書は2003年6月にギリシアのテサロニケで開かれた会議で確認された。

現在、エキュメニズムはバルカン半島や東・南欧、さらに中東諸国での国家主義や信条主義の覚醒を前にゆれうごいている。資金も教会も神学校も底をつき、さまざまな宗派、たとえば洗礼派や福音派、メソジストなどの「宣教活動」の攻勢に直面していた共産党時代の、まさに血の気の失せたような状態から脱出した東欧の正教会は、かつてみずから独占体制を享受していたにもかかわらず、これら宗派の挑発や宣伝活動を非難している。

一方、ローマ・カトリック教会は世界教会協議会を引き受けず、たんに協議会の活動の一部（信仰部門と組織）にかかわっているだけである。これもまた正教会とカトリック教会との対立因のひとつとなっている。さらに正教会とプロテスタント教会の対立は、正教会やカトリックの伝統では認められないにもかかわらず、多くのプロテスタント教会や英国聖公会で受け入れられている、女性の聖職叙任問題や同性愛カップルの認知問題をめぐって、よりいっそう拡大する危険をはらんでいる。

倫理

正教はその主張をかなりはっきりとまとめた定式、すなわち「神的なものと人間的なものの、分離や混同とは無縁の一体化」にみあった人間の倫理を説いている。家族と男女の倫理にかんするより明確な問題について、正教会はしばしばカトリック教会よりリベラルな態度をとっているように思える。意外なことに、たとえばさまざまな角度から禁欲的な宗派の長たちの声が聞こえたり、コンスタンティノープル総主教のヴァルソロメオス［在位1991-］が指摘しているように、「道徳教育や排斥、仲の良いカップルのあいだに昔なじみの独り者が無遠慮に干渉すること」を非難したりしているのだ。それは「現代人と福音のメッセージとのあいだに割って入ることしかできない」（オリヴィエ・クレマン『真実があなたを自由にする——コンスタンティノープル総主教のとの対話』、1997年より）態度と同じだという。

正教は避妊法の選択をカップルの責任にゆだねている。もしも堕胎をしないよう勧めるなら、指導者たちは、意図的な避妊を最小限の悪として自分に押しつけざるをえないような、極度の困窮状態が当事者に存在していることを認識しなければならない。

一方、離婚についていえば、正教会はそれを決意した夫婦を赦すことができる。ただし、その際は、主教が夫婦のあいだに愛が存在していないことを確認したうえで、結婚を無効にする。離婚した夫婦が単純な祭儀による新たな祝別を受けることは禁じられていない。

さらにエイズの問題では、正教会当局は汎流行（パンデミー）と戦うため、予防の必要性をくりかえし呼びかけている。

エコロジー

「被造物の擁護」という主題は、正教の哲学や精神にきわめて明確にみてとれる。神はみずからがつくりだしたすべての存在、すべてのモノ（事物を含む）のうちに姿を現しているはずである。とすれば、自然や大地は過不足なくこの創造の「しるし」となる。

正教の伝統とコンスタンティノープル総主教の環境への関心は、それゆえきわめて強いものといえる。事実、総主教ヴァルソロメオスはこのテーマをめぐって、毎年、学者やモラリスト、神学者たちを集めて会議を開いている。正教はいわゆる先進国社会に住む少数者の快適さへの欲求を満たすため、地球の自然資源を略奪することを非難してもいる。大量消費礼賛（環境破壊）や効率・生産性至上主義、すなわち人間の精神的・倫理的価値や自然への敬意、さらに地球的規模での富の再配分をそこなってまで、生産に最大の価値を見出すすべての営みを疑問視しているのだ。

キリスト教徒が消費社会に立ち向かう。それは禁欲と自己規制という精神のうちにこそある。正教徒たちにあっては、まさに次のような思いが支配的だともいう。「神によって創造された世界は神の知恵、神の素晴らしさ、神の真理を反映しなければならない」（オリヴィエ・クレマン『希望的記憶』、デスクレ・ド・ブルウェル＝フェヤール社、パリ、2003年）

関連用語解説

[<は語源を示す。「キリスト教関連用語解説」と重複する事項は割愛した]

アトス山修道士 Athonite　アギオン修道士（hagiorite＜ギリシア語hágios「聖なる」＋óros「山」）ともいう。

異教・異端者 Hétérodoxe　非正教徒。

イコン Icône（＜ギリシア語eikóna「神像」）通常は木板上にキリストや神の母などが描かれたイコンをさす。さらに、イコン崇拝はそこに表された人物に向けられる。

永眠 Dormition　殉教しなかった聖人たち、とくに神の母に用いられる語で、その生神女就寝祭は十二大祭のひとつであり、8月15日に祝われる。

悔恨 Componction　神を冒瀆したことへの後悔。

キリスト再臨 Parousie［＜ギリシア語parousía「存在・臨在」＜para＋eînai「ある」］　最後の審判のため、キリストが終末に栄光の帰還をすること。

悔い改め Métanoïa［＜ギリシア語metánoia「後悔」］　悔悛・後悔・回心。

クーポール　→丸天井

皇帝 Basileus［＜ギリシア語basileús「王」］　630年以降のビザンティン皇帝の正式呼称。

暦 Calendrier　正教会では2通りの暦が用いられている。ユリウス暦（旧暦）とグレゴリオ暦（新暦）である。現在、ユリウス暦はグレゴリウス暦より13日遅れている。一部の祭儀は正教会全体でかならずしも同じ日に営まれてはいないが、毎年暦日が変わる復活大祭および復活祭に属するすべての祝祭日は、実際には正教会全体で同日に祝われている。復活大祭主日は、ユリウス暦によって算出された春分後の満月に続く日曜日、つまりユダヤ教の過越祭後の日曜日にくる。それゆえ、正教会の復活祭の暦日は、ローマ教会と同じ日ないし最大5週間の差となる。

自印聖像 Mandylion　キリストの聖顔を描いたイコン［マンディリオンとも。元来は、聖骸衣のように、イエスが奇跡によって布地に自身の顔を写したものとされる。原物は6世紀にトルコのエデッサ（現ウルファ）で見つかり、10世紀にコンスタンティノーブルに移されたが、1204年、第4回十字軍の手でフランスに運ばれ、革命期に消失］。

自治正教会 Autonomie　大主教ないし府主教を首座にいただく東方正教会の教会。ただし、一部の重要な活動については、総主教の認可を受けなければならない。

集住修士 Acémète［字義はギリシア語で「眠らない(者)」］　一部の大修道院に属する修道士で、3グループに分かれ、それぞれ8時間ごとの聖務をになう。

主堂 Catholicon（＜ギリシア語katholikós「普遍的」）大修道院の主堂。

掌院 Archimandrite　修道院長。典院と同義［元来はその上位にあった］。今日では修道司祭に与えられる名誉称号となっている。

正教 Orthodoxe（＜ギリシア語orthodoxéō「正しく考える」）　この呼称は、1054年にローマと分離したが、451年のカルケドン全地公会議の教義になおも忠実な東方教会を意味する。

聖書 Bible（＜ギリシア語biblos「本」）ないしÉcriture（Saintes）　新約聖書はすべてのキリスト教にとって同じだが、正教会で用いられている旧約聖書のテクストは、ギリシア語の古い翻訳、通称「セプトゥアギンタ（七十人訳旧約聖書）」で、これは他の言語にも翻訳されている。

聖像破壊運動（イコノクラスム） Iconoclasme　イコンの禁止と破壊運動。とくに8-9世紀における東方教会内での偶像論争をさす。

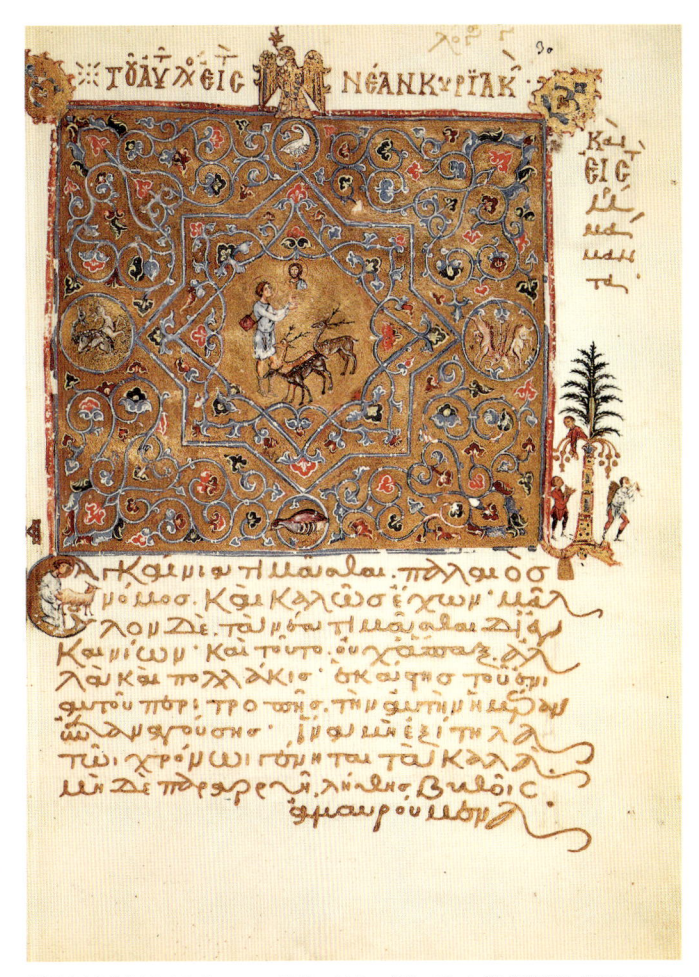

「神学者」と敬称されるナジアンソスの聖グレゴリオス［329-89］の『典礼説教集』細密画（抜粋）、12世紀、フランス国立図書館蔵、パリ。

聖像屏壁・聖像障 Iconostase　教会堂の内陣と身廊をへだてる仕切り壁で、いくつものイコンで飾られている。

聖餅 Prosphore［＜ギリシア語prósphoron「供物」］　祭儀のあいだ用いられる種なしのパン。

全地総主教 Patriarche oecuménique　コンスタンティノーブルの総主教。

総主教 Patriarche　東方のもっとも古い四大独立正教会（コンスタンティノーブル、アレクサンドリア、アンティオキア、エルサレム）や、より新しい四教会（モスクワ、ベオグラード、ブカレスト、ソフィア）における最上位者。

総主教区・座・庁 Patriarcat　総主教の機能。総主教がみずからの聖職を果たす場所・地域。

戴冠 Couronnement　正教会において結婚の機密［婚配機密］をさす語。冠とは、夫婦の一方が相手の冠であることを象徴する。また、正教会の戴冠礼儀の重要な主題である殉教者の冠も意味する。

典院 Higoumène（＜ギリシア語higémeo「導く（者）」）修道院の院長ないし長上者［→掌院］。

典礼年 Année liturgique　キリストと聖母の生涯における重要な出来事を想起し、再現する正教の典礼年は、9月1日に始まる。

東方帰一教会 Uniates　スターリンによって粛清され、強制的にロシア国教会に組み入れられた東方（ギリシア）典礼カトリック教会。

トリプティカ・三連祭壇画 Triptyque（＜ギリシア語triptykhos＜tri「3」＋

ジチャ教会。セルビア。

イアの教会。サントリーニ島（ギリシア）。

ptykhé「折りたたんだ」）両端のパネルが内側に折り曲げられる3枚連のパネルに描かれたイコン。その中央には、しばしば神の母や洗礼者の聖ヨハネに囲まれたパントクラトールとしてのキリスト像がみられる。

パントクラトール Pantocrator ［＜ギリシア語 pant(o)「全能の」＋ kratéō「力が強い」］ 全能かつ万物の主。イコンでは荘厳なキリストとして登場する。キリストは栄光の王座に座り（しばしばその胸と手のみが描かれる）、右手で祝福を与え、左手に、福音書の章句が記された書（閉じられ、あるいは開かれている）を持つ。

丸天井 Coupole 正教の一部の教会堂に乗っている丸屋根（ドーム）。教会堂の身廊の上にある丸天井は、大地をおおう天空を象徴する。5分割された丸天井は、キリストと四福音記者を象徴する［丸天井は内側、丸屋根は外側から見た表現］。

予言者的隠者 Starets ［＜ロシア語 staryj「年老いた」］ 往時のロシアで人々から予言者とみなされた修道士ないし隠修士。

■関連年表

- 325年　第1ニカイア（ニケア）公会議
- 395年　ローマ帝国の東西分裂
- 451年　カルケドン公会議
- 842年　聖画像破壊運動終焉
- 863年　メトディアス（826-85）とキュリロス（827-69）兄弟による、スラヴ人とロシア人への宣教開始
- 963年　アトス山最初の修道院建立
- 988年　キエフ大公ウラジーミル受洗。ロシアのキリスト教化
- 1054年　ローマ教会と東方教会の分離。後者から正教会の誕生
- 1204年　第4回十字軍によるコンスタンティノープル劫略
- 1261年　東ローマ皇帝ミカエル8世パレオロゴス（在位1261-82）、コンスタンティノープルのラテン帝国を破壊して東ローマ（ビザンティン）帝国を再興し、帝国最後の王朝パレオロゴス朝の初代皇帝となる
- 1431-43年　バーゼル（1431-37年）、フェラーラ（1437-39年）、フィレンツェ（1439-42年）の公会議、ローマ教会と東方教会の統一はかる
- 1453年　オスマン帝国軍によるコンスタンティノープル制圧。東ローマ帝国の旧首都、イスタンブールと改称。以後、コンスタンティノープル（コンスタンティノポリス）の名称は、1923年にトルコの首都がアンカラに移されるまで、オスマン帝国の本拠地をさす地名として国際的に用いられるようになる
- 1964年　エルサレムで、コンスタンティノープル全地総主教・正教会名誉首座のアテナゴラスと、ローマ教皇パウロ6世との歴史的な会談

■参考文献

Catéchèse orthodoxe, *Vocabulaire théologique orthodoxe*, Le Cerf, Paris, 1985（『正教要理『正教神学語彙集』、ル・セール社、パリ、1985年）

Catéchèse orthodoxe, *Les Fêtes et la vie de Jésus-Christ, I. L'incarnation, II. La Ressurection*, Le Cerf, Paris, 1985 & 89（『正教要理『祝祭とイエス・キリストの生涯』I.「受肉」、II.「復活」、ル・セール社、パリ、1985・89年）

CLÉMENT, Olivier, *L' Église orthodoxe*, Collection «Que sais-je?», P.U.F., Paris, 1991（オリヴィエ・クレモン『東方正教会』、クセジュ文庫、冷牟田修二・白石治朗共訳、白水社、1977年）

Id., *La vérité vous rendre libre, Entretiens avec le Patriarche oecuménique Barthoméel^{er}*, Desclée de Brouwer-Lattés, Paris, 1996（同『真実があなたを自由にする──バルトロメ1世総大主教との対話』、デスクレ・ド・ブルウェル社、パリ、1996年）

Id., *Mémoire d'espérance: Eutretiens avec Jean-Claude Noyer*, Desclée de Brouwer, Paris, 2003（同『希望の記憶──ジャン＝クロード・ニワイエとの対話』、デスクレ・ド・ブルウェル社、パリ、2003年）

DENIS, Guillaume, *Le Spoutnik, nouveau Synecdimos*, Apostolique, Parme, 1997（ギョーム・ドゥニ『スプートニク、新しい同行者』、アポステリック社、パルマ、1997年）

MEYENDORF, Jean, *L'Église orthodoxe hier et aujourd'hui*, Le Seuil, Paris, 2001（ジャン・メイェンドルフ『正教会今昔』、ル・スイユ社、パリ、1969/2001年）

THUAL, François, *Le Douaire de Byzance: territoire et identité d'l' Orthodoxie*, Ellipses, 1998（フランソワ・テュアル『ビザンティンの寡婦資産──正教の領土とアイデンティティ』、エリプス社、パリ、1998年）

Mille ans de Christianisme en Russie : 988-1988, Acte du Colloque international de l'Université de Nanterre, Paris, 1998（『ロシアのキリスト教1000年史──988-1988年』、ナンテール大学国際会議録、パリ、1998年）

TOURAILLE, Jacques, *Philocalie des pères neptiques*, trad. Desclée de Brouwer, Paris, 1995（ジャック・トゥライユ『師父たちのフィロカリア』、仏訳［原著ギリシア語、原著者聖ニコデモス（1749-1809）］、デスクレ・ド・ブルウェル社、パリ、1995年）

«Unités des Chretiens»: L' Église orthodoxe aujourd'hui 1980, Les anciennes Églises orientales 1988, Les Églises du Patri-arcat d'Antioche 2000, Desclée de Brouwer / Lattes, Paris, 1995（『ユニテ・デ・クレティアン』誌特集号──「今日の正教会」1980年、「往時の東方教会」1988年、「アンティオキア総主教教会」2000年、デスクレ・ド・ブルウェル／ラット社、パリ）

次ページ：正教会修道士。

キリストとコンスタンティヌス9世。ビザンティン様式のモザイク、ハギア・ソフィア大聖堂、イスタンブール。

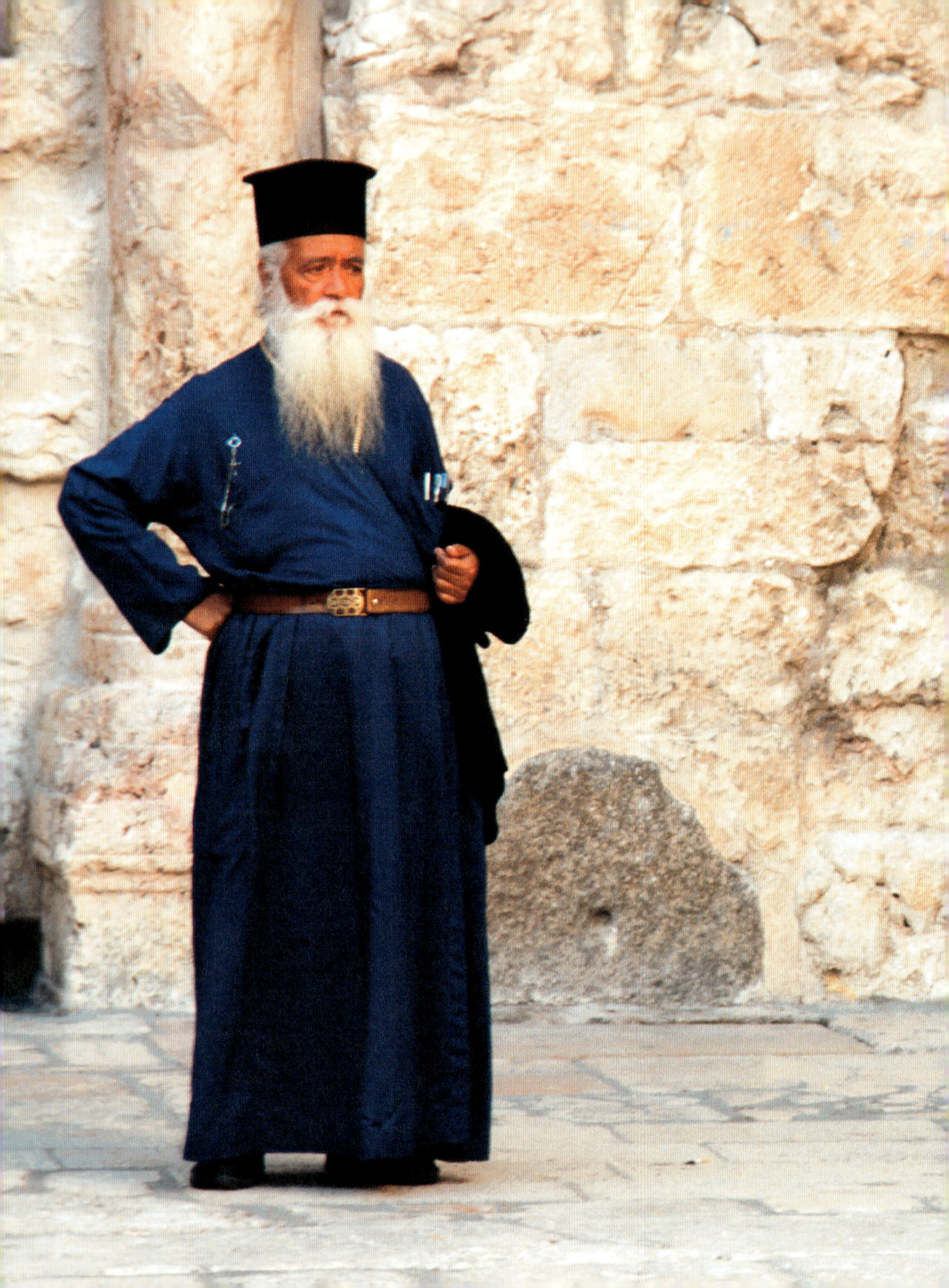

カトリック

ドミニク・シヴォ

次ページ：ロマネスク建築は中世ヨーロッパの政策に具体的にかかわった。ロマネスク様式の身廊部穹窿(ヴォールト)は、12世紀以降、素晴らしい壁画でおおわれるようになった。写真はサン・セルヴァン・シュル・ガルタンプ教会。ヴィエンヌ（フランス）。

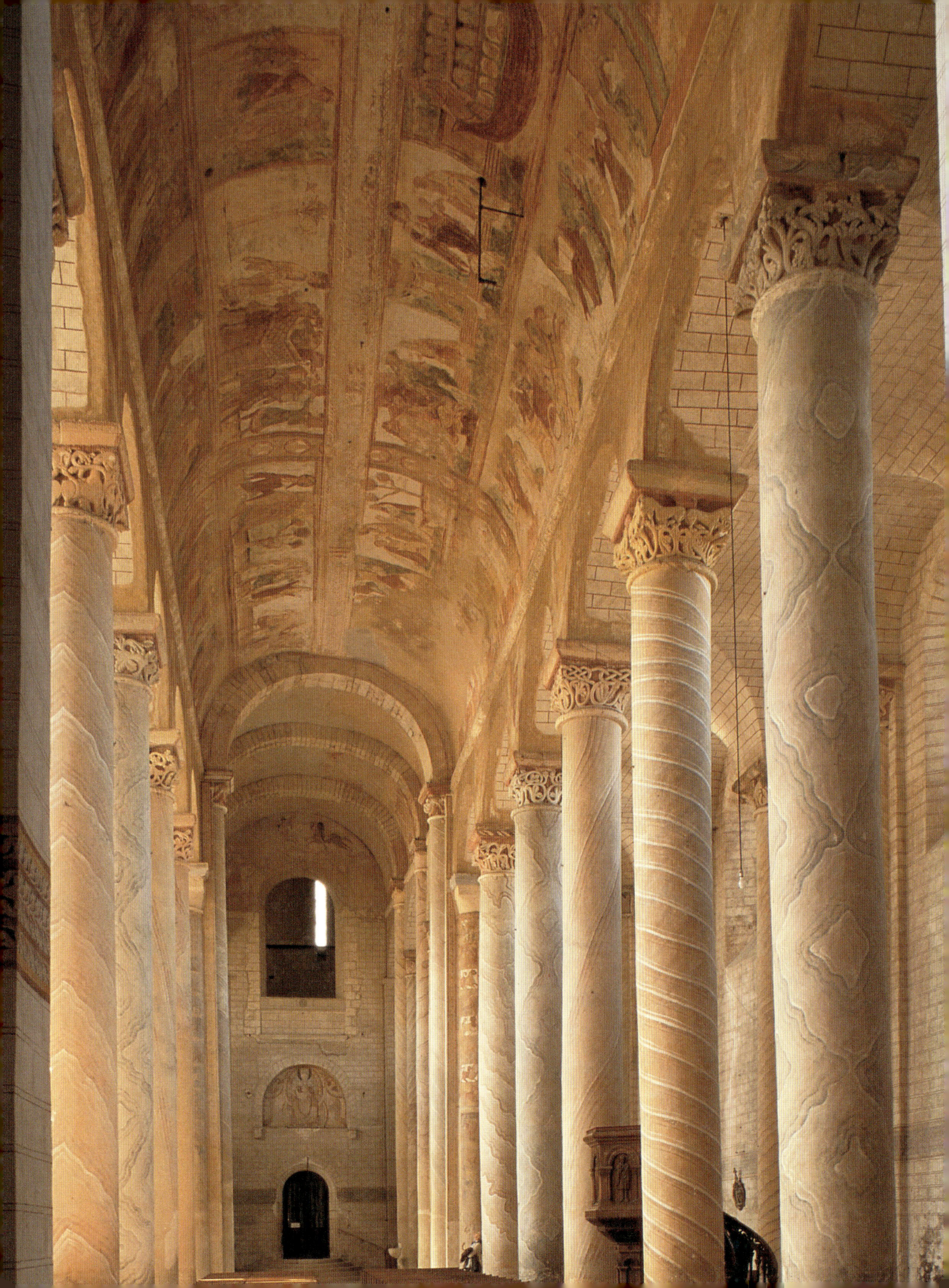

第1部　一神教

歴　史
世俗権力の長い苦悶

　紀元1千年紀のあいだ、キリストによって告げられた教会は地中海低地地方に定着した。それはローマを中心に組織されたが、やがて帝国の昔からの首都と新首都、つまりローマとコンスタンティノープルの対立が亀裂を生み出すまでになる。以後、だれがキリスト教徒共同体の「正統」を体現するようになるのか。だれが唯一正統な基準を自称することができるようになるのか。論争はやむことなく続いた。カトリックとは普遍の意味だが、今日この呼称はなによりもまずキリスト教の基本的構成要素を指ししめし、その歴史は1054年7月16日、すなわち何世紀にもおよぶ政治的誤解や神学上の論争のあとで、東方教会と完全に分離したときに始まる。

　しだいに顕著になっていくローマの中央集権制が主張した教皇の首座権は、これに疑いの目を向けた東方教会の合議制にとっては座視できないものだった。そんな双方の溝は、1204年の十字軍とコンスタンティノープルの劫略によって拡大していく。13世紀から14世紀にかけて、いく度となく和解の試みはなされたものの、真の関係改善が話しあわれるようになるには、前述したように、1965年のローマ教皇パウロ6世とコンスタンティノープル全地総主教アテナゴラスとの会談と、相互破門の解消まで待たなければならなかった。

君主対教皇

　東西両世界の裂け目。しかしそれは、キリスト教がヨーロッパに決定的な形でその影響力を確立するのを妨げるものではなかった。たとえば中世とルネサンス期のローマでは、カトリックが政治的・文化的・精神的な光を放っていた。カトリックはゆるぎない権威を手に入れていたのだ。支配者である王侯に対してみずからの自治権を示し、明白なあるいは強大なすべての異端に対し、その正統性を強化したからである。

　教皇と君主との対立は、やがて西方世界でなおももっとも古い組織としてあった存在の弱さとたくましさを同時につくり上げていくようになる。

　教会の世俗的な権力は、実際のところ、8-9世紀の教皇領の拡大につれて形作られていった。だが、司教や修道院長を任命する皇帝ないし国王によってひんぱんにそこなわれていた、教皇の権威を強くしなければならない。そこで教皇グレゴリウス7世（在位1073-85）は、現世のさまざまな紆余曲折によってすでに方向を見失っていた教会の改革をみずからに課すのだった。そして12-13世紀、教皇権は神聖ローマ帝国とくりかえし対立しつつ、みずからの霊的領地を示すようになる。こうした一見神政政治にも似た教皇君主制をもっともよく体現したのが、インノケンティウス4世（在位1243-53）だった。

　やがてローマ教会の中枢政体が形を整え、教皇庁が誕生する。ローマ・カトリックは徐々に教義を明確にしながら、中世社会を変えていった。近親相姦や一夫多妻を断罪し、聖職者の堕落や聖職売買、さらに聖職者の結婚をも非難した。大学の精神をみずからの枠にはめようともした。そして異端に対しては、最初期の軍隊を送りこみもした。たとえば1198年、時の教皇インノケンティウス3世［在位1198-1216］は、フランス南西部のカタリ派と戦うため、ドミニコ会修道士たちの十字軍を祝別している［カタリ派の撲滅を狙いたいわゆる「アルビジョア十字軍」がフランス王の呼びかけで組織されたのは、1209年である］。

✦「聖痕をいただく聖フランチェスコ」、ジョット・ディ・ボンドーネ（1266-1337）、祭壇画のプレデルラ、ルーヴル美術館蔵、パリ。1198年から1216年まで教皇だったインノケンティウス3世は、はじめ隠修士だったが、やがてその信仰を広めるために旅に出た聖フランチェスコの生き方を認めた。この聖人には「兄弟」たちが合流した。完全な貧者として生きた彼らは何ひとつ所有せず、働き、物ごいをして暮らした。

キリスト教の中世は、大聖堂や最初の修道会（フランシスコ、ドミニコ）、十字軍、精神的高揚といった、きわだった特徴を有している。聖職者の堕落や既存の教会の批判されるべき行いに抗して修道生活が発達し、その影響力を拡大していった。

カトリックは12世紀から13世紀にかけてもっとも栄えたが、14、15世紀にはいく度となく危機を迎え、そのつけを16世紀の宗教改革という大分裂で支払うことになる。サン・ピエトロ大聖堂のかたわらに建てられたヴァチカン宮殿は、14世紀にラテラノ宮殿を離れた教皇たちの本拠となった［1377年に教皇が「アヴィニョンの捕囚」から戻ってから。なお、ラテラノ宮は1307年と61年の大火のため、荒廃していた］。一方、教皇庁はつねにローマにあったわけではない。とくに夏季はイタリア国内のいくつかの町に移動し、やがて1308年から77年までは、アヴィニョンの教皇宮殿に置かれた。この70年におよぶアヴィニョンの捕囚期間のおかげで、教皇権はローマのごたごたや歴代神聖ローマ皇帝から守られた。だが、フランス王権のもとに置かれることにもなり、その結果、教会はテンプル（聖堂）騎士団の解体を受けいれざるをえなくなった。

グレゴリウス11世［在位1370-78］のアヴィニョンからローマへの凱旋的な帰還は、しかし風景をさほど浄化するものではなかった。百年戦争［1357-1453年。フランス王国の王位継承をめぐるヴァロワ朝フランス王国と、プランタジネット朝＝ランカスター朝イングランド王国の戦い］によって生み出された不安定な状況のもとで、諸王国は高位聖職者たちを奪いあった。こうして1378年から1417年にかけて、2人、さらに3人の対立教皇が、それぞれローマとアヴィニョンとピサ［1409年から］に立つという波乱含みの共存によって、西方教会大分裂がひき起こされる［この大分裂は1414-18年のコンスタンツ公会議で解消され、マルティヌス5世が統一教皇として選ばれる（在位1417-31）］。

ローマ教会の豪奢さから反宗教改革まで

15-16世紀に栄えた教皇領の中心で、歴代教皇たちは文化や芸術の庇護によってキリスト教信仰を示そうとした。その一例が、ミケランジェロがシスティーナ礼拝堂［1481年建立］に描いたフレスコ画である［ユリウス2世の依頼を受けたミケランジェロは、1508年から12年にかけて、この礼拝堂の天井に壮大な「創世記」を描いている］。さらに教皇ニコラウス5世（在位1447-55）は、各地から学者たちを呼び寄せ、ヴァチカン図書館を開設している。ユリウス2世（在位1503-13）はサン・ピエトロ大聖堂の改築を命じ、まずドナト・ブラマンテ［1444-1514。イタリアの盛期ルネサンスの代表的建築家］が、そして彼の死後はラファエロが、さらにミケランジェロがそれを請け負った。のちにはジャン・ロレンツォ・ベルニーニ［1598-1680］もこの事業にまねかれた。

だが、教皇インノケンティウス8世［在位1484-92。魔女狩りや異端審問を激化させる一方、縁者を登用し、聖職売買で私腹を肥やした］とアレクサンデル6世［1492-1503。ロドリーゴ・ボルジアとして知られる。買収によって教皇座を射止めたという。ラファエロやミケランジェロらの芸術家を庇護する反面、批判者には厳しくのぞみ、サボナローラを弾圧・処刑した］はぜいたくと腐敗を享受した。ロレンツォ・デ・メディチ、通称「ロレンツォ・イル・マニーフィコ」［字義は「ロレンツォ豪華王」］の、社交好きで洗練された息子レオ10世（教皇在位1513-21）は使用人を600人以上召しかかえて、ローマを「世界でもっとも輝かしい宮廷」にした。ユリウス2世とレオ10世は、贖宥状を巡礼者たちに頒布することで、戦費を捻出しよ

◆ 1245年にリヨンで最初に開かれた、第13公会議のローマ教皇、枢機卿、司教（主教）たち。写本装飾、フランス国立図書館蔵、パリ。神聖ローマ皇帝フリードリヒ2世［在位1215-50］は、教皇インノケンティウス4世の命で、2度破門の憂き目にあっている。皇帝が第6回十字軍を呼びかけたときは、まだ破門の身であった。

うとした。この軽挙が、やがてマルティン・ルター［1483-1546］という火薬に火をつけることになる。

ヴァチカン宮殿はまたあらゆる過剰の宮殿でもあった。ローマの大貴族たちはそこからの利益を分けあい、あるいはわが物にしようと争った。庶子が枢機卿に出世し、司教が商売に明けくれ、教皇が君主に退位させられ、あるいは追放された。たとえばマキャヴェッリ［1469-1527］は、アレクサンデル6世の庶子チェザーレ・ボルジア［1475-1502］のうちに理想的な君主像をみてとり、そこから『君主論』［1513/14年］の着想を得ている。

さらに驚くべきことに、16世紀には、教会内でのこうした誤った方向に反対する声が、2通りあがってもいるのだ。ひとつは前述したマルティン・ルターの声、もうひとつはフランス人説教者のジャン・カルヴァン［1509-64］の声である。ルター派とカルヴァン派が強力におしすすめた宗教改革の炎に抗して、ヴァチカンは迎え火を灯さなければならなかった。こうしてトリレント公会議が開かれる。1545年から63年にかけてのこの公会議で、カトリック教会はその教義を明確にし、規律をふたたび引き締めて立ちなおった［これを対抗改革という］。

第1部　一神教

◆「宗教の勝利」、制作者不明の彩色版画。ピウス7世と聖職者たちが不幸な者たちや道に迷った者たちをその恵みの光で照らし、彼らを使徒相承のローマ・カトリックに導くよう、聖霊に祈りを捧げている。

16世紀末、教皇ピウス5世［在位1566-72。教皇首位権を主張してプロテスタントと戦い、エリザベス1世を破門した］とクレメンス8世［在位1592-1605。フランス王アンリ4世の破門を解き、ユグノー戦争で対立していたフランスとスペインの和解に尽力するなど手腕を発揮する一方、1600年には地動説を擁護したジョルダーノ・ブルーノ（後出）を火刑に処した］によって、教皇権はきわめて強大な倫理的・宗教的権威を手にする。しかし、すでにローマの衰退は始まっていた。クリストファー・コロンブス（クリストーフォロ・コロンボ）［1451頃-1506］やヴァスコ・ダ・ガマ［1469頃-1524］、フェルデナン・マゼラン［1480頃-1521］といった航海者たちの偉大な発見が、新しい宣教空間を開拓した。まずはアメリカ大陸、ついでアジア、そしてアフリカである。だが、カトリック宣教は多様かつ困難な状況と向きあうことになる。たとえば中国やインドでの祭式にかんする論争は、地中海という揺籃の地以外のことについて、教会がほとんど無知であるという問題を明るみに出した。土着文化にはたしていかなる譲歩をなすべきか。結論が出ないまま、ラテンアメリカではイエズス会士たちが民主的な教育を試みた。だが、彼らはローマから懲戒処分にあっている。

一方、フランスでは、不安定な政治によって、宗教対立が助長されていた。すなわち、ほぼ40年ものあいだ、ギーズ公家を盟主とするカトリック同盟と、ブルボン王家が導いていたユグノー勢力とのあいだで、断続的な争いがなされていた。この宗教戦争は、もっとも血なまぐさい記憶を残した。1572年8月24日、サン・バルテルミの日のプロテスタント（ユグノー）大虐殺である。そして1598年、宗教の自由を認めたナントの勅令が出されるが、それからおよそ1世紀後［1685年］、この勅令はルイ14世によって廃される［フォンテヌブローの勅令］。

17世紀にはまた、偉大な思想家たちがトリエントで生まれたカトリックの高揚の犠牲になってもいる。たとえばドミニコ会の哲学者ジョルダーノ・ブルーノ（1548生）が、ローマのカンポ・ディ・フィオリで生きながら火刑にあった。さらに、天文・物理学者で哲学者でもあったガリレイが地動説を唱えて断罪され、1663年に自説を放棄している。すでに1542年、教皇パウルス3世［在位1534-49。トリエント公会議の主導者］は、ローマ教皇庁に、教会内のプロテスタント派を一掃する異端審問機関、すなわち検邪聖省を設けていた。当時、教会は科学的な精神とは無縁のものだった。理神論ないし懐疑論の哲学者や思想家たちに地歩を確保させる理由も値打ちもない、というのだ。

1789年の会えずに終わった待ちあわせ（ランデーヴ）

18世紀、フランスではいくつもの新しい思想が騒々しいまでに声をあげる。その責任を感じることがなかった教会は、世俗世界、つまり民主政の世界との最初の待ちあわせに失敗する。教皇ベネディクトゥス14世（在位1740-58）は、いわゆる百科全書派に開放的な態度を示したが、1748年に刊行されたモンテスキュー［1689-

---

グレゴリウス7世と「聖職者叙任権闘争」　いわゆるグレゴリウス改革の立役者である教皇グレゴリウス7世（在位1073-85）は、ローマの指揮のもとで真にキリスト教的な社会を再編しようとした試みによって、教皇権の歴史にその名を刻んでいる。

彼の改革はまず精神的なものだった。すなわち、聖職をやりとりする聖職売買と聖職者たちを堕落させるすべての賄賂ないし封建制に対して戦ったのである。もうひとつの改革は制度的なもので、彼は教皇権を本格的な神政君主制に仕立て上げようとした。さらに彼は、司教たちをいっさいの後見ないし監視から解き放って、彼らに対するみずからの権威をとりもどそうともした。そのため、神聖ローマ皇帝のハインリヒ4世［在位1084-1105］に立ち向かわなければならなかった。彼らは互いに相手の優越性を認めようとはしなかった。当時、両者のあいだに権力の現実的な住み分けがなかったためで、封建体制全体は叙任権に基盤を置いていた。君主が家臣に封土を託すのとまったく同様に、司教や修道院長たちもまぎれもない領主となった。

1076年、ハインリヒ4世はグレゴリウス7世を退位させようとした［皇帝が教皇の意志に反して子飼いの司祭を対立司教に叙任したため、教皇からの反発をかっていた］。これに対し、教皇は皇帝の破門をもって応酬した。孤立した皇帝は、最終的に教皇の慈悲を乞うようになる。だが、休戦は長続きしなかった。ふたたび破門された皇帝は、1080年に対立教皇を選び、83年、ローマを侵攻する［イタリア侵攻は1081年から］。これにより、教皇はサン・タンジェロ城に幽閉されるが、ノルマン人のロベルト・イル・グイスカルド［1015頃-85。神聖ローマ帝国の支配をもくろみ、のちに中世シチリア王国を建設する］によって救出される。そしてロベルトはそれをよいことに、ローマを略奪するのだった。

叙任権闘争は妥協によって終結する。1122年のヴォルムス協約である［聖職の叙任権は教皇、教会の世俗的な土地や財産は国王が授けることをとりきめた］。しかし、それからの数世紀は、同様の争いがひんぱんに起きた。こうした争いが実際に終わりを迎えるには、政治権力がコンクラーヴェ（教皇選出会議）に対する拒否権を放棄する20世紀まで待たなければならなかった。

十字軍

12世紀初頭。それは失地回復の機運がみなぎっていた時代だった。ヨーロッパ大陸のほぼ全域での異端問題、スペインにおけるモーロ人の進攻、そしてとくに東方では、オスマン帝国の侵略を阻止し、5世紀ものあいだ「不信心者たち」に占拠されていた聖地を解放する。まさにこれが当時の空気だった。

こうした状況にあって、教皇ウルバヌス2世［在位1088-99］は1095年のクレルモン教会会議で第1回十字軍の派遣を提唱する。翌年、隠者ピエール［1115没］の呼びかけにこたえて本隊より先に出発した民衆十字軍は悲惨な運命をたどったが、フランスの貴族たちを主体とする第1回十字軍は、1099年にエルサレムを奪回し、ゴドフロア・ド・ブイヨンはそこに十字軍の王国を建てた［ゴドフロア（1060-1100）は初代の聖墓守護者となり、死後、武勲詩に英雄として登場する］。

これ以後、十字軍は、トルコ軍によるアクル［アッカー、アコントとも。パレスティナ北部］の陥落が、聖地におけるラテン支配の最後を告げた1291年まで、世紀をまたいで7回派遣されている［1271-72年の十字軍を第9回目とする説もある］。だが、所期の目的を達成したのは第1回十字軍だけだった。最初のうち、十字軍は宗教的な動機を前面に押し出していた。だが、冒険と金儲けへの志向、戦士的な熱情、さらに政治的な野心などが、当初の精神性をしのいでいった。教皇は十字軍参加者に贖宥状を与え、命を投げ出した者には報酬として永遠の生を約束した。第2回十字軍［1147-48］を説いたクレルヴォーの聖ベルナルドゥス（ベルナール）［1090-1153］は、その参加者たちに対し、キリストのために今度は自分が命を捧げるべきだと呼びかけたという。

だが、1204年にビザンティン帝国の首都コンスタンティノープルを奪回した者たちは、略奪と住民虐殺をほしいままにし、もはや本来の理想とは無縁となっていた。この第4回十字軍はローマと正教世界の関係に、消えることのない悲劇の傷跡を残した。こうした聖戦は、以後長きにわたって、キリスト教西方と東方とのあいだの関係を特徴づけることにな

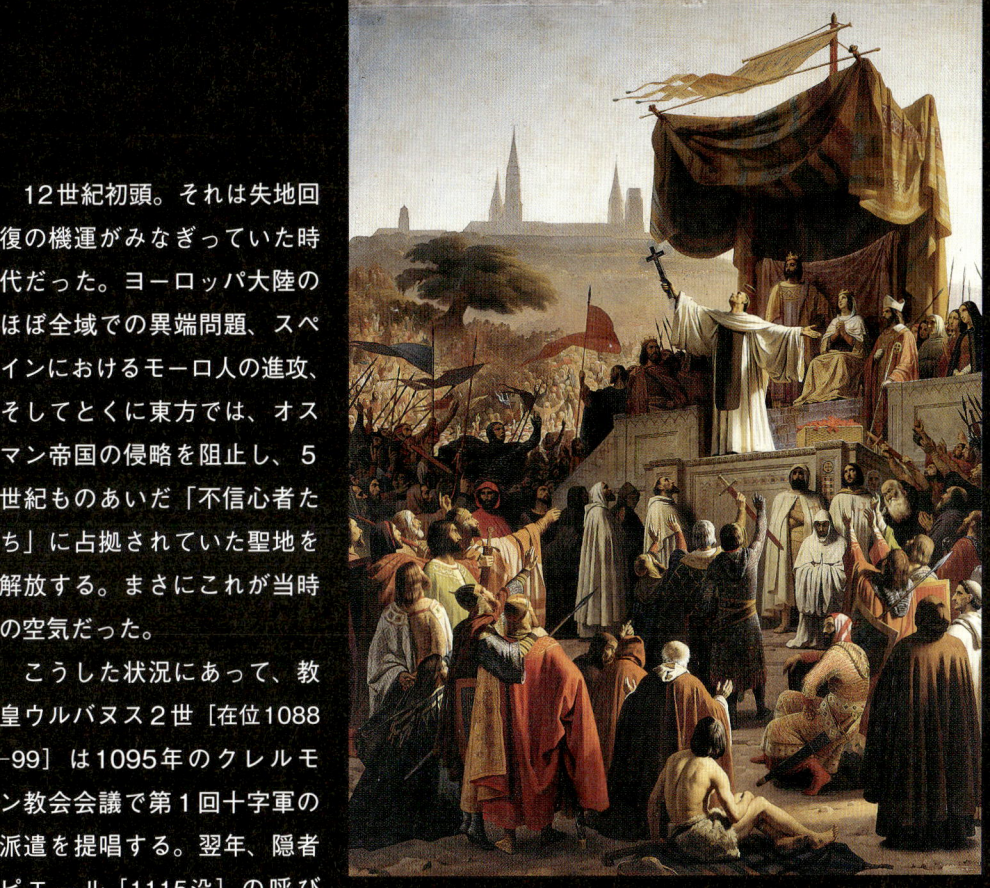

◆モーロ人の進攻に対する失地回復の機運が高まっていた1146年3月31日、フランス中東部ブルゴーニュ地方のヴェズレーで第2回十字軍派遣を呼びかける説教。クレルヴォー修道院長と国王ルイ7世［在位1137-80］、さらに彼の廷臣たちが、群衆を鼓舞してくれるであろう聖ベルナルドゥスの言葉を待っているところ。エミール・シニョル（1804-92）の油彩画、ヴェルサイユ城国立美術館蔵。

クリュニーと修道院の再生

　10、11世紀のヨーロッパを特徴づける精神の再生は、まず修道院内で具体化した。この活力によって、聖職者たちの逸脱や組織の動揺に対する答えがつくられた。ブルゴーニュ地方のクリュニー大修道院は、そのもっとも完璧な事例である。910年［ないし909年］の創建以来、同修道院は聖ベネディクト［ヌルシアの聖ベネディクトゥス（480-547)。ベネディクト会の創設者］の会則にもりこまれた、精神と祈りがもつ真の生命に帰ることを金科玉条としていた。

　クリュニーは教皇に直接属していたため、大きな自立性を享受していた。その輝きは、修道士たちの多さや多様な方面からの新たな寄金、さらに歴代の修道院長たちや、同修道会出身の司教や教皇たちの重要さなどから容易にうかがい知ることができる。まさにクリュニーとは、当時の精神性や、「神の休戦」［特定日の戦闘禁止を教会が定めた］の命令権や騎士を有していた中世キリスト教社会、さらにロマネスク芸術の黄金時代文化の縮図そのものであった。革命で破壊された付属教会は、ローマにサン・ピエトロ大聖堂が建立［1612年］されるまで、もっとも大きな建物だった。

　12世紀ともなれば、こうした修道院の発展は、カルトジオ会やシトー会の創設もあって多様化していく。フランス中北部シャンパーニュ地方のシトーでは、聖ベルナルドゥスが禁欲的な会則への回帰をうながした。彼はまた、1112年にディジョン近郊のクレルヴォーにもうひとつの大修道院を創建し、これもまたすみやかに輝きを示すようになる。どこか神秘的でありながら、きわめて活動的だった聖ベルナルドゥスは、この時代を代表する人物のひとりである。そんな彼は改革者であり、説教者、霊的指導者、神学者、そして君主たちの諮問官でもあった。

　11世紀末には、じつに1200ものクリュニー系の大修道院がヨーロッパ各地（フランス、スペイン、イタリア、イングランド、ドイツ、スイス）で花開いた。これに対し、シトー会系の大修道院は、12世紀末には700近くを数えた。

◆981年に献堂されたクリュニー大聖堂は、修道院を小ローマ化したペトロとパウロのものとされる聖遺物をおさめていたという。クリュニーにかんする歴史・典礼集の細密画、サン・マルタン・デ・シャン教会、1190年頃、フランス国立図書館蔵、パリ。

1755］の『法の精神』は断罪した。そして革命。それは堅固な王政を中心として築かれていた秩序と同時に、はっきりと目にも見えていた教会の特権すらも、さながら津波のように奪い去った。これは教皇の世俗的権力に対する、最初の決定的な攻撃だった。そしてこの攻撃は教会と新たな時代のあいだに裂け目をつくった。

とはいえ、共和派の理念は、一部ではあるものの、キリスト教的価値観から着想を得ている。しかし、ピウス6世（在位1775-99）は啓蒙思想家や近代性を「悪魔のしわざ」だと非難した。彼はまた、1789年の人権宣言や聖職民事基本法［1790年］にも反対した。この基本法への宣誓を拒否した司祭たちに対する迫害によって緊張が高まり、それはナポレオン・ボナパルトが登場しても鎮まることがなかった。こうして1798年、ナポレオン軍はローマに入り、ローマ共和国を宣言する。教皇の座からひきずりおろされたピウス6世はトスカーナ地方に、ついでフランス南部のヴァランス城に移され、翌1799年、そこで没する。

ピウス7世［在位1800-23］は開放的なベネディクト会士で、ディドロたちの通称『百科全書』を予約してもいる。ローマ共和国の崩壊後にヴァチカンに戻り、1801年、フランスと政教協約を結んだ。彼はまた、1804年12月2日に営まれた皇帝ナポレオンの戴冠式に招かれた。しかし、飽くことを知らないこの「新しいシャルルマーニュ」は、1809年に教皇領をフランスに併合し、教皇をリグリア地方［イタリア北部のサヴォナ］に、さらにパリ南方のフォンテヌブローに移した。やがてナポレオン帝国が瓦解したのち、ピウス7世は華々しくローマに戻る。1814年5月のことだった。

ピウスはその名声によって、ペトロの後継者という特権を回復する。だが、教皇権は新しい思想との激しい議論に終止符を打てなかった。たしかにナポレオン失脚後のフランスにおける復古王政によって、カトリックの名誉回復こそ促されたものの、教皇グレゴリウス16世（在位1831-46）は共和主義的思想との和解をこばみ、カトリック自由主義者の司祭で作家・哲学者でもあったフェリシテ・R・ド・ラムネ［1782-1854］が1830年に創刊した、日刊紙「アヴニール」を断罪する［これにより、ラムネは破門される］。やがて世界中で宣教活動が回復したのを確認すると、彼は福音宣教に大胆かつ明確な眼差しを向けるようになる。土着の聖職者の起用を拡大し、黒人奴隷売買を非難したのである。

さらに教皇ピウス9世（在位1846-78）は、多くの教皇にならって、政治的な知性と教義上の非妥協とをないまぜにした。その本音はみずからが公布した勅書「誤謬表」［1864年発布］にあり、そこで彼は80の命題を近代の誤りとして告発した。とりわけ槍玉に

◆ヨハネ23世（在位1958-63）の肖像写真。とくにカトリック教会とユダヤ人との和解を模索した新しいエキュメニズムの唱道者だった彼は、教皇職のありかたも一新した。

「教会の長女」 最初の殉教者たち——たとえば177年にリヨンで殉教した聖女ブランディヌや聖ポタン［リヨンの初代司教］——のことを忘れてはいないはずだが、伝承によれば、フランスにおけるキリスト教の起源は、496年にフランス北部ランスで行われた初代フランク国王クローヴィス［在位481-511］の受洗にまでさかのぼるという。以後、何世紀にもわたって、フランスはヨーロッパの主たるキリスト教国としてあった。1638年、国王ルイ13世［在位1610-43。父王アンリ4世の暗殺後、母妃マリ・ド・メディシスを摂政として幼くして王位につく。長じて母を失脚させ、枢機卿リシュリューを登用して絶対王政の確立につとめた。その治世のひとつに、国内のユグノー弾圧がある］は、王国を聖母マリアに捧げ、毎年8月15日［聖母被昇天の祝日］、すべての村で聖母に感謝するための宗教行列を行うことを定めた。

フランスの歴代国王や皇帝は、枢機卿や司教を諮問官として、ときに教皇を生み出し、ときにこれを武力で圧倒した。さらに、教皇領の境界を定めもした。12世紀の肥満王ルイ6世［在位1108-37］以来、「教会の長女」と呼ばれるようになったフランスは、14人のローマ教皇を生み、14世紀には、そのうちの8人をアヴィニョンに住まわせた［アヴィニョンの捕囚］。フランスの宗教的な偉人群像は、多くの聖人や殉教者、神学者、説教者、作家たちに彩られているが、その一方で、この国は数多くの宗教結社や異端、分離ないし宗教戦争の発祥地でもあった。世界でもっとも豪壮な宗教施設やもっとも訪問者の多い聖所もいくつか有している。大部分のカトリック王国と同様、フランスはまたしばしば教皇権に対してその自治を守ろうともした。いわゆるガリカニスム（ガリア主義、フランス教会独立強化主義）がそれで、この動きはつねにローマとの関係をこじれさせた。とくにルイ14世の時代、ついで19世紀がそうだった。革命後、そうしたフランスと教皇庁との関係は重大な混乱をいくど経ているが、共和主義的理念と教会との分裂は血なまぐさい事態をまねいた。たとえばヴァンデの反乱［1793-1801年。西部ヴァンデ地方の農民たちが「カトリック王党軍」を名のって、革命政権による聖職者抑圧や国王処刑、増税などに反対して立ちあがった反乱］や、パリ・コミューン［フランス・プロイセン戦争の敗戦処理に反対した民衆が、1871年3月から5月にかけてパリで立ちあげた革命政権。義務教育の無償化や女性参政権の実現、政教分離などを唱えたが、ヴェルサイユにのがれた共和国政府軍により鎮圧される］などだが、これらの騒乱は、ナポレオンの政教協約や復古王政などの小康状態と交互に生じた。そして1905年、教会と国家は最終的に分離する。これにより、フランスと教皇庁との関係は崩壊し、それが回復されるのは1925年のことだった。今日、フランス共和国は政教分離を堅持しつつ、国家と教会の関係がどうあるべきかにかんして、個性的だが落ち着いたモデルを提供している。

◆教皇パウロ6世［在位1963-78］と一緒の枢機卿カロル・ユゼフ・ヴォイティワ、のちの教皇ヨハネ・パウロ2世［在位1978-2005］、1974年4月4日。

あげられたのが、社会・共産主義や自由主義、国家主義、宗教的無関心（無差別）主義だった［ほかに秘密結社や合理主義、宗教拡大主義など］。一方、建て前としては、とくにローマの中央集権化をおしすすめ、霊的権力を強化した。1870年、彼は第1ヴァチカン公会議を召集するが、それは教皇絶対主義に新たな教義をつけくわえることになる。**教皇不可謬説**である。

前述したように、1789年、教会は共和体制と衝突した。18世紀の教会は、社会の新たな構成要素である労働者階級の台頭を過小評価してもいた。この時代、教皇たちは経済的・社会的進展に適応しようと、硬軟とり混ぜた試みを行うが、それらはいかにも不器用なものだった。彼らは慈善観に固執し、あるいはキリスト教世界の衰退を防ぐことだけに腐心した。しかし、教皇レオ13世（在位1878-1903）は前任者たちがとりつづけた妥協を許さぬ姿勢を和らげ、産業革命の陰の部分に関心をはらいつつ、1891年に出したその回勅「レールム・ノヴァールム（新しい事柄について）」において、労働者たちに対する搾取を非難した。さらに時代との対話を回復するため、フランス人に共和制を支持するよう呼びかけてもいる。

レオ13世の後任となった教皇ピウス10世（在位1903-14）は、敬虔さと教義的厳格さの持ち主で、典礼におけるグレゴリオ聖歌の復活を定め、新しい教会法の制定に着手している。だが、彼は聖書解釈の更新と始まったばかりのエキュメニスム、つまり世界教会一致運動を認めなかった。また、聖職者たちに近代主義に反対する宣誓を強要し、民主主義を危険なものと断じた。次のベネディクトゥス15世（在位1914-22）は、キリスト教民主党の前身であるイタリア人民党の創設を認可し［カトリックの政治的組織化をはかったこの政党は1919年に創設され、教育の自由化や地方分権などを党是とした］、植民地主義からより遠ざかった新たな宣教活動をうながした。また、第1次世界大戦の「無用な虐殺」を避けようとし、負傷兵の救済や捕虜の交換事業に邁進した。

アクション・カトリック（カトリック・アクション）の発展を支えた教皇ピウス11世（在位1922-39） アクション・カトリックという運動全体は、一般信徒たちをとおして、非宗教的な社会にキリスト教精神を浸透させることを目的としていた。こうして20世紀初頭には、イギリスでボーイスカウト運動が誕生し、1925年には、ベルギーでキリスト教青年労働者同盟が結成されている。以後、同様の結社があいついで組織されていくが、この運動は第2次世界大戦後の数年間に、その最盛期を迎えることになる。

ナチズムと共産主義に抗して

20世紀の教皇は、人間の尊厳をそこなう2通りのイデオロギーに立ち向かわなければならなかった。ナチズムと共産主義である。ムッソリーニとラテラノ協定［1929年］を結んで「ローマ問題」［1871年、イタリア議会がヴァチカンおよびその関連施設に対する教皇の特権を認めるのとひきかえに、保証金として20億リラの支払いを求める「教皇保障法」を議決したが、教皇側は政治的中立を盾にこれをこばみ、政府と教皇庁の関係が断絶した問題（後出）］を解決したピウス11世は、まずムッソリーニやヒトラーと妥協して、信徒たちの自由を守ろうとした。だが、そうした教会に対するイタリア政府のさまざまな立法やドイツと結んだ協約は失敗する。

そこでピウス11世は声を高める。1931年に出した回勅「ノン・アビアモ・ビゾーニョ（われわれは必要としない）」と37年の回勅「ミット・ブレネンダー・ゾルゲ（燃えるような懸念とともに）」において、彼はあいついでファシスト的傾向と国家社会主義［ナチズム］の危険を断罪したのである。それはあまりにも遅きに失したかもしれないが、教皇庁は何にもましてスターリンの反宗教的恐怖やスペインの内乱を憂慮していたのだ。無宗教を公然と唱える共産主義の台頭も、1937年の回勅「ディヴィニ・レデンプトーリス（贖いの神）」における断罪の対象となった。

こうした懊悩は、エウジェニオ・パッチェリ枢機卿、つまりピウス11世の後任となるピウス12世［在位1939-58年］も等しくいだいていた。第2次世界大戦がヨーロッパ全域におよぶと、彼は仲介者の役を演じようとした。だが、戦争状態にある国々のカトリック教徒を危険な目にあわせまいと、彼はヒトラー体制の批判に慎重な態度をとった。もし教皇の行動がローマのユダヤ人たちを数多く救えたなら、ショアー（ユダヤ人大虐殺）も起こらず、キリスト教ヨーロッパが、長い時間をかけてみずからの非宗教的な反ユダヤ主義を自覚することもなかっただろう。ピウス12世の「沈黙」はのちに数多くの論争をひき起こすようになる。

この教皇は政治的な知性と教義の厳守という点でもきわだっていた。すなわち、教皇庁や枢機卿団を国際化する一方で、新しい神学（テイヤール・ド・シャルダン［1881-1955。イエズス会士・古生物学者・思想家で、キリスト教的進化論を唱えた。北京原人の発見者だが、邦訳のある主著『現象としての人間』（1955年）は一時禁書処分となった］や、アンリ・ド・リュバック［1896-1991。イエズス会士の神学者。1946年に上梓した『恩寵（超自然的なるもの）』が教皇庁から近代主義を標榜するものだとして断罪され、教壇を追われるが、のちに復帰し、1981、枢機卿に選ばれる］、マリ＝ドミニク・シュニュ［1895-1990。ドミニコ会士の神学者。後出のコンガールとともに、「フランス革命以来最大の宗教的事件」といわれた労働司祭運動を主導し、1954年、教皇庁から断罪されるが、のちに名誉を回復し、第2ヴァチカン公会議で、リュバックやコンガールらとともに神学のペリトゥス（専門家）をつとめた］、イヴ・コンガール［1904-95。ドミニコ会士の神学者・司祭で、当時教皇庁の警戒をかっていたエキュメニスムや教会学の分野で重要な著作を発表し、20世紀最大の神学者のひとりとされる。1994年に枢機卿］）に対抗するための措置もいろいろ講じているのだ。ピウス12

「ローマ問題」

　教会の世俗的な権力が教皇領とともに姿を消したのは、19世紀に入ってからである。1848年の二月革命の息吹は、1849年2月にローマにまでおよんだ。ナポリ近郊に難をのがれていた教皇ピウス9世は、翌1849年4月、ニコラ・ウディノ将軍麾下のフランス軍の進駐とともにローマに戻った［ウディノ将軍（1791-1863）は教皇領を含むイタリア各地での革命騒ぎからのがれていた教皇を守るべく、大統領ナポレオン3世（ルイ＝ナポレオン）が派遣したフランス軍を指揮してローマを占領し、教皇権を回復させた］。だが、イタリア統一は進行中で、ヴィットーリオ・エマヌエーレ2世［サルデーニャ王在位1849-61、イタリア初代国王在位1861-78］は教皇領の一部を、1861年に独立を宣言したイタリア王国に併合した。

　ナポレオン3世軍は、1879年のセダンの戦いの敗北後にフランスに呼び返された［普仏戦争の帰趨を決したこの戦いで、ナポレオン3世はプロイセン軍の捕虜となった］。これにより、ヴィットーリオ・エマヌエーレ2世はローマの町全体を占領する。イタリア王国成立後の国民投票ですべての教皇領は制裁として王国に併合されることになった。しかし、教皇は自分の特権を保証する名目で、1871年5月13日にイタリア議会が決議した「教皇保障法」をこばんだ。そして、自分が「ヴァチカンの囚人」だと明言するのだった。

◆1929年に採用されたヴァチカン市国の国旗。その特徴は、黄色と白色の縦じま2本と、教皇権の伝統的な三重のシンボル（神的・国王的・聖職的）からなる金色の教皇冠、さらに赤いリボンと、金・銀色の聖ペトロの鍵にある。

　ピウス9世の後継者たちは、50年後にピウス11世が「ローマ問題」を解決するまで、9世と同様の態度をとりつづけた。1929年2月11日に、ベニート・ムッソリーニ［1883-1945。ヴィットーリオ・エマヌエーレ3世の代理］と、ヴァチカンの国務長官だった枢機卿ピエトロ・ガスパッリ［1852-1934］によって調印されたラテラノ協定には、政治・宗教・財政の3点がもりこまれていた。これを受けて、教皇庁はローマを首都とするイタリア王国を承認し、一方、王国は新しいヴァチカン市国（44ヘクタール）に対する教皇庁の至上権を認めた。この協定により、教会婚の民法的価値が認められ、すべての学校での宗教教育も始まった。教会もまた、司教の任命に対する監査権を国家に認めた。さらに、財政協定には、イタリア国家が遺産を占有剥奪したことへの賠償金として、教皇庁に7億5000万リラと10億リラの整理国債を支払うことが明記された［一説にこの合計金額は約1500億円に相当するという］。

　これらの協定（コンコルダート）はファシズムが崩壊したのちまで生き残り、1984年、ベッティーノ・クラクシ社会党政権は条文を若干手なおししただけで、一部の条項を他の宗派にまで拡大適用した［ただし、クラクシ（1934-2000）は国家と教会の不干渉を定め、カトリックの国教条項をはずした］。

世はまたフランスの労働司祭たちの運動を阻止し、1949年には、共産主義を支持したカトリック教徒たちを破門処分にしている。

教皇たちの霊的権威は、その政治的権力が狭まるのに反して大きくなっていった。いわばフェルマータが打たれたままだったのだ。だが、76歳でつなぎの教皇に選ばれたにもかかわらず、ヨハネ23世（在位1958-63）は、その教皇選挙の直後、教会の「近代化」を提唱して本格的な改革にのりだし、第2ヴァチカン公会議を開催した。彼は5年の在任期間中にそれまでの伝統全体を改め、教皇職のありかたも一新した。そして、新しいエキュメニズムを支持し、典礼書から「神を殺した民族」という呼称を削除して、ユダヤ人との和解もはかった。さらに彼はキリスト教以外の信者たちにも関心を向け、東欧諸国への開放政策（オストポリティーク）を計画し、最晩年に出したその回勅「パーチェム・イン・テリス（地上に平和を）」をとおして、「正義の戦争」という伝統的な考えを否定した。

第2ヴァチカン公会議は、トリエント公会議［1545-63年］と同様、カトリックの歴史にとってきわめて重要な出来事である。そこでは司教指導制やエキュメニズムの開放、宗教間対話などが確認された。だが、その実施は、なおもこうした改革への準備が整っていなかった教会内に動揺をひき起こした。この動揺は、1988年の非妥協的保守主義派との分離とその指導者だった司教マルセル・ルフェーヴル［128ページ参照］の破門にまでいたる。ミサにおけるラテン語廃止をめぐる論争を越えて、第2ヴァチカン公会議の重要決議、すなわち信教の自由の承認を受け入れる者とこばむ者とのあいだに、抜き差しならない亀裂が生じたのである。

公会議をとおして吹きこまれた改革の息吹は、かならずしもスムーズには進まなかった。教会は不信仰、とりわけ大部分の西欧諸国における宗教的無関心の高まりに手をこまねくだけだった。くわえて、信仰の実践と召命の衰退によって危機がさらに拡大していった。聖職者の妻帯禁止、女性や一般信徒の立場、宗教機関内の権力構造などについての論争も激しさを増している。とりわけ教会は生活習慣の変化と対立しているのだ。このような対立は、1968年にパウロ6世（在位1963-78）がかなりためらったのちに署名した、回勅「フマネ・ヴィテ（人命）」に象徴的にみられる。教皇はそこで第2ヴァチカン公会議が遠ざけていた微妙な問題をとりあげ、ピルと避妊を非難しているからである。だが、この拒絶はカトリックの女性たちのなかでさえ、理解しがたいものだった。

イタリア国外に旅した最初の教皇であるパウロ6世はまた、第2ヴァチカン公会議の指導者たちが明らかにした開放政策を具体化しようとして、国連本部で演説し、世界中の飢餓を告発してもいる［1965年］。さらにエキュメニズムを推進し、エルサレムで総主教アテナゴラスと対談もした［1967年］。枢機卿団を多少とも国際化し、教皇庁を再編したのも彼である。

パウロ6世のあとを継いだヨハネ・パウロ1世の教皇在位は、1978年のわずか33日間だった。虚弱体質だったこの新教皇は、心臓病で他界した。枢機卿たちが選んだ次の教皇は58歳のポーランド人で、イタリア人以外の教皇は、ネーデルラント出身のハドリアヌス6世［在位1522-23］以来だった。まさにそれは一種の革命的出来事といえる。新教皇のヨハネ・パウロ2世［在位1978-2005］は、カトリックの伝統に強くこだわりつつ、第2ヴァチカン公会議の決定を実現するよう意を注いだ。

教会史上もっとも長く教皇をつとめたひとり［最長はピウス9世で、在位32年間］であるカロル・ユゼフ・ヴォイティワ、すなわちヨハネ・パウロ2世は、キリスト教信仰にもとづく世界の構築を直接訴えかけるという意志の持ち主だった。2005年4月に彼が他界すると、枢機卿たちは後任に安心できる人物を選ぶことにした。そして、24時間で4回の投票という教皇史上もっとも短期間のコンクラーヴェ（教皇選出会議）で、彼らは教皇庁のキーパーソンのひとりであるドイツ人枢機卿のヨーゼフ・ラッツィンガーを選んだ。ベネディクト（ベネディクトゥス）16世［2013年2月退位］である。

教皇選挙後すぐに、ベネディクトはその前職にはりついていたイメージを和らげようとした。教理省［異端審問所の流れを継いだ検邪聖省を前身とする機関］の長官［1981年以降］だった彼は、ヨハネ・パウロ2世のもとで、その在位期間に出されたもっとも過激で、もっとも議論を呼んだ文書のいくつかを守る、「教理・教義の番人」としての役を忠実に果たしていたのである。78歳で教皇に選ばれた彼は、前任のヨハネ・パウロ2世ほど輝かしいカリスマ性に恵まれていなかったが、その大きな遺産をになわなければならなかった。

かつてボニファティウス8世［教皇在位1294-1303］は、こう言っている。「ペトロの後継者に託された権威はふた振りの剣をもっている。霊的な剣と世俗的な剣である」。今日、教皇は教会の世俗的な権力が失われてすでに久しいことを知っている。とすれば、教皇に残されているのは、霊的な影響力を維持することだろう。

◆ 1927年4月16日にドイツ南部バイエルン地方で生まれたヨーゼフ・ラッツィンガーは、2005年4月19日に教皇に選ばれ、ベネディクト16世となった。この日、サン・ピエトロ大聖堂の列柱廊（ロッジア）に続くヴァチカン宮殿のバルコニーから、信者たちに呼びかけた。

巡礼者ヨハネ・パウロ2世

　歴史上の他の偉大な教皇や偉人たちと同じように、カトリック教会の多様な面を具現したヨハネ・パウロ2世もまた、容易に語りつくせない人物である。どこか神秘的な知識人で、しかし実際にはなかなかのスポーツマンでもあった彼は、不信をいだかれていた教会の透明化をはかろうとした。彼が教皇就任時に発した有名な言葉「おそれてはならない！」は、カトリック世界を駆けまわった。回勅や説教、さらに新たなカテキズム（カトリック要理＝信仰問答、1992年）によって、ヨハネ・パウロ2世は教会の独自性を再確認し、非宗教化が進んでいる世界にカトリックの教えを呼びさますことに身を捧げた。たとえ著作や思想が検閲の対象になった神学者たちの抵抗にあったり、あるいはまた生命を守るため、堕胎や安楽死、さらには避妊を禁じる呼びかけが信徒たちの理解を得られなくても、である。

　指導者というより、むしろ巡礼者であったヨハネ・パウロ2世は、その教皇在任期間の多くをさいて世界各地を訪れ、みずから「新しい宣教」の福音を伝えた。かつて俳優や詩人を志し［哲学の博士号ももっていた］、大いなるカリスマの持ち主でもあった彼は、信教の自由や人権の疲れを知らぬ擁護者、さらには平和の戦士でもあり、先進国の指導者はもとより、独裁者たちにも訴えかけ、社会の不正義をできるかぎりとりのぞき、共産主義のみならず、資本主義のいきすぎをも

◆2000年、ヨハネ・パウロ2世はエルサレムを訪れ、ユダヤ人たちへの過去の過ちや罪に赦しを乞うた。写真は、教皇がユダヤ人に対するキリスト教徒の悔悟を示すため、嘆きの壁の前で黙祷しているところ。

断罪した。さらに、ポーランドの独立自主管理労働組合「連帯」に対する彼の後方支援は、やがて東欧における共産主義崩壊の誘因のひとつとなった。

　だが、ヨハネ・パウロ2世がとった姿勢はきわめて強烈だったため、共感と論争をひき起こした。にもかかわらず、彼は象徴的な方法で人々の心に強い印象を与えた。平和のため、アッシジですべての宗教指導者たちと会談をもち、ローマのシナゴーグを訪問したほか、エルサレムの嘆きの壁を訪れて、ユダヤ人に対するキリスト教徒の悔悟も表した。

　1981年5月13日、サン・ピエトロ広場で、ヨハネ・パウロ2世は銃撃により危うく命を落としそうになった［犯人のトルコ人は終身刑を宣告されたが、のちに恩赦。この事件がポルトガルの聖地ファティマの聖母出現の祝日にあたっていたことから、翌年、教皇はこの地を訪れる。だが、そこでもヴァチカン改革に反対するスペイン人司祭に襲われている］。この事件が彼の活動をひかえさせることはいっさいなかったが、自身の病という敵が教皇在任期間最後の数年、彼を苦しめた。体を移動させること、いや話をすることさえしだいにむずかしくなっていった教皇は、命のつきるまで、信徒たちに自分の苦悩を理解してもらおうとしていた。2005年4月8日、サン・ピエトロ広場で営まれたそんな彼の葬儀には、およそ200万人もの一般信徒や数十人の国王、各国首脳が参列した。

教義と教理

論争の歴史

　カトリックの教義は何世紀にもわたる神学的論争のあとで組み立てられた。信徒たちは2通りの定言を唱えながら自分の信仰を告白する。そのひとつは、2世紀から6世紀にかけてつくられた「使徒信経」、もうひとつは、4世紀に開かれて教理を明確にした2度の公会議の名を冠した「ニカイア・コンスタンティノープル信条」である。教会はその教義を入念に仕上げるため、21回の普遍的（世界）公会議、つまりすべての司教（主教）を越えて普遍的な教会を象徴する会議を催してきた。

ローマ的なるものと普遍的なるもの

　紀元1000年までの公会議は、とくに三位一体やキリストの位格にかんして提出された諸説を選別することに腐心していた。12世紀から14世紀にかけてラテラノやリヨン、ウィーン、ヴィエンヌなどで開かれた公会議は、教会の組織化ないし異端との戦いに捧げられた。最後の3回の公会議、すなわちトリエント（1545-63年）と第1ヴァチカン（1869-70年）、そして第2ヴァチカン公会議（1962-65年）は、基本的に現在の教会をつくりあげた。

トリエント公会議から第2ヴァチカン公会議まで

　ルターの宗教改革に対応するため、パウロ3世によって召集されたトリエント公会議は、制度改革やとくに神学の明確化によって、教会に推進力をとりもどさせることを目的とした。そこではまず、聖書と啓示の源泉としての聖伝とのあいだの正しい調和が示され、聖書正典、つまり正統的な聖典のリストが定められた。

　トリエント公会議では、さらにカトリック教会における制度的な七秘跡の内容も定められたが、とりわけそれは叙階（聖職者がミサを司式する）や結婚（1度かぎりで離別できない）、そして聖体にかかわるものだった。この聖体の秘跡について、同公会議の指導者たちは教理の複雑な点を実体変化として説明した。つまり、信徒たちがパン（ホスチア）とぶどう酒で聖体拝領にあずかる際、彼らはキリストの体と血を授かるというのである。聖体拝領は、偶性（外観）ではなく、実体の変化をとおして、潜在的ないし象徴的ではない、あくまでも現実の存在を確認する。キリストの最後の晩餐とその言葉にかんするこうした見方は、他の信仰個条ともども、さまざまな解釈をひき起こした。

　トリエント公会議はまた、救いにおける人間の役割と自由についても説明している。原罪は洗礼という恩恵によって除かれるが、だからといって、人間はその自由意志を失うわけではない。内的な再生によってみずからの贖罪を見出すのであり、こうした再生には恩寵の助けと個人的に協調することが必要となる。この教令はトリエント公会議の重要な文書といえる。それが、救いにおける恩寵の重要性をより強調する傾向にあった、プロテスタントたちに対する回答となったからである。

　一方、ピウス9世によって召集された第1ヴァチカン公会議は、むしろ教皇権が直面していた政治的混乱や世俗的権力の衰退に対する対応という性格をおびていた。そこでは教皇不可謬性という新しい教理を採用することで、ローマの絶対性を確立することに力が注がれた。この新しい定義によれば、最高の教会博士としてカトリックの信仰を示し守るかぎり、教皇は不可謬であるという。こうした教理は他宗派とも溝を深め、教会のさらなる分裂をまねいた。ただし、それが基本的な問題に適用されるのは、信仰と道徳にかかわる教義問題を明確にするという、例外的な場合にかぎられた。不可謬性の分野に属する他の定義は、聖母マリアの無原罪の御宿り（1854

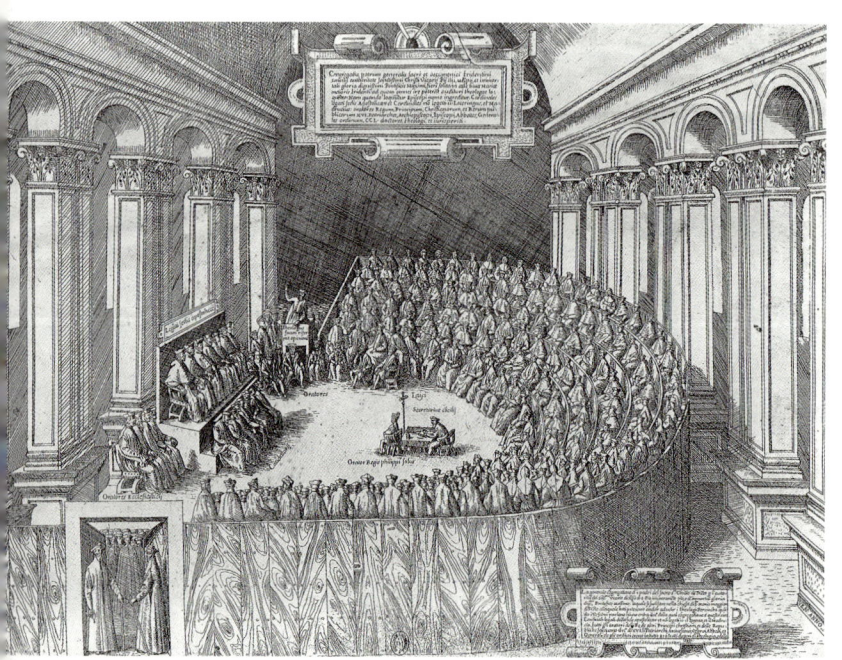

◆トリエント公会議（1545-63年）。16世紀の版画、フランス国立図書館蔵、パリ。この第19公会議は、原則的に反宗教改革問題を集中的に論議し、聖書と聖伝との調和が示された。

第2ヴァチカン公会議

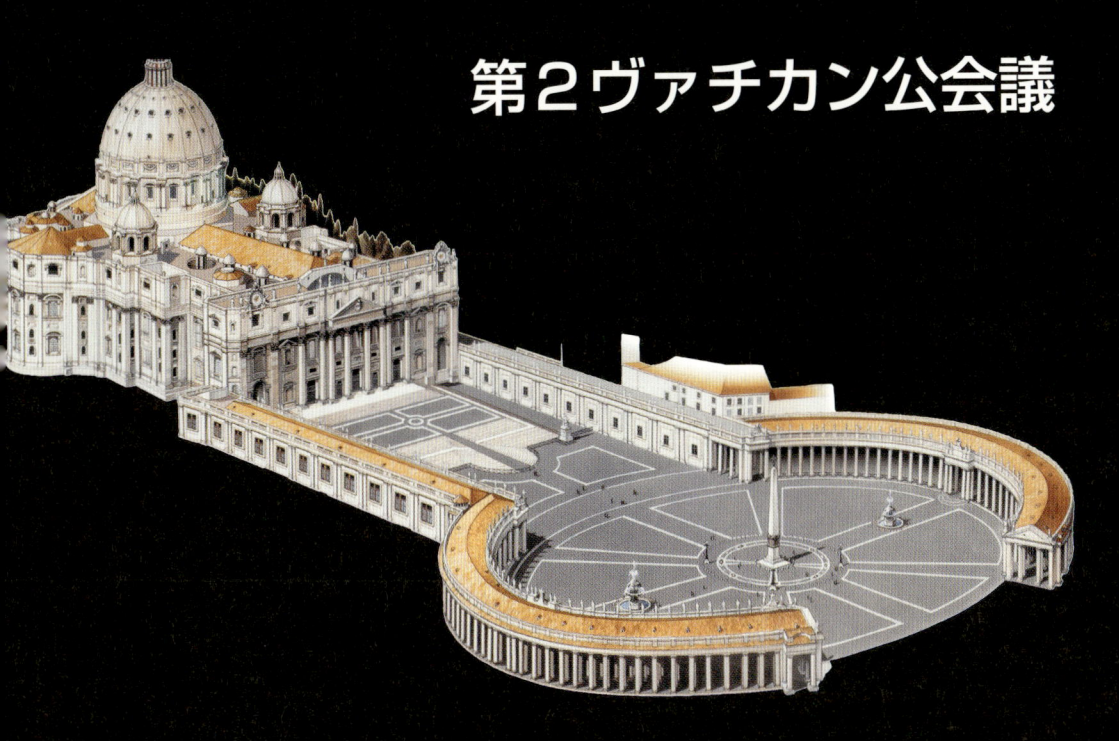

◆ローマのサン・ピエトロ大聖堂。聖ペトロのものとされる墓所の上に建てられた、キリスト教世界最大の聖堂。ブラマンテとミケランジェロの設計図にもとづいて、1506年から建設が始まった。

　第2ヴァチカン公会議は2400人の司教を集め、1962年10月から65年12月まで4会期にわたって開かれた。それは、他のキリスト宗派からのオブザーバー150人や一般信徒の聴講者も参加したことから、よりエキュメニカルな公会議であり、ヨーロッパ人が出席者の3分の1しかいなかったところからして汎世界的な公会議でもあった［以下はそこで決定された憲章や宣言など（一部）の略述である］。
　教会──「諸国民の光」憲章（ルーメン・ゲンティウム）──は「神の民」、つまり教皇が司教たちとともに合議的な力を行使し、一般信徒がより重要な位置を占める個別的な教会の共同体として定義される。
　神の啓示──「神の言葉」憲章（デイ・ヴェルブム）──はそれを強調する聖書とともに、聖伝のうちにもその源泉をもつ。
　典礼──「聖なる集会」憲章（サクロサンクトゥム・コンキリウム）──はラテン語を廃し、ミサには現行の言語をふたたび用い、より多くの信徒の参加をはかる。
　世俗世界との関係──「満足と期待」憲章（ガウディウム・エト・スペス）──は現代社会や科学的進歩、さらに文化に対して、それまでより否定色や批判色を薄めた見方をする。
　信教の自由──「人間の尊厳」宣言（ディニタティス・ウマネ）──は人間に信教の自由を認め、カトリックの非妥協性の終わりを示す。
　エキュメニズム──「再統合」教令（ウニタティス・レディンテグラツィオ）──は、他の宗派を従来以上にはっきりと尊敬することによって確立する。
　宗教間対話──「現代」宣言（ノストラ・エタテ）──は他宗教を「真理要因」という考え方から見なおし、一部のカトリック文書に隠れている反ユダヤ主義を終息させる。

◆ヴァチカン市。教皇が起居し、その一角にある教皇庁で執務する使徒宮殿や、展示室や庭園を有する博物館などからなる。

伝統完全保存主義とルフェーヴル師
アンテグリスム

◆ルフェーヴル師（1905-91）は伝統主義的な「聖ピオ10世会」を創設したが、その弟子たちともども破門された。写真は、彼が新たに叙階した聖職者に囲まれているところ。1977年、エコーヌ、ヴァレ地方（スイス）。

マルセル・ルフェーヴルが教会改革に故意の沈黙で抵抗したのは、第2ヴァチカン公会議だった。伝統、とくにラテン語によるミサに象徴される伝統を墨守していた彼は、エキュメニズムの開放と他宗教との対話になによりも反対した。事実、彼は信教の自由を認めるとする公会議指導者たちの歴史的決定を受け入れなかった。

聖霊宣教会のこの司教は1905年に生まれ、最初司教としてテュル［フランス中部リムーザン地方］に派遣され、のちにアフリカ、とくにダカールの大司教として聖務をになった。だが、1970年にその職を解かれると、スイスに伝統主義的な神学校を創設して、ローマの逆鱗に触れる。こうして聖職と司教の権限を奪われたにもかかわらず、彼は聖職者を叙階しつづけた。

ヨハネ・パウロ2世の選挙によって、事態が沈静化するとの期待がもたれた。だが、それは空しい期待だった。1971年、ルフェーヴル師はエコーヌ［スイス南西部］に聖ピオ10世会を創設したからだ。この結社は他の地域でも拡大し、修道院や学校を建て、一部の信奉者たちはフランスのいくつかの教区教会（たとえばパリのサン・ニコラ・デュ・シャルドネ教会）を支配するまでになった。

ローマとの断絶は、1988年、枢機卿ラッツィンガー、のちの教皇ベネディクト16世が最終的な和解を試みたにもかかわらず、ルフェーヴルが4人の新しい司教を叙階したときに決定的となった。こうして彼とその弟子たちは破門され、カトリック教会から分離した。そして1991年にルフェーヴル師が没すると、伝統完全保存主義（アンテグリスム）運動の拡大にブレーキがかかり、一部の分離派はヴァチカンから提案された復帰を受け入れた。今日、他の分離派はヨーロッパやアメリカで、かぎられてはいるが活動的ないくつかの拠点を中心に、数万人の信者を集めている。

◆ パリのポール・ロワイヤル修道院のジャンセニストたちは、17世紀のローマ教会とフランス王国をともどもに混乱させた。救いにおける神の恩寵と人間の意志の役割にかんする論争を投げかけたからである。同修道院の修道女たちは、1661年、ルイ14世によって幽閉された。やがて彼女たちは破門となり、その修道院も破壊される。図はポール・ロワイヤル教会内での修道女たちの聖歌隊を描いたもの。作者はルイズ・マドレーヌ・コシャン＝オルトメル［1686 - 1767］、18世紀。

年）と聖母被昇天（1950年）の教理である。

第1ヴァチカン公会議から約1世紀後の第2ヴァチカン公会議は、不可謬性が、教皇のみならず、全体として「信仰を過つことがありえない」すべてのキリスト教徒や司教団にもあるということを、注意深く想起させた。教会が神の民であることを明らかにしたこの公会議は、世界中の社会の進歩と文化に対して、より慎重な視線を向けた。そこではまた、教会一致運動の開放と宗教間対話も議題にとりあげられた。

カタリ派、ジャンセニスム、ルフェーヴル派

教会史のなかでしばしばみられたように、第2ヴァチカン公会議もまた解釈論争を始めた。過去何世紀にもわたって、論争はとぎれることなく、ときには不和や激しい分裂、異端化、はては教会分離までひき起こした。たとえばヴァルド派［リヨンの裕福な商人だったが、信仰の危機を経て全財産を処分し、巡回説教者となったピエール・ヴァルド（1140-1218頃）の教えを奉ずる者たち。ヴァルドは1173年、清貧を旨とし、教階制を批判して「リヨンの貧者信心会」を創設している。

また、みずから新約聖書を日常ロマンス語に翻訳したことでも知られる］はローマの富を批判して彷徨と苦行の生活を送ったが、1184年、異端として破門されている。16世紀、大部分のヴァルド派はプロテスタントの宗教改革に参画し、今日もなお、彼らの福音教会はピエモンテ地方を拠点に活動している。

イタリアやドイツに由来する聖書解釈に影響を受けた**カタリ派**［アルビ派とも］は、12世紀のフランス南西部全域で彼らの秘密の教会を拡大していった。

厳格さと放任とが逆説的にまじりあった彼らカタリ派は、世界における善と悪の仮借のない戦いを、よりはっきりと、そして大々的に組織しようとした［こうした善悪二元論は古代ゾロアスター教にまでさかのぼるとされる］。「完徳者」と呼ばれる指導者たちは、純潔と清貧による禁欲を強く説いた。だが、それは、聖ドミニコ［1170 -1221。スペイン・カスティリャ地方生まれの修道士で、のちに異端審問で中心的な役割をになうようになるドミニコ会の創設者］のカタリ派断罪の説教や、彼らの蔓延を打ち砕くため、一戦も辞さぬローマと諸

第1部　一神教

◆「聖母被昇天」、ヨハン・ケルベック（1410-91）、ティッセン・ボルネミサ・コレクション、マドリード。聖母マリアはカトリックの教理ではつねに特別の位置に置かれる。被昇天として描かれたその死は、キリストの死と昇天を想起させる。

公の同盟やいわゆるアルビジョワ十字軍（1209-55年）［この十字軍を呼びかけたのはインノケンティウス3世である］、さらにカタリ派を焚刑に処した異端審問をもまねき、ついにモンセギュールとケリビュス［いずれもカタリ派の牙城］が崩壊するにいたった。

一方、ポール・ロワイヤル修道院の**ジャンセニスト**たちもまた、17世紀のローマ教会とフランス王国をともどもに混乱させた。救いにおける神の恩寵と人間の意志の役割にかんする論争を投げかけたからである。ローマから3度にわたって断罪された彼らは、ブレーズ・パスカルの個人的な支持をうけた。彼はその著『プロヴァンシャル』［1656-57年］で、ジャンセニストの敵対者であるイエズス会を槍玉にあげている。同修道院の修道女たちは、1661年、ルイ14世によって幽閉され、やがてその修道院も破壊された。

最後の教会分離はいずれも公会議のあとに起きている。第1ヴァチカン公会議で採用された教皇不可謬説に反対して、「復古カトリック派」は独自の教会を立ち上げ、それは今もドイツやスイス、オーストリアにある。また、信教の自由やエキュメニズム、諸宗教間の対話などをこばみ、ルフェーヴル師の教えを奉じる伝統完全保存主義者たちは、第2ヴァチカン公会議の公式文書にも反対している。

こうした分離・分裂を経験しながら、ともかくもカトリックの教義は徐々につくられていった。それはこの信仰の拠りどころが、基本的な信条として、なにかしら理解しやすい表現をくみ出してきたからである。神がわが子をとおして人間にみずからを現したとしても、なおもその理解は深められなければならない。そうすることで、聖伝は言葉や瞑想、祈り、典礼などをとおして、教会のなかで生き生きとして豊かな啓示を伝えていくというのだ。

マリアの位置

教父たちや最初期の公会議は、キリストの福音や聖三位一体にこだわった。さらに聖母マリアをどう位置づけるかという問題も、長いあいだ教会内での考察対象となっていた。まず、その処女性（無原罪）をめぐる儀礼的な問題として、聖母が聖霊のとりなしによってイエスを生んだが、ほかに子どもをもうけなかったのか。現在まで、教会はこれに対して次のように公式に答えてきた。「いや、いない」。たしかに、福音書にはイエスの「兄弟たち」という呼称をめぐって多少とも混乱がみられるものの、その反証を神学者たちに認めさせる試みは一度たりと成功しなかった。ただし、カトリック教会は今もなお女性に特有の2つの状態を重視している。母性と処女性である。

マリアの役割は、さらに重大な2つの神学的な問いを生んでいる。この女性は、あらかじめキリストを産むよう運命づけられていたのではないか。聖三位一体から考えれば、彼女はイエス・キリストの、あるいは神の母ではないのか。これについて、神はマリアに尋常ならざる運命を定めるほどの計画をもっていたのではないか。伝承的な解釈はしだいにそう考えるようになっている。これが聖母無原罪の宿りである。一方、この特別の女性が常人と同じように死んだと考えるのは、いかにも間尺にあわない話である。そこで、キリストの昇天に匹敵するとまではいかないにしろ、それと似かよった聖母被昇天という考え方が生まれた。

433年のエフェソス公会議は、テオトコス、すなわち神の母としてマリアの問題を主題にしている。それ以来、聖母マリアは教会の母とみなされるようになってもいる。そんなマリアに対する特権的な崇拝のなかに、彼女を神と人間とのあいだの媒介者や、イエス・キリストとともに人類のための贖い主にしようとするものはない。第2ヴァチカン公会議もまた、あえてそうした方向に進むことをひかえた［ただし、教会の母という称号は教皇によって認められた］。

では、人間は神の恩寵ないしその御業によって救われるのか。16世紀にルターがローマに対して投げかけたこの「義化」の論争は、とくに聖伝にみられるある問題、すなわち人間と世界の最終的な運命についての考察とでもいうべき、いわゆる終末論をめぐって展開した。それに対するカトリック教会の説明は、教会がみずから「神の国」と呼ぶものの到来にそなえるための努力をすることに変わりはない、というものだった。

天国と地獄

イエスは生者と死者を裁くためにまいもどってくる。クレド（使徒信条・使徒信経）にはそう説かれている。カトリック教会は、ミケランジェロがシスティーナ礼拝堂の祭壇壁に描いたこの最後の審

聖母無原罪の宿りと処女懐胎

カトリックの信仰では、原罪を宿すすべての人間は、洗礼による恩寵によって赦しを受けるとされる。マリアはその特別の聖性ゆえに息子イエスを産むために神に選ばれ、あらかじめ一種の贖罪を果たしているという。1858年にルルドのマサビエル洞窟で出現した「貴婦人」は、少女ベルナデット・スビルー［1844-79］に自分が「無原罪の宿り」であると告げている。これは、1954年に教皇ピウス12世が宣言する前に、聖伝がすでにこの教理を認めていたという事実を物語る。したがって、無原罪の宿りとイエスの処女懐胎を混同してはならない。マリアは、すべての人間と異なり、原罪をになって生まれたわけではないがゆえに無原罪の宿りなのである。一方、イエスの処女懐胎は聖母が通常の妊娠や、夫ヨセフの肉体的な介入なしに神の子を産んだということを示す。

紀元数世紀のあいだ、一部でこの自然の掟に対する挑戦に

◆「無原罪の宿り」、フランシスコ・スルバラン（1598-1664）、プラシド・アレンゴ・コレクション。イエスの母の立場と位置、すなわち原罪とは無縁のマリアの誕生（無原罪の宿り）と処女からの子どもの誕生（イエスの処女懐胎）は、初期の神学者の論争対象だった。

ついての議論があれこれなされた。無原罪の宿りという仮説は、なによりもまず最初期の神学者たちにためらいを与えた。さらにこの教理には、キリスト教徒が一致して支持しているとはとうてい言いがたいものがある。

プロテスタントはマリア信仰に対するカトリックのエスカレートを前にして、意図的に沈黙を守ってきた。1950年、ピウス12世によって宣言された聖母被昇天の教理もまた、マリアの最期にかんする考察に終止符を打っている。誕生から死まで無原罪だったマリアは、キリスト教徒たちに約束されている復活を待つことなく、「肉体と霊魂が天上の栄光にまで引き上げられた」というのである。

6世紀以降、この信仰個条は教会によって最終的に明確化されたが、それは正教徒たちがより神秘的な見方から「永眠」と呼ぶものに符合している。

天体望遠鏡のシステムを実現した、フィレンツェの天文学者・物理学者ガリレオ・ガリレイ（1564-1642）は、周知のように、1610年、ポーランド人のコペルニクス（1473-1543）の理論、すなわちアリストテレス［前384-前322］やプトレマイオス［100頃-70頃］以来信じられていた考え方に反して、地球が太陽のまわりをまわっているとする理論が、科学的に信頼できるものであると確認した。だが、当時、神学者たちはまだ聖書の文言を文字どおり解釈することから離れようとはしていなかった。そんななかにあって、ガリレイの見方は教会の伝統的な教えと相いれなかった。こうして彼は異端の烙印を押される。

1633年、異端審問所に召喚されたガリレイは、短かな審問のあと、前言をとり消す。歴史が語るところによれば、こうつぶやいて床を足でたたいたという。「それでも地球はまわっている！」。彼は晩年を監視された居宅で送った。

ガリレイは1822年に名誉を回復する。だが、ローマがその判決の誤りとガリレイがこうむった損害を公式に認めるにようになるには、1992年まで待たなければならなかった。「ガリレイの事例は、科学の進歩に対する教会の拒絶、あるいは真理の自由な追究に反する教条的な蒙昧主義の象徴にほかならない」。ヨハネ・パウロ２世が設置した調査委員会の委員長だった、フランス人枢機卿のポール・プパール［1930-。前文化評議会議長］はそう言明している。

このガリレイ事件は、教会が、17・18世紀からのヨーロッパで開花した、科学的・文化的沸騰と共存することがいかにむずかしかったかを物語っている。ガリレイはこう書き記している。「聖霊の意図は、われわれにいかにして天におもむく（死ぬ）べきかを教えるところにあり、いかにして天がおもむくかを教えるところにはない」

◆「ヴァチカンの教理聖省に出頭したガリレイ」、ジョゼフ・ニコラ・ロベール・フルリ、通称ロベール＝フルリ（1797-1890）、ルーヴル美術館蔵、パリ。地動説はヴァチカンから異端とみなされた。イタリアの天文学者で物理学者でもあったガリレオ・ガリレイ、通称ガリレオは、1822年にようやく名誉を回復したが、カトリック教会がみずからの過ちを認めたのは、1992年になってからだった。

判について、伝統的にあれこれ注釈をつけてきた。天国に行ける資格を得るには、悪の誘惑に由々しきまでに身をゆだねてはならない。1992年に出されたカトリック教会の新しいカテキズムは、現代社会がややもすれば過小評価してしまう、個人の過ちの重大さをなおも強調している。微罪であれ大罪であれ、いずれの場合でも悔悛と神の赦しを必要とする、というのだ。

今日、多くの神学者は、人間の運命にかんするマニ教的な考え方や、彼岸についての、いくぶんなりとイメージにかちすぎた見方を遠ざける傾向があるが、カテキズムは、「永遠の業火」という表現性に富んだ記述にこだわることなく、「地獄の存在とその永遠さ」を主張している。さらに、人間はよこしまな力になおも服従するとして、聖書や聖伝に依拠しながら、教会の公式文書はサタンないし悪魔と呼ばれる堕天使に言及するのだ。しかし、悪魔が実際に存在するかどうかという議論は続いている。いかなる公会議も教皇も、これについて公式な答えをまだ言明していないからである。

では、天国と地獄のあいだに、まにあわせの策は残っているのだろうか。今日、教会は煉獄の存在について以前ほど長々と述べることをしなくなっている。徐々につくられていったこの神学的な構築物は、かつて廃棄された「永遠の生」という考えとむしろ矛盾しているように思える。いずれにせよ、こうした天国の控えの間とでもいうべき煉獄が、あらかじめ浄化を可能にし、さらに死者祈祷を正当化する試練の時としてあちこちに描かれていることに変わりはない。それは天使についてもある程度いえる。教会はこれらの伝承を教理に組みこみこそしないものの、敬意ははらっている。

1992年のカトリック（公教）要理の発表［ヨハネ・パウロ2世による］は、信者たちがクレドのなかで明示しているような、「唯一にして神聖かつカトリックで使徒伝承的な」教会が、ローマの影響下にあることを想い起こさせるひとつの手段といえる。では、エキュメニズムに対して、状況によって態度を一変させる理由はなにか。カトリック教会はみずからが20世紀中葉に明確に承認したこの運動になおもかかわっている。第2ヴァチカン公会議は、成聖や真理の要素が他のキリスト宗派にも存在していることを認めながら、カトリック教会が救いのための方法をつくったのであり、他の教会は「派生的な」救いの方法を提唱しているだけとする。そして2000年、ローマの信仰教義聖省はすべての宗教が同じ価値をもっているわけではなく、カトリック教会は他のキリスト宗派の「母」であり、「姉妹」ではないと念を押している。

ローマは特権的に使徒継承の継続性をなおも具現しようとしている。こうした継続性は、ペトロの座であるローマの司教に認められてきた歴史的な首位権によってのみ保証されるが、キリスト教の代表的な宗派のあいだの主たる対立は、団体としての教会の役割、とくに教皇の位置にかかわる。1995年に出されたヨハネ・パウロ2世の回勅「ウト・ウヌム・シント（キリスト者の一致）」のなかで、教皇が統一へ向かううえで重大な障害となってきたことを教皇としてはじめて認め、聖ペトロの聖務を行う「新たな形態」を見出すため、他の宗教の協力を呼びかけている。だが、問題は残っている。今日、一部のキリスト教教会はローマ教皇の名誉的な首位権を認めるとしても、裁治権の首位性までは受け入れていない。カトリック教会の中央集権的で位階的な考え方。まさにそれが、問題となっているのだ。

キリスト教教会はまた、祭儀における聖母マリアの位置のみならず、秘跡の数や実践についても意見が分かれたままである。たとえばプロテスタントと英国国教会が洗礼と聖餐の2通りの秘跡しか行っていないのに対し、カトリック教会は、正教会と同じようにさらに5通り、計7通りの秘跡（機密）を定めている。堅信（傅膏）、赦し（痛悔）、婚姻（婚配）、叙階（神品）、病者の塗油（聖傳）がそれである。聖体観も異なっている。それぞれの宗派にとってパンとぶどう酒が何を意味するかということを越えて、司祭の役割が一体化をむずかしくしている。カトリックの場合、聖職叙階は、前述

◆「最後の審判」、ミケランジェロ（1475 − 1564）、システィーナ礼拝堂、ヴァチカン、ローマ。イエスは生者と死者を裁くためにまいもどってくる。クレド（使徒信条・使徒信経）にはそう説かれている。天国に行ける資格を得るには、悪の誘惑に由々しきまでに身をゆだねてはならない。

したように秘跡としての性格をもち、聖体拝領の聖務はひとり聖職者だけがになう。司式の問題がエキュメニズムにおける重大な障害となっているゆえんである。それゆえカトリック教会は「宗教間聖体拝領」、つまり他の宗派における聖体祭儀への参加にきわめて消極的なままなのである。

神学者たちに対する教導権

ローマはまた、その教義をほかならぬカトリック教会内で調整することさえてこずった。最初は紀元1000年までに開かれた公会議での神学論争、さらにそれ以後の公会議での異端・分離問題である。フランスとスペインで14世紀に始まった異端審問についていえば、たとえば、フィレンツェにあるドミニコ会系サン・マルコ修道院の院長だったサヴォナローラは、1498年、宗教的確信のみならず、政治的思想ゆえに焚刑にあっている。1633年には、ガリレイが異端審問官たちの前でコペルニクスの説を受け継いだ自説を放棄してもいる。

神学者たちの教えは、信仰を深めるうえでの糧として支持されたが、一方で、それは教皇や司教団が行使する教導権との不一致や対立のもとになるものとして、たえず危険視された。だが、紀元5世紀までの最初期の思想家・神学者である教父たち以来、偉大な名前が聖伝をつねに豊かにしてきたことはたしかである。

中世には、伝統的な修道院神学(聖ベルナルドゥスなど)が、信仰と理性との関係を明らかにしたスコラ学をしだいに受け入れるようになる。このスコラ学とは、聖トマス・アクィナス[後出]とアリストテレスの倫理学(聖アンセルムス[1033-1109。イタリア出身の神学者で、カンタベリー大司教。存在論的な神の存在証明で知られる]、アベラール[1079-1142。「唯名論派」の創始者。弟子エロイーズ(1101-64)との禁断の愛で有名。ふたりはパリのペール=ラシェーズ墓地に眠っている])を総括したもので、トマス・アクィナスとその主著『神学大全』は、キリスト的思想を全体的・体系的に示しているかぎりにおいて、聖アウグスティヌスについで、今もなおカトリックの教義に重要な影響を与えている。

さらにのちには、アウグスティヌスに近いより伝統的な神学の信奉者たちとの論争が起きる。そのひとりがボナヴェントゥーラ(1221-74)[教会博士。第2リヨン公会議の開催に尽力し、ビザンティン代表の受け入れや教会統一を訴えるが、毒殺されたという]、もうひとりがドゥンス・スコトゥス(1266/70-1308)[フランシスコ会士で、人間は神を直観するのではなく、むしろ愛することによって幸福を得られるとした。近代主体主義の先駆者]である。彼らによれば、論理と神学は理性よりむしろ啓示や個人的直観に属しているという。この論争は14・15世紀まで長引き、そこではとくにドイツ人ドミニコ会士のマイスター・エックハルト[1260-1328。神の本質である神性が無であるとして、神との合一に不可欠な身体ないし自己から離脱した究極の無を説いた]が具現化した、より神秘的な精神性ないし霊性の問題が論争を呼んだ。やがて16世紀の反宗教改革は、哲学者より偉大な説教者を生むようになる。たとえばジャック=ベニーニュ・ボシュエ[1627-1704。ルイ14世の宮廷説教師をつとめ、専制政治と王権神授説を唱えた]と、ラ・モット=フェヌロン[1651-1715。ボシュエの弟子で大司教。静寂主義や神秘思想を擁護して教皇からフランス北部のカンブレに左遷され、その地で代表作の『テレマックの冒険』(1699年)を著す]などである。

新スコラ学的神学は、19世紀以降、物理学や心理学、さらに社会学の進歩を組みこむようになる。それは20世紀におけるさまざまな神学の急激な展開を予告した。これらの神学思潮はより伝統的ないし神秘的なアプローチ(ハンス・フォン・バルタザール[1905-88。スイスの20世紀最大の神学者・枢機卿])と、よりリベラルないし社会的な思想(テイヤール・ド・シャルダン、コンガール、リュバック、シュニュ[これら4人については122ページ参照])に等しく関心をふり向けた。

「全世界に行って、すべての造られたものに福音を伝えなさい」。福音書[『マルコによる福音書』28・15]によれば、イエスはこう言ったという。「あなたがたは(…)地の果てにいたるまで、わたしの証人となる」[『使徒言行録』1・8]。この福音宣教は、つねにキリスト教が展開していく上での中心をなしていた。第2ヴァチカン公会議は、司牧宣教の性格が教会の本質そのもののうちにあることを呼び起こした[たとえばパウロ6世は、この公会議で教会が福音宣教のために存在していると述べている]。教会はまたさまざまな時代に世界中で宣教の波が盛んに起きるのをまのあたりにしてきた。だが、こうした宣教熱はときに悲惨な結果をまねいた。その使徒たちが他の信仰にとってかならずしも重要視されなかったためである。

今日、司教の最重要課題は霊的なものに固執することではなく、むしろキリスト教文化を広めることにある。こうしたキリスト教の社会的適応は、しかしながら、アジア大陸などで容易に浸透していない。いったい教会は他の宗教にいかなる価値を認めているのか。今はいったん立ち止まってそれを確かめなければならないが、人間の救いが直接的にしろ間接的にしろキリストを介してなされる、ということを主張するカトリック神学は、数十年前からキリスト教以外の宗教の価値をより尊重するようになっている。

他宗教との対話は、まずキリスト教と特別な関係を保ち、今日の教徒たちが「お気に入りの長男」とみなされているユダヤ教とのあいだで始まった。そして2000年、ヨハネ・パウロ2世はエルサレムで両宗教間の歴史的な関係の闇に触れながら、悔悟の意を具体的に示した。これに対し、イスラームとの対話は、依然として厳しい緊張状態にあるアフリカ諸国でしばしば対決色を呈している。だが、カトリック教会は、とくに西欧諸国で、かつてのエキュメニズムをめぐる論争が、主要一神教の共存によって提起されたさまざまな問題に、徐々にとって代わられていることを認識している。

トマス・アクィナスと
トマス主義

　1225年、ナポリ近くの貴族家に生まれたトマス・アクィナスは、19歳のときに新しいドミニコ会に入っている。やがてパリやケルンで学び、アリストテレスへの理解を深めてから、フランスやイタリアで教鞭をとるようになる。キリスト教思想を通観した『神学大全』［死後刊行］や、以前の哲学や神学を批判的に分析した『対異教徒大全』、さらに福音書注解などの著者である彼はまた、教皇アレクサンデル4世［在位1254-61］の諮問官となり、生涯の大半を祈りと瞑想で送った。だが、1274年、教皇グレゴリウス10世［1271-76］から第2リヨン公会議に神学者として派遣された旅の途中で客死する。

　アクィナスは教父や聖アウグスティヌスたちの伝統的な思想とギリシア哲学の合理主義を幅広く総括したことにより、カトリックの思想史に深くその名をきざんでいる。これら古典に対する考察と聖書に対する考察を交えたスコラ学の黄金時代に、彼ははじめて信仰と理性の協和を導き出している。彼にとって、理性とはその固有の法則にのっとって信仰を語りうるものだった。こうして神学は信仰を理解する学となった。

　輝かしい名声を博したトマス・アクィナスの思想はまた、多くの批判や反論をまねいてもいる。たとえば友人だったボナヴェントゥーラは、「神の知でできた純粋なぶどう酒に理性の水を入れた」として彼を告発している。これに対し、アクィナスはこう反論した。イエスはカナで水をぶどう酒に変えたのではなかったか。1270年、彼はさらにソルボンヌから異議を申し立てられ、77年には新しい唯心論の影響により、教皇から断罪されてもいる。だが、1323年、彼は名誉を回復して列聖され、1567年、教会博士の称号が与えられた。

◆「聖トマス・アクィナスの栄光」、ベノッツォ・ディ・レーゼ、通称ベノッツォ・ゴッツォリ（1420頃-97）、ルーヴル美術館蔵、パリ。トマス・アクィナスは教父や聖アウグスティヌスの思想とギリシア哲学のそれを調和させた。

カトリック　135

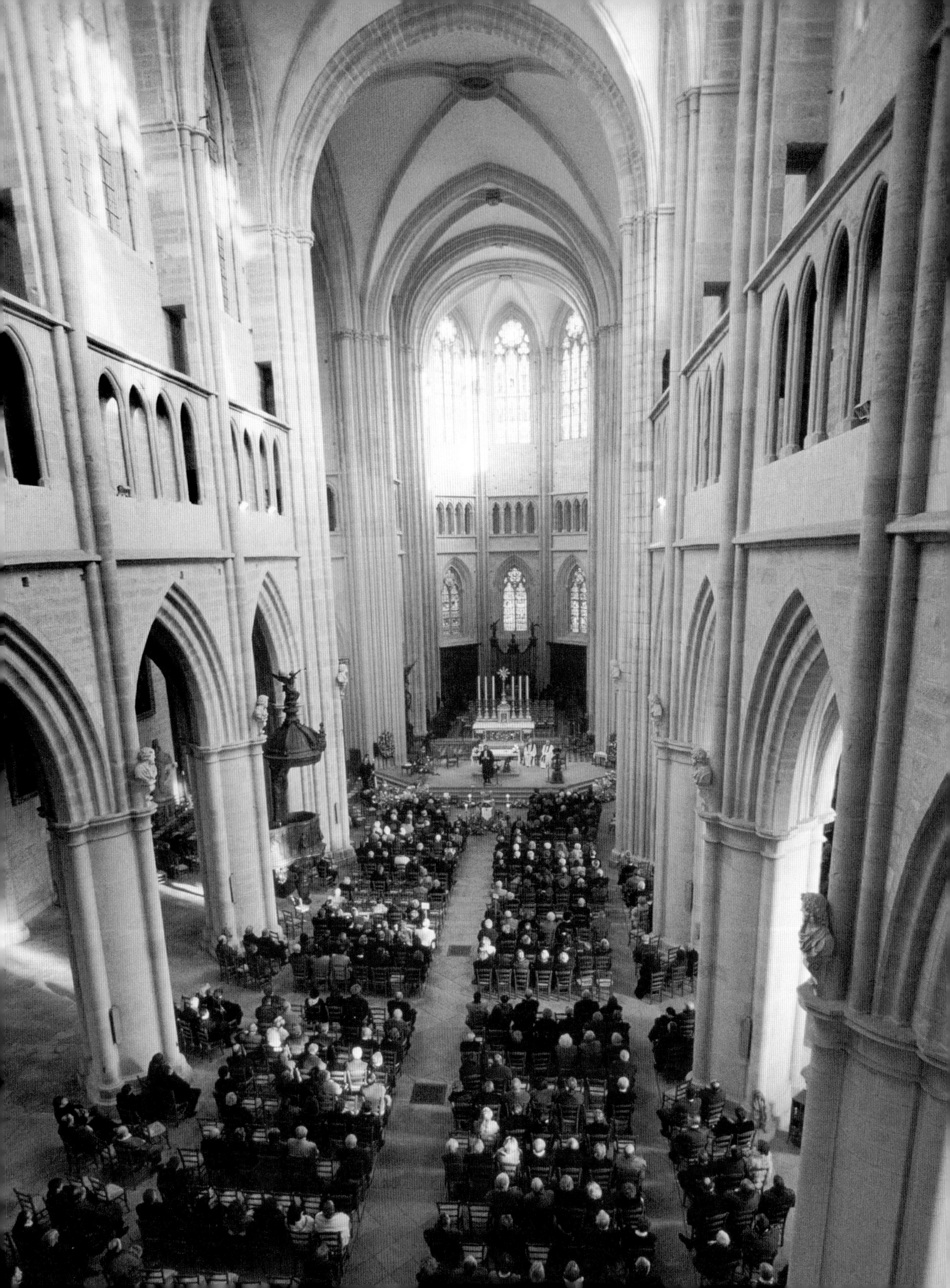

カトリック

祭儀と実践
ミサと秘跡を中心とする信仰

　キリスト教の建築遺産は、とくにフランスをはじめとする国々で、カトリックの信仰が聖地や聖所に根づいていることを示している。ロマネスク様式の大修道院やゴシック様式の司教座大聖堂、小規模礼拝堂あるいは壮大なバシリカ式大聖堂といった建物は、キリスト教の歴史の縮図といえる。教区教会を越えて、多くのカトリック教徒は個人礼拝用の聖所に愛着をいだいている。聖母マリアに捧げられた聖地（たとえばフランスのルルドやポルトガルのファティマ、あるいはポーランドのチェストホヴァ）は今もなお多くの人々を引き寄せている。

　宗教建造物や聖地・聖所への愛着のほかに、今日、中世以来の伝統である大巡礼がふたたび盛んになっている。ある人々はエルサレムやローマといった歴史的な聖地を訪れ、ある人々は精神的な探求——しばしばそれがいかなるものか曖昧ではあるものの——のため、スペイン最北西部のサンティアゴ・デ・コンポステーラなどをめざして歩きつづける。カトリックの伝統を有する地方ではまた、信仰と民俗慣行とが入り混じってもいる。そうした事例は、たとえばパルドン祭［年に1度、ときに民族衣装に身を包んだ住民たちが罪の赦しを求めて地元の聖地まで行進する祭り］と磔刑像崇拝が行われているブルターニュ地方にみられる。

典礼（教会）暦

　カトリックの実践はなによりも日曜ミサを中心とする。それは世俗的サイクルと聖人祝日のサイクルを結びつけた典礼暦の枠内で組織される。この世俗的サイクルはキリストの生涯におきた重大な出来事を想い起こさせ、聖人祝日のサイクルはおもな聖人たちを記念するためにある。周知のように、キリスト生誕祭（クリスマス）と復活祭はイエスの誕生と復活を祝うが、このふたつはそれぞれ待誕節と四旬節という準備期間とともに、典礼暦の2本の柱となっている。

　四旬節［復活祭前日までの40日間］は禁欲の期間で、灰の水曜日に始まる。この日、ミサ執行司祭は信者たちの額に灰をつけ、彼らが罪人であることを呼びさます。四旬節は、イエスの生涯最後の出来事を喚起する復活祭主日直前の聖土曜日に終わる。この第1サイクルはさらに次の祝祭によって補完される。イエスの天への帰還を記念する主の昇天祭［復活祭後40日目］と、聖霊たちがイエスの弟子たちに舞い降りた聖霊降臨祭［後出］である。

　一方、聖人祝日のサイクルは、殉教者たち、ついで他の聖人たちの命日を祝っていた初期キリスト教共同体の古い慣習までさかのぼる。各国の教会は、一部の地方聖人を大聖人たちの普遍的なリストに組みこんでこの祝祭暦を調整しているが、教会と国家を結ぶ法的な枠組みを考慮して、これらの祝祭を祝ったり祝わなかったりしている。現在のフランスで祝われているのは、キリスト生誕祭と主の昇天祭、聖母被昇天祭、そして諸聖人の祝日［11月1日］である。

✚ 左ページ：日曜ミサ、フランス中東部ブルゴーニュ地方［ディジョン］のサン・ベニーニュ司教座聖堂。カトリック教徒は毎週日曜日やおもな宗教祭のミサに参列することを義務づけられている。

✚ ロザリオの祈りでは、アヴェ・マリアの祈り（天使祝詞）が50回唱えられ、それぞれの10回は主の祈りないし主祷文［天にまします…］と栄唱（グロリア）に導かれる。写真は若い女性が祈っているところ。ハバナ（キューバ）。

第1部　一神教

◆聖体祭儀の際に行われる、キリストの体の実在をなすとされるホスチアの顕示。信者はすくなくとも年に１度、復活祭の時期に、自分への義務として聖体拝領にあずからなければならない。

を記念して2008年を聖年としている］。この聖年には、神の恩寵や赦しにあずかるユダヤ教の安息休暇年［ユダヤの民がカナンに帰還した年から数えて50年ごとのヨベル（安息）の年で、奴隷の解放や負債の帳消し、田畑の休耕などが行われた］の伝統を受け継いだ全贖有が与えられる。

カトリック教徒は、教会によってまとめられた全体的な規則――ただし、その正当化は国によって多少とも異なる――にしたがって、自分の信仰を実践するよううながされる。しかし今日、彼らは教会に対して徐々に自立的な態度を示すようになっている。かつてのカトリック教徒たちは、伝統的に毎週日曜日のミサと主要な宗教祭にはかならず参列し、「自分の復活祭を行う」、すなわちすくなくとも年に１度、復活祭の時期に、自分の罪を告白してから聖体拝領にあずかったものだった。彼らはまた自分に用意されたすべての秘跡を受け入れなければならず、一定期間、とくに灰の水曜日から聖土曜日までの四旬節期間中、大斎や小斎（肉断ち）を遵守していた。

ミサと聖体の秘跡

ミサは祭式の基本的な要素である。それはさまざまな記号や象徴をとおしてキリストの所作を想い起こさせ、その受肉の玄義をより具体的かつわかりやすくさせる。カトリック教会では、大部分の西方カトリック社会で行われているローマ典礼が、16世紀、トリエント公会議［1545-63年］後に統一された。やがてそれは、20世紀の第２ヴァチカン公会議で大幅に変更されることになる。司教会議が各国の教徒たちの心性に適応するよう、それを改めたのである。

他のすべての典礼は、基本的に東方正教会で営まれている。ビザンティンないしギリシア・カトリック派、マロン派、コプト派、アルメニア派、シリア派、メルキ典礼派、シロ・マランカル派、シロ・マラバール派などである。彼らのより濃密な典礼は、イエス時代に話されていたアラム語のような古い言語を採用することによって、正教と似かよったものになっている。一方、カトリックの典礼は、アフリカ（アニミズム）やラテンアメリカ（ブードゥー教やシャーマニズム）のシンクレティズム（宗教混淆）を特徴とする民間信仰と、なおも混ざりあっている。

これら４通りの祝祭に、さらに日曜日［主日］に祝われている復活祭と聖霊降臨祭をつけくわえなければならない。後者は移動祝祭である前者の50日後［復活祭後第７日曜］にくる。また、教皇の主導により、聖年［1300年以降25年ごと］を特定の記念日に祝うようになっている［近年では、ベネディクト16世が使徒パウロの生誕2000年

連続する２通りの典礼を中心に営まれるミサ　ミサは神の言葉

ロザリオ、ロザリオの祈り、十字架の道行き　ロザリオとは祈りを唱えるたびに紐でつなげられた珠を指でつまぐり、その回数を数える一種の数珠だが、カトリックに特有なものではない。ロザリオの祈りは、主の祈りないし主禱文［天におられるわたしたちの父よ…］１回、アヴェ・マリアないし天使祝詞［アヴェ、マリア、恵みに満ちた方…］10回、そして栄唱［栄光は父と子と精霊に…］１回を唱えて一連とし、これを５回くりかえして一環とする。

修道院でラテン語を解さない者は、ふつう典礼祭儀の150の詩編のかわりに天使祝詞が唱えられていた。

ドミニコ会士のアラン・ド・ラ・ロシュ［1428頃-75。ブルターニュ出身の彼は、1473年に聖母出現を体験して以後、フランス国内やフランドルなどを遍歴してロザリオの祈りを広めた］は、アヴェ・マリア50回を３度くりかえす［三環］ことを中心にロザリオの祈りを整理した、カルトゥジオ会の考えをとりいれた。この三環が喜びと苦しみ、さらに栄えの玄義である。のちにヨハネ・パウロ２世が４番目の環、すなわち光の玄義をくわえた四環は、キリストの玄義の根本的な特徴と符合し、ロザリオの祈りを形作っている。ロザリオという語は、中世の聖母像のバラ［ロサ］の冠［ロサリウム］に由来する。この祈りは教会や修道院、修道会、家庭、祈祷集団などで広く行われている。

14世紀、聖地を守っていたフランシスコ会士たちはこの瞑想的な祈りの場を教会内ないし野外に移そうとした。これにより、キリストの受難を示す場面をなぞったさまざまな彫像や聖画あるいは十字架が、十字架の道行きにおける15か所の留を構成し、信者たちはその前に立ち止まって、とくに聖金曜日にキリストの苦しみを思い浮かべるのである。

いかなるものであれ、その統一ないし一体化の問題は、異端や無秩序の危険に悩まされていた教会の長年の宿痾だった。

　教育や文書に用いられていたラテン語は、カトリックの祭式では長期にわたって生きた言語として用いられてきた。カトリック教会の普遍性を具体的に打ち出したのが、まさにこのラテン語だった。だが、信者の多くはいかにして自分たちが唱える祈りの言葉を理解できたのだろうか。ラテン語がさまざまな文化に福音を伝えるうえで障害となる。徐々にではあるが、やがてそれが明らかになる。こうしてカトリック教会は、東方正教会やその他のキリスト教派にならって、20世紀中葉［第2ヴァチカン公会議］以降、典礼に現地語を使うことを認めるようになった。

　だが、こうした展開は、16世紀から第2ヴァチカン公会議まで行われていたラテン語によるミサ、いわゆる「聖ピウス5世のミサ」を守る、一部の伝統主義的ないし伝統完全保存主義的カトリックからは拒絶されている。この伝統的なミサは条件つきで認められており、ラテン語はなおも教皇庁の公式言語のひとつである。さらに、ラッツィンガー枢機卿、つまり教皇ベネディクト16世は、前任のヨハネ・パウロ2世以上に典礼伝統の監視者としての態度を打ち出していた。

　ローマの中央集権制はまた、8世紀以後の典礼聖歌の展開にもみてとれる。教皇グレゴリウス1世（在位590-604）が擁護したグレゴリオ聖歌は、修道院と教会の大規模な画一化運動のきっかけとなり、1903年には西欧教会全体に課されもした［ピウス10世の教皇自発教令による］。それは、1960年代に入って、教会がその限界、すなわち音楽芸術的な創造の停滞という危険と、より積極的な祈りの共同体との拡大しつつあった溝を自覚するまで続いた。そして今日、信

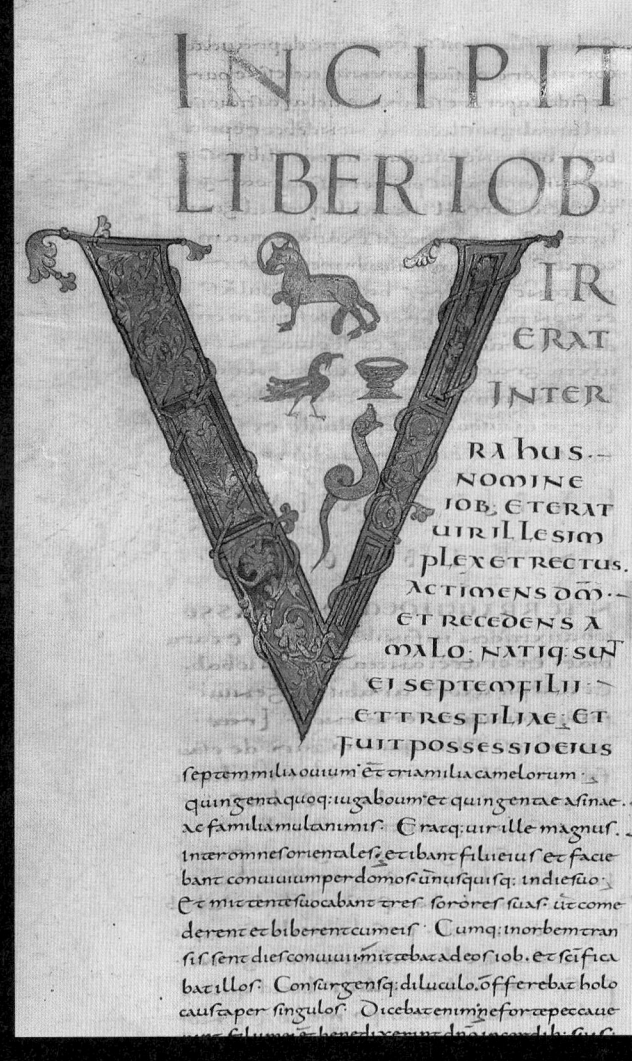

◆846年に編集されたラテン語による聖書写本の一ページ。禿頭王カール2世［西フランク王在位843-77、西ローマ皇帝在位875-77］の聖書、フランス国立図書館蔵、パリ。ラテン語はカトリック教会の「生きた言語（現用言語）」ともいえるものだった。

とで、教会はさまざまな文化に触発された典礼音楽（ゴスペル、アフリカ音楽、東洋音楽など）の拡大を、オルガン以外の楽器の利用ともども認めるようになっている。

［言葉の典礼］と聖体祭儀［感謝の典礼］から構成されている。言葉の典礼では旧約聖書と新約聖書（使徒書簡と福音書）の文章が読まれるが、これらの文章はミサ執行司祭ないし他の聖職者が説教のなかで注釈する。一方、聖体祭儀はイエスが弟子たちととった聖木曜日の最後の晩餐に由来するもので、一連の現物ないし金銭の寄付から始まる。それに続いて、キリストの「血肉」となる［実体変化］ぶどう酒とパンの聖別、さらに信者たちの聖体拝領が行われる。

聖体祭儀によって、キリスト教徒は自分に立ち返る。キリストがみずからの命によってなした賜物を拝領する。執行司祭は「これはわたしの体であり、これはわたしの血である」というイエスの言葉を唱えて、イエスの実在を明らかにする。過去2000年の長きにわたって世界中でくりかえされてきたこの祭儀は、カトリック信仰の中心的なしるしといえる。

しかし今日、フランスをはじめとする国々では、教会で毎週の日曜ミサをあげる聖職者の数が不足している。カトリックでは聖体とぶどう酒を聖別するために聖職者の存在を必要としているにもかかわらず、である。そのため、一部の小規模な共同体は互いに集まって合同ミサを営み、他の一部はミサのいくつかの要素を祝別抜きで行うADAP（聖職者不在の日曜集会）を組織している。

すでにみておいたように、**聖体拝領**は、洗礼とともに、秘跡［聖餐、機密］の数や意味づけが異なるキリスト教派に共通して認められているただ2つの秘跡である。初めての聖体拝領は、キリスト教徒のイニシエーション秘跡の中核をなす。それは伝統的に「初聖体拝領式（コミュニオン・ソレネル）」と呼ばれ、かつてはカテキズムの学習が終わったことを示していた。20世紀以降、その年齢は7ないし8歳に引き下げられる傾向にある［1910年、教皇ピウス10世が教書によって「分別の年齢」を10代前半から7歳にしたことによる］。そこではこの初聖体拝領と、一般的に思春期に入った際の信仰告白をとおして完結する、洗礼の誓約の更新とが分けられているが、実際の運用は場所と時代で異なる。

洗礼から病者の塗油まで

洗礼はキリスト教信仰におけるもうひとつの中心的なしるしである。この秘跡はイエスの生涯における重要な出来事を想い起こさせる。イエスが洗礼者ヨハネにヨルダン川で洗礼をほどこしてくれるよう頼んだことである。洗礼とは一種の通過儀礼であり、そこでの水は、復活の生にくわわるためにキリストとともにのりこえるべき死を象徴する。この秘跡をとおして、受洗者はキリスト教共同体に、「神に選ばれた民」のなかに入るのだ。彼は新しい生を受けて生まれ変わる。西欧のカトリック教徒たちは、聖水をふりかける洗礼にあずかる。これに対し、東方のカトリックや他の教派では、全浸礼による洗礼が行われている。

過去何世紀ものあいだ、受洗者は大部分が幼児だった。この秘跡が原罪を滅消する。教会は長いあいだそう力説してきた。そして、リンボ、すなわち天国と地獄の中間にあって、受洗前に死んだ子どもの霊魂が滞在するとした想像上の場所の存在すら考え出した。だが、おもに世俗化した社会では、成人洗礼が巻き返している。洗礼は何歳で受けるべきか。議論はなおも続いている。その選択は、神の恩寵と自覚的な洗礼のいずれを先にするかで変わってくる。

カトリック教会は、3通りのイニシエーション秘跡の最初にくる洗礼を新しい形にしようとしている。成人の場合、他の2秘跡、すなわち堅信と聖体の秘跡は、洗礼とともにひとまとめにして行われている。そこでは堅信は新生児の洗礼を追認する意味をもつ。中世以来、この秘跡を受ける者はさまざまな年齢だったが、今日では、思春期に「堅信にあずかる」傾向がみられる。

他の**四秘跡**は、カトリック教徒にとって人生の特定の段階を示すものとしてある。赦し、結婚、叙階、病者の塗油の秘跡だが、かつて赦しの秘跡は告解ないし悔悛の秘跡と呼ばれていた。キリスト教徒はみずからの罪を告白し、神の名において彼に赦免を授け、罪の償い（伝統的には祈りを唱える）を定める司祭からその赦しを授かる。告解場に足を運ぶ者はもはやめったにいないものの、個人の赦しをともなう集団的な告解の祭儀は、この秘跡にふたたび活力を与えるため、教会内で営まれている。

カトリック教会はまた結婚を秘跡としているが、それは神と人間との契約がたえず現実的なものであることを示すためである。この秘跡を有効たらしめるには、「自由で誠実かつ実りの多い」合意が必要とされる。夫婦は子どもをもうける約束をし、離婚してはならない。結婚の意味はまさにここにある。ただし、以下の重大な理由があれば、教会裁判所はその結婚が無効であると認めることができる。精神的な病、不能、結婚の本質にそむく意志、そして自由の欠如である。

病者の塗油はかつて終油の秘跡と呼ばれていたものである。その主たる特徴は、最後の審判を畏れて「贖罪」を望んでいる死にかけた者に、罪の赦しを与えるところにあった。教会はそこでは「癒し人」イエスにならって初期の祭儀をとりいれていたが、今もなお肉

◆カトリックの秘跡のひとつである結婚。これは神と人間との契約を示す。写真はオーストリアでの教会結婚式。

体を苦しみから解き放つ聖香油をシンボルとして用いている。この塗油によって、［イエス・キリストが］死の苦しみのうちにある病者に同行する［第２ヴァチカン公会議後の1972年、この秘跡の対象は瀕死者以外の病人にまで広げられた］。最後の秘跡としての聖体祭儀は、それゆえ臨終の聖体拝領となる。最終段階となる教会での葬儀は、特別の秘跡をともなわず、死んでもなお永遠の生があると期待をもって信ずる者たちのため、それとわかる儀式を営む。光と水のシンボルを用いて初洗礼を想い起こさせる、通過儀礼ないし過越の儀式である。教会は墓地で死者への敬意を訴え、その復活を待つ。教会は長いあいだ土葬をよしとしてきたが、今日では火葬も受け入れるようになっている［現在、フランスのカトリックでは約４分の１が火葬］。

叙階の秘跡は聖職者たちだけにかかわる。それが彼らの地位と司式の位階的な秩序を聖別するからである。この叙階には助祭、司祭、司教職があるが、プロテスタントと異なり、カトリック教会は、使徒継承と聖務の中心を占める聖体供犠を同時に強調するひとつの秘跡によって、これらの聖職を授けてきた。カトリックでは合計７種の秘跡が何世紀もかけて定められ、そのリストはトリエント公会議［1545-63年］で最終的に固定された。

礼拝と崇敬

実践の程度がどうであれ、祈りはしばしばキリスト教徒が神と結びつく最初の一歩となっている。カトリック教徒の場合、それはさまざまな対象に向けられる。神やキリストないし聖霊を讃え、聖母マリアを崇敬し、あるいは聖徒の交わりのしかじかの成員に助けを求める、といったようにである。時とともにさまざまな特有の礼拝と崇敬が追加されていったが、宗教地理学では、その多くがイエスの「聖心」や「ノートル＝ダム」、つまりマリアとかかわっているとされる。

各地の聖母出現もまた、信仰の場を増やしていった。とりわけ出現譚が多かったのは19世紀（パリのバック通り［1830年］、ラ・サレット［1846年］、ルルド［1858年］、ポンマン［1871年］）と20世紀（ファティマ［1915-17年］、メジュゴリェ［1981年］）である。こうした出現譚の信憑性を判断するのは、地元の司教の管轄だが、それがまやかしかどうか注意をはらっている教会は、この種の現象

◆教皇の三重冠をかぶったピウス12世。三重の冠からなるこの円錐形の豪華なかぶり物は、1963年、パウロ６世によって廃された。

につねに慎重な態度でのぞみ、これらの出現を信じるよう義務づけたりはしない。

最初期のキリスト教殉教者の聖遺物崇拝以来、聖人信仰は教会のなかで弱まることは一度たりとなかった。聖人たちの彫像や聖遺物は、しばしば彼らに捧げられた教会堂内に安置されているが、多くの聖人は特殊な徳性、とくに治癒力を有すると信じられてきた。さ

スータン（キャソック）とキャロット　祭服は第２ヴァチカン公会議以降簡素化されている。ミサをとりおこなう司祭は、アルバと呼ばれる白地の長衣を着て、ストラ（頸垂帯）をかけチングルム（紐）で腰まわりを締め、その上からカズラ（袖なしの外衣）をまとう。ストラやカズラの色は典礼時期で異なり、待降節と四旬節は紫［悔悟・悔悛の色］、クリスマスと復活祭は白［純真の色］、聖霊降臨祭と聖金曜日は赤［殉教の色］であり、それ以外の時期は緑色となっている。司教はミトラ（司教冠）をかぶる。パウロ６世が教皇に即位した1963年以後、歴代の教皇は３つの冠で飾られた円錐形の豪華な三重冠［三重の層は司祭権（天国）、司牧権（煉獄）、教導権（教会）の象徴］の着用をやめている。

前ボタンのついた長いローブであるスータンは、なおも聖務以外の時間に聖職者がまとう正式な服である。だが、今ではローマや伝統的な場以外でそれが着られることはほとんどなく、ローマン・カラー（立襟）のついた黒っぽい、もしくは折り襟に小さな十字架をつけた平服にとって代わられている。司教や枢機卿たちもまたしばしば平服を着て、胸に十字架をつける。ただ、ローマ滞在時や一部の公式祭儀のときはなおもスータンをまとっている。彼らの職位は帯やキャロット［高位聖職者の椀型帽］の色で分けられる。紫は司教、赤は枢機卿である［教皇は白帽］。修道士や修道女の着衣はあいかわらずさまざまだが、これらもまた俗人の身なりに近づく傾向にある。一部の修道会（フランシスコ会やカルトゥジオ会）では、淡褐色の羊毛でできた修道服がなおも着用されている。修道女の幅広の白頭巾［1964年まで愛徳修道女会が用いていた］は、もはや語り草となっている。これに対し、頭や肩をおおうヴェールは、今もみられる。

教会にとって、受洗者はだれであれ聖性をおびうる存在であり、それゆえ教会は、聖俗の男女を、きわめて多様な横顔をもつ聖性のモデル、つまり聖人として示すのである。一般的にこれら聖人たちはその命日に祝われ、名前が全キリスト教界ないし地域の暦にきざみこまれている。そして、彼らの彫像や聖遺物は、彼らに捧げられた教会堂内に安置される。かつて司教たちは聖人を認定する権限を有していたが、現在は教区での長期にわたる調査を経たのち、ローマで審議され、教皇が列聖請願者、福者、聖人のいずれかを宣言する。福者は生前にすくなくとも1つの奇跡が必要で、それが2つ以上あれば列聖される。ただし、殉教者の場合は例外としてこの規則が適用されない。ヨハネ・パウロ2世はこうした列聖化をもっとも数多く行い、教皇だった27年間［1978–2005年］にじつに福者1338人（フランス人はフレデリック・オザナムを含む197人）［オザナム（1813–53）はカトリックの歴史家・著述家・弁護士で、貧者のための慈善団体のサン・ポール・ド・ヴァンサン協会創設者。1997年列福］、聖人482人（フランス人33人）を宣している。これらの列聖・列福はすでに大衆化していた崇敬を追認するものだった。聖ピオ［1887–1968。カプチン会のイタリア人司祭。聖痕や病人治癒などのほか、ある青年がやがて教皇ヨハネ・パウロ2世になるとした予言などで知られた。遺骸が腐敗をまぬがれているともいう。1999年列聖］やマザー・テレサ［1910–97。2003年列聖］などのようにである。だが、なかには反論をまねいた選択もあった。オプス・デイ（神の御業運動）の創唱者エスクリバー・デ・バラグエル［1902–75。スペイン出身で、反マルキシズムや自由主義を唱えたが、南アメリカの貧民たちに対する卑下的な言動で物議をかもした。2002年列聖］や、ユダヤ人の改宗者で、アウシュヴィッツで没したエディッド・シュタイン［1891–1942。哲学者・カメリア会修道女で、現象学を大成したフッサール（1859–1938）の協力者。1998年列聖］の場合がそうである。

教会にとって、神の啓示は超自然的な要請とは無縁の創造に登場する。奇跡がイエス・キリスト信仰の重要な一部であるとしても、信者たちにそれを信じる義務はない。たしかに教会は奇跡的な治癒を規範的なしるしとして集めているが、それは信仰個条としてではない。

聖地ルルドで確認されている数々の治癒は現代科学では説明できないが、それらは最終的に教区司教が決定したものである。1858年以来、そこでは66例の奇跡が確認されているとはいえ、それは同地の医療局で明らかにされた治癒事例7000あまりの1割にも満たない。

◆「ベルナデット・スビルー（1844–79）への奇跡的な聖母出現」、作者不明版画。ルルドのマサビエル洞窟の「貴婦人」が14歳の少女ベルナデットの前に現れ、自分が「無原罪の御宿り」と告げたが、この出現は、1950年、時の教皇ピウス12世によって教義化されるもの［聖母被昇天］を予示する出来事となった。

らに一部の聖人は「守護聖人」に選ばれてもいる。今日、教会はこれらの伝統を、俗信から生まれたものと切り離そうと躍起になっている。

こうした教会の慎重さは、その信憑性がしばしば疑われる特殊な事物崇拝にもはっきりとみてとれる。聖体（聖別されたホスチア）に対する祈りは聖体祭儀の延長上に含まれるが、キリストの十字架ないし棘冠の破片だとするもの、あるいはまたトリノの聖骸衣、つまりキリストが包まれていたという屍衣に対する崇敬は、その信憑性をめぐってなおも議論を呼んでいる。とはいえ、今日、教会はこれらの伝承を尊重している。万人にそれを支持するよう求めはしないまでも、である。

祈りの種類には数多くの源泉がある。それはイエス自身が弟子たちに示した祈り、「われらが父よ」から発している。エリザベツ［洗礼者ヨハネの母］の聖母に対するあいさつと聖母の返答もまた、さらに次の2通りの有名な祈祷文に受け継がれている。「アヴェ・マリアの祈り（天使祝詞）」（アヴェ、マリア、恵みに満ちた方）［『ルカによる福音書』1・42から］と「マニフィカト」（わがこころ主をあがめ、わが霊はわが救い主なる神を喜びまつる）［『ルカによる福音書』1・46-55から］。典礼は、聖書の詩編や連祷ないし祈祷にくわえて、あわれみの賛歌（キリエ）や栄光の賛歌（グロリア）、信仰宣言（クレド）、感謝の賛歌（サンクトゥス）、平和の賛歌（アニュス・デイ）［神の羊］など、ミサ聖祭通常文［すべてのミサに共通する典礼文］と呼ばれるもののうちに広く使われている定式文で満たされている。エキュメニズムは、これまでさまざまな教派が基本的な祈りに共通する定式を用いるのを認めてきた。

一方、当然のことながら、司祭や修道者たちはより組織化された信仰心を重視している。司祭は毎日ミサをあげ、聖務日課書にある祈りを唱えている。1日の異なる時間、あるいは深夜でさえ、修道士や修道女は教会の祈り（時祷）のために修道院の礼拝堂に集まる。朝の祈りから読書や晩の祈りを経て寝る前の祈りまで、一部の教区では彼らの祈りを聞くことができる。

祈りには数多くの身ぶりやしるしがともなう。もっともよく知られているのが十字の所作である。さまざまな状況において、この十字を切り、「父と子と聖霊の名によって」と唱えることで、キリスト教徒はキリストの死と復活を想い起こすのだ。簡略化が強く求め

◆中国では、カトリックの状況はなおも流動的であり、信者たちは権力当局によって管理された公的な教会と、ローマの支持を受けてはいるものの、現行の体制から迫害されている「隠れた」教会に分かれている。写真は北京にある教会のカトリック神父。

られている時代にあっても、多くのカトリック典礼は伝統の重みをなおも引き受けている。教会にとって、聖なるものは祭儀の美を呼びこみ、東方正教会で営まれている祭儀はまさにこの特性をもっともよく永続させるものとしてある。聖務は多少とも土地と状況に応

ヨーロッパでの信仰実践　さまざまなアンケートや調査は、フランスにおける宗教的風景が過去数十年に安定傾向にあることを示しているが、脱キリスト教化や実践の減少という重い傾向もみられる。たとえば神の実在信仰や祈りの頻度ないし信仰の重要性は、たしかに衰退しつつある。その反面、カトリックへのこだわりはなおも維持されており、2003年の調査では、回答者の62パーセントが自分をカトリック信者としているという。だが、宗教心ないし宗教的感情をもつ者の数は、占星術の場合と同様、あきらかに凋落傾向を示しており、その割合は1994年では60パーセントだったのに対し、2003年では37パーセントとなっている。さらにヨーロッパでは、2002年に実施された「ヨーロッパ人の価値観調査I」（European Value Survey I）によれば、18-29歳までの若い世代の実践が国で異なり、すくなくとも月に1度教会に行く者はイタリアで40パーセント、ポルトガルで38パーセント、ドイツで22パーセント、ベルギーで17パーセント、スペインで13パーセント、そしてフランスでは6パーセントにすぎないという。さらにフランスでは成人洗礼数が増加しているのに対し、幼児洗礼数は減少の一途をたどって

割合（％表示）	1986年	1994年	2001年	2003年
自称カトリック	81	67	69	62
実践的信者	16	13	10	12

（出典：CSA／ル・モンド紙／ラ・ヴィ紙およびCSA／ラ・クロワ紙）

◆枝の主日から復活の主日のあいだの聖週間、信者たちは宗教行列に加わる。

された。カトリック教徒は以前ほど十字を切ることがなくなり、女性信者も、教会に入る際や聖体拝領にあずかる際に、頭部をおおわなくなっている。だが、多くの信者はなおも教会で祈りを唱え、ロウソクに火をともしている。

実践と信仰

　宗教的実践はカトリックの伝統をもつ多くの国で下火になり、たとえばフランスでは、ここ40年間に信仰の実践者はおよそ3分の2に激減している。その理由は数十年前からわかっている。社会的な理由としては、人々の都市流入や労働リズム、文化的世俗化、個人主義への回帰などで、教会側の問題としては、体制への不信や社会とのずれ、聖職者不足がある。

　だが、教会の実情はこれらの危機に集約されるものではない。この実践の低下現象が国によって異なり、なかには危機がなんらみられない国さえあるからだ。さらに、信仰の実践は教会の日曜ミサへの参加頻度という伝統的な尺度に限定されるわけでもない。じつのところ、こうした実践は多様化してきた。フランスにおける規則的な実践者（すくなくとも月に1、2度教会に行く）の数は、今日10パーセントをやや上まわっている。これら実践者たちはより年齢層が高く、男性より女性、小都市に住む管理職ないし農業従事者の方が多い。また、左翼より右翼政党に投票する選挙民が多いともいう。

　信仰の実践者たちが伝統的に課されていること（ミサに行く、告解をする）を以前ほど遵守しなくなっているとはいえ、彼らはなおも祈りを唱え、人生の重要な区切りには教会に足をはこんでいる。洗礼や結婚、葬送といった儀式は、周囲の世俗化にあらがってもいる。フランスの場合、幼児洗礼者の数は減っているものの、成人洗礼者は増えている。さらに、カテキズムを教えこまれた子どもの数はたしかに減少傾向にあるとはいえ、このカテキズムの実践は初聖体拝領の年までかなり盛んに行われている。教会結婚式の減少にも歯止めがかかっているという。

　信仰の度合を測るというのは、実際の行動以上にデリケートなものである。さまざまなアンケートや調査は信仰の実践者が急速に減少していることを示している。それらはまた、フランスをはじめとする伝統的なカトリックの国で、自分がカトリックであると答えた者が、2003年には62パーセントにのぼっているとしているが、こうした信仰は変動しやすく、しばしば矛盾してもいる。たとえば、カトリックであると言いながら、キリストの復活を信じていない者や、クレドと異教的信仰（転生や秘教など）をごちゃ混ぜにしている者すらいるからだ。とはいえ、カトリックはその伝統をもつ国々の精神的・社会的・文化的構造を形作る、重要な要素になおもとどまっている。

じた規則を有するが、その規則は、典礼で異なるカズラ（司祭がミサの際に着る袖なしの外衣）と白い祭服のアルバ、聖歌、言語表現（アーメン、アレルヤ）、祭壇具（聖体容器（チボリウム）、聖杯（カリス）、ミサ典書（ミセール）など）、オーナメント（十字架、燭台、ロウソク）、シンボル（火、水、聖香油、香）にかかわる。

　一般的にいって、カトリックの祭儀はしばしば日常生活の要請との合意によって簡略化されてきた。たとえばフランスでは、一部の地域を除いて、通りでの聖体行列はもはやほとんどみられない。ただ、聖金曜日の十字架の道行［やブルターニュ地方のパルドン祭］は復活傾向にある。さまざまな特殊な祭儀も各国の歴史のうちに生き残っている。宗教的伝統と民衆の習俗が混淆することもしばしばある。キリスト生誕群像（クレシュ）や聖ニコラウス［4世紀の小アジア・ミュラの司教で、殺された子どもたちをよみがえらせたことから子どもの守護聖人とされる。旅人の守護聖人でもある。祝日は12月6日。サンタクロースの原型］、復活祭の卵、ガレット・デ・ロワ［公現祭を祝う丸菓子で、等分に配られた部分にソラマメや陶器の人形が入っていた子どもが、その日かぎりの王となる］などがその事例だが、これらのすべての民俗慣行は、時の流れとともに衰退しているとはいえ、なおも本来的な意味をおびている。祝福され、家の十字架にかけられた小枝（枝の主日）や首から下げられた聖母のメダイユのようにである［前者はイエスのエルサレム入城を祝う、復活祭直前の月曜日の行事。後者は聖母信仰の証しとしての慣行だが、とくに1830年にパリのバック通りで修道女が聖母の出現をまのあたりにし、その言葉に従って「奇跡のメダイユ」を配布すると、折からパリで猖獗をきわめていたコレラ禍が鎮まったとして広まった］。

　信仰を俗信よりむしろ知性と結びつけようとした第2ヴァチカン公会議の意向によって、多くの慣行が簡略化され、いささかなりと突飛な信仰ないし逸脱した神秘主義に対する警告がいく度となく出

カトリック

制　度
中央集権制と集団指導制

カトリック教会は今も中央集権的である。この特性は、ヴァチカンの影響力とローマ教皇の役割に負っている。教皇が聖ペトロの継承者であり、その首位権を得てもいるローマ司教にほかならないからだ。教皇はまた、教会と使徒以来受け継がれてきた信仰との明白な一体性を保証する者でもある。すべての司教同様、教皇はその司教区の先頭に立つ司牧であるのみならず、司教の筆頭として、「普遍的教会の精神的指導者」であるがゆえに、彼の任務はローマを越える。

ローマ司教と教皇

教会法によって、教皇は「司教団の長」と呼ばれる。だが、この権威は、それぞれの司教区でローマ司教と同様の権限を有する他の司教の権威にとって代わることはできない。きわめて明確なローマの中央集権制にもかかわらず、教会のさまざまな問題に対する対応は、こうして教皇だけでなく、ローマ司教たる教皇を含む司教団による集団指導性があたることになっている。正鵠を期していえば、集団指導性は最初、すべての司教が一堂に会した最高機関である、いわゆる公会議において具体化されている。もっとも新しいそれは第2ヴァチカン公会議（1962-65年）だが、この集団指導性はさらに司教区（教会）会議にもみられる。これはより限定された司教たちの会議で、大陸ごとに特定の主題（家族問題や宗教生活など）を論ずるため、定期的に開かれている。

公会議や司教区会議を招集し、教理を発するのは教皇の権限に属する。また、ラテン典礼教会の司教を任命する権限も、西方教会の総大司教である教皇に属している。教皇は枢機卿たちを「創出する」権限ももつが、その会議、すなわち教皇主宰枢機卿会議は、当初は教皇を補佐するローマ顧問団の筆頭母体だった。今日、この機関は国際化され、ときおりヴァチカンに召集される一種の上院議会の役割をになうようになっている。

教皇はまた、歴史がつくりあげたローマの優位性から特権的な地位を導き出し、教会が信徒たちを教え導くことができるようにしている。すべての司教と同じように、なによりもまずみずからの任務を、イエス・キリストが使徒たちに命じたように、「福音」を教え伝えることに捧げてもいるのだ。そして、ローマを訪れる数多くの巡礼者たちのための一般謁見の際、説教や回勅によってそれを行う。さらに教皇は、ローマ教区はもとより、全世界を訪れて福音を教え伝え、みずからの旅や司教たちの定期的なローマ訪問（アド・リミナ）を受け入れるときには、地方の教会の現況や動向を探り、その意向を打診したりもする。

世界の舞台できわだった活動をしたヨハネ・パウロ2世は、カトリック教徒の指導者としての姿をより鮮明に打ち出し、カトリック教会はこれによって固有のステータスを享受するようになった。国際法がローマ司教の本拠、すなわち教皇庁を認めるようになったのである。教会とヴァチカンの利益のためにあった教皇庁は、数多くの国家や国際機関との関係を保ち、一般的にオブザーバーとしての地位を得るようになっている。その外交は、各国の教会や政府との連絡をになった教皇大使によってなされている。

◆ 2002年6月16日のピオ神父［1887-1968。イタリア出身のフランシスコ会士。31歳のとき、眼前に姿を現したイエスより聖痕を受け、以後、習わずして数か国語を話したり、人の心を読み解いたりする数々の奇跡を示すが、1931年、教皇庁よりその活動を禁じられ、2年後に禁を解かれる］の列聖時に、サン・ピエトロ広場とテベレ川に続くコンチリアツィオーネ通りにつめかけた群衆。およそ25年のあいだに、ヨハネ・パウロ2世は1338人を福者に列福、482人を聖人に列聖した。こうした列聖と列福は、すでに大衆に広まっていた崇敬をしばしば追認することとなった。

観想生活と宣教生活

◆朝の祈りから寝る前の祈りまで、修道士や修道女は、1日のさまざまな時間、ときには夜間ですら修道院の礼拝所に集まって、ここに見られるような「時祷」をあげる。フランス東部イゼール地方ロワボンのシャンバラン大修道院の女子シトー会員と修道女たち。

修道会やその会則は、何世紀もの時間をかけて連続的に打ち寄せた波によって生まれた。福音書は時代によってかなり異なる社会に同じような呼びかけをしたわけではないが、観想生活と宣教生活のいずれを選ぶか、修道者たちはしばしばその選択を迫られた。

修道士と修道女をとわず、彼らが属する修道会は、その精神性を聖アウグスティヌス［354-430。聖アウグスティノ（アウグスティヌス）会は13世紀に創設］やヌルシアの聖ベネディクトゥス［480頃-547。イタリアのモンテ・カッシーノに修道院を創設し、530年頃に戒律を定めた。ベネディクト会はその戒律に従う］、さらにアッシジの聖フランソワ・ド・サル［1567-1622。ジュネーヴ司教・教会博士。1601年に聖母女子修道会創設］などの衣鉢を継いだいくつかの大きな系派と結びついている。これら観想修道会のうち、ベネディクト会は、紀元1000年までに飛躍的な発展をとげた修道院制度のほとんど唯一の生き残りといえる。とくに典礼を執り行うことに邁進していたこの修道会からは、12世紀に、シトー会［修道士モレームのロベール（1027-1111）が11世紀末に、フランス中東部ブルゴーニュ地方のシトーに創設したシトー修道院を拠点とする］やトラピスト会［厳律シトー会とも。神学者で説教者でもあったクレルヴォーの聖ベルナルディス（1090-1153）によって発展する］が派生している。

教会の偏向に対する反発として13世紀に生まれた托鉢修道会は、今も活発に活動している。フランシスコ会やドミニコ会、カルメル会［12世紀にパレスティナのカルメル山に建てられた修道院に発し、1226年、教皇ホノリウス（在位1216-27）によって認可された修道会。13世紀中葉には、ルイ12世がパリにその修道院を創建している］などである。これらの托鉢修道会は説教や宣教の対外的な任務をになってきた。1540年に教皇から正式に認可されたイエズス会の唱導者であるイグナチオ・デ・ロヨラ［1491-1556］の精神性もまた、托鉢修道会と同様の献身的な任務を引き受け、長期にわたって、イエズス会士たちをカトリック宣教の先兵とした。

より近年の修道会ないし一般信徒の在俗修道会は、むしろ福音宣教（18世紀）や教育・健康問題（19世紀）をその活動の中心としている。聖心会やレデンプトゥール会（至聖贖罪主修道会）、オブレート会（汚れなきマリアの献身宣教会）、サレジオ（修道）会、ラ・サール会（キリスト教学校修士会）、貧民救済会、愛徳修道女会などがそれである。教区司祭と同様に、修道士や修道女たちは聖職志願者の不足という召命の危機をのりきっているが、この危機は大陸によって異なり、修道女の数は修道士の4倍にのぼっている。

20世紀には、特定の型に入りきらない運動が登場して、さまざまな形態の在俗修道会間の垣根をとりのぞくようになった。一般信徒の積極的な活動や地位ないし身分とは無縁のメンバーの混在、ときには教派を越えたメンバーの募集などによって特徴づけられるこの運動は、オプス・デイ（前出）やカリスマ刷新運動など、きわめて多岐にわたっている。これら新たな組織としては、以下のようなものがある。エマヌエル共同体［1975年にパリ出身のピエール・グルザ（1914-91）らが創設した信仰共同体で、神による魂の成聖を求めて、聖体崇拝や宣教に特化した活動を行っている。エマヌエルとはヘブライ語で「神はわれらとともに」の意］、新しい道［神学者でイエズス会士でもあるローラン・ファブル（1940-）が、1973年にカリスマ祈祷集団から立ち上げた組織で、1984年に正式に認可された。イグナチオ的霊性を重視し、キリスト者や家族、夫婦などの一体化を唱える］、ベアティテュード［プロテスタント出身の神学者で、のちに助祭に叙されるジェラール・クロワサン（1949-）が、1973年にフランス南部モンペリエで創設し、2002年に教皇から認可された共同体。ユダヤ典礼や精神療法、さらにカトリック教会が廃したさまざまな慣行を活動の一環としてとりいれている］、ラルシュ共同体［ドミニコ会士のフランス人トマ・フィリップ（1905-93）と、ジュネーヴ生まれのカナダ人ジャン・ヴァニエ（1928-）が、1964年にフランス北部オワーズ県で組織した共同体で、知的障害者の社会的受け入れやエキュメニズムの推進などを特徴とする］、サン・エギディオ共同体［1968年、当時高校生でのちにローマ大学のキリスト教史教授となるアンドレア・リッカルディ（1950-）が立ち上げた組織。貧民救済や死刑制度廃止などを唱え、1986年に国際在俗信徒協会としてカトリック教会から認可される。呼称は7世紀の隠修士である聖ジルのイタリア語表記から］、フォコラーレ［イタリア人のキアラ・ルービック（1920-2008）が、戦争で荒廃した生地トリエントで組織した宗教的社会運動体。1962年に「マリアの御業」としてカトリック教会から正式に認可され、キリスト教派や他宗教からの参集を呼びかけ、現在そのメンバーは世界182か国に450万人を数えるという］、キリストの軍団［1941年に司祭マルシアル・マシエル・デゴジャド（1920-2008）が、福音宣教を目的としてメキシコに創設した共同体。1965年にローマから認可されるが、創設者は麻薬密売や小児性愛などで告発された］。

教会にとって、ローマ教皇庁はまた中央集権的な行政を果たすものとしてある。首相に相当する国務（聖）省長官を指導者とするヴァチカン市国の国務省は、さまざまな事案の調整を任務とする。

この国務省は2つの部門に分かれている。他の機関や地方教会との関係をになう総務部と、外国との外交を扱う外務部がそれである。この「政府」の内閣ともいうべき中央政庁(ディカステーロ)も2部門に分かれており、聖省は教会内部の問題（聖職者、教義、信仰・祭式など）をにない、教皇評議会は外部世界とのかかわり（家族、正義と平和、文化など）に関心を向ける。中央政庁はまた裁判所［最高裁判所、控訴院、内赦院］や図書館、文書館を管轄下に置く。教皇と同様、教皇庁は地方の教会に直接働きかけることはないが、司教の叙階といった全体的な問題は調整する。その構成員は、半世紀以上前から国際化が進んでいる。

霊的権力と世俗的権力が混在していた過去数世紀にわたって、教皇は教皇領を所有・支配してきた。今日、霊的指導者として認められている教皇は、なおも元首の地位にある。こうした特殊性を、教皇は象徴的な小国家、すなわちヴァチカン市国の存在に負っている。前述したように、この小国家は、カトリック教会の独立を強化するために結ばれた、1929年のラテラノ協定から生まれたものである。教皇はその指導者として、立法・行政・司法の三権を行使している。面積わずか44ヘクタール、住民1000人に満たない小国家であるヴァチカン市国は、至上者の終身制選挙による宗教的君主制にしたがって機能しているといえる。

コンクラーヴェ（教皇選出会議）による選挙

初代教会の聖職者や信徒たちは、自分たちで司教を選んでいた。今日、教皇を選ぶのは枢機卿だけであり、この伝統は10世紀前から続いている。使徒ペトロの継承者たる教皇が地域的かつ普遍的な役割を同様に引き受けてきたように、今日、教皇を選ぶ枢機卿たちもまたローマ教会の聖職者の継承者であり、と同時に、この普遍的な教会の現在の代表でもある。事実、彼らは教皇庁で重要な責任をになう一方で、教区の司教もつとめているのだ。ちなみに、聖職者が他の徳性、たとえば評判の高い神学者であるような場合は、枢機卿に昇進することもまれではない。

パウロ6世［教皇在位1963-78］は教皇選挙人たちの年齢を満80

◆「近代化の教皇」と呼ばれたレオ13世［在位1878-1903］死去後の教皇選挙会議を描いた絵画、1903年、個人蔵。

歳以下とし、彼ら枢機卿たちの数を建て前として最大120名に定めた。現在、この枢機卿団は68か国の代表者からなり、2005年4月にベネディクト16世を選んだコンクラーヴェの場合、117名の選挙人のうち、半数がヨーロッパ人で、フランス人枢機卿は5名、3分の1が教皇庁の枢機卿だった。2013年3月のコンクラーヴェでは、115人の枢機卿のうち半数以上はヨーロッパ人だった。

ウルビ・エト・オルビ（都と世界に）　ヨハネ・パウロ2世の教皇在位期間［1978-2005年］は、おそらくピウス9世［1846-78］についでもっとも長いものだった。行政にほとんど関心をいだかなかったこの教皇は、ローマ教皇庁の慣行を根底から改めこそしなかったものの、きわめて質素な生活様式をとることでみずからの任務を一新した。教皇になった当初、スポーツ好きの彼はアペニン山脈でスキーに興ずるため、ローマを脱出することさえいとわなかった。さらに、カステル・ガンドルフォ［イタリア中部ラツィオ州］にある避暑用の別荘に、プールをつくらせてもいる。

ヨハネ・パウロ2世はあらゆる方面での接触を特徴的におしすすめた。およそ4分の1世紀間に、彼は5年ごとにローマを訪問したすべての司教と1万回(!)もの会談を行い、ローマを公式訪問した約40人の国家元首を受け入れ、私設図書館で国家元首とは700回、政府首脳とは240回以上におよぶ私的な接見にのぞんだ。さらに彼は、多少の例外を除いて、毎週水曜日、パウロ6世広間やサン・ピエトロ広場での1200回を超える一般接見にやってきた、じつに1700万人にのぼる巡礼者たちに、みずからの教理教育(カテキシス)を施しているのだ。

ヨハネ・パウロ2世はまた、世界中をもっとも数多く旅した最初の教皇でもあった。彼は司教区訪問を740回以上こなしたが、そのうちの360回はローマ司教区、140回以上はイタリア、100回以上が世界130か国あまりで、2500回を超える演説も行っている。

第1部　一神教

◆ヨハネ・パウロ2世の死去にともなう、2005年4月18日のコンクラーヴェの開始情景。新教皇を選ぶため、枢機卿たちはシスティーナ礼拝堂に閉じこもる。彼らの議論は世間の関心から遠ざけられ、その結論は白煙をあげることで告げられる。

教皇選出の際、枢機卿たちはシスティーナ礼拝堂に内輪で集まり、コンクラーヴェを行う。鍵のかけられた部屋（これをラテン語でクム・クラヴェという）に彼らを閉じこめるという伝統は、彼らを政治権力から引き離し、争いや分裂を避けるためである。選出に必要な票は選挙人の3分の2である。開票後、投票用紙は焼却される。投票が決着しない場合は、伝統に従って投票用紙に湿った藁がくわえられ、これを燃やすと、システィーナ礼拝総の屋根から黒煙が立ちのぼる。何度投票しても決まらない場合、枢機卿団は絶対多数の規約に頼ることができる。投票が終わり、しかるべき多数をもって新教皇が選ばれると、首席枢機卿が彼にこうたずねる。「あなたはこの選出結果を受け入れますか？」。そしてこうも続ける。「いかなる名で呼ばれたいですか？」。こうして新教皇の選出を告げる白煙が焚かれる。ベネディクト16世の選挙では、これにくわえて、さらにサン・ピエトロ大聖堂の鐘が打ち鳴らされた。

なおも自治を営む東方正教会の主教と異なり、司教たちは教皇によって任命される。しかじかの教区での調査を終えた教皇大使は、ローマに3名の名を知らせ、教皇庁がその中から1名を選ぶ。フランスでは、1905年の政教分離まで、政府の意見がとりいれられていた。分離後も、その意見は考慮されるが、一般的にそれはたんなる情報程度にとどまる。ただし、ドイツ占領時代から引き継いだ政教条約にもとづく地位を守ってきた、ストラスブールとメス両司教区の司教の場合は例外である。

教区と小教区（司祭区）

各教区は主任司祭を長とするいくつもの小教区に分かれている。今日、この小教区の数はおよそ21万7000あり、そのうち1万9000がフランスにある。都市部では、原則的にひとりの主任司祭を数人の助祭が補佐しているが、フランスをはじめとする一部の国では、聖職者数の減少と信仰実践の衰退によって小教区が再編され、一般信徒が共同体生活の多様な仕事（教理教育、典礼、秘跡の準備、施物分配など）にかかわることが増えている。ときには、聖職者不足のため、ADAP（聖職者不在の日曜集会）を行う新たな小教区も生まれている。こうして多様化した信者たちの共同体は、これまでの伝統的な地割りによる教区制を忠実に受け入れることなく、たとえ

ヴァチカン市国　福音書［『マタイによる福音書』16・19］によれば、イエスがペトロに与えたという「天の国の鍵」は、ローマの司教たちの連綿と続く使徒相承を象徴する。この鍵は赤色と黄色地に描かれた教皇権の標章と教皇庁［ヴァチカン市国］の紋章にとりいれられている。

ヴァチカン市国には、サン・ピエトロ大聖堂のほかに、使徒宮殿やヴァチカン美術館、さらに1か所ずつの銀行や印刷所、郵便局、スーパーマーケット、そしてほとんど使われることのない駅舎がある。あらゆる国と同じように、国歌や切手、通貨まである。だが、今日、その軍隊は、16世紀以降教皇を護衛してきたスイス人衛兵のみである。

ば仕事場と結びついた小集団をとおして、より細分化された実践（祈祷）に参加できるようになっている。

今日、より実効的な管轄を行うため、教区はほとんどの国で大司教区ないし大司教管区ごとに再編されている。これにより、フランスでは、2002年、大司教座の置かれた15の新しい大司教区［リール、ルーアン、ランス、パリ、レンヌ、ブザンソン、トゥール、ディジョン、ポワティエ、クレルモン、リヨン、ボルドー、トゥールーズ、モンペリエ、マルセイユ］が、それまでの9司教管区にとって代わった。さらに、小教区の司牧会議や司教区会議といった協議機関において、一般信徒が果たす役割も増えている。

一方、半世紀以上前から、現役の枢機卿や司教を集めた司教会議も全国的な規模で開かれてきた。たとえばフランスでは、有資格者たちの会議が常設の評議会を設け、年に2回、ルルドに集まっている。この組織が司教たちに権限を行使できるのは、きわめて限定された場合にかぎられているものの、こうした合理化はまた全ヨーロッパ的規模でもしかるべき役割をになっており、すでに40年以上前から、ブリュッセルには全欧司教会議委員会（CCEE）と欧州共同体司教委員会（COMECE）が設置されている。

司祭たちの聖務は日常的なミサを中心に組織化され、このミサのあいだ、彼らは聖体祭儀をとおして、キリストの犠牲をよみがえらせる。「アンカルディネ」、つまり司教区に入籍した彼らは、小教区──そこではときに主任司祭として──や他の特定の場、たとえば学校や病院、施物分配所、あるいはさらに（労働司祭として）工場でその聖務を行う。信徒共同体の精神的指導者としての彼らは祈祷を導き、司教を補佐して、教理教育や秘跡を授けるという任務を果たす。

司祭の叙階は、教会内でこの聖職者に決定的な特性を与える秘跡のひとつで、たとえ彼が還俗しても、その特性を消すことはできない。ラテン教会の伝統的なしきたりでは、司祭になれるのは独身の男だけだが、寡夫もまた司祭の叙階を受けることができる。ヴァチカンはこの規則を、イエスの事例を引きあいに出してなおも正当化している。時代と妥協しない態度をとったにもかかわらず、イエスは女性たちに十二使徒と同様の任務を与えなかった、というのである。

ローマからすれば、みずからの聖務をとおしてキリストの身代わりをつとめる司祭たちは、男性の優越ではなく、むしろ参画の多様性を正当化するものとしてある。増幅する無理解と衝突する危険をおかしながら、こうしてカトリック教会は、男女とも同じ権利を有するものの、社会的な役割が異なるとする考えを棄ててはいない。一部聖公会においては女性の叙階がなされているが、それによってローマは態度をさらに強硬にし、1994年、女性叙階を排除する「最終」選択が教理的と呼びうる性格をおびていると宣言するまでになった。一方、東方正教会では、主教は妻帯できないが、司祭の妻帯を認めている。

助祭と修道者

聖職召命、つまり聖職につく者の数が激減しているという危機的状況は、大部分の西欧諸国で顕著にみられる。その原因としては、聖職者の社会的地位の低下と、聖職に対する伝統的な要請（全体的かつ最終的な誓願や妻帯禁止など）とが混ざりあっているところにある。ただ、聖職からの離脱者がしだいに増加していった1970・80年代の衰退傾向は、すでにおさまっているようである。そして今日、聖職者の養成は一般的に神学校で行われているが、フランスでは、これらの神学校は、神学生が少なくなったため、司教区を越えた機関ないし施設にまとめられてきた。ちなみに、神学校での養成期間は2期6年間である。

初代教会時代にすでに存在していた終身助祭職は、第2ヴァチカン公会議によって復活したが、助祭職はまたかなり前から司祭叙階

◆ローマ司教としての教皇は、叙階をはじめとする秘跡を授ける聖務をになっている。写真は1997年のサン・ピエトロ大聖堂における聖職候補者たち。彼らは叙階を受けて司祭となる。今日、彼らの数は昔からのカトリック伝統国、とくにヨーロッパ諸国より、アフリカやラテンアメリカのほうが多くなっている。

教会の財政は2通りの予算、すなわちローマ教皇庁とヴァチカン市国の予算に分けられる。サン・ピエトロ広場での盛大な式典の豪華さは幻惑的だが、ヴァチカン美術館の財宝は、当然のことながら非の打ちどころのない世界遺産の一部をなす。教皇庁の要員と設備は、普遍的教会を活性化するという使命をもつ中心的機構に比べれば、むしろつつましやかなものといえる。

教会の出費としては、まずローマの正規職員（教皇庁に2000人、ヴァチカン市国政府の雇用者1500人）の人件費がある。さらに、近年いちじるしく数を増した在外教皇大使館の費用もある。ただ、一部の活動もまたかなりの赤字となっている。ヴァチカン放送がそうである。

そんな教皇庁に利益をもたらすものは、教皇領を失ったことの見返りとして、1929年のラテラノ協定［123ページ参照］で相続が認められた、動産および不動産の資産である。さらに、司教区からの寄金（2003年度は8000万ユーロ［約100億円］）にくわえて、宗教機関や個人基金からの寄付もある。

1990年代の財政再建後、教皇庁の予算は2003年まで、連続3年間赤字を出しており、この年のそれは957万ユーロ（2002年度は1350万ユーロ）にのぼっている。この予算には、ヴァチカン美術館や切手、貨幣などによる歳入にもかかわらず、とりわけ重要な遺産を維持するため、やはり赤字を計上していたヴァチカン市国政府の経常費は含まれていない。目を地方に転ずれば、司教区や小教区の収入はおもに教会維持献金やミサの献金、日曜募金、さらに「臨時収入」（祭儀時の献金）に支えられている。2001年のフランスでは、これらの浄財はおおよそ6億ユーロに達しており、そのうちの1億8000万ユーロは教会維持献金による。司祭たちへの報酬は司教区歳出の40–50パーセントを占めており、一般信徒への支出は25–30パーセントである。1905年の法制化以降、フランスの教会は国家からの寄金をいっさい受けとっていない（政教条約で認められたストラスブールとメス司教区を除く）。ただし、フランス国家はこの年以後に建てられたものを除いて、宗教施設の維持費だけは負担しつづけている。

教皇への報酬は給料制ではなく、一種の慈善勘定制によっており、その会計は毎年公開されている。一方、枢機卿たちには毎月1500ユーロあまりが支払われる。フランスの場合、司祭や枢機卿の月収は747–945ユーロである

◆フランス中東部ブルゴーニュ地方のヴェズレー大聖堂。ドイツでは、納税者たちが望むなら、その税金で宗教を財政的に支えることになっているが、フランスは教会施設の維持費をになしながらも、政教分離を原則としている。

前の最終段階でもある。助祭自身はミサを司式することはできない。奉仕活動（典礼、祈り、慈善）を行う特別な聖役であり、当座のところは男性のみだが、独身である制約はない。

そうした助祭の宗教生活は、福音書の戒律を生きる一般信徒よりはるかに徹底的な誓願を必要とする。盛式誓願修道会(オルドル)と単式誓願修道会(コングレガシオン)とは区別されるが、男性の場合、宗教的な誓願はしばしば聖職と結びつく。貞潔と清貧と従順という3つの誓約を軸としてたてられたこれら修道会の会則は、修道院生活の程度や観想ないし司牧的・宣教的任務のための場所に応じてさまざまである。だが、そのすべては教会法に属しており、それぞれの条文はローマ教会ないし司教区当局から承認されている。

通常、聖職者と一般信徒は区別されているが、「俗世」で生活し、独自の戒律を有する教区付き聖職者もまた他の聖職者と区別される。これら三者の境界はしだいに曖昧なものとなっており、宗教的な参画の経験も多様化しつつあるが、教会の奉仕には以下の3通りの道が可能性としてある。基本的に司教区の聖職者（司教、司祭、助祭）のいずれかに相当する叙階された聖役、宗教的ないし献身的立場、そして一般信徒に割りあてられた任務である。

第2ヴァチカン公会議は、長いあいだ君主制的で厳格なままだった社会をゆさぶった。教会のこうした新たな考え方によって、従来の位階制はだれもが等しい尊厳と共通の召命をもつこととなった、現存の「神の民」にその座をゆずった。こうした進展はまた、20世紀における一般信徒のより顕著な参画にはっきりとみてとれる。それをとくに示したのが、福音書の精神を現実の世界（家族や労働、政治、文化など）のうちに導入することを目的とした「アクション・カトリック（カトリック・アクション）」［122ページ参照］である。

福音書的精神と合致した社会のなかに身を置こうとする、その想いにつき動かされて、教会はつねに重要な分野での活動に身を投じてきた。学校や大学、施療院ないし病院や診療所、監獄などである。今日、召命数の低下は、たとえば病院内で奉仕する修道女の顕著な減少に現れているものの、教会は多くの国で教育の分野にもっとも精力的にかかわっている。

✛ シスター・ニルマラ・ジョシはマザー・テレサの衣鉢を継いで、「神の愛の女子修道会」総長となった。世界全体で5000人を数える同会の修道女たちは、とくにラテンアメリカやアフリカ、南アジアで活躍している。写真はニカラグアのマナグアにおけるニルマラ・ジョシ、2004年10月。

それと並行して、争訟や違反を調整するための専門機関も組織されている。教会裁判所がそれである。なにか係争が起きた場合、訴訟は地元の第1審ないし第2審の司教裁判所、ついでローマの裁判所で審理される。ローマの教皇庁控訴院はすべての教会関連訴訟を取り扱い、使徒座署名院最高裁判所は単独で破毀院や国務院、最高行政評議会、尚書院の役割を兼務する。教会関係者の逸脱行為に対しては、罰則として、権限（教導、説教、特定地域の出入り）の剥奪や聖職停止ないし破門の処分を行う。一般信徒に対する処分としては、伝統的にもっともよく知られている結婚無効の請求がある。

教会の権利

教会は何世紀もかけて独自の法、すなわち教会法を編集してきた。1917年に制定された現行の教会法は、1983年に改定されている。

召命数の減少　カトリック教会における聖職叙階は、危機的なほど減少している。だが、この召命の危機はさまざまな様相を有している。まず、1970年代から80年代の減少幅は、その10年前からむしろ小さくなっている。さらに、神学校入学者が減っているのは基本的に西欧諸国のみである。ラテンアメリカやアジア、東欧諸国では、聖職者の数は増加している。

とはいえ、こうした安定化がヨーロッパで現役聖職者の交代を保証するものでないことに変わりはない。フランスでは聖職者の高齢化がいちじるしく、現役の司教区司祭2万1700人のうち、8000人以上が60歳を超えている。かなり以前から、引退者や物故者（現在は、年間700人程度）に代わる聖職者の叙階ができない状態が続いているのだ。第2次世界大戦前、叙階は毎年1000人を超えていたが、今日では100人あまりに激減している。神学校の学生も1970年には3350人を数えていたにもかかわらず、1980年には1161人、2003年にはわずか773人となっている。

反対に、その多くが妻帯男性である終身助祭の数は、ここ数年、増加の一途をたどっていて、助祭叙階者たちの数は司祭叙階者の数とほぼ同じである。彼らは1970年には数人だったが、1980年にはおよそ100人となり、20世紀末には約1000人と激増している。

第1部　一神教

分布と定着
普遍主義の限界

すべての民に教えを広めるように。イエスは弟子たちにこう命じた。それゆえキリスト教は、至上命令ともいえる宣教と普遍への願望によってつねに特徴づけられてきた。その主要な支脈であるカトリックは、今日、すべての大陸で代表的な宗教となっている。このカトリックはたえず旅をし、地球上のさまざまな地で定着を試みてきた。しかし今日、それはとくにプロテスタントの新たな運動と激しく競合するようになっている。

地中海のゆりかご

使徒ペトロとパウロの時代以来、宣教者たちは人々の魂を征服すべくたえず旅立っていった。このキリスト教はまずローマ街道に沿った地中海周域に広まった。パレスティナから、ギリシアやトルコを経て、スペインや北アフリカへである。やがてそれは最初期の総主教座となったいくつかの都市、すなわちエルサレムやアンティオキア、アレクサンドリア、ローマ、コンスタンティノープルといった都市から光を放つようになる。東方教会はみずからの機構のうちに初期総主教制をとりこみ、守ってきた。キリスト教の版図は、こうして初代宣教者たちの足跡をたどって広がり、西は聖パトリキウス［英語名パトリック。387頃-461。ブルターニュの離島に、助祭を父として生まれる。伝承によれば、幼少時、アイルランドの海賊に誘拐され、奴隷としてアイルランドにつれてこられるが、やがて脱出して神学を修めたという。432年、ローマ司教の命でふたたびアイルランドに渡ってキリスト教を広める。アイルランドの守護聖人］の活躍でアイルランドまで、北はアルメニア、東はインド、南はエチオピアまで拡大した。

やがてキリスト教は北欧とロシアの境界まで版図を広げていく。その過程で出会ったさまざまな文化と衝突しながら、みずからの野望を西欧世界内にとどめず、14世紀からは危険を承知で中国にまで進出していった。さらに、15世紀に新世界が発見されると、アメリカ大陸へと向かう大きな宣教へ波が起こり、19世紀から20世紀にかけての西欧列強による植民地化にともなって、アフリカとアジアにおける宣教活動がいちじるしい発展をみせるようになる。こうしてキリスト教会は、しばしば新天地の大発見という歴史的出来事や科学技術の発達、西欧文化間の相互的富裕化などとともに、その歩みをきざんだのである。

とはいえ、この宣教活動は、きわめて多様な文化と出会ってつねに歓迎されたわけではなく、模範的な聴衆を得たわけでもない。教会の成功は決して一様ではなかった。穏やかで慈悲深く、無私無欲の精神を相手にしたわけでもなかった。キリスト教の歴史には、十字軍や異端審問、さらには宗教戦争といった血なまぐさい挿話が散りばめられているのだ。宣教者や植民地の建設者たちはその計画を、ときに曖昧な、だが暗黙の了解のうちに混ぜあわせた。以来、教会は良心の究明を誓ってきたが、みずからの責任を告白することにはなおも消極的である。1994年に起きたルワンダの大虐殺は、キリスト教会と植民地支配者たちがともどもに責任を負っている最後の事例といえる［多数派のフツ族によって50万から100万人のツチ族が虐殺された事件で、フツ族を支援していた教会は、国際戦犯法廷でこの虐殺に加担したとされ、聖職者数人が有罪判決を受けた］。

今日、カトリックは、受洗者の数にもとづいて信者数を10億強と主張している。これは全キリスト教徒の55パーセント、世界人口の17パーセントに相当する。だが、その増加率は世界人口のそれを下まわっている。この数値はカトリック教徒の数がイスラーム教徒の次であることを示しているが、ムスリムの総数がスンニ（スンナ）派やシーア派などをまとめたものであるのと同様に、キリスト教もまたさまざまな宗派が10億8000万の信者を擁するひとつの

> **不均等な分布**　カトリックの普及は不均等である。アフリカ大陸とラテンアメリカでは信者数が増加の一途をたどっているのに対し、ヨーロッパと北アメリカでは停滞している（ただし、後者は絶対的数値ではない）。一方、アジアはなお「征服しがたい」地にとどまっている。

カトリック教徒の分布変遷

	1999年		2002年	
	100万人	%	100万人	%
アフリカ	124.3	12.0	137.4	12.8
北アメリカ	74.7	7.2	78.8	7.4
ラテンアメリカ	435.5	42.3	455.6	42.6
アジア	107.0	10.4	110.2	10.3
ヨーロッパ	281.7	27.3	279.9	26.1
オセアニア	8.0	0.8	8.4	0.8
世界全体	1031.2	100.0	1070.3	100.0

（出典：『教会統計年鑑』2002年）

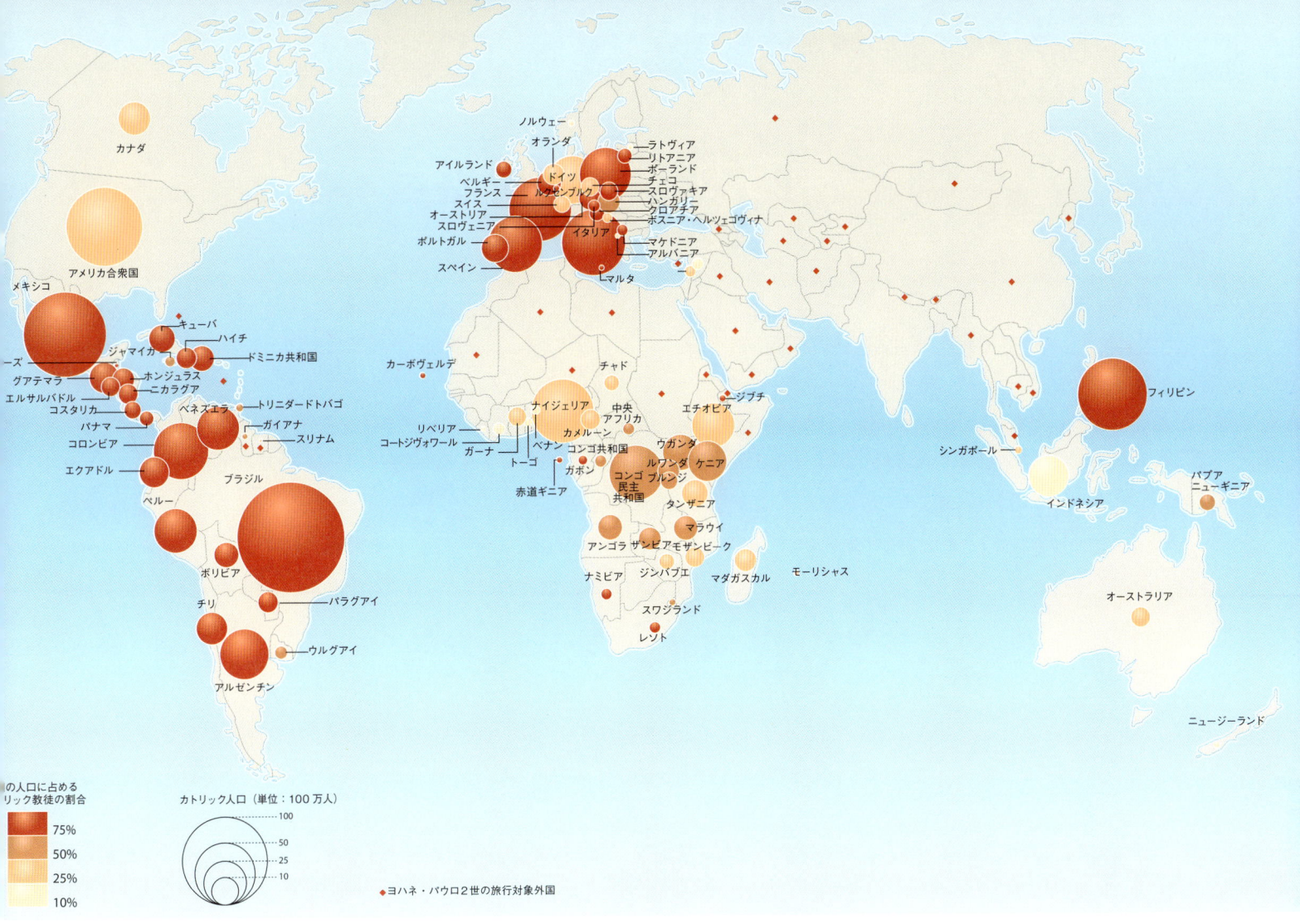

◆ カトリック人口の世界分布

21世紀初頭における世界のカトリック（2002年度）

アフリカ
カトリック教徒1億3740万のうち、もっとも多くを擁する上位5か国（単位：100万人）
コンゴ民主共和国 ……………… 28.3
ナイジェリア …………………… 17.5
ウガンダ ………………………… 10.8
アンゴラ ………………………… 7.8
ケニア …………………………… 7.7

総人口比で最多受洗者上位5か国
カーボヴェルデ ………………… 92%
レユニオン ……………………… 92%
赤道ギニア ……………………… 88%
サントメ・プリンシペ ………… 88%
セーシェル ……………………… 85%

北アメリカ
この地域では7880万のカトリック教徒のうち、アメリカ合衆国は最多の6550万（総人口に対する受洗者比率22.5％）で、次はカナダの1330万（同42％）

ラテンアメリカ
カトリック教徒（総数4億5560万）をもっとも多く擁する上位5か国（単位：100万人）
ブラジル ………………………… 149.3
メキシコ ………………………… 92.2
コロンビア ……………………… 38.7
アルゼンチン …………………… 34.2
ペルー …………………………… 26.7

総人口比で最多受洗者上位7か国
エクアドル ……………………… 92%
アルゼンチン …………………… 90%
コロンビア ……………………… 89%
メキシコ ………………………… 89%
ニカラグア ……………………… 89%
パラグアイ ……………………… 89%
ドミニカ共和国 ………………… 89%

アジア
1億1020万のカトリック教徒のうち、もっとも多くを擁する上位5か国（単位：100万人）
フィリピン ……………………… 65.0
インド …………………………… 17.1
インドネシア …………………… 6.4
韓国 ……………………………… 4.3
レバノン ………………………… 1.9

総人口比で最多受洗者上位5か国
東ティモール …………………… 93%
フィリピン ……………………… 82%
レバノン ………………………… 52%
韓国 ……………………………… 9%
スリランカ ……………………… 7%

オセアニア
カトリック教徒総数840万のうち、オーストラリア550万、ニューギニア160万

ヨーロッパ
2億7990万のカトリック教徒のうち、もっとも多くを擁する上位5か国（単位：100万人）
イタリア ………………………… 55.8
フランス ………………………… 46.0
スペイン ………………………… 38.4
ポーランド ……………………… 37.0
ドイツ …………………………… 27.4

総人口比で最多受洗者上位7か国
イタリア ………………………… 97%
マルタ …………………………… 96%
ポーランド ……………………… 96%
サンマリノ ……………………… 96%
アンドラ ………………………… 94%
スペイン ………………………… 94%
ポルトガル ……………………… 94%

東方カトリック教会

　東方［典礼］カトリック教会は、1054年の東西教会の大分裂前にすでに分離していた東方教会の全体ないし一部が、ふたたびローマと結びついてできたものである。

　一部の教会は神学論争の結果、1054年以前にローマから離れた。エフェソス公会議（431年）はネストリウス派を排斥したが、その結果、次のような教派が生まれた。

- バグダードにバビロン総主教をいただき、16世紀にローマと結びついたカルデア典礼教会──イラク、イラン、シリア、レバノン（信者数300万）
- 15世紀にローマと結びついた、インド東部のシリア・マラバール典礼教会（信者数300万）
- 20世紀にローマと結びついた、インド西部のアイリア・マランカル典礼教会（信者数30万）

　カルケドン公会議（451年）はキリスト単性説を排除したが、その結果、次のような教派が生まれた。

- ベイルートにアンティオケア総主教をいただき、17世紀にローマと結びついたシリア（ないしアンティオケア）教会──レバノン、シリア、パレスティナ、イラク（信者数10万）
- アレクサンドリア総主教（カイロ）とアディス・アベバ首都大司教をいただき、18世紀にローマと結びついたコプト典礼教会──エジプト、エチオピア（信者数35万）
- ベイルートにキリキア総主教をいただき、18世紀にローマと結びついたアルメニア典礼教会──アルメニア、エジプト、イラク、レバノン、シリア（信者数17万）

　1054年の分離後に生まれた教派には、ほかに以下のようなものがある。

- ダマスカスにアンティオケア総主教をいただき、18世紀にローマと結びついたメルキ典礼教会──シリア、ヨルダン、レバノン、パレスティナ（信者数100万）
- 大主教や主教会議を有するビザンティン（ないしギリシア・カトリック）典礼教会──ウクライナ、ルーマニア、ブルガリア、ハンガリー、スロヴァキア（信者数700万）

　さらに、なおもローマと密接な関係にある自立教会

- レバノンのブケルケにアンティオケア総主教をいただき、12世紀からローマに帰属しているマロン典礼教会──レバノン、シリア、キプロス（信者数200万）

　これら東方カトリック教会は合計1500万の信者を擁し、世界各地に散らばったそのディアスポラはとくに西欧や北米に多い。

　（出典：『世界キリスト教徒百科事典』、オックスフォード大学出版局、1985年、および『宗教百科事典』、バヤール社、2000年）

✦マロン派の聖エリーシャ修道院。14世紀建立、レバノン。

宗教だとみなすこともできる［ヴァチカンの日刊紙「オッセルバトーレ・ロマーナ」によれば、2006年度のイスラーム教徒は世界人口の19.2パーセント、カトリック教徒は17.4パーセントだという。なお、同年のキリスト教徒は世界全体で約21億人、イスラームは13億人とされる］。

普遍主義の限界

前述したように、カトリックは南北アメリカやアフリカで総じてなおも発展しつづけているが、アジアでは停滞し、ヨーロッパでは後退局面にある。だが、たしかにラテンアメリカでは、信者こそ増えているものの、新しいセクトや宗教運動と直面して息切れしている感がいなめない。さらに、今日アジアのカトリック教徒がきわめて少ないということは、とくに福音宣教の限界を示している。

旧大陸において、キリスト教の伝統はポルトガルのようなラテン系の国ではなおも無視できないものとしてある。それはアイルランドやベルギー、ルクセンブルク、ドイツ南部、オーストリア、さらに東欧のポーランドやリトアニアについてもいえる。だが、宗教離れがいちじるしい西欧世界は、第三世界の台頭によってその覇権的地位を失っている。フランスやスペインないしイタリアといった、長いあいだカトリックの伝統的な模範国だったヨーロッパ諸国ですら、合衆国やブラジル、メキシコなどのアメリカ大陸、あるいはフィリピンをはじめとするアジアの諸国のような、よりダイナミックなカトリックを有する国々の台頭にその地歩をゆずらなければならなくなった。こうして現在、カトリック教徒の5人に2人以上はラテンアメリカに住み、スペイン語がカトリックの第一言語となっている。紀元1000年までの分裂から生まれ、次の千年紀にローマと和解したさまざまな東方カトリック教会は、基本的に近東で活動している。だが、これらの東方教会は、とくに北アメリカやヨーロッパに定着しているディアスポラ（離散民）を除いて、イラクやパレスティナ、さらにレバノンにみられるように、しばしばその地盤を失っている。

カトリックの別の拠点は、たとえば韓国のように、少数派だが活動的で、よりしっかりと根を張ってきた。だが、中国のカトリックはなおも輪郭が明確ではない。信者たちは権力当局に統制されている公式教会と、ローマの支持を受けてはいるものの、現体制から迫害されている「地下」教会に分かれているからである。ただ、この両教会をへだてる境は希薄化の傾向をみせている。一方、アフリカのフランスおよびベルギーの旧植民地におけるカトリックは、イスラーム教と直接的な競合状態にある。

第三世界諸国における洗礼者数の増加は、教会がそこでなんらかの活力を保っていることを示している。受洗者の数にデータとして司祭や聖職叙階の数をくわえるなら、長いあいだ召命の主要な部分を占めてきたヨーロッパと北米が、現在ではその活力をアフリカに、そしてまたアジアにゆずり渡していることがわかるだろう。

すでに指摘しておいたように、欧米ではカトリックの拡張が停止状態になっている。社会の脱宗教化や宗教機関への不信がその原因だが、くわえてイスラーム教のみならず、新しいセクトや宗教運動（アメリカ合衆国）との激しい競合もある。さらにカトリック教会は、とくにアジアでその普遍主義の限界に直面してもいる。ヨーロッパ文化から非常に遠い構造化された社会へのキリスト教信仰の浸透は、ローマにとってなおも困難な挑戦としてある。きわめて中央集権的なカトリック教会内での、典礼をめぐるさまざまな宗教的対立がそのことを示している。16世紀の中国や20世紀のアフリカにみられたように、である。

✦カトリック教会はアフリカで活発な活動をくりひろげてきた。写真はアビジャン（コートジヴォワール）のサン・ポール司教座聖堂での復活祭のミサを終えて帰る人々。カトリック教会と合衆国から来た新しい福音派との競合は、アフリカの伝統的宗教との競合と同様に激しいものがある。

✦伝統に従って、洗礼の秘跡は原罪を浄める。それはとくにキリスト教共同体への参入を象徴する。第三世界の国々での受洗者数は増加している。写真は、グアテマラのホルヘ・ラ・ラグナ教会での洗礼式。

人間観と世界観

「自然の掟」を後ろ盾として

　信仰は一個の道徳ないし倫理だけにとどまらず、ある種の生き方のうちに立ち現われる。この生き方は人間観を中心に組み立てられる。そこでは人間は父なる神と子を映し出す存在であり、聖霊によって命を吹きこまれる存在でもあることを使命ないし目的とする。教会にとって、信者の行動は神から与えられる愛への返答でなければならない。人間の価値がその源泉と終着点を見出しうるのは、まさにこの神の愛のなかにほかならないからである。こうした価値は真実や自由、品性、他者への敬意といった名をもつが、信者たちはイエスの最初の弟子たちにならって、主たる掟を中心にみずからの人生を営むよう求められている。「互いに愛しあいなさい」、という掟である。

「生命の文化」

　教皇在任中、ヨハネ・パウロ2世はキリスト教的ヒューマニズムの名において、誕生から死にいたるまでの生をうやまうよう、強く訴えつづけた。最初の対象は周知のように堕胎だった。教会は女性の自由にかんする議論をすべてしりぞけたわけではないが、まず胎児の命を守ることを争点としてそれを主張した。教会にとって、生命は神からの賜物にほかならない。それゆえ、懐胎のときから、絶対的にそれを尊重しなければならず、この点だけはゆずることはできない、というのである。堕胎に力を貸せば、それは破門に値するともいう。だが、教会は悲惨な境遇にある女性の思いを肩代わりできないことを理解している。堕胎がつねに死をもたらす重大行為であることはいうまでもないが、ある状況下では、それは微罪ともなりうるというのだ。

　こうした「生命の文化」に対する擁護は、同様に自殺の否定、とりわけ死刑や安楽死の否定にもあてはまる。生命が神からの絶対的な賜物である以上、殺人も自殺も赦されない。しかし、この原則的な断罪には、微妙な意味の違いがある。長きにわたって贖罪の苦しみを強調してきた教会は、今では瀕死の病人たちにより多くの平安をもたらすための対処療法の重要性とまったく同様に、鎮痛剤の正当性を認めるようになっている。さらに、思想の自由を尊重して、司祭たちが自殺者に対する教会葬をあげるよう促すようになってもいる。

　一方、優生学の危険性については、どれほど小さなものであれ一様に断罪する。生命に究極の価値を与え、そのためにはすべてを犠牲にしてもよいとするわけにはいかない。優生学の過激なまでの治療行為はしりぞけられる。教会にとって、生まれてはいないものの、すでにして一個の人格をもつ資格をそなえた胎児はもっとも尊重に値する存在といえる。こうして教会はいっさいの生命操作や取引、つまり人間のクローン作製や胎児の利用を、たとえ治療目的であるとしても反対している。

生命を守ること　教会にとって、それは「神の賜物」と同時に「自然の掟」にたえず依拠するものとしてある。そのもっとも明白な事例は、当事者同士がとりかわす全体的かつくつがえすことのできない誓約のしるしであり、神と人間が結んだ愛の契約の象徴でもある結婚である。夫婦の契りはそれが性差を越えておびるさまざまな価値、すなわち優しさと生命の伝達という価値を切り離すことができない。夫婦の愛はこうして貞節と多産という二重の要請のもとに置かれる。したがって、教会が性の快楽を認めたとしても、それは結婚を前提としてのことである。周知のように、キリスト教の伝統は結婚前の純潔を勧めている。

受精と避妊　パウロ6世が1968年に出した回勅「フマーネ・ヴィテ（人間の生命）」で、教会は性の卑俗化にともなう危険と「避妊行動」を非難している。希望する子どもの数を自由に決める「責任のある親」の必要性を認める一方で、教会は器具や薬（ピルや体内避妊具）を用いて受精を調整する人為的な方法を否定し、自然な方法（ビリング法や基礎体温法など）を勧める。

　教会のこうした非妥協的な姿勢は、これまで数多くの反論を教会内部でひき起こしてきた。これらの反論は教会の方針と信者たちの実践とのあいだの乖離をいちじるしく示している。とりわけそれは、エイズの予防法について、ヨハネ・パウロ2世と世論との対立をまねいた。ヨーロッパの司教やアフリカで活動していた修道士たちの多くが、「ひとつの過ちに新たな罪をくわえるのを避けるように」と説いていたにもかかわらず、たしかにヨハネ・パウロ2世教皇はコンドームの使用をはっきりと断罪しなかった。しかしながら、彼はこうした実践が、「人間の品性」に反するものだとみなしていた。

　このような非妥協性によって、カトリック教会はまた国際機関とも対立するようにもなった。すなわち、教会は一部の国で公権力が人口問題に勝手に介入することをくりかえし非難し、家族計画による「人口増加抑制策」に抵抗したのである。そして、強制的な避妊ないし不妊化政策を実施する西欧のNGOも非難した。

　厳密にいえば、教会にとって、親が「子どもを自由にもてる権利」は存在しない。試験管受精をはじめとする、すべての人工授精

法に対する教会の非難はまさにそこに由来するが、1987年に枢機卿ラッツィンガー、のちの教皇ベネディクト16世が草した教書「ドヌム・ヴィテ（生命の賜物）」は、夫婦の合意にもとづく体外受精すらも認めていない。それゆえ、代理母や不妊手術──一時的なものであっても──、さらには治療目的の産前診断すらも否定している。

　神の恩寵のしるしであるカトリックの結婚は解消できない。婚約者たちが神の前で秘跡による誓約を行っているからだ。特定の場合（性的不適合や夫ないし妻の意志をごまかしての結婚など）、結婚の無効を司教区裁判所、ついでローマ教皇庁の最高裁判所に訴えることができる。この訴えが認められれば、秘跡自体の解消は不可能だが、結婚を無効にすることはできる。ただし、教会は、離婚し、世俗婚によって再婚したカトリック教徒に対してはなおも非妥協的である。たしかに彼らはかつてのように破門とはならないが、不安定な状況に置かれ、当然のことながら秘跡（とくに聖体拝領）にあずかることはできない。ドイツやフランスの司教たちが提出している見解にもかかわらず、ローマは今日までそうしたかたくなな態度を改めようとしていない。

　一方、教会は同性愛者たちをこばもうとはしていない。だが、「自然の掟」に反するゆえに、「本質的に常軌を逸した」と形容される同性愛的行為を非難する。カトリックの伝統にすがってのこうした判断を、教会は、人間の成熟が「異なる存在」としての他者との関係のうちにおいてのみ実現する、と説明することで正当化している。こうして教会は、同性愛カップルのいかなる制度化にも反対するようになるが、フランスの場合、このカップルは、PACS（市民連帯協約）［1998年成立。性別とはかかわりなく、成人同士が共同生活を営むためにかわす契約］によって、結婚や子どもを養子に迎えることさえできる［フランスは2013年4月に同性婚を合法化した］。

教会の社会的教義

　神の似姿としての人間に対するかぎりない敬意は、社会的な生活規範にかんするカトリックのさまざまな見方においても後退している。レオ13世（在位1878-1903）から現在の教皇フランシスコにいたるまで、教会のこの社会教説は、経済・社会生活における人間の尊厳をしかるべく向上させるため、くりかえし見なおされてきた。人間は自分ひとりで生きてはいけない。したがって、社会秩序は共通の利益に応じて経済によって築かれなければならず、それにもとづいて、各人の労働や居住、教育、健康、安全といった権利が生まれ、人々を援け、支えるという国家の必要不可欠な役割も生まれるとする。

　神は人間の自由になるようにと財を与えたが、教会にとって、人間がそれを自由に使える絶対的な権利は存在しない。この財は普遍

✦「堕罪とあがない」、フーゴ・ファン・デル・ゴエス（1440-82）、二連板の左側パネル、ウィーン美術史美術館。原罪の古典的表現で、エバが禁断の果実をアダムに差し出している。

的な用途、つまり何にでも使えるが、それを用いることは、この善を労働によって何かに変えていくための基本的な権利にほかならない。人間はまた、神が創造した地球をうやまわなければならないともする。大地は万人のためにあるが、個人のものであれ公のものであれ、それを所有することは完全なまでに正当な善である。それゆえ国有化は、開発が不十分な広大な土地の開発とまったく同様に正当化され、飢えた人間はみずからの尊厳において、その分割を求めるのだという。

　経済活動のなかで、すべては「資本＝労働」がいかに組みあわさ

◆ヨハネ・パウロ2世のポーランド訪問、1985年6月16日。東欧の共産主義崩壊の引き金となった労働者組合「連帯」の後ろ盾になってくれた教皇にあいさつするレフ・ヴァウェンサ（ワレサ）。

フランスの政教分離法──
　第1条　共和国は信仰の自由を保証する。共和国は公共秩序のために定められた以下の制約を除いて、自由な信仰実践を保証する。
　第2条　共和国はいかなる宗派に対しても報酬や援助を認めない（…）。（政教分離法、1905年12月9日）

自然の掟──「自然の掟は歴史を通じて不変的かつ永続的なものである。それを表す諸規則は実体として有効である。この掟は道徳規範の確立や民法に不可欠な基盤である」（『カトリック教会カテキズム』第1979項、1992年）。

良心的拒否──「市民は、世俗権力の規定が道徳的秩序の要請に反する場合、それに従わないことを義務づけられる。人間よりむしろ神に従わなければならないからである」（前同、第2256項、1992年）。

人間の権利──「この権利が創造主ご自身によって創造の秩序のうちに示されていることは自明である。ここでは世俗の機関、すなわち世界各国の政府ないし組織による委譲について論じるわけにはいかない。これらの機関は、神がみずから創造した秩序のなかに、さらに倫理観や人間の心のなかにきざみつけたものしか表すことしかできないからである。（…）福音書は人間のあらゆる権利にかんするもっとも完全な宣言にほかならない」（ヨハネ・パウロ2世『希望のなかに入れ』、プロ＝マム社、パリ、1994年）。

人道主義的介入の権利──「外交交渉によって差し出されたすべての可能性や、慣行ないし各種国際機関によって予測されるさまざまな過程がひとたび実施され、さらに、それにもかかわらず、市民が不正な侵略者の攻撃のもとであえいでいる場合、国家はもはや〈無関心でいる権利〉をもちえない。おそらくそこでの国家の責務は、もしも他のあらゆる手段が無効であるとわかれば、この侵略者から武器をとりあげることにある。諸国家の主権とその国内問題への不干渉の原則は、しかし背後で拷問や暗殺がなされるような風除けをつくるものではない」（ヨハネ・パウロ2世「外交団への説話」、1993年1月16日、『カトリック記録集』第2066号、157ページ）。

戦争──「戦争に否を。戦争はけっして不可避なものではない。それはつねに人類の敗北としてある。（…）戦争は国家間の紛争を解決するために選びうる唯一の手段などではけっしてない」（ヨハネ・パウロ2世「ローマ教皇庁と外交団への説話」2003年1月10日、前同、第2285号

◆ 1998年1月、ヨハネ・パウロ2世はキューバを訪れ、フィデル・カストロと会っている。

れるかにかかっている。歴代の教皇は、あいついで出したその回勅において、資本主義と共産主義というふたつの敵対的な体制と慎重に等距離を保ってきた。つまり、共通の利益が万人のために守られる社会的民主主義をめざしたのである。教会の社会教説は、第三の道を唱えるより、今日その大部分が入り混じった両体制を調整しようとしている。

一方、経済的教義として、教会はあまりにも自由で集団主義的すぎる企業の考え方とは距離を置き、企業がその経営に参加させ、利潤を還元することで、賃金生活者を企業活動に結びつけるよう促している。教会はまた労働組合運動の利点を認め、生産手段などの共有化の中心をなす労働を、創造主の偉業を継続するものとして評価してもいる。こうした労働は、それが目的から逸脱したり、不正や疎外の原因となったりしないかぎり、人間が向上する手段だともいう。

さらに教会は、絶対的な平等などはなく、あるのは価値の正当な序列だとしている。賃金生活者は公平な報酬を受ける権利がある。しかし、現代社会は労働の果実を分配するうえで、なおあまりにも不公平である。普遍的な交換手段である金銭は、教会にとって、そこに絶対的な価値を置くかぎり、曖昧ないしいかがわしいものとしてある。現実を貨幣価値によってのみ、人物を支払能力によってのみ考えるかぎり、脱聖化の危険は残る。それゆえ教会は、唯物論の象徴とでもいうべき異常なまでの利潤の追求があるかぎり、福音書にいう清貧と対極にある金儲けという考え方を警戒する。そして、いたるところにみられる宣伝に影響された消費への渇望を、究極までおしすすめる社会を批判する。

福音書的な慈悲観を完璧なものにするため、教会はつねに連帯と支援が必要であると強調してきた。人間は連帯によって共通の利益に寄与し、個人主義をしりぞける。一方、支援はしても、国家や社会が、集団主義とは反対に、みずから自由に活動しうる個人にとって代わることはない。

連帯は外国人の受け入れに対してもいえる。ヨハネ23世は1963年の回勅「パーチェム・イン・テリス（地上の平和）」において、あらゆる人間は外国を訪れ、そこに住む権利を有していると述べている。仮になんらかの規制が必要だとしても、移住労働者たちは、彼らが移住国の経済発展に貢献できるゆえに、受け入れられ、尊敬されなければならないとしている。

教会は正義を非難ないし疑うすべての状況をも積極的に告発する。こうした状況が人間同士や民族間の平和に害をおよぼすからである。さらに、発展途上国と先進国のあいだに横たわる執拗な富の不均衡も非難する。1960年代、ラテンアメリカ各地の教会は、解放の神学者たち［解放の神学とは、第2ヴァチカン公会議後に、中南米の司祭たちを中心に唱えられた神学で、聖職者が民衆のなかで活動することが福音の実践だとした。162ページ参照］が主張した「貧者の優先的意見」を標榜した。

国家と政治

カトリック教会は、公共の利益のために役立とうとする政治に対して肯定的な目を向けている。いうまでもなく、キリスト教徒にとって、選挙権を行使して政治に参加するのは義務である。彼らはまた万民のため、民主主義の維持のために奉仕する国家に敬意をいだいてもいる。一部に逸脱はみられるものの、今日、教会はこうした立場を人間にとってもっとも貴重なものとする。1890年の年頭、

避妊──「夫婦生活の準備段階であれ、その経過段階い〔ママ〕自然の結果の展開においてであれ、本質的に誤った行為はすべて、目的ないし手段として生命の創造を不可能にしようとするものである」(『カトリック教会カテキズム』第2370項)。

胎児──「利用可能な生物学的素材として開発されるよう運命づけられた胎児を作り出すことは、背徳的である」(前同、第2275項)。

安楽死──「形式と動機とをとわず、意図的な安楽死は殺人行為にほかならない。それは人間の尊厳とその創造主である神への崇敬とにいちじるしく反するものである」(前同、第2324項)。

同性愛──「同性愛の行為は自然の掟に反している。それは生命を与える性的行為を閉ざすものである。真の感情的かつ性的な相補性に由来しないこれらの行為はまた、いかなる場合でも承認を受けることができない。(…) ただし、同性愛者たちに対する不正な差別をしてはならない」(前同、第2357・2358項)。

離婚経験者の再婚──「存命の正当な配偶者と離婚した者の再婚は、キリストによって教えられた神の意図と掟に対する違反である。離婚者たちは教会から追放されないが、聖体拝領にあずかることはできない」(前同、第1665項)。

堕胎──「妊娠中絶の合法化は、法の承認のもとで、成人女性がみずからを守れないひとりの人間を生む前に、その生命を奪う権利を認めたことにほかならない。これほど不正な死の宣告をいかにすれば思いつけるだろうか？」(ヨハネ・パウロ2世『希望のなかに入れ』、前出、296-300ページ)。

エイズ──「純潔な性的関係は、エイズというこの悲劇的な災厄を終わらせるための安全で立派な方法である」(ウガンダのカンパラ・スタジアムにおける若者たちに対するヨハネ・パウロ2世の説教。1993年2月6日。『カトリック記録集』第2968号、262ページ)。

死刑──「苦痛の範囲と質が慎重に検討され、決定されなければならないことはいうまでもない。絶対的な必要性がないかぎり、これらの範囲と質は罪人を排除するためであり、他の方法では社会を守れないとしても、限度を超えてはならない」(ヨハネ・パウロ2世の回勅「エヴァンゲリウム・ヴィテ(命の福音)」56、1995年)。

公益──「人間の尊厳は公益の希求を必要とする。各人は人間の生活条件を改善してくれる制度や機関を生みだし、支えるよう配慮しなければならない」(『カトリック教会カテキズム』第1926項)。

正義──「人間はみずからが経済的・社会的生活全体の作者であり、中心かつ目的である。社会的問題とは、神が万人のために創り出された財を、正義にしたがい、慈悲を用いて実際に万人に行きわたるようにすることである」(前同、第2459項)。

共産主義と資本主義──「近代において、教会は共産主義ないし社会主義と結びついた伝統的なイデオロギーや無神論者をしりぞけた。さらに、資本主義の活動にみられる個人主義や、人間の労働に対する市場原理の絶対的優越も拒絶した」(前同、第2425項)。

利益──「利益を経済活動の唯一の規範かつ究極の目的とする理論は、倫理的に受け入れられない。金銭へのあくなき欲望は堕落した結果をかならず生みだす。それは、社会秩序を乱す数多く対立や紛争の原因のひとつである」(前同、第2334項)。

所有権──「土地もしくは他の富を有する者たちは、いっさいの私有物」が担保物件として設定されており、「その財を集団の利益のために還元すべきであるということを、はっきりと弁えなければならない」(ウルグアイのモロにおける労働者たちへのヨハネ・パウロ2世の説教。1988年5月8日)。

エコロジー──「大地は基本的に共通の遺産であり、その果実は万人を利するものでなければならない(…)」(世界平和の日に寄せたヨハネ・パウロ2世のメッセージ。1990年1月1日)。

レオ13世はフランスのカトリック教徒たちに対し、「共和国への支持」を呼びかけた。そして20世紀には、キリスト教民主党といった、あきらかに宗教的な影響を受けた政治運動が発展する。今日、教会はキリスト教徒たちの多様な投票を認めている。だが、彼らが無神論的イデオロギーにくわわることはできない、という方針だけはなおも維持している。1937年、教皇ピウス11世は共産主義を「本質的に邪悪なもの」と断じたが、一方、激しい反教権主義の嵐が吹き荒れていた時代［フランス革命期］に、ローマが主張したカトリシズムとフリーメイソンのあいだの原理的不一致は、人道主義的な目的における一時的な協力関係をもはや排除するものではなくなっている。

教会はまた、極右勢力の形成時にみられる不寛容ないし人種・民族差別の危険についても、今では座視することなく積極的に非難している。現在、教会がみずからの考えを表明するよう促すのは、経済的システムというより、むしろさまざまな社会の倫理的問題（堕胎や同性愛者同士の結婚など）の方であり、特定政党の候補者にはっきりとした投票指令を出す教会は、ある政党との結びつきを公に喧伝する教会同様、まれになっている。

こうして世俗の権力と霊的権力とは徐々に分離するようになったが、それはさまざまな政治体制に対して教会が距離を置くことを助長してきた。西欧では、脱宗教化ないし世俗化によって、キリスト教国家の思想が歴史書のなかにふたたびみられるようにもなった。そして今日、政教分離はきわめて多様な法のなかに明記されている。両者の関係は、たとえばドイツやイタリアにおける政教条約にみられるように、なおも重要なものとしてあるが、その一方で、1905年に制定されたフランスの政教分離令のように、一種の相互的な承認協約に限定されていることもある。

今日、この政教分離は多くの国で社会の枠組みとして認められている。ただ、それはきわめて多様な形をとっており、直面する問題に応じて展開している。たとえばヨーロッパにおいて発展いちじるしいイスラームへの対応のようにである。それでもやはり、カトリック教会は脱宗教化が宗教をふつうの財産として扱い、政教分離が思想的な中立性を形作って、精神的空間と距離を置こうとすることをこばんでいる。教会はまた、教育や健康、慈善といった伝統的な分野での役割をなおも引き受けている。都市の行政が信仰とかかわる問題を扱う場合もそうである。

前任者と同じように、ヨハネ・パウロ2世もカトリックの医師と病院関係者が妊娠中絶をこばまなければならないとする、いわゆる良心的拒否を唱えていた。民衆の不服従に対するこの呼びかけは、民法より教会法が優先するのかどうかという論争をあらためてひき起こしている。それはまた、教会の社会的位置にかんする問題をあらためて提起してもいる。

平和と人権

カトリック教会は、かつて長きにわたって宗教に対する不寛容の媒体として疑問視してきた人権のための戦いを、自分のものとして引き受けるようになっている。そして今日、教会は福音教育と結びついたその社会的・連帯的性格を強調し、1948年の世界人権宣言を支持しているのだ。一方、国際的組織に対して長いあいだ慎重な態度をとってきた教会は、現在、国連やそこから派生したさまざまな機関を全力で援助し、みずから世界政府の樹立という願望の受取人をもって任じている。かつてヨハネ23世が回勅「パーチェム・イン・テリス」［1963年］のなかで、「普遍的な権限を有する公的権力」の設立を呼びかけたように、である。

ヨハネ・パウロ2世は愛国心を擁護し、すみやかに人種（民族）差別と混同されうる国家主義から派生するものを批判した。そんな彼の国際機関にかんする考えには、アメリカ合衆国のことが念頭にあった。くわえて、彼は欧州共同体がこの大陸におけるキリスト教的伝統を基盤としていないことを嘆きつつ、つねにヨーロッパの統一を呼びかけ、大ヨーロッパ建設を促した。

今日、教会は平和や正義のための擁護を数多く行っている。教会にとって、それは互いに結びついたふたつの重要な戦いだという。聖アウグスティヌスが、ついで聖トマス・アクィナスが「正義の戦い」を明確に条件づけているが、教会による平和のための介入があ

◆ 病いで衰弱していたにもかかわらず、ヨハネ・パウロ2世は2000年の大聖年に聖地巡礼を願っていた。そして、彼は伝承でイエス・キリストのいくつかの事績がなされたとする場所を訪れ、ティベリア（ガリラヤ）湖の近くでミサを行った。

◆ 2002年11月にサンガット（フランス北部パ＝ド＝カレ県）の赤十字センターが閉鎖されたのち、イラクやクルド、アフガニスタンからの一部難民たちは、カレー市のノートル・ダム・デュ・ボーマレ教会に収容された。

第1部　一神教

きらかに教皇庁の外交の基本方針となったのは、2度の世界大戦後であった。すなわち、教皇たちは、ヨハネ・パウロ2世の言葉を借りれば、「紛争を解決するのにもっとも野蛮で効果のない手段」としての戦争を、かわるがわる非難したのである。さらにパウロ6世は、地上の不平等が紛争や対立の根源であると主張しながら、1967年のその回勅「ポプロールム・プログレッシオ（諸民族の進展）」で次のように述べている。「新しい平和の名、それは諸民族の進展である」。つまり、世界平和を実現させるには、先進国と発展途上国のあいだの不平等な関係を変えることが不可欠だとしたのだ。

たしかに教会は、こうして何十年も前からたえず緊張の原因を告発してきた。不平等、軍備拡張、帝国主義などである。とはいえ、教会は平和主義の徹底した信奉者ではない。たとえば、一方的な軍縮を唱えたことは一度たりとなく、むしろ多国間の漸進的で管理された軍縮を支持してきた。第2次大末期におけるヤルタ会談［1945年2月］の対立を非難し、その結果生じた「冷戦」が危険な考え方にもとづいていると断じた。だが、核の抑止力を介在させてのこうした恐怖の不安定な均衡を、最小限の悪としてだが認めてもきたのである。

教会はまた、とくにマハトマ・ガンジー［1869-1948］やマーティン・ルーサー・キング［1929-68］による非暴力の呼びかけに、福音的価値を認めてもいる。抑圧ないし圧迫された人々を守る権利が正当であるともする。ヴァチカンは近年の紛争、とりわけペルシア湾岸やイラクへのアメリカの軍事介入をけっして支持しなかったが、バルカン半島の内戦への人道主義的介入の権利は認めた。

✦モワサックのサン・ピエール大修道院にある11-12世紀の聖エレミア像。タルヌ＝エ＝ガロンヌ県（フランス）。

解放の神学　人間の現実に解放がないなら、イエス・キリストによる解放を語っても無意味であるという考えから始まった神学。第2ヴァチカン公会議のあと、この神学はある声と出会う。それは少数の富裕者と多数の貧しい者たちとの溝が増大しており、既存の教会と専制的体制との癒着が顕在化しているとする声だった。ペルー出身の司祭グスタボ・グティエレス・メリノ［1928-。ドミニコ会司祭・神学者］と、ブラジル出身のフランシスコ会士レオナルド・ボフ［1938-。神学者・哲学者作家］は、福音の名のもとで貧者たちが置かれた状況を打破する抵抗を理論化した。だが、マルクス主義的分析を用いてつくられたそれは、ラテンアメリカの教会内部での亀裂を危惧した、ヨハネ・パウロ2世の思惑と衝突する。こうして1984年、ヴァチカンは時の枢機卿ラッツィンガー、のちの教皇ベネディクト16世を後ろ盾として、最初の厳しい教書を発する。この教書は2年後に別の宣言によって多少修正されるが、東欧における共産主義の崩壊やラテンアメリカの政治情勢の変化によって手札が変わり、ヴァチカンと解放の神学の対立自体も軟化している。

関連用語解説

[原則的に「キリスト教関連用語解説」(81-2ページ)と重複する事項は割愛したが、記述が大きく異なる事項は原著に従って掲載した]

アド・リミナ訪問 Visite ad limina 各司教が使徒ペトロとパウロの墓に詣でるとともに、教皇に報告書を提出し、教皇庁とともに自分の司教区の情勢を検討するため、5年ごとにローマを訪れること。

異端 Hérésie 教会の共通かつ公的な教理から逸れた教理。

ウルビ・エト・オルビ Urbi et obri 教皇の祈り、とくに重要な典礼時において教皇が唱えるラテン語による祝福の定言で、「都(ローマ)と世界に」を意味する。教皇がローマ司教であると同時に世界の司牧者でもあることを表す。

回勅 Encyclique 教理ないし教会の方向性を明示ないし定めるため、教皇が司教(ときにはすべての信者)に向ける正式書簡。

外務局長 Secrétaire pour les relations avec les États 外交を担当するローマ教皇庁国務省の第2部門を指揮する大司教。

カメルレンゴ Camerlingue 教皇によって任命され、その教皇の死去と後継者の即位のあいだ、教皇庁の財産と権利を管理する任をになった枢機卿[枢機卿団の財産を管理する枢機卿会会長もさす]。

教会法・カノン法 Droit canonique 教会法典に収録された全教会規則。1983年1月25日改定。

教義 Dogme 啓示によって示された真理と信仰内容。カトリック入信者のため、教会の臨時教導職によって唱えられる。

教皇冠 Tiare 教皇がかぶる三層の冠からなる高い円錐状のかぶり物で、教皇の至上権や霊的権力下に置かれた世俗の権力を象徴する。この伝統的な式典用のかぶり物はパウロ6世によって廃止されたが、なおも教皇庁の紋章としてある。

教皇自発教令 Motu proprio 教皇が教会の運営や組織にかんする規約を明確化するために発令する、法的効力を有する教令[最初の教皇自発教令は、1484年にインノケンティウス8世が発布]。

教皇主宰枢機卿会議 Consistoire 新たな枢機卿任命時や特別の問題を話しあうため、教皇の求めで召集される会議。

教皇選出会議(会場) Conclave (<ラテン語cum clave「鍵とともに」) 枢機卿たちが閉じこもって新教皇を選出する場とともに、この選挙のために集まった教皇たちの会議そのものもさす。システィーナ礼拝堂のなかで内輪に審議と投票が行われる。

教皇大使 Nonce 外国における教皇代理で、大使の資格をもつ。地元教会と世俗権力との関係調整を任務とする。

教皇評議会 Conseil pontifical ローマ教皇庁の教育関連部門で、首席枢機卿が主宰し、世界の社会的現実と結びついたさまざまな問題に対して、教会のとるべき姿勢を定める。ただし、強制権はない。

(全地)公会議 Concile (oecuménique) 教皇の主導で世界中から集まった全司教たちの会議で、教皇とともにローマ教会の至上権を構成する。最初のニケア公会議(325年)から第2ヴァチカン公会議(1962-65年)まで、21回の公会議が開かれている。

合議制 Collégialité 第2ヴァチカン公会議で活用され、司教同士および教皇と枢機卿のあいだの意志の疎通を築いた関係様式。

国務長官 Secrétaire d'État ローマ教皇庁国務省の長として教皇を支える筆頭枢機卿で、教皇によって任命される。国務省は総務局と諸国家との外交を担当する外務局とからなる教皇庁の総理府的機関。

司教 Évêque 使徒たちの後継者で、一般に司教区のようなキリスト教共同体を導く。聖ペトロの後継者である教皇の権威下で、他の司教たちとともに教会の合議政体をになう。

司教会議 Conférence épiscopale 一国家ないし一地方のすべての司教がその司牧活動を調整するために一堂に会する会議。第2ヴァチカン公会議が合議制を発展させるために設けたこの会議体は、しかし公的には独自の権能を有さない。

司教冠(ミトラ) Mitre 司教や一部の司祭がかぶる円錐形の儀礼帽で、10世紀ごろに登場している。

司教区 Diocèse 教会の行政区で、司教の権限が行使される管轄区ないし属人区(従軍司教区)に相当する。

司教座聖堂 Cathédrale 司教区の母教会で、司教の座。バシリカとは異なる。

実体変化 Transsubstantiation 聖体の秘跡において、神がパンとぶどう酒を、イエスの本質自体を変えることなく、その肉と血に変える働き。

使徒憲章 Constitution apostolique 教義・教理や一般的な規律ないし教会機構にかんする教皇の重要かつ公式な文書。

使徒的勧告 Exhortation apostolique 司教会議で提出された特定の主題ないし方向性を発展させるため、教皇が署名した文書。しかるべき道を進むよう最大限促す点において、回勅と似ている。

首座司教 Primat 一部の歴史的・特権的座の名義司教[定住司教座をもたない司教]に与えられる名誉称号。ただし、この称号は、たとえばリヨンの「ガリア首座(大)司教」のように、他の司教区に対する権限を与えられている。

処女懐胎 Conception virginale マリアが夫ヨセフの介在なしに神の子を産んだことをさす。

枢機卿会 Collège des cardinaux 教皇に招聘された全枢機卿の集まり。教皇選出会議のために招かれたり、教皇主宰枢機卿会議で個別の案件について教皇を補佐し、助言を与えるために招聘されたりすることもある。

政教協約(条約) Concordat 教皇庁と国家のあいだで相互の関係を調整するために結ばれた協約。

聖省 Congrégation romaine ローマ教皇庁の行政部門で、教会に固有の問題を扱い、政府の権限を与えられた聖省長官の枢機卿が率いる。

聖職売買(沽聖) Simonie 霊的財産(秘跡、司教・修道院長・司祭職など)の売買で、とくに8世紀から12世紀にかけて教会の悪弊となった。

聖庁 Dicastère ローマ教皇庁の総称ないし聖省や教皇評議会などの部門をさす。

聖年(大赦年) Jubilé もとは50年ごとに神に捧げられる旧約聖書の伝統で、罪の赦しと赦免(負債の減免、奴隷の解放、農地の休耕)が行われた。カトリック教会によって定められたこの聖年には、巡礼、とくにローマへの巡礼と免償が実施される。

聖母の被昇天 Assomption 最初は東方教会のキリスト教徒たち、やがて6世紀からは西方教会の教徒たちによって確証されるようになった信仰個条。聖母マリアの「肉体と霊魂が天上の栄光にまで引き上げられた」とするもので、1950年11月、教皇ピウス12世はこれを教会の教理と宣言した。

総大司教 Patriarche 歴史的な大都市(アンティオキア、エルサレム、アレクサンドリア、コンスタンティノープル、ローマ)の司教に与えられる称号。東方教会の長や正教(コンスタンティノープル総主教)、さらに西欧の歴史的な大司教区(ヴェネツィア、リスボン)にも与えられている。

総務局長 Substitut ローマ教皇庁国務省の第1部門を指揮する大司教。

長官 Préfet 教皇庁の聖省を統率する司教。

伝統完全保存主義者(アンテグリスト) Intégristes ローマと分離したカトリック原理主義者で、ルフェーヴル師の信奉者。伝統にきわめて強く結びついているが、ローマに従っているカトリック保守派の伝統主義者たちと混同してはならない。

バシリカ(式大聖堂) Basilique 教皇から特別な位格を授けられた教会で巡礼個所。小規模のバシリカは世界中に分布し(ロンドン、北フランスのリジューなど)、大規模バシリカはローマにある(サン・ピエトロ、サン・パオロ・フオーリ・レ・ムーラ、サン・ジョバンニ・イン・ラテラノ、サンタ・マリア・マッジョーレ)。

閥族主義 Népotisme 教皇がさまざまな特権や任免ないし利益を自分の甥や親族に与えた慣行で、とくにルネサンス期にみられた。

破門 Excommunication 教皇が発する罰則で、聖職者ないし信者を教会共同体から追放する措置。

パリウム Pallium 両端が垂れた白い羊毛製の肩覆い。6つの黒十字が織りこまれ、聖女アニエス[290-303。ローマで殉教]の祝日[1月21日]に聖別されるパリウムは、首にかけられ、聖職者と教皇の一体性を象徴する。教皇はみずから身につけたこれを首都大司教に託す。

ビレッタ Barrette かつて聖職者がかぶっていた四角形の小さな縁なし帽で、その色は位階によって異なっていた[司祭は黒、司教は紫、枢機卿は赤]。今日、教皇は大きな帽子を着用しなくなっているが、枢機卿はふたたび赤いビレットをかぶるようになっている。

不可謬性(不謬性、無謬性) Infaillibilité キリストの教えの不可謬性は教会全体に適用され、信仰や倫理と結びついた教義の問題とかかわる。こうした教義は更新や補足の対象とはならず、それが定められた時代背景を考慮した明確化の対象となるだけである。1870年、第1ヴァチカン公会議は、教皇が普遍教会の崇高な神学者としてカトリックの信仰を示し、あるいはこれを護り、そしてエクス・カテドラ(「椅子の高みから」)からその言葉を発するかぎり、不可謬であると宣言した。

復活祭用ロウソク Cierge pascal 復活祭主日の夜、厳粛裡に点火・祝別される大ロウソクで、教会内でのキリストの生存を象徴する。主の昇天の祝日まで内陣に安置され、毎年の洗礼者を照らす。

ペトロの墓 Confession de Pierre 使徒ペトロの墓とされるもので、324年、コンスタンティヌス帝はその上にはじめて聖堂を建てた。現在のサン・ピエトロ大聖堂は16世紀にこの聖堂を受け継いだ。

ローマ教皇庁 Curie (romaine) カトリック教会の中枢で、現在は国務省[総務局、外務局]と9聖省[東方教会省、列聖

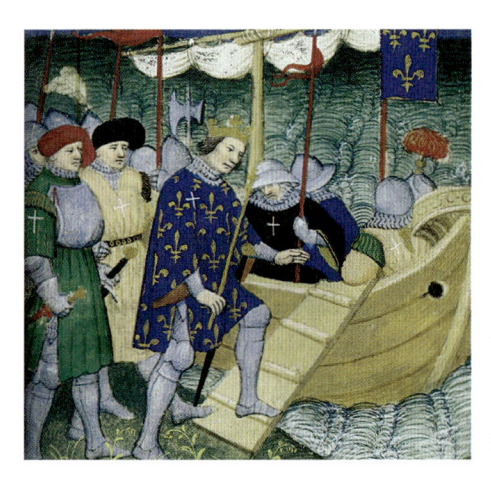

省、司教省、福音宣教省、聖職者省、教理省、典礼秘跡省、教育省、奉献・使徒的生活会省〕、11教皇評議会〔家庭評議会、広報評議会、法文解釈評議会、諸宗教対話評議会、移住異動者司牧評議会、正義と平和協議会、キリスト教一致推進評議会、開発援助促進評議会、文化評議会、保健従事者評議会、使徒評議会〕、裁判所〔内赦院、使徒座署名院最高裁判所、ローマ控訴院〕、さらにいくつかの委員会や特定官職から構成されている。

ローマ教皇への信者の自由献金 Denier de Saint-Pierre 毎年6月29日の聖ペトロの祝日に行われる募金活動において、全教会で集められたカトリック信者たちの献金。

グアダルーペの聖母出現の地ヌエストラ・セニョーラ（聖母）へと向かう巡礼団の宗教行列。メキシコ。

■関連年表

1009年 カリフ・アル＝ハキムのファーティマ朝による最初のエルサレム陥落
1054年 ローマとコンスタンティノープルの断絶
1976年 セルジューク朝トルコによるエルサレム奪取
1077年 神聖ローマ皇帝ハインリヒ4世〔在位1084-1105〕、カノッサに出向いて教皇グレゴリウス7世〔在位1973-85〕に破門の解消を求める〔カノッサの屈辱〕
1095年 教皇ウルバヌス2世〔在位1088-99〕、第1回十字軍を呼びかける
1099年 十字軍によるエルサレム奪回
1112年 クレルヴォーの聖ベルナルドゥス〔1090-1153〕、シトーにシトー会創設〔シトー修道院の建立は、1098年、修道士モレームのロベール（1027-1111）による〕
1187年 サラーフッディーン〔サラディンとも。1137/38-93〕、エルサレム奪取
1204年 十字軍によるコンスタンティノープル奪回・略奪
1270年 最後の十字軍。聖王ルイ、チュニス近郊で病没
1291年 アッコ（アッカ）〔パレスティナの十字軍都市国家〕崩壊

1307-12年 テンプル（聖堂）騎士団裁判
1309年 教皇クレメンス5世〔在位1305-14〕、教皇庁をアヴィニョンに移転〔アヴィニョン捕囚〕
1377年 最後のアヴィニョン教皇グレゴリウス11世〔在位1370-78〕、ローマに帰還。翌年、ローマでウルバヌス6世〔在位1378-89〕、アヴィニョンでクレメンス7世〔1342-94、対立教皇〕が選ばれ、シスマ（教会大分裂）始まる
1498年 サヴォナローラ、フィレンツェで火刑
1540年 イエズス会創設
1545-63年 トリエント公会議
1562年 フランスで宗教戦争始まる
1572年 サン・バルテルミの虐殺（8月24日）
1598年 ナントの勅令。プロテスタントに対する寛容令
1653年 教皇イノケンティウス10世〔在位1644-55〕、ジャンセニスム断罪
1685年 ナントの勅令廃止
1773年 イエズス会、活動禁止
1790年 聖職者民事基本法、教皇ピウス6世〔在位1775-99〕から非難
1798年 フランス軍によるローマ陥落とピウス6世のフランス移送
1799年 ピウス6世、捕虜の身のままフランス南部ヴァランスで没
1801年 第1統領ナポレオン、教皇ピウス7世〔在位1800-23〕とコンコルダート（宗教協約）を結ぶ
1808年 ナポレオンのローマ占領と教皇領のフランス併合
1809年 ピウス7世逮捕。フォンテヌブロー城に幽閉
1814年 教皇の解放とローマ帰還。イエズス会再建
1848年 ローマ革命〔翌年、ローマ共和国建国〕により、教皇ピウス9世〔在位1846-78〕、ガエタにのがれる
1849年 フランス軍のローマ侵攻〔ローマ共和国に介入〕。翌年、教皇ローマに帰還
1854年 処女懐胎の教義制定
1864年 ピウス9世、『シラブス』により80項目の誤謬命題策定
1870年 第1ヴァチカン公会議で教皇不可謬の教義決定。イタリア人たちによるローマ占拠
1871年 イタリア王国と教皇庁間の「ローマ問題」始まる
1902-04年 フランス国内における修道院・修道会の禁止と追放
1904-05年 フランスで政教分離令決定
1907年 教皇ピウス10世〔在位1903-14〕、「近代主義」と「相対主義」排斥
1925年 ベルギー人司祭カルジン〔1882-1967〕、キリスト教青年労働者同盟（JOC）設立
1926年 教皇ピウス11世〔在位1922-39〕、アクション・フランセーズ断罪
1929年 イタリアと教皇庁、ラテラノ協約締結。「ローマ問題」終息
1950年 聖母被昇天の教義制定
1951年 テゼ共同体創設
1962-65年 第2ヴァチカン公会議
1964年 教皇パウロ（パウルス）6世〔在位1963-78年〕と総主教アテナゴラス〔在位1948-72〕、エルサレムで会談
1965年 ローマとコンスタンティノープル間の相互破門撤廃。パウロ6世、国連本部訪問
1967年 第1回世界代表司教会議、ローマで開催
1968年 パウロ6世、回勅「フマーネ・ヴィテ（人間の生命）」をもって避妊非難
1981年 サン・ピエトロ広場〔ヴァチカン〕での教皇ヨハネ・パウロ2世〔1978-2005〕襲撃
1984年 解放の神学を批判するヴァチカン教理省の最初の指針
1986年 ヨハネ・パウロ2世、ローマのシナゴーグ訪問。アッシジで世界宗教者会議開催
1988年 4人の司教を違法に叙階したとして、ルフェーヴル師破門
1989年 ミハイル・ゴルバチョフ、ヴァチカン訪問
1992年 ヨハネ・パウロ2世、セネガルのゴレ島で、教会が黒人の奴隷貿易に関与したことを謝罪。カトリック教会の新しいカテキズム（カトリック要綱）制定
1993年 イスラエルとヴァチカン教皇庁の相互承認
1995年 マニラで世界青年の日（JMJ）開催。参加者400万を数える
2000年 大赦年の悔悛行事。ヨハネ・パウロ2世、エルサレム巡礼
2005年 ヨハネ・パウロ2世没。ベネディクト16世、新教皇に
2013年 ベネディクト16世退位。フランシスコ、新教皇に選出

■参考文献

カトリック全般とヴァチカン

BESSIÈRE, Gérard & CHIOVARO, Francesco, *Urbi et orbi: deux mille ans de papauté*, coll. Découverte, Gallimard, Paris, 1995（ジェラール・ベシエール＆フランチェスコ・ショヴァロ『ローマ教皇──キリストの代理者・二千年の系譜』、後藤淳一訳、創元社、1997年）

Catéchisme de l'Église catholique, Mame-Plon, Paris, 1992（『カトリック教会のカテキズム』、マム＝プロン社、パリ、1992年）

D'ONORIO, Joël-Benoît, *Le Pape et le gouvernement de l'Église*, Tardy, Paris, 1991（ジョエル＝ブノワ・ドノリオ『教皇と教会政府』、タルディ社、パリ、1991年）：記録資料を掲載した司法的かつ正確なアプローチ。

DUBOST, Michel, dir., *Théo, nouvelle encyclopédie catholique*, Drouget et Ardant Fayard, Paris, 1988（ミシェル・デュボ編『テオ、新カトリック百科事典』、ドルゲ＆アルダン・ファヤール社、パリ、1988年）：本格的なカトリック百科事典。

LECOMTE, Bernard, *Jean-Paul II*, NRF, Gallimard, Paris, 2003（ベルナール・ルコント『ヨハネ・パウロ2世』、NRF叢書、ガリマール社、パリ、2003年）：フランス語の参考文献。

LEVILLAIN, Philippe, *Dictionnaire historique de la papauté*, Fayard, Paris, 1994（フィリップ・ルヴィラン『教皇権の歴史事典』、ファヤール社、パリ、1994年）：ヴァチカンと教皇たちについての見識のある在野研究者たちの参照用事典。

POUPARD, Paul, *Le Vatican et le Pape*, Coll. «Que sais-je?», PUF., Paris, 1994・97（ポール・プパール『ヴァチカンと教皇』、クセジュ文庫、フランス大学出版局、パリ、1994年）

とくにフランス

CHOLVY, Gérard & HILAIRE, Yves-Marie, *Le Fait religieux aujourd'hui en France*, Le Cerf, Paris, 2004（ジェラール・ショルヴィ＆イヴ＝マリ・イレール『現代フランスの宗教的出来事』、ル・セール社、パリ、2004年）：ふたりの歴史学者による近年のフランス・カトリックの展開を写した最上の写真集。

Guide 2005 de l'Église catholique en France, Bayard / Cerf / Fleur-Mame, Paris, 2005（『2005年版フランス・カトリック教会』、バヤール社／セール社／フルール＝マム社、パリ、2005年）：毎年司教協議会の事務局が出す便利で役立つ著作。

DUES, Greg, *Guide de traditions et coutumes catholiques*, Bayard, Paris, 2004（グレグ・デュー『カトリックの伝統と慣習案内』、バヤール社、パリ、2004年）：英語から仏訳され、フランス人用に翻案されたこの書には、数多くの宗教的実践が具体的かつ詳細に紹介されている。

HERVIEU-LÈGER, Danielle, *La Religion pour mémoire*, Le Cerf, Paris, 1993（ダニエル・エルヴィユー＝レジェ『宗教忘備録』、ル・セール社、パリ、1993年）：宗教社会学者の第一人者による斬新な分析。

POTEL, Julien, *L'Église catholique en France: Approches Sociologiques*, Desclée de Brouwer, Paris, 1994（ジュリアン・ポテル『フランスのカトリック教会──社会学的アプローチ』、デクレ・ド・ブルウェル社、パリ、1994年）：フランス・カトリックの展開を深く掘り下げた社会学的描写。

TINCQ, Henri, *Dieu en France: Mort et résurrection du catholicisme*, Calmann-Lévy, Paris, 2003（アンリ・タンク『フランスの神──カトリックの死と再生』、カルマン＝レヴィ社、パリ、2003年）：現在の出来事の見方と必要不可欠な歴史的考察を含むフランスの状況を展望した書。

RÉMOND, René, *Le Christianisme en accusation*, Desclée de Brouwer, Paris, 2000（ルネ・レモン『告発されているキリスト教』、デクレ・ド・ブルウェル社、パリ、2000年）：アカデミー・フランセーズ会員とカトリック歴史学者による的確な対談。

次ページ：ミサ用彩色写本『サルヴェ・ディヴァ・パレンス（神の母をたたえん）』から、ヤコブ・オブレヒト（1450-1505）、オーストリア国立図書館蔵、ウィーン。

Contra kyrie
leyson
kyrie leyson
bass kyrie
ley
son kyrie

次ページ：日曜礼拝、パペーテの福音教会。タヒチ。

プロテスタント

ジャン・メルシエ

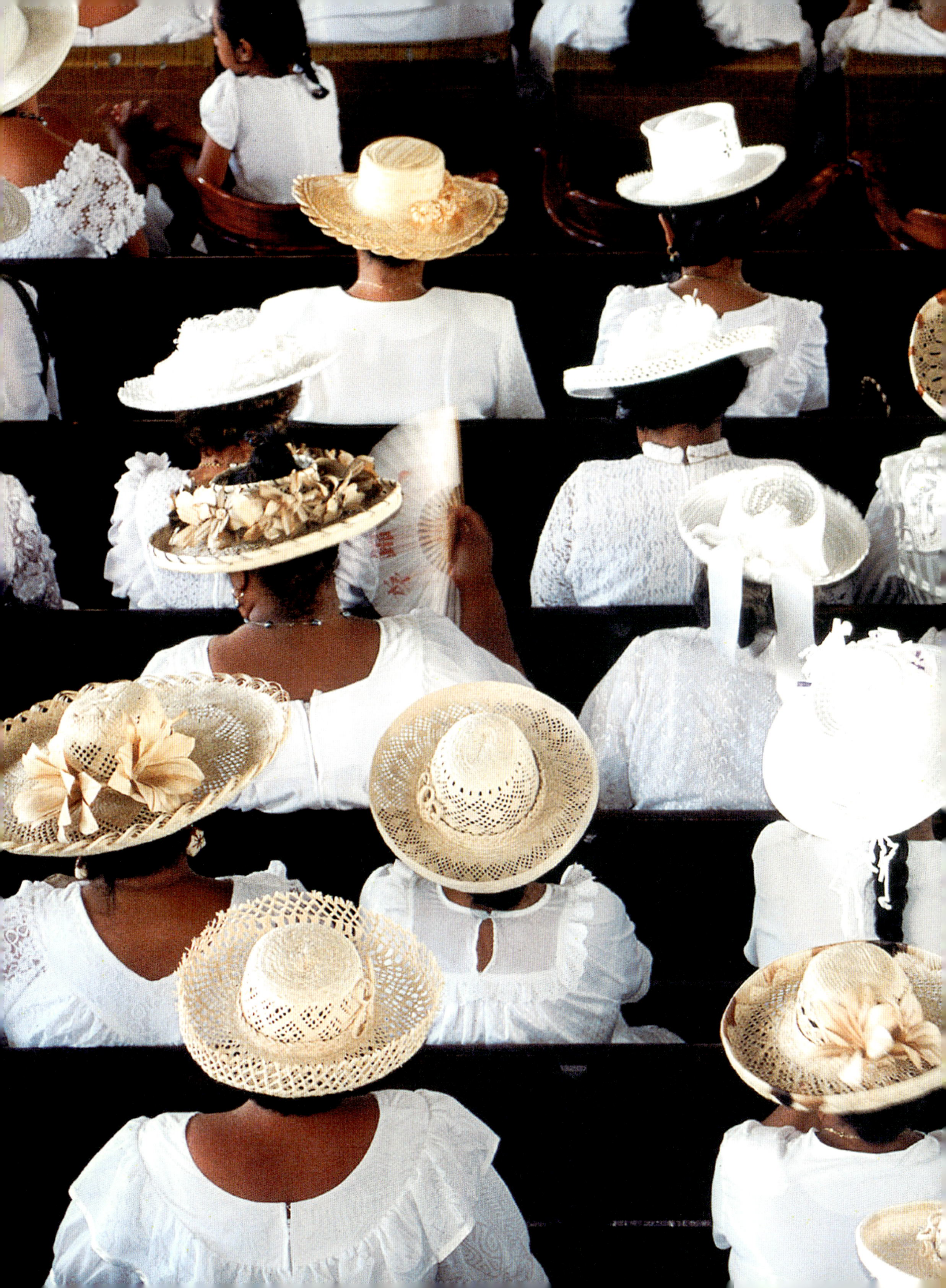

第1部　一神教

歴 史

ローマの拒絶から教会の多様化へ

　プロテスタント改革は、ラテン・カトリックの実践と教義に対する根本的な異議申し立てであり、16世紀に教会内部そのものから生まれた。それは精神的な高揚とともに展開してヨーロッパ世界を激しくゆさぶり、信仰と人間存在について同じ見方を機軸にかなり統一されるまでになった。

マルティン・ルター

　マルティン・ルターは1483年、ザクセン地方のアインスレーベンで生まれている。17歳のとき、法律家になるべくエアフルト大学に入るが、1505年、人生を決定づける体験をする。ある日、雷に驚いた彼は、聖母の母［アンナ］に救いを求めたというのだ。「聖女アンナ、助けてください。修道士になりますから！」。それから2週間後、この若者は、父の意向にそむいて、厳格な掟をもって知られるエアフルトの聖アウグスチノ（アウグスティヌス）修道院に入った。そして一心不乱に断食や深夜行、さらに祈りを行った。みずからの存在の不安と戦うためにである。しかし、それでも神は遠かった。やがて神学博士となった彼は、ヴィッテンベルク大学で神学を講じるようになるが、敬虔な修道士だったにもかかわらず、激しい精神的動揺に襲われる。キリストが無慈悲な裁判官だという想いにとりつかれたのである。ルターは絶望した。

　1513年から15年にかけて、そんなルターの日々を一転させる啓示を受ける。それは、使徒パウロが救いの信仰についての命題を展開させた、『ローマの信徒への手紙』のテクスト研究を行っていた時期だった。信仰以外にいかなる代償も求めない純粋無償な救いである「神の義」が、人間がみずからの力で得ようと願う義とは対立するものであることを悟ったのである。

　こうして考えを一変させたルターは、彼の教会で行われていた慣行、とくに贖宥状の販売に激しい怒りをぶつけるようになる。1517年、時の教皇レオ10世は資金を必要としていた。ローマのサン・ピエトロ大聖堂の建設資金を捻出するため、贖宥状の販売を促

◆アウクスブルクの信仰告白。バート・ヴィンツハイム市庁舎、ドイツ。宗教改革に賛同したドイツの諸侯は、アウクスブルク信仰告白書をカール5世に提出した。1530年に起草された28条からなるこの信仰書は、最初のルター主義宣言となった。

進したのである。金銭欲の強かったマインツ大司教にいたっては、大量に売り出された贖宥状の売上から手数料さえ得ていた。ルターは贖宥状を買い求めたばかりの信者たちの告解を聞いて憤慨したが、その悔悟は疑わしい（！）ものだった。そして1517年10月31日、彼は神学の同僚たちが論議すべきラテン語の短い文章からなる「95個条の論題」を、ヴィッテンベルク城教会の扉に貼り出す。これによってきわめて正当な問題が明らかになると確信していた彼は、贖宥状に誘導された霊魂の「いつわりの平安」を告発し、教皇が慈悲によって煉獄にあるすべての霊魂を解き放つよう提案した。理論上（！）、教皇にはそれができたからである。いかなるキリスト教徒であれ、「真に罪を悔いている者なら、苦悩や過ちを完全に免責される。贖宥状によらずとも、である」。彼はそう確信していた。ルターの論題はすぐにドイツ語に訳され、ドイツ全域で知られるところとなる。教会は論題を撤回するよう強く迫ったが、彼はそれをこばんだ。

翌1518年8月、ルターは異端と教皇権に対する冒瀆者として告訴される。だが、ルターは自分の信念にもとづいてローマへの召喚を断わる。彼の裁判はドイツで行われることになった。これは、教皇庁がザクセン選帝侯でルターの庇護者でもあったフリードリヒ3世［賢明公、在位1486-1525］の要求を受け入れたためだった。同年10月、アウクスブルクにおいて、教皇特使のイタリア人枢機卿カイエタン［カイエタヌスとも。1469-1534］は、ルターに対し、免償問題に対する彼の意見撤回を要求したが、その交渉は決裂した。やがてルターは、どれほど素朴な一般信徒でも、聖書にもとづくかぎり教皇と対決できる（！）という信念を新たにする。こうして対立は激しさを増していった。

そして1521年1月3日、教皇は公式にルターと信奉者たちを破門にする。だが、フリードリヒ賢公はルターを焚刑に処することをこばみ、彼が1521年4月のヴォルムス帝国議会での論戦を切りぬけるように動いた。神聖ローマ皇帝カール5世［在位1519-56］の前で、ルターは確信をもってこう主張した。「自分の良心が神の言葉とあるかぎり、私は一言たりと撤回できませんし、そうしようとも思いません。良心に反して動くことは確信をもてず、有益でもないからです」

やがて、ルターは安全な隠れ家［フリードリヒのヴァルトブルク城］に身を置くようになる。彼に対する帝国の追放令は効力がなかった。その著作を破壊せよという命令も、皇帝の権力が弱体化しつつあったため、ほとんど実施されることがなかった。こうしてヴィッテンベルクに戻ったルターは、なおも賢公の庇護をうけるようになる。

では、ルターの教えとは何か。彼は一般信徒と聖職者との区別を

✤ ドイツの神学者で宗教改革者のマルティン・ルター（1483-1546）。ルーカス・クラーナハ（父。1472-1553）の油彩画、ウフィツィ美術館蔵、フィレンツェ。聖書の翻訳によって、ルターはまた近代ドイツのもっとも偉大な著作家のひとりとなった。

こばみ、教会が世俗的なことに対する裁治権を放棄するよう主張した。そして、終身的な宗教誓願や教区聖職者たちに義務づけられた独身、死者に対するミサの挙行を廃止しようとした。聖人崇拝の誤謬を激しく批判し、教会法の解消も唱えた。秘跡については、2種類［洗礼と聖餐式］のみを擁護し、ミサの供犠的性格を否定した。「教皇主義的」教会を排斥しただけでなく、ある熱狂的な計画も立ち上げた。「福音にもとづく」真の教会、平等で自由な信者共同体の構築である。

1521年から、このメッセージは印刷術や献身的な説教師たちの熱意によって、ドイツ語圏のヨーロッパに燎原の火のように広まっていった。一方、バーゼルのエコランパディウス［1482-1531］や

ルター迫害　宗教改革は、それ以前の抑圧された異端派の運動とは異なり、徐々に成功をおさめていった。ここでは1184年に破門されたピエール・ヴァルドー［1140頃-1217頃。リヨンの豪商］と、ヴァルドー派と呼ばれるその信者たちをとりあげよう。彼らは教皇の至上権や免償を否定し、一般信徒が告解を行い、聖体を奉献できると考えたが、仮借のない弾圧を受けた。さらに、イングランドに生まれたロラード派の運動に影響を与えた、ジョン・ウィクリフ［1320頃-84。ヨークシャー出身でオックスフォード大学教授・聖職者］についても触れなければならない。彼はみずからアンチキリストとみなした教皇よりも聖書の方が権威をもつと主張し、腐敗した教会組織を痛罵した。だが、彼は焚刑にあうことはなかった。異端者を灰にすることを認めた法が制定されたのは、1401年だったからである。一方、パンとぶどう酒の両形態による聖体拝領を望んだチェコ人の宗教改革者で、フス派の指導者だったヨハン・フス（1369-1415）は、焚刑に処されている。これらの神学者たちはみな、キリスト教徒が福音書の源泉に立ち返り、みずからを浄化しなければならないという考えを共有していた。

◆ロンドンのセント・ポール大聖堂における英国国教徒たちの聖餐式、ヤコブ・ファン・デル・シュリー（1715-79）。国教会の神学にはカルヴァン主義の影響がみられるとしても、その祭式はカトリックの影響を受けていた。装飾芸術図書館蔵、パリ。

チューリヒのツヴィングリ［1484-1531］、ストラスブールのブーツァー［1491-1551］といった、他のフランク語圏の射手たちは、それを待たずに宗教改革に着手した。神聖ローマ帝国内における権力の分散化は極限に達し、いくつかの領邦国家にくわえて、85の自由都市がなかば独立を享受するようになっていた。これらの都市は、市民や貴族たちからなる市参事会（ドイツ語のラート）によって治められ、一部の都市では、この市参事会が教会から排斥された「異端」すらも擁護した。

こうした動きはスイス盟約団内でも生まれた。すなわち、チューリヒでは、フルドリヒ・ツヴィングリが市参事会から聖書の公開説教を市内全域で説くことを1521年に認められ、23年には神学論争を組織化し、そこで彼は聖書の優越命題を支持した［67箇条の提題］。そして1525年4月12日の聖木曜日［復活祭直前の木曜日］、チューリヒ市民たちは日常的なパンと木製の聖杯［カリス］に入ったぶどう酒による聖体拝領、つまり陪餐を受けるようになった。聖餐式はもはや年に4回（復活祭、聖霊降臨祭、クリスマス、秋）しか営まれず、聖人たちに捧げる祭りも姿を消した。

こうした宗教改革が受け入れられた地では、社会が一変した。教会からの利益を失った聖職者たちは、一般市民にならざるをえなかった。聖人崇拝が排除されて宗教祭が減少し、労働時間が増した。断食慣行も衰退して食事のようすも変わった。俗用に移された修道院の資産も再分配され、教会参事会、そして当然参事会員も廃され、非宗教的な分野への投資が可能になった。一方、霊的な世界では、信仰の優先や神との関係の個人化、聖書の個人的な講読がくりかえし強調された。信仰告白はもはや秘跡とはみなされなくなり、説教が礼拝の中心となった。聖礼典では日常ロマンス諸語が用いられ、牧師は秘跡の司式者ではなく、なによりもまず学識者や説教師であり、官吏にもなった。

宗教改革は最終的にキリスト教を世俗の権力下に置くことになり、ルターは霊的世界と世俗世界にかんするその理論によって体制の擁護者となった。使徒パウロの『ローマの信徒への手紙』第13章で、［神に仕える］世俗の権威者という剣を高く掲げもつ世俗の権力に従うことを説いているが、ルターはこれを根拠として、世俗の権力がみずからの剣を神に負うと説き、霊的なるものが俗的なるものに服従することを正当化した。王侯や富裕市民たちから与えられた庇護の見返りに、霊的な権威は社会の統制にくわわるとしたのである。

バーゼルやストラスブール、チューリヒ、そしてのちにはジュネーヴで、この権威は容赦のない規律をいきわたらせ、市民たちのどれほどささいな逸脱も告発するようになった。それゆえ彼らは大祭日で陪餐にあずかるだけでなく、遊びや一部の娯楽（ダンスや芝居）をひかえなければならなかった。この規律に従わない者たち（ユダヤ人）や幼児洗礼をこばむプロテスタントに、もはや居場所はなくなった。

世俗の権威に従うことは、結果としてそうした権威による福音教会の組織化をもたらした。1529年、神聖ローマ皇帝のカール5世は、封臣たちのこの宗教的な独立の動きを押さえこもうとした。だが、ヘッセン方伯フィリップ1世（在位1509-67）とザクセン選帝侯ヨハン・フリードリヒ（在位1532-47）を盟主とする、いわゆるシュマルカルデン同盟にくわわっていた「プロテスタント」諸侯の抵抗にあう。1546年と47年に同盟軍を破った皇帝は、1548年、全ヨーロッパにおいてカトリック教を公式に復権させる「アウクスブルク暫定規定」を発令する。しかし、それは徒労に終わった。1552年から宗教改革の動きがふたたびみられるようになったからである。こうして1555年、カール5世はアウクスブルクの和議によって、「クユス・レギオ、エユス・レリギオ（君主の宗教は国の宗教）」の規定を受け入れ、帝国内に再洗礼派とカルヴァン主義を除くふたつの「宗教」、すなわちカトリック教会とルター主義の共存を認めるようになる。その結果、それぞれ信仰は同質の政治的な実体をおびるまでになり、ここにルター派教会が誕生する。教義は、ルターとフィリップ・メランヒトン［1497-1560］による宗教改革最初の信仰告白、1530年の「アウクスブルク信仰告白」に表明されている。ただ、この信仰はすでに1527年にはスウェーデンで国家宗教となっており、1536年にはデンマークが、1547年にはノルウェーがそのあとを追っていた。

ルターは反ユダヤ主義者だったか　1520年代初頭、ルターはユダヤ人に好意的だった。彼らが新しい聖書の解釈を受け入れ、改宗するだろうと期待していたからである。だが、やがて彼はその期待がかなわないことに失望し、著作のなかで、ときにはきわめて激しい口調でユダヤ人への罵詈雑言を書きちらすようになる。これらの著作は、のちに反ユダヤ主義者、とくにナチズムによって用いられた。いわゆる反ユダヤ主義は19世紀末に登場した観念であるところから、ここではルターが反ユダヤ主義ではなく、反ユダヤ教的だったとすべきだろう。ただ、それは民族差別のためではなく、洗礼にもとづく社会秩序という彼の考えにユダヤ人たちを組みこめなかったためである。

Antichristi.
Mit Bullen, Bannbrieffen zwingt sy der Papst wied — hinein.

◆寄進によって罪を赦免してもらおうとする者たちに贖宥状を売る教皇。ルター派による風刺版画。ドイツ。フランス国立図書館蔵、パリ。

教皇は、地上における「鍵」の権力者であり、現世の贖罪を審判する究極の存在でもある。「教会の宝物庫」、すなわち天国で蓄積された聖人たちやキリストの徳性に影響すらおよぼす。1300年を嚆矢とする聖年(大赦年)のみならず、ときには例外的に、教皇は宝物庫の扉をあけ、信者たちにその恩寵を授ける決定をすることができる。この神秘的な宝物の一部を、神が罪の償いとして待つ贖罪のためにさしむけるのである。

「免償」とは、罰の部分(煉獄での一時的な滞在)ないし全体(煉獄滞在の取り消し)を赦すことをさしている。この免償は信仰ないし慈善、あるいは金銭をこばむ(!)行いによって得ることができる。部分的な免償はときに苛酷な、そして大罪の場合は社会的に不名誉な苦行を「免除」する。だが、全免償は、生涯にただ一度しか得られない。ところが、1571年、免償は職人の場合はフローリン金貨1枚(およそ100ユーロ[1万円])、王侯は25フローリン金貨で購うことができた。死者用の免償も手にすることができた。犯してもいない罪に赦しが得られなくとも、だれかが——たとえ死者でも——神に対する負債を返済できるよう助けることができる。こうして全免償を与えられた死者は、煉獄を発って天国に向かう。そこから、ルターにとって我慢のならない贖宥状(免罪符)商人、つまりドミニコ会士ヨハン・テッツェル[マインツ大司教アルブレヒト(1490-1545)の意を受けて、積極的に贖宥状の販売を行った説教師]の喧伝文句が生まれる。「献金箱にお金の音がするや、燃える煉獄から魂が飛んでいく」。だが、死者に全免償を授けるということは、由々しき問題をひき起こした。教会には魂が天国に行けるよう神を「強制」する力があるのか、という問題である。

免償(贖宥)は告解の秘跡に組みこまれている。司祭は罪の赦しを与え、償いとして罰を課す。これが神に返すべき「贖罪」にほかならない。もともとこの罪の赦しは罰を課したのちに与えられていたが、時代を経るにつれてこの慣行は逆転し、贖罪の苦行を前提として与えられる罪の赦しを得た後で、罰を遂行するようになった。現世で罰を果たしおえれば、死後、煉獄でそれに苦しむことはない。とすれば、現世で贖罪をするほうがよい…。一方、聖ペトロの後継者である

宗教改革は、新世界の発見や科学的探究の発展、古代の源泉への回帰などに特徴づけられる、ルネサンスの異常なまでの沸騰のうちに生まれた。ギリシア語とヘブライ語の研究は聖書原典への道を開いた。すなわち、人文主義者たちは聖書を修道院や聖職者の権限から引き出し、教父たちから受け継がれた聖書の解釈法をしりぞけたのだ。さらに彼らは、スコラ神学の押しの強い解釈によってかき乱されたが、聖書には「明確な」意味があると説いた。こうした知的進展をうながしたのが、1434年にグーテンベルクが考案し、本質的な知への接近と知識の普及を容易にした活版印刷術の出現だった。

◆1452年から54年にかけて印刷された装飾写本『グーテンベルク聖書』の彩色ページ。ルネサンス期の知的革命は、ヨハネス・ゲンスフライシュ、通称グーテンベルク（1398-1468）が考案した活版印刷術の出現によって助長された。

機能不全におちいった中世教会

15世紀初頭、教会はスコラ学によって化石化した神学以外の滋養を提供するのに四苦八苦していた。そんな教会にとって唯一の光は、個人的な信仰と知的探究とを結びつけ、のちに宗教改革がそれにこたえることになる精神的ないし霊的個人主義の高まりを反映した運動、すなわちデヴォティオ・モデルナの発展から来るものだった。

伝統的な教会は、1215年のラテラノ公会議によって課された制約のもとにあった。罪の告解の義務化、パンとぶどうである。最期の審判が遠い時期に訪れるという考えは、死の直後に個人の審判が行われるという考えを前にして曖昧なものとなった。そこでは、至高の裁判官であるキリストが霊魂の行き先を決めるとされた。信者たちにとって、地獄はおぞましい形で記され——あるいは描かれ——、煉獄は地獄と同様に死者が苦しむ場であった。だが、地獄とは異なり、煉獄での滞在は、死者が現世で犯したさまざまな過ちが浄化されるまでの一時的なものだった。

◆「ルターの足跡をたどって」。ルーカス・クラーナハ（父）の油彩画、ヴィッテンベルク・ルターハウス、ノルトハウゼン、ドイツ。宗教改革にのりだしたルターを、その主たる協力者たちが囲んでいる。

宗教改革の内部抗争

ルターはその運動の早い時期から、彼より過激な神学者たちに手こずるようになっていた。すでに1521年の段階で、聖霊から直接啓示を受けたと主張する昔からの弟子たちと仲たがいしていたのである。厳格な保守主義者だった彼は、典礼の飾りを撤廃し、民衆と向きあってミサを行っていた、カリスマ的な神学者のカールシュタット［1480-1541。ヴィッテンベルク大学以来、ルターと行動をともにしたが、彼が逼塞を余儀なくされて不在だったヴィッテンベルクで過激派の指導者となった］に導かれたこれら弟子たちに、「シュヴェルマー（支離滅裂な者たち）」というあだ名をつけている。

そして1524年、高名な説教師のトマス・ミュンツァー［1489-1525］は、ザクセンで、諸侯に社会改革の先頭に立つよう要求した。その目的は、伝統的な社会を一掃する「新しいキリストの教会」の創設にあった。黙示録的なレトリックを駆使しながら、彼は諸侯が行動を起こさなければ、彼らが神から授かった世俗的な権力という剣は、民衆の手に引き渡されるだろうと予言した。これを恫喝とみたルターは、世俗の権威に従うようふたたび主張した。やがてミュンツァーは、ドイツ史におけるもっとも悲劇的な出来事のひとつの主人公となる…。1524年夏、ドイツ南［西］部の農民たちが、農奴制と領主的諸権利（封建的賦課租）の廃止を求めて反乱をおこす。地上における神の国の到来を信じた彼らは、一般信徒たちの聖職やキリスト教的な自由、さらに聖書の優越的な権威に対するルターの思想を、脱規範的なものと解釈した。たとえば彼らは、もはや領主に十分の一税を納めようとはしなかったが、聖職者には内密にこれをおさめた。

ドイツ南部全域に拡大した農民一揆を前にして、諸侯はトマス・ミュンツァーとその6000人あまりの一揆軍に対して軍を動かし、1525年6月、フランケンハウゼンで撃破する。この戦闘で7万から10万の農民が虐殺されたという。ルターははじめ、そうした諸侯の利己主義を非難するが、最終的には彼らを支持する。この出来事は、宗教改革者ルターの生涯の汚点として残ることになる。のちに一揆農民たちの悲運に対して、彼が知的なかたちで責任を負っていると非難されるようになるからである。

さらに深刻だったのは、ルターやツヴィングリ流の宗教改革と再洗礼派（アナバプテスト）とのあいだの亀裂である。後者はツヴィングリによる福音的思想が定着したとき、チューリヒに現れた。チューリヒのふたりの一般信徒グレベルとマンツは、聖書に書かれていないすべての伝統をしりぞけ、そこには幼児洗礼も含まれていた。彼らにとって、洗礼とは改宗ないし入信をともない、したがって、ことを弁えてキリストを信仰する者たちだけにほどこすことができるものだった。こうして彼らは成人に再洗礼を行い、再洗礼派と呼ばれるようになる（anaとはギリシア語で「新たな」の意）。だが、

彼らの動きについていけなかったツヴィングリは、世俗当局に介入するよう圧力をかける。これを受けて、チューリヒ市議会は、1525年、再洗礼を禁止し、違反者には死刑を科した。その結果、マンツは1527年に溺死刑となり、弟子たちも迫害された［グレベルは逃亡して活動を続け、1526年、マイエンフェルトで没］。さらに1529年の第2回シュパイアー帝国議会では、武器を手にしたり、誓約を行ったりすること、さらにルターが理論づけた世俗権力への服従をこばむ再洗礼派に対する死刑が決議された。

1530年からは、急進的な再洗礼派の一部によって由々しき事態がひき起こされる。説教師のメルキオール・ホフマン［1495頃-1543］とヤン・マティス［1500-34］が、ヴェストファーレン地方のミュンスターを奪取して、神政政治を敷こうとしたのである。それは、オランダ人の神秘主義的宗教家ヤン・フォン・ライデン［1509-36］を指導者とし、住民たちの生殺与奪権を有する12人の長老たちが支配する「新エルサレム」だった［殺害されたホフマンの後を受けたヤンは、貨幣や売買、ギルドなどを廃止して一夫多妻制や財産共有制度を定め、反抗するものを極刑に処するという恐怖政治を行った］。こうした神秘的革命の高揚を未然に防ごうとしたカトリック諸侯によって1年間攻囲されたのちの1545年6月、町は陥落する。弾圧は恐ろしいものだった。住民たちは虐殺され、ヤンは鉄檻に閉じこめられてドイツ全土をひきまわされた。

この事件によって、再洗礼派の黙示録的・無政府主義的高揚は信頼を失い、アルザス地方からオーストリアまでのゲルマン語圏各地

> **ルターの真のライバル、ツヴィングリ**　まったくの同時代人であるツヴィングリ（1484年生）とルター（1483年生）は、同時期に宗教改革に身を投じている。ヴィッテンブルクの修道士［ルター］の著作を読む直前の1518年、ツヴィングリは、ルターと同様に、人間の無力さを選民に与えられる恩寵と対比させた。だが、秘跡に対する彼の理論は、ルターのそれときわめて異なっていた。彼によれば、秘跡とは一個の証拠であって恩寵をともなわない。つまり、それは一個のしるし以外の何ものでもないというのだ。
>
> こうしてツヴィングリは、人が秘跡なしでも救われ、教会から洗礼を授かる以前からそうなっているという確信を堅持した。洗礼がそれ自体で影響を与えるという考えは、彼にとってはユダヤ的・教皇主義的な信仰にほかならなかった。そのツヴィングリは、1531年、カッペルの戦い［彼がチューリヒ軍を率いてカトリック軍と戦った］で戦死してしまう。プロテスタント陣営のこの敗退によって、スイス盟約団内における宗教改革の進展に終止符が打たれることになる。

に散った再洗礼派は、そこで逼塞するようになった。彼らはまた、1536年に焚刑に処されたヤコブ・フッター［1500生。南チロル出身の帽子職人で、フッタライト派の創始者］の指揮下でモラヴィアにものがれた。オランダやドイツ北部では、やがてメノ・シモン（1492-1559）［メノナイト派の創始者］が再洗礼派をまとめるようになるが、自由な信仰を求めてみずから新世界へとのがれた再洗礼派もいた。

イングランドの宗教改革

イングランドの宗教改革は、ドイツ語圏の宗教改革のような教義的な危機ではなく、むしろ政治的危機から生まれている。［離婚（婚姻の無効）と再婚という］スキャンダルをひき起こした国王ヘンリー8世［在位1509-49］は、新しい思想にイデオロギー的共感を露ほどもいだいていなかった。1521年、彼は前年にルターが発表した論文「教会のバビロニア捕囚」に反駁して有名になり、レオ10世から「信仰の擁護者」という称号を授かった。だが、1527年、ヘンリー8世は、男子の跡継ぎを産まなかったキャサリン・オヴ・アラゴン［1485-1536］との結婚の無効化を教皇に求めた。さまざまな裏工作がなされた後の1530年、教皇クレメンス7世［在位1523-34］はヘンリーの申し出をこばんでしまう。これに憤ったヘンリーは、ローマへの資金提供を停止し、カンタベリー大司教の座に腹心のトマス・クランマー［1489-1556］をすえ、司教をはじめとする聖職者たちに、自分がイングランド教会の長であることを認めさせる［1534年の国王至上法（首長令）］。この強権発動に反対した者たちは迫害され、トマス・モアも1535年に斬首刑に処された。こうして王はみずから司教たちを任命できるようになり、やがて彼らは王に忠誠を誓う「役人」となる。さらに1536年には、王は修道院の財産も手に入れる。だが、当時のイングランド教会は、全体として典礼や実践において、なおもきわめてカトリック的だった。この一連の出来事は、異端的なものというより、むしろ論理的には教会分裂にほかならなかった。

1538年、時の教皇パウルス3世［在位1534-49］はヘンリーを破

◆「最後の晩餐」、ルーカス・クラーナハ（子、1515-86）。ここでは使徒たちのかわりに宗教改革者が描かれている。ヴィルデンゼ教会、ドイツ。

プロテスタント

門する。1547年、父王の後を継いだエドワード6世［1553没］は、明確にカルヴァン主義へと舵を切り、49年には、議会が『共通（一般）祈祷書』（The Book of Common Prayer）と題された、新たな公式祈祷書を採用するようになる。この祈祷書は今もなおほとんど変更されることなく用いられている（より現代的な「代替」聖礼典［現代英語による祈祷書を含む］がイギリスに導入されるには、1980年まで待たなければならない）。

しかし、こうしたプロテスタント化は長くは続かなかった。1553年、異母弟エドワードの死後、王位についたテューダー家のメアリー1世［1558没］が、いっさいの妥協を廃してカトリックへの回帰を命じたからである。これにより、前述したトマス・クランマーを含む280人もの「プロテスタント殉教者」が焚刑に処された。

続くエリザベス1世の長い統治時代（1558-1603年）、イングランドはふたたび実践的なプロテスタントへと戻る。1571年、この女王はどちらかといえばルター派の影響を受けた「39箇条」の信仰告白を認めさせ、これに抵抗したカトリック教徒を迫害し、教会から祭服や式典をとりのぞこうとする、ウルトラ・プロテスタント派の「清教徒たち」とも戦わなければならなかった。彼らは女王が1580年代から自分たちを迫害するようになったことに激しく反対し、ジェームズ1世［イングランド・アイルランド王在位1603-25］統治下の1620年、新世界へと船出していった。

◆「カルヴァンとセルヴェの最後の対話」、テオドル・ピクシス（1831-56）、プファルツ美術館蔵、カイザースラウテン、ドイツ。ジャン・カルヴァン（1509-64）は三位一体とイエス・キリストの神性の教義をこばんだとして投獄された、ミシェル・セルヴェ［ミゲル・セルベート。1511-53。スペイン人神学者・医師］を説得しようとした。そんなカルヴァンの努力にもかかわらず、セルヴェは自説をまげず、焚刑にされた。

フランスとジュネーヴにおける「改革派」のモデル

フランス国王フランソワ1世［在位1515-47］の王国内で、1521年のルター破門以降禁じられていた宗教改革の主張は、ジャック・ルフェーヴル・デターブル［1450?-1536。カトリックの神学者・人文主義者で、聖書の仏訳者］や、国王の姉マルグリット・ド・ナヴァル［1942-1549。デターブルらの文人を庇護し、みずからもボッカッチョの『デカメロン』をもとに短編集『エプタメロン』を著した］、さらに典礼にフランス語を導入しようとしたモー司教のギヨーム・ブリソネ［1472頃-1534］といった、「護られた」知識人に影響を与えただけだった。

プロテスタントたちに比較的寛容だった国王権力の姿勢は、しかし1534年の「檄文事件」を機に一変する。カトリックのミサに反対する攻撃ビラが、アンボワズの国王居城にまで貼り出されたので

プロテスタントの異名　「プロテスタント」という名称は、シュパイエル帝国議会開催時に、福音主義を奉ずる諸侯が、神聖ローマ皇帝カール5世に「抗議（プロテスト）」した1529年までさかのぼる。それまでプロテスタントたちは「福音派」を自称していた。それはまた、ルター派を示すのに用いられた語でもあった（例として、フランス福音ルター派教会）。ルターの信者たちは敵対者から与えられた「ルター派」なる異名を嫌い、20年後、ジャン・カルヴァンの信奉者たちもまた、「カルヴァン派」という呼称をこばんで、「改革派」なる呼称を選んだ。1560年からフランスのプロテスタントをさすようになるhuguenot（ユグノー派、ユグノー教徒）は、おそらくドイツ語でサヴォワ地方のカトリックと敵対していたジュネーヴの同盟党をさすEidgenosse（盟友）の変形したものだろう［この同盟党の党首ブザンソン・ユーグ（Besançon Hugues）の名と結びつけたとする説もある］。17世紀に登場したparpaillot（パルパイヨ）［カルヴァン派、不信心者］の出自は不明だが、1562年にリヨンで処刑されたプロテスタントの指導者だったパルパイユ（Parpaille）の領主［ジャン＝ペラン・パルパイユ］に由来しているかもしれない。

第1部　一神教

◆宗教戦争は高揚した偶像破壊活動を各地でまねいた。この図では、カルヴァン派が教会内の聖画を破壊している。フランス・ホーヘンベルフ（1540-92）の版画、フランス国立図書館蔵、

ある。これを受けて、フランソワ1世はプロテスタントを、穏健派と過激派をとわずすべて迫害するようになる。そして1549年にマルグリット・ド・ナヴァルが他界すると、ローマと絶縁することなく教会の改革をはかった「穏健派」は周縁に追いやられ、「福音主義的」な教会をうちたてようとしていたより過激なプロテスタントたちは、ストラスブールやスイスに移り住んだ。

フランス語圏の改革指導者だったジャン・カルヴァンもそうした移住者のひとりだった。本格的な神学大全である主著『キリスト教綱要』［初版1536年、刊行地バーゼル］を出した彼は、秘跡におけるいっさいの聖性を否定し、聖画・聖像の排除を理論化した。彼はジュネーヴでモデル都市［神権政体］を組織したが、彼の教会は4通りの使役者から構成されていた。説教を行い、聖礼典を司式する牧師、神学者の博士、人々を代表し、牧師とともに教会を運営する一般信徒で、ギリシア語のプレスビュスに相当する長老、さらに病人や貧者たちを援助する執事である。ジュネーヴに設けた「中央宗務局」の総会は長老と牧師からなり、監視機能をになって、あらゆるところに目を向けていた。いわばこれは全体主義的体制であり、そこでは「破門」が教会の武器の一部となった。

生まれつき組織力のあったカルヴァンは、遠くからでもフランス王国内の改革派を組織した。新しい教会はすべて長老と執事からなる各地の宗務局によって設けられなければならず、宗務局抜きで聖礼典を営むことはできなかった。祭式もまた宗務局が選んだ牧師なしで行うわけにはいかなかった。初期の改革教会は独自に組織され、年に一度、それぞれが代表（牧師と一般信徒各1名）を派遣する教会会議の際に集まって、共通の教義を定めることになった。こうして1559年、パリで王国内の改革教会による第1回教会会議が開かれ、最終的に40箇条の信仰告白［カルヴァン起草とされる］を採択し、のちにこれが歴史的に有名な「ラ・ロシェル信仰告白」となる（1571年公表）。そして1560年、改革派はおよそ200万人（当時のフランス総人口は約1800万）を数えるまでになり、一部のフランス貴族もそのなかにいた。だが、1598年のナントの勅令公布前夜には、その数は100万に減少していた。

だれがミシェル・セルヴェを焚刑にしたのか？　おそらく肺における血液循環を最初に理解した異才をもつ科学者で、神学に熱中し、ローマ教皇庁から異端の廉で告発されたスペイン人医師のミシェル・セルヴェ［ミゲル・セルベート］は、ジュネーヴに移ってまもなく、その再洗礼派的・反三位一体説ゆえに市当局（市政府）によって逮捕されている。そして長きにわたる裁判のあと、死刑を宣せられ、1553年、生きながら焚刑に処された。それは、この市当局に同意した姉妹教会や他の市会（チューリヒやバーゼル）からの助言を受け入れての措置だった。カルヴァンもまた、セルヴェと激しく対立していた。

プロテスタント

教義と教理

宗教改革と現代性

　16世紀前葉の宗教改革は、まさに真の神学的な教会分離だった。改革者たちはキリスト教を全体的かつ急進的に再考する権限を求めた。この大いなる「読み返し」は、宗教的実践や教理を聖書と符合させるかたちで篩（ふるい）にかけた。だが、逆説的にみれば、こうした教会分離は初期教会が定めた信仰形式に影響を与えるものではなかった。あきらかにプロテスタントたちは、彼らがカトリックや正教と共有するニカイア（ニケヤ）信条やアタナシウス信条、さらには使徒信条にもとづいてみずからの信仰を告白していたからである。

霊的体験

　マルティン・ルターに戻ろう。聖パウロの書を読んで、彼は神が死を迎えた者を裁くかぎり、その義が彼岸で約束されたものではないことに気づいた。つまり、神の義は何よりもまず現世における神からの日常的かつ生命にかかわるきわめて重要な賜物——新しい創造——だというのである。毎日、ルターはたえず神から「義者」とされた。こうした神の義は神が罪びとをおおう衣のようなもので、キリスト自身、十字架の上で世界の罪を引き受けた無垢の義者にほかならず、神はそんなキリストが自分のために死んだということを信じる罪びとだけしか救えない。それゆえ、信仰は教義集を信奉することではなく、磔刑に処されて復活したキリストとの一瞬一瞬の存在論的な関係であり、神秘的な交歓でもある。これこそが信仰による義化だともいうのだ。

　ルターはまた絶対的な欲求を主張してもいる。すなわち、魂の清らかさを確実なものにしようとする個人的な意志は、すべて棄てなければならないとするのである。はたして人間はみずからを救うためにいかなることができるか。それが問題の本質となる。ルターは何もできないと主張する。万物の起源である原初の存在としての神が人間におよぶ。彼はそう言うのである。人間は信仰によってはじめて神にこたえることができる。ここでルターは、聖パウロの考えを先鋭化させている。それはすでに11世紀前、人間の本性を神の恩寵より上に置いた修道士のペラギウス［360頃-422頃］を論破するために、聖アウグスティヌスがくりかえした考えでもあった。

罪とのかかわり

　ルターは人間の罪を矮小化することがなかった。それどころか、彼は罪に基本的な場を与えているのだ。そして1517年、「人間が悪を望んで悪事を働いている」とまで力説する。「人間は自由だが、囚われている。神をありのままに愛するというのは幻想にすぎず、いわばそれはキマイラ（根拠のない考え）のようなもの」だとする。やがてルターは、人間の「自由意志」をたたえるエラスムス［1466-1536］と論争するようになる。ルターはエラスムスとは反対に、堕落した人間に自由意志はないと考え、原罪に囚えられた自由、すなわち「奴隷意志」を唱えた。原罪は洗礼によっても破壊されず——それは洗礼という秘跡が原罪を取り去るとするトマス・アクィナス［1227-74］の説の対極にある——、人間の本質自体の一部をなすとすら考えた。人間は根本的に罪びとであり、この状態をまぬがれることはけっしてできない。人間のあらゆる行動は、例外なく罪深いものだとしたのだ。

　人間が絶対的に堕落していることを強調するこうしたルターの考えは、のちに「悲観主義」として語られるようになる。だが、ルターによれば、罪びとはつねに救われるという。彼は次のような玄義的な説をつくりあげた。信者は「シムル・ユストゥス・エト・ペカトール」（義者であると同時に罪びと）という説である。生のいかなる瞬間においても、義化される信者は悔悛者（！）だというのだ。そしてルターは罪を区分けした。しかじかの贖罪を必要とする違犯と、「人間学的構造」としてのまぎれもない罪という、スコラ学的な分類法によって、である。その一方で、彼は、人間をして自分が神と対比的な存在であって、自分自身でしか生きられず、自足的な生を送るよう駆り立てるという、あらがいがたい性向にも関心をいだいていた。こうした基本的な罪は、神の厚意を手なずけるとみなされた行為によってみずからを救おうとする、より重大な行為へと

われわれはだれもが聖職者である　1520年にルターがはじめて『ドイツ貴族に与える書』で言挙げした信者の万人聖職原則は、プロテスタントの中核をなす。役割こそ異なっていても、キリスト教徒のなかにはいかなる区別も存在しない。彼はそう主張した。一部の者が教会財産のために教会の責任者になっている。だとすれば、聖職者はその存在からして一般信徒となんらえらぶところがないではないか。こうした聖職位階制の否定は、結果的に教会の責任者は一定期間にかぎってその役目を引き受けるという考えにいたる。

◆オランダ共和国内で1618-19年に起きた政治危機に遡源する、カルヴァン派宗団「抗議派（レモンストラント）」の創設者ヨハンネス・ホランドの肖像画。レンブラント（1606-69）の油彩画、アムステルダム国立美術館蔵。ホランドはオランダの神学者アルミニウス支持者で、カルヴァンの選択救済説と絶対予定説に反対した。

向かう。宗教改革の力全体は、自分が堕落していると信じる者がいだいている悲劇的な認識と、彼が神から授かる義化の保証とのあいだの均衡に立脚している。そこでは信仰は喜ばしい救いの確信を与えてくれる。つまり、イエス・キリストによって自分が「救われる」ことを知っている者は、自分が罪びとであることに絶望したりはしないというのだ。

3通りの大いなる原理

今日のプロテスタントは、次の3通りの原理にみずからの姿を見る。ソラ・スクリプトゥラ（聖書のみ［による]）とソラ・フィデ（信仰のみ［による]）、そしてソラ・グラティア（恩寵のみ［による]）である。これらの原則は他の要素を排除し、したがって真の知的・霊的過激さを前提とする「ソラ（のみ）」という語とともに、衝撃的なかたちで定式化されている。

ソラ・スクリプトゥラ これについては、ニコラ・ボワロー＝デプレオー［1636-1711。パリ出身の詩人・批評家。処女詩集『風刺詩』（1666-68年）や古典主義による『詩法』（1674年）がある］の諺が知られている。「聖書を手にすれば、だれもが教皇となる」。彼は聖書が至高の権威であり、究極の基準だとするプロテスタント信仰の要諦を揶揄した。しかし、聖書はそれを読む者の心のなかで働く聖霊が神の言葉を示したものであり、意識の、いや、それを越えて、さまざまなプロテスタント教会の歴史を方向づける個人的な「信仰告白」の唯一の指針ですらある。マルティン・ルターは、すべてのキリスト教徒がみずからの信仰を確立するために聖書にすがる権利をもつことを最初に主張した。こうしてソラ・スクリプトゥラは革命的な道を切り開いた。これにより、教会における黙想の場以外でも聖書を読むことができるようになり、聖書を読んでくれる者のところまで持っていくという長い「伝統」を打ち破るようにもなった。各人がみずからの責任において聖書を読み、つねにその解釈を更新するようになったのだ。この原則は聖書の解釈を多様化させ、それゆえ、当初から異説が生まれる余地を残した。プロテスタントを出自とする教会の急増は、まさにこのソラ・スクリプトゥラに起因する。

ソラ・フィデ この原則はさながら合わせ鏡を見るようにソラ・グラティアに由来する。信者の信仰は神の恵みに対する返礼としてある。ありのままの信仰によって救いを求める。それはみずからの行為に満足して、その救いとかかわる幻想のうちに閉じこもるのをやめることである。信仰は厳密にいえば個人的なものであり、自分の信仰にこたえるべきは自分ひとりなのだ。プロテスタントが個人の責任を力説するゆえんがここにある。ソラ・フィデの原則はいわば究極の要求であり、各人に決定的に重要な信仰体験と神の前での孤独、さらに神の約束を信頼することへの「跳躍」体験を想い起こさせる。跳躍。それはいかなる認証儀礼も妨げたりせず、こうした信頼を強く意識しさえすれば、信者は自分が救われていると感じることができる。このような確信は、アングロサクソンの世界において、改宗がなぜ重要視されたかを解き明かしてくれる。［改宗という］新生によるキリスト教徒としてのアイデンティティが、ソラ・フィデをきわめて明確に示しているからだ。そこでは信者と神をめぐる議論が優先的になされたが、それは、信者と神の仲立ちとみなされる霊的指導に対するプロテスタント側の不信をつとに物語るものといえる。

プロテスタントにとって教会とは何か アウクスブルク信仰告白によれば、教会とは「福音書が純粋に説かれ、聖礼典（秘跡）が福音書に従って授けられる全信者たちの集まり」だという。この定式化は、「神の言葉が純粋に説教され、確立された聖礼典が営まれるところに」教会があるとする、ジャン・カルヴァンの定式化と近い。つまり、プロテスタントにとって、教会は神聖な機関ではなく、今ここにある「出来事」にほかならない。教会の階級化は、福音書の告知を矮小化した機能的な目的にすぎない。制度的な教会は、カトリック教会と同じように、救いの仲介者ではない。プロテスタントたちは目に見える教会と見えない教会、すなわちキリストの聖体との混同をすべて拒否する。

ルターによるカテキズムの考案

　聖職者としてザクセン地方を訪れた際、民衆がキリスト教に無知同然であることを知ったルターは、1529年、カテキズムを考案した。彼の『小カテキズム』は問答形式で編まれた暗記用の要約書である。『大カテキズム』は聖書の代わりとなるものだが、彼はこれらの問答書で十戒や使徒信経、のちに主祷文（「主の祈り」と呼ばれる）を説き、洗礼と聖餐式にかんする説明で締めくくっている。このふたつの聖礼典のあいだに、彼は罪の告白に対する記述を挿入したが、ルター自身、これを聖礼典とは認めていない。トリエント公会議もまたこうした素晴らしい発想をとりあげ、みずから問答形式のカテキズムを編集して認めさせた。

◆アブラハム・カロヴィウスの注釈がつけられた『ルター聖書』。ドイツ語によるこの聖書は、ヨハン・ゼバスティアン・バッハ（1685-1750）の家族のもの。みずからの楽曲を聖なるものの表現としたバッハは、この聖書にもとづきながら、音楽によってルター派の信仰拡大につくした。コンコルディア・セミナリー図書館蔵、セントルイス（アメリカ）。

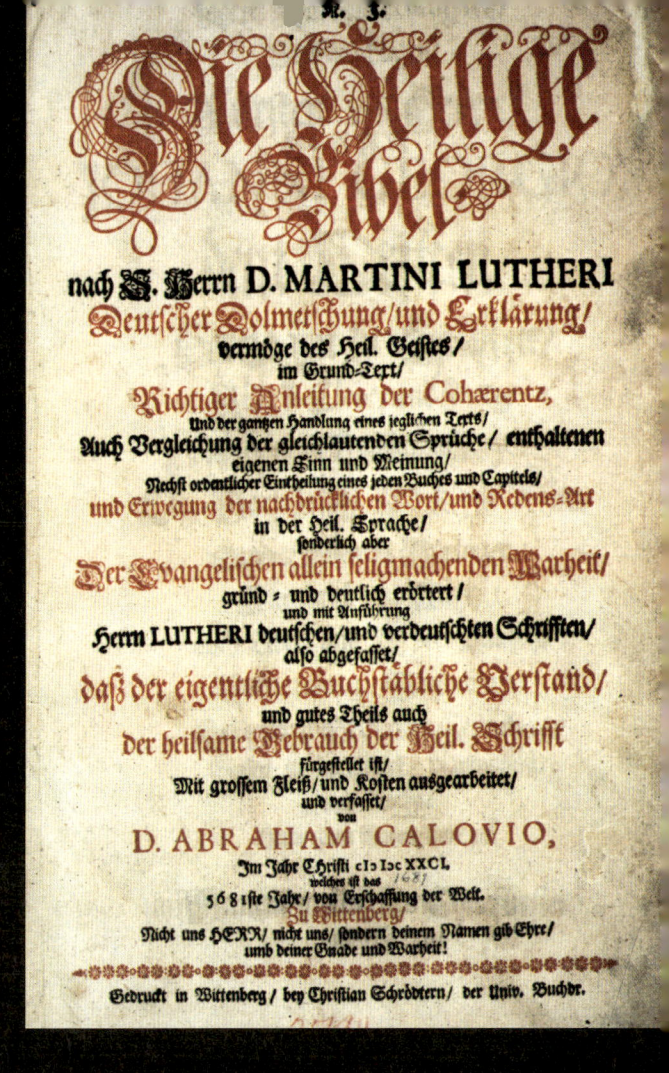

ソラ・グラティア

　人間が救われるのは恩寵によってである――。宗教改革派はそう唱えた。救いは善行や信者が神に「捧げる」ようななんらかの徳行とひきかえに「与えられる」ものでは決してない、全体的に無償の賜物にほかならない。救いは取引されるものではない。改革派は中世のカトリック教会が唱えた憐れみの実践を激しく否定した。こうした実践は、その結果として天国に入ることを可能にするが、それには善行（隣人愛、巡礼、祈り）ないし熱心な個人的努力（苦行、禁欲）、あるいはまたミサの挙行（カトリックの神学では、それは磔刑の反復であり、贖罪的意味、つまり罪をあがなう行為であり、死者の魂のためにミサをあげるとする）が必要とされていたからである。マルティン・ルターはまた救いの絶対的な主である神に圧力をかけて、死者を煉獄に入らせようとすることもスキャンダルだとして批判した。要約すれば、プロテスタントの根幹であるソラ・グラティアとは、全能の神を前にしての人間の完全な無力さを主張していることになる。今日、プロテスタントの神学者たちは、ソラ・グラティアによってもたらされる自由を力説している。救われるという保証。それは信者を過度な心配ないし不安から解放する。プロテスタントは自由であり、自由と喜びのうちに神や他の存在に奉仕することができるとするのだ。

1546年にマルティン・ルターが編集したドイツ語版新約聖書のタイトルページ（1521年9月の初版ではない）。十字架上のイエスの左右にいるのは、ルターとその庇護者であるザクセン選帝侯フリードリヒ3世［1463-1525］。宗教改革は聖書が信仰にとって至上の権威をおびており、信者たちがそれを規則正しく読むことを課した。コンコルディア・セミナリー図書館蔵、セントルイス（アメリカ）。

補完的原理

改革派とルター派は、これら3通りの原理にさらに4番目の「足」をくわえている。3原理との違いをきわだたせたそれを、ルター派は［キリストによってのみ救われるとする］ソルス・クリストゥスの原理と結びつけ、改革派はソリ・デオ・グロリア（ただ神にのみ栄光）を唱えている。

ソルス・クリストゥス　ルターは万物の中心に置いたキリストとの交わりとしての信仰を強く主張した。十字架の神学は、まさにここから出立する。「義人は信仰によって、つまり十字架につけられた信仰によって生きるだろう」。このソルス・クリストゥスは他の原理が連動する軸である。とりわけルター主義は、聖書を読めば、かならずしもイエスの名を記していない文書も含めて、つねにイエス自身が登場するとしている。

ソリ・デオ・グロリア　これはジャン・カルヴァンの行動規範であり、神以外の存在──聖人やマリア──に、神にのみ負う栄光を与えるのをこばむことを主張する。そこでは、聖人やマリアへの信仰は一種の偶像崇拝とみなされた。プロテスタント神学者のアンドレ・グネル［1933-。フランス南部ニーム出身で、モンペリエ大学神学部教授やフランス改革教会委員会委員などを歴任］が説くように、この原理は神の超越を否定するすべてのものに対する反抗を示す。グネルは言っている。「ひとり神だけが神であり、神以外に神聖かつ神的ないし絶対的なものは存在しない。神はわれわれが見たり触ったり、あるいは考えたり想像したりするものすべてを凌駕している。神はその存在を明らかにするものと一体ではない。神自身と自分を表すものとのあいだには、つねになんらかの距離と違いが存在している。それゆえ、神を表し、明示すると言い張る者に対しては、たえず立ち向かわなければならない」

16世紀には、教会の仲介者としての役割が否定され、聖職者（カトリック教徒にとっての「もうひとりのキリスト」）やイコンが脱聖化され、聖遺物の効力も否定された。宗教戦争で偶像破壊が行われたのは、まさにこうした教会の役割が否定された結果にほかならない。そこでは聖人像を破壊し、ミサの聖具を汚すことで、神だけが聖なるものだとの主張がなされた。つまり、聖体の崇拝が冒瀆的行為だとみなされるまでになったのである。

プロテスタントのさまざまな聖礼典は、ソリ・デオ・グロリアに直接由来する。プロテスタントはまたカトリックの実体変化［聖体の秘跡において、パンとぶどう酒がキリストの血と肉に変わること］を拒否しているが、それは神を客観化する神学的な拒否である。キリストの聖体を一個の聖別されたホスチアと同一化する──たとえば聖体拝領時──ということは、プロテスタントにしてみれば、神的な超越に対してなされる暴力にほかならない。

プロテスタントたちはマリアを信じているか　一般的な傾向として、プロテスタントたちはマリア──や他の聖人たち──をうやまったり、カトリックやギリシア正教会で慣行化しているような、そのとりなしを願ったりすることをこばんでいる。キリストの母としては讃えているが（カルヴァンは451年のエフェソス公会議で認められた神の母という教理を選んでいた）、奇跡の史実性を問題視するリベラル派のプロテスタントを除いて、『マタイによる福音書』や『ルカによる福音書』に明記されているマリアによるイエスの処女懐胎は信じている。カトリック教徒と異なり、彼らプロテスタントたちはマリアが永遠に処女であったとは考えていない。彼女がほかにも子どもをもうけることができたからである。また、聖母の被昇天や無原罪の御宿りといったカトリックの教理も認めない。

名誉を回復したルター ルター的思想とカトリックの教理との対立は、のちに戯画化されるようになる。さながらプロテスタントが信仰や善行に反対するかのように、である。だが、ルターは信仰をもってなされれば、行いが善となるとしている。「信仰はあらゆる行いの指揮官でなければならず、そうでなければ、行いはとるにたらないものとなる」。信仰は信頼の問題であり、信仰心をあからさまに表明することではない。1999年、キリスト教会とルター（ルーテル）派世界連盟のあいだで、小異をすて、大同で合意した原則にもとづいて、つまりその解釈にときに違いがあることを認めながら、基本線で合意して、「義認の教理にかんする共同宣言」が結ばれた。これはルターがキリスト教の深奥な真理を「感じていた」ことを、カトリック教会が認めたことを意味する。

救霊予定説とは何か

プロテスタントの根幹であるソラ・グラティアは、全能なる神の前での人間の完全な無力さを主張する。神は思いのまま望む者を救う。これは神が万人を救うということを意味しない。救霊予定説とは人間の論理をすべからく軽視する神の意向にほかならない。聖アウグスティヌスは神の自由を守るために行ったペラギウス［前出］との論争において、この原理を力説している。カルヴァンもまた「神秘的で理解しがたい」こうした神の自由観をとりあげ、その『キリスト教綱要』［初版1536年］で、予定説を発展させてこう述べている。「（予定説とは）神みずからがそれぞれの人間に対してなそうとすることを定めた進言である。神は万人を同じように創造したわけではなく、ある者には永遠の命を、ある者には永遠の断罪（却罪）を与えたからである。したがって、創造された人間は、その最期に、死か永遠の生のいずれかがあらかじめ定められているといえる」。カルヴァンはこうして二重予定説を唱えたが、それによれば、人間は神に救われるか見放されるか、そのどちらかが予定されているという。各人の地上での生が神の賜物であるとして、カルヴァンは神に選ばれるか見すてられるか推しはかれると説いた。選ばれた者は生きているあいだに「選択の証拠」を見出すことができるが、反対に、「神はみずから見すてた者たちから、その言葉にかんする知識や聖霊をたたえる機会を奪い、そうしたしるしによって、彼らがいかなる末期を迎え、いかなる審判が待ち受けるかを示す」とも記している。だが、カルヴァンの弟子たちはこのかなり過激な考え方を和らげ、二重予定説を隠して、より肯定的な選択という語を新たに採用するようになる。

◆「幼子イエスを抱く聖母と聖三位一体、大天使、聖人たち」（部分。聖アウグスティヌスの手）、ルカ・シニョレッリ（1441頃－1523）、ウフィツィ美術館蔵、フォレンツェ。聖アウグスティヌスは、スコットランドないしアイルランド出身の修道士ペラギウスとの論争において、全能の神の前での人間の完全な無力さを主張した。カルヴァンによってとりあげられたこの説が、ソラ・グラティアである。

祭儀と実践

聖書の優先

　ソラ・スクリプトゥラの原理は、プロテスタントの根幹である。プロテスタントたちにとって神の声を読みかつ内的に聞くことは、したがって日常生活において、祈りと同様、きわめて重要な位置を占めている。たとえ今日、その度合が4世紀前ほど、つまり聖書が家庭内でしばしば唯一の書物であり、子どもたちがそこで読み方を習った時代ほどでないとしても、である。16世紀のプロテスタントたちはまず旧約聖書を読んで学ぶことに情熱を傾ける一方、キリストと教会の寓意像を体系的に見ることをこばんでいた。

　キリスト教的信仰のもとになるユダヤ的根源に対するこうした関心によって、17世紀の改革派は旧約聖書に登場する名前（イサクやサムエル、ソロモン、アブラハムなど）を数多く借用するまでになった。旧約聖書はまた、牧師たちの養成にとってきわめて重要な位置を占めたが、彼らは原典に近づくためにヘブライ語やギリシア語に習熟しなければならなかった。旧約聖書の優先性は信仰心、とくに詩編の朗誦にもみてとれる。たとえばルターは有名な『神はわがやぐら』をはじめとするドイツ語の詩編を多数創作している。フランスでは、クレマン・マロ［1496/97-1544。改革派詩人。ルターに共感したために迫害を受け、スイスやイタリアに亡命した］が、1533年から才能豊かに韻文で詩編をつくり、やがてクロード・グディメル［1514/20頃-72］などの偉大な作曲家が、その詩編に曲をつけるようになる。英国国教会の影響圏では、1539年のマイルズ・ガヴァーデイル［1488頃-1568。新旧聖書の最初の英訳者］による素晴らしい翻訳のおかげで、典礼で詩編が朗誦され、その伝統は現在もなお聖公会の典礼に受け継がれている。

　フランス語やドイツ語といった現地語による聖書の翻訳は、本格的な文化的冒険の出発を象徴している。そこでは人文主義の知的作業によってさまざまなプロテスタントが名を馳せた。1516年に新約聖書のギリシア語版を校訂したエラスムスのように、である。以下では、ヨーロッパ文化に重要な足跡を残した訳業を3点あげておかなければならない。前述したルターのドイツ語訳聖書（1534年脱稿）とオリヴェタン［1560-38。本名ルイ・ロベール。フランスの人文主義者でカルヴァンの従兄］のフランス語訳聖書（1535年にヌーシャテルで出版され、55年にジュネーヴ聖書となる）、そして1611年に認可された英語版聖書（ジェームズ王訳ないし欽定訳聖書）である。この欽定訳聖書は、何百万もの英語使用者の言語的・文化的貯蔵庫となった。一方、オリヴェタン版はギリシア語の旧約聖書や文書を底本とする訳業だった。ヤハウェを示す4文字のYHWHは、19世紀末に刊行されたルイ・スゴン［1810-85。ジュネーヴ近郊出身のプロテスタント神学者。ヘブライ・ギリシア語から旧約聖書を1874年、新約聖書を80年に訳出した］の翻訳が示しているように、当初は「永遠なる者」として訳された。

　聖書の真理を求めるこうした知的探究は、啓蒙時代以降、プロテスタントの学者たちが批評的・合理主義的な聖書の解釈を行う後押しをした。この探究から歴史的分析にもとづく批評的ないし批判的な聖書釈義学が生まれ、さらに20世紀に入って、ルドルフ・ブルトマン［1894-1976。ドイツの20世紀を代表するプロテスタント神学者。新約聖書を宣教（ケリュグマ）の面から再検討する史的・批判的研究で知られた］の「非神話化」理論も登場する。今日、プロテスタントは両極端にはさまれた範囲に位置している。すなわち、聖書の批判的な読み方を受け入れて字義どおりの読み方をこばむ、より自由なアプローチ（ルター派や改革派の伝統のみならず、聖公会やメソジスト、長老派の伝統が支配的）と、聖書の記述を字義どおりに解する原理主義的アプローチ（たとえば世界が6日間で創造されたことを信じる）のあいだに、である。

礼拝

　プロテスタントの伝統では、日曜礼拝が根幹的な位置を占めている。信者たちが集まるのが、この礼拝である。そのために教会の扉

プロテスタントの聖書はカトリックの聖書と違うのか　カトリックやギリシア正教のものと異なり、旧約聖書続編（トビト記、ユディト記、マカバイ記一・二、知恵の書、シラ書、バルク書、エレミヤへの手紙、ギリシア語のエステル記・ダニエル書補遺）を含まない。つまり、セプトゥアギンタ（七十人訳聖書）と呼ばれるギリシア語版旧約聖書に載せられた書だけである。原典への回帰を考えていた改革派は、ユダヤ教が正典として認めたもののみを旧約聖書として受け入れようとした。しかしながら、それはプロテスタントたちがこれらの書を信仰の真の証言として読むことを妨げるわけではない。事実、彼らはカトリックやギリシア正教とともに、こうした補完的な書を含む聖書の共同訳を編集している。

が開けられるが、平日はそこが聖所とならないよう、閉めたままにしておかなければならない。教会はいっさいの飾りが除かれた場所であり、辛うじて認められているのは説教壇と聖卓、そして聖書を開き、ときにキリスト像のない様式化された十字架を置く聖書台程度である。歴史的教会（改革派とルター派）での聖礼典は厳格ないし禁欲的であり、余計な所作や儀礼はない。しばしば白い折り返し襟のついた黒い祭服（牧師服）——16世紀の医師の着衣——を着て、まず聖霊への祈りの言葉を唱える。ついで、ときに讃美歌の朗誦をさしはさみながら、十戒の朗誦や罪の告白、恩寵の告知、聖書朗読と説教、信仰告白、主の祈り、代祷が続く。これら一連の式次第は、教会によって毎週ないし毎月営まれる聖餐式に付随してみられる。だが、こうした構成はさまざまな伝統のなかで多様に変化し、たとえば黒人バプテスト（洗礼）教会の礼拝式は、合唱隊や聖歌、ダンスなどによって、ロマンス語系スイスでの典礼以上ににぎやかである。

2通りの聖礼典

プロテスタントは2通りの聖礼典のみを認めている。洗礼と聖餐がそれで、いずれもイエス自身が新約聖書のなかで定めている（洗礼については『マルコによる福音書』28・19、聖餐については『マタイによる福音書』26、『マルコによる福音書』14、『ルカによる福音書』22、『コリントの信徒への手紙一』11を参照されたい）。

プロテスタントたちは信仰をもって受け入れた聖礼典のみが有効だと考えている。彼らにとって、この聖礼典は眼に見えない恩寵である聖餐の、いわば目に見えるしるし——洗礼の水とパンとぶどう酒によって具体化される——としてある。

洗礼 乳児の洗礼は、みずから信仰を告白できないところから、宗教改革初期から問題視されてきた。ルターやカルヴァン、ツヴィングリたちは乳幼児洗礼に賛成の立場をとり、この洗礼を激しく非難して、信者たちの再洗礼さえ行うまでになった再洗礼派と対立した。聖書的な視点からすれば、再洗礼派の立論はきわめてしっかりしている。洗礼者ヨハネがヨルダン川でイエスに行ったとされる洗礼の方法、改宗や過去の罪の悔悟に証を与える方法により似ているからである。今日、大部分の福音主義系教会は成人洗礼のみを行っている。その名称が示しているようなバプテスト（洗礼）教会やペンテコステ教会のように、である。一方、フランスの改革派教会（ERT）は、幼児洗礼が大多数ではあるものの、2通りの洗礼を実施している。

新約聖書の記述からかなり離れている「幼児洗礼派」は、神の恩寵が無償で与えられ、神の愛がつねに人間の信仰告白に先立つと説いて、乳児の洗礼を正当化している。聖礼典（秘跡）がになう恩寵は、神からの賜物である信仰を聖霊の神秘的な働きによって乳幼児のうちに根づかせるが、この信仰は子どもとともに大きくなっていく。ルターはそう考えていた。これに対し、カルヴァンは人間と神との契約のしるしである洗礼を、旧約聖書にある割礼になぞらえている。1545年にみずから編んだ信仰問答において、彼はこう書いている。「幼児たちは洗礼の奥深い真実を形づくる神の恩寵に浴しているがゆえに、彼らに外的なしるしを授けることをこばむのは、あきらかに誤っているといえるだろう」。洗礼は、子どもたちが「神が世代を越えて今日まで約束した祝福の後継者であり、成人になった彼らは自分にほどこされた洗礼の深い意味を見出し、その果実をになうようになる」ということを明確に示すものでもあるという。こうして子どもたちはなおも「親と同じ信仰のもとで」洗礼を受けている。幼児洗礼派の教会は、14–16歳になった子どもが洗礼の「堅信（信仰告白）」を行う必要があるとしている。それは、子どもがみずからの責任において成熟した信仰を表明する機会となる。

この2通りの洗礼は、決定的に異なる2通りの「教会でのあり方」を育んできた。幼児洗礼派の教会は伝統的に「大衆主義派」であり、大衆を受け入れ、悔悟や内的回心のレベルを吟味することなく信者に組み入れる傾向をもつ。これらの教会はさらに内部に多様な意見が存在するのも認めている。一方、幼児洗礼を認めず、幼少期に洗礼を受けた成人にふたたび洗礼をほどこす教会は「信仰告白派」で、みずからの信仰を積極的に表明できる確信的な信者しか受け入れず、それゆえ洗礼——幼児洗礼派の伝統的な灌水ではなく、浸水による——はきわめて価値のある通過儀礼となっている。今日、幼児洗礼派教会が信者数の減少をきたしているのに対し、福音派教会は世界中で拡大しつつある。

◆アメリカのイリノイ川における浸礼（浸水礼）。アメリカの数多くのプロテスタント教会では、カトリックの伝統にみられるような灌水よりむしろ浸礼が広く行われている。

第1部　一神教

▶ アルザス地方のプロテスタントの結婚式。1768年。牧師が十字の印で結婚を祝している。これは、聖なるものにかかわる所作を追放したプロテスタントの伝統からすれば、きわめて例外的な図像といえる。パリ国立民衆芸術伝統博物館蔵［現在マルセイユに移転中］。

いだで論争の種となってきた。とくにパンとぶどう酒の聖餐式におけるキリストの実存在をめぐって、である。パンとぶどう酒の実体にキリストの肉と血がくわわるとする実体共存説を弁護していたルターは、そのかぎりにおいてカトリックとかなり近かった。

彼と同時代のツヴィングリは、聖礼典についてははるかに概念的な見方をしていた。つまり、陪餐（聖体拝領）はキリストの犠牲に対する純粋な想い出であり、したがって神が存在する食物を摂取することではなく、信仰行為であるとしたのだ。ツヴィングリが説くところによれば、キリストは天上にいるため、地上でパンとぶどう酒の中に同時にいることはできないという。とすれば、「これが私の体である」という聖書の文言は、「これは私の体を象徴する」と理解しなければならないともする。1529年のマールブルク会談時［ルターやツヴィングリたちの宗教改革者たちが相互の意見調整をはかった］、聖餐だけがツヴィングリとルターが唯一合意にいたらなかった教理上の問題点だった。それから15年後、カルヴァンはツヴィングリの考えにくみする。今日、実体共存にかんするルター的な見方は、ルーテル教会になおもみられるものの、世界のプロテスタントのなかではいくぶんなりと周縁化している。

現在、支配的となっているツヴィングリの見方は、ルターのそれよりかなり穏やかなものであり、個人の感情を重視している。信者同士の霊的な交わりが、陪餐のときだけ、キリストを「顕在させる」というのである。ルター派は日曜日ごとに陪餐にあずかるが、改革派やごく少数の福音派教会では、聖餐式は不定期に営まれている（月1回程度）。

聖餐　洗礼にくわえて、プロテスタントの聖餐に対する見方は、カトリックの実践と断絶している。すべての宗教改革者は、聖別時にパンとぶどう酒がその実体を失ってキリストの肉と血に変化するとする、カトリックの実体変化にかんする教義を批判することで意見の一致をみた。彼らはみな、カトリックの教義にもとづいて十字架の出来事を反復する、ミサの供犠的な特性を冒瀆だと難じたものだった。すべてのプロテスタント教会では、パンとぶどう酒のもとで聖餐（陪餐）式が営まれている。カトリックのミサが聖職者だけでも営めるのに対し、プロテスタントは総じて会衆がいないところで聖餐式をあげることに反対する。だが、聖餐式は改革者たちのあ

結婚　プロテスタントにとって、結婚は聖礼典ではない。だが、宗教改革から生まれた教会は新郎新婦に神の祝福が授かるよう、結婚の祝別式を行う。何世紀ものあいだ、自由主義的な教会は離婚と再婚時の祝福の可能性を認めてきた。

聖職　改革派にとって、聖職は聖礼典ではない。神学にもとづいて厳格に養成された男女の牧師たちは、説教を行い、礼拝を導くようになるが、彼（女）らはまた聖礼典を司式し、信者たちに霊的によりそう。ただ、カトリックやギリシア正教の聖職者と異なり、牧師にはいかなる聖性も仮託されていない。聖公会の場合、こうした

プロテスタントはなぜ十字の印をこばむのか　プロテスタントたちは十字の印をこばんでいる。宗教改革時代のみならず、今もなお変わりはないが［東方奉神礼をとり入れている一部のプロテスタント教会では、十字の印は行われている］、彼らはこの所作を俗信的なものとみなしていたからである。当時、十字の印は悪をはらう、あるいは神の祝福を自分に呼びよせるための所作とみなされていた。宗教戦争のあいだ、とくにきわめて長い迫害時代（1787年の寛容令［ルイ16世が信仰の自由を認めた勅令］まで）、十字の印はカトリックへの帰属をもっとも明確に示すしるしだった。それゆえ、これに逆らうのはプロテスタントとしての帰属を自発的に知らせることであると同時に、迫害への門戸を開くことでもあった。

◆礼拝堂楽長（カペルマイスター）だったヨハン・ゼバスティアン・バッハが、1723年から50年にかけて数多くの作曲を行った、ライプツィヒの聖トーマス教会。彼は「5人目の福音書記者」とも呼ばれた。

特性はいっそう複雑である。たしかにその神学はカルヴァン主義の影響を色濃く受けているものの、教会の処世術はカトリックにかなり影響されている。たとえば聖公会の司祭は、執事や主教同様、たしかに叙任されているが、彼らの存在（本質）は叙任によって変わることはない。

大部分のプロテスタント教会では、過去40年のあいだに女性でも聖職者になることができるようになった。女性の牧師に対する一部教会（通常は聖書の文言を文字どおり解釈することで特徴づけられる福音派教会）の抵抗は、集会において女性に説教をさせないよう求め、あるいは男を女性の「頭」だとして説いたパウロの言葉を根拠としている。一方、宗教改革の初めから、牧師には結婚が認められており、きわめて長いあいだ、牧師の妻は夫の司式で特別な位

プロテスタント音楽は存在するか　宗教改革の初めから、文化的な表現はポリフォニーによる讃美歌の旋律を介してなされた。これら讃美歌の多くは今日まで伝えられているが、16世紀には、クレマン・マロが150もの詩編を韻文で書き、やがてクロード・グディメル（1564年）やクロード・ル・ジュヌ（1601年）がこれに曲をつけるようになった。ルター派の影響下にあったテューリンゲン生まれのバッハは、その絶頂期に讃美歌を創作している。ライプツィヒで生みだされたかなりの数にのぼるカンタータは、ルター派の敬虔主義を強調するものだった。われわれにより近いところでいえば、ゴスペルはプロテスタント音楽とみなすことができる。アメリカの黒人メソディスト教会に由来するそれは、聖書の主題をおびており（『聖者が町にやってくる』におけるユダヤ人［黒人］の解放など）、イエス・キリストによる救いへの信頼を示している。

第1部　一神教

◆リヨンのプロテスタント教会、通称「パラディ（楽園）」の内部を描いた絵。制作者不明。説教壇の場所は、信者たちの生活のなかで神の言葉、つまり聖書が中心となっていることを示す。ジュネーヴ公立大学図書館蔵。

置を占めていた。しかし、今日では状況が変わり、妻たちの職業的な活動はよりひかえめになっている。自由主義的な教会（ルター派・改革派や聖公会）では、数多くの牧師が離婚したり再婚したりもしている。

此岸と彼岸の分離　プロテスタントたちはこの分離を完全に認めている。それゆえ、死者たちのために祈ったり、とりなしを願ったりすることは不可能になっているのだ。彼らは死にかかわるあまりにも儀礼的すぎるやり方をうとんじている。とりわけ改革派は、生者たちの祈りの場所である教会内に遺体を入れるのを嫌う。葬儀は非常に素朴な儀礼で営まれ、聖餐式のないそこでは聖書の朗読と説教が中心となっている。通常、遺体は墓地に内輪で埋葬され、それから親族全員や友人たちが教会に集まり、故人の来世での生のために「恩寵の働き」を願う礼拝を行う。

> **エクレシア・レフォルマタ・センペル・レフォルマンダ・エスト**　「改革された教会はつねに改革されなければならない」を意味するこのラテン語の定式文は、根本的な原理を含んでいる。それは、教会が既得のものに安住したり、しかるべき発展に背を向けたりしてはならず、つねに福音書への忠誠を新たにしなければならないという戒めである。プロテスタントたちは宗教改革者の思想に仕える巫女ではなく、むしろそれに順応しながら、しかじかの状況で何が正しいかを探す。この原理に従って、一部のプロテスタント教会は女性司式者を積極的に登用し、規則を修正してきた（離婚や同性愛などの問題など）。

制　度

権威の拡大

聖書以外の教導権に服するのをこばんだことによって、プロテスタントの組織はきわめて多様化・分散化したものとなった。今日、単一のプロテスタント教導権は存在せず、懲戒権を与えられた世界的な上部機関もない。プロテスタントは、いわば分離（独自の教会を組織した分離派）ないし追加（固有の天啓に呼応して独自の派をつくった信者群）によって発展してきたといえる。

最初の現象はきわめて衝撃的なものだった。ペンテコステ派の世界にみられたもので、そこではブラジルをはじめとするいくつかの国が、毎週いくつもの教会を立ち上げていたのだ。第2の現象は信仰復興期、とくに19世紀末に訪れた。こうしたプロテスタントの拡張は、およそ500年前に始まった改革が、聖霊の働きかけによってつねに再開されなければならない（エクレシア・レフォルマタ・センペル・レフォルマンダ・エスト［前ページ参照］）という、強い信念によって説明される。もうひとつの要因としてあげられるのは、プロテスタントの体系では、使徒継承が、それを根幹とするカトリックやギリシア正教とは異なり、教会を正統づけるものではないということである。カトリックやギリシア正教では、秘跡ないし機密の有効性は先任聖職者から受ける叙任の有効性にもとづいており、それは2000年におよぶ按手と相承の歴史のなかに組みこまれている。これに対し、プロテスタントでより重要なのは霊的カリスマ、すなわち聖書の福音を説く能力であり、こうして混沌とした福音主義的な星雲の中から自称牧師が輩出されるのである。ごく単純にいえば、まさにこれが新たな教会を生む要因となる。

プロテスタント内で権威を行使する。これはいささか微妙な問題をはらんでいる。プロテスタントがコンセンサスや多数決、選挙、投票、一定期間の委任といった手続きを重視する、より民主的な権力・決定組織を採用してきたからである。以下では、短絡化とのそしりをおそれず、あえて二大機構を区別しておかなければならない。

長老派教会会議（プレスビテロ・シノダル）システム

呼称が示しているように、このシステムは2通りの方向性にもとづいている。まず、プレスビテロ（presbytéro）という語は、ギリシア語の「長老」をさすプレスビュテロイ（presbúteroi）とかかわるが、ここでは高齢者というより、むしろ「賢者」(!)のことである。地方のレベルでは、これは教会が一種の小教区教会として、長老会によって指導されることを意味する。この長老会は、会議の正式メンバーだが、それを主宰することができない牧師たちの合意を得て、規律や司牧神学を決定する。これはカルヴァンが求めた「宗務局」に相当する。彼は小教区の霊的役割をになう牧師たちを選んだ。ただし、ここでは小教区という概念がきわめて相対的なものであり、徐々に地理的な単位と対応しなくなっていることに注意したい。

一方、シノダル（synodal）という語は、小教区の代表や牧師たちが参加する地方および／ないし全国的な集会である「教会会議」（synode）とかかわる。教会会議の特徴は一般信徒と教役者とが混じりあっているところにある。通常、それは下部組織——小教区や伝道地——の働きかけにもとづいてさまざまな決定をくだし、これを普遍的な規律としてみずからに課す。地元と地方および全国の関係を補完する役割をになうこうしたモデルには、さまざまな形態がみられる。たとえば改革派教会と長老派教会がこれと結びついており、監督教会会議システム（エピスコパル・シノダル）はこのモデルときわめて近い。それはまたルーテル教会と聖公会にかかわってもいる。主教（あるいはメソジスト教会の監督）は教会会議の権威に服しているが、監督管区の小教区を管轄する。また、この下位モ

◆ 有名な福音伝道者のビリー・グラハム［1918-］は、伝道キャンペーンでメトロドーム・スタジアムに何万もの信者を集めた。ミネアポリス（アメリカ）。

◆ハイチのバプテスト教会での礼拝式。1612年に最初の教会が建てられたバプテスト派は、今では全世界に信者を擁するまでになっている。

デルの監督教会会議システムを、権限の安定をはかるかなり複雑なシステムをとるメソジスト教会と関連づけることもできる。そこでは一種の全国教会会議であるカンフェランス（年次総会、協議会）が改革派の教会会議以上に強い権限を有しており、小教区に牧師の配属を決めるのもここである。

会衆派システム

コングリゲーション（congregation）という英語は、日曜礼拝に集まった信者たち（会衆）をさす。そこから会衆制（組合教会制）といえば、完全に独立した一個の教会のように、会衆がさまざまな決定や聖礼典ないし司牧の選択に至上権をもち、自分自身（と神！）にのみ責任を負う組織として理解される。この種の組織は福音系教会の大部分、とくに独立に腐心するメソジスト教会や改革神学派教会にみられる。さらにこれに、司牧活動につながりをもたせるため、全国的な連盟組織を確立しているバプテスト教会をくわえなければならない。こうした独立系教会からは、礼拝と文化的センターとしてのメガ・チャーチが北米で生まれているが、それはさながら無数の消費者を引きつける本格的なビジネスを思わせる組織といえる。

プロテスタントのおもな宗派

宗教改革初期ないしその少し後に組織された教会からなる「歴史的」プロテスタント（改革派、ルター派、英国国教会、メソジスト）と、こうした伝統をもたない後発のプロテスタント（ペンテコステ派、アドベンティスト派）は、しばしば対比的に考えられている。だが、「福音派」という呼称のもとに再編されている数多くの教会は、実践という面からすれば、1524年にチューリヒで生まれた初期再洗礼派までさかのぼる。聖書の字義どおりの解釈や幼児洗礼の拒否、成人の再洗礼、道徳的厳格主義、回心の強調といった実践である。

ルター派 ルターの神学についてはこれまで十分にみておいた。ルター派はアメリカ大陸のみならず、植民地があったため、アジアやアフリカ、さらにオーストラリアにも存在している。しかし、大部分（1960年には3800万人）はヨーロッパに住み、1947年、ルター派世界連盟（FLM）が創設された。信仰告白や聖礼典ではあきらかにもっともカトリック教会に「近い」彼らルター派は、1999年にヴァチカンとのあいだで締結した「義認の教理にかんする共同宣言」が示しているように、エキュメニズムにおけるパイプ役をもって任じている。さらに、スカンディナヴィアとフィンランドのルーテル教会もまた、［同じ使徒継承を唱える］英国国教会とフィンランドのポルヴォーで合意文書に調印している［1994年］。

改革派ないし長老派教会 ジャン・カルヴァンの直系であるにもかかわらず、改革派はときに「カルヴァン派」と呼ばれるのを嫌う。カルヴァンが基本的にルターから多くを借り受けているためで、だからこそ彼ら改革派は、すくなくともカルヴァン同様、ルターにも

恩義を感じているのである。さらに、カルヴァンの二重予定説にかんする純粋に個人的な主張は、それを否定的にとらえる多くの改革派を当惑させてもいる。

今日、改革派は世界改革教会連盟に集結している。1975年に設立されたこの組織は、さまざまな呼称をもつ教会（改革派、長老派、会衆派、ユニテリアン派、一部の合同教会）と7500万の信者を擁する。改革派はとくに人権に強い関心をよせ、設立まもない1877年、アメリカ先住民への迫害に対して立ち上がり、1982年にカナダのオタワで開かれた総会では、アパルトヘイトを実施していた南アフリカの改革派たちを「異端」として断罪してもいる。

メソジスト派 この宗派は英国国教会から生まれたものである。当時、有名なカルヴァン主義者だった国教会司祭のジョン・ウェスレー［1703-91］を開祖とするが、彼はカルヴァンの二重予定説の頑固な信奉者ではなく、むしろ救いはそれを断固拒否する者以外、だれにでも与えられると唱えたヤーコブス・アルミニウス［1560-1609。オランダの改革派神学者］の考えに共感していた。こうしてウェスレーは小教区以外の人々のために何時間も野外で説教したり、何千キロメートルも歩きながら、きわめて積極的に民衆伝道を行ったりした。回心者の本質的な新生は、以後のさまざまな行動、慈善や立派なキリスト者として送る模範的な生活によって吟味されなければならない。みずから回心体験を味わったウェスレーは、そう考えていた。この聖化のため、彼は修道院の規則にならって、いく通りかの規則を遵守するよう義務づけ、人々がもてる力を最大限に発揮できるようにした。こうした教理的というより、むしろ実践的な枠組みによって、彼の運動は「メソジスト派」［＜メソッド「方法」］と呼ばれるようになった。

国教会からの反発を受けたメソジスト派は1784年、ついに独立を勝ちとる。やがてメソジスト運動はアメリカ合衆国で急速に教勢を伸ばし、各地を移動しての福音伝道は同国での発展にきわめて適応したものとなる。一方、ジョンの弟チャールズ・ウェスレー［1707-88］は、アングロサクソンの国々で今もよく知られている讃美歌を数多く作曲した。イギリス人のメソジスト牧師ウィリアム・ブース［1829-1912］は、周知のように救世軍を創設したが、その役割はメソジスト主義に影響を受けている。このメソジスト派からは世界中に40あまりの下位教会が生まれているが、メソジスト世界会議はメソジストの伝統を有し、7000万の信者を代表する70以上の教会を再編している。

バプテスト教会 バプテスト派の運動は、1605年、英国国教会の監督をこばむ会衆派と結びついていた、ピューリタン共同体の指導者ジョン・スミス［1570頃-1612］の提唱で始まった。バプテスト派は、回心を明確にした成人に再洗礼をほどこすという実践を、メノー派［後出］からとりいれている。1612年、最初のバプテスト教会が建てられ、50年代からは、浸礼による洗礼がキリストと一緒の死と再生の霊的体験をはっきりと示す証として、イングランドに広まるようになる。そして1639年、最初のバプテスト教会がアメリカ北東部のロードアイランド州に創設される。ここは聖公会と世俗的な権力とがすでに分離していた州だった。バプテスト派のうち、一部は伝統的なカルヴァン主義に身を置き、一部はよりカリスマ的な異言［ペンテコステ派］に心を開いている。

このバプテスト派の特徴は、伝道を基盤として教勢を拡大していったところにあるが、これにより今日ではすべての大陸に進出するようになっている。信者数はおよそ4600万。そのうちの3400万人は、さまざまなバプテスト「宗派」に枝分かれしたアメリカ国内に住んでいる。この宗派の例として、いつくもの黒人バプテスト教会がある（故マーティン・ルーサー・キング牧師はそのうちのひとつの指導者だった）。1965年に創設された世界バプテスト連盟（BWA）は、これら宗派間の連携と代表行為の役割をにない、世界115か国のおよそ16万にのぼる教会を代表する140の教会連合を傘下に擁している。信者はアメリカにとくに多く、3300万を数える。しかし、アメリカ最初のプロテスタント集団で、1600万の信者を

◆ノルウェー北部トロムソ島のルーテル教会。ルーテル派の大部分はヨーロッパに住んでいる。

擁する南部バプテスト協議会［SBC。1845年、ジョージア州オーガスタで創立。カルヴァン主義を厳格に遵守する］──超保守的な教会で、ブッシュ政権とかなり密接に結びついていた──は、2004年、世界バプテスト連盟があまりにも弛緩しすぎていると非難して、連盟から脱退している。

アメリカ合衆国以外にバプテスト派が多いのはブラジル（120万人）、アフリカ（ナイジェリア100万人）、アジア（インド、韓国）である。バプテスト派はロシア（35万人）でもかなり活発に活動しており、フランスでは、バプテスト福音教会連盟が6500人の信者を集めている。バプテスト教会はその多様さを特徴とするが、有名なビリー・グラハムもバプテスト派の牧師である。

福音派　福音派には「教勢圏」や「星雲」といった言葉が好んで用いられるが、その全貌を明らかにすることはかなりむずかしい。そもそも「福音派〔エヴァンジェリク〕」という語は、宗教的権威が会衆の意向に沿って行使され、しばしば回心者である信者がみな「信仰告白」を行う教会、倫理的な立場がどちらかといえば保守的（たとえば同性愛問題に対して）でもある教会全体を総称する。この福音派教会はイエス・キリストによる救いを示そうとする熱意に特徴がある。こうした福音主義を奉じる教会は、聖公会やバプテスト派のうちにも存在している。アメリカでは、全米福音派連盟（NAE）が活発に活動

◆世界でもっとも知られるバプテスト派の牧師マーティン・ルーサー・キング（1929-68）と、彼の有名な言葉「私には夢がある」のポスター。

しているが、ここから世界福音同盟（WEF）が生まれ、現在約100か国に福音派組織を擁し、1億から1億5000万人の実践的信者を抱えている。だが、福音派教会が有名なのは教会一致運動に対する共感というより、例外は数多くあるものの、とくにカトリックに対する寛容さによる。

ペンテコステ派　今日きわめて活動的なこの霊的宗派は、1906年、聖霊の導きによる「異言の語り」を唱えた、福音派黒人ウィリアム・セイモア（1870-1922）の働きかけにより、アメリカの黒人や低所得者層のなかで生まれた。やがてそれはたんなる黒人教会の枠を超えて発展し、とりわけ社会的な落後者や排除に苦しむ人々（たとえばフランスのロマ福音伝道会）の心をとらえていった。その礼拝は、罪の悔悟と霊魂の再生にかかわる強い体験と結びつけられたきわめて感情的な要素（忘我〔トランス〕、口頭証言の重要視、聖歌、涙など）をともなう。根本的な体験は、聖霊によるバプテスマ（洗礼）である。こうした感情の湧出は回心体験や洗礼にのみかぎってみられるものではない。一部の選ばれた者〔エリート〕だけに現れるわけでもない。それは人間の意思を越えて立ち現われるというのである。とりわけ重要な意味をもつのが、病からの快癒［神癒］である。そこでは預言と智恵の賜物［カリスマ］が強く説かれている。

このペンテコステ派はファンダメンタリズム［第1次世界大戦後のアメリカで、自由主義的な神学に対抗して創唱された保守的なプロテスタント教会の運動］と結びついている。信者たちはキリストの回帰を待ち望みながら（多少とも熱烈に）生きている。彼らはエキュメニズムのみならず、なによりも牧師が神学者ではないところから、聖書釈義にもほとんど関心を示さない。フランスにおけるペンテコステ派教会としてもっとも重要なのは、アサンブレ・ド・デュー［字義は「神の集まり」］である。

聖公会　聖公会［英国（イングランド）国教会を母胎とする世界各地の教会］はその聖職位階（執事、司祭、主教）を借りているカトリックと、そこから神学や長老＝教会会議システムをとりいれたプロテスタントの中間に位置する、いわば中道志向の教会である。きわめて気高い礼拝の伝統を保ってきたこの教会は、19世紀中葉からのオックスフォード運動［オックスフォード大学を中心に、英国国教会内部で展開した信仰復興・教会改革運動で、国教会とローマ・カトリック教会との和解を図った］に刺激され、カトリックに近い様式を発展させた。すなわち、当時盛んだったトリエント・ミサ［1570年に定められたカトリックのラテン語によるミサ。呼称はトリエント公会議で多様なミサの様式が統一されたことによる］をまねて、「アングロ＝カトリック」現象を生みだすまでになったのである。こうした典礼重視の傾向を有する聖公会内のハイ・チャーチ（高教会）派は、宗教的秩序の復興やエキュメニズムへの参加に寄与してきたが、今日では衰退を余儀なくされ、かなり改革的な宗派（厳格な礼拝や典礼装飾を排除している）と共存している。

現在、聖公会は全世界に7000万から8000万の信者と、アングリカン・コミュニオン［聖公会連合］を代表する38の教会を擁している。このコミュニオンは原則として、カンタベリー大主教の固有の聖務［監督］とともに、国教会の公式祈祷書を受け継いだ共通典礼を認めている。コミュニオンに属する主教たちは、10年ごとに開

プロテスタント

◆ペンテコステ派の牧師で市民権運動の活動家でもあるハーバート・ドートリー［1931-］が、ブルックリンの彼の信者たちに囲まれてポーズをとっている。ニューヨーク、1986年。

かれるランベス会議［カンタベリー］に集まって時代の情勢を検討している。しかし、2003年以降、コミュニオンは同性愛問題にかんして分裂状態にある。南方の教会、とくにアフリカやアジアの教会は、同性愛者ジーン・ロビンソン師［1947-］を主教に叙階した、米国聖公会を異端と断じている。各教会が自主独立しており、いかなる上位機関も存在しないというコミュニオンの原則は、たしかに1970年代まではさしたる困難もなく機能してきたが、やがて初めての危機、すなわち女性聖職者の問題に直面するようにもなった。この問題について、コミュニオン内で意見の一致をみていないため、一部の教会は女性を牧師や主教に叙する決定をしている。こうした行動化アクティング・アウト（各教会の独立性にかんがみれば、きわめて正当といえる）は、今日では同性愛に対してもみられるが、その結果、より由々しき事態をまねいている。くわえて、世界中の聖公会は、きわめて活動的な福音派の影響下で、全体的にプロテスタント化へと向

プロテスタントの修道士？ プロテスタントの修道院は存在しない。ルターをはじめとする宗教改革者たちは、宗教的な誓願を、キリスト教的自由と対立し、カトリックの善行による救いと類似するものとして激しく断罪した。だが、19世紀には、さまざまな宗教共同体が設立されるようになる。たとえば1841年、カロリヌ・マルヴザン［1806-89。女子寄宿学校長］とアントワヌ・ヴェルメイユ［生没年不明。ボルドーの牧師］の先導で、ディアコネス・ド・ルイイが創設され、修道的な祈りの生活を選んだ［パリ東部のルイイ地区を拠点としたこの宗教共同体は、当初75人の女性奉仕者たち（ディアコネス）をメンバーとしたが、彼女たちは改革派やルター派、バプテスト派、メノー派、さらに救世軍に帰属していた］。それから1世紀後の1940年、改革派教会の牧師ロベール・シュッツ［1915-2005。スイス人牧師を父として生まれ、東欧をはじめとする世界各地の青少年に対話・伝道を行う。ヴァチカンとも良好な関係を保ったが、2005年にケルンで開かれた世界青年の日の際、凶刃に斃れた］は、他のプロテスタントとともにフランス中部にテゼ共同体を組織している。女性の宗教共同体［女性村］はさらにポメロル（フランス南部ブーシュ＝デュ＝ローヌ県）やグランシャン（スイス）でも生まれている。

より周縁的な宗派

メノー派（メノナイト）　メノー派は信者数こそ少ないものの（世界全体で約100万人）、再洗礼派の「急進的改革」の後継者である。この再洗礼派は、原始教会の純粋さを生きようとして、1527年の「シュライトハイム信仰宣言」［「神の子の兄弟の一致」。ドイツの修道士で宗教改革にくわわったミヒャエル・ザトラー（1490頃-1527）が草した］にまとめられているように、聖書にない幼児洗礼や武器の所持、誓約、さらに宗教問題への世俗権力の介入といった多くの事柄をこばんでいた。こうした姿勢は既存の体制を根底からおびえさせた。周縁的な存在だったにもかかわらず、この再洗礼派はそれゆえプロテスタントから迫害を受けるようになった。やがて彼らは、オランダ［フリースラント］出身の神学者メノ・シモンズ（1496-1561）によって組織される。メノー派とは彼の名にちなむ。厳格な生活様式を信条としていた彼らメノー派は、非暴力・平和主義的な考え方を守った。だが、この宗教共同体ないし教団（そして聖餐式）に組みこまれるということは、当然のことながら厳格な規則の対象となり、メンバーは破門される可能性もあった。こうしてここからいくつもの宗派が枝分かれしていった。アメリカでは1810年代以降、スイスやドイツ南部およびアルザス地方などから移住した超保守的なメノー派を中心に、新たな宗派アーミッシュが生まれた。この呼称はベルン出身のメノー派であるヤコブ・アマン［1644頃-1730頃。再洗礼派の指導者のひとり。故国スイスで迫害を受け、弟子たちとともにアルザス南部のサント＝マリ＝オー＝ミヌに移り、さらなる迫害の下で活動した］の名に由来する。メノー派はプロテスタントのとりわけ厳格かつ独特の教えを奉じていて、兵役や公務員としての仕事をこばみ、伝統的な着衣にこだわって近代技術を追放し、ベルンの古い地方語を用いている。

セブンスデー・アドベンチスト（第7安息日再臨派）　世界中におよそ1300万の信者を擁するこの宗派は、1844年にキリストが再臨すると予言した（アドベンチストという呼称はこの再臨にちなむ）、アメリカの農場主ウィリアム・ミラー［1782-1849］に始まる。予言ははずれた。だが、一部の信者たちは審判がすでに天上で始まっていると考え、数多くの著作をものしていた女性預言者のエレン・グールド・ホワイト（1827-1915）のもとに走った。今日、アドベンチストたちは、土曜日＝安息日の遵守にくわえて、酒や煙草、肉をこばむ厳格な生活様式、さらに健康維持へのなみなみならぬ関心などを特徴とする。彼らはまた、聖書を字義どおりに解釈し、信仰を告白した者に浸水による洗礼をほどこしてもいる。2004年、アドベンチスト派は全仏プロテスタント連盟に加盟を認められた。

クエーカー（キリスト友会）　キリスト友会は17世紀にイングランドで創立されている。創唱者のジョージ・フォックスは1624年にピューリタンの家で生まれ［1691没］、23歳のとき、聖霊がおよんで万人のなかに生まれることができる「内なる光」にかんする説教を始め、内的な霊性を求めて、既存の英国国教会から離れた同時代人たちの心を引きつけた。クエーカー（字義は「体を震わせる者」）という呼称は、おそらくフォックスとその仲間たちが祈りの際に覚えた震えに由来する。武器の所持や国教会の礼拝をこばむ信者たちは迫害を受け、やがてアメリカ、とくにペンシルヴァニアに移住した。1660年から85年にかけてのことである。平和主義者の彼らは、聖職者のみならず、聖餐式や聖礼典のすべてをこばんでいる。集団礼拝では沈黙が重要視されてもいる。アメリカで奴隷制に反対した彼らクエーカー教徒は、現在信者11万5000人（世界全体では20万人）を数えている。

ユニテリアン派　急進的な宗教改革の後継者である彼らは、プロテスタントのかなり周縁的な思潮の化身であり、三位格が一体だとする聖三位一体の教理を認めず、神の唯一性を主張する。そのかぎりにおいて、彼らは初期の公会議による定義にくみしない。トマス・ミュンツァーやミシェル・セルヴェ［いずれも前出］などの再洗礼派は、16世紀に反三位一体説を表明したが、セルヴェはそのために命を落としている。ユニテリアン派はハンガリー、とりわけトランシルヴァニアで発展したが、現在ではアメリカ合衆国に約20万人、トランシルヴァニア、現在のルーマニアで7万人の信者がいる。

◆厳格な生活を営むアメリカのメノー派であるアーミッシュは、現代世界とのいっさいの妥協を排している。だが、その数は世界全体でも100万たらずである。

◆ 1944年にロジェ・シュッツがテゼ（フランス）で立ち上げた、エキュメニック共同体のレコンシリアシオン教会内における祈りの徹夜祭。

自称プロテスタント　アングロサクソン世界で生まれたいくつかの宗教運動は、プロテスタントではないものの、かなり昔のプロテスタントにその起源を有している。一部は聖書にもとづきながら、キリストを神の子と認めない。たとえば、モルモン教（末日聖徒イエス・キリスト教会）やエホバの証人、クリスチャン・サイエンス（メアリー・ベーカー・エディ［1821-1910。1879年にボストンに最初の教会設立］）、世界基督教統一神霊協会（統一教会）、サイエントロジー教会などである。

自由プロテスタント

「自由」プロテスタントと呼ばれるのは、教義、とくに超自然的な要素をともなう教義をきっぱりと批判する姿勢をつらぬく、プロテスタントの分派である。彼ら自由派は処女からのイエスの誕生とその奇跡、つまり復活の歴史性を疑問視している。なかには、聖三位一体が一種の比喩だとみなす者までいる。彼らはいわゆる「複合的」教会において、より「正統な」信者たちと共存している。ただし、この自由という呼称は、倫理や習俗に対する自由な立場とは無縁である。

ルター派と改革派の違い　改革派（カルヴァン主義を出自とする）は十字架の神学、すなわち罪びとが自分のため、自分を救うために十字架上でその罪を「あがなってくれた」、イエス・キリストと完全に同一化するという神学に、ルター派ほどこだわりを示さない。ルターは神の恩寵が人間をその生存中に「変える」とは考えなかった。人間は救いようもなく堕落しているというのである。反対に、カルヴァンは恩寵の効力を信じ、人間がこの恩寵の「果実」にあずかる方法に関心をいだいていた。彼は人間が神の言葉と聖霊の助けを借りて、他者や世界と接触するためにたどるべき聖化の道を力説した。したがって、改革派が社会計画や社会参加に、おそらくルター派以上に積極的なのは、決して偶然ではない。

通常、ドイツでは19世紀に改革教会とルーテル教会が合体して地方の福音派教会が生まれている。アルザス＝モーゼル地方では、アウクスブルク信仰告白を奉じる教会と改革派教会の合同が進行中である。それ以外のフランスの地では、ルター派と改革派からなる神学部が、両教会の牧師や神学者を養成している。一方、ヨーロッパのルーテル教会と改革派教会は、1973年のロイエンベルク一致条項を受け入れて互いに教役者を認めあい、ヨーロッパのプロテスタント教会コミュニオンを立ち上げている。

分布と定着
南方諸国での拡大

プロテスタントは世界のすべての国にみられる。ヨーロッパに生まれたそれは、17世紀に新世界に進出し、19世紀には、伝道師たちの活躍によってアジアやアフリカにまで教勢を伸ばした。20世紀前葉には、南アメリカで福音派とペンテコステ派のプロテスタントが飛躍的な発展をとげた。こうして今日、プロテスタントの数は、さまざまな推計によれば、聖公会を含めて4億から5億いるという。

ヨーロッパ

ヨーロッパは宗教改革のゆりかごである。スカンディナヴィア諸国では、イギリスと同様、プロテスタント教会が圧倒的に多い。ドイツでは、プロテスタントがきわめて堅固な位置を占めており、全人口に対する信者数の割合は、カトリックと等しく28パーセントにのぼっている。信者数の面でいえば、スイスとハンガリーではプロテスタントがカトリックを追随してもいる。フランスとオーストリアのプロテスタントは少数派だが、その影響力は信者数に比して格段に大きい。推定ではフランスのプロテスタント数は約100万。だが、さまざまな調査によれば、さらに50万人ほどがプロテスタントに近いという。ここではまた、強い伝道の使命を有する福音派教会（バプテスト派やペンテコステ派）の影響が、とくに東欧やロシアで拡大していることを指摘しておかなければならない。

北アメリカ

アメリカ大陸の北側は、プロテスタントの豊かさを象徴している。宗教的なつながりが欧米でもっとも強いアメリカ合衆国では、215の「団体」に総人口の52パーセントにあたるプロテスタテトが属している。だが、専門家たちの予測では、カトリックが増加しつつあるため、今からおよそ20年後［本書刊行は2005年］には、この国のプロテスタントは多数派の座を滑り落ちるだろうという。事実、保守派教会（南部バプテスト協議会、アサンブレ・ド・デュー［神の集まり］）が徐々に拡大しているものの、リベラルで複合的な伝統をもつプロテスタント教会（統一メソジスト教会、ルーテル教会、長老派教会など）は、衰退傾向にある。アメリカ合衆国はまたメガ・チャーチ現象の出現を特徴とするが、これは自立的かつ多重的な宗教センターであり、ニューエイジと福音派プロテスタントとの一種の混合体でもある。カナダにはプロテスタントが900万おり、これは総人口の30パーセントに相当する。

南アメリカ

南アメリカは、あきらかにプロテスタントが過去40年間にもっともめざましい飛躍をとげた地域である。推定で6500万の福音派（エバンゲリコス）を数えるとされるが、この呼称は、大部分がカトリックから改宗し、［本来聖霊運動だった］ペンテコステ運動を健康や幸福の追求へと向けさせた、ペンテコステ派やネオ・ペンテコステ派全体をさす。

これらの改宗者は、とくにラテン世界のペンテコステ派を半数近く擁するグアテマラやブラジルに多くみられる。おそらくサン・パウロ住民の約4分の1がこうしてペンテコステ派となり、ブラジル全体では福音派が総人口の16パーセントを占めるまでになっている。一方、グアテマラでは総人口の25パーセントが福音派に属しているが、ペンテコステ派のブームは去りつつある。南アメリカのその他の国々でも同様の現象がみられ、たとえばチリでは福音派は16パーセントにとどまっている。ブラジルではエディル・マセド［1945-。カトリックからペンテコステ派に移った］が1977年、リオデジャネイロで創設した「神の国の普遍的教会」［ネオ・ペンテコステ派］が、奔放なネオ・プロテスタントの宗教的「売りこみ」の成功例といえる［本書第3部参照］。

アフリカ

強力な伝道活動が展開された古い伝統を有するアフリカ諸国は、多くが英語圏に属している。この地域では古くからプロテスタント（バプテスト派、国教会、長老派、メソジスト派）が根づいてきたが、今日、土着の宗教にもとづく非西欧的な慣行にその場をゆずっている。夢や幻視の重要視、試罪法、祖先崇拝、呪詛との戦い、部族ないし先祖伝来の権力行使などがそれである。これらすべては宗教改革の原理・原則からかなり離れている。アフリカのキリスト教徒の半数は「アフロ・キリスト教的」教会の枠内で信仰を実践していると思われるが、そのなかでもっとも有名な宗派としては、キンバギスト教会［1920年代に、「預言者」シモン・キンバグがコンゴで組織し、現在100万以上の信者を有するとされる］とハリスト教会［リベリア出身の福音伝道者で「預言者」を自称したウィリアム・ハリスが、20世紀初頭にコートジヴォワールで興した宗派。信者数約10万。702の小教区を8000人あまりの「使徒」が12人一組で指導する。1998年、世界教会協議会に参加］がある。こうした状況下できわめて顕著な現象はペンテコステ派教会の増加で、それはかつてカトリック一色だったフランス語圏にもみられる。

この新しいプロテスタントは、とくに都市部や低所得者層で勢いを増している。それは災厄からの解放、すなわち呪詛の祓禍や悪霊からの治癒といった、一種の強迫観念を特徴とする。サタンとの不断の戦いが、信者たちに神が賜物（金銭、繁栄、好機、健康など）を与えてくれるという強い期待と結びついて、日常的なエネルギーを活性化し、経済や健康の面での破局に直面しても生き残れると信じられているのだ。

アジア

19世紀後葉のプロテスタント伝道師たちは、広大なアジア大陸を忘れてはいなかった。現在、この地域にはプロテスタント、一般的に極少数派のプロテスタントが住んでいるが、その分布は、かつて体制から迫害を受けていたベトナム北部のモン族12万人から、アジアのなかでもっともキリスト教的な国と認められている韓国の700万人まで、きわめて対照的な様相をみせている。中国のプロテスタント教会は国家と（強制的な）協調関係にあるものの、数多くのペンテコステ派ないし福音派は非合法的ながら存在し、一方で迫害も受けている。この中国には1000万から4000万人のプロテスタントがいる。これに対し、韓国やフィリピン、タイ、インドネシアにおけるペンテコステ派の拡大にはめざましいものがある。

共同体的・千年王国的なペンテコステ運動が発展したことで、全体的に敵対的な地域でもキリスト教徒が増加するようになった。インドでは、反キリスト教の火が散発的に伝道師たちを狙い打ちしているが、ムスリム諸国では、アメリカ出身のバプテスト派福音伝道師たちが多数活動している。

灯台の地ジュネーヴ

カルヴァンゆかりの都市ジュネーヴは、たしかに今ではプロテスタントが少数派になっているとはいえ、なおもすぐれてプロテスタントの地としてある。そこには世界教会協議会（COE、WCC）の本部が置かれている。1948年、おもにプロテスタント指導者たちの唱道によって創設されたこの組織には、342のプロテスタント教会とギリシア正教会が参加している。COEは1920年代からのエキュメニズムにおいてプロテスタントがになった原動力としての役割を反映しながら、キリスト教徒間の結びつきを促進する基本的な役割を果たしてきた。カトリック教会はCOEに正式参加していないが、協議会の教理問題を扱う信仰職制委員会に代表を送っている。

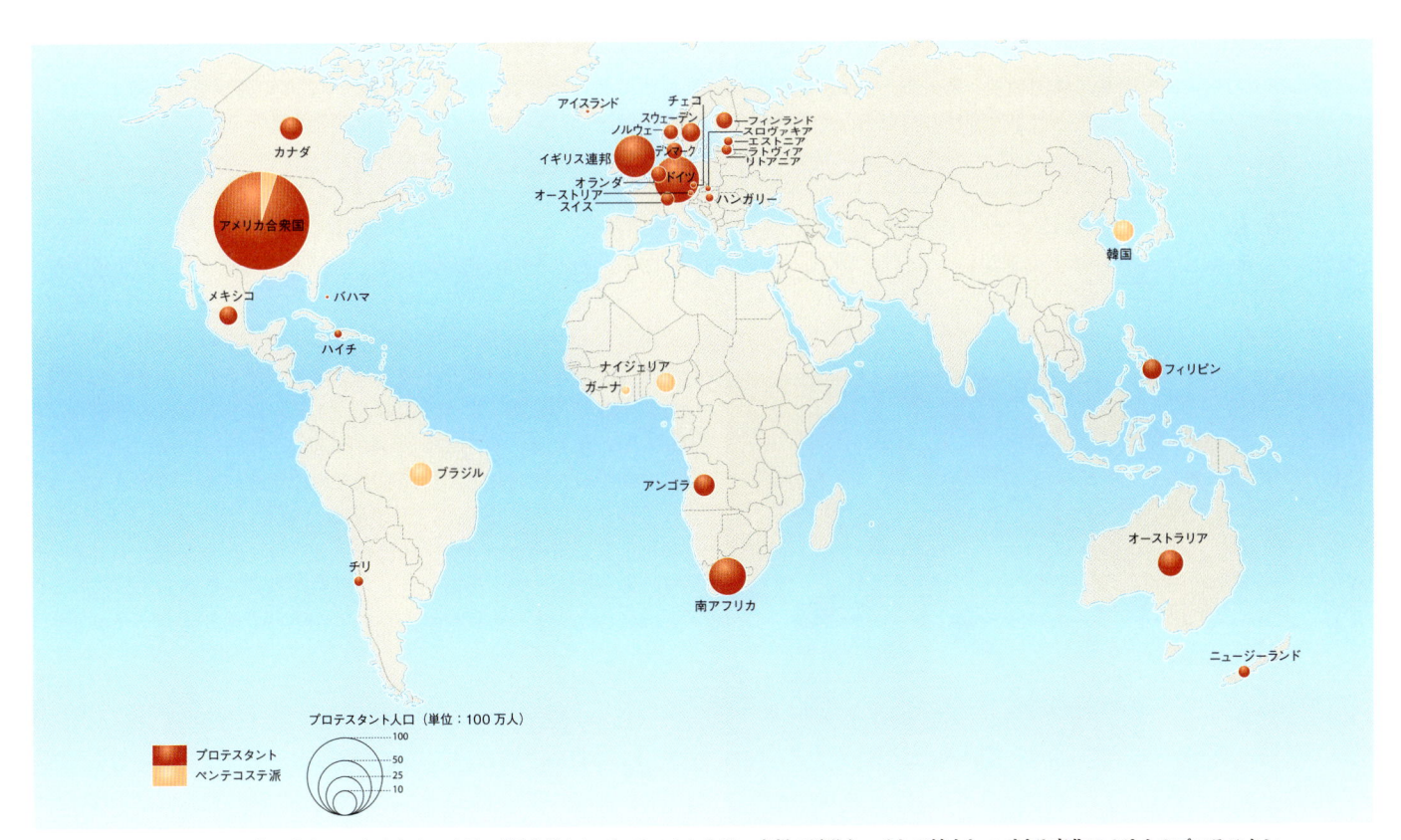

◆世界にはプロテスタントが約5億人いるとされる。今日、「歴史的な」プロテスタントは、多様で活発な、そして拡大しつづける南北アメリカのプロテスタント教会を前にして衰退しつつある。とくにペンテコステ運動は、ラテンアメリカやアフリカ、さらにアジアの一部の国（フィリピン、韓国）で発展している。

第1部　一神教

人間観と世界観
信仰の自由

　プロテスタントの改革者たちは人間観を革新した。エリック・フークス［1932-。ジュネーヴ大学プロテスタント神学部名誉教授］の表現を借りていえば、ルターは時代の「真実にかんするすべての解釈体系」を告発したという。神と信者のあいだの直接的な接触を重視した彼は、教皇の教導権を問題視した。徳性を信者が神に選ばれるしるしともした。

　ジャン・カルヴァンはこうした考えを積極的に補完し、「神がわれわれのなかに住んで君臨する証拠」として、恩寵がみずからなしとげる御業に注意をはらわなければならないと主張した。カルヴァン主義は各人の行為をその天職ないし召命にもとづくものとした。とくに神の恩寵が果実を生み出すしるしである労働をとおして、である。すべてのプロテスタントが積極的な「隷属者」であるという考えは、このカルヴァン主義に由来する。みずからの人間性のうちに神が自分たちを受け入れてくれた証を見るよう促されているがゆえに、彼らプロテスタントたちは富や成功、あるいは金銭を前にしてためらったりはしない。超カルヴァン主義によって建設されたアメリカがなぜ成功したかは、神の作品である人間の行為にかんする急進的なまでに積極的で楽観主義的なこの考え方、つまり信仰が人類に役立つよう積極的に具体化されなければならないとする考え方でおそらく説明できる。

自由と平等に対するピューリタンの考え方

　無理解とステレオタイプが伝えてきたピューリタニズム（清教）に対する否定的な見方・考え方には、そろそろ終止符を打つべきだろう。近代は自由と平等の先駆けだったピューリタンたちに多くを負っているからである。およそ400年前にイングランドに興ったこれら急進的なカルヴァン派は、ピューリタン（清教徒）という呼称を、「教皇制礼賛者（カトリック教徒）の種から教会を清める」意志から引き出している。彼らは理想的な友愛社会を夢見て、各人の信仰の自由を求めた。英国国教会への反動として、教会は社会的な日和見主義によってではなく、強い意志決定や独自の信念によって築かれなければならないともした。当然のことながら、こうした自由さは、宗教と政治権力との分離と教会の独立を予想させるものだった。ピューリタンたちは信者間に平等をうちたてようとし、神の民のあいだのいかなる上下関係もこばんだ。国教会とその監督制に対する戦いはここに起因する。このような計画を押し進めるには、結果的にすべての者に強い社会的統制を受け入れることを課す、道徳的かつ精神的な規律が必要とされた。

離脱

　こうしたきわめて積極的な考え方、とりわけもっとも急進的な考え方を標榜したのがピューリタニズムだったが、それだけに離脱者が出たとしても当然といえる。意志をすべてに優先される主意主義がルター的原点、つまり十字架によって象徴される弱さと恥辱のうちに全能の神を見せようとする、イエス・キリストとの霊的な交わりと断絶すれば、成功という名の偶像崇拝におちいることになる。目的が手段を正当化し、神が勝利者のイデオロギーの保証人とみられるかぎり、プロテスタントの倫理は危機に瀕する。その事例が、神を道具に用いたブッシュ政権のアメリカである。そこではイラクでの戦争が善と悪との戦いとして打ちだされた。武力を正当化するこの傲岸なレトリックは、かなり不安定だったファンダメンタリズムの衰退と無縁ではなかった。

プロテスタント系ファンダメンタリズム

　まぎれもない「アメリカ産」であるファンダメンタリズム（原理主義、根本主義）は、近代化に対するひとつの反動にほかならない。それは世代ごとに聖霊の新たな働きかけがあるとする、霊的な「信仰覚醒」の伝統に含まれる。ファンダメンタリズムという語は、

◆共和党の大統領候補として名のりを上げる、超保守主義者でテレビの宗教討論会のスターでもあるパット・ロバートソン。ニューヨーク、1988年。

◆つねにメディアの対象となる福音派が、ここではブラジリアの国会議事堂の屋根に集まっている。

1910年から15年にかけて編集された、12巻からなる『ファンダメンタルズ——真実の証言』[当初、牧師アムジ・C・ディクソン（1854–1925）が編集した論集で、90本の論考をおさめる。発行所はロサンゼルスの聖書研究所]の刊行後に生まれている。神の霊感によって書かれた聖書の無謬性、キリストの処女降臨、イエスの神性、十字架の贖罪的犠牲[代償的贖罪]、キリストの体の復活、間近に迫ったキリスト再臨、最後の審判。これがファンダメンタル（根本原理）だが、これらはいずれも、当時の神学者たちから相対的な価値しか認められていないものだった。当初、ファンダメンタリズムはあらゆるプロテスタントの教会に存在していたが、やがて「聖書地帯（バイブル・ベルト）」の南部教会に本拠を移した。

1920年代、ファンダメンタリストたちはダーウィン主義に反対する陣営にくわわり、これにより彼らは長い苦難の道を歩むようになる。だが、1970年代、とくに習俗や社会道徳にかかわる一連の自由化法案を阻止しようとしたその政治活動をとおして、彼らはふたたび立ちあがった。そして1977年、バプテスト派の牧師ジェリー・フォールウェル[1933-2007]が政治結社「モラル・マジョリティ（道徳的多数派）」（1989年解散）を立ち上げ、1980年8月に南部のファンダメンタリストと手を結んだロナルド・レーガンの大統領選挙に参加する。さらに1989年には、テレビ伝道師のパット・ロバートソン[1930-]が、のちにキリスト教右派の主要な勢力となる「クリスチャン・コアリッション（キリスト教連合）」を組織している。

死刑再開のために活動する彼らファンダメンタリストたちは、プロライフ（生命尊重）運動の中心で、同性愛を罪として断じている。天地創造説計画（学校で世界創造が6日でなされたと教える計画）を支持し、アメリカを「キリスト教国家」として再建しようとしてもいる。回心を重要視する彼らはまた、各人は霊的に再生することによってみずからのうちにある悪を駆逐し、キリストから霊魂を得なければならないとする一方で、結婚外の性的交渉や酒・煙草とは無縁の生活を送ってもいる。こうしたファンダメンタリズムの特徴は、さらに歴史の終末を待望し、千年王国観を堅持するところにある。「千年王国（ミレニウム）」とは、周知のように『ヨハネの黙示録』に語られているキリストの1000年間の統治をさすが、彼らによれば、世界が激しい破壊にみまわれたのち、キリストが再臨してその統治を始めるという。

民主主義と人権

カルヴァン派やピューリタニズムの考え方は、1789年[フランス革命年]よりかなり早い時期から人権の擁護を訴えてきた。プロテ

スタントは絶対君主政と戦い、宗教的な多様性のために戦った。メソジスト派やバプテスト派、ピューリタン、クエーカー、さらにメノー派は、いずれもが既存の権力と戦い、多元的社会観を守った。クエーカー教徒やメソジスト派は、奴隷制反対の戦いで前衛に立った。バプテスト派の牧師マーティン・ルーサー・キングは、アメリカにおける市民権確立のために精力的に活動した。民主主義のモデルがプロテスタントの国であるイギリスとアメリカで最初にみられたとしても、それは決して偶然ではない。プロテスタントの大教会は民主主義的に権力を分散させ、個人崇拝をこばんで、霊的な権威のあまりにも個人的な行使を警戒する構造を有していたからである。

信仰の自由

プロテスタントたちは信仰の自由を求めて戦ってきた。マーティン・ルーサー・キングは、わが身の安全もかえりみず、思想の自由をすて去ることを肯んじなかった最初の人物だった。ナントの勅令の廃止（1685年）から寛容令の制定（1787年）まで、フランスにおけるプロテスタントの抵抗は、唯一の信仰を押しつける君主権力の乱用に膝を屈することをこばんだ象徴的な出来事だった。しかし今では、みずからの意見を主張するため、既存の宗教権力（カトリックないしプロテスタント）の制裁に敢然と立ち向かった、プロテスタント教会の創設者たちが評価されなくなっている。

国内での自由教育は、フランスでは第2次世界大戦期間中に顕著になった。信者数こそ少なかったが、改革派のプロテスタントたちは以前より自由を強く感じて、ユダヤ人に対するヴィシー親独政権を非難したものだった。同じ頃、この抵抗はふたりの偉大な人物のうちにもみられた。バーゼルの改革派神学者カール・バルト［1886-1968］とドイツのルター派牧師ディートリッヒ・ボンヘッファー［1906-45］である。バルトはヒトラーが政権を掌握するのと軌を一にするかのように、［親ナチの福音派教会に対する］「信仰告白者教会」を立ち上げた。彼は神の超越観に立脚していたが、それはナチズムに抗する真の宗教的解毒剤だった。これに対し、ボンヘッファーはヒトラー暗殺計画に加担したとして、1945年4月9日、絞首刑に処された。だが、彼はとくに成熟した信仰を強く求めたその神学によって、なおもキリスト教の偉大な証人のひとりとされている。

性的行為と習俗

改革者たちは性的行為のなかに罪の場を見ていたキリスト教の古い伝統と袂を分かった。ルターとカルヴァンが重視したのは、夫婦にかぎり、神の眼差しの下で性生活を営むことだった。ピューリタンはその紋切り型の厳しさに反して、性的快楽にそれなりの意義を見出してきた。性的行為はそれ自体善ではあるものの、厳格な倫理的枠組みのなかで行われなければならず、結婚は一夫一婦婚で異性愛としてあるというのだ。全体的にみれば、プロテスタントの伝統は房事に介入することをいみ嫌う傾向にあった。英国国教会は1930年、ランベス会議で産児制限を認めて顰蹙をかった。のちに、プロテスタント教会のほとんどは妊娠についてより自由な立場をとるようになる。フランスでは、1960年代に数多くのプロテスタントが、たとえばエヴィリヌ・シュルロ［1924-。フェミニズム運動の指導者で、フランス家族計画運動会長やユネスコ・フランス委員、国際人権諮問委員会メンバーなどを歴任］のように、数多くのプロテスタントが家族計画運動の先駆者となっている。ただ、興味深いことに、人工中絶禁止令はプロテスタント文化が優勢な国々で最初に制定されている（スウェーデン1938年、デンマーク1939年、イギリス1967年、アメリカ1970年）。

こうした状況は過去20年のあいだに大きく変わっている。いってみれば、西欧における唯一の結婚様式の消滅や人工中絶と同性愛問題が深い亀裂を生んでいるのだ。そこにはふたつのブロックがみられる。一方は自由主義的な教会で、性的行為にかかわる社会的営為の影響力なり重要性なりを相対的に評価し、ときには名誉にかけて近代化の戦いを支持したりもする。他方は保守的な教会で、聖書にそむくと判断した実践を拒絶・批判する。

これら2通りの傾向は、聖書の対立的な解釈に由来する。「多元的な」傾向をもつ教会は、聖書の全体的な解釈（文言自体よりむしろ精神を重視する解釈）を擁護する。これに対し、ファンダメンタリスト派の教会、たとえばアメリカで最大のプロテスタント宗団である南部バプテスト連盟（サザーン・バプテスト・コンヴェンション）は、聖書を文字どおりに理解しようとする。それゆえこの教会は、「汝、殺すことなかれ」という十戒の名において、人工中絶を激しく非難している。これらさまざまな問題に直面して、多元的教会は最小限の悪の理論を典拠とする。この教会は多岐にわたる論争に参加しているが、これらの論争は多元的教会の多様性と脆弱さを

◆自分の教会の前でポーズをとる、超保守的右派で南部バプテスト連盟の有名な福音派牧師ジェリー・フォルウェル。ヴァージニア州リンチバーグ（アメリカ）。

同時に露呈させる。そして、内部に生命尊重の小数派を出現させ、最終的にこの小数派が離脱して分裂をひき起こすまでになっている。

同性愛問題

一般的に、福音派の教会は同性愛を大罪とみなしてこれに強く反対している。だが、聖公会やルター派、メソジスト派、長老派、改革派など、教理と実践の多様性を重視するプロテスタントの主要教会内では、事情はかなりこみいっている。教区への同性愛者の受け入れ、ゲイやレズビアンの牧師職への叙任、同性者カップルへの祝福…。これらはいずれも教会会議で活発な議論をまねいた問題である。1972年、ウィリアム・ジョンソン師は、アメリカの統一キリスト教会内で公式に牧師に叙任された最初の同性愛者となった。同じ年、オランダのルター派福音教会もまたゲイやレズビアンの牧師叙任を正式に認めた。だが、ヨーロッパや北アメリカでなされたさまざまな議論は、同性愛を大罪とし、治癒可能な病と説く者たちと、同性愛者の完全な受け入れを擁護する者たちのあいだで、きわめて激しい思想的な対立があることを明らかにしている。非差別という美名のもとで、深い溝ができているのだ。

アメリカでは多元的傾向をもつ一部の教会（長老派教会、統一メソジスト教会、ルター派福音教会）は、なおも従来の立場をくずしていないが、すでに明らかな分裂状態に入っている。一教会単独のレベルではなく、複数教会の連合体レベルでもっとも分離状態が顕著にみられるのは、聖公会である。アフリカやアジアのいくつかの教会連合体は、同性愛者であることを公にした人物を2003年に主教に叙した、アメリカの監督派教会（ECUSA）のそれと絶縁状態にある。ゲイのカップルを聖礼典で祝福したカナダのニュー・ウェストミンスター教区とも関係を断っている。こうした軋轢は、調停役をかって出る上位の組織がないため、解決にはほど遠いといえる。カンタベリーの大主教もこの役まわりをこばんでいる。アメリカにはまた、信者全員が同性愛というプロテスタント教会も存在している。メトロポリタン教会〔トロイ・ペリー（1940-）が1968年にロサンゼルスに設立した会衆派の流れをくむ教会〕がそれである。

生命倫理

この問題には、人工中絶にまつわる溝がみてとれる。アメリカの原理主義的保守派の代表とでもいうべき南部バプテスト連盟は、カトリック教会同様、神聖なものとみなす胎芽（胚）を用いるようなすべての研究に反対している。それ以外のほとんどのプロテスタント教会は、強い猜疑の目を向けながらも、慎重な態度をくずしていない。

プロテスタントは安楽死に賛成か

殺人を禁じる十戒の名において、いっさいの立法化をこばむアメリカのファンダメンタリスト派教会を除いて、大部分のプロテスタント教会は、安楽死について、これを最小限の悪とする比較的自由な考え方をしている。ただし、この問題は人工中絶問題ほど活発な議論がなされていない。

連帯と貧困

カルヴァン主義やピューリタン的な超カルヴァン主義の考え方からすれば、物乞いないし貧民たちはきわめて否定的な存在となる。彼らは共同体に奉仕するという「召命」をもたず、その悲惨さゆえに神から選ばれた民としての資格も欠いているというのである。これら貧民層に救いの手が差し伸べられるようになるには、ジョン・ウェスレーとジョージ・フォックスまで待たなければならない。1878年、ウィリアム・ブースは救世軍を創設したが、それはひとつの画期だった。「石鹸、スープ、救い」というスローガンを掲げたこの元メソジストは、連帯という点でもっとも真摯な、いわば現代版NGOを立ち上げたのである。

一方、フランスでは、牧師マック＝オールによって民衆布教団（ミッション・ポピュレール）が創設された〔マック＝オール（生没年不明）はスコットランド出身の長老派牧師。パリ・コミューンの大虐殺後の1871年、パリのビストロで労働者対象に福音伝道を始めた〕。これは社会参加と布教活動を交差させようとするものだった。1939年に創設されたシマド（エキュメニカル共済会）は、その活動を移民たちの権利擁護に特化しているが、改革派プロテスタントという出自を隠していない。

プロテスタントと女性

修道女たちが修道院を去るよう働きかけたルターは、彼女たちのひとりカタリナ・フォン・ボラ〔1499-1552〕と結婚している。カルヴァンは夫婦生活の義務という点では男女平等だと主張した。彼の同時代人である元女子修道院長のマリ・ダンティエール〔1490-1560。フランドルの小貴族出身。アウグスティヌス会系修道院長だったが、1524年頃、改革ルター派に改宗し、2度目の結婚後、ジュネーヴに移り住んだ〕は、最初のフェミニズム神学書を上梓している〔1539年〕。20世紀には、プロテスタント教会に女性牧師が数多く登場し、1960年代中頃には、フランス国内の改革派教会における教役者候補はじつに半数が女性で占められるまでになった。アングリカン・コミュニオンでも、1975年から95年にかけて、女性の教役者が一般化した。なかには、スコットランド教会（長老派）のように、女性が主教や教会責任者となっているところもあるが、こうした事例

◆同性愛者であることを公言した初めての聖公会主教ジーン・ロビンソン。2003年にアメリカの監督派教会で叙任されて以来、彼は聖公会内部に重大な危機感を呼びおこしてきた。

はなお数少ない。

一方、集会において女性に従順さを求め、話をさせることを禁じた聖パウロの書簡を狭く解釈して、女性教役者を認めない福音派の教会もある。一部のペンテコステ派教会も、女性牧師をこばんでいる。

政教分離

フランスのプロテスタント教会は、「フランス式」政教分離(ライシテ)に対する支持をこれまでつねにはっきりと打ちだしてきた。事実、プロテスタント教会は1905年に制定された「カトリック教会と国家の分離にかんする法律」に好意的だった。この法律が自分たちを苦しめてきたカトリックのヘゲモニーに終止符を打ってくれたからである。しかし、プロテスタントと世俗権力は、つねに厳密に分かれていたわけではない。

偉大な宗教改革者たちは世俗的な権力と宗教的な権力を区別してきたが、自分たちの考えを強制するためなら、王侯ないし司法・行政当局の力を借りた。だが、16世紀以降、ドイツとスイスのプロテスタントたち（再洗礼派）は、政治権力との結託をこばんで（徴兵や武器所持の拒否）、完全な分離を守った。既存の教会から攻撃目標とされ、くわえてしばしば世俗権力からも断罪されたイングランドのすべてのプロテスタントも、さまざまな権力からの分離を求めて戦わなければならなかった。ピューリタンやクエーカー、バプテスト、メソジストたちのように、である。そして、彼らのほとん

◆ハンブルクの女性主教マリア・イェプセン。1世紀近く前から、女性の牧師はプロテスタント教会で一般化している。

> 「正義の戦争」は存在するか　平和主義を原則とするクエーカー派やメノー派を除けば、プロテスタントは戦争に対してはっきりとした立場をとっていない。ルター以降のプロテスタントは、民主的に選ばれた世俗の権力が、正当な防衛のためなら武力に訴える権利を認めるという、長い伝統を有している。だが、2003年、アメリカの大部分のプロテスタント教会は、とりわけ影響力の大きな南部バプテスト連盟［アメリカのプロテスタント系キリスト教最大勢力で、信者数1600万を数えるとされる。聖書無謬説やファンダメンタリズムを特徴とする。福音伝道師のビリー・グラハム（1917-）や公民権運動の偉大な指導者だったマーティン・ルーサー・キング牧師（1929-68）などの宗教者にくわえ、元大統領のジミー・カーター（1924-）や前大統領のビル・クリントン（1946-）などが一時期ないし現在も信者となっている］を除いて、ジョージ・ブッシュのイラクにおける「予防戦争」に反対した。

どが新大陸に自分たちが求める自由を見出した。政治権力に対するこうした対応は、まさに歴史の偶然がなせる業といえる。ドイツとスカンディナヴィアのプロテスタントたちは、好意的な国家の庇護によって発展できたが、フランスのプロテスタントたちは、ナントの勅令後20年間とフランス革命以後の短い期間を除いて、君主からの攻撃対象となった。こうして今日、相異なる特徴がみられるようになっている。すなわち、デンマークのルーテル教会と英国国教会が法によって認められているのに対し（ただし、国教会はウェールズやスコットランド、アルスター地方では国家宗教となってはいない）、スウェーデンのルーテル教会は1999年に国家から分離されている。

一方、アメリカでは、政教分離の原則が憲法によって規定されているにもかかわらず、宗教が政治の世界できわめて重要な役割をになっていることを否定するのはむずかしい。大統領は聖書に手を置いて就任の宣誓を行い、国家は神の眼差しのもとに置かれ、学校では毎朝全員が祈りを捧げているからだ。これがいわばアメリカ式「世俗宗教」である。2004年の大統領選挙では、宗教心が根本的に重要であることを示した。ジョージ・ブッシュと原理主義的なキリスト教右派（プロテスタントとカトリックの）とを結びつけたこのような緊密な絆は、霊的なものと世俗的なものの分離に対するひとつの反例だといえる。

死刑廃止問題

宗教改革者たちは、当時司法の分野に属していた死刑について、反対の態度をとらなかった。それどころか、世俗の剣が異端とみなした者たちに極刑としてふり下ろされるのをしばしば歓迎すらした。ミシェル・セルヴェ［1553年、ジュネーヴで焚刑。前出］に対するカルヴァンや、フェリクス・マンツ［1498頃生。チューリヒで溺死刑］らの再洗礼派に対するツヴィングリのように、である。残酷な死刑は、とくに異端に対する神の罰の先取りとみなされていた。だが、1534年からの女王メアリー1世、通称「血まみれのメアリー」のカトリック時代［1558年まで］、「異端ではない」はずのプロテスタントたちがその信仰ゆえに焚刑に処されるようになると、死刑に対する考え方に変化が生じるようになる。クエーカー教徒たちは、平

和主義的な伝統をかなぐりすてて、死刑廃止のために戦った。十戒にある殺人の戒めを守って生命尊重（反人工中絶）を唱えていたにもかかわらず、世俗権力の司法の剣を尊重するとして死刑を正当化した一部の原理主義的教会を除いて、大部分のプロテスタント教会も死刑廃止に賛同した。

キリスト教以外の宗教との対話

　程度はさまざまだが、これまでプロテスタント教会は宗教間対話の受け皿だった。だが、今日、多元的傾向の教会と原理主義的教会とのあいだには裂け目が存在している。前者は対話に積極的で、聖書の啓示が神のすべてを語っていないということを認めている。これに対し、後者はそうした考えを否定する。つまり、キリストの至上性を受け入れるということは、キリスト教の外ではいかなる真理の理解も無効だとみなすのである。したがって、非キリスト者に対し、これを改宗させること以外なんらの関心も示さない。とくにこの原理主義的教会は、イスラームにむしろ敵意すらいだいている。にもかかわらず、そのアメリカ人伝道師の一部は、殉教の危険をおかしてまでも、パキスタンをはじめとするムスリム諸国で福音を伝えてもいる。

　ユダヤ教にかんしていえば、急進的プロテスタントはより曖昧な態度をとっている。彼らは約束された地にユダヤ人が帰ることを望んでいることからして、シオニストといえる。この帰還が実現したら、キリストも「帰還」し、世界の終わりを完遂するだろう。そうなれば、すべてのユダヤ人はイエスをメシアとして認めるはずだ。その場合、プロテスタントたちもまた具体的にイスラエルの政策を無条件で支持することになるだろう。彼らはそう考えている。

プロテスタントは個人主義か

　しばしば耳にすることだが、プロテスタントは個人主義を評価してきたという。事実である。プロテスタントは信者各人に自分自身と向きあうようにさせてきたからだ。とくにそれはソラ・フィデ（信仰のみによる）を主張している。各人が神の前で、とりわけ聖書の解釈に責任を負う。個人主義とはまさに神の前でのこうした態度の結果であり、したがってエゴイズムとはまったく無縁のものといえる。反対に、ピエール＝オリヴィエ・モンテイユ［1959-。フランスの哲学者］が指摘しているように、「プロテスタントの個人主義は、現代社会の個人主義を特徴づける、勝ち誇った日和見主義と引きこもりがちな心の襞（ひだ）とが混ざりあった順応主義に対して、個性

◆1980年7月17日のロナルド・レーガンの大統領就任宣誓、ミシガン州デトロイト。妻のナンシーが聖書を手にしている。

のきわだった人物をつくりあげる」はずである。

「新生」現象

　今日、信仰告白者教会（福音派、ペンテコステ派）は、誕生と同時に入信する多元的教会（改革派、ルター派、聖公会、長老派）より活力がある。「告白者たち」の教会は個人の自由な選択によって入信するが、この選択は洗礼による唯一霊的かつ具体的な体験にもとづく。信者は証人の前で自分が新生（ボーン・アゲイン）し、その生が主に完全に帰属することを確言している。

プロテスタントは資本主義の発展をうながしたか　プロテスタントが資本主義を発明・助長したとする考えは、メディアがきわめて大事にしてきた決まり文句のひとつである。周知のように、これは1905年に刊行されたマックス・ウェーバー［1864-1920］の有名な著書、『プロテスタンティズムの倫理と資本主義の精神』を原点とする。ウェーバーは、［カルヴァン的な］予定説の教理が、人生において経済的・投資的な成功をおさめることができるなら、それが神の選択を示すものであるとして、その選択と救いに対していだいていた信者の不安を一掃させた。事業の成功は神の恩寵を得た証だというのである。だが、ウェーバーはプロテスタンティズムが資本主義を生んだとまでは言っていない。たとえプロテスタントの銀行家が存在しているとしても、である。彼はただざまざまな一致を指摘したにすぎない。つまり、プロテスタンティズムはすでにルネサンス期に盛んだった資本主義に力を与えたにすぎないとするのだ。簡素さへの指向と無意味なものへの侮蔑からなるプロテスタントの金銭感覚が浪費を禁じているだけに、金銭は生産へと再投資され、これによってより巨大な富が生まれていったともいえる。

第1部　一神教

■関連用語解説

英国（イングランド）国教会（聖公会） Anglicanisme　ヘンリー8世が主導したイングランドの宗教改革を受け継ぐ宗派で、カトリックに近い派からカルヴァン主義に近い派まで、その大きな多様性に特徴がある。

会衆制 Congrégationalisme　規律的・霊的権威をすべて信者団（会衆。英語のcongregation）の手にゆだねた教会形態。

カルヴァン主義 Calvinisme　改革派・長老派教会の基となるジャン・カルヴァンの名前と思想に由来する神学。

再洗礼派 Anabaptiste　急進的な宗教改革から生まれた宗派で、イエス・キリストへの信仰が確認できないことから、幼児洗礼を認めない。

宗教改革 Réforme　プロテスタントを生み、今も続いている大規模な思想運動。一部の歴史家は16世紀に起きたさまざまな出来事をより明確にするため、「宗教刷新（Réformation）」という語を用いている。

信仰覚醒 Réveil　超自然的なインスピレーションと、多くは民衆的な信仰心の表明によって、信仰を新たにする霊的ないし精神的現象。メソジスムの運動は国教会内部で「信仰覚醒」を唱えたといわれる。アングロサクソン諸国にはとりわけこの現象が色濃くみられる。アメリカ合衆国ではしばしばこの覚醒運動が生まれたが、それらは信仰を再活性化しようとする聖霊の緊急の働きによるとされる。

信仰告白者（教会） Professants (Église de)　福音派教会のように、しばしば回心のあとで、意識してイエス・キリストへの信仰告白ができる者だけを受け入れる教会。多少とも信仰をもつ者を受け入れる多元的ないし「多元主義的」教会と対立している。

聖餐式 Saint Cène　キリストの最後の晩餐を記念する聖礼典で、2形態（パンとぶどう酒）による陪餐をさす。プロテスタントの礼拝はカトリックの聖体の秘跡をこのように呼ぶ。

千年王国思想（至福千年説） Millénarisme　終末を迎える世界にキリストが来臨し、1000年間統治するという、『ヨハネの黙示録』のファンダメンタリズム的解釈から生まれた教理。

長老派教会会議 Presbystéro-synodal　教会会議（全国ないし地方レベル）と、選ばれた知識人集団（「長老」、ギリシア語presbúteroi）が小教区の共同体を指導する地元レベルとのあいだで権威が均衡する、一部のプロテスタント教会に普及したシステム。

バプテスト派 Baptistes　浸礼による成人洗礼を行うキリスト教徒たち。この宗派は17世紀初頭にイングランドで生まれ、アメリカ合衆国でかなりの発展をとげた。

万人祭司 Sacerdoce Universel　プロテスタントでは、いかなる信者も特別の叙任による「聖職者」はいない。牧師であれ一般信者であれ、ともにキリストの教役者になれる。

ピューリタニズム（清教） Puritanisme　神学的潮流というより、むしろ考え方・生き方であるピューリタニズムは、万人が福音書にもとづいて平等に生きようとする（上下関係のない）急進的なプロテスタントをさす。不当にも狭く上品ぶったもののようにみられがちであるが、じつは神の祝福の証となる社会的成功を願う人間の積極的な姿を示すものといえる。

ファンダメンタリズム（キリスト教根本主義） Fondamentalisme　歴史批判的解釈によって、聖書にある一部の話の史実性を疑問視する、自由主義的プロテスタントへの反動として、1910年代にアメリカで生まれた宗派。ファンダメンタリストたちはすべての「根本」としての聖書の文言に還るよう説いている。彼らは創造説、つまり世界が6日間で創造されたとする考えを擁護している。

福音史家 Évangéliste　厳密な意味では4人の福音書編纂者（マタイ、マルコ、ルカ、ヨハネ）のいずれかをさすが、今日、それは福音を説く使命に邁進する牧師ないし一般信者を意味する。また、メディアを用いて説教する人物（スクリーンを介して説教するテレビ伝道師）に対しても用いられる［福音伝道者］。

福音派 Évangélique　この呼称は明確に信仰を告白するキリスト教徒ないしその教会、すなわち改革派ないしバプテスト派、ペンテコステ派ないし英国国教会（まれにルター派）の伝統をもつ信仰告白者教会をさす。

亡命先 Réfuge　フランスで迫害の対象となったユグノー・プロテスタントたちを受け入れた土地。ジュネーヴやドイツ（とくにヘッセンやブランデンブルク地方）、南アフリカ、オランダ、イングランド、アメリカなど。

牧師 Pasteur　プロテスタントにおける基礎的共同体の精神的ないし霊的指導者。聖礼典（洗礼、聖餐式）を司式するほか、とくに聖書を説き、礼拝を活性化する。

メソジスト Méthodistes　18世紀にイングランドで規則正しい生活、すなわち霊的「方法（メソッド）」によって神との神秘的な合一をはかることを説いたジョン・ウェスレーの弟子たち。

メノー派（メノナイト） Mennonites　16世紀のバプテスト派で、非暴力や精神的抵抗を説いたメノー・シモンズの思想を受け継いだ「福音派」キリスト教徒たち。

ユグノー Huguenots　16世紀のフランスのプロテスタントに与えられた異名。語源はおそらくスイス連邦軍を意味するアイトゲノッセンの派生語［ユグノーの語源は諸説あるが、Eidgenossenはドイツ語で「宣誓で結びついた盟友」の意。そのフランス語訛りであるエグノーと、ジュネーヴの同盟党党首ブザンソン・ユーグ（1482-1532）の名をあわせたものともされる］。

予定説 Prédestination　ジャン・カルヴァンによって理論化された教理。それによれば、神は大昔からある者たちを選んで救済し、他の者たちを断罪するという［二重予定説］。

ルター派 Luthériens　マルティン・ルターの思想を受け継いだ教会に属する宗派。

■関連年表

- 1517年10月31日　贖宥状を非難するルターの「95箇条の論題」
- 1521年1月3日　ルター、教皇から破門
- 1530年　アウクスブルク信仰告白（宗教改革の最初の信仰告白）
- 1534年　檄文事件。フランスにおける「福音」思想の迫害開始
- 1535年　オリヴェタン訳によるフランス語聖書刊行
- 1536年　ジャン・カルヴァン『キリスト教綱要』初版刊行
- 1546年　ルター没
- 1555年　アウクスブルクの和議。神聖ローマ帝国内の宗教分割承認
- 1562年　ヴァシーの虐殺［カトリックの指導者ギーズ公によるプロテスタント虐殺］を端緒とするフランスの宗教戦争勃発
- 1572年　サン・バルテルミの虐殺（8月24日）
- 1598年　一定の条件下でプロテスタントの信仰を認めるナントの勅令公布
- 1612年　イングランドにおける最初のバプテスト教会創設
- 1620年　イングランドのピューリタン（ピルグリム・ファーザーズ）、新世界へ向けて出発
- 1685年　ナントの勅令廃止
- 1702年　ドイツでルター派敬虔主義の創唱
- 1723年　ヨハン・ゼバスティアン・バッハ、ライプツィヒの聖トーマス教会のカントール（合唱長）就任
- 1738年　ジョン・ウェスレーの唱道により、イングランドでメソジストの活動開始
- 1787年　フランス国内のプロテスタントを正当化する寛容令公布
- 1878年　イングランドでウィリアム・ブースによる救世軍創設
- 1906年　アメリカで最初のペンテコステ・デモ
- 1910年　アメリカで聖書の歴史批判的解釈に対するファンダメンタリズムの台頭
- 1940年　ロジェ・シュッツによるテゼ（エキュメニック共同体）創設
- 1948年　ルター派教会が過半数を占める世界教会協議会の創設
- 1972年　統一キリスト教会（アメリカ）における初めての正式な同性愛者牧師叙任
- 1979年　アメリカでのモラル・マジョリティー（道徳的多数派）組織化。プロテスタント・ファンダメンタリズムの政治進出
- 1994年　イングランドにおける女性叙任
- 1999年　カトリック教会とルター派世界連盟［1947年創設］による「義認の教理にかんする共同宣言」調印
- 2003年　アメリカの監督派教会における同性愛者ジーン・ロビンソンの主教叙任

■参考文献

BÜHLER, Pierre, *Prédestination et Providence*, Cerf Laboret Fides, Genève & Paris, 2000, collection "Dossiers de l'encyclopédie du protestantisme", 1999（ピエール・ビュレル『予定説と神』、セール・ラボレ・フィド社、ジュネーヴ＆パリ、2000年）：宗教改革の根幹である予定説にかんする基本書。

Id., *Le Protestantisme et les indulgence*, Labor et Fides, Genève, 2000（同『プロテスタントと贖宥状』、ラボール・エ・フィド社、ジュネーヴ、2000年）：ルターとその「95箇条の論題」を理解するうえでの基本書。

CALVIN, Jean, *Oeuvre choisies, avec le célèbre Traité des reliques*, folio classique 2701, Gallimard, Paris, 1995（ジャン・カルヴァン『選集』および「聖遺物論」、フォリオ・クラシック叢書、ガリマール社、パリ、1995年）

COX, Harvey, *Retour de Dieu: Voyage en pays pentecôtiste*, Desclée de Brouwer, Paris, 1995（ハーヴェー・コックス『神の帰還——ペンテコステ派の国への旅』、仏訳版、デクレ・ド・ブルウェル社、パリ、1995年）：世界的な現象の中心部への興味深い旅。

FATH, Sébastien, *Les Protestants*, collection Idées reçues, Le Cavalier Bleu, Paris, 2003（セバスティアン・ファト『プロテスタント』、ル・カヴァリエ・ブルー社、パリ、2003年）：福音派プロテスタントの専門家による、プロテスタントについてのすべてのステレオタイプ再検討。

Dieu bénisse l'Amérique: La religion de la Maison-Blanche, Le Seuil, Paris, 2004（『神よ、アメリカに祝福を——ホワイトハウスの宗教』、スイユ社、パリ、2004年）：世俗の宗教が救い主として神にとって代わるとき。

GISEL, Pierre & ZUMUSTEIN, Jean, *La Bible*, Cerf Laboret Fides, Genève & Paris, collection "Dossiers de l'encyclopédie du protestantisme", 2000（ピエール・ジゼル＆ジャン・ジュミュスタン『聖書』、セール・ラボレ・フィド社、ジュネーヴ＆パリ、2000年）：プロテスタント的解釈の多様性を一巡する旅。

LÉGERET, Jacques, *Énigme Amish*, Labor et Fides, Genève, 2000（ジャック・レジュレ『アーミッシュの謎』、ラボール・エ・フィド社、ジュネーヴ、2000年）：再洗礼派の持続性にかんする著作。

LEPRAY, Michel, *Le Protestantisme et Marie, une belle éclaircie*, Labor et Fides, Genève, 2000（ミシェル・レプレ『プロテスタントとマリア』、ラボール・エ・フィド社、ジュネーヴ、2000年）：カトリックとプロテスタントの論争点にかんする刺激的な指摘。

LIENHARD, Marc, *Martin Luther*, Bayard, Paris, 1999（マルク・リェナール『マルティン・ルター』、バヤール社、パリ、1999年）：ルター派の偉大な教授によるルターの事典的伝記。

Martin Luther, Desclée de Brouwer, Paris, 1998（『マルティン・ルター』、デクレ・ド・ブルウェル社、パリ、1999年）：宗教改革者についての略伝。

MERCIER, Jean, *Des femmes pour le royaume de Dieu*, Albin Michel, Paris, 1994（ジャン・メルシエ『神の王国にとっての女性たち』、アルバン・ミシェル社、パリ、1994年）：英国国教会（聖公会）における女性司祭叙任にかんする記録。

THURKHEIM, Geoffroy de (dir.), *Guide théologique du protestantisme contemporain*, Bergers et Mages, Paris, 1997（ジョフロワ・ド・テュルケム編『現代プロテスタントの神学ガイド』、ベルジェ・エ・マジュ社、パリ、1997年）：プロテスタントの大衆化にかんするすぐれた論集。

次ページ：ジョージア州（アメリカ）の最初のバプテスト教会。

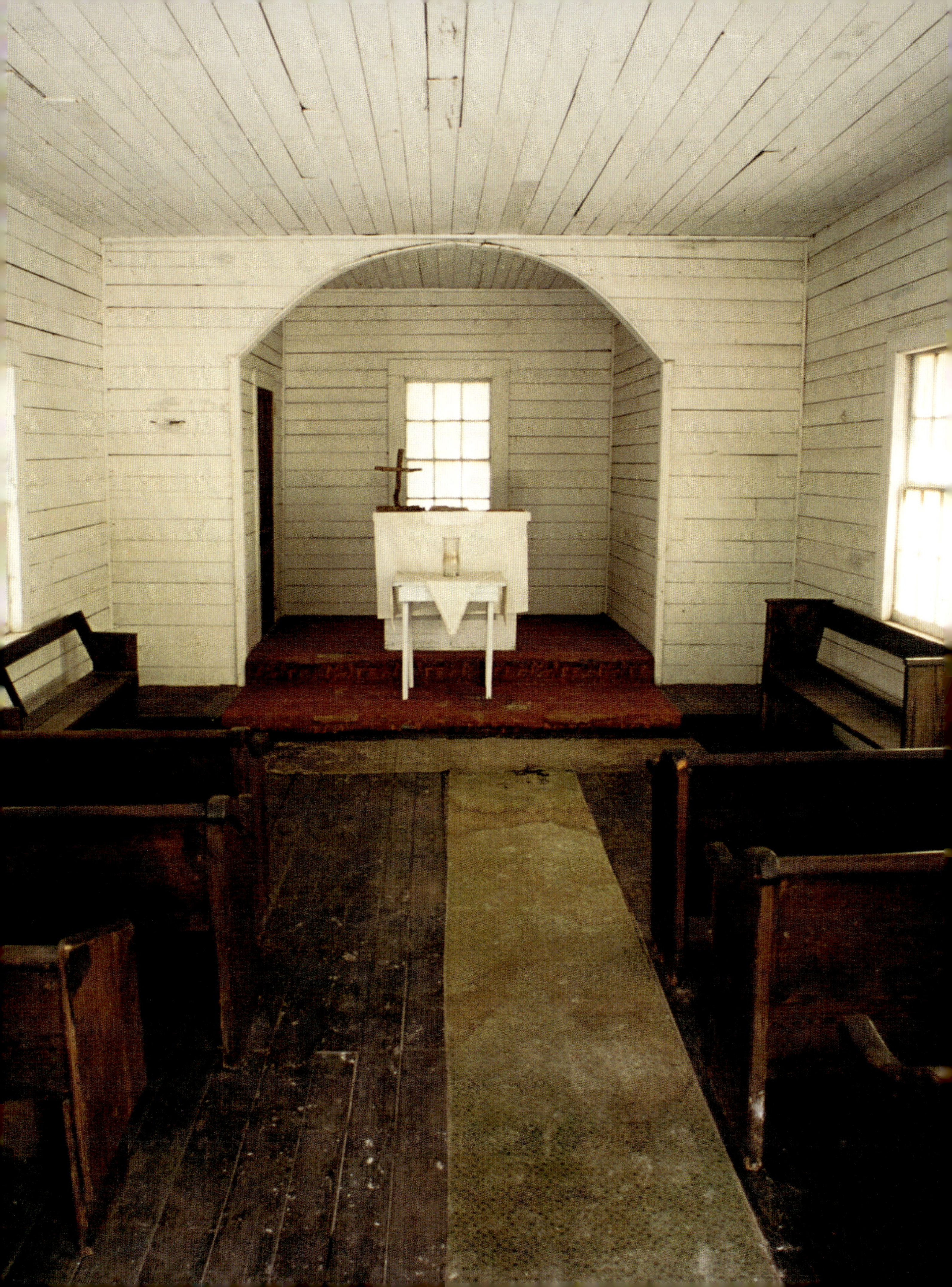

イスラーム教

ラシド・ベンジヌ

次ページ：イスラーム文化の「偉大な聖典」であるコーラン［クルアーン］はアラブ語で編まれており、それゆえアラブ語は神聖言語とされている。写真のようにコーランを写しとることで、カリグラフィー芸術が発達し、建築についでムスリム文化の第2の芸術として認められるようになった。コーランの一ページ、クーフィー書体、12世紀、フランス国立図書館蔵、パリ。

عليهم وقد يقيض ممن يهمون أن الله مع الذين اتقوا والذين هم محسنون

سورة الإسراء مدنية وعيسى اثمان

بسم الله الرحمن الرحيم

سبحن الذي أسرى بعبده ليلا من المسجد الحرام إلى المسجد الأقصى الذي بركنا حوله لنريه من

第1部　一神教

歴史

預言者ムハンマドの生涯とコーランの啓示

　ムハンマド（マホメット）の伝記は、伝承と民衆の信仰心がただでさえ例外的な物語に驚異的な話をつけくわえているかぎりにおいて、史実とは言いがたいものがある。だが、時代を越えた普遍的な宗教を打ちたてることだけを使命とするとつねに言明して、彼は宗教を創唱した。ムハンマドはまた帝国の建設者でもあった。アラブ人の帝国が実際には彼の死後にはじめて建設され、拡大したとしても、である。こうした彼の数奇な運命は、普遍的な信仰モデルを求める言葉を介して、何世紀にもわたって増幅されてきた。

　ムハンマドの生涯は、なによりもまず『預言者のスンナ』（スンナという語には「規範的な行動」という考えが反映されている［字義は「踏みならされた道。慣行」］）に記されているすべての事柄、すなわちその記憶が世代を越えて伝えられてきた彼の膨大な言動や行動全体によって知られる。これが、コーラン（クルアーン）についでイスラーム信仰の第2の源泉をなす、ハディース（言行録）と呼ばれるものである。

　イスラーム史の最初の数十年間は、ムハンマドの生涯をまとめなければならないと思われていた。公的に認められた伝記のさまざまな要素はスィーラ（行動様式）と呼ばれるが、それらは預言者ムハンマドの死の1世紀半後に、イブン・イシャク［704頃-67頃。メディナに生まれ、バグダードで没した歴史家。彼がまとめたスィーラは『アッラーに遣わされた者の伝記』］が編集したものである。たしかにこの著作は聖人伝に仕立てようとした配慮ゆえに、現代の歴史家たちを満足させるものではないが、それがスンナと結びつけられているところから、ムスリム世界では大いなる崇敬の対象となっている。

　だが、コーラン自体もまたムハンマドの人となりを知るうえで重要な情報源といえる。事実、いくつかの文章には、預言者の個性や神の前で側近たちとともにとったふるまい方、さらには反対者や敵対者に対する態度といったものにかんする示唆が読みとれる。

　ムスリムの伝承では、ムハンマドは、象をひきつれた軍隊がメッカ（マッカ）を攻撃したことを記念して命名された、「象の年」の570年頃に生まれたという。この話はコーランのなかのまさにアル＝フィル、つまり「象」と呼ばれるスーラ［コーランを構成する章。全部で114のスーラがある］に記されている（コーラン、105章）［象をつれたエチオピア軍は、神アッラーが「彼らの頭上に群なす鳥を放ち、焙き粘土の飛礫投げつけさせて、彼らを食い荒らされた藁くずのごとくなし給うた」（『コーラン下』、井筒俊彦訳、岩波文庫。以下、コーランの訳文は井筒訳による）奇跡によって潰走を余儀なくされたという］。

　アブドゥッラーフ（アブド・アッラーフ）とアーミナの息子ムハンマド・イブン・アブドゥッラーフは、クライシュ族の一員として生まれた。この定住部族は有力で、メッカにすべての権限を有していた（宗教上の管理・運営にかかわる権限を含む）。ムハンマドはかつて支配層だったが、敵対するアブド・アル＝ダル一族によってその座を追われたアブド・マナフ一族に属していた。彼の一族はふたつの大きな家に分かれていた。一方のバヌ・アブド・シャム家はきわめて裕福で、強い影響力をもち、アブド・アル＝ダル一族と権勢を分けあっていた。のちにこれがウマイヤ家カリフ王朝の祖となる。

　もうひとつのバヌ・ハーシム家はよりつつましやか、いやむしろ貧しいとすらいえる状態にあったが、ここからハーシム家が出ている。ムハンマドの父方の祖父アブド・アル（アブドゥル）＝ムッタリブは、預言者が生まれた当時、バヌ・ハーシム家の家長だった。彼の妻は息子を数人産んでいる。ハムザ、アッバース（アッバース朝の祖）、アブー・ラハブ（のちにムハンマドと敵対する）、アブー・ターリブ（従弟でムハンマドの娘婿となるアリーの父）、そしてムハンマドの父アブドゥッラーフである。のちの預言者ムハンマドが生まれたとき、彼はすでに他界していた。ムハンマドが6歳のとき、母も没する。そこで彼は祖父に引きとられ、ベドウィン族の乳母に育てられる。

　多くの聖人・聖者伝がそうであるように、ムハンマドの誕生と幼少期について語る者もまた、超自然的な出来事を数多く用いている。たとえば、ベドウィン族の乳母に育児を託された彼は、多くの雌羊を多産にしたという。天使たちが彼の心臓を開き、そこから彼がもちつづけていた不信心の象徴である血の小石を取り出したともいう。後者の話は、コーランの一文［「さあ、汝の胸を張り拡げてやった。重荷をとり除けてやった」（94章）］を文字どおり説明することを意図した一種の由来譚といえる。ムスリムに改宗したと思われるキリスト教の修道士バヒーラは、ムハンマドの肩に予言の印璽があるのを知ったともされる。

　578年頃、祖父を失くしたムハンマドは、伯父のアブー＝ターリブの庇護を受ける。この伯父から、彼はラクダ引きと隊商の仕事を学ぶようになる。こうして彼は、毎年、メッカの一族代表全員とともに、春はシリア、秋はイエメンへと向かう大規模な旅にくわわった。伯父の没後、若いムハンマドはメッカの富裕な寡婦である一族の女商人ハディージャのもとで働き、重要な隊商交易の指揮をとる

ようになる。時経ずして彼はハディージャの代理人となり、さらにそれからまもない595年、彼女と結婚する。ムハンマド25歳、ハディージャは40歳だった。歳の差はあるものの、真の愛がそんなふたりを結びつけた。619年、妻と死別するが、その後も彼は一夫一妻を守った。ムハンマドに多くの妻がいたかどうかという問題は、したがって激しい議論の対象となっている。いたとすれば、たしかに彼女たちは愛や欲情によってではなく、同盟を強化するために選ばれたはずだ。当時の部族の長や世界のさまざまな王侯君主たちがしているように、である。

コーラン啓示までのムハンマドの宗教はいかなるものだったか。これについて、ムスリムの伝承は、彼がフナファ（フナハ）派、つまり少数派ではあったが、砂漠で何世紀にもわたって存続していたと思われるアブラハム信仰に由来する一神教に属していたとしている。25年近く隊商を組んでアラビア半島や近東の一部へとおもむいていたムハンマドのことである。その間、数多くの宗教や信仰・伝統と接触したことは確かだろう。

ムハンマドは結婚前から、自分の一族はもとより、メッカでも一目置かれる存在だった。それは彼がアル＝アミン、つまり「信頼できる人物」と呼ばれていたことからもわかる。くわえて、結婚によって生活の安定とゆとりも手に入れた。だが、心と信仰の面では、なおも不満を覚えていた。伝承によれば、彼はしばしばメッカ北東にあるヒラー山の洞窟にこもり、瞑想したという。あるいは仲間たちの多神教信仰や拡大する不正・不平等に想いをめぐらしていたのかもしれない。おそらくアラビア半島に住む人々の多くが、新しい政治形態を待ち望んでいることにも気づいていただろう。当時、ヒジャーズ［ヘジャズとも。アラビア半島西部地域で、メッカやメディナを含む］のアラブ人たちは、隣接するすべての人々が、やはり新しい宗教の到来を待ち望みながら帝国や王国ないし公国単位でまとまっているのに対し、部族ごとに組織されていた。周辺諸国ではすでに言語や文字が確立し、洗練された文学作品も編まれているのに比べ、ヒジャーズでは文字はめったに使われず、使われたとしてもごく簡単にであった。

◆「ムハンマドの七天」。ペルシアの細密画、19世紀、フランス国立図書館蔵、パリ。伝承によれば、預言者ムハンマドは1頭の有翼の雌馬（アル＝ルラーク）に導かれて第七天にまで引き上げられ、神の住処に近づいたという。

使徒

ムスリムの教理は、たんに「遣わされた」（ラスル）とのみ称される使徒（コーラン、81・19）が、「定めの夜」（ライラット・アル＝カドル）に預言者の召命をムハンマドに示したと説いている。短いスーラの章題（「定め」同、97・1-5）ともなっているこの夜、ラマダーン月の第27日目が祝われる［井筒訳注によると、この夜には来るべき1年のいっさいの出来事に対する神の決定がなされるという］。伝承によれば、使徒はおそらく大天使ガブリエル（ジブリール）で、ムハンマドの瞑想時に姿を現し、唯一の神アッラーが創造主であり、みずから顕現するものであるということを告げる（イクラー）よう命じたという［誦め、「創造主なる主の御名において。いとも小さい凝血から人間をば創りなし給う」（コーラン、96・1-2）］。しかし、天使にかんする言及はそれよりあと、のちにメディナ（マディーナ）の町になるヤスリブでの啓示の時期だけしか明らかではない。

ムハンマドはこの啓示を受けて動転した。欺瞞的な悪霊の犠牲者になるのではとおそれた。だが、彼が信頼していた妻ハディージャはそんな夫を落ち着かせ、神の真理の「告知者」としての召命を確認させるのだった。この最初の啓示は2、3年とは続かなかった。ムハンマドは絶望し、神に見すてられたと思いこんだ。しかし、コーラン（94、95章）に記されているように、啓示はくりかえされる

第 1 部　一神教

◆「また信者たちも、一人一人がそれぞれにアッラーと、その諸天使と、その聖典と、その諸々の使徒を信仰する」（コーラン、2・285）。伝承は預言者の生涯において、守護天使が果たした重要性を認めている。大天使ガブリエル（ジブリール）が導く雌馬（アル＝ルラーク）に乗ったムハンマドが、70の頭をもつ天使を前にしている。アフガニスタンの細密画、1436 年、フランス国立図書館蔵、パリ。

ようになり、ムハンマドの死までとぎれることがなかった。

　ムスリムの年代記者たちは、ムハンマドがいかにして啓示に衝撃を受けたかを伝えている。それによれば、彼はしばしば尋常ならざる状態となり、高熱と震えに襲われたという。そして鈴の音を聞き、光を感じ、朦朧とした状態で、自分をつらぬいた言葉を発したともいう。それは啓示の際にその内容をくりかえすようみずから求めた言葉だった。現代の歴史家たちは、伝承に語られるこうした状況が事実であったことを認めているが、それを伝えるスーラの順番はなおも議論の対象となっている。

　ムスリムの伝承はまた、神がおよそ20年にもわたって啓示を与え、その内容をコーランに言及されている数多くの出来事が証明する段階ごとに示して、ムハンマドを教育したとしている。だが、ムスリムの伝統的な教理に従えば、こうした段階的な啓示以前に、おそらくコーラン全体は「定めの夜」にすでに預言者の心に大量に注がれていたという。

　成立宗教としてのイスラーム教は、当初からひとつの学問全体がアスバブ・アル＝ヌズル（啓示の背景）と呼ばれるものを学び、確立するために発展してきた。この古典的なコーラン学は、スーラや章句の作成された時や編年、状況などを明示することにあずかって力があった。それによれば、2つの重要な時期に大別できるという。メッカ布教時代（610年から622年）とメディナ統治時代（622年から632年）である。一部の偉大な東洋学者（とくにレジ・ブランシェール［1900-73。ソルボンヌの中世アラブ文学教授やパリ大学イスラーム文化研究所長などを歴任し、啓示の年代によってスーラの再編を行った］）は、スーラの分類をなしとげたが、それはムスリムの学問的伝統が確立したものとおおむね符合するものだった。しかし、彼らはコーランの4分の3を占めるメッカ時代を、3通りの「下位時期」に切り分けている。

メッカ期

　ムハンマドが布教を始めたのはメッカだった。613年、自分の言葉と使命をおそらく40人あまりのメッカ住民に説いた。それを受け入れた最初の弟子は妻のハディージャ、従弟で娘婿のアリー、親友のアブー・バクルとその黒人の召使、さらに初代ムアッジン（塔の上から祈りの時を告げる係）となるビラルだった。だが、周囲の他の者たちは彼に敵対的な態度を示した。

610-615年　貧しい者たちや抑圧された者たちに公平さと平等——部族経済からより商業的な社会への質的転換はかなりの不平等を生んでいた——を与えるという、義務感につき動かされたムハンマド。コーランをとおしての彼の言葉は、改宗しなければ死後に過酷な裁きが待っていると告げて、豊かな者たちに改宗を迫るものだった。こうした終末論的な記述が、コーランの中心的な主題をなす。唯一の至高神の名でムハンマドが告げたこの新しい倫理は、それがさしむけられた者たちを狼狽させた。大部分の聴衆はそれをこばみ（コーラン、55・33-34）、とくに「貪欲」として難じられた富裕者たちが、神の前で報告しなければならない「最後の審判」の告知に反発した。

　コーランにあるこの段階の啓示時に記された「世界の終焉」とい

う記述は、シュメールやバビロンから古代オリエントで広く普及していた黙示録文学全体のイメージ、とくに紀元前2世紀から後1世紀にかけて書かれたユダヤ・キリスト教の聖書外典にも再見できるイメージと符合している。ヴェールでおおわれた太陽、星々の落下、ゆれる山、沸騰する海…といったイメージである。これらの啓示では、死者は世界の終焉後によみがえり、神の前に姿を現す。そして審判にのぞみ、不正な者は地獄に、正しい者は天国に入る。コーランに描かれた「ふたつの永遠の住処」がこれである。

神の名は啓示の最初の章句から登場している［「讃えあれ、アッラー、万世の主」（コーラン、1・1）］。それは超越的で万能かつ神聖な神だが、慈悲と慈愛に満ちた身近な存在でもある。アラブの神体系（パンテオン）における神々やキリスト教の三位一体観とは異なり、アッラーは唯一の神として認められることを求める。コーランの109章、112章は多神教との完全な絶縁を明示している。

ムハンマドは自分のまわりに少ないながらも支持者を集めることができ、彼らが最初期の熱心な共同体をつくるようになった。そのなかには、前述した近親者たちにくわえ、出自を異にする人々、とくに彼の布教によって力づけられたと感じる貧民や奴隷たちもいた。伝承はまた、イスラーム教最初の殉教者である女奴隷のスマヤーについても語っている。彼女はムハンマドの敵対者だった主人の槍で殺されたが、この主人は、新しい教えに改宗したすべての奴隷たちを買って解放しようとしていたアブー・バクルに、彼女を売ることをこばんでいた。そんなアブー・バクルの支持のおかげで、ムハンマドはまた「名門の子弟」を数人味方にすることができた。そのひとりがウスマーン・イブン・アファンである。彼はのちに第3代カリフとなり［在位644-656］、コーランの決定版を普及させようとした重要な人物だった。

しかし、富裕者たちを非難したため、ムハンマドは、商業と実入りのよい巡礼の中心地だったメッカの、富裕な多神教徒たちの格好の攻撃対象とならざるをえなかった。それからまもなくして、アブー・スフヤーン［652没］とアブー・ガフルが率いるクライシュ族の族長会議は、メッカにおける新しい布教が危険なものだとみなすようになる。もてる者たちの特権が問題視されるのか。信者たちは氏族の外で新たな組織を立ち上げ、既存の社会構造を脅かすのではないか。厳格な一神教を唱えながら、カーバ神殿を中心に集まる隣接部族の「連合した」神々を非難する。それは巡礼と結びついた商売全体と部族のあいだの関係を危険にさらすのではないか…。しだいに怒りをあらわにしていくムハンマドの敵対勢力は、彼をなんとか除こうと画策した。だが、ムハンマドは一族に、とりわけ伯父のアブー・ターリブに守られていた。ターリブはムスリムにこそならなかったものの、甥を決してその敵の手に渡すことはしなかった。

615-619年 615年から619年にかけて、ムハンマドによる布教への賛同者は徐々に数を増し、それにともなって、反対勢力も態度を硬化していく。616年、新しい宗教の信奉者をすべてメッカ社会から追放するという布告が、ムハンマドが属するクライシュ族から出される。これにより、以後、彼らがクライシュ族と商取引をしたり、結婚したりすることが禁じられた。ムハンマドの一族であるバヌ・ハーシム家は、この関係断絶をこばんだ。

618年、ウマル・イブン・ハッターブとハムザがイスラームに改宗する。ふたりが重要人物だったところから、それは新しい宗教が発展するうえで画期となった。ウマルは大きな影響力と権威をもち、のちにイスラームの第2代正統カリフ［在位634-644］にまでなるメッカの名士だった。一方、ハムザはムハンマドの叔父で、怖れを知らぬ戦士であると同時に、偉大な猟師でもあった。伝承が語るところによれば、ある日、狩りから戻った彼は、ムハンマドの強情な敵であるアブー・ジャハルがムハンマドをののしり、おそらくけがまでさせたことを知る。そこでハムザはジャハルを追跡し、これを弓で打ちすえてから、ムハンマドを探しに行ったという。

メッカ啓示のこの第2の時期に、神をさすためにもっとも用いられた呼称が、アッ＝ラフマーンないしアル＝ラフマーン（字義は「慈悲深き者」）である。創造主の唯一性は、多神教の信仰と対比する形でつねに確認されてもいた。そこでは最後の審判のことがふたたび語られているが、その時がいつかは神しか知らないという。だ

◆ヒラー山の洞窟で啓示を授かったのち、迫害を受けて最終的に亡命することになるムハンマドが、ヒトコブラクダの背に乗って、預言の炎に包まれたまま難をのがれている。18世紀の細密画、フランス国立図書館蔵、パリ。

ムハンマド以前の預言者たち

コーランのなかの1章は、ムハンマド以前の預言者たちにかんする物語からなっている。これらの預言者は2通りのカテゴリーに大別できる。一方はナビと呼ばれる「たんなる預言者」で、多数派である。他方は「預言者＝使徒」で、ラスルと呼ばれる。ムハンマドはモーセやイエスと同様、ラスルと呼ばれる特権を共有していた。このスーラでは、アダムからイエスまで、聖書に登場する25人あまりの預言者が想起されている。

いわゆる聖書通は、イザヤやエレミヤ、エゼキエル、さらにダニエルといった重要な人物の名が、スーラ（コーラン）にみられないことに驚くかもしれない。だが、そこには聖書が知らないアラブ名の預言者が数人登場している。前述の預言者たちをとりあげたこれらの物語は、同じ筋書きにもとづいてつくられている。すなわち、神が不敬虔で多神教徒の人々のなかからひとりの人物を選び、本来的な一神教を人々に呼びかける使命を与える。しかし、こうして呼びかけられた者たちは預言者の話を聞かないどころか、これを迫害して排除しようとすらする。そこで神が預言者を救い、不信心で罪深い者たちを罰する、という筋書きである。こうした筋

◆預言者イザヤによって告げられた主たる「使徒」のひとりとされるイエスは、コーランにおいても特別な場を占めている。ここではイエスとムハンマドが預言者イザヤに会いに行くさまが描かれている。ペルシアの細密画、13世紀、イスラーム議会図書館蔵、テヘラン。

書きは最終的にムハンマドの体験と一致するものとなり、彼ら先行する預言者たちが、じつはイスラームの預言者ムハンマドの使命を先取した人物だとみることを可能にする。これら預言的物語はメッカの人々に新しい教えを告知するという役割をおびていたように思われる。

神への信仰が篤い傑出した人物たちを縷々紹介しながら、これらの物語にはたしかに道徳的な教えがもりこまれている。そこでは、たとえば「神の友」であるアブラハムのふるまいと、ファラオやロトの妻［アブラハムの甥であるロトは、妻とともにソドムを脱出するが、戒めを破って後ろをふりかえった妻は塩の柱となった］のそれとが、明確に対比されている。ムハンマドに授けられた啓示は、前例のない本来的なメッセージとして示されているわけではない。それはむしろ、つねに変わることのない神の言葉をアラブ語で記したものであり、これこそが、コーラン的な表現で『ウンム・アルキターブ』（『よく守られた石板』、『書の母』）とも呼ばれる、『天啓の書』に含まれているのだ。ムハンマド以前、こうした神の言葉は何人かに与えられている。モーセとダビデにはヘブライ語で、イエスにはアラム語で、である。

が、それは「獣」(フランス語版コーラン、27章) が出現するといった前兆によって告げられ、イエスの再臨(コーラン63章に示唆がある)をともなう。

619-622年 ムスリムたちの集団的記憶では、619年はなおも「悲しみの年」として残っている。それはムハンマドの妻で、彼の大切な心の支えでもあったハディージャと、伯父で、ムハンマドを庇護し、一族をあげて彼を支えてくれた家長アブー・ターリブが他界した年だからである。後者の代わりに一族の長となったのは、ムハンマドの公然たる敵対者のアブー・ラハブ[624没。ムハンマドの叔父]だった。こうしてムハンマドは後ろ盾を失ったばかりでなく、メッカの人々の不信感はあいも変わらず、反対派も新たに勢力を増した(フランス語版コーラン、71章)。そのため、ムハンマドはメッカ以外の地、すなわちメッカ南東部の山脈のある町ターイフで布教をしようと思うのだった。

だが、彼の努力はさしたる成功をもたらさなかった。伝承によれば、ターイフから戻った彼は、石の上に座り、自分を元気づけるべく、コーランのスーラを唱えたという。すると、それを聞きつけたジンたち、すなわち天使と人間の仲介役とみなされる不可視の精霊ないし妖霊たちが改宗したともいう(コーラン、72章)。

さらにムスリムの伝承は、同じ年、ムハンマドは生涯でもっとも大きな霊的体験をしたとしている。イスラとミーラージュの出来事(預言者の夜の昇天)として伝えられているものである。ある朝、この預言者は側近にこう語ったという。前夜、「聖なるモスク」(メッカのカーバ神殿)の神の仲立ちで非常に遠い神殿──エルサレムの旧神殿と思われる──までつれていかれた。そこから(アル=ルラークと呼ばれる)有翼の雌馬によって、第七天まで引き上げられた。こうして「神の住処」の神域の手前まで近づいたが、そこに入ることはかなわなかった…。ムスリムの注釈者たちはいずれもこの夜の旅が現実のものだったとしている。

さて、ムハンマドは、日増しにつのってくる危機を避けるため、避難地を探さなければならなくなる。彼が選んだのは、メッカの北400キロメートルに位置するヤスリブの町だった。そこには縁者がおり、とくに同町出身の6人がすでにメッカまで彼の教えを聴きに来ていた。やがて彼らはムハンマドを客として迎え、彼に一族、つまりバヌー・ハズラジ族の庇護を与えようとする。

621年、メッカ東部アカバの丘で、ムハンマドはこの一族の一部、のちにアンサール(助力者)と呼ばれることになる人々と初めての盟約を結ぶ[第1次アカバの誓い]。翌622年、ムハンマドを讃えたこれら最初のアンサールたち75人は、メッカに戻る。そして、同じ丘の上で、「戦いの同盟」と呼ばれる2度目の誓いがなされる[第2次アカバの誓い]。これ以後、人々はムハンマドに従い、彼のために戦うようになる。むろんクライシュ族はこの誓いを風の便りで知り、怖れおののいた。そこで彼らはヤスリブの入信者たちとメッカのムスリムたちとが結びつくのをなんとか妨げようとして、後者がメッカを離れるのを禁じた。この禁令を回避するため、ムハンマドはいくつか権謀術策をめぐらせなければならなかった。

ムスリムの伝承はムハンマド一行のメディナ行を記憶として維持している。それはモーセとイスラエルの民のエジプト脱出を想い起こさせる。事実、この出来事は新たな「出エジプト」とみなされて

◆メッカの大モスク中央部にあるカーバ神殿。周知のように、ムスリムたちはこのカーバの方角を向いて祈りを捧げる。黒曜石がはめこまれた立方体状のそれは、神の聖域であることを象徴する。陶製板、17世紀、ルーヴル博物館蔵。

おり、そこにはさまざまな奇跡が結びつけられてもいる。これが「ヒジュラ(聖遷)」(ヒジュラとはアラブ語で「移住」の意)と呼ばれる脱出行であり、ムスリム暦はまさにここから出発する。

この啓示の時期には、アラブ世界の神体系において「アッラー」の神名がすでに最高神として特別視されるようになっていた。言語表現のなかでは、すべてを決める神の万能さが強調されもした。アッラーは人々を道に迷わせたり、すべてを見たり聞いたりすることもできる。唯一有効な手段であり、唯一の救いでもある。こうした表現全体は、敵対勢力との論争によってきわめてはっきりと示された。そこでは、コーラン以前の聖典、とくにユダヤ教のモーセ五書やキリスト教の福音書が、「確固たるもの」と言明されてもいる。

イスラーム教の誕生史における第3の時期には、さらに2通りの話が登場する。一方は、コーランでうたわれた一神教が、もはや人類最初期の宗教的伝統を喚起するだけのものではなくなった、ということである。それは「永遠の過去(プレ＝エテルニテ)」に根ざしている。つまり、人間は生まれる前からすでに一神教徒と定められている、というのだ。

つまりムハンマドの使命の第2部は、以前とはまったく別の文脈で展開し、内容も、啓示の様式同様、この文脈に見あったものとなる。

メディナ期

　622年末、ムハンマドは、のちにメディナないしマディーナ（マディーナ・アル＝ナビ「預言者の町」）と改称するヤスリブに着く。これにより、メディナ期が幕を開ける。この時期を、歴史家たちはマガジ、すなわち「軍事遠征の時期」と呼ぶ。肥沃なオアシス都市のここには、当時1万5000人程度の住民がおり、彼らはアラブ系の2部族とユダヤ系の3部族に分かれていた。とすれば、ムハンマドはこれらアラブ系部族のひとつと手をにぎるようになったのか。それとも、町政をにぎる候補者として手をあげるようになったのか。彼は後者を選択した。

　ムハンマドの勢力は、彼自身とそのバイト（家、家族）——基本的に4人の娘と、ムハンマドがのちに3番目の妻とするアブー・バクルの幼い娘アイシャ［614頃-678］——だった。従弟のアリーは当初そこにいなかったが、ムハンマドの娘のひとりファティマと結婚するために移ってきた。さらにメッカから亡命ないし移住してきた人々（ムハージルーン）も、ムハンマドと合流した。彼らはメディナのアラブ人たちに迎え入れられ、両者のあいだで連帯の盟約が結ばれる。メッカ期の最初の信者群を代表する彼ら移住者たちは、アブー・バクルとウスマーンに導かれ、ムハンマドのもっとも忠実な仲間でありつづけた。

　ついで、前述のアンサールたちがムハンマドのもとに来る。メディナの2部族を出自とする彼らは、ヒジュラ以前からムハンマドの庇護にくわわった。だが、そんな彼らの一部は、やがてメッカから来た預言者に嫉妬するようになる。とりわけ反対派の指導者だったと考えられるアブドゥッラー・イブン・ウバイ［631没］は、ひそかにメッカの人々やメディナのユダヤ人と結託して、アンサールの一部がムハンマドをだますよう仕向けた。コーランはこれら裏切り者たちを呪い、「モナーフェガーン（偽善者たち）」と呼んでいる。

　ユダヤ人の3部族は当初ムハンマドに共感を覚え、ともに「内部自治協定」を結んだ。だが、この関係はすみやかに衰退した。メディナのイスラーム共同体は、初めのうちは困難な状態に置かれた。すべてを失い、アラブ人部族に仕え、下働きを受け入れざるをえな

◆地上でさまざまな屈従を余儀なくされたのち、神に前にひれ伏すムハンマド。『ミーラージュナーメ（梯子・階段の書）』のミール・ハイダルによる細密画、16世紀、フランス国立図書館蔵、パリ。

「彼は生まれながらにムスリムなのである」。後代、伝承や神学者たちはそう指摘するようになる。もう一方の話は、アブラハムとかかわる。そこではこの族長とメッカが結びつけられ、彼がメッカで祈り、子孫たちがメッカに定住したというのである。

　メッカの時代は、イスラームが誕生した時期である。コーランに記された啓示の重要な主題はすべて、ムハンマドが反対を押しきって布教していた約10年間の出来事とかかわっている。それ以後、

コーランは「創造されたもの」か、「創造されずに存在するもの」か　ムスリムの最初期の偉大な学者たちは、コーランが永遠に存在するのか、神によって創造されたのかという問題について、活発な議論を行った。ムータジラ派［字義は「離れる、放棄する」。8世紀にギリシア哲学の影響を受けて興った合理主義的ムスリム神学。13世紀に消滅した。代表的な人物にコルドバ出身の哲学・注釈者イブン＝ルシュド（アヴェロエス、1126-98）がいる］は、コーランの言葉を永遠のものとみなすのは、結果的に神に別の永遠なるものを結びつけることだと考えた。とすれば、イスラーム教はキリストが父なる神や聖霊と永遠に共存するキリスト教とえらぶところがなくなるのではないか。彼らムータジラ派はそう論陣を張り、コーランが神によって創造されたと主張した。アッバース朝の連続する3人のカリフからその教理が支持された彼らは、反対派を迫害することで自分たちの主張を認めさせようとした。

　そんな彼らムータジラ派に抗して、「伝統主義的な」法律家や神学者たちは反対の説を擁護した。コーランが神の永遠の言葉であり、大昔から存在して、徐々に預言者ムハンマドに示されていった、というのである。予定説の考えを前提とし、ムハンマドに啓示されたコーランが預言者とその仲間たちによって生きられた歴史的出来事を示唆するものだとして、コーランの言挙げの普遍的かつ世俗的性格について疑問を呈する立場ともいえる。やがて、コーランのさまざまな奇跡的出来事につき動かされた大衆に支えられたハンバル派［イマームのイブン・ハンバル（780-855）が、ムータジラ派に対抗して創唱したスンナ派の四大法学派のひとつ］が、最終的にこの論戦を制することになった。

かった移住者にとっては、とくに厳しいものだった。そこでムハンマドはアンサールと移住者のあいだにイハー、つまり不可欠な友愛関係を築いた。アンサールの各人が移住者をひとり受け入れ、労働と収入を分かちあうことにした。いかなる嫉妬もまねかないよう、ムハンマドだけはこの関係に入らなかった。だが、従弟のアリーとは友愛の絆を結んだ。のちにムスリム共同体、すなわち「ウンマ（Oumma）」──字義は「母＝共同体」。ウムoumは「母」の意──の全成員を結びつけるようなる友愛制度が、まさにこうして築かれたのである。

メディナの経済封鎖　だが、クライシュ族はメディナに対する経済封鎖を宣言する。これを受けて、ムハンマドはついにメディナの町政と防衛にのりだす。町の統治者と同時に軍事的な長となったのだ（ただし、みずからは王を名のらず、コーランもまたムハンマドにそうした肩書を与えていない）。このメディナ期は、やがて数度の戦いと軍事行動に彩られることになる。

クライシュ族の攻勢に反撃すべく、ムハンマドはメッカの隊商路を妨害するための襲撃を開始する。最初の攻撃は623年、場所はナフラだった。これにより何人もの死者が出たが、それはイスラームによる初めての戦いとして記憶に残るようになる。それ以外の戦いとしては、624年3月にバドルでくりひろげられたものがある。ムハンマドが率いた軍隊は、メッカのかねてよりのムスリムとメディナで改宗したムスリムたちからなる初めての混成軍だった。彼らはアブー・スフィヤーン［652没。クライシュ族の指導者のひとりで、ムハンマドの遠縁］の軍隊と相対した。スフィヤーンは「偽善者たち」からムハンマド挙兵の報を受けており、メッカからアブ・ジャハル率いる数千の援軍を得ていた。この出来事は、ムハンマドを守ると誓ったアンサールたちが、その忠誠の責務を実践したという点で重要な意味をおびていた。まさにバドルの戦いこそは、部族や一族の枠を超えてムスリムたちがはじめて連帯する契機となったのである。そして彼らは最終的に勝利をおさめることになる。

しかし、クライシュ族との対立はさらに拡大していった。628年、ムハンマドは、メッカの敵対行為や、北部でのユダヤ人の脅威的な部族同盟にもかかわらず、メッカのカーバ神殿に巡礼することを決意する。彼にとってそこはなおも唯一神のかけがえのない神殿だった［ただし、彼は神殿内の偶像類は破壊した］。やがてメッカの市門で捕えられた彼は、長期にわたる交渉をへて、クライシュ族との10年間の和平［フダイビーヤの和議］を受け入れるかわりに、翌年、巡礼に来ることができる権利を得るようになる。

メッカ巡礼　ムハンマドは予定どおり巡礼を行い、大きな声望を得た。そして630年、彼は誓約を破って、メッカに進軍する。このときは、戦端を開かずにすんだ。メッカ軍の指導者で、預言者の不倶戴天の敵ともいうべきアブー・スフィヤーンが、彼にメッカの無血開城を申し出たからである。こうしてムハンマドは、亡命後10年たたぬうちに意気揚々とメッカにまいもどった。

この勝利の後、ムハンマドはヒジャーズ一帯を支配下に置きたいと思うようになる。630年はムスリムの歴史では「代表団の年」として想起されているが、それはアラビア半島の大部分の部族がムハンマドの政治的な主導権を認め、彼に忠誠を誓い、その教えを受け入れるために代表団を送ったからである。翌631年には、アブー・バクルが信者たちの大巡礼団を率いてメッカを訪れている。さらに晩年の632年には、ムハンマド自身が大巡礼を導いた。今日制度化されているようなメッカとメディナへの毎年の巡礼はムハンマドが完成させ、スンナに収められているさまざまな儀礼をもとに定めることになる。やがてムハンマドは他界するが、その「最後の説教」で、彼は自分の使命をまっとうしたと述べ、ムスリムが自分の死後も一体でいるよう叱咤したという。

◆メディナのモスク。通称「神から遣わされた者（預言者）のモスク」［クバー・モスク］。622年、ムハンマドはアラビア半島のこの町に逃げのびた。かつてヤスリブと呼ばれていたここは、聖地として整備され、イスラーム世界第2の聖都となっている。ペルシアの細密画、14世紀、フランス国立図書館蔵、パリ。

イスラーム教　213

◆砂漠の乗り物であるラクダ。遊牧文化（前9世紀のアッシリア＝バビロン碑文によれば、「アラブ」という語は遊牧民を意味していた）の基本的な要素であるこの動物は、不毛で敵対的な環境における人々の生存を支える源のひとつである。アル＝ハリーリー［1054-1122］『マカーマート』の細密画、バグダード、1236年、フランス国立図書館蔵、パリ。

のために祈り（コーラン、33・56）、彼の信者たちの過ちが赦される（同、47・20）、といったようにである。メッカ期のあいだ、ムハンマドは本来的な一神教をよみがえらせるという使命だけをになっていたようだが、メディナ期には、他の宗教とはまったく異なり、独自の長と教理と掟をもつ具体的な共同体として、イスラーム教を立ちあげる。こうしたイスラームの信仰は、それまでついぞ存在したことのないほど厳格な一神教として認められるようになったのである。ムスリムの伝統的な見方からすれば、信者たちが啓示の息吹きに力を得た預言者を中心に結集して共同体が生まれたメディナ期こそ、イスラームのもっとも偉大なときだった。一部の改革派ないしイスラーム的な思潮にとって、この時期は基準点であり、まねるべきモデルともなった。

632年、ムハンマド・イブン＝アブドゥッラーフがメディナで没すると、「コーラン的事実」、つまりコーランに言及されているような、きわめて明確な歴史的・文化的・言語的文脈における出来事の時期も終わる。こうして「与えられ＝開示された」章は綴じられ、かわりに口頭で伝えられたものが書きとめられて、今日のようなコーランの体裁をとるようになる。だが、そうした「普及版」の校訂がなされるまでには長い過程があり、権力の継承問題という歴史の変転もあった。ムハンマド・アルクーン［1928-2010。イスラーム歴史家・哲学者］は、コーランの編纂から神学的・哲学的・法解釈的ないし神秘的観点からムスリム思想全体の生成へといたるこの歴史的変遷を、「イスラーム的事実」と呼んでいる。彼はさらに、「（旧約）聖書的事実」と「ユダヤ的事実」、あるいは「福音書的事実」と「キリスト者的事実」が区別できるとして、「コーラン的事実」と「イスラーム的事実」を同様に区別している。

メディナのイスラーム教

メッカでの説法は基本的に宗教にかかわるものであり、それは支配層の価値観に対する反発としてあった。一方、メディナ期のムハンマドは、新しい共同体、「新しい民」となりつつあった者たちを社会的・司法的に組織することに意を注いだようである。メッカでは、イスラームはなによりも宗教的なメッセージだったが、メディナでは、それはきわめて具体性をおびた一種の国家となった。元首と同時に軍隊の指揮官ともなったムハンマドは、神からのきわめて重要な配慮とでもいえるものを享受した。たとえば、天使たちが彼

ハディース（言行録） 当初、ハディース（アラブ語で「物語」の意）は、一方で曖昧とおぼしきコーランの文章を明確にし、他方で、たとえば毎日守るべきコーランの祈りの数といった、義務ないし命令にかんする規定や「実践法」を明示することをおもな目的としていた。だが、しだいにそれはムスリム共同体の生活のみならず、神秘的ないきすぎや教理的および政治的（!）な問題の定義にかかわる、新たな疑問すべてに答えを出すという役割をになうようになった。

やがて8世紀から9世紀にかけて、このハディースは数を増し、意図的な操作を廃してこれら物語の正統性を明確にする規則や方法も、なんとか確立されるまでになった。イスラームの法学者で神学者でもあったウラマーたちは、自分たちの社会・文化や権力問題の変化に応じて解釈作業に邁進し、ハディースをしだいに体系化かつ神聖化していった。こうして今日、伝承経路がシーア派とスンニー派でしばしば異なるものの、数十万のハディースが存在するまでになっている。イスラーム教成立の最初期から、ハディースにかんする集会や伝達、記憶化、さらに批判的考察などによって、すぐれたイルム（イスラーム的知）がつくりだされたが、ムスリムの学者たちは過去と同様、現在もなお預言的伝承の報告者、すなわち「ハディースを知る者（ムハディース）」と呼ばれている。

征服と分裂

後継者と王朝

預言者ムハンマド・イブン＝アブドゥッラーフは息子たちをすべて幼くして亡くしていたため、他界時に共同体（ウンマ）を指導する男児を遺すことができなかった。その結果、共同体内では分裂を予示する溝が表面化するようになる。そして初代正統カリフが任命されると、「反乱＝背教」の舞台が幕をあげるようになる。

第1のグループは、ムハンマドの曽祖父を祖とするハーシム家で、その中心人物は、預言者の従弟で、娘ファティマと結婚したアリーだった。第2のグループは、アブー・バクルとウスマーンが率いる「移住者たち」[ムハージルーン]で、彼らは、預言者の純粋な宗教的伝統の嫉妬深い守り手であるアンサールと手を結んでいた。これが初期イスラームの宗教的な中核だった。さらに、ウマイヤ家の勢力もあった。いずれ失った部族の覇権をとりもどすことになる同家は、アブー・スフヤーンとその息子で、のちにダマスカスにウマイヤ朝[661-750年]を建設するムアーウィヤ[603-680]の支配下にあった。

最初の4人カリフ

跡目争いが熾烈をきわめたのは、「移住者たち」とアンサールのあいだでだった。ムハンマドの死が告知されるや、後者はただちに集まって、後継者を指名した。

アブー・バクル ウマルの支持と影響力のおかげで、初代正統カリフ（後継者）に任ぜられが[在位632-634]、まもなく彼は表面的にイスラームと結びついていただけのアラブ部族の「反乱＝背教」（リッダ）に直面せざるをえなくなる。くわえて、部族的な教えを説くふたりの偽預言者も現れ、新たな戦いが避けられない状況となった。この戦いでは、コーランの教えを守る最初期の信者たちに多数の犠牲者が出た。だが、アブー・バクルは征服作戦にのりだし、ラフミド・ラブ王朝の都ヒラーを陥落させた。634年にはビザンティン軍との戦いに勝利して、ムスリムのパレスティナ進出への門戸を開いた。だが、アブー・バクルはこの年、病没した。

ウマル 指名によってアブー・バクルの後を引き継ぎ、第2代正統カリフとなったのがウマル・イブン・ハッターブ[592?-644]である。前任者やアリーともども、預言者の側近中の側近だった彼は、634年から644年まで実権をにぎったが、その指導者およびアラブ＝ムスリム帝国の組織者としての資質から、イスラーム「第2の建設者」とみなされている。635年のダマスカス陥落はそんな彼の指揮下でなされ、これにより、ダマスカスはビザンティン・シリアの中心都市となった。636年、メソポタミア（現イラク）がペルシア人に征服され、ムスリムの2大都市クファとバスラが発展をとげるようになる。この両都市は7・8世紀にイスラームの重要な知的センターとなる。やがてエジプトとイランもムスリム軍に征服される。こうしてウマルは、たんに偉大な征服者にとどまらず、帝国の建設者ともなった。行政機構と行政官を整備しようと腐心した彼は、ムスリム化した国々に小数派として生きていた「啓典の民」、すなわちユダヤ人やキリスト教徒、ゾロアスター教徒、さらにシバ族に人頭税[ジズヤ]を課した。だが、メディナのモスクでみずから礼拝を司式していた際、キリスト教徒ないしゾロアスター教徒の凶刃に斃れた。

預言者やアブー・バクルと異なり、ウマルは後継者を用意していた。この重責をになう6人からなる有力者会議[シューラー]を任命していたのである。10世紀の偉大な神学者タバリ[839-923。歴史家・ペルシア語訳コーランの釈義学者で、主著に『年代記』がある]は、その著書で、この後継者選出に際してなされたさまざまな裏取引について詳細に記しているが、最終的に有力者会議は互選によってひとりを選ぶ。第3代正統カリフに選ばれたのは、ウスマーン・イブン・アッファーン[在位644-656]だった。彼もまたメッカからメディナに移住したクライシュ族に属しており、その出自であるウマイヤ一族は、長いあいだムハンマドにもっとも強く敵対していた。とすれば、彼の指名はこの一族にとって一種の復讐になったともいえる。以後、同族のカリフ登用が一般化し、大きな実権がウマイヤ一族、とくにシリア総督に任じられてダマスカスに定住したムアーウィヤに託されることになる。

ウスマーンの正統カリフ だが、ウスマーンのカリフ時期には多くの反対があり、カリフ在位11年目の655年、エジプトの反徒たち[アリー派]がくわだてた陰謀によって、彼もまた暗殺されてしまう。伝承によれば、それは彼がコーランを朗誦している最中だったという。預言者の後継者が、ほかならぬムスリムたち（！）によって殺害されたのである［なお、コーランが完成したのはウスマーン時代である］。この事件は今もなおイスラーム教徒の集団的記憶のトラウマとなっている。

スンナ派とシーア派

　スンナ（スンニ）派は世界のムスリム人口の大半、すくなくとも85パーセントを占めている。同派は新しいイスラーム信奉者の多くがアリーとムアーウィヤの争いに介入することをこばみ、そのために組織された委員会の選択にゆだねた。だが、「法文尊重主義」と呼ばれるこの態度は、ただちに主導権を得るまでにはいたらず、こうした「スンナ派の選択」が多数派となるには、それなりの時間を待たなければならなかった。事実、ムスリム世界はもう少しでシーア派の天下になるところだった。あいあらそい、敗北ないし服従した人々を帰属させえた王朝同士の力関係。すべてがその結果だった。

　一方、シーア派はまず南部のアラブ人によって組織され、ウマイヤ朝カリフの世俗性に憤ったアリー信奉者たちを主体とする。アリーの次男フサイン［626生。シーア派第3代イマーム］が680年のカルバラーの戦いで戦死すると、シーア派は自分たちが殉教者として崇敬する人々［とくにアリーとフサイン］の記憶を忠実に守り、その記憶を一種の痛苦主義［アーシュラー］にまで高めていった。

　シーア派にとって、権威は政治的であると同時に宗教的なものでもある。彼らは神の働きかけを区別し、その意味はイスラームの預言者ムハンマドとアリーの一族から選ばれた指導者によって伝えられるとする。これらの指導者、すなわちイマーム（モスクで礼拝を司式するイマームと混同してはならない）は、信者たちの指導者であり、ウンマ［イスラーム共同体］の精神的な長でもある（シーア派はカリフの権威や正統性を認めない）。スンナ派ではムハンマドのハディース伝承がコーランを明確にするとされるのに対し、シーア派では神の言葉を人々に読めるようにするのが、「導き手」としてのイマームだとされる。その主軸は9世代（合計12イマーム）におよぶアリーの子孫からなる。これらのイマームは父子相伝で、父親がつねに後継者を指名する。だが、そこか

◆第8代イマーム・レザーの妹ファティマの、金色の丸天井をいただく霊廟。シーア派の聖地コム、イラン。

らさまざまな系譜間の競合が生まれた。その主流としてはザイド派（第5代イマームから）、イスマーイール派（第7代イマームから）、さらにニザール派（第11代イマームから）がある。ムハンマドの子孫である12代の「本来的な」イマームを認めるシーア派は十二イマーム派ないしイマーム派と呼ばれ、15世紀以降、シーア派の多数派を占めるようになった。彼らによれば、12人のイマームの系譜は第12代イマームがサーマッラーで姿を消した874年にとぎれたとする。これらシーア派は、第12代イマームが「隠れたイマーム」(ガイバ)で、正義の時代を再建し、コーランの隠された意味を信者たちに明らかにするため、終末に、マフディ（最後の審判における救世主）として再臨するとしている［874年に第11代イマームのハサン・アスカリー（846生）が毒殺されると同時に、その幼い息子ムハンマドも行方不明となった。この幼子は、一種のメシア信仰により、「待望された者ムハンマド（ムハンマド・アル＝ムンタザル）」と呼ばれる］。

　イマーム系シーア派は、今日、おそらく1000万の信者を擁し、その半数以上がイランにいる。イランはかつてスンナ派だったが、16世紀に中央アジアに興ったサファヴィー朝［1501-1736年。イランを実効支配した］の影響下でシーア派に移った。彼らの宗教的指導者はムジュタヒド（法解釈者）と呼ばれ、そのなかでとくにすぐれた者は大アーヤトッラーと名づけられた。各信者は見習うべき「手本」とされるこれらアーヤトッラーのいずれかの教えを乞うよう促されている。1989年に没したホメイニ師は、イランにおける偉大な6人のアーヤットラーのひとりだった。

　シーア派は聖地として「霊廟」を建てるが（とくにイラクとイラン）、そこには彼らのもっとも重要な人物が埋葬されている。ただし、イランにはこうした聖地は2か所［ゴムとマシュハド］しかない。

イスラーム教

アリー・イブン・アビー・ターリブ　ウスマーンの後に第4代正統カリフとなったのは、ムハンマドの従弟で娘婿のアリー[カリフ在位656-661]である。だが、その指名に際しては、ウマイヤ一族、とくにムアーウィヤや、アブー・バクルの娘で、ムハンマドの最後の妻となったアイシャが率いる勢力の反対があった。こうして656年、いわゆる「ラクダの戦い」が、アイシャの隠棲していたイラクの町バスラ近郊で起きる。彼女はアリーの勝利をまのあたりにする。翌657年、アリーはムアーウィヤに対して新たな戦い[スィッフィーンの戦い]をしかける。それは長く続き、犠牲者も多く出た。伝承によれば、アリー軍を動揺させるため、ムアーウィヤのシリア兵たちは槍の先にコーランをつり下げていたという。これにより、戦いは終息した。そして調停委員会（法廷）が設けられ、658年、ムアーウィヤを新しいカリフにたてる。だが、委員会の措置は紛糾をまねいた。ムスリム共同体にカリフがふたりいる（！）ことになったからである。ムスリムたちは分裂した。それまでアリーに忠誠を誓っていた者たちは、妥協の道を模索したとして彼を難じた。彼らはハワーリジュ[単数形はハーリージー]派、すなわち「仲間から離脱（離反）した者たち」と呼ばれる。ムアーウィヤの権威を認めなかったアリーの信奉者たちが、シーア派、つまり「アリーの党派（シーア・アリー）」となった。しかし、この内戦の停止を望んでいたムスリムの多数派は調停委員会の裁決を受け入れ、新しいカリフを認めた。

一方、ハワーリジュ派はアリーに対して執拗な恨みをいだき、そのカリフ職の有効性に対する人間の仲裁を受け入れ、神の裁きを蔑んだとして非難しつづけた。そんな彼らを、アリーはナフラワーンの戦い[658年]で打ち負かしたが、661年、この預言者の娘婿は、ハワーリジュ派のひとりによってクーファで暗殺されてしまう[同派はムアーウィヤの暗殺も計画したが、失敗した]。

ムスリム王朝

ダマスカスのウマイヤ朝（661-750年）　アリーとの戦いの後、ムアーウィヤが息子ヤズィド[645-683]とともに、最初のムスリム王朝となるウマイヤ朝を興し、首都はアブー・バクルやウマル、ウスマーンがしたようにメディナではなく、新しいアラブ権力がビザンティン帝国の行政的・文化的伝統を享受できるダマスカスに置いた。やがてそれはインダス河畔からスペインまでを支配下におさめる大帝国へと発展する。まず、661年にはアフガニスタンを征服し、アルメニアを占領した。7世紀末までにはインドや遠く中国にまで歩を進め、ウマイヤ軍は北アフリカでも嚇々たる勝利をほしいままにした。711年には、イフリーキヤ（現チュニジア）の総督[ムーサ・イブン・ヌセイル（640-716）。イエメン出身で、698年、北アフリカ太守となった]の後押しを受けた奴隷出身のタリク・イブン・ジィヤード[720没。ヌセイルの指揮官]が、イスラームに改宗したベルベル軍を率いてジブラルタル海峡を越え、イベリア半島に進攻している。こうしてウマイヤ帝国は、他の王朝や帝国が唯一の旗印のもとにこれほど多くの人々を集めることができなかったのをしり目に、アラブ世界に強力に足跡をきざんだ。メッカの高貴な隊商商人の末裔であるウマイヤ家は、そのアラブの血の覇権を世界に広げようとした。この王朝は14人のカリフを輩出したが、彼らの統治期間は総じてかなり短かった。しかし、彼らはすぐれた組織者であ

り、ビザンティン人やペルシア人の行政官を配して征服地を開発することができた。キリスト教徒やユダヤ人には、その人命や財産、信仰を保証するかわりに、人頭税[ジズヤ]を納めさせ、一種の市民権を制限する「庇護民[ズィンミー]」規定を課した。

だが、ウマイヤ朝は時へずして多くの敵をもつようになる。シーア派はむろんのこと、王朝の宗教的乱れを非難してやまなかった、預言者の叔父イブン・アッバース[619-690]の子孫たち、さらにイスラームに改宗したものの、被差別観をいだいていた非アラブ人たちである。やがてアッバースの子孫たちは蜂起し[749年]、これら反ウマイヤ勢力の支持をとりつけて、アッバース朝の黒い旗印が、最終的にウマイヤ朝の白い旗印を駆逐するようになる。そして翌750年、アッバース家のアル＝サッファーフ[アルー・アル＝アッバース、723-754]がクーファのモスクでカリフ就任を宣し、ウマイヤ一族を虐殺した。ただ、一族のひとりアブド・アッラフマーンは

◆「4代の最初期カリフに囲まれたムハンマド」、オスマンの細密画、15世紀。カイロ国立図書館蔵。4人のカリフ（アブー・バクル、ウマル、ウスマーン、アリー）は、預言者の死後、その衣鉢を継いでイスラーム共同体を指導した。

第1部　一神教

はペルシア人とトルコ人だった。王朝は750年から1258年まで続いた。だが、ムスリム世界の一体性はすでに終わっていた。前述したように、コルドバでアブド・アッラフマーンが立ち上げたウマイヤ・カリフが同じイスラームの正統性を主張していたからである。

アッバース朝カリフの歴史は、人々を唯一の帝国によって支えるための多様な試みのそれでもあった。バグダードに従属していたとみなされるアラブ人やクルド人、ペルシア人ないしトルコのスルターンたちは、事実上すみやかに独立王朝を建設していった。たとえば、北アフリカのマグレブ地方では740年にハワーリジュ派の王朝が誕生し、9世紀初頭には、チュニジアとアルジェリア東部にアグラブ王国が成立している。ただし後者は、909年から約1世紀間 [1171年まで] マグレブ全域とエジプトを支配した、シーア派のファーティマ朝にとって代わられた。

820年、ペルシアは完全な自治を確立するが、やがてセルジューク（セルジューク・トルコ）の手に落ちる。後者はムスリム帝国をより巧みに奪取できるよう、スンナ派のイスラームを受け入れた。833年以降は、テュルク人傭兵たちがアッバース・カリフを包囲して、権力をわが物とするようになる。ワズィール（宰相、執政）を出自とするブワイフ家は、数年間、その帝国の真の主となった [932-1062年]。11世紀中葉には、セルジューク朝がバグダードを手に入れ、一方、モーリタニアから移ったアルモワデ系スンナ派は、マグレブ全域からシーア派を追放した。1055年から1258年にかけて、アッバース朝のカリフはもはや精神的な力を有するのみとなり、世俗の権力はセルジュークに託された。だが、1258年、1世紀前から徐々にムスリムの土地を奪っていたモンゴル人がバグダードを制圧し、アッバース朝とセルジューク朝の時代に終止符を打つのだった。

征服民の増加

1258年にバグダードを手に入れたモンゴル軍は、ムスリムではなかったが、やがてイスラームに改宗する。一種の政治的日和見主義によって、偉大な征服者チンギス・ハン [1162頃-1227] の後継者だった彼らの指導者たちが、すでに宗教混淆を認めるようになっていたからである。モンケ [1209-59。チンギスの孫でモンゴル帝国第4代皇帝（カーン）] と、バグダードを奪取したその異母弟フレグ [1218-66。イルハン朝創始者] は、いずれも母がキリスト教徒だったにもかかわらず、ともに多少とも仏教を信仰してもいた。フレグの後継者 [アバカ、1234-82] は仏教徒でありながら、東ローマ帝国皇帝のキリスト教徒の皇女と結婚し、13世紀末、時のイルハン朝ハン [第7代ハンのガザン＝ハン、在位1295-1304] はイスラームを国教と

◆通称「ウマイヤ家のモスク」。ムスリム最初の王朝であるウマイヤ朝は、661年にダマスカスに本拠を置き、領土拡張をうながす政治的一体性を維持しながら8世紀中葉まで存続した。イスラーム世界最初の巨大建造物であるウマイヤ家の大モスク建設は、同家の発意による。

虐殺をまぬがれてパレスティナにのがれ、のちにコルドバのウマイヤ・カリフの創始者となる [756年]。

バグダードのアッバース朝（750-1258年）　アッバース朝は首都をまずダマスカスに、ついで文化・文明の中心地で、とくにユダヤ人の宗教的知識人が数多く住んでいたバグダードに移した。この帝国はアラブ化を狙ったが、実際に決定的な影響力を有していたの

ハワーリジュ派　この呼称は、継承問題にかんする人間の調停をこばんで、アリーから離れた者たちをさす。アリーに対し、ついでイラクの歴代総督たちに反旗をひるがえしたその教義的急進主義によって、彼らはいくつもに枝分かれし、互いに争うようになった。アッバース朝時代、彼らは東部地域やバグダードおよびマグレブ地方に広まり、今日ではアルジェリア（ガルダイアとムザブのイバード派）、リビア、あるいはアラビア半島東南部のオマーンにも存在している。

ハワーリジュ派の教義は文化的・道徳的な厳格主義を基本とする。彼らにとって信仰は「成果」を必要とし、すべてのムスリムの罪人は裏切り者とみなした。とりわけ過激主義者たちはみずからを唯一の真正なムスリムとし、自分たちと同じ考え方をしない他の不信心なムスリムは排除する役目を負っているとした。礼拝については、きわめて厳格な儀礼的純粋さを求めた。さらに彼らは、アラブ人であるなしをとわず、ムスリム内の厳格な平等を唱えて、さらに所与の資格をそなえてさえいれば、いかなるムスリムもカリフになれるとも主張した。

「黄金期」と十字軍の時代

　目まぐるしいほどの政治的有為転変があったにもかかわらず、アッバース時代は、ウマイヤ時代と同様、慣例的に「イスラームの黄金期」と呼ばれる時期に属している。それが存続していた5世紀のあいだ、たしかに人類史を特徴づける文化的な輝きの時代があった。ハールーン・アッ＝ラシード［第5代カリフ在位786-809］とその後継者たちが統治した、8世紀末から10世紀にかけてのバグダードは、ギリシア語やシリア語文献のアラブ語翻訳や文学・芸術の発展、神学校と法学校の創設などがみられた。「イスラーム文明」にとって、9-10世紀は知識的な人文主義の最盛期でもあった。同じ頃、アッバース朝以外の王朝も、それに負けずおとらず文化を生産していた。たとえばファーティマ朝（とシーア派）時代のカイロは、壮大なアズハル大学を創設して光り輝いていた。アグラブ朝はナポリの宮廷にまでその影響力をおよぼし、ウマイヤ・カリフたちのコルドバは「世界の宝石」とまでたたえられた。さらに、非ムスリムたちの恩恵にも大なるものがあり、ムスリムの宗教研究の発展や芸術・文学・科学の開花に寄与した。ギリシアの古典、ペルシアの列王伝、宗教学、哲学、さらによりキリスト教色の薄い、とくにシリア語の文学や、ユダヤのラビ学などである。だが、十字軍の歴史的な出来事（1095-1270年）が起きたのも、やはりアッバース朝の時代だった。アラブ人の記憶のなかでは、この出来事は不正ないし横暴な支配をくわだてた侵略としてある。それは、クルド人のスルタンだったアイユーブ家のサラーフッディーン［1137/38-1193］が、同家とスンナ派・イスラームの旗印のもとに近東全域を統一する以前、十字軍がシリアやパレスティナに王国を建設しようとしたからである。

◆「ヘロデ・アンティパス［前22頃-後39］時代に始まり、西暦76年に終わる簡略年代記」、細密画、15世紀。十字軍の時代、各地にある聖地を支配するため、さまざまな宗教共同体が互いに争った。これらの征服劇はヨーロッパ人からは英雄的な行為とみなされたが、ムスリム・アラブ人の記憶には不正ないし横暴な支配をくわだてた侵略として残っている。

イスラーム教　219

◆チンギス・ハンの肖像画、細密画、17世紀。モンゴル帝国の創設者チンギス・ハンは中国北部（1211-16年）、ついでアフガニスタンとイラン東部（1121-22年）を征服した。宗教混淆に寛容だったその後継者たちは、最終的にイスラーム教の国教化を宣言した。

◆ティムールはサマルカンドを知的・芸術的な首都とした。彼は力づくでムスリムの全領土を統一しようとした。だが、つかのまのその帝国は、コンスタンティノープルの陥落（1453年）を座視するだけだった。写真はマドラサ（学校）の丸屋根。

した。

モンゴル軍による大虐殺を辛うじてまぬがれたアッバース朝のわずかな人々は、解放奴隷のマムルークたちが実権をにぎっていたエジプトに避難した。カイロで、マムルーク朝の国王バイバルス［第5代スルタン、在位1260-77］は、精神的な長として、アッバース朝出身者をカリフに立てた［ムスタンスィル2世。アッバース朝第38代カリフ（在位1261-62）］。

14世紀末には、モンゴル・テュルク系でトランスオクシアナ［中央アジア］のスンナ派ムスリムだったティムール［ティムール朝創始者。実質的な皇帝在位1370-1405。戦闘で片手片足を負傷し、ティムール・レング（跛行のティムール）と綽名された］が登場する。ふたりの中国王女をめとっていた彼は、帝国の首都サマルカンドから、みずからの権威のもとにムスリム領土全域の統一をはかった。そのため、同じスンナ派のオスマン帝国とも戦った。一方、1453年にメフメト2世［オスマン帝国第7代皇帝、在位1444-46/1451-81］がコンスタンティノープルを陥落させると、オスマン人は20世紀初頭までムスリム世界の主要部を支配した。

皮肉なことに、ビザンティン（東ローマ）帝国の消滅は、西欧世界の好機となった。ギリシア文化がイタリアに流入し、ルネサンスの扉を開いたのである。1492年、ナスル朝グラナダ王国の最後のムスリムたちは地中海の西側から追放され、ヨーロッパはインドやアメリカ大陸へ向かう海路を手に入れ、これにより、世界の一部を得ることができるようになった。

だが、ムスリムのふたつの国はオスマン支配をまぬがれた。イランとインドである。前者は1501年にアラブ・シーア派のサファヴィー朝に征服され、後者は16世紀初頭に母方がティムール朝、父方がチンギス・ハンの次男につながるバーブル［1483-30］が、1526年に大ムガル帝国を建設した（この帝国は1857年にイギリスがインドを支配するまで存続した）。さらに、モロッコも追加しなければならない。一度もオスマン帝国の支配下に入らず、やがてそこには預言者ムハンマドの孫ハサン・イブン・アリー［624-669。スンナ派による第5代正統カリフ、シーア派による第2代イマーム］の、つまり預言者の血を引くシャリーフ系の王朝がたてられた。

イスラーム教

教義と教理
唯一神と多元的信仰

　歴史を生きのびるには、いかなる宗教も一貫性を保ち、歴史の試練に耐えることを可能にする教義を必要とする。そえゆえ教義は信者たちに信仰の内容を定め、何を信じ、何を信じてはならないかを説く。啓示の内容自体のうちに見出せるものから練り上げられたこの信仰体系は、神と救いのイメージのみならず、世界にかんする社会的、政治的ないし哲学的イメージを伝達する。たとえばイスラーム教は5通りの基本的な教義を基盤としている。神の唯一性、預言者の権威、天使たちの実在、最後の審判待望、そして予定説である。

ムスリムの信仰告白［シャハーダ］

　コーランのメッセージに含まれる基本的な信仰命題は、宗教的教え（アキダ）に特有の文献全体にもとづく簡潔な命題としてまとめられてきた。コーランやハディースにもとづく教義はまた、宗教的な正統性をになう当局によってしかるべき時に喚起される。コーランには次のように書かれている。「また信者たちも、一人一人がそれぞれにアッラーと、その諸天使と、その聖典と、その諸々の使徒を信仰する」（2・285）。いわゆる「ジブリール（ガブリエル）のハディース」も次のように明示している。「信仰とは、汝が神を信じ、その天使たちやその聖典、将来の生、預言者たち、さらに復活を信じることである」。ハディースはこうも付記する。「預言者は言っている。人は以下の4通りのものを信じた時、はじめて信仰をもつ。第一に、アッラーのほかに神がいないということを信じる。第二に、私［ムハンマド］が真実を教える役目をになって神から遣わされたということを信じる。第三に、死後に復活があることを信じる。第四に、善と悪や甘いものと苦いものを見きわめるために神の掟を信じること」

　ムスリムの信仰は、以上の引用だけでも要約できるだろう。

神が唯一であることの証明
　とくにイスラーム教に特徴的な教義があるとすれば、それはあきらかに「タウヒード」、すなわち神の唯一性［一化の原理］の告白である。コーラン12章の一文にあるように、コーラン全体はこの唯一性を主張している。「言ってやるがよい。それはアッラー、神であり、一者であり、測り知れない存在である。それは何も生み出さず、生み出されもしない。それに匹敵するものは何ひとつない」（フランス語版）

　ムスリムはこの唯一にして超越的な存在、宇宙の創造主、世界と人類の永遠の君主で偉大な審判者である神、継承される預言者を介して人間たちに語りかけてきた神を信じる。人間はそうした神の本性と力に近づくことができないが、祈る人間にとって、神は身近な存在でもある。

　伝統では「神の九十九の美名」があるとなっているが、この神に捧げられた名は、なによりもまず「神に固有の名」とされ、神自身が名のるアッラー（アッラーフ）である。この名前は「神性」を意味し、ヘブライ語のElに対応するイラーフ（i-Lah）を語根にもつ。だが、「アッラー」という呼称はイスラーム教に昔からあり、メッカの神体系における主神がそう呼ばれていた。ムハンマドの父もまた、アブドゥッラーフ（アブド・アッラーフ、Abd-Allāh）——字義は「神のしもべ」——という名だった。

　だが、コーランのすべてのスーラ（コーラン9章を除く）の冒頭にあるもうひとつの名は、ムスリムたちの心理と信仰を強く特徴づける。それが、「慈悲深き者」ないし「慈愛あまねき者」をさすアル＝ラフマーン（アッラフマーン al-Rahmān）である。

◆コーランの朗誦を聴きながら祈るこのムスリム家族のふたりは、メッカの方角に向けて敷いた絨毯の上で、卑下ないし敬服を示す平伏の姿勢をとっている。ミネソタ州ロックウッド（アメリカ）。

◆イスラームの根幹的な価値のひとつである霊的探究は、コーランを朗読することでなされるが、このコーランは神から直接与えられたものであるゆえに、なんら不完全なところがないという。リヤド・イスラーム大学のモスク、サウジアラビア。

預言者たちとその聖典への信仰 聖書の神と同様、コーランの神、唯一かつ超越的な神は、何世紀にもわたって人々に語りかけ、預言者や使徒たちを介してその戒律を示してきた。コーランのスーラ（章）には、聖書の伝統に属する20人以上の人物が引用され、そのそれぞれが、すべての現実や被造物に対する唯一神アッラーの優越性を呼びさますという使命をおびている。アダムやノア、イサク、ヤコブ、ヨセフ、モーセ、アロン、ヨブ、ダビデ、ソロモン、エリア、エリシャ、エズラ、エノク、ヨブ、ヨナ、さらにザカリヤ、洗礼者ヨハネ、マリア、そしてイエスなどである。コーランにはまた、わずか3人だけだが［ムハンマドを除く］、アラブ人預言者も登場している［コーラン、7および11章］。アード族［伝説上の北アラビア先住民］に遣わされたフード、古代サムード族［アラビア先住民で、アード族より実在性が高いとされる］に遣わされたサリーフ、マドヤン人に遣わされたシュアイブである。だが、イザヤやエレミヤ、エゼキエル、アモス、ホセア、ダニエルといったユダヤ人やキリスト教徒になじみ深い偉大な預言者たちの名はない。

一方、旧約聖書の族長ノア［ヌーフ］は約40か所にその名がみられ、コーランではきわめて重要な預言者となっている。事実、最後の審判を説いて近親者たちから嘲りを受けた彼は、メッカで一族から拒絶されたムハンマドを予示しているように思える。

では、アブラハム［イブラヒーム］はどうか。初期イスラーム教以来、この族長は重要な基準的人物となっており、コーランでは60か所以上に言及がある。コーランがムハンマドを介して世界に復活させようとした、規範的な一神教信仰の化身でもある。「神の友」という称号（すでに旧約聖書にみられる）を与えられてもいる。そして、アブラハムが神にわが子を生贄として差し出すことを受け入れた記憶は、イスラームの大祭［巡礼月10日の犠牲祭］となっている。

だが、コーランにもっとも頻出しているのはモーセ［ムーサー］で、じつに150か所以上（！）ある。コーランでは、旧約聖書にみられる基本的な出来事とともに、その生涯がさまざまな「突発的な」文章に詳しく述べられている。シナイ半島の聖なる谷トゥワーに入って神と出会った（コーラン、20・12）モーセは、神の姿を見ずに、ただその声を聞くことができる預言者たちの召命を完璧に示す者とされる。彼はまた、神からの言葉を「告知する者」としてだけでなく、立法者であり、のちにムハンマドがそれにならうことになる「政治的長」でもある預言者の「原型」でもある。モーセがファラオに理解されなかったように、イスラームの預言者ムハンマドもまた、クライシュ族の長たちから耳を傾けてもらえなかった。

イエス（コーランではイーサー、アラブ人キリスト教徒からはヤスと呼ばれる）の場合は、40か所あまりにくりかえし引用されている。その処女からの誕生が認められているため、イエスは例外的な地位を与えられており、「救世主」と「神の御言葉」という肩書を受ける権利を有してもいる。イエスはまた、人々を本来の宗教へと、アダムとノアが生き、アブラハムがそれをみごとに立証した宗教へと導くため、神によって遣わされた「告知者」、つまり預言者でもある。だが、「神の子」としてみなされるイエスの神性は、磔刑の出来事と同様、明確に否定される。こうして「コーラン的キリスト教」は存在するものの、コーランはキリスト教徒たちの伝統的なイエス像に、かなり急進的な「再構築」を強要するのである。

最後に、聖母マリア［マリヤム］についてもみておこう。このイエスの母もまた、コーランでは名誉の位置づけがなされている。実際、聖母にかんする章句は、四福音書よりコーランのほうが多いのだ（！）。さらに、マリアはコーランのなかで引用されている唯一の女性でもある。

ムスリムたちはムハンマドに先行するこれらすべての預言者が、神の唯一の言葉をいただき伝える者としている。それゆえ、預言者たちや彼らがもたらす教えないし「聖典」を信じているという。ただ、こうした教えを同一視するのは容易でない。たとえばユダヤ人は、なおもモーセに授けられた真のトーラー（律法）を奉じているのではないか。キリスト教徒もまたイエスに託された真の福音を有しているのではないか。

コーランはもともとの教えが弱体化ないし改変されており、ムスリムの伝統も最後にはユダヤ人やキリスト教徒が保持している聖典と、もはや直接的にかかわらなくなり（イスラーム成立後の数世紀

間はそうではなかった)、「コーランのみで十分」と考えられるようになったことを示唆している。

ムスリムにとって、コーランは先行するすべての教え、とくに律法や福音書のそれを喚起し、要約したものとしてある。したがって、イスラームはあきらかに聖書の遺産を受け継ぐが、この遺産を慎重に選んでわが物にし、究極の預言者とされるムハンマドの使命に組みこんでいる。それゆえ、その教えの権威にはいささかも疑問の余地はないとされる。ムハンマドにコーランが授けられたことで、ムスリムは「預言の押印」(すでにペルシアの預言者マニ[3世紀]が創唱したマニ教にみられる考え方)と向きあい、以後、神は新たな預言者も新たな聖典も不要となる。コーランは神の究極の現れとなったのである。それは他にまねのできない完璧なものである、とジャック・ベルク[1910-95。アルジェリア出身のフランス人オリエンタリストで、コレージュ・ド・フランスの現代イスラーム社会史教授やカイロのアラブ語アカデミー会員をつとめた。日本研究者のオーギュスタン・ベルク(1942-)の父]が定義しているように、コーランは「無言の神」であり、「メッセージを発する神」だともいう。

天使信仰　神が創造した生き物や事物・無生物のなかには、人間ではないが、人格を与えられたものが存在している。天使(マラーイカ、マラーイク)や、ジン[邪悪霊]とも、悪魔とも、あるいはシャイタン(反逆霊)とも呼ばれる仲介者的な霊的存在である。伝承で、ジンが「火から創られた」とされるのに対し、「光から創られた」とされる天使たちは、神をとりまき、賛美することを第一の使命とするが、熟考と崇拝という神から割りあてられた固有の役割によって区別される。こうして彼らは人間に神の言葉ないし秩序をもたらし、その幸福や幸運をとりなしてもくれるという。

コーランには天使たちにかんする言及が随所にみられる。神の玉座をとり囲む天使たち、地獄を守る天使たち、人類の守り手である天使たちなどである。これら無数の天使たちのなかで、4人が特別な場を与えられている。ジブリール(ガブリエル)、ミーカール(ミカエル)、アズラーイール、イスラーフィールである(このうち、コーランではとくに前二者だけが数多く登場している)。

ムスリムの教理では、大天使ジブリールがムハンマドのもとにコーランを届けたという。ジブリールは天上と地上を往来して、神が預言者や使徒として選んだ者たちに神の言葉をもたらす一種の精霊である。さまざまなハディースはこのジブリールについて記しているが、それによれば、ジブリールは天空全体をおおう600枚の羽をもっているという。啓示の過程で、ジブリールは預言者ムハンマドの助言者・援助者として現れ、神の教えを授けて勇気づけ、戦いでは援軍として駆けつけるともいう。

イスラーフィール(ユダヤ人のウリエル)は、多くのムスリム伝承によれば、最後の審判のラッパを吹く大天使となっている。アズラーイールは、コーランの32章に言及されているように「死の大天使」であり、マリークはおそらく地獄の番人(コーラン、43章)、もうひとりのミーカール(ミーカイール)は、ジブリールとともに、神にもっとも近い大天使である(同、2・98)。そして、人間にはそれぞれふたりの天使、すなわちその善行を調べる天使と、悪行を数える天使がいるとする。

最後の審判と報いの待望　コーランはまた、人間の最期とその死後の運命についても多くのページをさいている。世界の終末は重要な前兆によって告げられるという。地震、火山の噴火、海面上昇、山の隆起・消失…などである。神が選んだ日、生きとし生けるもすべてが絶滅する。だが、この日はまた、アーダム(アダム)から終末の犠牲者にいたるまで、死者がすべてよみがえる日でもある。そこでは神が信者であるなしをとわず、徳の高い者と罪人とをとわず、あらゆる人間を、さらに天使やジン、悪霊、動物さえもふたたび集める。そして世界の主の裁きによって、正しい行いをした者たちが天国(ジャンナ「楽園」)に送られ、彼らは永遠の祝福にあずかる。

◆インドのコーラン学校。マドラサとも呼ばれるこれらの施設では、子どもや学生たちに対し、コーランの教えやイスラーム法のみならず、医学や数学、文学ないし言語学といった学問も授けられている。

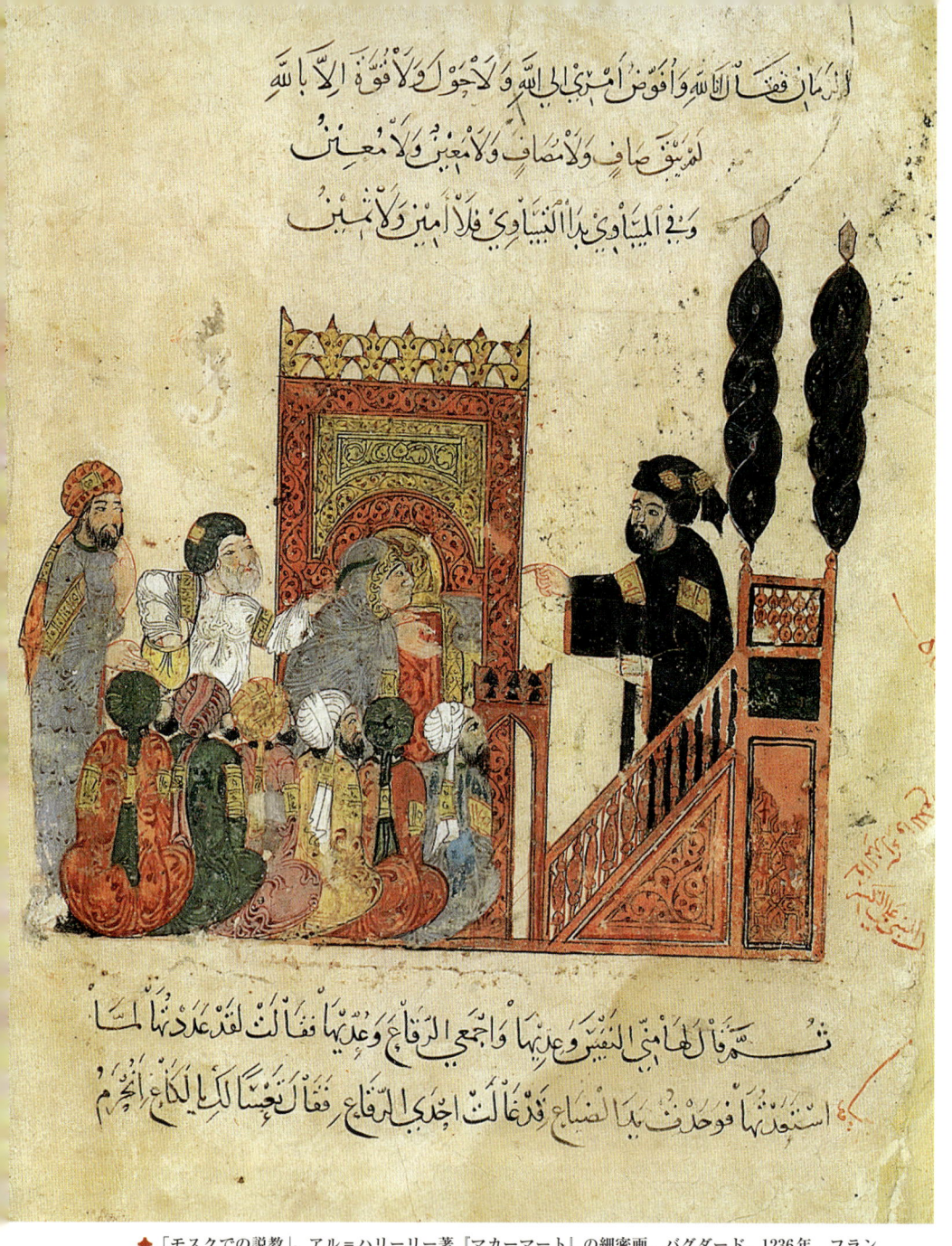

ンはまた、神が絶対的に万能であるという点にくわえて、人間の責任も教えているのだ。さらに、神の赦しも説いている。その弱さに反して、人間は神の善意や慈悲に決して憤慨したりはしないからである。

法学・神学派

ムスリムの宗教学は、たしかにイスラームがその学者たちのなかに真の意味での遵法精神を発達させてきたかぎりにおいて、ファキーフ（フィクフ「法解釈」の専門家）と呼ばれる法学者とかかわる。神の啓示がなによりもまず法として、人間を正しい道で生かすための至上命令として理解されているがゆえに、法学派［アズハブ］は神の言葉や預言者の証言にもとづいて「法を語ること」を目的としてつくられている。

今日まで存続しているスンナ派の法学派は、出現時期順にマーリク学派、ハナフィー学派、シャーフィイー学派、ハンバル学派がある。スンナ派はこれら四大法学派からその法解釈を得ている。法律ではなく、むしろコーランと預言的伝統から、生活上で直面するさまざまな問題にこたえる方法を考え出しているのである。これらの法学派は、神の言葉と預言者の体験を理解・解釈するための方法論的な前提を主張する。法学派はこうした知的姿勢によって、生活分野全般におよぶ法解釈を行っているのだ。だが、四大法学派はイスラーム法の原則（ウスル）を等しく重視しているわけではない。その影響力も多様だが、空間的・文化的な地理的空間は共有している。シーア派にも同様の学派がある。ただし、それらはしばしばかなりの数に枝分かれしており、その規模もさまざまである。

◆「モスクでの説教」。アル＝ハリーリー著『マカーマート』の細密画、バグダード、1236年、フランス国立図書館蔵、パリ。毎週金曜日の礼拝の集団祈祷時には、階段状の説教壇（ミンバール）から説教が行われる。説教者は預言者ムハンマドに敬意を捧げるため、説教壇の最上部にまで上ることをしない。

しかし、不信心者や公正でない者たちはゲヘナ（ジャハンナム）、つまり地獄で苦しむことになる。

神の掟に対する信仰

この5番目の信仰個条は、きわめて理解がむずかしいが、「神の掟」（カダル「先定、定命」）とは、善悪双方の人間に対して神がその運命を定めることにほかならない。これを「（運命）予定説」と呼んでもよいだろう。万能・全知の神が人間的時間の外にいるゆえ、いっさいがあらかじめ書き記されていると考えられている。では、悪人に対する予定説はあるのだろうか。神の掟を信仰することでなによりも必要なのは、「何も問わない」という放棄の行為によって存在全体を神に委譲することである。むろんこの信仰個条は、人間の自由や責任とはなかなかなじまないように思える。だが、コーラ

マーリク学派 この学派は、今日存在している法学派のうちで最古の伝統を有している。メディナ出身の8世紀のイマーム、マーリク・イブン・アナス［711-95］のさまざまな教えの集大成から出立した。イスラーム法の定義にかんして、この学派はコーランのほかに、メディナの初期共同体で認められていたハディースしか法源と認めず、それ以外はあまりにも根拠が脆弱で問題ありとみなしている。

この学派にしたがって生活している信者たち（おもにマグレブ諸国やセネガル川流域地方）はまた、宗教学者たちの総意（イジュマー）や省察（フィクル）にもとづく個人的意見［ラーイ］、さらに類推（キヤース）による推論を規範としている。

ハナフィー学派 やはり8世紀に、イマームのアブー・ハニーファ［702-67］がバグダッドで創唱したこの学派は、コーランを第

1の法源とし、さらに全ムスリム共同体から真に認められているハディースのみを第2の法源とする。個人的意見や個人的な探究努力（イスティフサーン「判断」）を、マーリク学派より広く受け入れる。アッバース朝の歴代カリフは、とくに8世紀末に、ハナフィー学派の出身者たちを裁判官に多数選んだ。この学派はまた多様な解釈をもっとも広く受け入れているともされ、教条主義的傾向が少なく、よりリベラルでもある。

ハナフィー学派はとくに非アラブ語地域に影響をおよぼしてきた。トルコで多数派を占めるが、中央アジアのいくつかの国や中国にもみられる。

シャーフィイー学派 この学派は819年にカイロで没したイマームのムハンマド・シャーフィイーが、マーリク学派とハナフィー学派の一種の総括として創唱したものである。彼は推論や類推の重要性を認めてはいたものの、個人的な推論は否定し、これにより、法学者の法解釈努力（イジティハード）を硬直化させた。その一方で、彼は神学的・法学的議論のいくつかの厄介な問題を解決するため、預言者ムハンマドに従っていた最初期の弟子たちの総意による決定を、みずからの判断の根拠としていた。

シャーフィイー学派の信者たちは、とくにエジプト低地地方やインドネシア、マレーシア、東南アジア、アフリカ東岸地方に数多く住んでいる。

ハンバル学派 ハンバル学派は、9世紀のバグダードで、きわめて激しい軋轢から生まれた。それは伝統主義的法学者でハディース学者でもあったアフマド・イブン・ハンバル［780-855］と、ムウタズィラ神学派のギリシア語を話す合理主義者のみならず、それを支持していた当時の政治権力との対立だった。個人的な意見と類推は、「ムウタズィラ的異端」とも思えるものに門戸を開く。ハンバルはそう考え、さらに預言者によって育まれた敬虔な祖先たち（サラフ）からの共同体的慣行を重視すべきだとも主張した。伝統のなかに共同体とスンナ派の人々を呼びこんだイブン・ハンバルとその弟子たちは、たえず次の定言を用いたものだった。「神については、コーランのなかで神がご自身について語ったこと、そして預言者がハディースのなかで語ったことだけを語らなければならない」。彼は理性の利用を決してこばんだわけではないが、そのいきすぎには反対した。理性では神に近づくことができず、理性によって聖典を正当化する必要もまったくない、というのである。こうしたハンバル主義は、コーランが神の創造されずして存在する永遠の言葉であり、この創造されずして存在する言葉をとおして、神が人間に近づくとも主張した。

ハンバル学派の信者たちは禁欲的な精神を旨とし、長いあいだ、そのきわめて倫理的な誠実さゆえに尊敬されてきた。彼らの多くは権力の腐敗や癒着と一線を画すため、裁判官になるのをこばんだ。この学派はまた、イスラーム世界に偉大な学者を何人も送りこんでいる。シーア派スーフィーのアブドゥル＝カディール・ジーラーニー［1077-1166。バグダードにスーフィー主義の「カーディリー教団」を創設した］や、法学者・神学者のイブン・タイミーヤ［1263-1328。コーランとスンナを法源とするシャリーア（イスラーム法）の絶対性を唱えた］、さらに極端なまでの厳格主義者で、ワッハーブ派の開祖ムハンマド・イブン＝アブドゥルワッハーブ［1703-92。聖者崇拝や神秘主義のスーフィズムを批判し、原理主義的なイスラーム改革運動の先駆となる］などである。こうしたハンバル派の遺産は今もなお大きく、ムスリム文学全体の源泉となっている。

だが、この学派は地理的にはいちじるしく後退し、今日、信者たちは基本的にサウジアラビアやナイジェリア川北部のムスリム諸国に集中しているにすぎない。

◆宗教的・法学的教理を教育するための学校が、12世紀から各地につくられた。ムスリム思想の一大普及センターであるアル・アズハル大学は、988年にカイロで創立され、現在も活動中の大学としては世界最古を誇る。神をうやまうため、この写真にあるように、学生たちは頭をターバンで隠すことが求められている。

祭儀と実践
「五行」

　ムハンマドの宣教初期、彼が唱えた新しい宗教はまだ「イスラーム」と呼ばれてはいなかった。コーランのなかでも、「イスラーム」という語は6か所しか登場していない。だが、この新しい宗教はすみやかに各種の義務をとりいれて、これが信者共同体に行動と存在の一体性をもたらすようになった。

　これら義務の一部は、他のそれよりも重要なものとされている。イスラームの「五行」ないし「5本の柱（アル・アルカーン・アル・ハムサ）」と呼ばれる義務で、それらは信仰告白、礼拝、ラマダン月の断食、喜捨、そしてメッカとメディナへの巡礼からなる。これらの義務はまた、イスラームで「イバダート」、つまり神に対する崇拝のしるしとも呼ばれる。

1　信仰告白（シャハーダ）

　ムスリムの最初の義務は、自分が唯一神に帰属し、神から遣わされた預言者ムハンマドの使命を認めることを示すため、規則的に、そしてできるだけひんぱんにイスラーム教の基本である信仰告白を想い出すことである。この信仰告白はイスラーム教への第一歩で、改宗者はふたりのムスリム証人の前で、アラブ語で次の文言を唱えなければならない。「神（アッラー）のほかに神はなし。ムハンマドはアッラーフの使徒なり」。ある意味で、そこにはムスリムの信仰全体が含まれており、それを唱えることは、必然的にイスラームのすべての教義と信仰に帰属することを前提とする。子どもが生まれ、誰かが死ぬ。そんな彼らのために指標がつくられるが、それは最初ないし最期の行為がこの神の「領分」を確認するためにほかならない。

2　礼拝（サラート）

　イスラームの礼拝には、他の世界宗教と同様、いくつもの次元がある。まず、信者が自分ないし他の者のために、時を選ばず、ごく自然に万能の神に捧げる願いの祈りがある。これをアラブ語でドゥーアという。さらに、賛辞と義務的な崇拝を捧げる、かなり体系化

◆ムスリムの礼拝。この瞑想はコーランの唱句の朗誦と明確な跪拝をともなう。信者がとる姿勢には立位、屈身、2度の平伏、正座の4通りあり、これらは神と信者との結びつきを強める。日に5回の礼拝（日の出前、昼、午後、日没時、夜）はムスリムの生活にリズムを与える。

イスラーム教

◆各礼拝の前、信者は身を浄めるために儀礼的な沐浴を行わなければならない。これらの沐浴（全身ないし体の一部）は慎重になされなければならない。カラウィン・モスク。フェズ（モロッコ）。

された儀礼的ないし聖典による礼拝（サラート）もある。毎日5回行われるこの礼拝は、個人的ないし集団的（とくに男の場合）に実践される。これはコーランに明記されているが、回数の明示はない。「礼拝は太陽が沈むとともに始め、宵闇の迫るに及べ。また暁のクルアーン［コーラン］もかならず守らねばならぬ」（コーラン、17・78）。

ファジュルと呼ばれる最初の礼拝は、「早朝の祈り」である。これは日の出前の暗いうちに始め、日の出には終わる。次の礼拝はズフルで、正午過ぎに行われる。「中間の祈り」である。この礼拝には格別の注意が必要とされる。大天使イブリール（ガブリエル）がムハンマドに礼拝の所作と唱言を最初に教えたのが、ちょうど昼だったからである。3番目の礼拝であるアスルは「午後の祈り」で、15時から17時のあいだに終わらせなければならない。次はマグリブ、つまり「夕暮れの礼拝」と呼ばれ、日没から夕日が消えるまでに行う。最後が「夜［就寝前］の祈り」であるイシャー（ウ）で、夜の始まりと黎明までに終わらせる。

これら義務的な礼拝にくわえて、ムスリムには同様に体系化された礼拝がある。夜明け前のファジル、朝のドゥーハ、夕方のシャフとウィトルの礼拝である。さらに、シーア派の十二イマーム派に属するムスリムたちは、独自の礼拝をあげている。アリーが弟子のクマイル（クメイル）・イブン・ジィヤードに教えたと伝えられる「クマイルの礼拝」で、これは毎週木曜日の夜に行われる。シーア派はまたアリーと弟子たちを想い起こさせる独自の祈祷書ももっている。

一方、コーランに記されている礼拝は、細心なまでに体系化された浄身［タハーラ］によって儀礼的な清浄さを得たあと、はじめて行うことができる。この水を用いての浄めは、他の宗教的伝統にみられる浄化儀礼と符合する。周知のように、たとえばイスラームの誕生時代には、アラビアからペルシアまでの近東世界に、洗礼者ヨハネのイメージと結びつけられた信者たち（コーランにいうサバアの民［27・22。シヴァ人のこと］）が存在していた。アラブ人からムーグタシラ（字義は「自分の体を洗う者」）と呼ばれていた彼らは、礼拝のために儀礼的な浄身［ウドゥー「小浄」やグスル「全身沐浴」］を行っていた。モスクなどの聖域に入る際にも求められるこうした清浄な状態は、しかしただちに脅かされる。胃や肛門にある括約筋をのりこえて排泄されるすべてのものや信仰心の喪失、穢れた物質や物との接触、性的な夢とそれに由来する不純物、さらに性行為などによって汚されるからである。

浄身は石鹸が入りこんでいない流水によってなされる。海水を含む清浄な自然水の使用は認められている。沐浴はまずニーヤ［意志表明］、すなわち儀式をなしとげるという真摯な欲求を心のなかで示すことから始まる。そこでは型にはまった無意識的なやり方はすべて無意味なものとみなされる。こうした沐浴はきわめて明確化された数多くの作法によってなされるが、水がない場合や病気ないし旅行中の場合、タヤンムムによって代えることができる。これは地面ないし水の代用となる石の上に手を置くことで、これにより信者はより簡単に象徴的な沐浴を行える。

すべてのムスリム地域では、礼拝の呼びかけは各モスクから、ムアッジン［呼びかけ役］によってなされる。礼拝の呼びかけは、アザーンと呼ばれる。伝承によれば、最初のムアッジンは、初期のイスラーム改宗者のなかで美声がきわだっていた黒人奴隷のビラール［アビシニア出身］だったという。シーア派とスンナ派が共存している地域では、呼びかけの内容によって、そのいずれの派に属しているかがわかる。たとえばシーア派では、この礼拝の呼びかけは次の補足的なふたつの唱言で締めくくられる。「私はムハンマドが神の使徒であること、アリーが神の友であることを証明する」、「救いの

第1部　一神教

▶もっとも豊かな者がもっとも貧しい者に年収の40分の1を与えなければならない喜捨（ザカート）は、イスラームの五行のひとつであり、社会的正義と連帯のメッセージでもある。アグラ（インド）。

ために来たれ、善行のために来たれ」

　礼拝を行うため、ムスリムはメッカの方（キブラ）を向く。すべてのモスクにはこのキブラを示す壁龕［ミフラーブ］がある。だが、方向はつねにメッカというわけではなかった。最初期には、ムハンマドと仲間たちはエルサレムを向いて祈っていたからである。

　男たちには、毎週金曜日の昼にモスクで営まれる集団礼拝への参加が勧められている。これはイマームによる週ごとの説教［フトバ］に先立つ。しかし、多くのムスリムは自分がいる場所ないし必要がある時に祈りを捧げている。とはいえ、いずれの場合でも、礼拝の場は、絨毯や筵を敷くか、小石で小さな囲みをつくって整えられていなければならない。シーア派の十二イマーム派は独自の礼拝を行っている。すなわち、礼拝用絨毯の上に、アリー一族の一員が埋葬されている場所の近くで集めたとされる粘土製の小さなレンガを置き、平伏の際はこのレンガに額をあてるのである。

　礼拝の順序もかなり体系化している。まず、タクビールと呼ばれる「アッラー・アクバル（アッラーは偉大なり）」の定言を唱える。次いで、一連のラカートが続く。これは一種の礼拝単位で、コーランの唱句朗誦と連続的な平伏と起立がそれに続く（集団礼拝は、いわば本格的な振りつけがなされているようでもある）。ラカートの回数は礼拝ごとに異なるが、それぞれの礼拝は「イブラヒームの祈

り」と「懇願の祈り（ダウア）」、そして「平和のあいさつ（タスリム）」で終わる。

3　ラマダン月の断食（サウム）

　太陰暦第9月のラマダン月については、コーランにこう記されている。「コーランが、人々のための御導きとして、また御導きの明らかな徴として、また救済として啓示されたラマダン月」（2・185）。アラブ人の旧暦では、1太陰月を太陽暦にくわえなければならないため［毎年太陽暦より11日早める］、この月はつねに暑い時期になる［ただし、2005年は10月4日から11月2日まで。2012年（ヘジュラ暦1433年）は7月20日から8月18日まで］。ちなみに、ramadanの語根rmdは「熱気」を意味する。

　イスラーム史の最初期、ムスリムたちは「アーシューラー」と呼ばれる断食を守っていた。この語は、イスラエルの民がファラオの抑圧から解放されたことを記念するユダヤ教の贖罪の祭日［ヨム・キプール。ユダヤ暦第1月10日］と対応する。やがて、コーランが人類に与えられたことを記念するため、ラマダン月のあいだ、断食することが義務づけられる（コーラン、2・183-185, 187）。それ以来、毎年この月の30日間、ムスリムたちは日の出から日没時まで飲み食いをいっさいせず、性的行為もしりぞけるという禁欲をみずからに課している。さらにこの月には、毎晩、信者たちはコーラン全体を読むか聞くかしようとする（実際には、コーランはジュズウと呼ばれる30の部分に分けられる）。「運命の日（ライラ・アルカドル）と名づけられた27日目の夜、多くの者たちがモスクに集まる。伝承によれば、この夜、コーラン全体が預言者ムハンマドに開示されたという。

　ラマダン月は個人的なものであると同時に公的なものでもある。それを遵守することが、ムスリム諸国の生活全体を特徴づける。そして30日間、家族は互いに相手を訪れ、いがみあっていた関係をあらためて仲なおりし、断食後の食事のために大量の素材を買いこんだりする。

4　喜捨（ザカート）

　zakatという語は「身を清める」を意味するzakaの派生語である。それは喜捨の義務がムスリムの社会的生活のみならず、精神的生活にも深くかかわっていることを示している。最初、喜捨はムハンマドによるメディナ統治の一環として定められた。その目的は、多少とも不平等だった社会を立てなおすことができるよう、一種の「連帯税」を実施するところにあった。コーランのいくつかの章節は、自発的ないし義務的な喜捨を「浄化の徴収」として喚起している（コーラン、9・75-76ないし9・79-80）。この喜捨は資産や収入にかけられた税で、税率は2パーセントから10パーセントだった。収穫物もまた、課税の対象となった。すべてのムスリムは、もっとも貧しい者たちに再分配する役目をになった、共同体のしかるべき部署に納税しなければならなかった。ハディースはこう記している。「神はたったひとりでも飢えた者がいる共同体を、その庇護からはずす」

　イスラーム法が発達するにつれて、喜捨は細かな規則によって明確化されていった。一部のイスラーム国［サウジアラビアなど］では、それは国家機関によって徴収されている。一方、信者の自由意志に

ムスリムの伝承によれば、最初のモスク（マシッド）——字義は「人が神の前で平伏する場所」——は、ムハンマドがメディナで整備したもので、隣接する預言者自身の家とは粗末な垂れ布1枚で分けられていた。ムハンマドと最初の後継者ふたり、すなわちアブー・バクルとウスマーンが埋葬されたのが、さまざまなカリフによって再建されたここだった。それは「神の使徒のモスク」と呼ばれている。現存する世界最古のモスクは、691年にエルサレムに建立された「岩のドーム」と、705年に、ユピテル神殿とキリスト教の古いバシリカ式聖堂の跡地に建てられたダマスカスのウマイヤド・モスクである。

　イスラームでは、日常的に礼拝が営まれるすべての場所は、たとえしかるべき建築物がない場合でも、モスクと呼ばれる。説教壇（ミンバール）のあるモスクと、それをもたないモスクがある。

　あらためて指摘するまでもなく、モスクは聖所である。一部の巨大なモスクは丸天井や壮大なミナレット（尖塔）を擁するが、かなり小規模でひかえめなモスクもある。だが、いずれも集会の場としてあり、信者たちの生活にとって、欠かすことのできない重要な中心となっている。これらのモスクにはしばしばコーラン学校（マドラサ）や図書館、さらに無料診療所や病院までもが併設されている。ときには、「神の友」との名声を得た人物たちの墓のまわりに建てられた霊廟が、その近くにあったりもする。祈りの場であるモスクの聖域に入るには、かならず靴を脱がなければならない。ま

た、慣習にのっとって心身を浄めなければならず、それゆえモスクを囲んで泉水が何か所か設けられている。モスクの床には絨毯が敷かれ、壁一面には、コーランの章句やアッラーの名を表すカリグラフィックなモチーフがみられる。内部にある壁龕（ミフラーブ）は、メッカの方向（キブラ）を示す。これは、信者たちが礼拝時に向く方向である。

　こうしたモスクはとくに男たちのものであり、女性たちがそこで祈りを捧げる際は、そのための特別の場所が用意されている。

◆メディナのユダヤ人たちと関係が断絶して、メッカへ向けての礼拝が行われるようになる前、礼拝はエルサレムの方を向いてなされていた。691年にウマイヤ朝によって建立された「岩のドーム」モスクは、預言者ムハンマドのミーラージュ（昇天の旅）の出発点とされる岩の上に立っている。エルサレム。

◆巡礼（ハッジ）を記念する壁画。聖地メッカの巡礼は、体力と財力に恵まれたすべてのムスリムが、すくなくとも一生に一度は行う義務である。バリス、カルガ・オアシス（エジプト）。

ゆだねられている国もある。ラマダン月の断食が終わると、ムスリムはそれぞれ、ザカート・アル＝フィトル（字義は「断食明けの喜捨」）を行わなければならない。通常でも、ムスリムは寛大さを旨として、率先して自発的な喜捨（サダカ）を行うべきだとされる。

5　イスラームの聖地巡礼（ハッジ）

おそらくイスラームの登場以前、メッカやメディナを含むヒジャーズ地方で催される大市の際、ベドウィン族はメッカの北約20キロメートルに位置するアラファト平原に巡礼を行っていた。いうまでもなく、すべての宗教には聖地があるが、イスラームは聖地メッカにあり、アブラハムとその息子イスマイルによって築かれたとされる、立方体の聖所カーバ神殿までの巡礼を制度化した。

この聖域に入れるのは、ムスリムだけである。すくなくとも一生に1度巡礼をなしとげる。体力と財力が許すかぎり、巡礼は彼らにとっての義務でもある。こうした巡礼は個人によってなされるが、時期はいつでもよい。ウムラと呼ばれるそれは、いわば「小巡礼」であり、もっとも重要な価値をおびる「大巡礼」ハッジは、毎年ヒジュラ暦第12月［8-10日］──まさに「巡礼の月」（ズー・アル＝ヒッジャ月）と呼ばれる──に行われる。

巡礼はきわめてよく体系化されている。巡礼者は身体と着衣にかんするしきたりを遵守しなければならない。このしきたりは、聖域に近づくために不可欠な清浄状態（イーラム）を巡礼者にもたらしてくれる。男たちは縫い目のない白い薄地の平織り2枚［この巡礼着（イフラーム）の一方は腰に巻き、もう一方は左肩にかける］をまとい、頭にはなにもかぶらずに進まなければならない。巡礼者たちはまた爪や髪を切ってはならず、脱毛したり香水を用いるのも禁じられている。ただし、これらの行為はふだんなら勧められる行為である。

巡礼の儀式はきわめて明確な秩序に従ってなされる。そこにはカーバ神殿のまわりの巡回（タワーフ・ウィダー）と、イスラームの正史に属するいくつかの逸話をいきいきと祝うさまざまな要素も含まれる。

サイーないしサーイと呼ばれる行進は、ハガール［アブラハムの妻］とその息子イスマイルの故事、すなわち、水を探しに行ったふたりのために、神がザムザムの泉から水をわき出たせた故事を記念して行われる。巡礼者たちは、ムハンマドが「別れの巡礼」と呼ばれる最後の巡礼時に信者たちに説教を行った山［アラファト山］の麓で、神の赦しを求めるために一日中立ったままでいる。

巡礼が終わると、動物の供犠が営まれる。これは、神への生贄として差し出すつもりだった息子の代わりに仔羊を1頭生贄に捧げた、アブラハムのふるまいを想い起こさせる。この供犠は今もなお、［巡礼に参加しない］世界中のムスリムが行っている。それがイスラームの大祭、イードゥル・アドハないしイードゥル・ケービル（犠牲祭）である。供犠の後、巡礼者たちは髭をそり、悪魔を表す石碑に象徴的な投石を行い、最後にカーバ神殿を一まわりしなければならない。これが「別れの巡回」といわれるものである。

何世紀ものあいだ、大部分のムスリムにとって巡礼に出かけることはむずかしかった。だが、航空網の発達とその大衆化によって事態は変わった。1930年代初頭、巡礼者の数は5万あまりだったのが、70年代初頭には約20万にまでなっている。そして今日、1935年以降聖地を守っているサウジアラビアは、大巡礼にやってくる信者たちの数を200万に限定せざるをえなくなっているほどである。

日常生活の諸規定

ムスリムの生活にはじつに多くの規定がみられる。信者であるということは、まさにいかに生きるかということでもある。

これらの規定はもとより「五行」の義務以外であり、夫婦関係や羞恥心、性的行為、家族構成、女性の地位、遺言法、食べてもよい肉と食べてはならない肉の区別、葬儀の方法、年齢階梯における「義務化した」慣行（子どもの命名や割礼など）、さらに融資問題といったことにかかわっている。ムスリムは誕生と同時にこうした規定の網が課され、生涯それらに従う。コーランや伝統によってつくられたこれらすべての掟にのっとって生活すれば、信者たちは「神の道」、つまりシャリーア［イスラーム法］に違反せずに生きていける。

こうしたイスラームのあらゆる法的規定をよく理解するには、イスラームが信仰と文化と社会を一体化しようとしている点に着目しなければならない。イスラーム最大の価値は、まさに神の唯一性にならったこの一体性にある。その次に重要なのが、経済的・社会的次元における正義の必要性と家族制度を満足させる秩序、つまり家父長制を維持することの必要性である。だが、これらの価値観もまた一体性の希求に由来するのだ。したがって、この一体性を分裂させるもの（棄教、異端など）、不平等や不正を生みだすもの（窃盗、詐欺、高利貸し、攻撃、殺人など）は、家族的・性的混乱をひき起こすものと同様、危険なものとして、一掃されるべきものとして考えられている。

摂食禁忌 ムスリムたちの生活は、数多くの法的・倫理的カテゴリーと向きあいながら営まれている。これらのカテゴリーには以下の5通りがある。あきらかに適法かつ認められているもの（ハラール）と、なんらかの寛容さによって認められているもの、推薦されるもの、非難されるもの、そして不法ないし禁止されているもの（ハラーム）である。だが、判例（フィクフ）の解釈者たちによれば、しかじかの営為は異なる仕方で分類されるという。とすれば、女性が葬儀に参列するのは禁じられていることなのか、非難されるべきことか。失業中の若者が酒類販売店で働くのを受け入れた場合、それは非難されること、あるいは全面的に禁止されることとみなすべきなのか。

こうした分類は、こと摂食にかんするかぎり、きわめて顕著なかたちをとる。ありていにいえば、誕生まもない頃のイスラームは、大部分が7世紀のアラビア半島にすでに存在していた摂食禁忌、なんらかの神への供犠獣にかかわるトーテミズム的な禁忌をかなり減らしていた。ユダヤ教の禁忌を一部だけ引きあいに出しながら、コーランは次のように語っている。「今日、まともな食物は全部汝らに許された。また聖典を戴いたひとたちの食物は汝らにも許されており、汝らの食物も彼らに許されておる」（コーラン、5・5）。

摂食の禁忌について、コーランはおよそ20か所の章句で触れているが、ムスリムの著作者たちは、食物を以下のように4通りのカテゴリーに分類している。

—安んじて食することができる適法な食物（ハラール）
—摂食が個人の選択にゆだねられる認められた食物（ムバフ）
—摂食は非難されるが、完全に禁じられてはいない好ましからぬ食物（マクルーフ）
—摂食が厳格に禁じられている不法な食物（ハラーム）

イスラームはまた、相当な数にのぼる生き物や産物の摂食も禁じている。豚肉をはじめとして、血抜きをしていない動物の肉や酒類である。肉がハラールとなるには、まずビスミラー（神に名において）という定言を唱えてから、動物の咽喉を切り、その血をすっかり除かなければならない。コーランは「啓典の民」、とくにムスリムと符合する慣行をもつユダヤ人によって屠られた肉の摂食を認めている。だが、一部のシーア派はより厳格で、ユダヤ人が屠殺した動物の肉をこばみ、鱗のない水棲動物（甲殻類など）の摂食を禁じる聖書の戒律に絶対的に従っている。ぶどう酒や発酵酒もまた、信者の信仰心を弱めるものとして禁じられている。ただし、これらの酒類は、コーランが明記しているように、イスラームの初期には許されていた。「また棗椰子の実、葡萄などもそのとおり。お前たちはそれで酒を作ったり、おいしい食物を作ったりする。もののわかる人間にとっては、これはたしかにありがたい神兆ではないか」（コーラン、16・67）。

有利子金融の禁止 イスラームのその他のおもな禁忌としては、高利貸し（リバー）と同一視される固定利子つきの貸つけがある。イスラームによれば、高利貸しの罪は、「商品の価値が同じ商品に対して支払われる値段と等しくない」ような契約を結ぼうとするところにあるという。コーランは高利貸しを絶対的に禁じている。「アッラーは最後の審判に日には利息の儲けを跡形もなく消して、

◆伝統的な食事を準備しているムスリムの妻と母親。文化の異なる地域に広まっているイスラーム教にもとづくかぎり、女性たちの地位もまた土地の習俗や慣行に依存している。

ヒジュラ（イスラーム）暦と祝祭日

ヒジュラ暦の1年はそれぞれ29日から30日までの12の太陰月からなる。それゆえ、太陰暦（354日）は太陽暦に対し、1年で10日あまり少ない。だが、祝祭日は太陰暦で時期が固定されているため、太陽暦からすれば、季節を「さかのぼる」ことになる。第1月はムハッラム月、ズー・アル＝ヒッジャと呼ばれる最後の第12月は、聖地への大巡礼の月である。

ヒジュラ暦の出発点を示すのは、預言者ムハンマドと仲間たちがメッカを離れ、メディナに向かったヒジュラ（聖遷）である。この暦の元年は、慣例的に太陽暦［ユリウス暦］の622年7月16日に始まる。グレゴリオ年からヒジュラ年へと移行させるには、以下の等式を用いればよい。ヒジュラ暦＝33÷32×（グレゴリオ年−622）。

イスラームの正式な祝祭は2種類しかない。「イード・アル＝カビール（大祭）」とも呼ばれる「イード・アル＝アドハー（犠牲祭）」と、「イード・アル＝セグヒール（小祭）」ともいう「イード・アル＝フィトル（断食明けの祭）」である。アブラハムが同意した息子の供儀を記念する前者は、第12月の10日から、ラマダン月の終わりを意味する後者は、第10月シャウワールの1日からそれぞれ始まる。

◆イスラーム暦。632年にコーランにもとづいて作られたこの太陰暦はヒジュラ暦と呼ばれ、宗教的な使命を有し、義務的・随意的な祝祭日を定めている。

これ以外の祝祭は家族ごとに営まれるが、義務的ではない。

——アーシューラー祭は任意の断食日で、毎年第1月（ムハッラム）の10日に行われ、イスラエルの民がファラオの抑圧から解放されたことを想い起こさせる。この祭日は一般に家族祭で、子どもに贈り物をして喜ばせ、墓地に詣でる。シーア派の伝統では、この日はアリーとファーティマの息子でムハンマドの孫にあたるフサイン［626-80］が、カルバラー［現イラク］の戦いで戦死・殉教したのを記念する。

——マウリド・アン＝ナビーと呼ばれる「ムハンマドの生誕祭」は、第3月（ラビーウ・アル＝アウワル）の12日に祝われる。この日はまた子どもたちの祭日でもある。

——ライラト・アル＝ミーラージュ、すなわち「昇天の夜」は、第7月（ラジャブ）の27日目の夜に営まれる。これは天上のさまざまな段階へ運ばれるムハンマドの霊的体験を記念する。

——ライラト・アル＝カドルないし「定めの夜」はラマダン月の27日目の夜で、この夜、ムハンマドの心にはじめて啓示がおよんだことを記念して祝われる。だが、ラマダン月は全体が一種の祭といえる。

◆伝統的な結婚式における女性たちの食事。男女は分かれて食事をする。マラケシュ近郊ムズダ村（モロッコ）。

施し物には沢山利子をつけて返してくださる」（コーラン、2・276）。だが、コーランのこの断罪では高利の利率を定められていないため、伝統は利子つき貸つけをすべて禁止するようになり、これにより、近代経済の発展に多大の障害がひき起こされた。

こうして、近代経済を制約する有利子金融の禁止に適応するため、さまざまなシステムが考え出されるようになる。たとえば、借り手が貸し手から品物を購入し、それをより安い値段で貸し手に再販売する架空二重販売や、企業の利益に出資する「出資金契約」である。イスラーム世界では、各地に「イスラーム銀行」が創設されている（最初は1975年の創設になるドバイのイスラミック銀行）。これらの銀行は、業務が宗教法の原則にかなっているかどうかをチェックする「シャリーア（イスラーム法）委員会」をそれぞれ設けている。パキスタンやイラン、スーダンでは、過去30年近く、その銀行部門全体のイスラーム化を行ってきた。

個人的な努力に由来しないいっさいの利得を排除するこの論理にもとづいて、シャリーアは賭博のみならず、保険すら禁じている。

通過儀礼──誕生から死まで すべての社会には、年齢階梯に対応する通過儀礼がある。ムスリムの生涯でもっとも重要な通過儀礼は割礼と結婚、そして葬送である。子どもは生まれるやいなや「聖なる時」、つまり神が望んだ人間の原点に子どもをただちにつれていく時間に組みこまれる。やがて子どもは、その耳もとに、ムスリムの信仰告白であるシャハーダ[「アッラー（神）のほかに神はなし。ムハンマドはアッラーの使徒である」]を吹きこまれる。第1子は、両親が子どもを授かれることの証拠となるため、とくに重要視される。むろん、生まれた子どもには名前がつけられるが、生後7日目、父親はイスラーム以前のアラブ社会の遺産ともいうべき中間名（セカンド・ネーム）をつけることで、わが子を正式に認知する。その際、アブラハムの故事にならって、子どもを象徴する羊が1頭屠られる。

割礼は近東やアフリカの多くの部族にみられる伝統的な慣行である。アラビア半島ではイスラーム以前からあり、イスラームはそれを義務ではなく、随意の慣行としてとりいれた。ただ、たしかにそれは掟ではなく、たんに推奨されるにすぎないが、社会は「義務的慣行（！）」としてきた。

イスラームの場合、生後1週間目の子どもに対する割礼は、神と人々との契約のしるしとされるユダヤ教とは異なり、宗教的な意味をおびていない。せいぜいのところ、帰属を示す一種のしるしである。ムスリム男児の割礼年齢は厳格に決まってはいない。だが、この慣行自体は一般に子どもが母親のもとから離されて父親の影響下に入る年齢、つまり7歳ないし8歳にほどこされる。父親は割礼を機に、わが子に「男らしさ」を教えこむという。

エジプトを含むアフリカ諸国の一部のムスリム社会では、少女に対する陰核切除も行われている。これは完全無傷な女性の体を傷つけるきわめて野蛮な慣行である。これもまた前イスラーム的な慣行で、イスラームも奨励こそしないものの認めてきた。しかし、それを実際に行っているのは、ごく一部のイスラーム社会にすぎない。

結婚とそれにともなう出産は、ユダヤ教と同様、イスラームでも宗教的な義務とされる。「結婚、それは宗教的な義務の半分をなしとげたこと」とは、しばしば耳にする言葉である。娘の結婚は、たんに母親のみが娘に女性としての資質を教えこんだということを示すだけでなく、両親としても、婚約した娘が処女である証拠を提示できれば、自分たちが子どもをきちんと育てたということを強調できる契機となる。こうして娘を無事嫁がせられれば、母親は娘から心を引き離し、夫の一族に入るようになる。

結婚の合意は、思春期の若者ふたり（一部の国では、さらにムスリムの公証人ひとり）を証人とし、その前でかわされなければならない。だが、多くのムスリム社会では、新婦の承諾は、保護者である父ないし兄弟、あるいはおじが代弁することになっている。結婚には宗教的儀礼、すなわち新郎のモスク詣でやコーランの朗誦会などがともなうが、なによりもまず両家間の契約が望まれる。

結婚を成り立たせるためには、いくつかの条件が満たされなければならない。新郎新婦が年頃であること、近親結婚ではないとの確認がとれていること、さらに配偶者同士の宗教といった条件である。ムスリムの男性は「啓典の民」（ユダヤ教徒、キリスト教徒、サービア教徒）に属する女性と結婚できるが、女性は子どもがイスラームのなかにとどまるよう、ムスリム男性としか結婚できない（戒律

◆ムスリムにとって、死は神への回帰を示すものとしてある。遺骸は屍衣なしで、直接メッカの方を向いて埋葬される。ムスリムの墓地。

では、子どもたちは父親の宗教に入らなければならない)。

葬送 ムスリムにとって、死はなによりもまず人の神への回帰を示すものとしてある。イスラームは近親者が死んだ際には泣いたりせず、むしろ死者が彼岸で生まれ変われるよう願うことを勧めている。子どもが生まれた時のように、近親者は死者が最後に神が唯一であるということを証明できるようにと念じる。また、死者の耳もとでささやくように信仰告白を行い、遺骸をメッカの方角に向ける。

人が死ぬと、ふつうはイマームの立会いの下で慣例どおりに奇数回遺骸を洗い、それから奇数枚の白布でくるむ。これが屍衣の代わりとなる。イスラームでは、遺骸を無傷に保つことに最大限の敬意と注意をはらわなければならないとされる。

一般に埋葬は死後できるだけすみやかに行われる。伝統的なムスリム社会では、棺がないため、遺骸は直接地中に埋められるが、その際、遺骸は右側を下に、メッカの方を向けて寝かされる。葬列はしばしば緑色の布でおおった担架に乗せて墓地まで運ぶ。この布にはコーランの章句が金文字で刺繍されている。子どもの誕生が女性たちの仕事であるのに対し、葬送は男たちがおもにかかわる。女性たちは埋葬に立ち会ったりせず、後日墓に詣でるのがよいとされる。

葬送のあいだじゅう、コーランの章句や、死者に対する神の慈悲を乞うための祈りが唱えられる。いずれ他界した信者は、墓のなかで天使に尋問されることになるが、葬儀で唱えられる一部の祈りは、この尋問時に死者が「はっきり答えられる」よう、神にとりなしを願うものである。

シャリーア 近年、シャリーア(イスラーム法)という語は西欧ではしばしば蔑視の対象となっている。それが一部のムスリム国でときに残酷な身体刑、たとえば窃盗犯の手首切断や姦通者への投石刑などをさすためにのみ用いられているからである。だが、ムスリムの意識では、シャリーアはさらに信者と共同体を導く霊的指針となっている。多くの人々が考えているのとは反対に、フランスの民法や刑法と同様の、成文化された「シャリーア法」は存在しない。シャリーアを適用すると公言している政治体制は、つねにコーランやスンナ文献、さらに古典的イスラームの偉大な初期法源から導き出した法規範や解釈を選択しながら、それを行っているのだ。こうした選択によって、シャリーアは「近代化」ないし「文化的適応」をしているといえる。

ジハードとは何か

　すべてのムスリムが個人的に完遂しなければならない義務［五行］のほかに、ムスリム共同体が全体で引き受けなければならない義務がある。そのなかでもっとも知られ、それだけにもっとも批判の対象となっているのが、ジハードないし「神の道での努力」である。

　西欧世界の認識もしくは一部のムスリム集団による使い方からすれば、このジハードという概念は、ただちに「聖戦」という考えを呼び起こす。だが、ジハードという語とそれが示す概念は、じつは現代の犠牲にほかならない。もともとこの語は地上に「神の権利」を広めるため、不信心者と戦う努力を意味する。つまり、ジハードとはイスラームに対する敵対勢力の「殲滅」という考えをなんら含んではいなかったのである。

　ジハードにかんする掟が作られたのはアッバース朝時代だが、それは武器を手にした敵兵たちならただちに倒してもよいということを定めたものだった。しかし、ムスリムの土地が攻撃された時、ジハードはすべてのムスリムが戦わなければならないとする義務となった。

　アラブ＝ムスリム帝国が拡大すると、世界はムスリムが安全だと感じるダール・アル＝イスラーム（イスラームの家）と、ムスリムが危険とみなすダール・アル＝ハルブ（戦争の家）とに分けられるようになる。

　今日、ムスリム世界の内部でもちあがっている疑問は、ジハードを唱えた時、ムハンマドは地上全体に勢力を拡大できると思うのか、それともアラブ世界だけにとどめようとするのか、という点である。たしかに預言者の死後、世界的なジハードを行うとの決定が総意として決定された。そして今日、特定のイスラーム集団は西欧世界のみならず、一部のムスリム体制諸国に対するジハードすら宣言している。時代がたつにつれてこの義務の意味が転位し、「異端に対する戦い」をさすまでになったからである。

　シーア派は、過去何世紀かのあいだに、ジハードはただひとりそれを宣言できる隠れたイマームがふたたび出現しないかぎり、公言できないと考えるようになった。だが、このことは隣国との戦争を妨げはしなかった。Mutakalaと呼ばれる単純戦争（！）を、である。一方、ハワーリジュ派についていえば、彼らはジハードをイスラームの「第6の行（柱）」に位置づけている。しかし、ジハードを一種の兵役とする考え方とならんで、「内面的努力」というはるかに霊的ないし精神的にとらえる見方もある。こうして「大ジハード」と「小ジハード」との区別が発展していった。たしかに後者は敵に対して軍事的に導かれた「合法的戦い」を意味するが、前者は「霊魂の戦い」、すなわち各人が自分のよこしまな性向に対してなすべきジハードである。12世紀の偉大な法学者でもあった神秘主義者のアル＝ガザリ［1058-1111。ペルシア出身］は書いている。「神が喜ぶのは敬虔さであって、肉や血ではない。（…）だれでも家を離れずにジハードの戦士となれる」

第1部 一神教

分布と普及
大きな文化的多様性

　ムスリム世界の拡大は、近東の「一拠点」から始まった。今日、イスラームは信者数からしてアジア的な宗教となっている。インドネシアを筆頭に、パキスタン、バングラデシュ、インドは主要なムスリム国といえる。アフリカ諸国を含む発展途上国は、ムスリムが少数派の地位にとどまっている国が多いが、ヨーロッパから赤道アフリカ、さらに極東にかけて、社会的な地位こそさまざまだが、確実に力をつけている。こうしたイスラーム教諸国の文化的多様性によって、「イスラーム・ブロック」の顕著な同質性が相対化されるまでになっている。

　今日、いわゆるイスラーム圏は基本的にアジアが中心となっているが、イスラーム諸国会議機構（OIC）の参加57か国は、なおもきわめて活発な人口動態を示しており、各国の人口は確実に増加している。一方、状況にかなりばらつきがみられるこれら発展途上の国々でも、いろいろな国勢調査が行われている。だが、それらはかならずしも疑問の余地がないほど科学的に正確なものとはいえない。したがって、ムスリム世界の現実にかんするさまざまな数値をもちだすことはなお危険をともなうといわざるをえず、かろうじて推定値を提示するだけでよしとするほかはない。

　周知のイスラーム主要国のなかからはずれている国がひとつだけある。中国である。10あまりのムスリム少数派（新疆・ウィグル地区のウィグル族や河南省の回族）の実体を推測するのはむずかしいが、おそらく推定で3500万から1億3000万いるものと思われる。

　旧ソヴィエト連邦にも数千万のムスリムがいた。今日、彼らの大部分は独立を果たしたさまざまな共和国に住んでいる。アゼルバイジャン900万、キルギス500万、ウズベキスタン2700万、タジキスタン700万、トルクメニスタン500万…などである。ロシア連邦だけでもおよそ2000万のムスリムを抱えている（チェチェン人を含む）。

　これに対し、サハラ周辺のアフリカ諸国では、ムスリムが総人口の約半数、すなわち7億の総人口のうち3億5000万を占めている。この地域で最大のムスリム人口を擁するナイジェリアを筆頭に、以下、ニジェール、マリ、セネガル、スーダン、チャド、タンザニアと続く。

　ムスリムはヨーロッパ、とくにオスマン帝国が何世紀にもわたって支配していたバルカン半島に古くから住んでいる（アルバニア、ボスニアなど）。西欧のムスリムもまた、過去半世紀におよぶ移住のおかげで今では確固たる地位を占め、おそらく約1500万（フランスには500万）を数えるまでになっている。

　アメリカ合衆国の場合、ムスリムはおよそ2000万いるが、その大部分はここ10数年のあいだに改宗したアフリカ系アメリカ人である。

◆今日、中国におけるイスラームの進出が実際にどうなっているのか見きわめるのはむずかしいが、10を数えるイスラーム系小数民族が住んでいる。新疆・ウィグル自治区（中国）。

イスラーム教

◆世界におけるおもなイスラーム定着圏。世界中にはおよそ11億人を超すムスリムがいるが、その大半はアジアに住んでいる。

イスラーム定着の主要国（単位：100万人）

インドネシア……………………………… 220	ナイジェリア……………………………… 65
パキスタン………………………………… 150	アルジェリア……………………………… 32
バングラデシュ…………………………… 145	モロッコ…………………………………… 31
インド……………………………………… 140	ウズベキスタン…………………………… 27
（人口10億以上のインド人の大部分はヒンドゥー教徒である）	アフガニスタン…………………………… 24
イラン……………………………………… 74	マレーシア………………………………… 24
エジプト…………………………………… 70	イラク……………………………………… 23
トルコ……………………………………… 70	サウジアラビア…………………………… 22

「アラブ人」と「ムスリム」を混同してはならない

◆コーランを学ぶ児童たち。シエラレオネ。

　現代のイスラームを語ろうとすれば、きわめて多様な地理的・人間的現実や、それぞれが固有の歴史をもつ、数多くのいわゆる「ムスリム国家」について言及せざるをえない。それはまた、所得と発達段階が極端なまでに対照的な国々に関心を向けることでもある。たとえば住民1人あたりの所得がムスリム世界でもっとも多い（1万8030ドル）クウェートのような石油首長国と、もっとも少ない（1人あたり673ドル）マリでは、なにかしら共通しているものなどあるのだろうか。それはまた、ムスリム世界の一部（とくにアラブ・ムスリム世界）と西欧世界のあいだのいちじるしい格差を認め、イスラーム／西欧の紛争や係争を直視することでもある。

　残念なことに、「アラブ人」と「ムスリム」、そして「アラブ性」と「イスラーム」との混同が、ほかならぬアラブ人ムスリムによってすらなされている。それはまた西欧世界がイスラームに向ける眼差しをしばしば歪める混同でもある。アラビアがイスラーム揺籃の地であり、コーランや正式な礼拝にアラブ語がおもに用いられていること、アラビア半島に複数のイスラーム聖地があり、今日サウジアラビアがリーダーシップをとっていることなどが、イスラームとアラブ世界をあまりにも短兵急に同一視する要因となっているのである。

　ヨーロッパ、とくにアルジェリアの歴史とかかわるフランスもまた、アラブ・ムスリム世界と直接対立したという長い歴史をもつ。この歴史は、多くの人命を犠牲にしたイスラームのアイデンティティをめぐる神話を支えかつ生みだしつづけてきた。だが、イスラーム世界とはひとりアラブ人に集約されるものではない。それはたとえばペルシア人のような、他の民族と結びついてきわめてすみやかに築き上げられたのである。

　たしかに最初の3世紀間、「イスラーム化」はアラブ人から発展したが、それだけではなく、ヒジュラ（イスラーム）暦の4世紀、つまり西暦11世紀以降、イスラームの世界的な主軸はアラブ人を超えてペルシア人に、ついでモンゴル人、さらにオスマン帝国のトルコ人へとすみやかに向かっていった。今日、世界中のムスリム十数億人のうち、はたしてアラブ人はどれほどいるのか。2億5000万人か。定かではないが、いずれにせよ彼らの数は世界のムスリム人口の5分の1を超えることはない。

　また、アラブ人はすべてがムスリムというわけではない。彼らのうちのおよそ2000万というかなりの数がキリスト教徒であり、歴史の流れのなかでアラブ世界やディアスポラ世界に進出するようになった各地の教会に属しているのだ。イラク（ビザンティン・メソポタミア）やシリア、パレスティナ、そしてとくにエジプトは、ムスリムが多数を占める前まではキリスト教徒が圧倒的だった。

イスラーム教

人間観と世界観
近代性に挑むイスラーム

イスラームが「近代化」したのは、はたして歴史のいかなる時期なのだろうか。キリスト教的であると同時に「非宗教的」な文化をもつ、ヨーロッパ列強によるムスリム世界の植民地化時代がそのあとに続いた、18世紀のナポレオンによるエジプト制圧時か。西欧の影響を受けて、19世紀にエジプトやチュニジア、トルコ、あるいはイランが体験した初期の技術的・政治的大改革の時期か。それとも、サウジアラビアの統一［1932年］や、20世紀初頭のムスリム同胞団［イスラーム主義を標榜するスンナ派の社会・宗教運動組織で、2011年、「自由と公正党」を結成して、エジプトの支配勢力の一翼をになうまでになっている。後出］をはじめとする運動の出現時か。1979年のイランで起きたイスラーム革命時か。

シーア派とスンナ派が分かれた661年の大分裂から、十字軍やモンゴル軍の侵攻、1492年のイスパニアからのムスリム追放、オスマン帝国の樹立と崩壊、ヨーロッパによる征服と植民地化、さらにはイスラエル国家の建設を経て、イラクでの湾岸戦争にいたるまで、イスラームは数多くの歴史的な有為転変を味わってきた。

こうした大激動のひとつは、激しい歴史的対立から生まれている。アラブのイスラームと、将軍ナポレオン・ボナパルトが企図し指揮したフランス軍のエジプト遠征との対立である。1798年7月1日のアレクサンドリア上陸に始まるフランス軍による占領は、しかし長くは続かず、1891年6月27日に終わった。この日、イギリス・オスマン帝国連合軍と対決していたフランス軍の将軍オーギュスタン・ベリヤール［1769-1832］が、カイロで捕虜となったからである。だが、それは深い爪痕を遺した。たしかにイスラームとヨーロッパとの接触は以前からあった。イスラームが誕生して以来、ふたつの大きな地政学的空間が並存し、「キリスト教世界」と「ムスリム世界」の境界がしばしばゆれうごいていたからである。だが、科学的かつ教化的な意図をともなっていたボナパルトのエジプト遠征は、イスラームの大地に近代をもちこみ、ムスリムのエリートたちに羨望と知的好奇心をひき起こし、同時に社会的な動揺もさそった。

イスラーム原理主義・改良主義・近代主義

フランス軍のエジプト遠征は、アラブ・ムスリム世界の脆弱さと科学的・技術的知識の劣等さを露呈させた。この戦を奇貨として、ムスリム世界の一部は多少ともみずからを理解するようになった。軍事の分野だけでなく、制度的・社会的分野、さらには宗教的な分野でも独自の改革をみずからに課すようになったのである。そこには、ムスリム文明のかつての栄光をとりもどし、ヨーロッパと競合できる力をもっていると示せれば再生できるという期待があった。

ボナパルトや将兵たちとともに、学者や技師、医師たちのチームも上陸した。それからわずか1か月後、エジプト学士院が創設され、エジプト人のエリートたちはその図書館にひんぱんに足を運ぶことができるようになった。やがて19世紀中には、西欧文化が「フランス流」と呼ばれるものとともに、さまざまな回路を経て次々と入りこんでもきた。啓蒙思想のイデオロギーにくわえて、科学主義や合理主義の思想などである。ムスリムの地へのこうしたヨーロッパの進出に対しては、3通りの対応が可能だった。純粋かつ単純な拒絶（大モスクの大部分のシーア派や「伝統主義的」宗教運動が選ん

◆「ピラミッドの戦い」。彩色のエピナル版画、19世紀、フランス国立図書館蔵、パリ。サーベルと火砲、アラブ・イスラームとナポレオン麾下のエジプト遠征軍との対決は、ムスリム世界をゆさぶる出来事であり、両社会の差異を意識させた。

◆デーヴィッド・ウィルキーによるメヘメト・アリの肖像画、1840年頃、テート・ギャラリー、ロンドン。メヘメト・アリ、アラブ語名でムハンマド・アリは、1805年から48年までエジプトの副王だった。1811年に起きたマムルーク虐殺の責任者だった彼は、ヨーロッパ人の協力を得て、エジプトの経済や行政の再建や軍隊の再編を主導した。

だ対応）、西欧の発達に価値を見出しての熱狂的な受け入れ（いわゆる「自由派」たちの対応）、そしてイスラームを「覚醒させる」可能性を秘めた西欧思想だけを受け入れる選択的な妥協である。

これら3通りの選択は、じつは8世紀から9世紀にかけて、イスラームがヘレニズム文化と対峙した際にもすでにみられたものだった。そこから生まれたのが「ファルサファ」（イスラーム哲学）であり、合理主義的なムータジラ派と伝統主義的なハンバル派の対立だった。今日においても、それらはムスリム世界を舞台として活発にくりひろげられる3通りの思潮のうちにみてとれる。イスラーム原理主義（イスラーム主義）と近代主義、そして修正主義である。

18世紀末以降、ムスリム諸国の歴史は西欧に対するこのような問題意識をきわめて豊かに示すようになっている。そこでは数多くの思潮が生まれ、何人もの思想家が登場してもいる。エジプトやチュニジア、勃興から衰退までのオスマン帝国、インド、イラン、はてはアフガニスタンにいたるまで、西欧文化の進入によって社会的な急変がひき起こされ、さまざまな分野での手法が修正されていったのだ。こうしてアラブ世界は、「ルネサンス（再興）」を意味するナフダと、「イスラーム改良主義」と呼ばれるものの特徴が、徐々に姿を現すようになっていく。

19世紀のエジプトとチュニジアにおける「近代派」の影響

フランス軍がエジプトから撤退することを余儀なくされると、オスマン帝国とマムルーク、さらにイギリス人たちが互いに対立するという、大きな混乱が起きた。1804年5月、アルバニア出身のオスマン帝国傭兵隊長だったメヘメト・アリ（1769-1849）が、マムルークがにぎっていた実権を奪いとった。それから7年後の1811年、彼はイギリス軍を打倒したのち、エジプトの伝統的な地方総督となる。この開明的な人物は、すみやかにエジプトを近代化させる必要性に気づいた。そのため、彼はパリに複数の調査団を送った。そして、「フランス風モデル」から影響を受けて軍隊と行政機構を再編し、フランス語を教える学校を数か所創設した。さらに、とくにフランスからカトリック修道会（イエズス会や聖心女子会）を招き、以後1世紀半にわたってエジプトを指導することになるエリートを養成するための学寮も開設するのだった。

当時、もっとも高名だった碩学は、奇しくもボナパルト軍がエジプトから撤退した年に生まれた、シーア派の碩学リファー・アル・タフターウィー［1801-73］だった。1826年、軍事使節団付き司祭としてフランスに派遣された彼は、4年ほどとどまり、その間、フランス語を習得して、フランスの哲学者たち、とりわけ啓蒙主義者たちから大きな薫陶を受ける。やがて帰国した彼は、みずから発見したこの思想を、論文のみならず、モンテスキューやヴォルテール、フェヌロンといったフランスの著作者たちのアラブ語訳によって知らしめるのに力をつくした。そして、とくにヨーロッパの法律にもとづいてシャリーアを改良し、さらにカイロのアズハル大学に科学的な教育も導入した。

1822年には、カイロに初めての印刷所が設けられる。それは、当初は不定期の、のちに日刊となった新聞の発展とあいまって、国内でのヨーロッパ思想のさらなる普及を強力に後押しした。このヨーロッパ思想はそれ以後も影響力を増幅し、1908年、やがてアズハル大学のライバルとなるカイロ自由大学［現カイロ大学］が創設されるまでになる。1924年に国立大学になる前、そこでは偉大なオリエント学者も何人か教鞭をとった。ルイ・マシニョン［1883-1962。イスラーム社会学を立ち上げ、コレージュ・ド・フランス教授やパリ高等学術院主任教授をつとめた。若い時に出会った作家ユイスマンス（1948-1907）の影響を受けたとされる］やイグナツ・ゴルジハレル［1850-1921。ハンガリー出身のイスラーム史研究家。科学的オリエンタリズムの父とされる］などである。こうしたヨーロッパ化の流れからはまた、エジプトを地中海・西欧世界に属させようとした作家ターハー・フセイン［1889-1973。ナフダ運動の代表的知識人で、イスラームの抑圧以前のエジプトへの回帰をめざすエジプト民族主義（ファラオニズム）を唱えた］のような象徴的な人物も出現した。

オスマン支配下のチュニジアにも、エジプトと似た変革がみられた。その制度面での急進的な改革を行ったのが、のちにチュニス首長国の大法官［在任1873-77］となる、将軍ハイルディーン・パシャ［1822/23-90。オスマン帝国の海軍大臣］だった。国の長となった彼は、1861年、サドク・ベイ［フサイン王家出身で、オスマン帝国の第20代チュニス地方総督（在任1859-82）］の権力を制限する憲法［ドゥストール］を定め、ベイによって任命された委員会とともに、ム

スリム世界初の議会を創設した。裁判にフランスの民法もとりいれた。西欧の発展の根源はキリスト教ばかりではなく、イスラームにもみられるふたつの原理原則、すなわち科学と理性にある。それが彼のおもな考えだった。

著書『最上の道』のなかで、ハイルディーンはムスリム世界がみずからの資源を利用し、西欧を手本として自己変革ができるとする持論を展開している。正義と言論の自由にもとづく国家を擁護した彼は、公益の原則を基盤とするシャリーアの改革を主張したが、それはウラマーたちを導いて近代化の恩恵を受けることができる改革だった。

オスマン帝国の改革――「タンジマート」

19世紀はオスマン帝国が徐々に衰退していった時期である。この帝国は最終的に1924年に解体を余儀なくされたが、ロシアとのたえまない軍事衝突によって、バルカン半島の大部分からなる「崇高な帝国」を失う結果となった。くわえて、帝国内の複数の属州がしだいに独立を宣言するようにもなっていった。ヘディーウ［「副王」。オスマン帝国からムハンマド・アリーを開祖とするエジプト王朝の統治者に与えられた称号］のエジプト、ワッハーブ派のアラビア、シリアなどである。だが、1830年からはアルジェリアがフランスの支配下に入り、1882年にはイギリス軍がエジプトに介入して、事態をいっそう深刻なものとした。

そうした状況に決定的な打撃をくわえたのは、1914年から18年までの第1次世界大戦だった。オスマン帝国はしばらくしてから多少ためらいがちに枢軸国側（ドイツ帝国とオーストリア＝ハンガリー帝国）についたが、1920年のセーヴル条約により、領土の多くを失った。もはやトルコは将校あがりのムスタファ・ケマル［1881-1938］、通称アタテュルクの才能に頼るほかなかった。彼は文字や制度のヨーロッパ化を選ぶことで、戦勝国に脱宗教化したトルコの存在を認めさせるのに成功した。

この時期、フランスとイギリスを代表とするヨーロッパ列強の圧力をしばしば受けながら、オスマン帝国の一部君主やパシャたちはなんとか改革をおしすすめようとした。これが「タンジマート（組織化）」［字義は「恩恵改革」］と呼ばれるものである。これらの改革は1839年、アブデュル＝メジト1世［オスマン帝国第31代スルタン。在位1839-61］の時代に始まり、休止時期をはさみながら、20世紀初頭まで続いた。アブデュル＝メジト1世は帝国の政治・財政・法律・軍事全般にわたる機構の改革が必要であることを公式に認め、そのためにヨーロッパ列強、とくにフランスの国家体制を模範とした。そこで1839年11月3日、ギュルハネ勅令を発布し、行政改革のための総則を定め、さまざまな宗教をもつ帝国臣民の同権を確立した。さらに1856年にはフマユーン勅令を公布し、法の下での人権の平等と税、個人の安全、財産の保障、差別のない公職、さらに兵役などを正式に認めた。

それから20年後の1876年12月23日、新しい憲法がミドハト・パシャ［1822-84。オスマン帝国宰相だったが、のちに失脚］によって制定される。1880年から1909年まで一時停止されたが、これはオスマン帝国第34代スルタンで、絶対権力を行使できた最後の皇帝となるアブデュル＝ハミト2世［スルタン在位1876-1909。帝国の財政を再建し、社会事業にも積極的にとりくんだ英雄とされる］の治世の始まりを告げるものだった［ただし、彼はロシア＝トルコ戦争の勃発を機にミドハト憲法を停止し、専制体制を復活させた］。この憲法は二院制の協議機関、すなわち上院と下院を定めた。これら一連の改革によって、オスマン帝国からトルコ共和国への移行が用意されることになった。しかし、1908年、国家主義的な「青年トルコ党」の運動［専制政治を打倒してミドハト憲法にもとづく国政を主張し、のちにアタテュルクをはじめとする指導者を数多く輩出する］が実権を掌握し、スルタンの役割を制限した。

「アラブ再興（ナフダ）」

預言者ムハンマドの系譜につらなるとされるシャリーフ系王朝によるモロッコは例外として、オスマン帝国は数世紀にわたってアラブ世界の大部分を版図としてきた。その帝国の軍事的・経済的衰退と軌を一にして、ヨーロッパからの思想（国民・祖国観や国家主義など）が広まり、アラブ諸国のうちに徐々に独立への気運を育んでいった。それは「アラブ・ナショナリズム」と呼びうるものだった。この気運は、サウード王朝によるイスラーム各地の聖地奪回やアラビア半島主要部の征服、さらに民主化要求運動といったさまざまな形で展開した。

19世紀中葉には、アラブ世界の政治改革のおかげで、知的な高揚も拡大した。これは一方で「ナフダ」ないし「アラブ再興」、他方で汎イスラーム主義運動と呼ばれるものをひき起こした。そして、

◆「トルコ人の父」ムスタファ・ケマル、通称アタテュルク。オスマン帝国崩壊後に実権を掌握したこのトルコの政治家は、トルコを非宗教的で西欧化された国家にしようとした。

◆アルジェ美術大学で学ぶ女子大生。伝統と近代性の共存。

これらふたつの流れの接点に、「アラブ改良主義」と呼ばれた——今もそう呼ばれている——運動が出現することになる。この運動は偉大だが、それぞれかなり異なっている幾人かの人物たちににないわれ、まさに彼らがムスリム世界を特徴づけていった。

エジプトやシリア、レバノンといった近東のアラブ諸国で発展したナフダは本格的な文化的覚醒で、やがてあいつぐ政治的独立に先行し、その展開をうながした。当初、それはアラブの言語と文化の誇り、さらに再活性化の運動として登場したが、やがてヨーロッパ列強の支配欲に対する抵抗と同時に、アラブ世界での覇権を維持しようとするオスマン帝国への反感を象徴するようになった。いわばそれは、「オスマン・ナショナリズム」に対する一種の「アラブ・ナショナリズム」でもあった。

しかしながら、最初のうち、ナフダは辞書編纂者や詩人、作家たち（近代アラブ文学の「父たち」）の問題にとどまり、基本的には言語学や文学、科学関連の著作を生みだした。そのもっとも偉大な名前としては、バトルス・アル=ブスタニ（1885没）やイブラヒム・アル=ダスキ（1883没）、ナシフ［1800-71］およびイブラヒム［1847-1906］・アル=ヤジジ父子、マフムード・サミ・アル=バルディ・アディブ・イシャク（1885没）、イブラヒム・ムウァラヒ（1906没）などがあげられる。さらに、19世紀末にシリアやレバノンからエジプトに移住した作家たちも、彼らを受け入れた国で数多くの著作を発表し、すくなくとも1世紀のあいだに、エジプトはアラブ=ムスリム再興の中心地となった。

ここで想起しておかなければならないのは、アラブ人のキリスト教徒たちがこのような活発な動きを等閑視していたわけではなかったということである。彼ら知識人の一部もまた重要な役割を演じた。すでに1535年、時のフランス国王フランソワ1世［在位1515-47］とスレイマン大帝［オスマン帝国第10代皇帝。在位1520-66］は、ひそかに協約を結んで、フランスをオリエントのキリスト教徒の強力な庇護者に任じていたが、しばしばアラブとフランス双方の文化に属していた彼らアラブ人キリスト教徒たちは、政治や哲学、科学の分野で、西欧の理想をアラブ世界に伝える架け橋となった。だが、たとえキリスト教徒であっても、この知識人たちは全体的にイスラームの重要性を意識しており、コーランやムスリム思想と深くかかわるアラブ語やアラブ文化を積極的に後押しした。キリスト教徒とムスリムたちに共通する言語の一体性とアラブ・ムスリム的な原点は、彼らにとって根幹的なものだった。

やがて**汎イスラーム主義**がかなりすみやかにナフダにとって代わる。ムハンマド・アミン・アル=ミダニ［1952-。国際人権教育アラブセンター所長・ストラスブール第3大学マルク・ブロック校イスラーム学教授］は、これを以下のように定義している。「（汎イスラーム主義とは）同じ同胞的関係の一員であり、みずからの倫理的・精神的一体性を守るため、唯一の組織体によって結ばれたムスリムの精神状況である」

ムスリム同士のこうした連帯と友愛の運動はまた、あらゆる形態の植民地化や支配からムスリムとその領土を解放しようとする、抵抗と解放と復興の運動ともなった。多少とも預言者的な人物たち——たとえば、ジャマル・アル・ディン・アル=アフガーニー［1838-97。アフガニスタン出身のイスラーム改革主義者。コーランにもとづくイスラーム社会を標榜したが、イラン当局によってイスタンブールで毒殺（?）される］——は、オスマン帝国の第34代スルタンでムスリムのカリフでもあったアブドゥル=ハミド2世［前出］と同様、この運動の唱道者だった。アタテュルクによるカリフ制廃止の後、一部のムスリム国家では、何世紀にもわたって維持されてきたカリフ制を復活させようとする動きがみられ、そのための大規模な会議も開かれた。1926年のカイロ（アル=アズハル大学のウラマーたちの発意による）や、同年6月-7月のメッカ、1931年12月のエルサレム（エルサレムの大ムフティー［イスラーム法解釈・適用有資格者］だったアミン・アル=フサイニー［1895-1964。最高ムスリム評議会議長・パレスティナ民族評議会議長］による召集）などでの会議がそれである。これらの動きはカリフ制を復活するまでにはいたらなかったが、ムスリム国家間のイスラーム的連帯観を発展させるきっかけとなり、さらにムスリム諸国の国際的な評議機関を立ち上げる道筋をつけた。こうして1972年3月、サウジアラビアの港湾都市ジェッダでイスラーム諸国会議機構（OIC）が創設された［この機関はアジア・アフリカの57の参加国と5か国のオブザーバー、国連などの8組織から構成される。ただし、ムスリムが多いインドや中国は不参加］。

アラブ・ナショナリズムと汎アラブ主義の偉大な理論家のひとりが、1854年［1855年?］にシリアのアレッポに生まれ、1902年にカイロで没したアブドゥル・ラーマン・アル・カワキビ［コーランとスンナにもとづくイスラームの原点回帰を唱えた代表的サラフィスト］だった。1898年に上梓された主著『諸都市の母』で、彼はムスリム諸国の退廃を是正し、さまざまな国家間が契約を結び、クライシュ一族からふたたびカリフを立てるため、全ムスリム国家の代表をメッカに集めることを提唱した。さらに別の著書『自然から絶対主義へ』では、モンテスキューの『法の精神』をとりあげ、純粋に精神的なカリフを中心として組織されるアラブ国家を夢見ている。それは、独立した政党に属する政治指導者たちが、意見や出版報道の自由を保証する議会からなる立憲政体だった。

イスラーム改革――代表的人物と理論

ナフダと「改革主義」(アラブ語でイスラー)と呼ばれるものは、しばしば混同されている。たとえこのふたつの運動が同時に興り、いくつか共通点をもっていたとしても、その目的はかなり異なっていた。ナフダは「非宗教的」なところから出発した運動で、ムスリム同様、キリスト教徒たち(さらに不可知論者たち)によって活性化された。これに対し、改革運動はムスリム信仰とウンマ、つまりムスリム共同体の真の再生をめざした。

当初、後者は「改革派」とみなされていはいなかった。唱道者たちがなによりもイスラームの原点回帰、つまり最初期のイスラームが唱えた純粋さと美への回帰を運動の根幹と考えていたからである。彼らはみずから「サラフ」(salafとは預言者ムハンマドの最初の仲間たちによって育まれた「偉大な祖先たち」の意)をもって任じた。だが、この運動はやがてイスラーム法解釈の進歩を唱え、シャリーア適用の「アジョルナメント(時代への適応)」に着手するようになる。こうした姿勢によって、それは改革運動として記憶されるようになった。

プロテスタントによる宗教改革の歴史と帰結が人々の心にきざみつけられていたヨーロッパでは、このようなムスリム改革主義の努力を16世紀の西欧キリスト教が体験した大変動と比べようとする強い欲求がみられた。だが、これらふたつの運動は原因や背景、目的、結果のいずれをとっても似て非なるものだった。プロテスタントは絶対化したローマ教皇の権力に対する異議申し立てから生まれ、それまで15世紀にわたってつくられてきたいくつもの教義(秘跡や恩寵、神の御業、使徒継承、女性聖職、聖母や聖人たちの位置づけなどの問題)を疑問視することで、キリスト教徒の激しい分裂をひき起こした。

一方、イスラームの改革主義はイスラームの教理ないし教義を修正しようとしたのではなく、権威に反対して生まれたわけでもない。その唱道者にとって最大の問題は、ムスリム社会の経済的・科学的・知的立ち遅れをまねいた「宗教的な」原因を再検討し、西欧世界とのあいだに存在する格差を是正するうえで寄与しうる、改革ないし「復興」への道を提言することにあった。

イスラーム改革主義の3人の重要なアラブ人は、いずれもムスリムの思想家や責任者たちの怠惰ないし無気力さに対して立ちあがっている。イスラームの大義やウンマーへの愛着につき動かされた彼らは、イスラームの原点に回帰すれば、近代化をおしすすめることができるより豊かで新しい活力をムスリム世界に吹きこめる、という考えで一致していた。そんな彼らが戻るべき原点としたのは、むろんコーランと正統なスンナだった。たとえばムハンマド・アブドゥフ[1849-1905。エジプトのウラマー(法学者)。アフガーニーの弟子。イスラーム成立当時の精神に立ちもどって法解釈(イジュティハード)を行うことを提唱した]は、預言者ムハンマドに帰せられる伝統の大部分は、歴史の流れのなかで共同体が必要に応じてつくったものである以上、議論の俎上にあげなければならないとした。

ジャマールッディーン・アフガーニー[1839-97。汎イスラーム主義者。ムスリム世界での外国支配をこばみ、オスマン帝国の専制体制を批判した]とアブドゥフは、理性と科学的精神、さらに個人の探究意欲が、イスラーム初期と同じ地位にあるべきだと考えた。こうした理性や科学をもとにして、コーランを再解釈しなければならない、というのである。1900年、アブドゥフはこう主張している。「理性と伝統とが対立した場合、最終的な判断をくだすことができるのは理性である」

これらの思想家によって提起された中心的な問題のひとつとして、「カダル(先定、定命)」ないし「神の掟」がある。おそらくアフガーニーは、「思いどおりに民を導く、あるいは迷わせる」ことで人間の心に信仰ないし不信心を植えつける神が、人間の行動の唯一の動因でもあるという不合理な信仰は、ムスリム社会を衰退させた主因だとみなしていた。アブドゥフ同様、アフガーニーにとっても、重要なのは人間が自由な信条をもてることだった。

アフガーニーと弟子のアブドゥフは、イスラームの遺産、とくにコーランの歴史的な読解に新たな視線を投げかけ、そこから植民地支配と近代化に対する問題にこたえることができる意味を引き出そうとした。ムスリムの典拠となる原典解釈にかんしていえば、やがて彼らふたりを後ろ盾としながらも(今日まで)、多くの者がじつは批判的な態度を放棄している。そんななかにあって、たとえばラ

◆ヴェールをかぶったアフガニスタンの女性。イスラームでは、女性は貞節かつ良妻であり、慎み深く、既存の慣習に従わなければならない。これら女性たちの地位は、みずからが生きる土地の習俗や夫の宗教に依存している。全身をおおうヴェール(ブルカ)はおもにアフガニスタンとパキスタンで用いられている。

第1部　一神教

◆犠牲祭（アイド）の日に、インド最大のモスクであるデリー中心部のジャマー・マスジッドに集まった膨大な信者たち。

シッド・リダ［1865-1935。レバノン出身のサラフィストで、アフガーニーの弟子］は、［近代化に対する］さまざまな批判を、「不変のイスラーム」、つまり原点のイスラームを腐敗させた「非難すべき革新（ビダ）」と断じた。こうした思想家を中心として、改革への機運が高まっていった。だが、彼らとその弟子たちはこの改革の位置づけと内容について、ついに合意するまでにはいたらなかった。

ワッハーブ派とムスリム同胞団

改革主義者たちの運動は、モロッコとアルジェリアが独立するまで存続した。アルジェリアのイスラーム法学者ベン・バディス［1899-1940。アルジェリア・ムスリム・ウラマー協会創設者］は、その最後の代表者とみなされている。以後、イスラーム復興運動は、ふたつの大きな組織にになわれることになる。一方はワッハーブ派のサラフィストたち、もう一方はムスリム同胞団に、である。

神学者ムハンマド・イブン＝アブドゥルワッハーブ［1703-92］の名にちなむワッハーブ派の運動体は、18世紀のアラビア半島で生まれている。正統スンナ派のなかでもっとも厳格なハンバル派［前出］の教えを基盤とするこの運動は、イスラームの原点の根幹的な教えに違反すると思えるものをすべて排除することを主張した。こうして合理主義は、神秘主義や近代主義（およびそれが引きいれようとした社会経済的修正）、あるいは墓や聖遺物、聖人などに対する崇拝ともども否定されるようになる。

サウジアラビアが建国された1932年、アラビア半島の支配王朝となった強大なサウード家［19世紀初頭までにアラビア半島の大部分を支配下におさめ、1902年、サウード王国を建設した］と結びついたこのイスラーム観は、1960年代より、オイルマネーと、同家がイスラームの聖地を支配していたことからくる影響力のおかげで、ムスリム世界の一角で頭角を現すようになった。それには、巡礼者を聖地に運ぶ航空輸送の普及もあずかって力があった。しかし、サウジアラビア王国とアメリカ合衆国を結びつける戦略的・経済的な利益協調にもかかわらず、ワッハーブ派の大部分は基本的にきわめて反西欧的だった。彼らのうちの多くは純粋かつ堅固なイスラームを唱え、汎アラブ的な神政国家を夢見てもいた。

こうしてワッハーブ派が徐々にアラビア半島と聖地を支配下に置きつつあった頃、すなわち第1次世界大戦後のエジプトでは、ムスリム同胞団が誕生している。この結社は1928年、厳格なハンバル派の家に生まれた若い教師ハサン・アル＝バンナ［1906-49］によって組織された。彼は自分のまわりに、アフガーニーにならってイスラーム教を純化し、それをウンマーに属するすべての者の真の集合地とすることを夢見ていた、多くの若者たちを引き寄せた。むろん彼らは、エジプトを占領していたイギリス軍を追放し、預言者ムハンマドがメディナでうちたてたような神政国家を再建しようとしたのである。

高度に組織化されたこの運動は、エジプト社会の一部、すなわち学校や養護施設、社会的扶助活動、孤児院、軍隊式のボーイスカウト運動、農業・産業協同組合などを援助し、時へずして数十万のメンバーと数百万の同調者を数えるほどの評判をとるようになった。だが、しだいに反イギリス的になっていったアル＝バンナは、1940年、ドイツ人やイタリア人がエジプトで組織したファシスト運動に参加し、49年、おそらくイギリス軍の教唆によって暗殺されてしまう。

ムスリム同胞団の運動は、1952年、「自由将校団」によってつい

244　イスラーム教

にエジプトの実権を掌握するまでになる。だが、ガマル・アブドゥル・ナーセル［ナセルとも。1918-70。自由将校団の指導者のひとりで、のちに第2代エジプト大統領。1958年、エジプトとシリアのアラブ連合国を樹立して、その初代大統領となった］が権力をにぎると、彼は新たなエジプト憲法がイスラーム法にのみもとづかなければならないとする、ムスリム同胞団の圧力をはねのけ、西欧の影響もすべて拒否する。それより前の1948年［1945年？］、アル＝バンナの運動は、枢軸国に対して宣戦を布告した宰相アフマド・マヒル［1888年生。選挙において同胞団の候補者に対し、ファトワー（勧告）を公布して反対した］の殺害へと走った。

アル＝バンナ暗殺後、ムスリム同胞団はひたすら暴力に訴えるようになる。ナーセル自身はそんな彼らが計画した攻撃をまぬがれた。このことは、ナーセルが彼らに対する暴力的な弾圧をくりかえし命じる根拠となった。そして1966年、彼は同胞団の理論的指導者のひとりだったサイード・クトゥブ（1906生）［「イスラーム原理主義の父」と呼ばれる彼は、当時のイスラーム社会がムハンマド以前の蒙昧無明時代（ジャーヒリーヤ）だと断じ、神の主権とイスラーム原理にもとづく社会を復活させるため、西欧の近代思想を一掃するとともに、ナーセルらの民族主義者も駆逐しなければならないと説いた］を絞首刑に処した。

1980年以降、エジプトのムスリム同胞団は、ときに赦され、ときに弾圧されながら、その活動の方向を変え、世俗的な結社や社会的・文化的活動とのかかわりを侮蔑することなく、人民議会選挙を重視するようになった。そんな彼らのエジプトにおける影響力はなおも大きく、その主張――厳格なイスラームへの回帰と同時に、社会的政治の実施――は、ムスリム世界全体に広まりをみせている。アルジェリア（イスラーム救国戦線）やパレスティナ（ハマス）、さらにヨルダンやモロッコなど、ムスリム同胞団は強い勢力を保っており、既存の体制にとって代わりうる信頼できる政治集団となっている。

現代ムスリム世界の挑戦

独立後に試みられた発展モデルの失敗と、見すてられ、裏切られたと感じている多くのムスリムの心理的・文化的・政治的混乱。これらは大部分のムスリム社会に非妥協的な態度や思想を生んできた。近年では、ときに暴力を表現手段として、社会組織のためにシャリーアの適用を、政治組織のためには、預言者時代におけるメディナの「理想的なイスラーム国家」モデルの導入を唱える、過激なイスラームが出現している。

宗教的モデル（権威と権力の関係にかんする古典的な神学ないし知的探究を切り離したモデル）を中心とするこうした立場は、民主主義ないし政教分離といった西欧の近代が獲得したものと断絶している。それゆえにこそ、今日、ムスリム世界やイスラームを話題にする際にもちあがるさまざまな問題群は、しばしば西欧型近代の規範とこの宗教がどう共存できるかにかかわる。西欧で唱えられているムスリム世界論は、思想面にかんするそれと同質な傾向を示している。現在、ムスリムとしてのアイデンティティの強化を唱える思潮が支配的となっているが、その一方で、従来なかった手法を用いてムスリムの遺産を見なおし、イスラーム教へのまったく新しい道を切り開こうとする、きわめて革新的な思潮もみられる。そうした思潮を形容するため、「宗教回帰」や「イスラームの覚醒」、あるいは「イスラーム原理主義」といた表現が用いられているが、現代のムスリム世界において進行中の大きな「宗教復興」運動は、ふたつの問題を提起している。

最初の問題は、この「回帰」が宗教的権威の政治や社会に関与しようとする意図、あるいは国家とイスラームと社会をつなぐ関係のうちの、ある特別な位相とより深く結びついた運動を意味するものかどうか、という点である。もうひとつの問題は、イスラーム教が徐々にはっきりと倫理の世界に介入して、個人ないし集団の行動を導こうとしているのか、それともこの介入によって、みずからを一個の政治的・社会的な組織のモデルとしているのか、という点である。実際のところ、これらすべての要素は場所場所で力点を異にしながら共存しているのだ。

国家・イスラーム・社会

ポスト・コロニアル時代の国家とイスラームの関係史は、政治的かつ社会的な場におけるイスラーム教の急激な出現を導いた現象の歴史的背景を理解するうえで、決定的に重要なものといえる。独立直後のムスリム諸国は、急ごしらえで新たな国家を建設しなければならなかった。だが、それには、宗主国のみならず、長年にわたって枠組みを提供し、とくに超国家的なカリフ制を維持していたオスマン帝国の消滅によって置き去りにされた、制度上の穴を埋める必要もあった。では、諸国家が協調して築く「ダール＝アル＝イスラーム（イスラームの家）」の事情はどうなったか。国家的なアイデンティティが明確になったとき、ムスリム間の連帯は生まれえたのか。

◆カイロの町では伝統と近代性が共存している。1928年、暴力によって頭角を現すようになった、極端なまでに厳格なイスラーム主義を標榜するムスリム同胞団の運動が生まれたのが、まさにここだった。彼らの影響力はムスリム世界全体でしだいに大きくなっている。

ムスリムの新しい国家群は、独立によって古いイスラームの指標を失い、西欧的な国民国家のモデルに魅せられ、みずからの国家主義的政治に正統性を探さなければならなかった。808年［788年？］にイドリース朝が生まれて以来、イスラーム国家を続けてきたモロッコのような例外を除いて、ムスリム国家の大部分は、脱植民地化によってヨーロッパ型の中央集権国家モデルと社会主義的な政治を採用しなければならず、そのためには、イスラーム教の支持にすがらざるをえなかった。

新しい国家的な文脈でイスラーム教の位置を再定義するべくなされたもっとも興味深い事例のひとつは、アルジェリアのそれである。この国では、アブダル＝ハミド・イブン・バディス（1889-1940。ムハンマド・アブドゥフの愛弟子）によって始められたウラマーたちの運動が、独立運動のたち上げまでつながる国家意識の醸成に重要な役割を演じた。だが、独立［1962年］してまもなく、アルジェリア国家はすみやかに宗教的な力をすべて政治の舞台から追放しようとした。これによりエジプトのムスリム同胞団やマラブート［宗教的領主］、同宗団、さらにより驚くことに改革主義のウラマーたちまでもがしりぞけられたのである。

しかし、社会自体はなおも宗教的な性格を払拭しておらず、やがて権力当局者たちは自分たちの政治がイスラームの支援を必要としていると考えるようになった。こうしてアフマド・ベン・ベラ（1916生。大統領在任1963-63年）［独立運動の指導者で、アルジェリア民族解放戦線（FLN）の中心人物。独立後、ともに戦ったベンユーセフ・ベンヘッダ（1920-2003）と社会主義的政策をめぐって対立し、国民解放軍（ALN）の総参謀長だったウアリ・ブーメディエン（1932-78）の支持を得て、政権を掌握した。のちに、当時国防相だったブーメディエンの軍事クーデタで失脚］が大統領に就任して以来、とくにブーメディエン（大統領在任1965-78年）の指導下で、政治的・社会的選択にその支援を受けられると期待された「イスラーム社会主義」へと舵が切られた。1976年、一党独裁のアルジェリア民族解放戦線政府が発布した憲法には、次のような条文がみられる。「戦いの成果であり、厳格さと正義と平等の宗教であるイスラーム教のもとで、アルジェリア人民は歴史のもっとも暗い時代から解放され、みずからを救い、勝利への諸条件を集めることができた。それは、人民がまさにイスラーム教から倫理的力や精神的な活力を引き出したからにほかならない」

アルジェリア国家はその利益のために宗教的な分野を用いようとし、徐々にイスラームを基本的な国家アイデンティティの基準にしていった。そして、全国的にモスクの増加を促し、かなり明確な政府の方針に従って教育した人物を指導者としてこれに配した。これら指導者たちの養成センターを開設した際、政府のある代表者はこう演説している。「イスラームは死者の墓で祈りを捧げたり、魔除けや護符を作るために生まれたわけではない。（…）諸君の役目は学校を建て、大地を耕すことにある。諸君の使命はこの国を前進させ、国に力を与えるところにある」。アルジェリアをはじめとする多くのムスリム世界では、国家が宗教省をそなえ、ウラマーやイマームといった聖職者が公吏の身分を得ている。イスラーム学者のジャック・ベルク［前出］は、これを「革命的民主集中制のイスラーム」と命名している。

こうしたイスラームの「国有化」形態は、宗教の政治化と軌を一にして進行していった。とすれば、イスラーム教が最終的に時の政権に背を向けたとしても驚くにはあたらない。民主主義をこばんでいる既存の政治体制（多くがイスラーム国家）は、民主的・非宗教的な対立勢力が自由に結社を組織したり、意見を表明したりすることを妨げ、説明もしないまま、モスク内部の異議申し立ても抑えこんできた。その結果、さまざまな経済的・社会的政策が失敗し、ガマル・アブドゥル・ナーセルのような人物を輩出させようとする期待が崩れ去ったあと、「イスラーム原理主義」と総称される革命志向の政治運動がしだいに台頭するようになった。

この運動体は民衆の失望を引きとって利用し、「方向づけ」の言説を生み出すまでになった。イスラーム原理主義の理論は、権威と権力の概念がかならずしも明確ではないものの、独立当初に陶酔感をかきたてた、繁栄と自由と正義の約束に裏切られた世代の欲求不満をとらえることができた。アルジェリアを筆頭とする複数のムスリム国では、これら一連の運動が選挙で勝利し、国家に自分たちの主張を押しつけたのである。

民衆主義的イスラーム

こうした動きに目を向ければ、「政治を手玉にとる聖職者」という西欧世界で支配的だった言説が、じつはどれほど立証困難なものだったかを見定めることができる。既存の権力による異議申し立てをイスラーム化する。それは権力によるイスラームの道具化と対をなすものだった。今日、多くの国では、国家とイスラームを標榜する反対勢力が、国家主義的や社会主義的ないし「西欧的」夢がついえたあと、唯一手にしうる象徴的な資産を奪いあっている。ムスリムの宗教的な資産である。しかし、イスラームを独占しようとする戦いは、この象徴的な資産が有する歴史的・神学的知識をともなってはいない。

ムハンマド・アルクーン［前出］は、しばしば人をあざむく社会的・政治的ユートピアの基盤を「民衆主義的イスラーム（ポピュリスト）」と呼んでいるが、まさに現在はそれが開花している状況にある。この民衆主義的イスラームは、西欧型近代によって自分たちの伝統的な価値観や構造が根こそぎされたと感じている、集団や社会全体のアイデンティティのよりどころとしてある。それはまた、政治の世界に参入するにはもはや宗教的パイプしか残っていないと考える、すべての社会勢力にとってのよりどころともなっている。

世界中のイスラーム的シーンを熱狂させるイスラームの先鋭化した表現は、最終的に、神聖観や歴史的な記憶の断片、さらに失望に変わった政治的期待といったものが混ざりあう、一種の「ブリコラージュ」となっている。今日、ムスリム世界に広まっているイスラーム性を形づくっているのは、これら歴史的・社会的な束の結びつきといえる。人間社会の常として、「ムスリム的」と理解される社会もまたさまざまな要因がしみこんでいる社会である。これらの要因に応じて、社会はイスラーム教にかんするさまざまな表現を生み出している。イスラーム教が社会を生み出すよりはるかに多くを、である。とすれば、まさにこうした認識論的・方法論的な枠組みにもとづいて、ムスリム社会の状況とその西欧（それ自体が多元的かつ複雑な現実でもある）との関係を考えなければならないだろう。

現代イスラームにおける反体制的思想

ムスリムの思想は一般に信じられているほど硬直化しているわけではない。ただ、不幸なことに、イスラーム「過激派」の声は、ムスリム思想と、理性的で批判的な考え方——イスラーム最初期の考え方であり、とくに11世紀までの古典的な伝統を育んだ考え方——を両立させようとする、知識人や活動家たちの声をあまりにもおおってしまっているのだ。たしかにムスリム思想は、何世紀にもわたって護教学的かつ防御的な姿勢のうちに閉じこもったままだった。だが、今日、宗教的な知と思想をふたたび活性化しようとするさまざまな声が聞こえてくる。イランからエジプトまで、さらにインドやパキスタンを越えてインドネシアまで、あるいはチュニジアやトルコ、南アフリカといったいくつかの国でも、ときに女性を含むムスリムの知識人たちが、人間科学、つまり言語学や文学分析、歴史批評、社会学などの光をあてながらムスリムの遺産を再解釈している。そこではまた、コーランやムスリムの伝承を別の角度から解釈することを唱える、さまざまな学問も動員されている。彼らは「不可知論的西欧主義者」という意味での近代主義者ではない。ムスリム的教えの「改革」をよりいっそう意図しているわけでもない。彼らの努力は、イスラームを近代の西欧によって生み出された多様な規範と両立させる試みとは無縁である。それまでのイスラームに対する知、批判的理性がもつすべての反体制的ないし体制転覆的特性を奪われたいびつな知を変革する。それが彼らの基本的な主張なのである。

こうして彼らは、「神の言葉」や「啓示」と同様に宗教的な意味をおびた観念に対する批判的な見方を、ためらうことなく吟味する。では、彼らとはだれか。ここではおもな人物のみをあげておこう。アブドゥル・カリム・ソルーシュ（イラン）[1945-。イスラム哲学、社会政治学者]、ムハンマド・アルクーン[前出]、ファズルル・ラーマン（パキスタン）[1919-88。イスラム法・哲学者。近代化を進めたアユーブ・ハーン政権の理論的支柱]、ナスル・ハミド・アブー・ザイド（エジプト）[1943-2010。イスラム解釈学者]、ハッサン・ハナフィ（エジプト）[1935-。イスラム哲学者]、アブデルマジド・シャルフィ（チュニジア）[生年不詳。イスラム文明・思想史・社会学者]、ファリド・エサック（南アフリカ）[1959-。イスラーム研究家・反アパルトヘイト運動家]、エブラヒム・ムーサ（南アフリカ）[生年不詳。イスラム法・歴史・宗教学者]、アスガー・アリー・エンジンニーア（インド）[1939-。イスラーム自由神学者]、アブドゥルラリ・アン=ナイム（スーダン）[1946-。法学者・イスラーム人権運動家]、ムハンマド・シャフルール（シリア）[1938-。コーラン解釈学者]、チャンドラ・ムザファール（マレーシア）[生年不詳。イスラーム政治学者]、アミナ・ワドゥド（マレーシア）[1952-。コーラン解釈学者]、リファット・ハッサン（アメリカ）[1943-。イスラーム・フェミニズム学者]、ファティマ・メルニシ（モロッコ）[1940-。社会学者・作家・フェミニズム運動家]など。「イスラームの新思想家」と呼ばれるこれら反体制的思想の斥候たちは、ムスリム思想固有の近代性、他のすべての近代性と対話ができる近代性を求める、新しい時代の到来を期待させてくれる。

◆イスラマバードにあるファイサル旧国王のモスク、パキスタン。このモスクは祈祷室内に1万、付設広場に8万の信者を収容できるよう設計されている。

関連用語解説

アザーン Ad-adān　ムアッジンの呼びかけ。

アスバブ・アル＝ヌズル Asbab al-nuzul　啓示の背景。

アダブ Adab　イスラームの礼儀作法。

アッ＝ラフマーン Al-Rahmân「慈悲深き者」の意。

アーヒラ Akhira　他界での死後の生。

アマン Aman　庇護の保証。

アーヤトッラー Ayatolla　字義は「神のしるし」。もっとも傑出したムジュタヒド（法解釈者）たちの宗教的指導者。信者はそのうちのひとりを手本にするよう求められる。

アリム Alim（複数形ouleme）預言者伝承を伝える学者で、ハディースを知る者。

アル＝アスル Al-asr　午後の義務的な礼拝。

アル＝アミン Al-Amin「信頼できる人物」の意。

アンサール Ansar　回心ないし預言者ムハンマドに従ったメディナの民。

イクラー Iqra　宣言・告知すること。

イスラーム Islam　アラブ語で「神に従うこと」。

イード・アル＝アドハー Aïd el-addah／イード・アル・カビール Aïd el-kébir　アブラハム（イブラヒーム）が同意した供犠を記念する「犠牲」の大祭。ヒジュラ（イスラーム）暦最終月の10日目に営まれる。

イード・アル＝フィトル Aïd el-Fitr　ラマダン月の断食明けを祝う「小祭」。

イハー Ikha　アンサールとムハージルーンのあいだの友愛関係。

イマーム Imâm　礼拝をはじめとする宗教的行事で信者たちを指導する人物。「導く者」を字義とするこの語は、文脈によってモスクの礼拝式の指導者（この役割はムスリム全員がになうことができる）や共同体の指導者（カリフ）、さらにシーア派の教義による唯一共同体を指導できるアリーの子孫たち、法学校の創立者、そしてより一般的には権威のある師をさす。

ウラマー Oulema, Uléma　→アリム

ウンマ Oumma　信者共同体。

『ウンム・アルキターブ』Oum el-Kitab　神の教えからなる聖典［字義は「よく守られた石板」］。

隠れたイマーム Imâm caché　アラブ語でマフディー（Mahdi）。シーア派でいうところの終末に再臨する救世主を意味する。

カリフ Calife　預言者ムハンマドの後継者で、信者共同体の長。

キブラ Qibla　ムスリムが礼拝のために向くメッカの方角。

クルアーン Qur'an　コーラン。天使ガブリエル（イブリール）が預言者ムハンマドに啓示した聖典。

サウム Siyam　イスラームの第3の行（柱）であるラマダン月の断食。

ザカート Zakat　呼称は「純粋であること」を意味するzakaの語根から。イスラームの第4の行である喜捨。

サラー Salat　ムスリムの礼拝で、イスラームの第2の行。

サラフ Salaf「敬虔な祖先たち」の意。

シーア派 Chiite　預言者ムハンマドの従弟で娘婿のアリーの信奉者たち。今日では少数派。とくにスンナ派と対立している。

ジハード Djihad　字義はアラブ語で「神の道への努力ないし戦い」。あらゆるムスリムがその受難に対して行わなければならない戦い。イスラームの領土を守るための戦い。聖戦。ハワーリジュ派はこれをイスラームの第6の行としている。

シャイフ（シェイフ、シーク）Sheikh　霊的な指導者・長老。

シャハーダ Shahada　信仰告白［「アッラー（神）のほかに神はなし。ムハンマドはアッラーの使徒である」］。イスラームの第1の行。

シャリーア Sharia　律法によってつくられた神の道。真理（ハキカ）が理解や寛容であるのに対し、タリカは道としてのイスラーム法（シャリーア）の実践をさす。

ズィンミー Dhimmi　庇護民。ウマイヤ朝下のユダヤ人とキリスト教徒など、啓典の民の身分。第2代カリフのウマル1世が定めた。

スーフィー Sufi, Soufi　おそらくイスラームの神秘教団に属していた霊的人々。

ズフル Al-zuhr　昼の義務的な礼拝。

スーラ Sourate, surate　コーランの各章。

スルタン Sultan　権力を有する者の称号。セルジューク・トルコ（呼称は創始者とその子孫であるセルジューク家から）が11世紀に近東の大部分を制圧し、1055年、バグダードに入ったとき、指導者にカリフからはじめてスルタンの称号が正式に与えられた。やがて、各地の君主たち（サラディン［サラーフッディーン］とその後継者たち、インドの首長、エジプトのマムルーク、オスマン帝国）が「スルタン」を僭称するようになった。

スンナ Sunna　字義は「慣行」。預言者ムハンマドとその弟子たちの言行や慣行と伝承の集成であり、行動規範（範例）として参照される。

スンナ派 Sunnisme　語源はsunnaから。シーア派に対して、ムスリムの正統をもって自認するイスラームの多数派。

タスリム Taslim　平和のあいさつ。

タリカ Tariqa　霊的な道。

ダリル Dalil　指導者。

ダール・アル＝イスラーム Dar-el-islam　世界を二分するイスラーム独自の考え方で、意味は「イスラーム（平和）の家」。

ダール・アル＝ハルブ Dar-el-Harb　前項と対峙する「戦争の家」。ムスリムが危険を覚える世界。

ナビー Nabî　使徒＝預言者たち。

ナフダ Nahda　字義は「復活・復興・再生」。「ムスリム復興」と呼ばれるもの。

柱（5本の）Pilliers (les cinq) アラブ語はidabat。五行。ムスリムの信仰を示す5通りの義務で、シャハーダ、サラー、ザカート、サウム、ハッジからなる。

ハッジ Hadj　イスラームの聖地巡礼。今日ではメッカが目的地として定められている。イスラームの第5の行。

ハディース Hadith　預言者ムハンマドの言行録。

バヌ Banu　字義は「…の息子」。転義で、部族や氏族をさす。

ハラーム Haram　神の法で不法とされているもの。とくに摂食禁忌にかかわる。

ハラール Halal　神の法にもとづいて合法的と認められたもの。

ハワーリジュ派 Hharidjisme　呼称の語源はkharadja「出る」。657年に分離して厳格なイスラームを実践した政治的・宗教的教義に従う宗派。

ヒジュラ Hégire　［ムハンマドの］メッカからメディナへの移住（聖遷）。イスラーム［ヒジュラ］暦はここから始まる。

ファトワー Fatwa（複数形fatawa）法的な決定ないし勧告。

フィクフ Fiqh　法解釈・判例。

フトバ Khutba　毎週金曜日の正午にモスクで行われる礼拝式の最初に、イマームがミンバルの上から行う説教。そこにはカリフ（ときには統治者）に対する神の祝福を願う祈りが含まれており、これによってフトバは至上権を認める行為となる。今日でもなおフトバは、イマームが思想的・政治的立場を表明したり、すべてのムスリムに指示や命令を伝える機会となることがある。

フナファ（フナハ）派 Funafa　アブラハム信仰から生まれた一神教で、何世紀にもわたって砂漠に存続していたと思われる。

マドラサ Madrasa　コーラン学校。

マムルーク Mamelouks　13世紀のモンゴル（元）軍による虐殺後、エジプトで実権を掌握した解放奴隷たち。

ミフラーブ Mihrab　メッカの方角（キブラ）を示すモスク内部の壁龕。

ミ（ー）ラージュ Miraj　預言者ムハンマドの夜の昇天。

ミンバル Minbar　説教壇。

ムアッジン Muezzin　ミナレット（尖塔）の上から礼拝を呼びかける係。この呼びかけは一連の句句からなるが、初めに「アッラー・アクバル（アッラーは偉大なり）」が4度唱えられる。現在では、このムアッジンはスピーカーから流れる録音された唱句にとって代わられている。

ムジュタヒド Moujtahidin　信者共同体の指導を役目とするイマーム・シーア派の法解釈者・宗教的指導者。

ムスリム Muslim　イスラーム教徒のこと。語源的には「神に帰依する者」を意味する。

ムハージルーン Al-Muhâjirûn　メディナで預言者ムハンマドのもとに集まった移住者たち。

沐浴 Ablution　しきたりとして清浄な状態で礼拝を行うために、身体を洗ってすべての穢れを祓うこと。穢れには大小あり、排泄やいわゆる不浄食による「小穢」に対しては顔や頭、手足を洗う小沐浴で十分だが、おもに性的行為による「大穢」の場合は、全身を洗わなければならない。

ラスル Rasûl　使徒・使者。イエスやムハンマド、モーセが分かちもつ称号。

ラマダン Ramadan　断食を定められているイスラームの太陰暦第9月。

ワッハーブ派 Whahhabisme　スンナ派の厳格な教えを基盤として、18世紀にアラビア半島で生まれた政治的・宗教的勢力。呼称は神学者ムハンマド・イブン・アブドゥル・ワッハーブの名にちなむ。

おもな王朝

アイユーブ朝　サラディンが創設した王朝で、12世紀から13世紀にかけて、エジプトやシリア、メソポタミア、アラビア半島、さらにイエメンの大部分を支配した。

アグラブ朝　800年から909年まで北アフリカを統治した王朝で、首都は現チュニジアのカイルアン［カイラワーン、ケルアンとも］。

アッバース朝　750年から1258年まで統治し、バグダードに首都を置いた2番目のカリフ王朝。

ウマイヤ朝　ダマスカスを首都として、661年から750年まで統治した最初のカリフ王朝。750年、その子孫たちがコルドバでウマイヤ朝を再興し、929年、アミール（君主・太守）のアブド・アッラフマーン3世［889-961］がカリフを称した。

オスマン朝　バルカン半島、近東アラブ、マグレブ（モロッコを除く）を含む帝国をおさめたスルタン王朝で、首都をコンスタンティノープルに置いた。

カリフ　ムハンマドの後継者で、ムスリム共同体の政治的指導者。第4代までの正統カリフのあと、ウマイヤ朝とアッバース朝が続いた。10世紀には対立するカリフを戴く王朝が生まれた。イスパニアの後ウマイヤ朝とエジプトのファーティマ朝である。

マラケシュのクートビア・モスク。

イスラーム教

「預言者ムハンマドの物語」。ペルシアの細密画、フランス国立図書館、パリ。

コルドバの大モスク[メスキータ]内部。スペイン。

ハギア・ソフィアの尖塔。イスタンブール(トルコ)。

■関連年表

570-571年　伝統的に預言者ムハンマドの生誕年とされる年
622年　ムハンマドがヤスリブ(のちのメディナ)に「移住」したヒジュラ(聖遷)
632年　ムハンマド、メディナで没。以後、メディナがカリフの拠点となる
638年　ムスリムによるエルサレム奪取
661年　アリー(ムハンマドの従弟・娘婿)殺害
661-750年　ウマイヤ朝、中央アジアやインダス河谷からピレネー地方までの第2の版図拡張
670年　マグレブ地方の緩やかなイスラーム化の出発点となるカイルアン建設
680年　フサイン殉教。シーア派誕生
690年　ウマル・モスク建設[メディナ]
711年　ベルベル人のタリク・イブン・ジイヤード、カイルアン総督ムーサー・イブン=ヌサイルの命でイベリア半島侵攻
732年　カール・マルテル、ポワティエとトゥール間でアラブ・ベルベル軍の侵攻阻止
762年　アッバース朝が建設したバグダード、ムスリム帝国の首都になる
9-10世紀　イスラームのアフリカ西部進出。とくに金と奴隷の交易ルートを借りたベルベル人による
1037年　アヴィケンナ(イブン・シーナー)没
1099年　十字軍によるエルサレム奪取。以後、2世紀近くにわたって西欧人が近東に存在することになる
1171年　サラディン、エジプトを支配下に置き、ファーティマ朝の追放後、アイユーブ朝創始
1187年　サラディン、「聖戦」によってエルサレムを十字軍から奪還
13世紀　デリーのスルタン制創設。インドにおける支配を狙うイスラームと改宗者たちの存在を決定づける
1354-96年　オスマン帝国によるバルカン半島征服始まる
1453年　オスマン帝国軍、のちにコンスタンティノープル、現イスタンブールとなるビザンティウム奪取
1492年　イスパニアのカトリック王、イベリア半島のイスラーム勢力最後の砦だったグラナダ王国吸収
1516-17年　オスマン帝国による近東アラブ征服
16世紀　スレイマン大帝の統治45年間、オスマン文化の最盛期。その最大版図は、バルカン半島からモロッコ国境まで、さらに近東からイエメンを含むアラビア半島海岸部、アゼルバイジャン、カフカス地方の一部にまでいたる
1526年　インドにムガル朝建国(-1858年)。最初の仏教王アショカ(前3世紀)以来、はじめて亜大陸をほぼ統一した6人の「大ハーン」のもとで繁栄をきわめる
1683年　オスマン帝国軍による最後のウィーン攻囲戦
19世紀-20世紀初頭　ムスリム改革派の知的・近代主義的運動(オスマン帝国、エジプト、近東アラブ、クリミア半島、中央アジア、インドネシア、マグレブ地方)
1922-26年　トルコ共和国初代大統領ムスタファ・ケマル、スルタン制、ついでカリフ制を廃し、1926年、民法典公布
1928年　エジプトでアラブ世界初の政治・宗教的な運動体となるムスリム同胞団誕生。創設者のハサン・アル=バンナ(1906-49)、ファールーク1世時代[エジプト最後の国王。在位1936-52年]の命で暗殺
1969年　イスラーム協力機構、ラバトで創設。現在までの参加国数57
1979年　シーア派の聖職者[ルーホッラー・ホメイニー]を指導者とするイランのイスラーム革命
1998年　タリバーン(字義は「神学生」)、アフガニスタンで権力掌握
2001年9月11日　イスラーム原理主義者たちによるアメリカ攻撃。アメリカ、アフガニスタン(2001年)とイラン(2003年)に武力介入

■参考文献

ABDERRAZIQ, Ali, *L'Islam et les fondements du pouvoir*, La Découverte, Gallimard, Paris, 1994 (アリ・アブデルラジク『イスラームと権力基盤』、デクヴェルト社、パリ、1994年)

ARKOUN, Mohamed, *Humanisme et Islam*, Vrin, Paris, 2005 (モハメド・アルクーン『ヒューマニズムとイスラーム』、ヴラン社、パリ、2005年)

BERQUE, Jacques, *Le Coran: Essai de traduction*, Albin Michel, Paris, 2002 (ジャック・ベルク『コーラン——翻訳試論』、アルバン・ミシェル社、パリ、2002年)

BLACHÈRE, RÉGIS, *Introduction au Coran*, Maisonneuve et Larose, Paris, 1991 (レジ・ブラシェール『コーラン入門』、メゾヌーヴ・エ・ラローズ社、パリ、1991年)

CARDINI, Franco, *Europe et Islam: Histoire d'un malentendu*, Le Seuil, Paris, 2000 (フランコ・カルディーニ『ヨーロッパとイスラーム——誤解の歴史』、スイユ社、パリ、2000年)

CHABBI, Jacqueline, *Le Seigneur des tribus: L'Islam de Mahomet*, Noésis, Paris, 1997 (ジャクリヌ・シャビ『諸部族の長。ムハンマドのイスラーム』、ノエシス社、パリ、1997年)

FARID, Esack, *Le Coran*, Albin Michel, 2004 (エサク・ファリド『コーラン』、アルバン・ミシェル社、パリ、2004年)

GARDET, Louis, *L'Islam: Religion et Communauté*, Desclée de Brouwer, 2002 (ルイ・ガルデ『イスラーム——宗教と共同体』、デスクレ・ド・ブルウェル社、パリ、1992年)

Id., *Les Hommes de l'Islam: approche des mentalités*, Hachette, Paris, 1977 (同『イスラームの男たち——心性研究』、アシェット社、パリ、1977年)

MERAD, Ali, *L'Islam contemporain*, Collection Que sais-je, PUF., Paris, 1998 (アリ・メラ『現代のイスラーム』、クセジュ文庫、フランス大学出版局、パリ、1998年)

Id., *L'Exégège coranique*, id., 2002 (同『コーラン解釈』、同、2002年)

MERVIN, Sabrina, *Histoire de l'Islam: Doctrines et fondements*, Flammarion, Paris, 2000 (サブリナ・メルヴァン『イスラーム史——教義と基盤』、フラマリオン社、パリ、2000年)

MIQUEL, André: *L'Islam et sa civilisation*, Armand Colin, Paris, 1990 (アンドレ・ミケル『イスラームとその文明』、アルマン・コラン社、パリ、1990年)

WATT, W. Montgomery, *Mahomet*, Payot, Paris, 1989 (W・モンゴメリー・ワット『ムハンマド』、ペイヨ社、パリ、1989年)

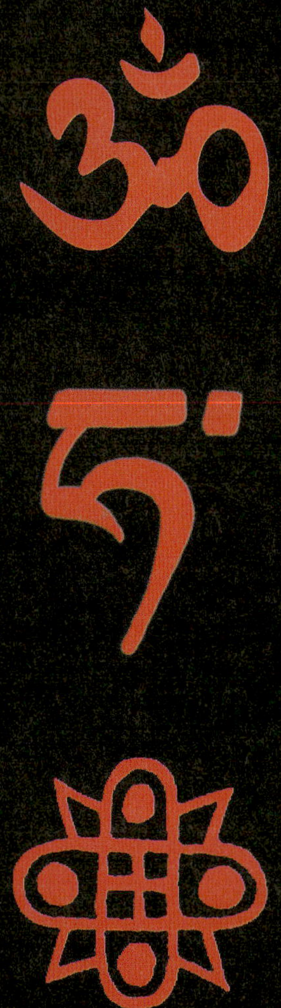

第2部
東洋的伝統

ヒンドゥー教

アンリ・タンク

次ページ：インド最大の神聖都市ベナレス（現ワーラーナシー）中心部を流れる、聖なる浄めの川ガンジスでの礼拝。ウッタル・プラデーシュ州。

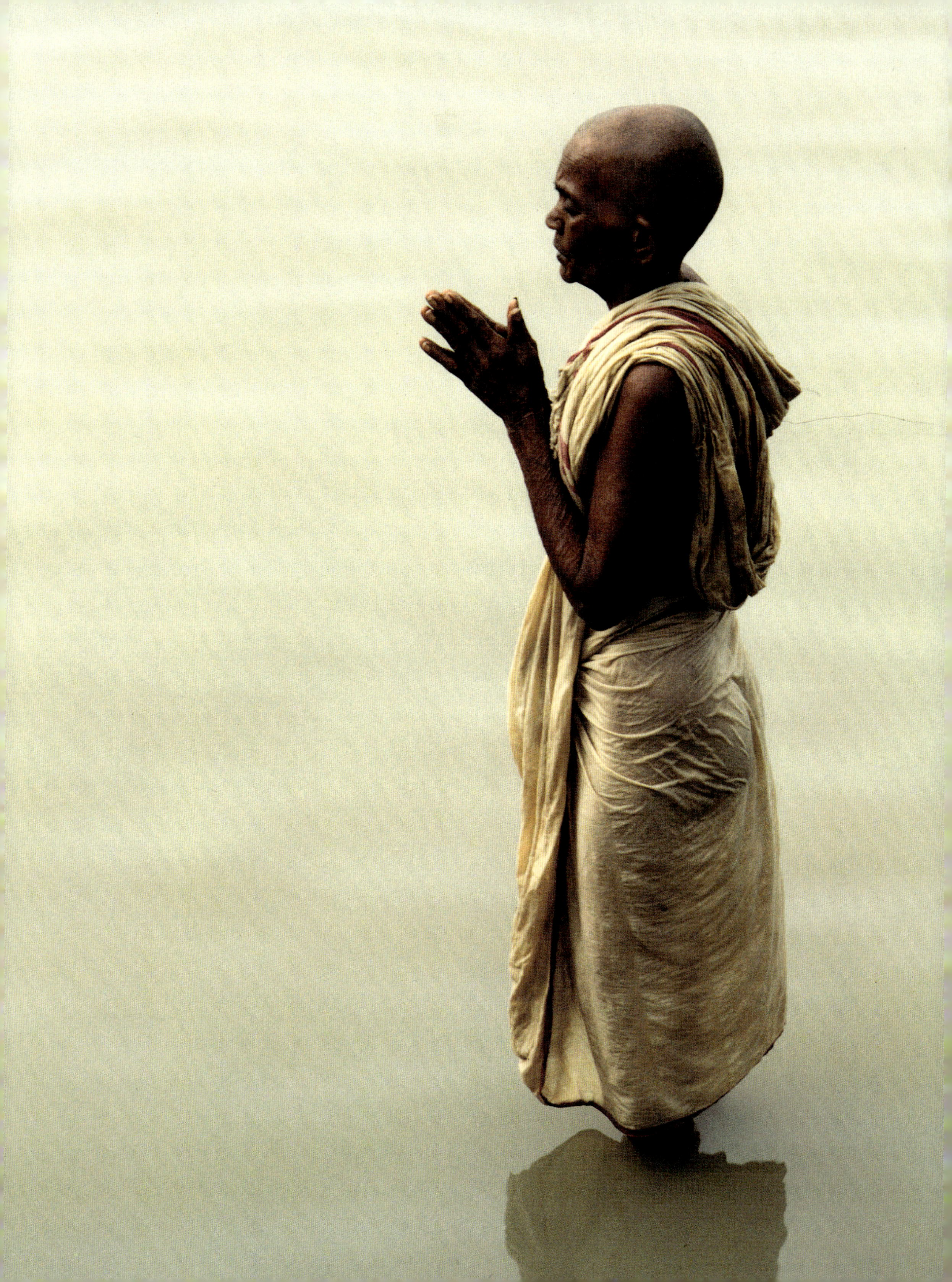

歴 史
ヴェーダの遺産

他の智慧や宗教と異なり、ヒンドゥー教に創唱者はいない。だが、おそらくそれは世界最古の精神文化のひとつといえる。この宗教は揺籃の地インドにおいて時の試練に耐え、近代には西欧にまで輸出されている。

起源とインダス川の重要性

「ヒンドゥー教」という呼称は後代のものである。それは730年頃、インダス川で侵攻を阻止されたものの、以後数世紀にわたってインドに押し寄せてきたイスラーム騎兵軍がつけたものである。シンド地方の住民たちのなかに、自分たちのとは異なる慣習や信仰を見出した彼らは、この宗教にインダス川や地方名（サンスクリット語［Sindhu］ではしばしばSとHが交替する）に由来する名を冠したのである。

ヒンドゥー教はまた、ヒンドゥー教の聖典ヴェーダにちなむヴェーダ教や、その柱である最高カーストの聖職者ブラーフマナ［ブラフミン］（バラモン）に由来する、バラモン教と同じように語られてもいた。19世紀になると、ヨーロッパ人たちがインド住民の多数が信奉する宗教を示すため、ヒンドゥーという名を新たに使うようになった。ブラーフマナやたえずアジアに入りこんできた他の宗教的潮派によって、歴史をとおして改革されてきた古代教の遺産ともいうべきヒンドゥー教は、こうしてインド人の宗教としてつねに存在してきたことを想い起こしたい。

このヒンドゥー教の誕生には、したがってインダス川が重要な役割を演じている。たんに名前を与えただけでなく、流れの聖性が深くかかわっているのだ。周知のように、インダス川はアジアの大きな文化・宗教圏を区切り、どちらかといえば浸透性のある境界をなしている。たとえば、アレクサンドロス大王軍はこの川を越えてシンドの入り口までギリシア文明をもたらした。アラブの騎兵軍もまたインド亜大陸にイスラームを広めた。さらに、イエスの使徒たち、とくにトマスはキリスト教を伝えたとされる。

前2500年から前1500年にかけて、インダス河谷とインド西部は、メソポタミア文明にも比肩できるみごとなインダス文明を生み出した。バビロンのように、そこでは宗教が祭司王の権威下に置かれていた。しかし、インダス文明は前1500年頃に消滅し、その場をインド北部の印欧語族系の民族に明け渡した。彼らは「アーリア人」（字義は「崇高な者」）と呼ばれ、カスピ海周辺からイランを経て何波にも分けてやって来た。この原初の時代は歴史のなかでヴェーダ期と呼ばれる。ヴェーダを編んだのが彼らだからである。

符合と差異

ヨーロッパ人はこれら最初期のインド人と若干の親縁関係にある。彼らが印欧語を話していたからである。たとえばサンスクリット語で「神」をさすデーヴァ（deva）は、フランス語のデュ（dieu「神」）の語源となったラテン語のデウス（deus）と同じ語根をもっている。また、ローマの「神官たち」を意味するフラーメン（flamines［＜flāmen］）の語根も、ブラーフマナをさすbrahmanes（brは音韻的にflと同義）のそれと同じである。彼らの慣習と信仰にもいくつか共通点がみられる。文化や手工業、商業といった民衆のおもな活動と異なる、軍事的・宗教的権力の分離はもとより、神々にも聖職者と戦士、生産者たちを守る三重の役割が与えられている［比較神話学者のジョルジュ・デュメジル（1898-1986）は、インド＝ヨーロッパ世界における神話の主神と社会の上位3階層の対応を三機能説として提唱した］。燔祭を捧げる神がいれば、戦勝や豊作を祈願する神も同じようにいる。だが、西洋と東洋の他の宗教とは重要かつ決定的な違いがある。アブラハムやモーセによって示されたユダヤ人の唯一神とは反対に、インドの神は、隣接するペルシアと同様、数多くいるのだ。

インド東部に住みついたアーリア人は、馬を家畜化し、車輪を知っていた。これによって先住の民に対して軍事的な優位を占めるこ

✦カシミールとパキスタンを越えて流れるインダス川は、ヒンドゥー教にその名を与えている。

とができた彼らは、自分たちの力や慣習や信仰を先住民に押しつけ、やがて彼らを同化していった。インドの信仰は、「見られたもの」と「知られたもの」を同時に意味する聖典ヴェーダに記されている。この知は、ヒンドゥー教において啓示と同義の一種の宇宙観に由来する。のちにこれら最古の文書は、『ウパニシャッド』と呼ばれる別の文書によって補完されるが、口伝ないし文字化されたこうした伝統的な原典を完全なものにするため、ヒンドゥー教は長大な物語を生み出している。アーリア人と先住民の戦いおよび前者の勝利、さらに前者によるその権力の強要と拡大を語る本格的な民衆叙事詩といえる、『ラーマーヤナ』と『マハーバーラタ』である。

軍事的・宗教的服従

アーリア人は土地の神々を同化して——それゆえヒンドゥー教の神体系(パンテオン)は複雑なものとなっている——、彼ら以前の宗教にやがて伝統的となる神聖な役割を課し、社会を3通りの位階ないし色(ヴァルナ)に分けた。祭祀の守り手である聖職者(ブラーフマナ)、公的秩序の守り手であり、平時の行政をになう王族や戦士(クシャトリヤ)、そして人々の生活を支える生産者(ヴァイシャ)である。祭祀がきちんと営まれて人々が守られ、国が食料を得ることができるよう、各人はみずからが属する位階に固有の権利と義務を負っている。これらの3位階は、生まれた時からの権利と、それを子孫たちに伝えるドヴィジャ、つまり「2度生まれ」(再生族)の人々から構成される。

だが、社会的な移動は同一位階内でしか起こらない。西暦の初め頃、この位階は「ジャーティ(出自・生まれ)」と呼ばれる他の数多くの集団に再分割されていた。これらの「色」と「出自」の全体が、ヒンドゥー教の根幹をなすカースト制を生みだしたのである。たしかにこうしたカーストは今日公式には廃止されているものの、なおも人々の心のなかに根づいている。

一方、ドラヴィダと呼ばれる「非アーリア系」の人々は、より下位のカーストであるシュードラ、つまり上位カーストの隷属民に分類された。この不快ないし不幸な運命を受け入れない人々は、第5のカーストである「ハリジャン」[字義は「神の子」]ないしアウト・カースト(カースト外)に位置づけられ、きわめて不快な役目、たとえば汚物の収集や地面の掃除、死体の処理などをになわされてきた[現在、彼らは「壊された民」を意味するダリットと自称している]。今日まで慣例的に「アンタッチャブル(不可触賤民)」と呼ばれてきた彼らは、ブラーフマナに触れることができず、ブラーフマナと同じ井戸から水を汲むことも、その食事を作ることもできない。

こうした社会システムと信仰は何世紀にもわたって存続した。だ

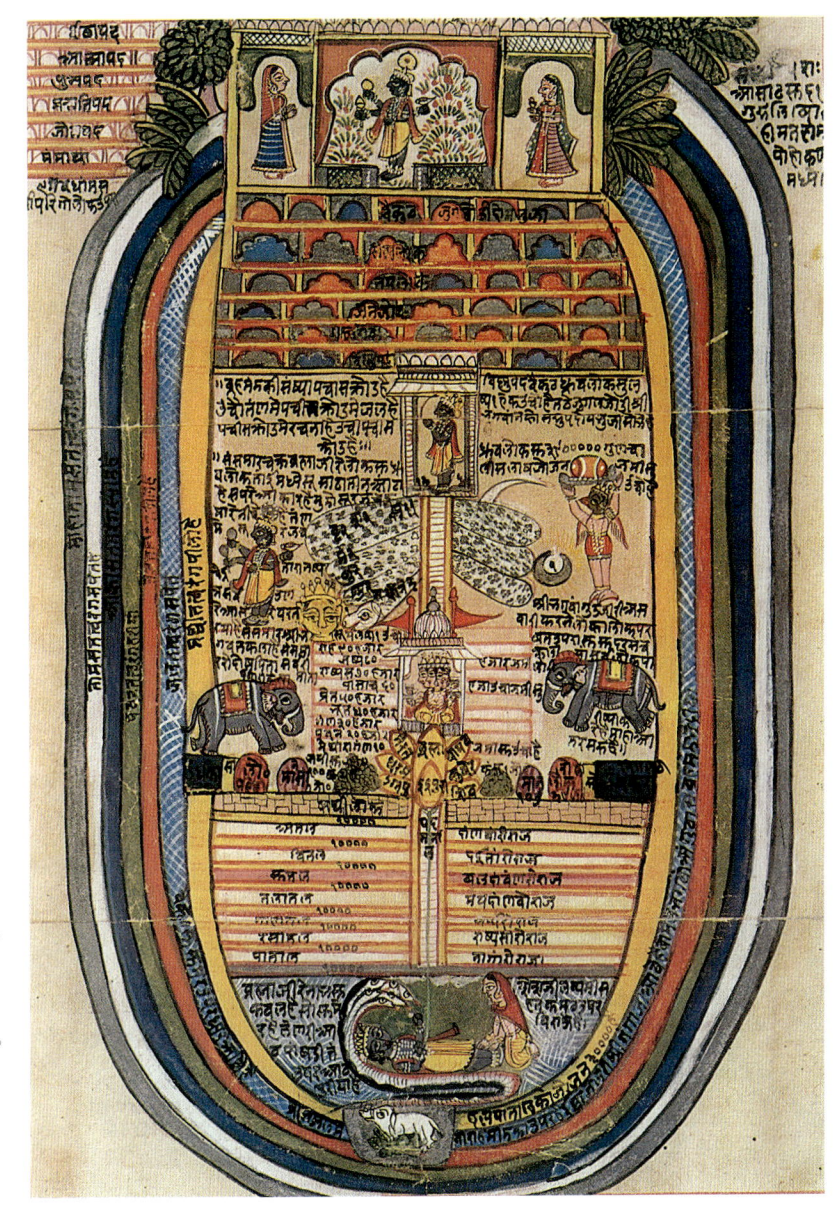

◆ブラーフマナ伝承における「世界の誕生」。16世紀の細密画、ラジャスタン、インド。信仰と宗教的生活の神であり、ヒンドゥー教の主要三神[トリムルティ]の2番目に位置するヴィシュヌは、10通りに化身する[これをダシャーヴァターラという]。

が、前7世紀から前5世紀にかけて、本格的な宗教革命が地中海地方から中国、さらに中央アジアで起こるようになる。偉大な宗教改革者があいついで生まれたのだ。ペルシアではザラスシュトラ、インドではブッダとヴァルダマーナ(ジャイナ)、中国では老子と孔子が、である。彼ら創唱者たちは人々の欲求、たとえば死後の生にかかわる不安や社会秩序に対する反抗、聖職者たちの絶対的な権力の是正など対する欲求にこたえようとする新しい教えをもたらした。やがてこの教えは、ヒンドゥー教にかなりの衝撃を与えるようになる。とはいえ、それはしばしば眠れる巨人にたとえられるインドに対する衝撃ではなかった。

教義と教理
ヒンドゥー教の神体系

ヒンドゥー教は、『ラーマーヤナ』や『マハーバーラタ』のような長編叙事詩のみならず、さらに無数の神々と結びつけられたいくつもの民間信仰にもとづいて、世界を説話的かつ哲学的に説明する体系である。それはまたさまざまな原典や時代からくみ上げられた教義の集成でもある。

最古の聖典ヴェーダ

ヒンドゥー教最古の聖典はヴェーダである。これは世界の始まり（ないし再創造時）に、絶対者がリシ（見者）たちに「息」を吹きかけて伝え、さらに口伝によって世代から世代に伝えられたものだという。こうした言葉の反復による伝承を優先するため、ヒンドゥー教は「啓典宗教」とはみなされていない。

Vedaという語は、「見る」と「理解する」を意味するサンスクリットのvidの語根から派生している。この語根は印欧語の多くの言語にもみられるが、リシたちは絶対者から伝えられた言葉を「見た」という。文字が存在していなかったため、これは直観的な幻視だった。出発点が「幻視」であるということは、ヒンドゥー教において、世界がいかにして創造されずに創造され、イメージされ、可視化され、象徴化されたかを理解するための基本となる。

ヴェーダには、インド亜大陸の最初の征服者であるアーリア人の考え方や、インダス平原の入植後に発展した後代の考え方がほとんど網羅されている。前15-10世紀にサンスクリットに書きとめられ、文書化されたそれは、インド人［ヒンドゥー教徒］にとって未来永劫に重要な聖典としてある。ヴェーダによれば、世界は人格をもたず、超越的な至高の絶対者、すなわち人間の能力をはるかにしのいで極端なまでに多様な神々に化身する、「ブラフマー」と呼ばれる存在に統治されているという。こうしたヒンドゥー教の豊かな神体系を構成する神々の無限性については、後述する。

伝承によって伝えられたヴェーダは、信者たちの個人的・社会的生活の全体を規制している。それは四書──サンヒター（本集）──に分類される［狭義のヴェーダ］。これらサンヒターのうち、最初の三書［『リグ・ヴェーダ』、『サーマ・ヴェーダ』、『ヤジュル・ヴェーダ』］はとくに祭儀、すなわちヴェーダの宗教の中核をなす供犠祭祀の随伴儀礼を対象とする。そこにはヒンドゥー教の口伝によって何世紀ものあいだ伝えられてきた所作や朗誦、呪文、賛歌がこと細かに記されている。ヴェーダの4番目の書である『アタルヴァ・ヴェーダ』は、供犠の執行とは結びつけられておらず、賛歌や呪文からなる。ヴェーダの最初の三書はしばしばトリヴィドヤ（三重の知）として語られているが、むろん第4の書がそれらほど重要ではないというわけではない。

ヴェーダに書かれているこれらの信仰や実践は、古代ペルシアの聖典アヴェスタに類似している。基盤が共通しているのは、アーリア人たちがイランを通ってインダス流域に移住したからである。

後代の聖典

当初のヴェーダの思想は強固かつ不変なままではなかった。口伝によって伝えられたからである。これら最初期の聖典には、さらに1千年紀に編まれた文書がくわえられている。「理解された」をさす語根sruの派生語を呼称とするスルーティ（追加ないし啓示）としてまとめられた、『ブラフマナ』（祭儀書・梵書）や『アーラニヤカ』（森林書）、『ウパニシャッド』［奥義書］などである。これらもまた啓示の書とされる。そこにはもはやそのかみの絶対者は登場していないが、たとえばヴィシュヌやクリシュナ、シヴァといった神々の名がみえる。そして、ヴェーダは「2度生まれ」の人々、つまり上位3位階（ヴァルナ）に属する者だけしか手にできなくなり、

四ヴェーダ ヒンドゥー教徒によれば、ヴェーダは1本の大木であり、その根は天にあって、4本の枝をもっているという。ヒンドゥー教最古の聖典で、『リグ・ヴェーダ』ないし『賛歌のヴェーダ』、『ヤジュル・ヴェーダ』ないし『供犠祭式のヴェーダ』、『サーマ・ヴェーダ』ないし『供犠賛歌のヴェーダ』、『アタルヴァ・ヴェーダ』ないし『呪文集のヴェーダ』の四書からなる。いずれも祈りや儀礼的な祈願、神々への賛歌などをまとめたものだが、そこにはまた世界と人間の起源や時間と人格にかんする考察もみてとれる。

一部の考古学者によれば、今日これらのヴェーダは相対的な重要性しかもたないという［2009年世界無形文化遺産登録］。用いられている言語は、識字階級であるバラモンなど少数の者しか理解できなかったサンスクリット語であり、かなり後代になるまで現代語に翻訳されることがなかったが、それは父から子へと口頭で伝承され、あるいは正統なバラモンが代々これを伝えた。

◆この図にみられるように、4つの頭と4本の腕をもつ姿で描かれているブラフマー神は、しばしば聖典ヴェーダを手にする。紙画、インド派、17世紀、デリー国立図書館蔵、インド。

スルーティもまた原則として第4位階のシュードラ（スードラ）に向けられるようになった。

では、これら後代の聖典は何を語っているのか。『ブラーフマナ』は聖職者［ブラーフマナ］の権力に影響を受け、散文で書かれたヴェーダの注釈・注解を内容とする。そこには祭式の神秘的意味やその執行にかんする詳細が蓄積されている。いわば供犠のおもな執行者であるブラーフマナのための手引書といえる。Brahmaneの語根brihは「増加・増大する」ことをいい、「発展・成長」の意味もある。この意味は内的存在や祈りについても使われるが、それはまた、のちにヒンドゥー教の教義集の根幹となる概念、すなわち普遍的なエネルギーであるブラフマン［「全」。「個＝我」のアートマン（後出）と対比される宇宙の根本原理をさす概念で、天台思想にも影響を与えた梵我一如の世界を構築する］ともなる。ブラーフマナだけがこの力を操作でき、その祈りが効力をもち、その役割がインド社会を統べるところにあるからだ。

ヴェーダが供犠の問題を中心的に扱うのに対し、半法解釈的・半終末論的なスルーティは、ダルマもしくは普遍的秩序にかんする思想や、人間がこの秩序を維持するために積極的に参加することで自由への道が開かれるといった考え方を扱っている。こうした普遍的秩序についての考察は、さまざまなカーストに属し、さまざまな年齢階梯を送るヒンドゥー教徒各人の権利と義務を要約したものとしてある。

また、インドの偉大な叙事詩、すなわち『ラーマーヤナ』と『マハーバーラタ』を含むスルーティを介して、人間のあらゆる状況に、ダルマと古典的なブラーフマナ哲学の基礎的な警句集である有名なスートラ［ベーダの解釈や祭式の施行法、律法などを簡潔平易な表現でまとめた経書］が適用された。さらに数多くの聖典が神々への信仰を描いている。クリシュナ神を主人公とする『バーガヴァタ・プラーナ』がそうである。

なおも供犠の主題が中心的ではあるものの、『ウパニシャッド』が編まれたことで（前800-前300年）、ヒンドゥー（バラモン）教に特有の思弁的な神秘主義が展開するようになる。有名なシャンカラ（8世紀）［南インド出身の哲学者で、不二一元論のアドヴァイタ・ヴェーダーンタ哲学や梵我一如などを唱えた］が注釈をほどこしたおかげで、今も生きている文学といえるこの書には、人格と供犠要素と物理的な宇宙の構造との対応体系が論じられている。とくにそれは、キリスト教の伝統では「精神」、より的確には「気息（プラーナ）」、さらに内的な「我」という語によって訳される、人間存在のなかでもっとも根源的なもの、すなわちアートマンの概念を普及させた。

第2部　東洋的伝統

プルシャがそのかみの宇宙的な人間［原人。インド神話では1000個の目と1000個の頭、1000本の足をもつとされる］であるのと同様に、個をも意味するアートマンは「内的な我」と渾然一体となった「普遍的な我」にほかならない［『ウパニシャッド』の哲人ウッダーラカアールニは息子に「私は何ですか」と問われ、「お前はそれである」と答えている］。それは先行する時代の絶対者、すなわちブラフマンの普遍的なエネルギーと交錯する。だが、ふたつの絶対的存在は共存できない。そこで『ウパニシャッド』の有名な等式に行きつく。アートマンはブラフマンと等しい、という等式である。この一元論的命題はのちにかなりの影響力を発揮し、気息にかんする考察を発展させて、今日のヨーガの実践［調息・調気法］にまでおよんでいる。さらに補足すれば、ここではアヒンサーの概念をくわえておかなければならない。「非暴力」と訳されるこれは、生と再生の周期を執拗におそれるあまり、道からはみ出ようとする試みに対して、むしろ「道の遵守」を意味する。

仏教・ジャイナ教の影響下でのヒンドゥー教の展開

ヒンドゥーの宗教的思想は前6世紀、インド北部に興ったふたつの大規模な宗教改革、すなわち仏教とジャイナ教の影響を受けてさらなる展開をとげる。最初期のヴェーダやブラーフマナの宗教で無視されていた2通りの概念が、ヒンドゥー教の教義集に組みこまれていったのである。カルマ（業）とサムサーラ（輪廻）という概念で、前世でなした行為の重さと結末ともいうべき前者は、しばしば転生、つまり新たな死と新たな生の無限の循環である後者の原因となる。インド人たちは日々こうした考えにとらわれていた。

再生のメカニズムは2通りに解釈される。狭義では、それは前世によってどのような人間になるかがあらかじめ定められたものに回帰する。広義では、これらの再生は神々の世界ないし中間的な「精霊」の世界もしくは動物界で生じるが、ときにはヒンドゥー教の実践者をいっさいの肉食から遠ざける確信ないし信念をさすこともある。一方、地獄はブラーフマナの思想ではさしたる役割をおびていない。

ヒンドゥー的な宗教思想のさまざまな基盤からすれば、神々の重要性が、身体性（気息）やブラフマン＝アートマン等式にかんする考えによって弱体化していると結論づけても誤りではない。そこでは個人の霊魂が普遍的な霊魂に融合している［梵我一如］。たしかに人はそうした神々に現世利益をなおも求めているが、今日の信奉者たちにとっての最大の関心は、もはや祭式によってではなく、むしろ知や生き方をとおして得られる解放（ムクティ）にある。こうしてブラフマンの世界に近づき、アートマンを直観的に感得すれば、輪廻をまぬがれることができるというのである。

多様な神々

インドは神々の国である。ヒンドゥー教には無数の神々がいる。アーリア人によってもちこまれたか、あるいは土地神を吸収した神々だが、これはいわば汎神教（パンテイズム）であって、多神教（ポリテイズム）ではない。人々の信仰のありかたが異なっているからだ。ヒンドゥー教では、他の神々が存在していることを知りながら、神体系の一神だけに祈願するのである。ヒンドゥー教の神々は供犠を奉献して祈れば祝福をもたらしてくれるが、ときには力強く、威嚇的でもあるとされている。

もともとこれらの神々は精神の象徴であり、寺院での信者たちの礼拝によって神としての姿をとるようになった。最古のヴェーダ伝承によれば、その数は33柱で、ヒンドゥー的宇宙論における三世界、すなわち天と地、さらに天・地の中間にあって「空」と呼ばれる空間を分有しているという。この象徴的な宇宙の中心には、メル［須弥］とよばれる一種の聖山がある。

神々の地位と名声は時代とともに変化してきた。たとえば始原の最高神で、宇宙的秩序の神でもあったヴァルナ［天空・司法（契約と正義）・水の神］は、本来の機能を他の神々に奪われて水神へと降格させられている。また、アグニ神は地上ではなおも供犠の火神・光の神だが、天上界ではスーリヤ［太陽神］が火を象徴する。これに対し、天地のあいだの空の世界では、インドラ神が雷光をふりかざす雷霆神となっている。ヒンドゥー教の神体系では、このインドラ神がヴァルナ神の降格と反比例して重要性をおび、宇宙的力の源泉かつ雨神として最高神の地位を占めるようになった［ヒンドゥー教の時代にはインドラもまた弱体化している］。

ヴィシュヌ、シヴァ、ブラフマー

今日、家庭やヒンドゥー教の苦行者たちからもっとも尊崇されて

◆ヒンドゥー教の伝統における二大叙事詩のひとつ『ラーマーヤナ』の挿絵（部分）。主人公のラーマ王子はヴィシュヌ神の化身である。デリー国立博物館蔵、インド。

ヒンドゥー教

いる主要な神は、ヴィシュヌとシヴァ、そしてブラフマーである。これら三神は「トリムルティ（ヒンドゥー的三神一体）」とも呼ばれるものを形成している。極端なまでに単純化していえば、ヴィシュヌは維持神、ブラフマーは創造神、シヴァは破壊神となる。ただし、三神一体という語はシンクレティズム（混淆主義）ではない。多くのヒンドゥー教徒にとって、これら3神は同一神がもつ3つの特性だからである。

前述したように、ブラフマーは万物の上に存在する神、世界を秩序づけて形づくる神でもある。化身こそしないが、ヒンドゥー神話では神鳥［ハンサ。原文は白鳥］に乗って移動する。配偶神のサラスヴァティー［仏教の弁財天］は、学問と言葉と音楽の女神である。ブラフマーは至高の存在だが、抽象的でめだたず、二次的な立場にある。あらゆるヒンドゥー教徒の絶対的な基準となっているものの、寺院で特別な祭祀の対象とはなっていない。かろうじて大寺院、たとえばインド北西部ラジャスタン州のプシュカルにある寺院で知られている程度である。したがって、ブラフマー信仰は他の2神ほど一般的ではない。

ヴィシュヌは世界を3歩で踏破し、宇宙の永遠の社会的・宗教的秩序を維持するとされている。だが、神々の位階では、ヴァルナ神を追い落としたインドラ神にとって代わった。ヴィシュヌはまた最古の伝承を受け継いでおり、そこでは世界と社会秩序を創造するため、神々から四肢を切り落とされた宇宙的な原人プルシャと同一視されている。サンスクリット語にいうアヴァターラ（化身）として地上に降り立ったともいう。ヒンドゥー教でつとに知られているラーマ王子［『ラーマーヤナ』］やクリシュナ［『マハーバーラタ』］は、この神の化身である。

ブッダもまたヴィシュヌの［9番目の］アヴァターラとされている。民間伝承によれば、ブッダは人間と鷲が合成された怪鳥［ガルダ］に乗って移動し、美と豊穣と幸運の女神ラクシュミーを妻としているという。

一方、シヴァ神はしばしば舞踏の王［ナタラージャ］として表され、男根［シヴァ・リンガ］ないし死者の頭を数珠代わりにした首輪によって象徴される。これは運動の神、力動的な神で、維持と安定の神であるヴィシュヌと対照をなす。この神はまた秩序——悪や無知——を破壊し、すぐにそれを再建する。それゆえ、威嚇的な神であると同時に善をもたらす神ともされる。牛に乗って移動し、妃はパールヴァティーである。さらにシヴァ神はヨーギン（ヨーガ行者）や苦行者たちに好まれる神だが、伝統的なすべての寺院で尊崇されている。

寛容の重視

ヒンドゥー教徒は、しかじかの聖人を信仰対象にできるキリスト

◆シヴァとその神妃パールヴァティーの息子ガネーシャは、文芸や学校の庇護者である。ラジプート技法細密画、18世紀、フランス国立図書館蔵、パリ。

教徒とは異なり、好みの神を選ばない。その信仰は、自分が生まれ、忠誠をつくすべき家に代々伝わるものである。だが、こうした信仰心は変化しうる。彼らは自分が受けた教育の水準に応じて、神々を描いた民衆画（そこには配偶者や子どもなどが登場している）を重視するのである。彼らヒンドゥー教徒を結びつけるものは、神の具体的な姿形や色や所作が象徴的な世界観のなかで明確な意味をおびており、余所者もそれをそうしたものとしてうやまわなければならないとする確信である。そんな彼らに共通しているもうひとつのものは、非人格的な絶対者の多様な側面である神々と一体化するために、個人的・集団的な超克を求める、ということである。その意味

『バガヴァッド・ギーター』　これはヒンドゥー文学の基本文献で、真面目に行動するヒンドゥー教徒の枕頭の書でもある。『マハーバーラタ』の一部をなす。バガヴァッド・ギーターという語は、「至福者たちの歌」を原義とする。そこには、御者のクリシュナがカウラヴァ家とパーンダヴァ家との戦いにおもむく主人公の戦士アルジュナに向けた、長々しい助言ないし一種の訓示が書かれている。霊能者が知っている救いの道すべてを要約しながら、この書はさらにもうひとつの道をつけくわえる。生まれや年齢、性別が当人の位階に課すものを越えた救いの実現である。そこではブラーフマナや君主、はては道路清掃人にいたるまで、あらゆるヒンドゥー教徒に対し、苦行者になる可能性が、したがって神の御業に参加し、その報酬としての恩恵を受けられる可能性が示されているのだ。

第2部 東洋的伝統

◆王冠を戴く4つの顔をもつ、ヒンドゥー・トリムルティの最高神であるブラフマー。『バガヴァッド・プラーナ』の装飾写本画（部分）、18世紀、フランス国立図書館蔵、パリ。

において、ブラーフマナたちはこの絶対者と人間との仲介者であり、絶対者の代理ともいえるが、彼ら自身は決して絶対的な存在ではない。

　神々は混淆的で包括的な世界を形づくっているが、これらの神々への帰依はだれにでも認められている。ヒンドゥー教は異端的な考え方を除いて、霊的な探究をすべて受け入れる。そこでは他の宗教も神を求める別の探究様式とみなされている。ヒンドゥー教徒にとって、キリストの受肉ですら「神の下降」、つまりアヴァターラの

ひとつということになる。前述したように、ヒンドゥー教には数多くのアヴァターラが登場しているが、たとえばヴィシュヌによる動物や人間などへの多様な化身［受肉］がそうである。

　ヒンドゥー教特有の寛容さはよく理解されているところである。多くの宗教は唯一の、だからこそ尊崇すべき神に近づく方法だといえるが、それと同様に、ヒンドゥー教では、それぞれの神の崇拝が、主神ないし至高の存在である同じ絶対者に近づく方法となっている。

祭儀と実践
供犠・奉献・祈祷

　ヒンドゥー教では、何世紀にもわたって発展してきた祭式がいたるところで営まれている。ブラーフマナの監督下での供犠や日々の供物奉献、祈りなどだが、さらに寺院が登場するようになると、巡礼や無数の祝祭の重要な役割のほかに、聖画や神像の崇拝もくわわるようになった。

供犠

　ヒンドゥー教はなによりも供犠［ヤジュナないしヤジュニャ］の宗教といえる。最初のアーリア人たちから受け継いだ供犠は、聖域や寺院で営まれてきた。この伝統はまず祭場の画定から始まり、儀礼のあいだ、そこは神聖な場所となる。奉納物は聖なる火にくべられる［これをホーマー（護摩の語源）と呼ぶ］。この火が現世と他界を結ぶ仲介者とみなされているからである。

　では、かつては何が供犠となったのか。摂食禁忌以前、まだあらゆる肉が食べられた時代は、動物だった。ただし、ミルクとバターで生きていた移動民や、やがて定住した彼らが耕作の際に雄牛を用いたことが記憶にあるため、牛だけは例外だった。こうして生まれた摂食禁忌はこの聖獣、とくに雌牛について永続することになる。反対に、山羊や羊、鳥類は供犠に用いられた。ひとたび屠られたその肉は、神々に捧げられ、食された（民間神話による）。残りは供犠祭司と参列者たちのものとなった。

　次に、だれが供犠を行っていたのか。ときにかなりの数にのぼる祭官たち（アドヴァリユ）が、儀式の準備いっさいをとりしきる。聖なる空間の画定や火壇の設営、供犠獣をつなぐ柱の設置などである。これらの作業が終わると、彼らは呪文を唱える。それから歌い手たち［ウドグリートリ］が登場して、儀式にともなう祈りを司式する。次に登場するのが、イラン［ゾロアスター教］における火の祭司の直系で、儀式の中心となる祭官ホートリである。4番目の司式者はブラーフマナだが、彼は直接儀式に介入せず、賛歌を歌ったり、祈りを唱えたりすることはない。ただ、儀式や所作、賛歌などが遺漏なく執り行われているかどうかを監視し、必要があればそれを修正する。彼はすべての文献に精通し、ヒンドゥー世界の位階のなかで、聖典の維持と伝達を主たる使命としているからである。

　ヴェーダ時代のこうした供犠は、時代とともに変化したものの、実際の執行に際しては、つねにヴェーダが参照されてきた。ときに嫉妬の対象ともなったブラーフマナたちによる供犠の文献や秘密の維持は、今日にまでおよんでいる。しかし、動物たちが神々への生贄として屠られることはもはやない。供犠獣の代わりに、今では野菜が供物となっているのだ。溶かしたバター［ギー］の奉献はなおも聖なる火に投ずることでなされている。儀式ではブラーフマナが中央の座を占める。家の火に毎日供物を捧げることは、家長の義務とされる。たしかにヴェーダ時代の供犠を受け継いだ動物供犠はなくなったが、かわりに菜食主義の伝統は今も盛んである。

聖画・神像崇拝

　インドの宗教造形においてきわめて数多い聖画や神像の出現は、寺院のそれと軌を一にしている。これらの造形表現はヒンドゥー教で決定的に重要な役割をになっている。神々はそのイメージを心のなかで思い描くような存在ではなくなり、信者が目と瞑想で讃える人間の姿形をとっている。

　こうした聖画や神像の制作には、それらを置く場所と同様、守るべき規範がある。しかじかの寺院に固定用の神像を安置する。それはしかるべき儀式にのっとってなされる行為である。その他の石や木ないし金属でできた、しばしばより小ぶりの移動可能な神像は、行列を組んで、寺院の中あるいは外に運ばれる。これらの神像もまた、ヒンドゥー教の聖域で重要な役割をになっている。

浄化　清浄観〔シャウチャ〕（sauca）はヒンドゥー教の根幹をなす。身体と精神双方にかかわる観念だが、信者は日の出とともに枝や塩、墨、あるいはより簡単にブラシないし歯ブラシを用いて歯磨きをする。日々の身づくろいでは、石鹸で念入りに顔を洗い、それから頭から爪先まで桶に入った水を浴びる。外出中でも、近くに川があれば、最小限の着衣――女性ならサリーのみ――を着たまま沐浴する。それから、きれいにアイロンをかけた服をまとう。ヴィシュヌ派やシヴァ派といった宗派運動に属している信者の場合は、さらに額に宗派の識別印［ティラカ］をつける。同様に、既婚女性もまた、沐浴のあと、髪を中心で二分する分け目［シンドゥール］を朱（辰）砂で塗りなおす。そして化粧をし、髪に花を刺す。

第2部　東洋的伝統

信心深い人々は白や赤、黄色といった色とりどりの布を神像に着せる。ときにはバターを塗ったりもする。固定型であると移動型であるとをとわず、神像の前では祈り（マントラ）が唱えられ、その「目を開かせる」、つまり神性を像に依り憑かせるための祭式が営まれる。信者が祈願し讃えるのは、まさに物質的な神体とこの神性である。

神像は生きている人間とみなされている。人間の姿形をしているからだけではなく、日常的な所作、たとえば叙事詩に再現されているような、王宮生活における王の所作——起床、入浴、神々への賛辞、食事、就寝など——を行うとされているからである。寺院はそこで営まれるさまざまな儀礼や祭式によって1日に区切りをつけ、特有の時間を得る。ヒンドゥーの宗派（ヴィシュヌ派やシヴァ派など）は、こうした聖画や神像への崇拝中心に数を増していった。

プージャ、メラー、信仰

神の称賛ないし信仰を具体化したプージャは、すでに紀元以前に、費用がかかり、供犠獣を屠ることからアヒンサー（非暴力）にも反するとみなされた、ヴェーダの供犠にとって代わっている。プージャは女神を含む神々への供物奉献からなるが、その供物としては、花や香、果物、穀物、ミルク、さらに火（ロウソク）などがある。神に捧げたことで神聖化したとされるこれらの供物は、のちに信者たちに配られる。これは参列者たちが生贄の残り物を分けあっていた古代ヒンドゥー時代の慣行の延長といえる。

プージャはまた日々の信仰の根幹をなしてもいる。それは家庭や寺院で営まれるが、そこでは信者たちが神々の栄光を歌い讃える。そのやり方は信者が属するカーストで異なり、讃えられる神の選択もさまざまである。だが、基本は神を崇めて、「そのダルシャンを得る」、つまり神の姿を得て高揚するところにある。寺院でのプージャの場合、儀礼が終わると、信者たちは聖なる火（アラティ）と、奉献されて神の恩寵をおびるようになった食べ物（プラサダ）を分けあう。寺院を立ち去る前には、この聖所のまわりを右まわりにめぐる。これをプラダクシナという。

ブラーフマナは、自宅では一族の祭壇の前で、あるいは寺院で毎日5回の礼拝をしなければならない。きわめて敬虔な信者は早朝と深更、日に2度寺院に詣でる。ただ、ヒンドゥー教の場合、寺院へのひんぱんな参詣を義務化しているわけではない。それぞれが自分のため、もしくは家族単位で訪れるのである。通常、信者たちは立ったまま両手を頭の上で組んで自分の神に祈るが、女性信者は男性信者と離れ、膝を地面につけて跪拝する。寺院によっては、神々への礼拝順が決まっているところもある。まず、象の姿をしたガネーシャ［智恵や学問・商業の神］、ついでムルガン［スカンダとも。戦神］と、この二神の父とされるシヴァの順である。礼拝では、楽器（木製ラッパや太鼓、鐘など）がにぎやかに礼拝を引きたてる。ころあいをみはからって、聖職者が大声で祈りをにぎやかに唱えはじめ、最後に米や果物が配られる。

プージャには年祭もある。大規模な民衆祭で、カルカッタやベナレス（現ワーラナシー）をはじめとする国内の大都市で数日間かけて営まれる。ヒンドゥーの集団的な感情が生まれるのは、まさにこの膨大な人々が集まる機会、すなわちメラー（メーラ）もしくは年に1度のプージャの大祭時である。メラーはまた宗教的な集会であると同時に大市でもある。各地にある聖なる川のほとりで催される最大規模のメラーのうち、とくに指摘しておくべきは、3年ごとの1月から2月にかけて、四大都市で順番に営まれるクンバメラー祭である。もっとも有名なのは、聖なるガンジス川とヤムナー川の合流点に位置する、プラヤーグ［旧アラハバード。インド北部］のそれである。集まってくる信者の数は、ときに数百万にも達するという。彼らの熱気はすさまじい。だが、そんななかで、ぼろ同然の衣をまとったひときわ目を引く一団が瞑想したりもしている。

巡礼

『マハーバーラタ』によれば、巡礼はかなり古くから、とくに聖なる川に対してなされたという。バラモン教においては、たしかに水が浄化に基本的な役割を果たしていた。寺院が好んで川や湖の近くに建立されたゆえんである。たまさかそこが川の合流点なら、その場所の聖性は増幅する。水がなければ、人工池を掘り、信者たちの沐浴に用いるようになる。そこから汲みだした水を聖画や神像にふりかけたりもする。

◆ヒンドゥー教の祭式は神々への植物奉献（プージャ）の頻度を規定している。この写真では、性行為で伝染する病を防いでくれるとされる女神が、胡椒やウコンの供物に囲まれている。インド南部ケーララ州のバグマティ寺院。

◆シヴァとパールヴァティー、ラジャスタン地方の壁画。インド。

巡礼への誘いは今もきわめて盛んである。巡礼地としてもっとも名高いのは、ガンジス川沿いの聖都ベナレスである。はるか昔から、この川はすぐれて聖なる川とみなされてきたからだ。伝承が語るところによれば、ガンジス［正確にはその神格化であるガンガー］は天からシヴァ神の頭上に落ち、これによりそれは大地にとてつもない衝撃を与えずにすんだという。インドでもっとも神聖な都市ベナレスでは、ヒンドゥー教が根幹とするものを見たり、感じたり、触れたりすることができる。そこでは女神を含むあらゆる神々と出会えるのだ。ありとあらゆる祭りや宗教行列やグル［後出］たちにも出会える。ヒンドゥー教徒にとって、ガンジス川のほとりで死ぬことは救いの保証であり、だからこそ死者の遺灰は、川に投じられるのである。

カーヴェリ川もまた、南インドでガンジス川とほぼ同様の役割をになっており、近くには、ティルチラッパリやバグマティの寺院がある。一方、前述したプラヤーグ近くを流れるトリヴェニ（字義は「三重点」）川は、ガンジスとヤムナ両河川だけでなく、伝説的なサラスヴァティー川とも交わっているという。そして、この川も大昔から多くの巡礼者を引きつけてきた。

祝祭日

インドでは毎日が祭りである…。国は西暦（グレゴリオ暦）を採用しているが、宗教暦［サカ暦］はチャイトラ（カイトラ）月（3－4月）に、家ごとに祭りを行う新年が始まる。チャイトラ月の7日目はラーマ王子の誕生日とされる。ヴィシュヌの7番目の化身で、『ラーマーヤナ』がその英雄的な偉業を讃えるラーマは、男女や浄・不浄をとわず、ハリジャンを含むすべてのヒンドゥー教徒からうやまわれるもっとも民衆的な神的存在のひとりであり、理想的な王のモデル、ダルマ［宇宙の法と秩序］と調和の守護者でもある。

ヨーガ 西欧では単純な身体的・精神的な鍛錬となっているヨーガは、インドでは厳密に宗教的な規範である。それはヴェーダ時代より古くから行われ、禅はそこから影響を受けている。

ヨーガという語はサンスクリット語で「結合」を意味する。つまり、宇宙の原理と一体化することである。ヨーギンないしヨギと呼ばれるヨーガ行者は、自分の身体と知によって、創造の時間と空間にみずからを位置づけようとする。ハタ・ヨーガは身体の鍛錬を主張する。ただし、この鍛錬はたんに本能を制御するためだけではなく、五感を越えたところにあるものをきわめて、そこに達しようとするためでもある。ヨーガはこうした完全な精神集中と身体の規律化をとおして、常人には近づくことができない力を獲得しようとする。それは際限なく巨大なものと際限なく微小なものを認識できる能力、遠くの物を意のままにしたり、空中に浮遊できるまでみずからを軽くしたり、あるいは自然の諸要素を支配したりすることができる能力である。

より端的にいえば、ヨーガとは身体や気息、調息、行為などを制御して注意力や集中力を高める方法となる。すぐれたヨーギンなら、大いなる瞑想力をすみやかに手に入れることができる。

第2部　東洋的伝統

◆象頭の神で知の守護者、さらに争いを鎮め、障害を除き、旅人を守るとされるガネーシャの祭り［8月下旬—9月中旬］のために、ムンバイ（ボンベイ）に集まった人の波。

このラーマにはマントラ全体が捧げられている。

次に来るのが、5月から6月にかけてのヴァイシャーカ（ヴァイサカ）の祭りで、これは新学期の始まりとなる。6-7月は、学校や伝統的な家、あるいはアシュラム（ヨーガ修行場）では、イニシエーション（秘儀伝授）をゆだね、神の一員にくわえる霊的指導者のグルたちを祝う。この月にはまた、たとえばオリッサ州プーリにおけるヴィシュヌ派の「ラタ・ヤトラ」（巨大山車行列祭）のように、地方独自あるいは宗派の祝祭も数多く営まれる。

8月から9月にかけてのバードラパダ（バードラ）月8日目には、この日が誕生日であるというクリシュナの祭りが全インドで行われる。そこではクリシュナ神の生涯にかんするもろもろのエピソードが楽しげに語られる。もっとも長期に祝われる祭りは、シヴァの至高の力を表す偉大な女神シャクティ（性力）に捧げられる、9月のダシャハラ祭（字義は「10日」）である。10日のあいだ、日常生活は停止し、人々は断食や儀礼的な歌舞、ときに血をともなう供犠、さらに豪華な家庭での食事に明けくれる。

だが、もっともみごとな祭りは10-11月のディーパヴァリー［字義は「ランプの列」］祭である。別名「光の祭り」とも呼ばれるこの祭りでは、4日ないし6日の期間中、国中の明かりがともされる。家も通りも花飾りであふれる。まさに楽しい季節と友誼を祝う祭りともいえる。

さらに列挙を続けるなら、「大神」をたたえる2-3月のシヴァの夜祭り［シヴァラートゥリー。信者たちが夜通し賛歌を歌い、プージャを行う］がある。春祭りと収穫祭のホーリーでは、悪魔ホリカの像が燃やされ、人々は新しい服をまとって互いに極彩色の粉や水をかけあう。そこでは一時的ではあるものの、男女の区別が撤廃される。

グル

精神的な導師であるグルは、ヒンドゥー教の伝統やインドの社会的・宗教的な生活において、つねに最重要な地位を占めてきた。最古のさまざまな規定は、上位3カースト、とくにブラーフマナに属する若者たちが、彼らにヴェーダを教えるグルについて何年も修行するよう強いている。それゆえ、グルは彼らのイニシエーションに責任をもつ。この見習いたちはグルに絶対的に服従しなければならない。そして、ひとたび修行が終わっても、彼らはグルに一生従い、きわめて深い尊敬の念をいだきつづける。まさにグルは、彼らの精神的ないし霊的な父といえる。イニシエーションによって、グルは彼らに第2の生を与えるからである。

制　度
カースト社会

　ヒンドゥー教で「制度」と呼べるものは、社会のきわめて位階化された組織にみられる。その機能がインド最古の宗教的信仰と密接に結びついている、いわゆる「カースト制」である。

　ヴェーダが四書に、聖職者としてのブラーフマナ全体が4階級にそれぞれ分かれているのと同様に、ヴェーダ社会もまた「カースト」と呼ばれる4集団に分かれている。周知のように、この呼称はサンスクリット語で「色」を意味するヴァルナ（色）の訳語である。

　さまざまな原典によれば、宇宙的な原人プルシャは神々によって生贄にされ、四肢をバラバラにされたという。その口から聖職者（ブラーフマナ）が生まれ、腕からは王族・戦士（クシャトリヤ）、太腿からはヴァイシャ、つまり最初は飼育者、のちに定住時代にはいって耕作者と商人ないし職人がそれぞれ生まれたともいう。このカースト制はこうした信仰に起源を有する。これら上位3カーストは、原初の印欧社会の3階級に符合する。

　だが、ヴェーダ文献はさらにプルシャの足からシュードラも生まれたとしている。前3者とは異なり、このシュードラなる語は印欧語起源ではない。おそらくは隷属した先住民の地方語から借用したものである。ヴェーダによれば、シュードラは上位カーストの奴隷だという。とすれば、シュードラたちは大部分がアーリア人が入植した地方の住民、つまり、彼ら移住民が定住してインド人となった時代に社会システムに組みこまれた土着の住民だったと思われる。

　ヒンドゥーの宗教儀礼が上位3カーストのあいだで異なっているとはしても、大きな対立はむしろ第4カーストとの関係にある。啓典を読めるのは3カーストに属する者だけであり、前述したように彼らだけが「2度生まれ」を意味するドヴィジャと呼ばれる。彼らが啓典に接し、ヴェーダに教えられるという、一種の再生イニシエーションを受けることができるからである。

　こうしたカースト制は大叙事詩の時代につくられた。『ウパニシャッド』を読めば、国王たちがブラーフマナを教えていたことがわかる。当時、社会の多数派はヴァイシャ（生産者）たちだった。やがてブラーフマナは知という点でクシャトリヤの上位とみなされる

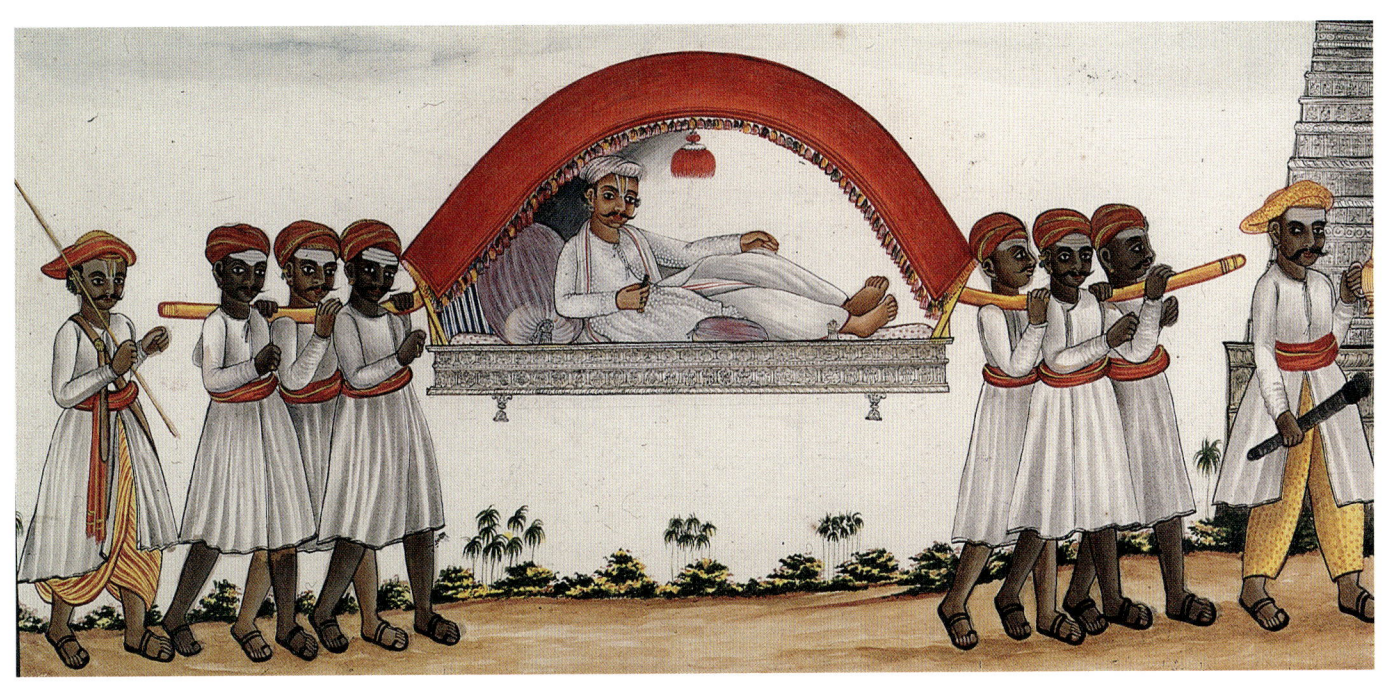

◆輿に乗って移動する高位カーストの人物。『インドのカーストと職業』の水彩挿絵、1831年、フランス国立図書館蔵、パリ。

◆ワーラーナシー(旧ベナレス)のハリジャン地区。インドには4通りのカーストが存在し、それぞれのカーストもサブカーストに分かれている。

ようになり、クシャトリヤは王や貴族の優越的な権力をおびるとされた。たとえ戦時にだれもが戦闘に参加した場合でも、カースト制は位階独自の役割を定めていた。歴史の過程で征服された人々を前にして、それは一種の「非混合」を保証する制度であり、非アーリア系出自から庇護する制度でもあった。

やがてこの4位階に分かれたカースト制は支配的なものとなり、再強化されていった。つまり、それまでの階層分類にカースト分類が続いたのである。そこではだれもが生まれに従っていずれかのカーストに属し、それは死ぬまで変わることがない。こうした世襲的な社会区分は、今もなおインド人の心のなかに深く根を張り、シュードラよりさらに下の位階であるハリジャン[ダリット(被抑圧民・困窮民)、不可触(賤)民]もまたカーストに組みこまれ、「アウト・カースト」(!)と呼ばれている。彼らの行動は陋習的に不浄なものとみなされている。

ヒンドゥー教社会

再生だけが社会的な位階を上下できる。カーストは全体が区分けされたシステムであり、生活のあらゆる面、社会のあらゆる階層にかかわりをもつ。1955年、国際的なキャンペーンを受けて確実に強化されてきた反民族的・宗教的差別法[不可触民制禁止法]が制定され、社会や行政における柵が公式に撤廃された。だが、カーストのシステムはなおも残っている。きわめて信頼にたる資料によれば、インドのブラーフマナとクシャトリヤ、さらにヴァイシャはそれぞれ総人口の約6パーセント、シュードラは60パーセント、ハリジャンは15パーセントいるという。

ヒンドゥー教の聖職者はブラーフマナの位階のみを出自とする。信者たちの寺院への供物は、どのカーストに属しているかで異なる。この帰属は、寺院の入り口で聖職者ないし補佐役によって名前を誰何されることで特定される。長いあいだ、各カーストは厳格にへだてられて生きてきたが、容易に想像できるように、ブラーフマナは下位のカーストによって用意された食事をしていた。かつてはブラーフマナが調理をするブラーフマナ専用のレストランないし食堂があった。たしかに今では制度が多少ともゆるくなっているものの、公共の場では、一部の仕事にはなおも出自カーストが重視されている。

今日、インドは特定の状況、とくに結婚においてカーストがなおも重要な役割を演じている。ガンジーがハリジャン[命名者はガンジー。字義は「神の子」]のために興した闘いや1955年の反差別法以来、アウト・カーストたちの立場は改善されている。彼らは一部の公職につくことができるようになっている。かつてならとてもありうる話ではなかった。とはいえ、彼らが置かれた状況は全体的に不快なものであり、決して望ましいものではない。

分布と定着
抑制された宗教

「インド人」と「ヒンドゥー教徒」というふたつの語は、たしかに対応しているが、同義ではない。ヒンドゥー教は社会・宗教的な現実を意味するが、地理的なそれをさしてはいない。インドはとくに1億近くのムスリムが住んでいる世俗的な国なのである。

あらためて指摘するまでもなく、ムスリムだろうと仏教徒ないしキリスト教徒だろうと、インドと呼ばれる国の市民はだれであれインド人であり、カースト制とかかわるのはバラモン教を受け継いだヒンドゥー教に属するインド人のみである。このインドでは、古代の宗教とその聖典の言語となったサンスクリットが密接に結びついていたが、宗教と言語がこれほど密な例は世界でもめずらしい。

同じインドの大地で生まれた新しい信仰の仏教とは反対に、ヒンドゥー教は布教活動を行なおうとはしなかった。ヒンドゥー教の伝播の歴史は2期に大別できる。まず、50年から500年頃までで、そこでは東への交易路をたどって東南アジアの大部分の国やインドネシアへと伝わった。もうひとつの波は、インド人たちが商人ないしたんなる契約労働者として、カリブ諸島やフィジー島といった大英帝国の植民地へと移住した時期に始まる。これらの国々では、ヒンドゥー教徒のコミュニティが母国との経済的な結びつきによって繁栄していった。全体的にいって、彼らは移住先の隣人たちと平和裏に共存したが、それでも時には緊張が生まれた。たとえば1972年、ウガンダで7万人のアジア系ヒンドゥー教徒が、独裁的な大統領イディ・アミン・ダダ［在任1971-79］によって追放され、イギリスに亡命している。

しかし、ヒンドゥー教の影響はそのグルたちの魅力のみならず、『バガヴァッド・ギーター』や『ウパニシャッド』、さらにいうまでもなく性愛文学の代表作『カーマ・スートラ』といったヒンドゥー古典の魅力によっても、西欧世界にも広まった。このようなインド志向の結果、ラーマクリシュナ・ミッション［ヴェーダーンタ派の哲学者ラーマクリシュナ（1836-86）の教えを奉じて1897年に創設された慈善団体］をはじめとして、ヨーガや超越的瞑想にまでいたる東洋哲学に鼓吹された一連のコミュニティがつくられた。その一方で、ヒンドゥー教徒内部の宗教的実践が改革され、他の宗教や文化に属する数多くの信者や信奉者たちのヒンドゥー教への改宗もみられた。

♦12年ごとに何百万もの信者がアラハバードに集まるヒンドゥー教最大の祭りマハー・クンブメラーで、信者たちを祝別するグル。

人間観と世界観
救いの展望

　生きとし生ける者（神々や人間、動物、「飢えた」精霊、地獄で生きる者）は、サムサーラ（輪廻）、つまり生と死のたえざる周期、転生の周期にとらわれている。それゆえヒンドゥー教徒はよりよい生をつねに信じ、こうした考えにもとづいて、平安と癒しをもたらしてくれる非暴力と寛容の世界の発展を願う。

　ヒンドゥー教では、人間の運命は、天と地、神々と人間たち、超越的なものと内在的なもの、人間界と動物界、富める者と貧しい者…などを分けることのない象徴的な宇宙観に支配されている。したがって、ヒンドゥー世界は根本的に二元論的ではなく、非暴力と寛容な世界ともいえる。それは地上の悲惨さや人間同士の対立や暴力にもかかわらず、平安と慰めを与えてくれる。つねに平安（サンティ）を求める。これがヒンドゥー教なのだ。ヒンドゥー教徒たちはアートマンとブラーフマンの融合、すなわち、すでに定義しておいたように、個人が一種の普遍精神と融合することを願いながら生きている。彼らの宗教生活における強い信仰と熱情は、まさにそこから生まれてくるのである。

　こうした不二一元論的な世界は、西欧ほど階級格差が顕著ではない。ハリジャンたちですら、ブラーフマナがすべて富裕ではないことを知っている。彼ら自身、同じ階級に属する人々の恨みや妬みをまねいたりせずに、職人として身を立てることができる。ヒンドゥー教徒にとって、個人の運命と救いを決めるものは、帰属階級やその社会的活動をとおして現世で蓄えた徳ではない。そこには、だれにでも救いと自由を期待できる機会がつねに等しいものとしてある。成功するかどうかは、ひとえにカルマ、つまり業にかかっているのだ。

輪廻

　サムサーラに対する信仰によれば、人はだれでも生まれ、生き、死んでいくが、連続する生の無限周期によって転生するという。この転生はたんに肉体的な現象ではない。ヒンドゥー教徒はそこに倫理的な要素をつけくわえるのだ。現世における次の生は、現世での行為の質によって密接に条件づけられている。これが因果応報と呼ばれるものである。現世でいかにふるまったか、いかに責任を果たしたかによって、生まれ変わった人は幸せな生ないしみじめな生、そして動物の生をふたたび送ることになる。もっとも徳と無縁だった者は、ハリジャンをはじめとする社会の賤民階級に転生するともいう。

　しかじかのカーストへの帰属は、したがってみずから求めたり、強制されたりする社会階層とは無縁である。それは前世からのいわば不可避な結果ということになる。現在の条件をまぬがれることはできない。それがすでに前世の生のうちに組みこまれているためである。こうして人はみずからの身分や社会的地位を受け入れざるをえなくなる。「宿命」。その意味をヒンドゥー教徒たちはきわめて強く意識している。とすれば、インドにおいて、下位とされる他のカーストに対する上位カーストの蔑視がかならずしもみられない理由がよく理解できるだろう。だが、そうした下位カーストが衰退しているという懸念は、ヒンドゥー教徒の心につねに存在している。

　インドの社会は驚くほど安定しており、その特徴は、個人的なものであれ集団的なものであれ、およそ反乱と呼べるものがほとんど起こらないところにある。そこでは、だれもがより羨望の的となるような運命を得るために死を待たなければならないと弁えている。生存中、しっかり行動したという感情をもっているかぎり、死は無関心ないし満足感のなかで生きられるのである。

　こうした輪廻の周期はヒンドゥー教徒の心にたえずつきまとい、西欧とは異なる形で因果応報の問題を提起している。現在の行為をだれが裁き、将来の転生をだれが決めるのかはわからない。原則的に、ひとりブラーフマナのみが、その行為が完璧なものであった場合にかぎって、輪廻から解放される。これをムクティ［解脱］という。ヒンドゥー神学はこのムクティが何を表しているか、さほど明確に語っていないが、専門家たちはそれを一種の神との融合、絶対的存在のなかでの溶解ないし無力化、さらに至高存在の知への接近と解釈している。

　じつのところ、多くのヒンドゥー教徒たちはこれら神学的な問題についてあまり論じたりしない。ただ、現世での自分の行い、つまりカルマや解脱のことは気にかけている。よいカルマ（善業）はジナーナ［霊知］や、前述したような儀礼でのバクティによって明確化され補完される。このよいカルマはヒンドゥー教の儀礼と教えを遵守することで得られる。アウト・カーストのハリジャンたちにとって、それは自分たちの身分に課された厳格さや制約を受け入れることからなる。ただし、ジナーナは聖典を読んだり学んだりするだけでは得られない。これはとくに知ないし智恵であり、瞑想がそれを得るための特権的な方法だとされる。一方、バクティは瞑想による絶対者への帰依である。このバクティは、帰属カーストや教育レ

ベル、さらに霊的・精神的思潮によってきわめて多様な様相をおびる。

禁欲・苦行

輪廻からの解脱を求めることは、結局のところ個人的にどのような生を選ぶかにかかっている。たとえば、インドで広く行われている苦行であるが、通りや巡礼地では、しばしば極端なまでの禁欲状態で生きている人々と出会う。アラブの侵略者たちからファキール（アラブ語で「貧者」の意）と呼ばれていた彼らは、釘を打ちつけた板を寝床代わりにしているとの名声を勝ち得ていた。いっさいの物質的な富とは無縁の彼らはサドゥーと呼ばれるが、この語は清浄観や聖性観と結びついている。

今日、インドには数百万ものサドゥーがいるとされる。彼らはみずから選んで現世での存在を幻影としてすてさり、個人的な解脱を確実にしようと決めた人々である。その生活様式や信仰の形態はさまざまだが、絶対的なるものに近づくために定められた道である、肉体と精神の禁欲という点では共通している。しばしばヨーガと呼ばれる身体技法も実践している。彼らサドゥーの精神的な影響力は大きく、その一部はいくつも奇跡をなしとげたとの評判を勝ち得ている。なかにはいかさま師（シャルラタン）もいないわけではないが、一部は真にグルの役割をになっているのだ。

ブラーフマナたちもまた、苦行によって解脱を約束してくれる一種の精神的完璧さを求めている。家庭を築いた後、家族を扶養する責任から解放されると、彼らは俗世を去り、サニャーシン（隠遁者）、つまりブラーフマナ・サドゥーとなる。伝統主義的なブラーフマナは、これらのサドゥーが家族をすて、だれかれかまわず食べ物を受けとり、しかるべき聖典に従ってプージャを行わず、さらにダルマ（宗教的掟）に反する教えを説き、みずから個人的な解脱を求める際に予見されるものより、じつははるかに悲惨な輪廻の危険をおかしているとして非難する。だが、サドゥーになるには、かならずしもブラーフマナになる必要はない。ヒンドゥー教徒であれば、いかなるカーストに属していても、こうした禁欲と苦行の道を選ぶことができる。完全さと解放を見出して、恵まれた転生を得るには、もはや古典的な方法に頼らなくてもよいからだ。

女性の境遇

ヒンドゥー世界では、女性は生まれてから死ぬまで男たちに徹頭徹尾従属する存在だとされる。娘時代には父親に、結婚すれば夫に、そして夫と死別すれば息子に完全に従属するというのである。そうした女性にとって、しかし結婚は個人的な尊厳を手に入れることができる唯一の手段といえる。一家の主婦および母としての役割が辛うじて彼女の尊厳を認めさせてくれるからである。だが、寡婦は悲惨である。夫が他界すると、彼女はその地位とそれがもたらしてくれるさまざまな特権を失い、社会の周縁に追いやられる。有名なサティー（寡婦殉死）——死んだ夫の遺骸を焼く火葬台の上での、寡婦となった妻の意図的ないし強制的な自己犠牲——がイギリス人のおかげで禁止されたのは、19世紀になってからにすぎない。

一方、結婚はまた女性を服従させる重要な営為でもある。彼女は夫を選べず、実家から永遠に離れて夫の家に住み、義母の監督下に身を置かなければならない。この結婚は宗教的なもので、ブラーフ

◆森羅万象を監視する維持の神ヴィシュヌは、さまざまな姿に変身する。この図はその10番目の化身である白馬カルキ。紙絵、インド派、18世紀、個人蔵。

マナによって祝別される。それには数多くの儀式や儀礼が含まれる。新郎新婦が炉のまわりで「セプタパルディ」［字義は「7歩」。文字どおり7歩歩いて、それぞれの歩みに仮託された夫婦としての心がまえを認識する象徴的な行為］を行うと、ふたりの結びつきは分かちがたいものとなる。だが、性的な行為は、結婚式が終わるまでの3日間ひかえるべきとされる。出産は結婚の最大の目的であり、古代インドでは、長男の誕生は父親にとって祖先たちへの責務を果たすことを意味していた。次子の場合は愛の結晶…となるだろうか。『ブラーフマナ』をはじめとする最古の聖典では、性生活がきわめて明確に体系づけられている。そこでは、たとえば精液は妻の胎内にのみ放出されなければならず、性交は妻の月経が終わった時から12日目の夜にかけて、つまりもっとも受胎しやすい時期におこなうよう勧められてもいる。インドでは受胎にかんする宗教的なイデオロギーがなおもきわめて強く、妻は月経が終わればただちに夫を受け入れなければならないとされる。それはよいしつけの証であり、ダルマの規範にのっとった行為でもあるというのだ。

ミシェル・ユラン［1936–。インド哲学者。『インド哲学はいかにして発展したか』（2008年）などの著作で知られる］が書いているように、

インドは「多産という宗教的な理念と重大な人口増加率を減少させるという必要性」の葛藤にさいなまされている。第2次世界大戦後、爆発的な人口増を抑えるため、政府は男には精管切除、女性には卵管結紮といった思いきった方法による産児制限のキャンペーンを張っているが、ヒンドゥー教には習俗にかんする教導職は存在せず、それゆえこうした問題に対しては、信者たちは自分の知識に従って態度を決め、行動しなければならない。

しかし、ユダヤ・キリスト教的な倫理観とは裏腹に、彼らは性的行為を罪とみなしてはいない。反対に、それは宗教的な祭りや絵画、あるいは寺院の入り口を飾る彫刻ではとくに強調されているのだ。女性の髪の中心筋に朱(辰)砂でつけた赤いシンドゥールは、彼女が性的な活力をもっていることの象徴である。いったいに女性の性的特徴はこうして認識され、受け入れられ、顕在化され、儀礼化され、さらにきわめて多様なシンボリズムによって豊かなものとされる。それは人間同様、神々についてもいえる。だが、ヒンドゥー教徒の意識では、近親相姦や同性愛は厳格に禁じられている。

たとえばインディラ・ガンジー[1917-84。第5・第8代首相。初代首相ネルーの娘]が主導した闘争のおかげで、インド人女性たちの運命も徐々に改善されていった。母親(マー)の役割は社会のなかで尊敬の対象となり、聖なるガンジス川や雌牛と同一視されるようになった。家庭における女性の役割はその重要性を認められ、根本的なものとみなされてもいる。宗教の面では、それはなお限定されているものの、母親は生命を伝えるのと同様に、宗教的な伝統を確実に伝達する存在とされているのだ。彼女はしかじかの状況で何をなすべきかを心得ている女性であり、慣習や摂食禁忌を理解している女性でもある。家庭でプージャを営む際は、主婦が供犠主である家長のかたわらにひかえることが義務づけられるようにもなっている。

一方、上位カーストの寡婦たちは、死穢の喪が明ければ再婚しなければならない。師の家に住みこみながらブラーフマナを学んでいる学生は、儀礼を執り行うことが認められていない。祭りの準備にくわわった女性たちもまたしかりである。儀礼を行えるのは男だけだからである。

非宗教性

「インド的」な非宗教性(ライシテ)という語は、フランス語の場合と異なって政教分離という意味を含まず、むしろ霊的な機能と世俗的な機能の分離をさす。この種の分離はインドの歴史のなかに根を張っており、もともとは君主の世俗的な権力とブラーフマナたちの霊的力を区別するものだった。世俗国家の原則と、宗派に優劣をつけず、そ

◆ガンジス川のほとりに設けられた火葬台近くでの追悼風景。火葬の後、遺灰は死者が地獄の苦しみをまぬがれることができるよう、この川に投げ入れられる。

◆女神イェランマの祭り。そこでは、ヒンドゥーの苦行者たちが生きたままサボテンでおおわれる。

◆ヒンドゥー教の多産の理想は、女性たちに多くの子どもを生むよう義務づけてきたが、こうした考えは徐々に変化してきている。写真はガンジス川で潔斎をしているラジャスタンの女性たち。

の差異を絶対的に尊重するという原則は、1947年8月15日のインド独立の日に、ブラーフマナ一族出身だが、不可知論者でもあった初代首相ジャワハルラール・ネルー［1889-1964］によって定められた。

だが、この脱宗教化は、インドでひんぱんに起きた伝統的かつ宗教的な反発に十分に対処できなかった。ヒンドゥー教やジャイナ教、仏教、シーク教は「母なるインド」で生まれ、互いに比較的平和な関係にあったが、イスラーム教とキリスト教は余所者の宗教とみなされていた。1947年の独立以前から以後まで続いたムスリムとヒンドゥー教徒のあいだの流血衝突は、重い歴史的対立や小数派のムスリムがイギリス人支配者から伝統的に享受していた庇護、さらに自分たちが独立を獲得したという多数派ヒンドゥー教徒たちの感情が原因だった。

世俗の憲法は、すべての伝統がインドの地で自由に開花するのを可能にするはずである。草稿者たちはそう考えていた。しかし、この計画は国民会議派と全インド・ムスリム連盟の分裂に耐えることができなかった。パキスタン建国による国土の分割は、今もなおヒンドゥー教徒全員の心に深い傷跡を遺している。そして、なおもインドで頻発する宗教紛争は、古典的な意味での宗教戦争とまではいかないとしても、コミュナリズム［宗教やカーストなどの集団的・排他的な思想・行動］——フランスでは「共同体主義（コミュノータリスム）」と訳される——と呼ばれる社会システムの結果だとはいえる。一個の共同体は一個の社会的・宗教的集団であり、摂食・着衣・母系制によって表される。それはひっそりと生きる傾向をもつ。ただ、自分がある共同体だけに帰属するという感情はきわめて強く、これがインド国民の同質化の努力を妨げるものともいえる。

互いの独自性を嫉妬するこれら集団間の緊張はしばしば社会的・政治的な性格をおび、宗教的な口実を探してみずからを表現しようとする。たとえばヒンドゥー過激派は、アヨディヤ（インド北部ウッタル・プラデーシュ州）のモスクを返還させようと昔から要求してきたが、とくに1992年、ラーマ神の生誕地とされるこの町はその悲劇的な衝突の舞台となった（死者数百人）。

こうした共同体主義的な問題は、ヒンドゥー教徒とムスリム、より小規模なレベルではヒンドゥー教徒とシーク教徒を対立させている。だが、ヒンドゥー教徒と仏教徒の対立はほとんどない。十数年ほど前から、キリスト教洗礼派の集団もまた、ヒンドゥー過激派内に憎悪のキャンペーンをひき起こしている。とはいえ、インド人の非暴力は宗教生活の理想であり、暴力をなんとか抑えようとする手段はコミュニティ間につねに強く意識されている。

関連用語解説

アグニ Agni 地上の火と光の神。

アドヴァリュ Adhvaryu 儀礼の準備をする祭官。

アートマン＝ブラフマン Atman-Brahman 一種の普遍的な精神への個(我)の融合。ヒンドゥー教徒が願う状態。

アヒンサー Ahimsa 字義はサンスクリット語で「道の遵守」。道から逸脱しないようにするための非暴力という考えを示す。

アラティ Arati 儀礼の後に捧げられる光。

一元論 Monisme 語源はギリシア語のmonos「唯一の」。いっさいの存在は見かけ上は多様だが、根源的な唯一の現実に帰着するとみなす考え方。『ウパニシャッド』が提起している問題がこれである。

インドラ Indra 雷神。

ヴァイシャ Vaishya 生産者・商人・農人たちのカースト。

ヴァルナ Varna 字義はサンスクリット語で「色」。インド社会を分ける位階で、ブラフマナ、クシャトリヤ、ヴァイシャからなる。

ヴァルナ Varuna 始原の至高神で、宇宙の秩序の神でもあったが、のちに水と正義(契約)の神となった。

ヴィシュヌ Vishnou ヒンドゥー教最古の伝統を受け継ぐ神で、宇宙の秩序と同一視される。安定と維持の神。

ヴェーダ Veda 字義はサンスクリット語で「見られたもの、理解されたもの」。ヒンドゥー教最古の聖典。

ウパニシャッド Upanishad 前700年頃から前300年頃のヴェーダ時代末期にサンスクリット語で編まれ、ヴェーダを再解釈した聖典。奥義による輪廻からの解放を説く。

カースト Caste カースト制には5通りに大別されるカーストとサブカーストが含まれる。ブラフマナ(導師・聖職者)、クシャトリヤ(王侯貴族・戦士)、ヴァイシャ(生産者・商人・農人)、シュードラ(職人・召使)の4位階(ヴァルナ)のほかに、アウト・カーストの「ハリジャン」(不可触民)がある。

カルマ Karma 原初のヴェーダ・バラモン的概念につけくわえられた教義であるカルマは、前世での行為の重さと現世でのその結果を示す。カルマはまたサムサーラの原因でもある。よいカルマ(善業)はヒンドゥー教の儀礼や教えを守ることで得られる。

クシャトリヤ Kshatriya 王侯貴族や戦士のカーストで、社会的秩序の守り手。

クリシュナ Krishna 字義はサンスクリット語の「黒」。ヴィシュヌの8番目の化身で、きわめて人気のある神。

グル Guru とくにブラフマナにヴェーダを教える霊的な指導者。高い尊敬を受けている。

化身 Réincarnation 神の場合は「アヴァタール」ともいう。人間の場合は、誰かが死ぬと、その霊魂[遊離魂]が別の体に入ることをいう。

サドゥー Sadhu 字義はアラブ語のfakir「貧しい(者)」。物質的ないっさいの富をすて、極度の貧しさのうちに生きて、絶対者に近づくための苦行に明けくれる者をさす。その影響力は大きい。

サムサーラ Samsāra 輪廻。しばしば転生とも訳される。

サリー Sari 女性たちの衣装で、糸や針を使わず、ドレープを寄せ、体の線を出す麻なし絹の一枚布。

マハー・クンブメラーにおけるサドゥー。アラハバード(インド)。

シヴァ Shiva しばしば舞踏の王として表現されるシヴァは運動の神で、牛に乗って移動するとされる。秩序を破壊して、すぐに再建する。苦行者たちから好まれ、伝統的なすべての寺院でうやまわれている。

ジナーナ Jnana よいカルマに資する霊知。

シャウチャ Sauca 身体的・精神的清浄観。

ジャーティ Jati カースト制を生んだヴァルナと出自の全体。

シュードラ Shudra 職人や召使たちのカースト。

シンドゥール Sindhur 女性の髪の分け目につけた朱(辰)砂の赤い筋で、性的能力があることを示す。

スルーティ Sruti 男性形は「啓示」の意。ヒンドゥー教成立後1000年のあいだに編まれた聖典で、インドの二大叙事詩『ラーマーヤナ』と『マハーバーラタ』を含む。

ダリット Dalit 抑圧されたカースト[ハリジャン]。

ダルシャン Darshan 神の幻影ないし姿。

ダルマ Dharma 世界の秩序。

ドヴィジャ Dvijas 字義はサンスクリット語で「2度生まれた(再生族)」。上位3ヴァルナを構成する。

トリムルティ Trimurti ヒンドゥー教の三神一体(ヴィシュヌ、シヴァ、ブラフマー)。

バクティ Bhakti よいカルマに寄与する絶対的帰依。

ハタ・ヨーガ Hata yoga 肉体の鍛錬を唱えるヨーガ。

不可触民 Intouchable 「アウト・カースト」の存在で、穢れているとされる[ハリジャン、差別語]。

プージャ Pūjā 神々に供物を捧げる日常的な祭儀。花や果物、香、光(蝋燭)などからなる供物自体は、神によって聖化され、信者たちに分け与えられる。プージャはまたインド各地の大都市で毎年営まれる大祭をも意味する。

プラサダ Prasada 神の恩寵をおびた供物。

プラダクシナ Pradaksina (聖所のまわりを)巡回すること。

ブラフマー Brahma いっさいのものの上に立つ三神一体[トリムルティ]の神で、世界を築いて秩序立てる。化身をせず、神鳥[ハンサ]に乗って移動する。その神妃サラスヴァティーは知と言葉と音楽の女神。

ブラフマーナ Brahmane 語源はbrih「増加する、成長する」。聖職者を意味するが、祈りによって存在が成長ないし増加するという考えを示す。この聖職者はしたがって「祈る人」といえる。

プルシャ Purisha 宇宙的な原人。個人をさすこともある。

ホートリ Hotri 火をつかさどった祭官の後継者で、祭儀の司式者。

マ Ma 字義は「母」。命を伝えるように、宗教的伝統を伝えることに限定されているものの、インド社会で深く尊敬されている役割。これはまたインド国民に冠せられた尊称でもある。

ムクティ Mukti 輪廻転生のこと。

メラー Melâ 参加者が100万もの信者数に達するほどの大規模な集まり。

ヨーガ Yoga 字義はサンスクリット語で「結合」。精神と肉体を宇宙の根本原理と合体させるために行う、ヒンドゥー教の宗教的修行。

ラーマ Rama ヴィシュヌが化身した神。

リシ Rishi 見者。

関連年表

紀元前
3500-1500年 インダス文明
1800-1000年 アーリヤ人の移住
1800-800年 ヴェーダの編纂
700-600年 『ウパニシャッド』の編纂
600-300年 バラモン教への反動(たとえば仏教)
400-200年 『マハーバーラタ』(と『バガヴァッド・ギーター』)および『ラーマーヤナ』成立
200年(紀元1200年頃まで) ダルシャナ(インド哲学)の形成

紀元後
300-1000年 プラーナ編纂
800年頃 シャンカラ生誕
1400-79年 ラーマナンダの生涯
1469-1538年 グル・ナーナク[シーク教の教祖]の生涯
1834-86年 ラーマクリシュナの生涯
1863-1902年 ヴィヴェーカーナンダの生涯
1869-1948年 ガンジーの生涯
1872-1950年 スリ・アウロビンド[哲学者・詩人・グル・ヨーガ行者・独立運動家]の生涯

参考文献

BIARDEAU, Madeleine, *L'Hindouisme: Anthropologie d'une civilisation*, Flammarion, Paris, 1995(マドレーヌ・ビアルドゥー『ヒンドゥー教の〈人間学〉』、七海由美子訳、講談社、2010年)

DELUMEAU, Jean, *Le fait religieux*, Fayard, Ouvrage collectif. Chapitres sur l'hindouisme par Michel HULIN et Lakshmi KAPANI, Paris, 1993(ジャン・ドリュモー編『宗教的出来事』所収のミシェル・ユラン&ラクシュミ・カパニ共著になるヒンドゥー教の章参照。ファヤール社、パリ、1993年)

DEMARIAUX, Jean-Christophe, *Pour connaître l'hindouisme*, Cerf, Paris, 1995(ジャン=クリストフ・ドゥマリオー『ヒンドゥー教を知るために』、セール社、パリ、1995年)

DUMÉZIL, Georges, *Les Dieux souverains des Indes-Européens*, Gallimard, Paris, 1977(ジョルジュ・デュメジル『インド・ヨーロッパの至高神たち』、ガリマール社、パリ、1977年)

MALHERBE, Michel, *Les Religions de l'humanité*, Critérion, Paris, 1990(ミシェル・マレルブ『人類の諸宗教』、クリテリオン社、パリ、1990年)

RENOU, Louis, *L'Inde fondamentale*, Collection "Savoir", Hermann, Paris, 1978(ルイ・ルヌー『根源的インド』、《サヴォワール》叢書、エルマン社、パリ、1978年)

TARDAN-MASQUELIER, Ysé, *L'Hindouisme: des origines védiques aux courants contemporains*, Bayard, Paris, 1999(イゼ・タルダン=マスケリエ『ヒンドゥー教──そのヴェーダ的起源から現代の流れまで』、バヤール社、パリ、1999年)

ZIMMER, Heinrich Robert, *Les philosophies de l'Inde*, trad. de l'américain M.-S. RENOU, Payot, Paris, 1953(ハインリヒ・ロバート・ツィンマー『インド哲学』、M=S・ルヌーによる英語原著からの仏訳、ペイヨ社、パリ、1953年)

次ページ：ガンジス河岸での花の奉献。ワーラーナシー(旧ベナレス)、インド。

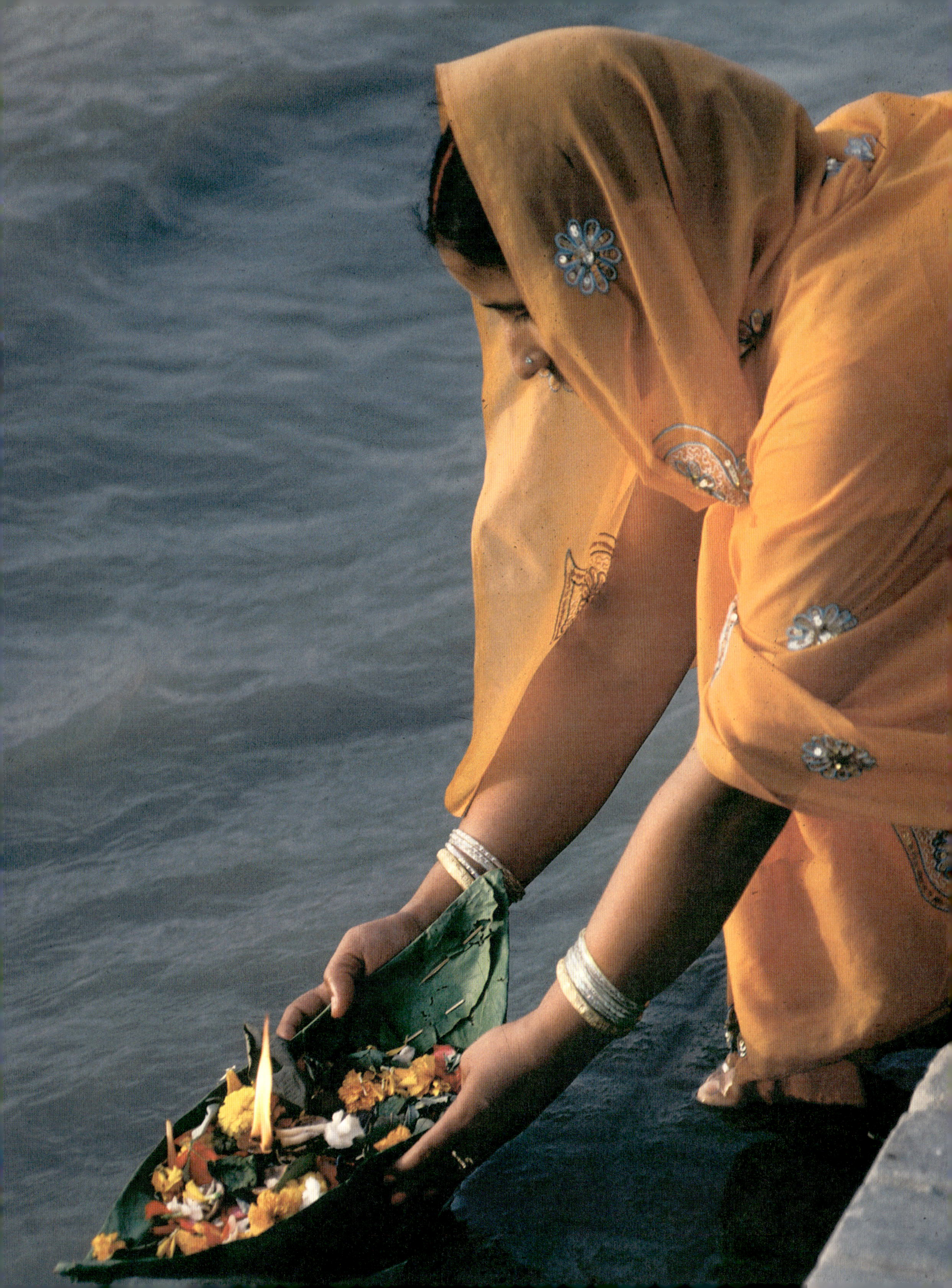

仏教

エリック・ロムリュエール

次ページ：タイのスコタイ遺跡にあるブッダ像、15世紀。

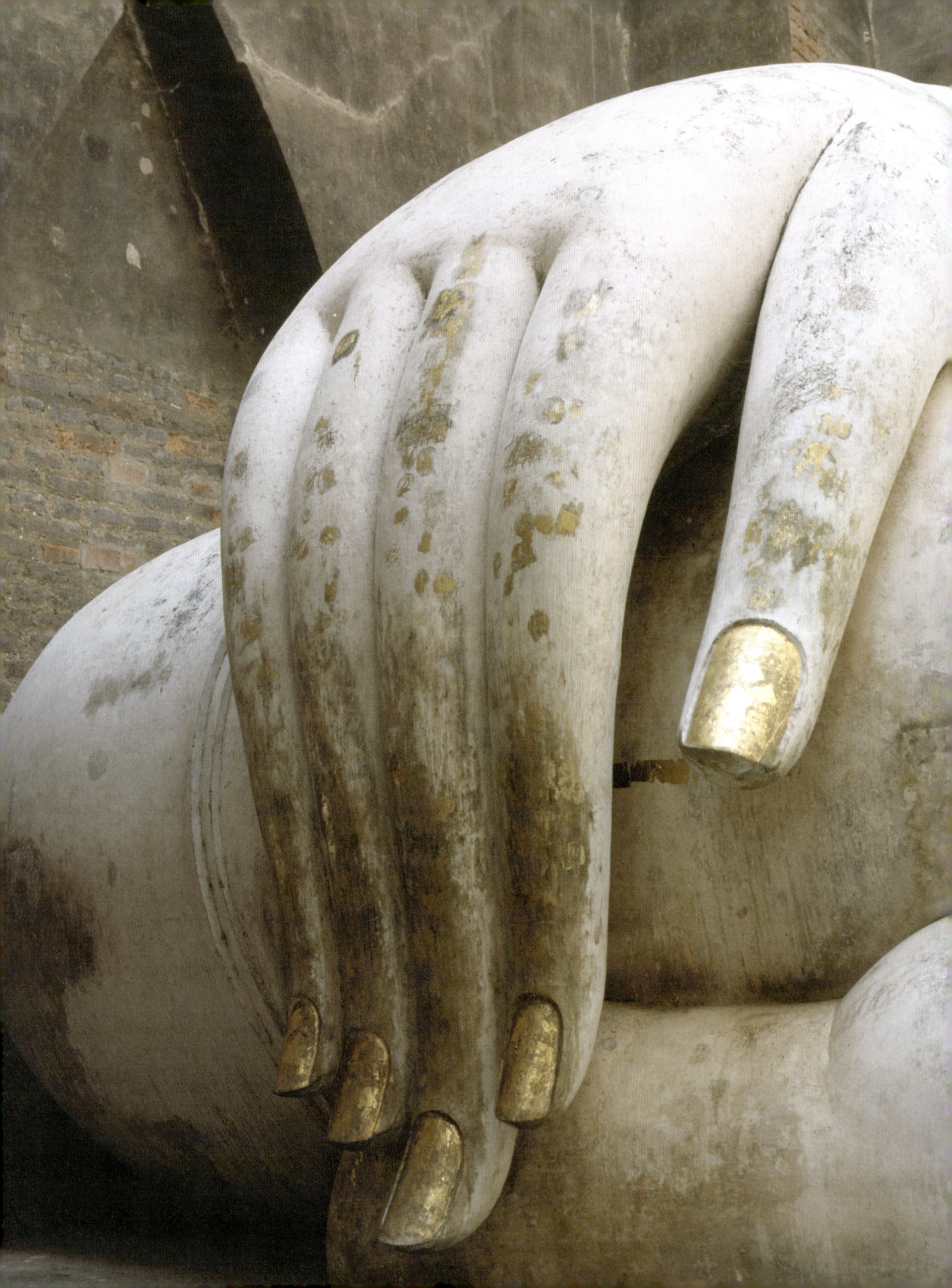

仏教は宗教か？
しばしば論争の的となる問題

今日、世界中で4億もの人々が仏教徒を自認している。その大部分はアジア諸国、とくにヒマラヤ地方から東南アジア、さらに極東にかけて住んでいる。だが、過去数十年のあいだに、仏教徒は西欧世界にもみられるようになっている。この仏教を人類の大宗教のひとつとみなすだけでよいのだろうか。よくよく考えてみれば、はたしてそれは宗教なのだろうか。これは決してとるにたらないような問題ではない。長いあいだ西欧人たちが気にかけてきた問題だからだ。彼らはこの仏教のなかに、たしかに宗教的側面をおびながら、いかなる創造神とも無縁の世界観を見出していたからである（西欧の初期の探検家たちは、おびただしい数の仏教儀礼や僧院の存在を明らかにしていた）。さらにミステリアスなのは、人間存在につきものの「不満」を強調する仏教の人間観が、どうやら本来的な宗教性からはるかに遠い悲観主義や虚無主義的見方でしかないという点である。

しばしば誤解される仏教は、西欧の宣教師や哲学者から、長いあいだ一種の錯乱とみなされてきた。2000年以上ものあいだ、何億もの人間が熱心にそれを実践してきたという事実は、奇妙かつ異様なことでもある。彼らはそう記したものだった。だが、今日、こうした見方は完全に逆転している。神を欠いたその霊性観が、むしろ共感を呼ぶようになっているのだ。とはいえ、仏教はなおもミステリアスで理解が不十分なままである。その結果、西欧に定着したその位置に対する疑問が、新たにもちあがっている。

数多くの著作やメディアでは、このアジアの伝統は宗教的次元がすべて消された哲学や個人的な処世術として紹介されている。西欧世界で顕著な信仰的・宗教的側面が、おそらく「純粋な」仏教では通俗的で衰退した形しかとっていない。ときにはいっさいの宗教性が否定されている。そう考えられてもいるのだ。

はたしてそうした指摘は正しいのだろうか。仏教の世界化にかんするその最近の分析［『世界化された仏教』、2003年］において、社会学者のラファエル・リオジェは宗教の概念を拡大した新たな定義を提唱している。それによれば、宗教とは世界と方向づけられた人間的条件の首尾一貫した説明体系だという。そこでは人間が救いの約束を受け入れる運命にある、もしくはその約束を受け入れられる、宗教の目的論的ないし救済論的次元が問題となるが、この説明全体は、個人の体験のうちに、社会的・制度的な形をとって現れる価値体系をともなう。リオジュの拡大解釈によれば、彼自身力説しているように、仏教は宗教とはまったく無縁なものとなる。

世界と方向づけられた人間的条件の説明

仏教は個人とあるがままの世界を同時に条件づける仕組みの分析を説き、この分析による理解を完全かつ決定的なものとして示している。ブッダ（サンスクリット語で「覚者」の意）と呼ばれる人物は、おそらく前5世紀にインド北部で生を送った一介のインド人だった。彼はいかなる天啓も主張しなかった。だが、当然のことながら、とるにたらない人物などではなかった。生が次々と転移していくという考え方は、インド思想の根幹のひとつだが、ブッダは長い時間をかけて無数の生のありようを仔細に考え、まさにその生存中に、宇宙を支配する神秘的で超自然的な法であるダルマについて、全体的かつ決定的な理解をなしとげたのである。この知によって、彼は神秘的な知識をそなえた特異な存在となり、とりわけみずからの過去の生すべてをひとつひとつ観察して、それぞれの人間存在のありようを深く理解した。しかし、こうした知は知的鍛錬によって生まれるものではない。それはひたすら内的な体験の果実なのである。悟りをひらいたあと、ブッダがベナレス（現ワーラーナシー）近郊のサルナートでおこなった最初の説法［初転法輪］は、ダルマの説明にとどまらなかった。そこでは救いの道、人間を条件づける心のなかの幻影から解放される解脱の道を説いたという。人間が連続する生のあいだ、自分を執着させる絆から解脱できるようにするための方法と功徳を教えたともいう。

個人的・共同体的価値体系

ブッダはその「超人性」によって、彼を錯乱しているとみなした一般人とは異なっていた。そんなブッダとの関係は、信頼と信仰、さらに帰依をきざみつけられてはじめて可能となる。各仏教徒にとっての問題は、ブッダの足跡をみずから追体験しないまでも、すくなくともブッダが唱えた真理を理解し、具体化することにある。なんらかの団体ないし制度が必要となるゆえんである。それが伝統の正統性を保証し、最初の教えの継続性を可能にしてくれるからだ。おそらくこれが、ブッダが生前に設けた共同体の原初形態、すなわち世俗信者の男女からなる共同体と、僧侶や尼僧たちの共同体からなるサンガ［僧伽］であった。そこでは個人的な参加［出家ないし入信］が共同体的な組織のうちでなされた。

「覚者」としてのブッダ、教えとしてのダルマ、そして共同体としてのサンガ。各部派（宗派）はやがてこの基本的な三幅対との関係で定義づけられるようになる。ブッダとはだれか。その悟りとはいかなるものであったのか。宇宙を支配している法とは何か。宗教的

仏教

共同体とは何か。時がたつにつれて、これら問いの答えは、しばしば互いにかなり異なる伝統へとたどりつくようになったが、そのすべてが三宝（仏とダルマ、さらにサンガを意味する伝統的な語［仏法僧］）をうやまうことは共通していた。それらは仏教のいわば3本の柱であり、過去から現在まで、たえず思考と瞑想の対象となっている。

◆蛇のナーガに守られて瞑想するブッダ。クメール芸術、12世紀、国立アユタヤ博物館蔵、タイ。

ダルマ

◆スリランカの聖都キャンディを象徴する巨大なブッダ像。

　西欧語に対応する言葉がない仏教のいくつかの語彙は、それゆえなかなか満足する翻訳ができない。翻訳者たちはしばしばインドの原語を好んで用いており、カルマ karma（単数形のカルマン karman のほうがより正確である）やニルヴァーナといった、現代語からほとんど姿を消した語をそのまま訳文に残している。一方、ダルマ dharma（語源は語根 dhr「支える」）という語は、仏教文学のなかで多様な意味をおびているため、翻訳がもっともむずかしいもののひとつである。だが、これは仏教の主要語のひとつでもある。過去と現在をとわず、インド人たちにとって、この語はもっとも広い意味での社会的ないし宇宙的な世界秩序をさす。仏教の場合は、それをさまざまな意味で用いる。慣用的な表現でブッダはダルマを教えたとされるが、ここでのダルマは教えや法、教義、方法などと訳される。さらにダルマは広義で真理の意味にもなる。ブッダが人生の紆余曲折や心の働きを支配する法則や原理を発見したからである。こうした人生や心を洞察して、ブッダは解脱の方法を唱えたのである。

　したがって、このダルマは説明的（教え）かつ規範的（方法）な二重の次元を有していることになる。「宗教」に対応する語を見つけなければならないとすれば、それはすべての仏教徒の精神に去来するダルマということになるだろう。しかし、ダルマという語にはさらに別の意味も含まれている。そのひとつは、仏教的な考えにおいて、それぞれの現象がダルマと呼ばれる根本要素に還元しうるという意味での「要素」である。この意味では、ダルマは時に「事物」ないし「存在」と訳される。

歴 史

およそ2500年の伝統

おそらく前500年頃から、ガウタマ（ゴータマ）・シッダールタ（シッダッタ）、のちにブッダと呼ばれる人物が現在のインドとネパールの国境地帯を走る街道をくまなく歩きまわっていた。当時、この地域は経済的・政治的のみならず、精神的にも激動期にあった。ブッダの死後、しばらくして共同体がいくつかの部派および下位部派に分かれ、紀元後最初期の時代、インドの大きな思想的・宗教的システムは互いに対立するようになった。

前5世紀のインド北部では、古い遊牧民の共同体が徐々に農耕民のそれにとって代わられていった。しばしば連合組織をとっていた部族社会は、世襲的な王国に組みこまれた。都市化が進み、街道が整備され、交易も拡大した。新しい哲学ないし思想も普及し、それと軌を一にして、祭儀と供犠を中心とするそれまでのバラモン教は、数多くの地域的信仰が共存していたインド北部でほとんど勢力を失った。こうしてバラモン教が弱体化した結果、仏教はほぼ同時期に登場したもうひとつの宗教運動であるジャイナ教とともども、自由に発展するようになった。

この思想的な混交から、部派が激増していく。その大部分は人間の置かれた状況を減衰ないし隷属状態とみなした。自分自身を見失った人間はひとつの生から次の生へと生まれ変わり、否応なく無限に続く転生周期であるサムサーラ（輪廻）にしばりつけられている。そう考えていたのである。あきらかにそれは、もともとの土着的な考え方を受けついだものだった。世界はいかにしてあるのか、その起源はなにかといった疑問は、唯一重要な心の解放という点からすれば、無益ないし二義的な問題だった。多くの人々にとって、こうした解放、つまり解脱をめざすには、人間の存在を条件づけるものを理解させる自己への原点回帰が必要とされた。そこでは肉体と精神を同時に働かせる方法である瞑想が、解脱への道へいたる根本的な場を占めるようになったのだ。

ブッダの晩年

ブッダは「ガウタマ（ゴータマ）」［字義は「最上の牛」］ないし「釈迦族の聖者・覚者」を意味する「釈迦牟尼仏」と呼ばれる。彼が実在していたことは、それを直接示す証拠がないものの、疑いを入れない。ただ、生没年を見定めることはかなりむずかしい。あらゆる部派はブッダが80歳まで生きたとする点で一致しているが、それがいつかは部派ごとに異なる。ある部派はその入滅をアショーカ王の即位（前268年）より100年前とし、他の部派はそれを200年前としている。今日、研究者たちは最新の調査から、ブッダが前5世紀から4世紀にかけて、つまりインド北部の社会的な大変動期に生きていたとみなしている。

ブッダの死の数世紀後に定められた仏典は、その内的な変化やさまざまな出会いによってブッダの生涯を語り、多くの場所や名前に言及している。これらの仏典にはいたるところに超自然的な話がもりこまれているため、19世紀の東洋学者たちはしばしば考古遺物によって裏打ち可能な史実を導き出そうとした。だが、ブッダ時代の文献資料がないため、作業は少なからず困難なものだった。たとえば、マディヤ・プラデーシュ州［インド中央部］ボパール［サーンチー遺跡］のストゥーパ（仏舎利塔）は、前3世紀に建てられており、仏教記念碑としては最古のものとされるが、その建立にたずさわった芸術家たちは、ストゥーパの浅浮き彫りの上にブッダの最期でなく、むしろ前世を好んで表しているのだ。インドのあらゆる聖者たちの場合と同様、ブッダの生涯は現世ではなく、無数の前世からの奥義の道で始まる。仏典の著者たちはあきらかに歴史家ではなかった。したがって、そんな彼らにとって問題なのはブッダの生涯を語ることではなく、むしろ彼の教え（ダルマ）を主張することだった。そこでは、ブッダの生涯は解脱の可能性を示す生きた証拠としての意味しかなかった。

当時、インドの北東部は君主政ないし共和政の小王国に分かれていた。シャーキャ（釈迦）族の王国はカピラヴァストゥ（ベナレス

仏暦 大部分の上座部仏教（テーラヴァーダ［字義は「長老の教え」］）諸国、すなわちミャンマーやラオス、スリランカ、カンボジア、タイなどは、ブッダの涅槃（パリニルヴァーナ）を出発点とする暦［仏滅紀元暦とも］を用いている。この伝統は、仏滅（入滅）が西暦の前543年に対応する年の第6月の満月日だとする。これらの国では、したがって西暦2005年は仏滅紀元の2548–49年に相当する。太陰太陽暦は地域で多少異なっているが、それは29日と30日の12か月からなり、3年ごとに30日の第8月を挿入する。各月はふたつの時期に分けられ、それぞれが新月と満月の移行期に対応している。

第2部　東洋的伝統

◆歩くブッダ。あげた片手は怖れがないことを象徴する。タイ芸術、16世紀、バンコク国立図書館蔵、タイ。

り、ブッダはやがて世界をおさめるべき宇宙的な君主ないし偉大な苦行者となる。王子はガウタマと名づけられた。

母が産褥死したため、ガウタマは国王の後添えとなった、マーヤー夫人の妹［マハープラジャパティー］に育てられた。国王となる運命だった彼は結婚するが、占い師が予言したように、息子が宗教生活に入るのではと懼れた父王によって宮殿に閉じこめられてしまう。だが、やがてガウタマが後継ぎをもうけると、父王はようやく彼が宮殿の外に出ることを許すようになる。これを機に4度続けて宮殿外に出たガウタマは、まもなく彼の新しい歩みを決定づけることになる幻視を4度見て、強い衝撃を受けるのだった。最初の幻視は、歩くのもやっとな歯の抜けた老人だった。2度目の幻視では、嘆き悲しむ瀕死の病人を見た。3度目の幻視では、屍衣にくるまれた遺体を運ぶ男たちが現れた。そして4度目の幻視で見たのは、さまよう苦行者の姿だった。

老人、病人、死者、さらに精神的な喜捨を必要とする者が登場したこれら4通りの幻視によって、ガウタマをとりまくすべてが急変する。やがて彼はもっとも立派な愛馬に乗って、夜、ひそかに城を抜け出す。29歳の時だった。こうしてインド風の「世捨て人」となった彼は剃髪し、真理の師を求めて旅立った。彼はまず瞑想の指導者ふたりの教えを受けた。だが、それに満足できず、彼らのもとをあいついで去って、5人の仲間とともに、放浪苦行者の集団をつくった。

何年も続けた苦行によって、彼は死の寸前までいった。苦行は空しい。最終的にそう考えるようになった彼は、それをやめた。自分たちの師と仰いでいたガウタマの変身に衝撃を受けた仲間たちは、まもなく彼から離れていった。体力を回復すると、ガウタマはきわめて古い聖地であるブッダガヤ（ボードガヤー）に単身おもむき、菩提樹の下に座って瞑想した。そんなある夜、瞑想状態がしだいに深くなり、3通りの智慧を得て、ついに「解脱者」となる。前世の生のそれぞれをかいま見てカルマ（業）の報いを理解し、解脱の状態であるニルヴァーナの現実を悟ったのだ［これを成道という］。翌朝、ガウタマはブッダ、すなわち「覚者」となった。

しかし、それから数週間、彼は自分が他人に教えるべきかどうか自問しつづける。だが、かつての5人の仲間がベナレスにいることを知ると、サルナートの森［鹿野苑］まで出向いて再会し、彼らに最初の法話、すなわち初転法輪を行う。その際、彼は導入として中道を説いた。それは苦行と情熱のあいだに位置する霊的な道である。次いで悟りにいたる道である四聖諦［苦諦・集諦・滅諦・道諦］を説く。これを聴いて5人は回心し、ブッダに従った。

やがてひとつの教団（僧伽）がすみやかにつくられる。この教団に入るには、次の定言を唱えるだけでよかった。「私は覚者（ブッダ）をよりどころとする［帰依する］。私は法（ダルマ）をよりどころとする。私は僧（伽）をよりどころとする」。教団は大きくなり、組織化されていった。黄土色の衣をまとった僧たちは剃髪し、家か

北方約200キロメートル）に都を置いていた。この王国は任期を定めて国王を長に選ぶ合議体によって運営されていた。経典にある説話によれば、ガウタマ、のちのブッダは国王シュッドーダナ（浄飯王）と妃マーヤー（麻耶）の王子として生まれたという。その理解力は奇跡的で、それは終生変わらなかった（！）ともいう。さらに仏典は、母妃がカピラヴァストゥ近くのルンビニの園でじつに超自然的な形で出産したとしている。母の右脇腹から生まれ出た王子は、世界を領有するべく、ただちに7歩歩いたともされる［右手で天を、左手で地をさして、「天上天下唯我独尊」と唱えた］。生まれた時、占い師は王子の体に偉人の32相を見つけているが、これらの相によ

ブッディストとブディック　フランス語はブッディスト（bouddhiste）とブディック（bouddhique）という、いずれも「仏教の」をさすふたつの形容辞を、さほど明確に使い分ける規則もないまま用いる。どちらかといえば、前者は人物や部派・教団を修飾するときに好んで用いられ、後者はたとえば「仏像（スタテュ・ブディック）」のように、彫像などを形容する際により意図的に使われる傾向にある。ただし、文学や教義の場合、両者は混用されている。

仏教

ら家をまわって食べ物を乞うようになる。ブッダとなったガウタマは40年以上、各地の町や街道で教えを説いた。王侯貴族たちがそんな彼を庇護した。そのもっとも熱心な庇護者だったマガダ国の王ビンビサーラは、首都ラージャグリハ（王舎城）の竹林を彼に寄進し、ここに仏教最初の寺院［竹林精舎］が建てられる。ブッダは80歳で入滅した。終焉の地は現パトナ［ウッタル・プラデーシュ州］の北西175キロメートルに位置するクシナガラだった。

最初期の部派

ブッダ入滅後の数世紀間に、教団はいくつもの部派・下位部派に分かれていった。仏典が記しているところによれば、あいついで「結集」が開かれてさまざまな論争がなされ、最終的に分裂したという。史料がないため、こうした分裂がいつ起きたか見定めるのはむずかしい。だが、それがあったことは、数多くの考古学的な碑文や刻文から明らかである。教団同士の疎遠化やインド人特有の論法ないし弁証法嗜好、そしてとりわけ絶対的権威の欠如（ブッダは後継者を指名しなかった）。これらはすべて部派の多様化をうながす要因となった。最初の分裂はおそらくパータリプトラ［マガダ国の首都。ラージャグリハから遷都］で起きた。正確な時期は不明だが、おそらくブッダ入滅から1世紀以上たった頃だった。論争はふたつの勢力、すなわち上座部（スタヴィラ、テーラヴァーダ）［長老＝保守勢力］と大衆部（マハーサンギカ）［進歩的勢力］を対立させた。そこではブッダの道を究極点まで歩んだ阿羅漢（アルハット）の位置づけが大きな論点となった。アルハットはなおも悟りに達していないのか。上座部はこれを否とし、大衆部は是とする。教団は分裂を余儀なくされた［根本分裂。この分裂以前を原始（初期）仏教、以後を部派仏教と呼ぶ］。

仏典にはこうして枝分かれした［枝末分裂］十八部派が列挙されているが、その一部は1千年紀末まで存続した。実際にはより多い数となるが［上座部系十一部派と大衆部系九部派。これを「小乗二十部派」と呼ぶ］、いくつかは呼称しかわかっていない。これら二大部派の違いはいうまでもなく教理にあり、とくに仏道の階梯や一部の業の解脱的価値、ブッダの超人性にかんする考え方などが異なっていた。

仏教の発展はかならずしも順調ではなく、当初は出発地一帯にかぎられていた。だが、インドを最初に統一したアショーカ王［在位前268頃-前232頃］の時代になると、インド社会全体に浸透していくようになった。マウリヤ朝第3代の王であるアショーカは、まずインド北部を統一し、さらにその支配を、タミール王国が占めていた南端部を除いて、亜大陸全域に拡大した。軍人としてのみずからの残虐な行為に苦しめられた彼は、250年頃に仏教に帰依し、在家信者（優婆塞）となった。そして、王国の辺境に伝道団を送り、ア

◆釈迦牟尼仏の生誕。伝説によれば、この「釈迦族の聖者」は母の右脇腹から生まれたという。インド芸術、3世紀、大英博物館蔵、ロンドン。

第2部　東洋的伝統

✦教え（ダルマ）を説くブッダ。敦煌、8世紀、ギメ博物館蔵、パリ。

フガニスタンやトルキスタンにまで仏教を伝えた。セイロン島もまたアショーカ王とその息子［マヒンダ］の伝道団によって仏教に帰依した。

大乗仏教

新しい仏教運動が西暦紀元の直前ないし直後に現れる。大乗仏教と呼ばれるものがそれである。それまでの宗派と異なり、この運動は根本分裂からではなく、仏教思想の内部的な新しい方向づけから生まれている。起源についてはなお異論があるが、あきらかにこれはいくつかの宗派にかかわる横断的な運動であり、おそらくインド中部を出発点とする。この運動が台頭するにあたっては、聖遺物の崇拝と帰依信仰がおそらく決定的に重要な役割を演じた。旧来の仏教が有していたいくつかの特徴を過激化した改革運動でもあったそれは、霊的な道の新しい見方を唱え、みずからの覚醒にこだわる阿羅漢のイメージを、自分の解脱と同時に他者の解脱に身を捧げる菩薩（ボーディサットヴァ）のそれとを対比させる。阿羅漢を重視する小乗仏教（上座部仏教）の「小乗」という語は、差別的な呼称として論争を呼んでいるが、それは特定の宗派ないし部派をさすのではなく、自分のために輪廻から解脱することを望む姿勢を意味する。これと対比される大乗仏教（マハーヤーナ）は、「菩薩たちの乗り物」を意味する。菩薩たちは覚（ボーディ）、すなわち経典のなかで全知全能に近いものとされる、絶対的な理解を得るべき衆生（サットヴァ）である。

『八千頌般若経』はおそらく大乗仏教の最初期の経典であり、そこからは『妙法蓮華経』や『維摩経』といった重要な経典が生まれている。これらの経典はいずれも仏や菩薩の多様性によって特徴づけられる。ひとたび覚醒すると、これら諸仏はあらゆる奇跡を可能にし、衆生を救うため、あらゆる場所にあらゆる姿をとって顕現することができるようになるという。この新しい運動はヒマラヤ地方や極東の全域で発展をとげた。

仏教の哲学的伝統

紀元1世紀のインドでは、大きな哲学的・宗教的なシステムが互いに競合していた。こうした弁証法的論争の空気によって、インドの伝統的な科学や論理学、認識学、解釈学などが導き出された。やがて仏教哲学の重要な二大思潮が、当時の思弁的空気に適したものとして立ち現われてくる。それらは互いに大乗仏教を背景とし、その発展に決定的な役割をになうことになる。

仏教とジャイナ教　ブッダの時代は宗教的・哲学的流派が百花繚乱のごとく登場したことで特徴づけられる。それらをインドの時代背景のなかで明確に区別するのはむずかしいが、そのなかでとりわけ2流派の台頭がいちじるしかった。一方は、古代インドの聖典で、伝統的なバラモン教とさまざまなヨーガ派のもととなったヴェーダの権威をなおも信奉し、もう一方は、それを否定した。これが仏教とジャイナ教である。後者の創始者であるヴァルダマーナ［栄える者］・マハーヴィーラ［偉大な勇者］は、まちがいなくブッダの同時代人だった。13年間苦行生活を送ったのち、全知を得て「勝利者（ジナ）」になったという彼は、道徳性［正しい信仰・知識・行動の「三宝（トリ・ラトナ）」］と非暴力［不殺生（アヒンサー）］を説いた。今日、ジャイナ教徒はインド国内に500万人いるとされる。

仏教

まず、一方はナーガールジュナ（龍樹）[150頃-250以前]の哲学を奉じる中観派［マディヤミカ　空の哲学として知られる］である。『中論』は彼のもっとも有名な著作で、そこには仏教の教義が厳密な哲学的形式で体系化されている。もう一方は、アサンガ（無着、315頃-385頃）、ヴァスバンドゥ（世親、320-380）兄弟の瞑想にもとづく瑜伽行派［ヨーガチャーラ］ないし唯識派［ヴィジナーナヴァーダ］である。この派は認識プロセスの分析を発展・体系化した。

タントラ教（タントリズム）

汎インド的なもうひとつの新しい宗教形態は、3世紀から4世紀にかけて発展している。そこでは祭儀と神々への祈願、呪文ないし儀礼的定言の朗誦が基本的な場を占めていた。これは、その教義書であるタントラ［字義は「織物」］にちなんでタントラ教と名づけられた。この仏教徒たちは、むしろ金剛乗（ヴァジラヤーナ）ないし真言乗（マントラヤーナ）と自称した。祭儀を用いることによって、タントラ教は内的な変容を起こそうとする。その方法は急進的なものである。数多くの前世を経めぐるのではなく、ただひとつの生のうちに解脱を得ようとするからだ。情念のすべての活力と可能性をこの未曾有の営為に不可欠な原動力として投入し、考え方や実践法を一変することを提唱する。そのため、タントラ仏教（密教）は数多くの超自然的存在をつくりあげ、それらをかなり複雑な儀礼と結びつけてきた。これらの儀礼では、神々を招くための曼荼羅が必要となる。実際の修道では、自己を聖化するため、肉体と言葉と心（意）が同時に活用される。造形表現や真言（マントラ）の朗誦ないし印契ないし手印（ムドラー）も使われる。タントラ教ではまた導師（グル）が根幹的な地位を占めており、実際の儀礼は、この導師によるイニシエーションなしでは有効なものたりえないとされる。

◆ブッダの誕生直後に、9頭の竜が天から現れて嬰児に［産湯のために］浄水を注いだ［灌仏会の由来伝承］。紙画、敦煌、7世紀、大英博物館蔵、ロンドン。

十大弟子

ブッダにはそれぞれの分野で突出していたおもな弟子が10人いた。智恵（瞑想）第一の舎利弗（パーリ語でサーリプッタ）、神通（超自然的な力）第一の摩訶目犍連（マハーモッガラーナ）、頭陀（苦行）第一の摩訶迦葉ないし大迦葉（マハーカッサパ）、解空（平静心）第一の須菩提（スブーティ）、説法第一の富楼那弥多羅尼子（プンナ・マンターニープッタ）、論議（教義の説明）第一の摩訶迦旃延（マハーカッチャーナ）、あらゆる者の生と死を見ることができる天眼第一の阿那律（アヌルッダ）、持律（道徳性）第一の優波離（ウパーリ）、密行（宗教的鍛錬）第一の羅睺羅（ラーフラ）、多聞（教えの記憶）第一の阿難陀（アーナンダ）である。いく通りかの伝承によれば、阿難陀はブッダの教え（スートラ「経」）をすべて唱え、優波離はブッダ入滅の数か月後に開かれた比丘たちの最初の結集時に、戒律［ヴィナヤ。字義は「（世俗と）反対方向に導く」］のすべてを護持していたという。羅睺羅は唯一ブッダの実子、阿那律と阿難陀はブッダの従弟である。経典はブッダのもうひとりの従兄弟である提婆達多（デヴァダッタ）［阿難陀の兄とされる］が率いる教団内でのさまざまな対立や軋轢を伝えている。比丘となった彼は、おそらくブッダに反対してたえず陰謀をくわだてていた。その殺害さえいく度かはかったという。彼はブッダが比丘たちに対し、托鉢で得た食べ物のみを食すること、使い古しの布でできた3着の衣［糞掃衣］のみをまとうこと、樹下に座して日々を送ること、そして食事は日に1度だけとすることを課すよう主張したともいう［さらに、魚肉や乳酪、塩をとらない戒律も唱えた。これを「五事の戒律」と呼ぶ。なお、提婆達多はのちに三逆罪（分派活動を行った「破和合僧」、大石を落としてブッダの足指から出血させた「出仏身血」、仏陀を殺そうとしたのをとがめた比丘尼を殺した「殺阿羅漢」）を犯して地獄に落ちたとされる］。しかし、ブッダはこれらの戒律を比丘全員に課すことをこばみ、個人的に一定期間だけ守ればよいとした。おそらく提婆達多は原始教団の厳格主義的傾向を体現していた。一方、摩訶迦葉は座位のまま眠るといった一連の苦行に従ったという。

◆ブッダの従弟で、忠実な弟子のひとりである阿難陀像。中国北部河北省出土、6世紀、ギメ博物館蔵、パリ。

ブッダの生涯

大部分の部派によれば、釈迦牟尼仏陀の前には、それぞれはるか昔に教えを説いた6人の仏がいたという［釈迦仏を含めてこれを「過去七仏」という］。ブッダのあとには未来仏の弥勒（マイトレーヤ）が続く。だが、これら連続して登場するすべての仏は、同じ生の過程をたどり、時代から時代へ同じ真理（ダルマ）を告げたとされる。中国の伝承は、ブッダの生涯は8通りの時期があったとしている［釈迦八相。チベットの伝承では12通り］。まず、天界を去って人間界に降り（その誕生に先立って、ブッダは兜率天に住んだ）［白象に乗って麻耶夫人の胎内に入る］、それから奇跡的な形で生まれ［母の右脇下から］、やがて出家して「世捨て人」となり、その成道を妨げようとする悪魔たちを屈服させ、悟りを開いてブッダとなる。そして、教えを説き、死後の平安な状態である涅槃に入ったという。

◆ナーランダ僧院址。インド。

インドにおける後代の発展

7世紀から12世紀にかけてタントラ教はインド各地に普及し、マガダ地方（現ビハール州）のナーランダ僧院［427年建立］のような、大規模な僧院が建てられるようになった。この大学とも呼ばれる僧院は、12世紀まで、インド北部最大の仏教センターのひとつだった。7世紀には、ある中国の巡礼者がここを訪れ、10あまりの宗派に属する教師1500人、学生8500人が知的な生活を送っていると報告している［645年、玄奘三蔵がここから経典657部を唐にもち帰っている］。そこでは完全な教育課程が標榜され、仏教の教義や一部の仏教芸術が教えられていた。10-11世紀以降には、マハーシッダ（成就者）たちの個人主義的な伝統も発展した。彼らはタントラ教の名においてあらゆる戒律や慣習を軽視した。もっとも有名なマハーシッダのひとりであるサラハは、ナーランダ僧院の上位者だったが、ある日、隠遁尼僧と出会い、自分がブッダの悟りに達することができないと諭された。そこで彼は僧院を去り、自分の宗派を開き、みずからヨーガ行者となった。そして名前を「弓で射る者」を意味するサラハと改めた。才気煥発な戦士でもあった彼は、つねに弓をたずさえて、悟りへの道を示したという。

移動

12世紀以降、仏教はインドで急速におとろえていった。これに対し、南部では、シヴァ教をはじめとする非仏教的な敬神信仰やタントラ教が発展し、北部ではトルコ系ムスリムの進攻があいついだ。最終的に彼らムスリムはインド北部全域を支配下に置き（1192年）、

大乗、小乗、金剛乗 インドの後期タントラ仏教［密教］を受け継いだチベット世界は、仏教の教えを独自かつ独創的な方法で伝えている。このチベット仏教は、ブッダが最後の現身仏となった際、その生涯のさまざまな時点で3周期の教えを説いたとしている。最初の周期はインドの伝統的な経典に符合するもので、小乗を形成し、他の2周期は大乗の経典をつくったとする。入滅後にブッダが唱えたとされる金剛乗は、これら一連の教えの掉尾を飾る。こうした見方からすれば、これら三乗はすべての実践者がたどるべき悟りへの道の3段階とも対応しているという。まず、規律を中心とする小乗は霊的な生を組織化し、無限の慈悲を重視する大乗は、この生を飾る。そして、金剛乗はタントラ的実践によって、全体的な悟りを可能にするというのである。

第2部　東洋的伝統

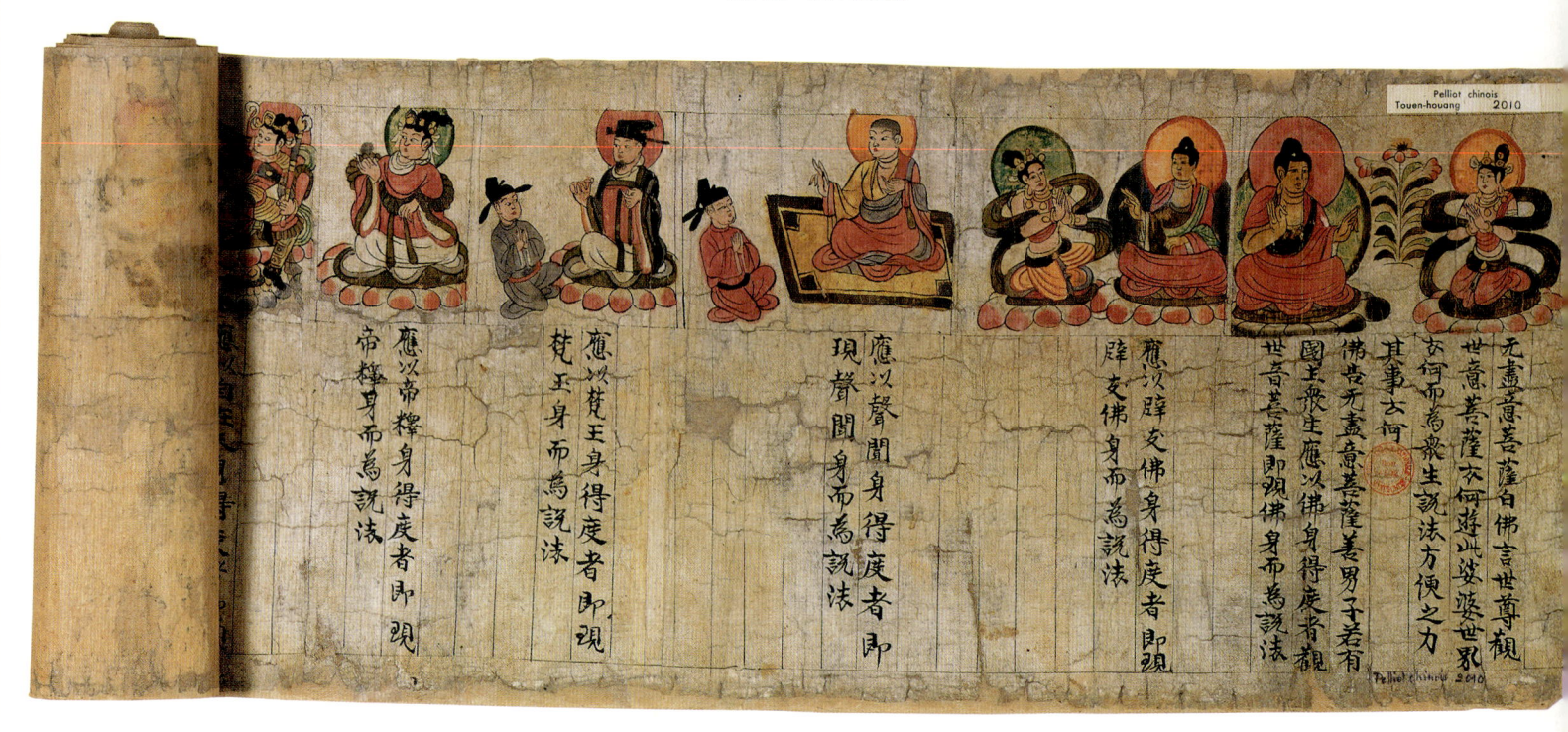

◆仏教のもっとも重要な経典のひとつである『法華経』の巻物。紙細密画、敦煌、8世紀。

デリーでスルタン王朝を立ち上げるようになる［このデリー・スルタン王朝は、奴隷王朝（1206-90年）からロディ王朝（1451-1526年）まで5王朝を数える］。こうして仏教はその発祥の地から徐々に姿を消していった。インドを去った仏教は、現在では社会的・文化的にきわめて異なる3大地域に影響をおよぼすまでになっている。上座部のみが支配的な東南アジア、中国文化の影響圏、そしてインド・ヒマラヤ地域である。ちなみに、ベトナムは中国と東南アジアの影響が混ざりあっている仏教国である。

大乗仏教に先行した十八部派のうち、今日まで残っている唯一の上座部仏教は、セイロン島（スリランカ）で発展する。伝承によれば、前述したように、この島はアショーカ王の王子によって仏教に帰依したという。上座部仏教は、インド北部出身の僧で、420年頃スリランカを訪れ、『清浄道論（ヴィスッディマッガ）』と題された膨大な論考を編んだ、ブッダゴーサ［ブラーフマナ出身で仏教に帰依した注釈者］によって改革されている。上座部は11世紀にビルマに、さらにそこからタイやラオス、カンボジア、ベトナムに枝分かれしていった。

紀元数世紀のあいだに、仏教は海路や陸路をつたって中国にも普及していく。古代中国とほとんど無縁にも等しかったこの仏教は、さまざまな驚きをひき起こした。伝播の数世紀後、仏教は完全に定着する。こうして禅をはじめとする宗派が発展するが、それらはいずれも大乗仏教を標榜した。やがてこれらの宗派は、中国の影響が強かった朝鮮半島やベトナム、日本へと分かれていった。

一方、チベット仏教はインド北部の後期仏教を踏襲している。それはインドの哲学的思弁やタントラ的伝統を同時に組みこんだ大乗仏教である。このチベット仏教はヒマラヤ高地に2度に分けて定着し、チベットの土着信仰が有するさまざまな要素を組みこんでいった。これがボン教である。

ナーガールジュナ（龍樹）　大乗仏教のすべての宗派で尊崇されているナーガールジュナ（ナーガルージュナ）は、インド仏教のもっとも偉大な思想家ないし哲学者のひとりである。しばしば精彩に富んでおり、時に矛盾も含む数多くの伝承が遺されているにもかかわらず、その生涯はなおも明らかではない。あらゆる伝記的要素を調和させるため、チベット人たちは彼が500年（！）も生きたとしている。おそらく彼は2世紀から3世紀にかけて生きていた。その方法は、実在ないし不在概念を静的にとらえることをこばむ論理的な脱構築にある。彼が唱えた弁証法の本質は、仏教哲学の時間や空間、縁起、我、業といった主題をひとつずつきわめて簡潔に論じた、だがかなり難解な書『中論』に含まれている。彼はそこで空の理論を展開しようとした。それによれば、いっさいは縁起から生まれ、存在は固有の基盤［自性］をもたないという。錬金術や魔術にかんする数多くの書が、（誤って）そんな彼の著とされている。

その統治時代、アショーカ王（前3世紀）は一連の勅令を発し、王国のいたるところにある岩や砂岩の石柱にこれを刻ませた。それらは古代インドからのもっとも古いモニュメントとなっているが、古代語で記されたその碑文が解読されたのは、19世紀に入ってからにすぎない。そこではしばしば2か国語が用いられており、アラム語ないしギリシア語がインド語と組みあわされている。碑文からは国王の仏教への篤い帰依ぶりがうかがえる。

最初の勅令では、アショーカ王は王国内での生き物殺生をすべて禁止し、宮廷内ですら、祝宴のためにいかなる供儀も行わないと確約している。これらの記念碑はブッダゆかりの聖地、たとえばその出生地とされるルンビニや悟りを開いたブッダガヤ、初転法輪を行ったサルナート、さらにブッダ入滅の地であるクシナガラなどに建てられている。サルナートにある巨大な石柱の柱頭には、東西南北をみつめる4体のライオン像が見られる。もともとそこにはブッダの教えのシンボルである車輪が載っていた。高潔にして非暴力を訴えた初代王アショーカのイメージは、近代インドの形成に大きな影響を与えた。今日、サルナートのライオン像はインドの国章、車輪は国旗の図柄となっている。

◆インド仏教最古の聖地であるアショーカ王の円柱。インド中部マディヤ・プラデシュ州サーンチー、前3世紀。

第2部　東洋的伝統

仏教の教義
苦と解脱

　仏教の経典は共通の集大成が存在していないだけにきわめて多岐にわたる。各宗派がブッダの言葉を記録・注釈した独自の経典をもっているが、その教義内容はときに他の宗派のそれといちじるしく異なっている。

　インドの最初期の宗派ないし部派の大部分が有していた経典は、すでに散逸してしまっているか、辛うじて断片が残っているにすぎない。おそらくこれらの宗派は、すくなくともブッダが語ったとされる言葉の集成（スートラ）と、比丘および比丘尼を対象とする戒律（ヴィナヤ）からなる集成を用いていた。上座部の仏典は3部構成になっていた。それらは「三蔵（トリピタカ）」と総称される。おそらく棕櫚の葉に書き写され、籠（蔵）の中にしまわれていたことに由来する呼称と思われるが、語源はなおも不明である。そこには戒律［律蔵］やブッダの教え［経蔵］にくわえて、仏教の教説にかんする注釈書［論蔵］、すなわち『阿毘達磨』（字義は「至上の教説」）も含まれている。この三蔵は前1世紀から後1世紀のあいだにスリランカで書きとめられた。『阿毘達磨』の一部編纂もおそらく後1世紀になされたと思われる。これらは古い文語であるパーリ語で記されている。口頭伝承の果実とでもいうべきこれらの経典は、きわめて反復が多いが、編纂者たちは一種の記憶法としての役割をになったこれら多様な反復を堅持した。こうして編まれた経典はたんに読まれるものとしてあるのではなく、暗記すべきものでもあった。

　大乗仏教のスートラは言語や形態、さらにその内容も異なってい

◆経典を読む僧侶。ポカラの僧院。ラダック（ネパール）。

る。口調こそときに論争的だが、その意図は道徳ないし規範を示すところにある。そこでは、覚者たちが散文や韻文を用いて大乗教説の究極的かつ新しい特質や菩薩の理想を説いた。そして、この教説がもつ力をよりよく示すため、こぞって奇跡的な出来事を記している。こうした大乗経典の編纂は、数世紀にわたってなされた。これらインド起源の経典は、さまざまな時代にチベット語や中国語による数多くの翻訳が出されているが、それによって大乗経典の歴史的な展開や拡大が理解できるようになった。なお、経典の原語は文語のサンスクリット語や当時の民衆語だったプラークリット語である。

輪廻

　輪廻（サムサーラ）とカルマ（業）の教義は、仏教理解の根幹である。不即不離のこれら2通りの原理は、インドの前仏教的な源泉に由来する。それは、命あるあらゆる存在は次々と異なる形をとって生まれかわるが、生前になした行為によって、幸・不幸はさておき、かならずしも人間に転生するものではないとする考えである。こうした転生（輪廻）と行為（カルマ）を結びつける考えは、ヴェーダ時代末期に編まれた最初期の『ウパニシャッド』にすでにみてとれる。カルマという語は聖職者のブラーフマナによってなされた供犠行為を原義とする。この供犠は、世界の建設と持続にかかわるものだった。のちにカルマは、転義によって個人をつくる行為をもさすようになる。これらのカルマは善・悪、さらに中性的なもので、人間はそのカルマの徳性ないし道徳性に応じて生まれ変わるという。

　ブッダ時代に登場した哲学・思想的ないし宗教的な新宗派は、輪廻とカルマというふたつの中心概念をどうとらえるかで規定され、あるいはときに対立した。一部の唯物論的宗派は転生という事実を受け入れず、別の宗派はこれを擁護し、それがいかに展開するかを説明しようとした。さらに、ある宗派は有神論的な見方を発展させたが、別の宗派はそうではなかった。たとえばジャイナ教は、カルマを精神と結びついた物質的な粒子だと考えた。こうしてジャイナ教の霊的な道は、新たな粒子が生まれてくるのをくいとめ、古い粒子を浄化することを主眼とするようになる。苦行が終われば、個人の精神は輪廻をまぬがれ、普遍的な精神に立ちもどることができるようになる。そう考えたのである。仏教はこのカルマについて限定的な定義をしている。意図的なカルマのみが輪廻のなかで効力を発揮するというのである。

　仏教と同様に転生ないし再生の原理を受け入れるすべての宗教では、連続する生は実存にとっての中立的な与件ではなく、隷属の鎖にすぎないとされる。無知、幻想、執着といったものは輪廻の特性にほかならない。実存は受け身的な性格をもち、そこでは禁欲や苦行、達観によって精神を集中することがふさわしいとされる。ブッダ「覚者」やボーディ「覚り（悟り）」といった語自体、人間であ

◆サルナートでの初転法輪。ブッダがかつての仲間たちに高貴な四真理を教えている。インド芸術、2-3世紀。

るかぎりつきまとう迷いを打ち砕く必要性を示している。

四聖諦

　仏教は本質的に縁起にかんする考察からなる。輪廻をひき起こす原因と結果、つまり因果はいかにして結びつくのか。その輪廻の鎖を打ち砕く者が、必然的な結果として悟りに達する。くりかえしを恐れずにいえば、ベナレス近郊のサルナートで行った初転法輪の際、ブッダは4通りの真理［四（聖）諦］を説いて、輪廻の絆の縁起を吟味したという。これらの四聖諦は論理的に互いにつながっている。

　——第1の真理［苦諦］　デュカ（苦）はわれわれの一般的な体験を構成する。永続や充足を望んでいるにもかかわらず、だれも生・老・病・死をまぬがれることはできない。人生におけるさまざまな出来事が、当然のことながら肉体的ないし精神的な苦を生みだすのである。

　このデュカの最初の真理は、ときに「いっさいが苦しみである」という言葉で表される。それがサンスクリット語で「苦痛」や「不幸・不運」といった意味をおびているとしても、デュカという語はこれらの語によって単純に翻訳することはできない。仏教は生に対して価値判断を示さず、ただいかに生きるかを説こうとするだけである。デュカは字義どおりには「まずく置かれた」を意味し、輪廻のなかをさまよう者の姿勢をなんとか説明するために用いられる。こうした不都合は、しかしかならずしも意識されない。デュカが実存の背景だからであり、そこではたんなる苦しみや、人が苦痛や病

第2部　東洋的伝統

◆大慈大悲を本誓とする観(世)音菩薩は、ここでは八手像となっている。クメール美術、12世紀末-13世紀初頭、バンコク国立博物館蔵、タイ。

や死と直面した際に覚える不快としてある。

——第2の真理［集諦］　ここでのデュカは欲望に由来する。まさにそれは欠けているものを一種の強迫観念にかられてたえず満たそうとし、永続性と充足とが手に入れられる現実だと信じる欲望［渇愛］にほかならない。

——第3の真理［滅諦］　しかし、デュカにはニルヴァーナ［涅槃］と呼ばれる終わりがある。このサンスクリット語は、「吹き消すこと」を字義とする。だが、何を吹き消すのか。輪廻［煩悩］を生むとみなされる「三毒」、すなわち貪欲と瞋恚と無明［愚痴］の火を消すのである。ここでの無明とは、ブッダが唱えた真理に対する侮蔑や無理解を意味する。

——第4の真理［道諦］　ニルヴァーナにいたるには、1本の道がある。これは、徳性や集中力、智慧といった命題のもとで分類される8項目にまとめられるところから、「八正道」［正見、正思惟、正語、正業、正命、正精進、正念、正定］と呼ばれる。

この正道［聖道、八支正道とも］は根本的に滅執の道である。そこにいたるには、我執を去らなければならない。まず心の「三毒」をすてさる。だが、こうした心の滅執はまた体の滅執をともなう。すくなくともそれは、ブッダの宗教的な弟子である比丘たちにあてはまる。だからこそ彼らは剃髪し、托鉢で生きるのである。

ところで、一般的に「僧」と訳される比丘（bhiksu）という語は、じつは「物乞い」を意味する。仏教が登場する以前、この語は食べ物の喜捨を受けるための器（托鉢）だけをもって遍歴する苦行者をさしていた。社会的・家族的絆を断ちきる。それは心の絆［執着］を断ちきるということを予示かつ象徴し、条件づけるものといえる。

三法印

教義的な差異を超えて、仏教諸宗派をいかにして統一するか。この問題は互いに異質さを認識している宗派間でたえず議論されてきた。ほとんどの宗派は3通りの仏教本来の基本原理、すなわち無常と無我と苦という原理から導き出した共通の基盤に拠って立つことを提唱している。この原理を「三法印」と呼ぶ。それらがすべての現象（ダルマ）にその印をきざんでいるからである［三法印とは大乗仏教で諸行無常・諸法無我・涅槃寂静をさし、原文にある無常・無我・苦は上座部仏教が説く三相に相当する］。四法印とは、これら三法印にしばしば第4の印、つまりニルヴァーナ（空性）［大乗の一切皆苦印］がくわわったものである。

1　無我（アナッタ）の教え　サンスクリット語のアナートマンは、字義どおりには「非＝我」を意味する。我（アートマン）はインドの伝統において、転生によって次々と化身していく永遠の原理をさす。一方、仏教は霊魂や個人的な原理を想定せず、「無我」という語によって、本質的な不変・不死の原理を否定する。個体は全体が物理的・精神的な集合体に分解され［これを五蘊という］、そのうちのひとつ［色蘊］は肉体、他の4つ［受蘊・想蘊・行蘊・識蘊］は精神とかかわる。そして唯一意識の流れだけが固定した支えをもたずに、生から生へと移る。

2　無常（アニチャ）の教え　これは無我と対をなすもので、いっさいの現象［諸行］は滅びるとする。

3　苦（ドゥッカ）の教え　存在は無我と諸行の無常さと根源的に結びついた苦によって支配されているとする。

菩薩（如来になるべき修行者）　ひとたび菩薩となれば、すべてが可能となる。アヴァロキテシュヴァラ、すなわち観(世)音菩薩（サンスクリット語で「現世を見る主」を意味する）は、これら菩薩のなかでもっとも人口に膾炙しており、大慈大悲の心を具現化した存在とされる。蓮華経にはこの観世音菩薩に捧げられた、おそらく大乗経典のなかでもっとも美しい賛歌がある［妙法蓮華経観世音菩薩普門品偈］。観世音菩薩は極東では通常女性の姿をとって表されるが、チベットではチェンレジと呼ばれ、活仏ダライ・ラマはその化身とみなされている。数多くの経典に登場する別の菩薩には、智慧の化身である文殊菩薩（マンジュシュリー）がいる。しばしば剣を手にライオンに乗っている姿で描かれる。これらすべての菩薩は、衆生を救うために転生周期、つまり輪廻のなかにいることを誓ったという。こうした仏教の祭式では、菩薩たちに捧げられた数多くの祈りが唱えられる。

縁起

 仏教は生を、さまざまな出来事が因果と因縁の働きに結びついている過程として理解する。「縁起(プラティーヤ・サムトパーダ)」のもとで、存在は12の因縁からなる円環的な過程［これを十二因縁(無明、行、識、名色、六処、触、受、愛、取、有、生、老死)と呼ぶ］として表される。これら因縁の順番や表現、数は時代で異なるが、縁起にかんする教義はつねに根幹的な教えとみなされてきた。そこでは、存在を統べる三法印［諸行無常・諸法無我・涅槃寂静。上座部では無常・苦・無我を「三相」とする］が、積極的かつ入念に唱えられた。一連の論理において、この十二因縁のそれぞれは、先立つ因縁によって条件づけられ、みずからもまた次の因縁を条件づける。無明、すなわち四聖諦や縁起自体について根本から知らない無明は、「心的な志向」(衝動)を決定する。次に来るのが識(意識)と名色(心身の現実を構成する精神と物質)、六処(6感覚器官)、触(感覚器官と対象との接触)、受(感受作用)、愛(渇愛)、

◆ラオスのタ・トン洞窟で発見された菩薩像。5世紀、チェルニスキ美術館蔵、パリ。

取(執着)で、さらに有と老・死が続く。こうした過程は、因果の働きとして考えられているわけではない。むしろ、それぞれの要因が条件づけるものとしてある。これは、各因縁が次にくる因縁の必要条件であって、十分条件ではないということを意味する。

 これら12の因縁については二重の解釈ができる。一方は、縁起が瞬間瞬間に起きる生の過程を明確化するという解釈、もう一方は、その縁起が連続する3つの生［過去世、現世、未来世］に対する転生の過程(無明と行は最初の生［過去世］に属し、次の七因縁は第2の生［現世］、そして最後の三因縁は第3の生［未来世］に属する)を示すとする解釈である［この解釈を「三世両重の因果」という］。解脱にいたるにはこの「苦」の周期から抜け出なければならないが、無明は智慧へと転位できることから、十二因縁の最初に置かれる。今日、こうした十二因縁の考え方は上座部仏教と大乗仏教双方から受け入れられている。

「再生」という語は、仏教の存在観を示すものとしてはふさわしくない。仏教は滅びる肉体に入りこむ永遠の霊魂、すなわちインド的なアートマン観を否定しているからである。生の連続は、たんに永遠に更新されつづける流れとしてみなされているにすぎない。こうした転生の過程を生むのがカルマ、つまり業である。そこでは業が3通りに分類されている［三時業］。現世において受ける業［順現業］、来世において受ける業［順生業］、そしてそれ以後の生で受ける業［順後業］である。

仏教の世界観（宇宙論）は、一般的にインドのそれと同様、きわめて複雑である。そこでは互いに重なりあうさまざまな段階や条件が想定されている。欲界・色界・無色界の三界がそれで、欲界では、人間は6通りの存在領域、つまり「六道」に再生する。色界では、存在は欲望をもたず、無色界は欲望のみならず、いっさいの物質的条件のない領域である。

この六道は、人間がその業の内容に応じて転生する輪廻の常態、すなわち地獄道・餓鬼道・畜生道・修羅道・人間道・天道を形づくる。これら六道は、人間がみずから現実的なものとしてみなす世界でもある。だが、こうしたひとつの読み方にくわえて、さらに心理学的な解釈もできる。六道が人間の情動的な多様性を示している、という解釈である。たとえば天道には、喜びと満足が、人間道には嫉妬と精神的な圧迫、餓鬼道には貪欲さ、畜生道には無知と愚かさ、地獄道には際限のない苦しみがそれぞれ結びつけられるのだ。

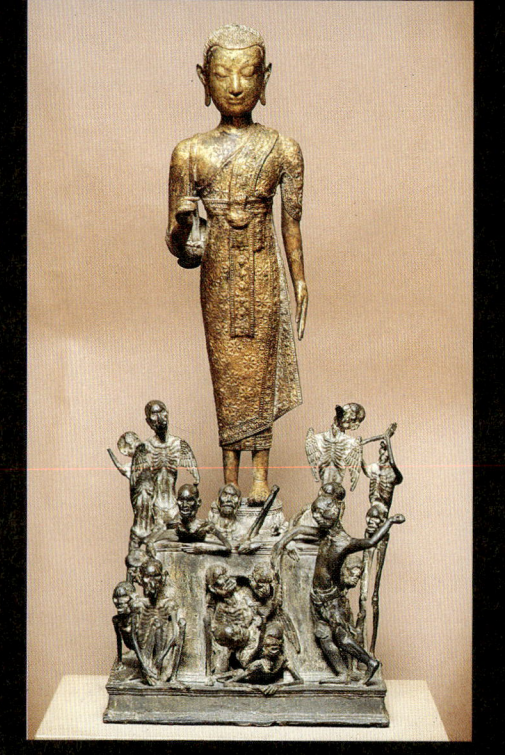

◆ブッダの弟子で、地獄に降りて衆生を救ったとされるプラ・マライ像。タイ美術、19世紀、国立ナコム・パトム博物館蔵、タイ。

ガンダーラ文書

これまで保存されたもののうちで最古の経典であるガンダーラ文書は、さながら仏教版死海文書といえる。1994年に発見されたこれらの文書は木簡に記されており［使用文字は、ブラーフミー文字とアラム文字を融合させた、（西）北インドから中央アジアで用いられたカローシュテイー文字］、西暦最初期における仏教伝播の中心地のひとつだった、ガンダーラ地方の古い僧院の書庫に保蔵されていた。おそらく1世紀に編まれたと思われるほとんどの文書は、それまで知られておらず、パーリ語やチベット語ないし漢字による経典には、それに相当するものがない。

◆ブッダの死ないしパリニルヴァーナの図。敦煌、9-10世紀、フランス国立図書館蔵、パリ。

空性

　大乗仏教はその教義のうちに第4の原理、すなわち空性をくわえている。それによれば、人間には「我がない」という。換言すれば、たえず更新される肉体と精神の集合体からできているというのである。だが、この集合体を根本的に形づくるダルマの実体とは何か。仏教の古い学派である「説一切有部（サルヴァースティヴァーダ）」は、それを実在する原子のようなものととらえた。この学派によれば、ダルマは固有の特性をおびているという［三世実有・法体恒有］。反対に、他の学派は空性が個体に限定されず、ダルマ自体も空だと唱える。諸行はいっさいの実体を欠いており、因果と因縁のたんなる生成物にすぎない。大乗仏教の経典はとくにこの複雑な教義を展開している。

ニルヴァーナ

　神秘的な体験であるニルヴァーナは、現世において得ることができる。それは霊魂の究極的な消滅ではなく、人間の苦の条件［煩悩］をかき立てていた火を完全に滅する状態をさす。こうしたニルヴァーナを描写したり表したりすることはできない。通常それは、輪廻とは対極的に否定辞（「存在しないもの」）で定義されるが、ときには肯定辞（「存在するもの」）として示されることもある。その場合、ニルヴァーナには、大乗仏教の主要な経典が説く三法印、すなわち無常・無我・苦の反義語である、「永遠の」や「実体的な」、「無苦の」といった形容辞がつくことがある。

　仏教はニルヴァーナ（滅［＝涅槃］）と、肉体的な死を示すパリニルヴァーナ（完滅［＝般涅槃］）を区別する。だが、死後はどうなるのか。もし輪廻がニルヴァーナの実現によって成り立たなくなるなら、パリニルヴァーナは決定的な死を意味するのか、それとも他の存在条件をさすことになるのか。仏教諸派はこの根本的な問いに対して明確な答えを出してこなかった。一部はそれを虚無ととらえ、上座部仏教などはむしろ「高貴な沈黙」を守りつづけている。

　輪廻からの解脱は長い探究の結果であり、それは以後の多くの生にまでおよぶ。この浄化の道において、「貴人（アーリヤ）」はそれぞれが特別な絆からの解放と対応する以下の4階梯［四向四果］を経る。

　――まず、「流れに入ること」である［預流］。この段階では、人はなおも7度生まれ変わるが、もはや下位の世界（地獄道・餓鬼

空しい質問　上座部仏教のパーリ語経典である『摩羅迦小経』は、ある僧が投げかけた一連の問いを伝えている。たとえば、世界は無限なのか、それとも有限なのか、といった問いだが、より重要と思えるのは次の問いである。ブッダは存在しているのか、死後は存在しないのか。僧はブッダにその疑問をぶつける。これを受けて、ブッダは答える。そうした問いはすべて空しい、と。それになんとか答えようとする者は、毒矢で瀕死の傷を負いながら、その射手がどのカーストに属するだれなのか、弓自体がいかなる木でできているのか…といったことがわからないかぎり、毒矢を抜くのをこばむ者と比べられる。ブッダはさらに言う。この男は疑問のすべてを知る前に死んでしまうだろう――。同様に、こうした疑問に答えることは解脱そのものにいかなる影響もおよぼしたりはしない。

道・畜生道）に再生することはなく、上位の世界にのみ生まれる。
——ついで、人は欲界に「一度しか戻らない者」となる［一来］。
——やがて「二度と生まれ変わらない者」、つまりもはや欲界に戻らず、唯一「非欲」の世界にのみ戻る者となる［不還］。
——最後の階梯は、「供養を受けるのにふさわしい」［応供］を字義とする阿羅漢のそれで、ブッダの教えを十分に悟るようになる。ここにおいて、人は解脱の域に達する。

> **法輪** 法輪（ダルマチャクラ）は仏教の特別な標章である。一般的にそれは８本の輻（ときに４本）をもち、そのおのおのが８本の道［八正道］をさす８本の枝を象徴する。伝統的な表現では、仏教は教えのなかで「教義の輪をまわさせる」［転法輪］という。

菩提

大乗仏教では、ニルヴァーナの意味がかなり変えられ、もはやそれはただちに求めるべき目的ではなくなっている。菩薩（bodhisattva）はむしろ菩提（bodhi）、つまり衆生の苦しみを軽くすることができる全知の実現を求める存在であり、そこでは煩悩を滅することより、むしろ浄化することが重要視される。

とすれば、仏（覚者）は何になるか。古い学派ないし宗派はその来世にかんする問いを空しいものとみなしていたようだ。だが、大乗仏教はそうではなかった。ひとたび成道を得て全知全能となった仏や菩薩たち（両者の区別はかならずしも容易ではない）は、衆生を救うためにすべてを捧げるとされるが、現世に生きることはできない。大乗仏教の主要経典のひとつである『蓮華経』によれば、ブッダとなった釈迦牟仁がその聴衆たちに対し、自分が人間の姿をとるのは、たんなる工夫にすぎないと語ったという。釈迦牟仁はそこで、自分がはるか昔にすでに覚者となったとしている。やがて、仏の三身説が展開されて、大乗仏教に属するほとんどの学派がこれを共有することになる。それによれば、仏には次の３通りの体があるという。

——応身（ニルマーナカーヤ） 釈迦牟仁が衆生の前に現れたときの姿である。
——報身（サムボガカーヤ） 清浄かつ光輝に満ちた栄光の姿で、32通りの身体相をおびるが、それは成道者にしか見えない。
——法身（ダルマカーヤ）［真理そのものと化した］完全かつ永遠の条件下で、仏はいっさいの穢れから解き放たれる。

チベット仏教は、一部の教えは釈迦牟仁ではなく、報身仏によって明らかにされたとし、この仏をヴァジラダラ（持金剛仏）と呼んでいる。

伝統的な見方では、輪廻とその停止である涅槃は必然的に両立しえない条件となる。だが、ナーガールジュナ（龍樹）は哲学的な手法によってこうした対立を解消した。何かが変化するのは、力が存続しうるとみなされる要素が内的に変化したためなのか。おそらくそうではないだろう。この哲学者は仏教思想の根源的な反転を提唱する。涅槃は輪廻と異なっているわけでも彼方にあるものではなく、そのもうひとつの顔にすぎない、とするのだ。空を認識すれば、輪廻は解体し、解脱はすみやかになされるともいう［森羅万象に「自性」はなく、すべては因果関係によって現れるとする龍樹の思想は「無自性空」と呼ばれる］。

大乗仏教の菩薩

大乗仏教では、修行者は菩薩（bodhisattvaとはサンスクリット語で「成道を求める者」の意）の道を歩まなければならない。この道は無限の智慧と慈悲へとつながっているとされる。菩薩行の実修は学習と省察と霊的鍛錬（とくに瞑想）を基本とする。経典はさらに信仰の強化や帰命頂礼、ブッダへの祈祷、さらにその聖遺物崇拝などにかんするもろもろの作法を唱えている。菩薩道が長く、数多くの生をついやさなければならないからである。この道を最後までたどって、修行者は波羅蜜多（完成態）、つまりみずからが衆生に働きかける徳性全体へといたる。こうした菩薩行はその徳性のそれぞれに完全に対応する10段階［十波羅密］に大別される。それらを順に列挙すれば以下のようになる。布施、持戒［戒律を守ること］、忍辱、精進、禅定［精神集中］、智慧、方便、智、力、そして願（みずから悟り、他を悟らせようとする誓い）。菩薩道の果てに着いた修行者は成道の菩薩となり、はじめていっさいが可能となる。

◆法輪、リキルの僧院。ラダック、19世紀、バンコク国立博物館蔵。

仏の後に仏がくるとき

インドでは、ブッダは一般に紀元前数世紀に生きたとされる。より正鵠を期していえば、ブッダ・シャカムニ（釈迦牟仁仏陀）と呼ばれたが、これは「覚者」ないしシャーキャ族の聖者を意味する。現世にはこのブッダ・シャカムニより前に他の仏たちがいたという。大乗仏教の経典は世界の数を増やし［仏国土＝三千大千世界］、それぞれの世界には独自の仏とすぐれた力をおびた数多くの菩薩を有しているとする。これらの世界は並存しており、悟りを開いた者にしか見ることができない。たとえば、チベットやネパールで人々の篤い信仰を集めているアクシャーブヤ（阿閦如来。字義は「ゆるぎないもの」）は、はるか東方のアビラッティー（阿比羅提）の世界に住んでいっさいの苦しみを一掃し、そこでは産婦が苦痛なしに出産できる（！）ほどだったという。

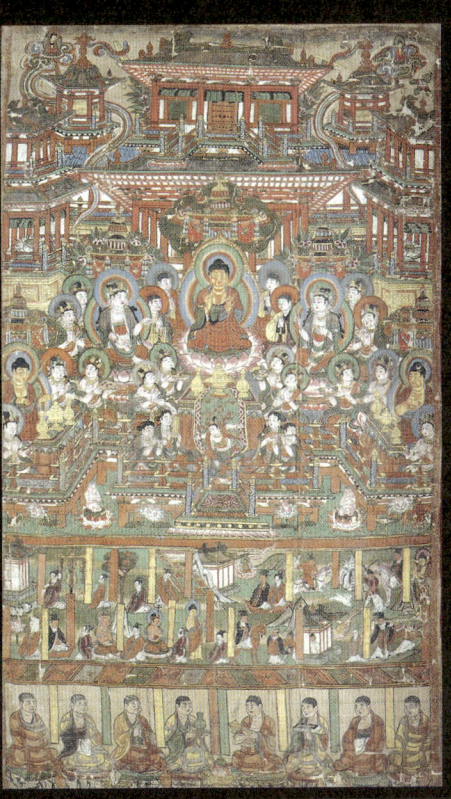

◆「光明無量」の阿弥陀如来。中央アジア、10世紀。ギメ博物館蔵、パリ。

「無限の光をもつもの」を意味するアミターバ（阿弥陀如来、無量光仏、無量寿仏）もまた、極東で篤く信仰されている。その加護を求める衆生が、みずからが治める西方の「極楽浄土」で生まれ変わることを請け負うという。まず中国で、ついで日本でも敬虔主義的な一大潮派が発展し、この仏と特別な関係を結ぶそれは、ときに阿弥陀信仰ないし阿弥陀教とも呼ばれる。阿弥陀如来のもつ衆生救済の力にひたすらすがることの必要性を確信した法然（1133-1212）は、専修念仏を唱えて日本で独自の宗派「浄土宗」を開いた。また、彼の弟子親鸞（1173-1262）は浄土真宗の開祖となった。今日、阿弥陀信仰は日本でもっとも定着した伝統を誇り、最大の信者数を擁している。

空とは何か

インドで中論の哲学を唱えたマーディヤミカ（中観）派［前出］は、しばしばシャーニヤヴァーダ（空部）と呼ばれた。空ないし空性という語は、他の存在とは無縁に自力で存在しうることの不可能性を示す。それは自立的・不変的な我の不在のことでもある。仏教徒たちはこの「空」が混乱をまねきやすい語であることを認識しながら、それを無と混同してはならないと力説する。存在はたしかに存在するが、あくまでもそれは相対的に、である。アラブ語のジフル［ゼロ］を仲立ちとして、数字のゼロは語源的にサンスクリット語のシューンヤ（シュニャータ「空」）から派生している。インドにおいて、この語が価値の不在という数学的な意味ではじめて用いられるようになったのは紀元前だったが、それは哲学の分野でそれが使われるようになったのとほぼ同時期だった。

第2部　東洋的伝統

祭儀と実践
意識して生きる

　仏教は経典や教説によって伝わったが、それらが価値をもちえるは、みずからが変わることを目的とする実践のための知識としてのみである。こうした変身には、とくに身体的・精神的な技術（瞑想）の修得による特別な鍛錬が不可欠とされる。この瞑想の実修は一般的に僧たちが行っているが、仏教徒にとって、ブッダの体験を説明したり理解したりすることは、自分がそれを追体験しようとすることと同様、必要とはされない。世俗の信者が試みるべきことは、たんに別の生を生きることではないのだ。ただ、信者全体にとって、非暴力を旨とする仏教の戒律は個人的であると同時に集団的な次元をもつ。

　仏教における実修は、療法の力をもとうとしている。ブッダ自身、しばしば偉大な治療者と呼ばれており、四諦もまたそれぞれ症状の診断（苦諦）、診断（集諦）、快癒（滅諦）、そして投薬（道諦＝八正道）に比定できる。これら四諦を説きながら、ブッダは中道を勧めた。宗教的な実修の真の意味は、苦行主義や意識過剰の途中にしかないからである。弦楽器が、弦をきつく締めたりゆるめすぎてもいないときに最高の音を出すのと同様に、精神的な道もまた極端に走るのを避けたときに最上のものとなる。ブッダはそう諭している。

八正道

　広く知られるブッダの教えには、「八正道」と呼ばれる救済手段がある。以下に示すこれらの実修は互いに不即不離の関係にあり、同時に実践されなければならない。
　——正見（ブッダが唱えた原理原則、すなわち無常や因果を理解すること）
　——正思惟（解脱［出離］を求めて思惟すること）
　——正語（虚言などを弄したりしないこと）

◆伏拝する僧。台湾。

——正業（人を殺したり、盗みや姦通を犯したりしないこと）
——正命（暴力や加害とは無縁に生きること）
——正精進（過度な苦行におちいらないこと）
——正念
——正定

ここでいうところの「正」とはサンマー（samma）の訳で、サンマーはさらに「完全な、全体の」という意味もおびている。これら八正道は一般に仏教の3本の支柱を象徴しうる3通りのカテゴリーに再分類される。慧（パンニャー）［原文はプラジナー］と三昧（サマーディ）、そして戒（シーラ）である。自分自身と世俗との関係を一転させるという絶対的な必要性を実現した（正見・正思惟）仏教徒は、心身の戒律を遵守する。この戒律は言葉［正語］と行為［正業］、さらに生そのものの選択［正命］のみならず、心のさまざまな能力（正精進・正念・正定）ともかかわる。

これらの戒律全体は、個人的であると同時に社会的でもあるという二重の意味をおびている。それが自分（我）に対する働きかけだけでなく、他者との新しい関係（倫理的な）を結ぶよう唱えているからである。戒が倫理にまで引き上げられている大乗仏教では、この後者の意味が体系的に強調されている。一方、非暴力は仏教のすべての宗派にとって根本的な徳性とされる。

瞑想

瞑想という総称は、仏教が唱える多様な身体的・精神的実修をかならずしも適切に示すものではない。仏教誕生のはるか以前のインドでは、同様の実修が行われていた。それを実証するのが、インダス河谷のモヘンジョダロ遺跡（前4千-前3千年紀）から出土した、蓮華座（パドマーサナ）——ブッダが瞑想時に用いた座位——の人物を表す数体の小像である。瞑想には心の働きに適した姿勢が求められる。背をまっすぐに、足を折り曲げて座り［結跏趺坐］、半眼のまま心静かに自然な呼吸をする。こうした瞑想は心の働きを統御し、もっとも巧みに行えば、智慧さえ完璧なものにできるという。

✦薬草壺を手にしている良医ブッダ像。ラダック地方（チベット）。

仏教にとって、省察だけでは、現実を完全に理解するうえで十分といえない。思弁的な知は、やはり瞑想的な実修から生まれる他の知と結びつけなければならないというのである。一部の瞑想はまた別の姿勢、すなわち直立、歩行ないし横臥といった姿勢でも行われる。

内的な道に入るため、しばしば2通りの瞑想が勧められる。一方

救い　仏教の祭儀には、身体や言葉ないし精神を用いるさまざまな賛歌や祈りがある。胸の前で両手をあわせる合掌は、もっとも一般的な拝礼の所作である。五体投地もまた同様の拝礼形式で、以下の3段階で行われる。合掌し、跪拝し、額を地につける。ひとたび全身を伸ばすと、膝と肘と額は地面に接することになる（宗派で異同がある）。こうした伏拝は一般に仏像の前もしくは一部の儀礼でなされる。ときには1歩ごとに五体を投地しながら、巡礼をなしとげることも行われている。

追悼と祈願

ブッダを瞑想することはまた、一般的かつ古い実修である。パーリ語の経典は、もはやブッダの姿を拝めないと嘆く全盲に近いある年老いた信者について記している。ブッダは彼にこう諭したという。心の中で自分を瞑想することはいつでもできる、と。そこで老信者は、瞑想しながらブッダの姿をつねに見るようになったともいう。こうしたブッダにかんする瞑想は、おそらく視覚化とその名号の朗唱という二重の面を有している。後者はとくに日本で念仏として発展したが、それは阿弥陀信仰（浄土宗・浄土真宗）の基本的な実修を象徴する。信者たちが唱える「南無阿弥陀仏」の名号は、単純にいえば「無量の光明の仏への賛辞［帰依］」を意味する。

しかし、唱言はひとりブッダへの賛辞にかぎられているわけではない。信者たちは同様の唱言をさまざまな菩薩やブッダの言葉が記された経典に対しても捧げる。13世紀の神秘的な預言者である日蓮［1222-82］は、たとえば『妙法蓮華経』の朗唱を基本的な勤行として説いている。この朗唱全体は、「法華経の教えに帰依する」を意味する「南無妙法蓮華経」の題目に集約されうるという。マントラ（真言）の朗唱もまたこうした礼拝形態に由来する。数あるマントラのうち、チベットのアヴァロキテシュヴァラ（観世音菩薩）であるチェンレジのマントラは、もっとも広く知られている。「オン・マニ・ペメ・フーン（Om Mani Padme Hum）」［サンスクリット語「オム・マニ・パドメ・フム」］がそれで、字義は「蓮華の宝珠よ、幸いあれ」である。

これらの実修は信仰（シュラダー）、とくに三宝［仏・法・僧(伽)］への帰依によって支えられている。ブッダは悟りを開き、その教えは現実的かつ効果的で、それを奉ずる僧（伽）は崇高である。諸仏と諸菩薩は衆生が祈りを捧げることができる救い主ないし仲介者として理解され、それぞれの菩薩は特定の分野（！）に功徳をもたらすという。たとえば日本では、地蔵（クシティガルバ）はもっとも篤い信仰を集める菩薩で、とくに幼くして他界して、極楽と地獄のあいだをさまよう子どもを守るとされる。こうした信仰形態は大乗仏教で発展した。

プージャとしての供犠

瞑想や大部分の霊的実修は僧や尼僧に向けられており、在家の信者はより平易に5通りの戒［五戒］を守ればよいとされる。不殺生、不偸盗、不邪淫、不妄語、不飲酒の戒がそれである。飲酒の禁止とはいささか驚きに値するが、仏教の実践はなによりもまず意識の鍛錬を意図する。したがって、そうした実践を制約するものは、なんであれ禁止されるのである。とはいえ、これらの戒律はしきたりに

◆後期仏教から派生したタントラ儀式を行うチベットのヨーガ行者。ラサ（チベット）。

は「怖れ」に対する瞑想［不浄（アスバ）瞑想］、もう一方は呼吸瞑想である。前者の場合、苦行者は死体の腐敗を9段階ないし10段階に分けてまのあたりにし、変化の動きを静かに認識する。中国人からみればいささか異常ともいえるこの方法は、極東ではかえりみられなくなった。反対に、呼吸［調息］法はすべての仏教宗派で広く用いられてきた。おそらくこれは仏教以前から行われてきた最古の瞑想法である。

だが、瞑想法はきわめて多岐にわたる。伝統的宗派は、大乗仏教のそれと同様、2通りの瞑想を一緒に実修している。一方の瞑想法では、心のさまざまな波動ないし動揺を均等にして、それらを安定・一体化させることができる。それには瞑想を行うのにふさわしい環境が必要となる。これが「止」（サマタ）［禅定に相当］と呼ばれるもので、具体的な事物や身体の先端、ときには感情すらも対象として用いることがある。もう一方の瞑想法は、心の動きのありようを理解するために行う精神集中の「観」（ヴィッパサナー）［智慧に相当］で、ときに「洞察力」と訳される。禅宗をはじめとするいくつかの仏教宗派は、こうした瞑想をこれとは異なるかたちでとらえている。すなわち、瞑想を技法や方法ではなく、内的覚醒の直接的な実現としているのだ。

> **三宝帰依**　仏教に入信するには、「三宝」をたたえる定言［三帰（依文）］を3度唱える。これにより仏教徒とみなされるようになる。「みずから仏（覚者）に帰依したてまつる、みずから法（ダルマ）に帰依したてまつる、みずから僧（伽）に帰依したてまつる」。この定言は儀礼や祭儀の冒頭にくわえて、誓願時の前段階でも唱えられる。

従ってかぎられた期間守られるだけである。日常生活では、信者はとくに仏教徒としての最大の徳とされる喜捨を行う。僧伽は僧（比丘）・尼僧（比丘尼）の共同体であり、施物にもとづいて運営されている。信者たちは僧たちの生活必需品すべてをまかない、僧たちはこれに対して教えをほどこす。

諸仏や菩薩には供物が捧げられるが、それはまた生きている教義とでもいうべき霊的指導者や僧たちにも捧げられる。一般に供物としては花や水、香、食べ物、蝋燭などがある。盛大な供犠祭であるプージャでは、だれもが献身的な心を表すことができる。仏教以前からの儀礼であるこれは、なおもヒンドゥー教では広く行われている。もともとのプージャは、聖別された場所に神を招くことを目的としていた。しばしば複雑な形をとるその儀礼は以下のような4通りの部分からなる。聖域の整備、神が参列者のもとに来ることを求める祈願、供物奉献、そして神の出立である。

上座部仏教では、プージャは一般信者の生活の中心的な要素となっており、一部のプージャはブッダに捧げられている。このプージャは仏教以前の神への儀礼化された信仰形態をとっているが、ブッダはなおも象徴的な存在としてある。こうした伝統のなかでは、教えの生きた存在としての僧伽への帰依はまた、しばしばブッダ自身への帰依よりも優先している。夏安居の終わりに行われる僧たちへのカシャーヤ（袈裟）奉献は、東南アジアのすべての僧院において盛大なプージャが営まれる時期でもある。一方、タントラの儀礼はヒンドゥー教のプージャの意味をとりいれたもので、そこではさまざまな神が招きよせられている。チベットのツォクは、現実のものでありながら神秘的ともいえる食事に、神々を招き入れる供物の祝宴である。これらの祝宴は、特別の誓いによって結ばれる苦行者たちのために、通常は毎月ないし特定の機会を選んで捧げられる。

葬送儀礼

仏教には成年式や結婚式といった共同体的な通過儀礼はない。せいぜい新婚カップルが僧侶に祝福を求めたりする程度である。だが、仏教文化がかなり浸透している東南アジアのいくつかの国では、思春期前の少年が大規模な祭となる誓願式を執り行い、成年期に入ると、剃髪して、一定期間だけ僧侶となる伝統が残っている。

これに対し、葬儀はどこでも僧侶が行う。末期の魂の状態が来世での再生［成仏］を決めるとみなされているため、死の試練はきわめて重要だからである。死に瀕した仏教徒の場合、その心をブッダの姿に向けたり、名号をたえまなく唱えることもめずらしくない。瀕死者が名号を唱えられなくなると、近親者がその耳もとでそれを唱えつづけたりもする。大乗仏教の伝統によれば、死者は49日のあいだ中間的な状態［中陰、中有］にあり、それから成仏するという。ヒマラヤ地方では、ラマ僧たちが数日間死者のかたわらにいて話しかけ、祈りを唱えつづける。死後数日間のこの中間的な状態では、死者はまだ自分の死に気づいていないとされる。こうした死の過程や中間状態のことは、14世紀にチベット語で編集され、「死者の書」として知られる『バルド・トドゥル』（字義は「中有状態での聴くことによる解脱」。つまり、死者に対して祈りを唱えることで、平安にこの中間状態を越えられるようすることを意味する）に記されている。

おそらくブッダ自身は、死後に自分の亡骸を茶毘にふすよう弟子たちに遺言している。インド起源の火葬は、さまざまな宗教で一般的な掟となった。遺骸を火葬したあと、人々は遺灰と遺骨を集め、骨壺に納める。日本では7日ごとに法要があり、かつてはしばしば死後49日目に遺骨が埋葬されたものだった。葬儀のやり方はほかにもあるが、一部僧侶の遺骸はときに保存されてミイラ化され［即身仏］、信者たちの崇敬に供されてもいる。

表現

紀元1世紀までの仏教は、ブッダの彫像をもたなかったことで特徴づけられる。他のインド宗教にならって、最初期のそれは象徴的なものにとどまっていた。そこでは悟りの木やダルマ・チャクラ（法輪）、あるいはまたたんに仏足を描いたりきざんだりすることが好まれていた。こうした暗示的な表現法は、仏舎利を納める象徴的な建造物［ストゥーパ（仏塔、卒塔婆）］にもみられる。覚者はふたたび姿を現すことができず、それゆえブッダ自身を表す彫像や聖画

◆ブッダ・シャカムニ像。ガンダーラ美術、大英博物館蔵、ロンドン。

禅安居

　中国起源の禅宗は、瞑想の実修を重視する。13世紀、とくに道元（1200-53）[と栄西（1141-1215）]によって日本にもたらされた。禅僧は数日間ないし1週間の単位で定期的に安居、すなわち接心（字義はブッダの「心に触れること」）を行う。この安居はしばしば在家信者も行い、禅僧とともに座禅を組む。実修者は夏なら毎朝3時ないし4時に起き、最初の座禅は日の出の時間に終わる。彼らの時間は大部分が座禅で占められ、場所や寺院によって異なるが、毎日6時間から15時間程度の座禅を行う。座禅はまた短時間の歩行禅に変わることもある。

　安居のあいだ、それぞれの行動にはさまざまな儀式がともなう。そこでは、食事でさえもとくに念入りに構成された儀礼の一部となっている[禅寺の食事としては粥座（朝食）、斎座（昼食）、薬石（夕食）がある]。偈文[五観の偈]を唱えた後、禅僧たちは静かに食事をし、互いの意思疎通には、定められた所作を用いる。この所作は給仕役[典座]にも伝わる[これら食事にかんする細則は赴粥飯法と呼ばれる]。インドの戒律は比丘たちが昼すぎに食事をすることを禁じているが、極東の僧侶たちはこの戒律をゆるめ、夜には軽食をとっている。

　一口目はいっさいの悪を断つため［一口為断一切悪］
　二口目はいっさいの善を行うため［二口為修一切善］
　三口目はすべての衆生を救うためである［三口為度諸衆生］
　そのすべてを行えば、悟りの道に入れるだろう［皆共成仏道］
（禅の食事作法「擎鉢の偈」より）

◆大徳寺の瑞峯院方丈前庭で瞑想する僧。

◆信仰を強めてブッダを祝う供犠祭のプージャ。

より、むしろブッダゆかりのさまざまな対象、たとえば仏舎利などの聖遺物や経典、さらにはその教えを体現する僧侶たちを拝もうとしたのである。

だが、1世紀をすぎると、ブッダ像を描いたり彫刻したりすることが始まる。これらブッダの最初期の造形化は、ヒンドゥーの神々に対する造形化と軌を一にしており、汎インド的な信仰運動が台頭した時期と重なる。その主要な制作地は、インド北西部やヤムナー川右岸のマトゥラー地方にあった。ブッダ像の技法はギリシアやペルシアの影響を示しているが、通常ブッダは立位ないし座位で表現された。比丘の衣をまとっていたものの、剃髪姿ではない。さまざまな仏像の外見をきわだたせるいくつかの特徴は、頭部の突起［螺髪］や両目のあいだの毛束［白毫］、あるいは光背に組みこまれている。菩薩はインド人のようで、宝冠をかぶり、胸飾りないし腕輪をつけている。こうした造形規範はすみやかに固定され、時代と国を越えてほとんど変わることがなかった。しかし、タントラ仏教は仏像表現を多様化した。そこでは諸仏が独自の姿をとり（複数の頭部や何本もの腕など）、独自の台座や乗り物を用いている。

ウェサク（ウェサーカ）祭

上座部仏教の国々は、太陰暦第6月［ないし5月］（パーリ語でヴェサーカ）の満月の日、一般的にはグレゴリオ暦の4月か5月の満月の日に、ブッダの誕生・悟り（涅槃）・入滅（般涅槃）を記念する祭りを行っている。閏月をくわえて13か月ある年では、太陰暦第7月に延期される。ウェサク祭はスリランカやタイ、カンボジア、ミャンマーでは最大の祭りのひとつとなっている。この日、信者たちは僧院を訪れて説教を聴き、僧伽に寄進を行う。もっとも熱心な信者は白衣をまとい、1日ないし数日間、在家信者に課される8通りの戒［不殺生・不偸盗・不邪淫・不妄語・不両舌・不悪口・不綺語・不邪命の八戒］を守る。また、伝統的に鳥や魚などの生き物を空や海に解き放つことも行われる［放生会］。

だが、ウェサクの暦日は仏教国全体で一様ではなく、極東ではブッダの生誕（降誕）祭は4月8日、成道会は12月8日、涅槃会は4月15日（いずれも太陽太陰暦）に営まれている。一方、1世紀以上前に西洋暦を採用した日本人は、これらの祭りをそれぞれ旧暦の4月8日、12月8日、2月15日に行っている。花祭りとも灌仏会とも呼ばれる4月8日の降誕会は、日本では大きな祭りとなっている。一部の信者は家族単位で寺に詣で、花束を捧げたりもする。そして、右手で天、左手で地をさす幼いブッダの小像におごそかに

甘茶をかける。この儀式は、生まれたばかりのブッダがただちに7歩歩き、天地を指して「天上天下唯我独尊」と唱えたという故事を想い起こさせる。ブッダが誕生偈を唱えると、天から2頭の龍が姿を現し、ブッダに甘露の雨を降りそいだという。

ストゥーパ

　ストゥーパ（仏舎利塔）は国ごとにかなり異なる形をとる、おそらく前仏教時代に起源する象徴的な建物である。聖遺物の安置場（これが最初の用途だったと思われる）、あるいはたんなる奉納建造物だったかもしれないが、チベットでは、ストゥーパの形態は体系化されており、その幾何学的形状によって、ブッダの教えを象徴しているとされる。たとえば正方形の基部は際限のない4種の心（慈・悲、平静、喜悦）を表し、菩薩がそれらを支えるという。最上段はドーム型となっており、しばしばブッダ像が安置されたそれは、悟りの心を象徴する。信者たちは慣例としてストゥーパのまわりを右旋するが、こうした右旋は、古代インドの最初期のヴェーダ儀礼で行われていた伝統的な信仰形態と符合する。一方、東アジアでは、ストゥーパは木や石ないし煉瓦でつくられた数段からなる塔の形をしている。一般にパゴダといえば、大規模なストゥーパのことである。このパゴダ（pagoda）という語は、サンスクリット語で「聖遺物箱」を意味するダートゥガルバ（dhātugarbha）と同値である、シンハラ語［スリランカ］のダーゴバ（dāgoba）に由来する［より直截的にはポルトガル語のパゴデ（pagode）を語源とする］。

マンダラ

　マンダラ（曼荼羅。サンスクリット語ではたんに「円」をさす）は、インドの多くの伝統にみられる象徴的・幾何学的ないし造形的な表現である。タントラ仏教の儀礼では、マンダラは瞑想の補助具として用いられる。このマンダラを制作する際は、場所と時間にかんする厳密な規則に従わなければならない。それは絵として描いたり［マンダラ絵］、板ないし直接地面の上に彩色砂を置いて作ることもできる［砂マンダラ］。ときには建物の形で立体的に制作することもある［立体マンダラ］。たとえば、カンボジアのアンコール・ワット寺院や、より大規模な仏教遺跡であるジャワ島のボロブドゥールを模して、である。

◆ジャワ島の仏教遺跡ボロブドゥールは、8-9世紀に造営されている。この鳥瞰写真は、中心にストゥーパを擁する広大なマンダラを見せてくれる。

だが、彼らは何を食しているのか

仏教では不殺生の原則が命あるものすべてに適用される。僧侶たちは動物を殺さず、昆虫が泳ぐ水を用いることさえしない。とすれば、彼らは菜食主義者でなければならないのか。上座部仏教のいくつかの戒律では、象やライオン、馬、犬、さらに蛇の肉を食べることを公的に禁止しているが、戒律書にはただ「僧ないし尼僧は自分のために屠られた動物の肉を食べてはならない」と規定しているにすぎない。反対に、自分に捧げられた食べ物はすべて受け入れなければならない。この喜捨分のみを食料とする僧侶は、さし出されたものの中に肉が含まれていたとしても、それを断わることができない。

こうした戒律は上座部仏教のものであり、今も東南アジア全域で守られている。一方、大乗仏教のいくつかの経典は、状況がどうであれ、いっさいの肉食を明確に禁じている。たとえば中国では、仏教の菜食伝統が食事療法や倫理にかんする考察と結びついて展開した。中国の基本的な仏典である『梵網経』は、それについて以下のように明記している。「ブッダの子どもは肉食してはならない。いかなる肉も食べてはならない。それは慈悲の種を断ちきり、肉を目にするものはだれであれ自分をかえりみなくなるだろう。したがって、すべての菩薩は命あるものの肉を食してはならない。肉を食した者は無数の罪を犯すことになる。ブッダの弟子［沙門］はまた5種の辛菜を断たなければならない［不得食五辛］。ニンニク、ラッキョウ、ネギ、ニラ、アギ［大蒜茖葱慈葱蘭葱興渠］である。食事の中にこれら五辛を用いてはならない」。中国僧のこの徹底した菜食主義は、おそらく梁の武帝 蕭 衍［在位502–549年］によって定められた。

これに対し、日本の仏教寺院は独自の菜食様式を有している。「精進料理」と呼ばれるものだが、その呼称にもかかわらず、内容はしばしばかなり手がこんでいる。チベット僧は菜食主義ではない。ヒマラヤの高地にあるという風土的条件のもとでは、肉なしですますことができないからである。タントラの儀式では、肉にくわえて、ときに酒も飲まれる。

◆仏教国の一情景。浅草寺近く［仲見世］で托鉢を行う僧侶。

第2部　東洋的伝統

制　度

多様な形態

　仏教宗派の全体を支配した権力はこれまで存在しなかった。上座部仏教の経典によれば、ブッダは晩年、その弟子のひとりに対し、「教義のみの師たれ」と説いたという。たしかにブッダに後継者はいなかった。

　絶対的な権力が不在だったため、仏教宗団は互いに距離を置き、おそらくこれによって最初期の対立がひき起こされた。ブッダの死後、いくつもの宗派（部派）がすみやかに誕生したが、紀元初期、これらの宗派は数多くの分派に再分裂していった。後代の伝統のへだたりもまた、宗派が互いにきわめて異なる文化をもつ国々に定着することで拡大化していった。むろん各宗派はその多様性や敵対関係を意識していた。そして、ブッダの原体験にかんする解釈同様、多岐にわたるブッダの教えを理解することより、むしろ新たな説明モデルを唱えた。これらのモデルは排除の論理——しかじかの教えは誤っている、しかじかの経典は典拠が怪しいなどといったように——や、仏教固有の原初的モデルともいうべき教えの階層化にもとづいていた。このような考え方からすれば、ブッダはつねに聴衆の能力に応じて説法したことになる。その究極の教えは、最終的にひとりそれを理解できる者にのみ明かされたことにもなる。数多くの宗派は、こうしてもっとも表層的なレベルからもっとも深奥のレベルにいたる教義の階層化を唱え、あきらかに宗派独自の教義を階層の最上位に置いた。

　各宗派は三宝の教義をはじめとする基本的な原理から、独自の思想体系を発展させた。だが、これら宗派の組織自体はあまりにも多様であり、全体を描写することはできない。つまり、ひとくちに仏教といっても、それは多岐にわたっており、この不均一性を示すためには、複数形で「さまざまな仏教」という語を用いるほうがより現実的であるかもしれない。仏教が制度的な一体性を前提ないし意味するという考え方は、第三者からそれまでひとり（ないし複数の）ブッダないし仏を標榜していたと思われていた仏教を、全体として一貫したものとして理解しようとした、19世紀の東方学者た

◆バンコク（タイ）の修行僧学校。彼らの生活は戒律（ヴィナヤ）によって厳格に規定されている。

ちの試みから生まれたものである。

僧伽

　ブッダは後継者を指名しなかったものの、制度は作り出した。それが弟子たちの共同体、すなわち僧伽（サンギャ）である。ただひとり、あるいはわずかな弟子たちとともに、なんらの組織ももたずに生きていた当時の苦行者とは異なり、ブッダは明確な掟に規制される共同体を立ち上げていたのだ。そして、この共同体が最終的にブッダの教えを永続させることになる。こうした僧伽には2通りあり、一方は「比丘」と呼ばれる出家入道者、もう一方の優婆塞は、完全に一致するわけではないが、フランス［カトリック］の一般信徒と同様である。得度受戒式の際、「出家者たち」は家族や社会とのつながりを断つことを象徴する剃髪を行い、着衣を変えて、托鉢用の鉢を受けとる。そして、厳格な修行を積み、日々の大部分を学習と瞑想についやす。一方、伝統的な表現で「善生長者」とも呼ばれる優婆塞たちは、世界とのつながりをすてることはなく、ブッダの教えをみずからの日常生活に生かそうとする。

　これら2通りの共同体は、互いに交流を行い、密接に依存しあってもいる。比丘たちは働いたり、土地を耕したり、料理をしたり、さらには金銭をやりとりしたりするのを禁じられている。そのため、信者たちが彼らの生活を全面的に支え、食料などの必需品を提供している。インドの隠者ないし修道者にならって、彼ら仏僧もまた純潔さを第1の戒律とする。ただし、夫婦関係はさほど侮蔑の対象とはならず、仏典もまた、在家の道を選ぶ者たちが調和的なカップルを営むことの必要性をしばしば力説している。こうした二重の共同体は性別によってさらに分かれている。「四性」、つまり比丘、比丘尼、優婆塞、優婆夷からなる共同体である。一説に、ブッダは長い逡巡のあと、ようやく女性たちを比丘の集団に受け入れたという。たしかにすべての宗派にみられる比丘尼の戒律は、比丘よりも制約が多い。そこでは平等主義の原則が不完全なものとしてあるが、女性たちが宗教生活に入れるようになったということは、革命とまではいえないまでも、実際的にひとつの革新といえる。

僧院戒律［具足戒］

　比丘（僧）や比丘尼（尼僧）たちの共同体生活全般は、戒律（ヴィナヤ）によって規制されている［より正確には、ヴィナヤは罰則をともなう僧院の集団規範である「律」をさし、内面的な道徳規範である「戒」はシーラと呼ばれる。ただし、両者は一般的に混同されている］。東南アジア諸国の上座部仏教は、伝統的に仏典を唯一権威のあるものとみなし、2000年もの長きにわたって強制力を保ってきた戒律が、なおも細心に従うべきものとされている。それゆえ共同体内に集まった仏僧たちは、ありていにいって、師ではなく、経典と戒律に信を置く。そこでは、得度授戒会からの古さのみが、共同体内で唯一特別の地位を託されている。上席権や位階にかかわるあらゆる

◆腕を上げて説教する菩薩たち。中央アジアの壁画（部分）、8-9世紀、エルミタージュ博物館蔵、サンクトペテルブルク（ロシア）。

掟は、こうした古さと不可分な関係にある。おそらく僧伽の役割ないし機能は、権威が長老たちの集会にゆだねられていたインド北東部の「共和制的」な一部の王国をモデルとしていた。

　僧院の具足戒は数多く、上座部仏教では227戒、極東の大乗仏教では250戒［比丘の場合。比丘尼は348戒］、チベットでは253戒もある。それらは倫理面（殺生戒など）のみならず、たんに共同体生活にかかわるものもある（午後の食事戒など）。これらの戒律［波羅提木叉］は、共同体生活に一息を入れるため、月に2度、満月と新月の日の儀式［布薩］の際に唱えられる。すべての違反行為は、軽犯に課される単純な告白から性的関係をもった比丘に対する僧院からの追放まで、罰則規定に従って処断される。

　最終的な具足戒は、沙弥（見習い僧）が20歳の成人に達したときにはじめて授けられるが、それに先立って、数年の修行期間が設

第 2 部　東洋的伝統

◆インド最北部シッキムのタシディング僧院における少年僧たちの学習風景。

けられている。この期間、沙弥は自分の誓願にしばられることなく、比丘の生活を送る（そこでは十戒のみが課される）［この十戒とは以下をさす。不殺生・不偸盗・不邪淫・不妄語・不飲酒（以上「五戒」）・不塗飾香鬘（ふずじきこうまん）・不歌舞観聴（ふかぶかんちょう）・不坐高広大牀（ふざこうこうだいしょう）・不非時食（ふひじじき）・不蓄金銀宝（ふちくこんごんほう）］。僧は物的な財をすて、所有できるのはごくわずかな物だけである。所持品の内容は宗派で異なるが、一般的には僧衣 3 枚［三衣］、剃刀 1 枚、さらに托鉢用の鉢と裁縫具である。これらは僧が個人的にもつことを許される財のすべてであり、それ以外は僧院自体の所有となる。受戒の際、僧は新たな名前、すなわち戒名を授かり、以後、これを用いることになる。一部の宗派ではこの戒名にさらに新しい姓をくわえてもいる。ブッダの一族名であるシャーキャである。ベトナムの僧たちはこうして自分の戒名の前に、シャーキャのベトナム語音であるテックをつけている［例として、禅僧で平和運動家・詩人でもあるテック・ナット・ハン（1926–）］。

僧院

僧たちはもともと定まった住まいをもたない遊行の苦行者だった。しかし、雨季には雨で道が通行困難になるため、遊行を休止した。3 か月も続くこの時期、僧たちは公園や個人の庭園、あるいは町や村からさほど離れていない林のなかに住みついた。僧院の戒律には、托鉢を毎朝行い、差し出された食べ物は数日間続けて保存してはならないとあるが、この雨安居（うあんご）はよりきわだった修行のときだった。最初の集会時、ブッダの弟子たちは、雨季の終わりにとり壊す粗末な小屋を建てた。だが、共同体が発展するようになると、しだいに定住を余儀なくされ、僧たちは在家信者の援助を受けて常住的な僧院に居を定めるようになった。洞穴もまたふさわしい住居だった。事実、多くの国には、豊かに装飾された穴居が僧たちの生活や研鑽・隠棲の場となっていた。

やがて時がすぎると、僧院の建立が加速し、しばしば壮大な規模

だが、彼らはいかにまとうのか　受戒の際、僧は世俗の衣を脱ぎすて、カシャーヤ（字義は「混濁色」）と呼ばれる 3 枚の矩形の衣、すなわち袈裟をまとう。以後、この袈裟が新たな、そして唯一の着衣となる。小さく裁断した布を何枚も縫いあわせてつくった法衣［この布を縦につないだものを「条」と呼ぶ］は、一説に水田を様式化したものとされる［それゆえ袈裟は「福田衣（ふくでんね）」と呼ばれることもある］。仏典が語るところによれば、ブッダのある庇護者［舎衛国の波斯匿王］がブッダの弟子と他の修道者を見分けることができなかったため、彼らに独自の衣を与えるよう求めた。そこで、ブッダの十大弟子のひとり阿難（陀）が、水田の形をまねて布を縦横に縫いあわせ衣をつくり、ブッダもそれを受け入れたという。

　上座部仏教では、3 枚の衣を重ねてまとう。1 枚目の衣は帯でとめ、下着代わりとする。2 枚目は左肩にかけ、通常右肩は露出させたままにする［偏袒右肩］。3 枚目は両肩をおおうが、これは僧院から外出する時だけ、とくに托鉢に出る時だけである。気候がより悪い国々では、さらに別の衣がくわえられる。袈裟の色も国で変わり、東南アジアでは黄色、黄土色ないしくすんだ赤味をおび、チベットではくすんだ赤ないし黄色、韓国では栗色、日本では、用いられる戒律によって黄土色、黒、紫のいずれかとなっている。通常は単色だが、いくつかの国の僧たちは、特定の儀式時に、多色ないし装飾がほどこされた袈裟をまとうことができる。

を誇るものまでみられるようになる。なかには中国の僧院のように、何千人もの僧が一堂に会することができるほどの伽藍も登場する。こうした施設を社会・経済的に運営するため、インド風のヴィナヤとは異なる、新たな戒律を独自に整備しなければならなくなった。それゆえ、たとえば中国では、王朝の統治機構にならった戒律がつくりだされた。そこでは皇帝と12人の大臣に相当する、各僧院ひとりの僧院長と12人の役僧が置かれた［僧院の指導者としては、最高責任者の上座、事務・経営をになった寺主、僧尼の戒律・学問を監督した都維那（悦衆）の三綱がいた］。伽藍はそれ自体多様化しており、ブッダ像を祀った礼拝の場である祠堂と説教の部屋である講堂、さらに僧たちが共同生活を営む僧坊といった主要な施設にくわえて、僧たちの学習や長老格の僧ないし役僧用の個人的な住まい、薬師所（医務室）などがくわわった。むろん、重要な食堂（庫裏）も含まれていた。だが、中国僧たちは日々の托鉢のみによって生きるという原則をすみやかにすて去り、この原則は小規模な共同体の枠内でのみ適用されるようになった。

グルと師資相承

上座部仏教では、沙弥はふたりの年長者に託される。一方は僧院の戒律（具足戒）を教える教授師、他方は精神的な助言者となる和尚である。このふたりは年がいっていればいっているだけ尊敬される。さらに彼らは、人生の師である以上に、ブッダの言葉を示してくれる同伴者でもある。だが、他の宗派、とくにタントラ仏教では、師は中心的な存在となる。たんにブッダの言葉を説く媒体者ではなく、みずからの教えを全体的に体現し、弟子を根本真理に導く優しさもそなえていなければならない。チベット仏教はこうして信仰実修をブッダ自身と一体化される導師ないし上師（グル）と結びつける。タントラ的な見方からすれば、掟に従って営まれる祭儀でも、通過儀礼や祝福儀礼をともなわないかぎり無効だという。このような伝統では、グルはまた師資相伝のなかでみずからが受けたこれらの祭儀を維持し、行う存在でもある。

中国においても、師資相承はきわめて重要な意味をおびている。今日でもなお、それぞれの教育僧は自分の師をブッダまで代々さかのぼって、神秘的な系譜をあとづけることができる。紀元数世紀のあいだ、中国人は仏教に多くの疑問をいだいたものだった。彼らにとって、僧が独身であるのは無意味なことと思えたからだ。中国人であれば、誰でも祖先をうやまい、家名を永続させる義務を負っている。にもかかわらず、彼ら僧たちはなぜ家族の紐帯をすてさり、家を離れて出家するのか。だが、やがて仏教がゆっくりと中国で普及するにつれて、それは精神的な紐帯が家族の紐帯をとりもどす比喩的な、しかしまぎれもない家族を築くようになる。

そこでは、僧院がさながら一族のように組織化され、授戒師は（伝統的な中国社会において父親が享受していたざまざまな特権とともに）父親として、その同輩はおじとみなされた。家系は慎重に維持され、一族の「祖先たち」に対する崇拝もまたしかりだった。こうしたきわめて特殊な関係性は、今もなお中国やベトナム、日本、韓国にみられる。

僧伽と国家

前述したように、インドの偉大なアショカ王は、法（ダルマ）を庇護した最初の世界的な君主とみなされている。その時代、僧と一般信者を結びつける絆は当初、社会政治的な色あいをおびていた。このような新しいかかわりのなかで、相互依存の絆はもはやたんに個人間ではなく、ふたつの集団、すなわち君主に擬人化された世俗的な国家と宗教的な僧伽を結ぶものとなった。すなわち、君主は宗教共同体を支え、僧院を建立し、彫像をこしらえ、より一般的には、仏教を広めなければならなかった。これに対し、僧たちには祈祷、あるいはいささかありきたりだが、政治的な支持ないし助言によって国に資することが期待された。こうして多くの王や皇帝は宮廷内に諮問役の僧官を抱えるようになった。だが、政治と宗教の相互関係は、ときに仏教の教義を無視したりもした。たとえばシンハラ王ドゥッタガーマニーが、前2世紀にセイロン島の北部にあったタミール王国を征服したとき、僧たちはただちに戦争の暴力行為を赦している。彼らによれば、王の侵略が崇高な目的、つまり教義の普及に資するものだったからだという…。

国家と僧伽の相互依存は、大部分のアジア諸国では20世紀初頭まで続いた。たしかに、僧院の定着と宗派の発展には権力者たちの支持と同時に庇護も不可欠だった。だが、中国の一部の皇帝が反仏

◆僧服の袈裟をまとうふたりの少年僧。タイ北部スコータイ、ヴィアン・チャイ僧院。

教的な信念をむき出しにしているあいだ、仏教はしばしば恐ろしい法難をまぬがれることができなかった。事実、仏教は2度、あやうく中国大陸から完全に消滅しかけた［中国仏教の解体をもくろんだ法難としては、北魏の太武帝、北周の武帝、唐の武宗、後周の世宗の時代に起きた、いわゆる「三武一宗の廃仏事件」がある］。反対に、容認派の皇帝たちは僧たちを用いた。後者がその祭儀によって国に仏たちの庇護を引き寄せること［鎮護国家］を期待したためである。

近代の共存

西欧からの拡大する影響を受けて、仏教と国家の関係は過去500年のあいだに進展した。にもかかわらず、政治と宗教の世界は、とくに東南アジア諸国においてなおもいちじるしくもつれあっている。一部の政体は、社会組織のなかできわめて強い影響力をもつ、僧たちの支持ないし彼らが認めた正統性なしではほとんど成り立つことができない。たとえばスリランカやミャンマーをはじめとする国々では、僧たちがしばしば独立政権に入って、政治的な選択になおも重い発言力を有している。今日、スリランカには仏教徒［上座部仏教］のシンハラ人が70パーセント近く、ヒンドゥー教徒ないしキリスト教徒のタミール人が18パーセントいるが、その宗教的な帰属意識が、両者間に憎悪感をかきたてている。そこでは、僧伽からはみだした少数派に支持・鼓舞されたシンハラ人の民族主義的な運動が、独立を主張するタミール人の反徒たちに妥協することをいっさいこばんでいるのだ。それゆえ政府のすべての決定は、仏教団体と衝突しないよう、慎重になされている。

数世紀前から、アジアのさまざまな政体はこうした潜在的な反対勢力を囲いこむために慎重に法整備を行い、そのためには僧院から危険分子の僧たちを一掃することも辞さなかった。多くの国では、僧院をより強力に管理するため、国家的な僧伽に対し、総大司教ないし総主教を最上位とするキリスト教会の位階制を模した再編を行うよう、強制してもいる。たとえば、約40万を数える僧と沙弥からなるタイの僧伽の機能は、1962年の法律で囲いこまれている［「仏暦2505年サンガ法」とよばれるこの法律は、政府が任命する僧伽の最高位サンカラート（大僧正）に僧伽の管理権を与えるもので、これによって僧伽の国家依存が決定づけられた］。一方、30万の僧を擁するミャンマーでは、すべての反体制的活動を予防するため、1962年の軍事クーデタ以来、国の実権をにぎっている軍事体制が僧院組織を厳格に管理下に置いてきた。だが、1990年［5月の総選挙で、アウンサン・スーチー率いる国民民主連盟が勝利した］からは、軍事政権に対する異議申し立てと不信の運動がとくに僧侶たちのあいだで拡大するまでになった。さらに、ラオスの旧政権［ラオス民族連合政府］は、共産主義の信奉者たちが入りこむのを懸念して、僧伽に行政機構をモデルとする組織の改編を余儀なくさせている。そこでは、最古参の僧たちから選ばれた「僧伽共同体の王」を意味するサンガラージャが、ラオスの僧たちを管轄していた。1975年、実権を掌握したパテト・ラオ（ラオス愛国戦線）はこの政策をさらに進めて僧伽を管理下に置き、これによって、従来の僧伽組織は廃止され、かわりに統一的な仏教徒の協会が組織され［1976年、「国家ラオス仏教徒協会」が「ラオス統一仏教徒協会」に改組］、それまでのサンガラージャに代わる会長候補者は、唯一の政党であるラオス人民革命党の承認を受けなければならなくなっている。カンボ

◆ラダック（インド北部カシミール地方）の村と、その崖の上に立っている伝統的な僧院。

ダライ・ラマ14世、テンジン・ギャツォ

　テンジン・ギャツォを法名とする現在のダライ・ラマは、1935年、チベット北東部アムド地方［現、青海省西寧市湟中県］の農家に生まれ、3歳のとき、1933年に逝去したダライ・ラマ13世の生まれ変わりと特定された。ダライ・ラマとはトゥルク（転生活仏）、つまり活仏［観世音菩薩の化身］の連続的な転生をさす。テンジン・ギャツォは、15世紀の初代ダライ・ラマ［チベット仏教ゲルク派の開祖ツォンカパ（1357-1419）の弟子ゲンドゥン・ドゥプパ（1391-1474）］から数えての第14代目の化身だとされる。この相承様式はチベット世界独自のものである。

　トゥルクの探求はきわめて慎重に行われるが、通常、活仏はその死に際して後継者を見つけるための手がかりを遺していく。他のラマ（師僧）たちもまた、みずからの幻視ないし託宣などによってこの探究に協力することができる。1939年、前任者の死によって空席となっていた地位につくべく、ラサにつれてこられた幼いテン

◆ 1959年の亡命以来定住しているインドのダラムシャーラーでの儀式におけるダライ・ラマ14世。

ジンはただちに教育を受ける。それは、やがて活仏とチベットの現世における指導者となるための教育だった。1950年10月、中国の人民解放軍8万による侵攻によってひき起こされた騒乱のなかで、チベットの宗教当局者たちは、17歳という若さだったにもかかわらず、テンジンをすみやかに聖別する（ダライ・ラマになるには通常、当局者たちの承認が必要である）。しかし、以後、若いダライ・ラマは中国によるチベット併合に手を拱くほかなかった。1959年3月、人民解放軍による殺害の危機や抑圧のため、彼は亡命を余儀なくされる。その長旅には、じつに8万ものチベット人が同行したという。やがてインド政府の支持を受けて北西部のダラムシャーラーに落ち着き［彼はこの地でカンデンポタン（チベット亡命政府）を組織した］、現在にいたっている。疲れを知らぬ旅行者で、チベットの利益の擁護者でもある彼は、1989年にノーベル平和賞を受けたこともあって、国際的な地位を強化している。

韓国では僧の半数以上が女性である。反対に、東南アジアの国々では、朝、通りを托鉢してまわる比丘たちの行列に、比丘尼を入れることは決してない。スリランカでは上座部仏教が伝来した前3世紀に、比丘と比丘尼からなる2通りの僧伽が共存するようになり、それは、異民族の侵入［1017年の南インドチョーラ朝の軍事侵攻］によって島内の仏教が滅亡する11世紀まで続いた。やがて比丘の僧伽は、新たにビルマから比丘をまねいた国王ヴィジャヤバーフー世（在位1055-1110）によって再建された。だが、比丘尼の僧伽がふたたびみられることはなかった。上座部仏教の他の国々でも、その僧伽は決して根づかなかった。通常、比丘尼の受戒は他の比丘と比丘尼の同席を必要としたためである。大乗仏教の大部分の国々でも比丘尼の僧伽は姿を消し、かろうじて中国と韓国［および日本］に残っているのみである。

しかし、何年か前から、ほとんどのアジア諸国で比丘尼の僧伽の再建問題が唐突に話題に上るようになっている。チベット仏教では、ダライ・ラマに触発された数多くの志願者が台湾や香港を訪れて、中国人の師僧に誓願を行っている。スリランカ出身の志願者たちもまたしかりである。比丘尼僧伽の復活を認めない自国の仏教教団の反対にもかかわらず、である。1996年には、11人のシンハラ人女性が、韓国の比丘尼に援助されて、自由な上座部仏僧から受戒されている。とはいえ、比丘尼たちのこうした動きは東南アジアではなおもきわめてマイナーなものといえる。これらの国々では、比丘たちの圧倒的多数がどちらかといえば保守的で、一種の新しい平等主義に敵対しているからである。

◆ソウルに集まった仏教徒たち。

仏教

ジアでは、1975年に政権の座についたクメール・ルージュの過酷な弾圧により、国内の僧6万5000人の大部分が虐殺され、僧院もまたほとんどが破壊された。しかし、それでもなお仏教的な感性はきわめて強いままとなっている。1993年に立憲君主制が復帰すると、仏教も再活性化し、2000年には5万1000の僧を数えるまでになった。

一部の国では、既存の権力に支えられた公的な仏教組織と反体制的な仏教会とがしばしば共存しており、ベトナムの場合、非合法のベトナム統一仏教会が公式な仏教会の周辺でなお活動を続けている。だが、現状はどこでも同じではなく、たとえば日本では、こうした政治と宗教のからみあいは、第2次世界大戦末以後、もはや存在しなくなっている（今日、一部の政党が仏教運動から発しているとしても、である）。

チベット

チベットの事例はたしかに他に例をみないものといえる。17世紀中葉から1959年まで、世俗の権力はゲルク派を出自とする宗教指導者の「王朝」、つまりダライ・ラマによってにぎられてきた。11、12世紀から、この国では、仏教が社会的・政治的な生活にしだいに重要な位置を占めるようになった。やがてゲルク派は隣国元朝の支持をとりつけて、国内での影響力を強め、1578年には、元の君主アルタン・ハン［1507-82］が、その精神的な師僧［スーナム・ギャツォ（1543-88）］に、モンゴル語で、智慧が「大海」（ダライ。チベット語でギャツォ）のように広大無辺である「師」（ラマ）を意味する、ダライ・ラマという宗教的な称号を贈り、宗派の最高位階のひとつとした。ただ、アルタンはこの称号を先行するふたりの転生者にさかのぼって与え、師僧をもってダライ・ラマ3世とした。その後を継いだダライ・ラマ4世は、アルタン・ハンの曾孫［ユンテン・ギャツォ（在位1590-1617）］だった。ダライ・ラマ5世となったロサン・ギャツォ［在位1642-82］は、元の支持を得てチベットを統治した最初のダライ・ラマであり、1642年に政権を掌握し、ラサに居を定めて都とした［ポタラ宮の建設は彼の時代に始められた］。規範的な宗教生活を政治と密接にかかわらせたことにより、なおもチベット史を飾る偉大な人物のひとりとされている。

この「王朝」は各ダライ・ラマの個性のみならず、隣国モンゴルと中国のチベットに対する覇権意欲に左右されながら存続した。ダライ・ラマ13世のトゥプテン・ギャツォ（在位1876-1933）は、中国の支配に直面して、1910年、インドに亡命を余儀なくされた。

◆スコータイの仏教遺跡。タイ、14世紀。

炯眼をもって知られ、卓抜した政治家でもあったが、1913年に帰国すると、近代世界と対峙するにはあまりにも遅れていた国の前時代的な構造を近代化しようとした。だが、1950年に中国の人民革命軍がこの「世界の屋根」をふたたび侵略したとき、その後継者である現在のダライ・ラマ（テンジン・ギャツォ）はまだ15歳になったばかりだった。1959年にダライ・ラマ14世は前任者同様、その意に反して祖国を離れなければならなかった。

第2部　東洋的伝統

分布と定着

アジアのゆりかご

　ブッダはインド北部、ネパールとの国境地帯でその全生涯を送った。彼の弟子たちの最初の教団は当初インドの北部と西部に閉じこもっていたが、アショカ王が即位すると、仏教はまずカシミールとセイロン島に、さらにアフガニスタンや東南アジア、インドネシアにまで進出し、紀元1世紀初頭にはアジア全域に普及した。

インド北西部への普及

　現在のパキスタンおよびアフガニスタンと国境を接するインド北西部のガンダーラ地方は、何世紀にもわたって仏教普及の中心地のひとつだった。そのガンダーラから1700キロメートル以上離れたイラン中南部のファールス地方にも、おそらくいくつかの教団が登場したはずである。アフガニスタン中央部バーミヤン地方の遺跡群は、何世紀にもわたって仏教が存在していたことを示している。ヒマラヤ山脈を迂回してインドから中国へと向かう隊商や旅行者にとって、いわば自然の通廊となっていたバーミヤンに最初期の仏教共同体が定着したのは、2世紀から4世紀にかけてだった。全長12キロメートルにおよぶこの峡谷では、山を穿ち、あるいは既存の石窟を簡単に整備して、数多くの洞や礼拝場がつくられている。これらの洞穴を豊かに飾る装飾や壁画は、インドとペルシアの影響があったことを証拠立てるものである。バーミヤンの有名な2体の石仏は、2001年にターリバーンによって破壊されるまで、峡谷を見下ろしていた。この石仏のうち、おそらく3世紀に彫られたより小さくて古い方は高さ38メートル、大きい方は55メートルあった。墳丘の下には3体目の仏像が横臥しており、おそらく今日、考古学者たちによる発掘を待っている。7世紀に同地を旅した中国僧玄奘(げんじょう)［602-664］が明確に指摘しているところによれば、巨大な2体の

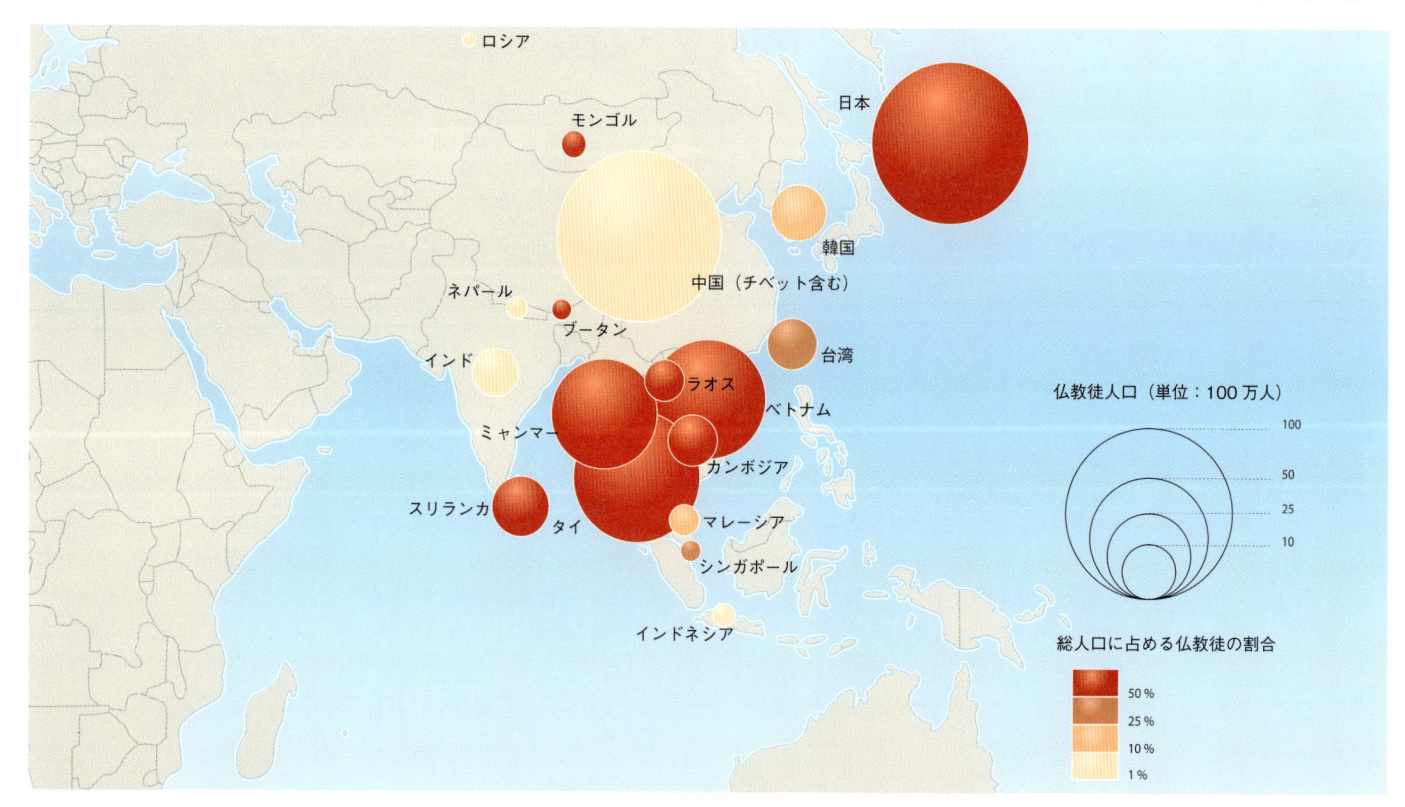

◆世界の仏教。インド北西部に生まれた仏教は、やがてアジア大陸を超えて広く伝播していった。今日もなお、それは各地の文化にきわめて強い影響を及ぼしている［日本は文部科学省の統計上の数値］。

立像にくわえて、近くに3体目の仏像が横たわってお
り、その全長は300メートルもあるという。

インド亜大陸南東部

　仏教は1世紀に海路によってベトナム南部に、さら
に3世紀から4世紀にかけてインドネシア群島に伝わ
った。そしてジャワ島とスマトラ島で15世紀まで教
勢を誇った。インドの古い宗派である上座部仏教や大
乗仏教、さらにタントラ派がこれらの島にあいついで
定着したからである。7世紀には、スマトラ島南部が
仏教研究の中心地としていちじるしい発展をとげ、
750年代から850年代までにジャワ島を支配した仏教
王朝のシャイレーンドラ朝は、世界最大規模の仏教施
設であるボロブドゥール寺院を島の中部に建立した
［780-833年］。象徴的な建造物であるこのピラミッド
型の寺院は、まさに三次元的なマンダラで、構造は仏
教の伝統的な宇宙観にもとづく世界の形状をなぞって
いる。基壇は5層の方形で、3層の円形壇が上にのり、
さらにその上に合計72基のストゥーパが配されてい
る。直径が15メートルもある中央の大ストゥーパが
施設全体を見下ろし、壇の壁面を、仏教の教えを表す
数多くのレリーフが飾る。だが、シャイレーンドラ朝
はやがてシヴァ信仰と結びついた新たな王国にとって
代わられる。仏教は消滅こそしなかったものの、独特
の宗教混淆(シンクレティズム)によって徐々にヒンドゥー教と融合してい
った。ジャワ島中東部のマジャパヒト（マジャパイ
ト）王国も、1530年、ムスリムの征服者たちによっ
て滅び、伝統的な信仰もしだいに姿を消していった。

インド

　保存されてきた何人かの中国人巡礼者たちの記録は、
当該時代におけるインド仏教の状況や地理的分布など
にかんする貴重な示唆を与えてくれる。631年から
641年にかけてインド国内を旅した玄奘は、僧の数を
20万、僧院のそれを7000と見積り、それらが亜大陸
に不均等に分布していたとしている。当時は新しいヒ
ンドゥー教の一形態であるシヴァ信仰が台頭し、好戦
的な民族の侵入によって、南東部や北西部の仏教は衰
退していた。1000年頃から、その衰退傾向はより顕
著になる。そして、12世紀末にムスリムのテュルク人たちが北部
に定住すると、仏教はインドの大部分から撤退し、それからすくな
くとも3世紀以内にほぼ完全に消滅していった。

◆仏教最初期の教団の遺跡であるアフガニスタン・バーミヤンの巨大石仏。2001年にターリバーン
によって破壊される以前の姿。

多様なアジア的融合

　インドやアフガニスタン、さらにインドネシアから姿を消した仏
教は、今日、文化的にかなり異なる3か所の地域、すなわち東南ア
ジアとヒマラヤ地方、そして極東で生きのびている。それぞれの地
域で、仏教は土地の伝統に順応し、結びつけられた。こうして中国
文化圏のすべての国では、儒教的な孝心が仏教的な徳の位置まで高
められた。各家庭には祖先を祀る祭壇が設けられ、他界した両親の
肖像画と仏画がならんで飾られたりもしている。21世紀初頭、これ
らアジア諸国の大部分はなおも仏教が主要な宗教となっているが、
一部の国は、たとえばキリスト教徒の数が仏教徒のそれと等しい韓
国のように、複数の宗教が発展している。ただ、アジアにかんする
すべてのデータは、たんなる指標にすぎない。アジア人はかならず
しも特定の宗教的なつながりだけで生きているわけではないからだ。
儒教や道教といった中国起源の伝統やアニミズム的な信仰が仏教の
周縁に存続、あるいはそれと共存しており、そこでは個人が内面的
な省察より、むしろまわりの状況によってしかじかの宗教と向きあ
うこともしばしばみられる。その格好の事例が日本である。日本人
の心の中では、神道が仏教と結びついている。まさに宗教混淆が現

第2部　東洋的伝統

教で、それが現在までみられるのは、前250年頃にセイロン島に移り住んだアショカ王の王子マヒンダのおかげである。この王子は聖遺物、すなわちブッダの歯を納めるため、ストゥーパ（仏舎利塔）を建て、そこに、マヒンダの妹で比丘尼となったサンガミッターによって、ブッダがその下で覚醒した菩提樹の若木が植えられたという。こうした象徴的な行為によって、セイロン島民は最初期から仏教に改宗していた。島の中北部に位置する旧王都の近く（現アヌラダープラ遺跡）には、セイロン島最古の僧院マハーヴィハーラ［字義は「大寺」］もすみやかに建立された。前1世紀に上座部仏教の経典がはじめて編まれたのが、この僧院だった。やがて上座部仏教は島を出て、他の国々に広まっていった。

一方、セイロン島ではあいつぐ動乱期に上座部仏教が姿を消すが、そのつど、大陸の僧たちによってそれがもちこまれた。現在、島にはシンハラ系の仏教3派が存在している［シャム・ニカーヤ派、アマラプラ・ニカーヤ派、ラーマニャ・ニカーヤ派］。それらは1753年にシャム（タイ）から、ついで1803年と65年にビルマから来住した受戒僧たちによって伝えられたものである。

一方、ビルマは、前3世紀に最初の伝教師が来住して以来、長きにわたって仏教諸派の交流地となり、11世紀に最終的に上座部仏教の国となった。カンボジアの上座部仏教は、12世紀から13世紀にかけて、タイを経由して伝わったが、国王がこの新しい仏教を受け入れて国教化したのは、15世紀に入ってからである。アジアの考古遺跡でもっとも重要なもののひとつであるアンコール遺跡は、9世紀から15世紀まで、じつに6世紀をかけて造営された仏教施設で、これはクメール文化がまずバラモン教に、ついで大乗仏教に徐々に席巻されていったことを物語る。事実、国王ジャヤーヴァルマン7世（在位1181-1218）は、大乗仏教を国教化している。アンコールで見つかったきわめて有名な微笑する仏像群は、そんな彼の治世下でつくられたものである。アンコール・トムの複合施設がある城砦都市もまた、この王によって建設されている。これは、国王がその化身とされるロケシュヴァラ（観世音菩薩）に捧げられた神聖建築を有する、本格的な都市であった。

✦ダライ・ラマの宮殿であるポタラ宮がそびえる、チベットの首都ラサ。

実化しているのだ。

東南アジア

今もなお、仏教は東南アジア諸国の社会的・公的生活のすべての階層に存在している。その唯一の宗派は伝統的なインドの上座部仏

ポタラ宮　17世紀、ダライ・ラマ5世［ロサン・ギャツォ、在位1617-82］の治世によって、チベットは安定の時代に入った。この「ガパ・チェンポ（偉大なる5世）」はラサに首都を定め、ラサ峡谷の中央部に広大な複合建造物であるポタラ宮の建設に着手した。1959年まで、ポタラ宮は政府の拠点およびダライ・ラマの冬の宮殿として用いられた。高さ110メートル、幅300メートルあるこの堂々たる宮殿の建設は、山腹という立地条件もあって、完成までに45年かかったが、それは白宮と紅宮、さらにいくつかの建物からなり、部屋の数は全体で1000以上ある。

仏教の聖地

◆ボードガヤー（ブッダガヤ）にあるマハーボーディ寺の入り口、インド。

ブッダの故郷カピラヴァストゥと成道の地ボードガヤー（ブッダガヤ）、さらに初輪法輪を行ったサルナートと涅槃の地クシュナガルは、仏教の四大聖地である。ネパールのピプラーワーないしピプラワワ遺跡は、長いあいだシャーキャ（釈迦）国の都が置かれていた古いカピラヴァストゥ（カピラ城）だと考えられてきたが、近年の考古学的研究にもとづいて、今日、カピラヴァストゥはむしろ同じネパールのティラウコットにあったとする説が唱えられている。この考古遺跡は20ヘクタールもの広がりを有し、最近のさまざまな発掘成果によれば、その一部は前8-7世紀にまでさかのぼるという。サルナートはインド北部ウッタラ・プラデッシュ州のワーラーナシー（旧ベナレス）の数キロメートル北に位置し、そこからは数多くの遺物が出土している。

一方、クシュナガルは同じウッタラ・プラデッシュ州の町カシア近郊にあり、7世紀のストゥーパが今も遺跡の中央部に立っている。インド東部ビハール州にあるボードガヤーは、つねに仏教の重要な巡礼地とみなされてきた。菩提樹の下でブッダが悟りを開いたのが、ここだという。現在、この人口に膾炙した菩提樹のまわりには、さまざまな時代に建てられた建造物がみられる。その最古のものは廃墟にこそなっているが、前3世紀にアショカ王が建立した最初の僧院マハーボーディ（大菩提寺）である。発掘が立証しているように、そこにはブッダ成道の場所を正確に示すため、磨かれた砂岩の金剛座がアショカ王によって捧げられている。近くにあるマハーボーディは、4ないし5世紀に建立されたという。煉瓦を積み上げた高さ48メートルのそれは、グプタ朝（4-7世紀）を代表する僧院で、インド最古の建造物のひとつである。数世紀ものあいだ見すてられていたこの6ヘクタールほどの遺跡は、まず19世紀に、ついで20世紀後葉に修復されている。1960年以降、ここは新たな展開をみせ、チベットやベトナム、タイ、ビルマ系僧院やセンターが遺跡の周縁に建てられ、現在は年間40万以上の観光客を迎えるまでになっている。

敦煌（とんこう）

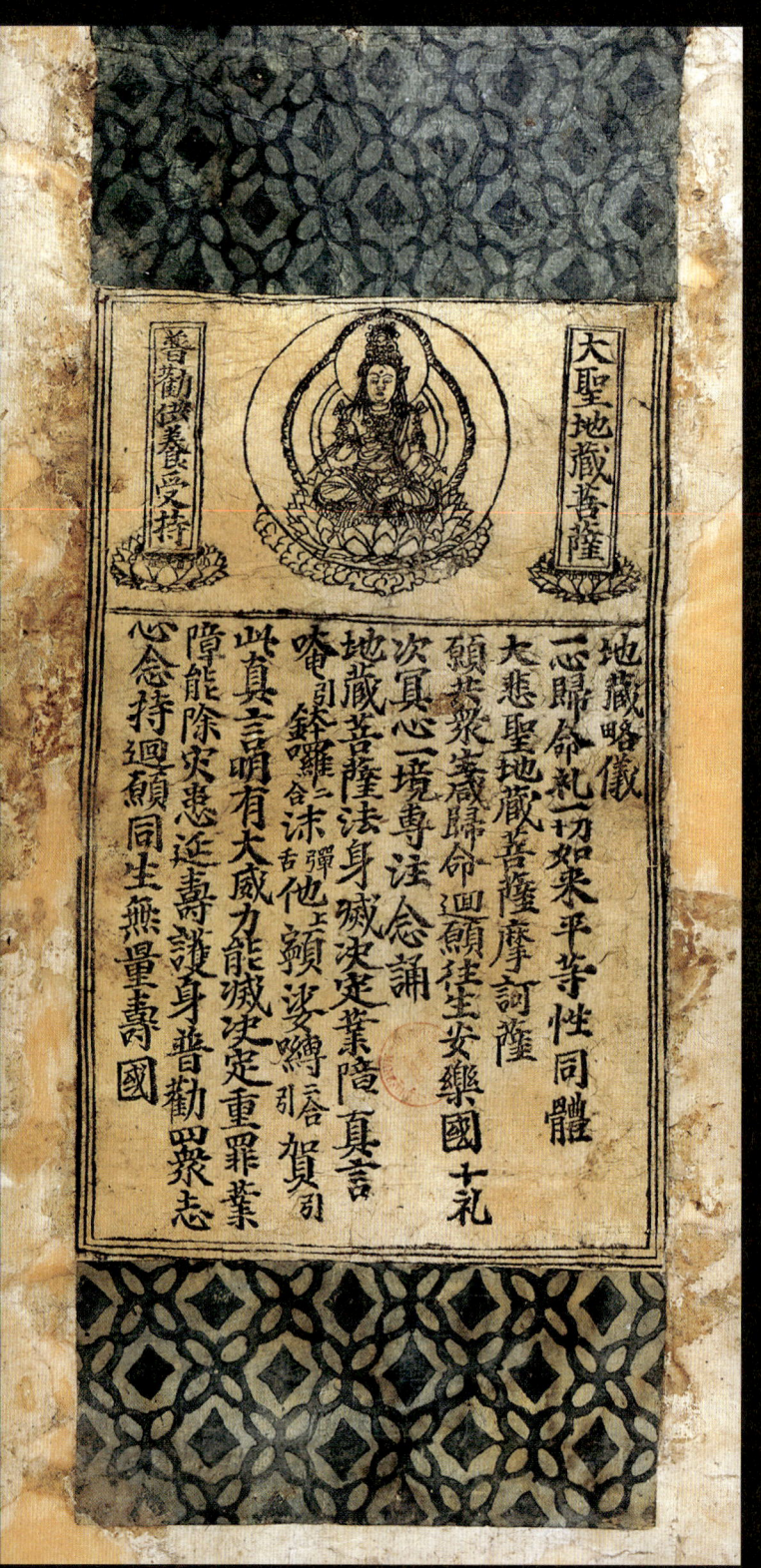

　中国北西部の甘粛省に位置するオアシス都市の敦煌は、仏教のもうひとつの聖地である。シルクロード沿いのオアシスという重要な位置ゆえに、ここは紀元後1000年の長きにわたって文化と商人が往きかう特権的な地であった。敦煌はまず漢軍の駐屯地となり［前1世紀］、以後、有為転変をへてチベット［吐蕃］人の支配するところとなり［8世紀］、さらに9世紀中葉には唐の勢力下に入った。近接する峡谷にある数百もの石窟群は、豊かに装飾された仏教の聖所として整備された。これらの石窟はやがてムスリムの侵入時に封鎖されるが、20世紀初頭に再発見された。考古学者のオーレル・スタイン卿［1862-1943。ハンガリー出身でのちにイギリスに帰化］は、ここを調査した最初のヨーロッパ人となった。石窟全体には、5世紀から11世紀にかけて記された約1万4000点もの文書［敦煌文献］と、数多くの仏教芸術（絵画・彫刻など）が保存されていた。

　《オーレル・スタインが発見した当時、ここは中国文書のいわば最大の保管場所だった。そこからはまた、チベット語やサンスクリット語、ソグド語、東部イラン語、ウイグル語、さらにヘブライ語による文書もみつかった。これらのうちの5点は、世界最古の印刷文書である。文書のすべては石窟全体の壁の中にびっしりとつめこまれていた。おそらく安全な保管を考えてのことだろう。これらの文書は、1035年頃、つまり書物に対する取締りがきわめて厳しかった時期に壁の中に納められた。だが、中国人たちはこの保管場所の存在を忘れ、それをある道士が偶然に発見したのは、1900年頃のことだった》（リュス・ブルノワ『シルクロード』、アルトー社、パリ、1963年）

◆敦煌の莫高窟で発見されたおびただしい文書の一点。フランス国立図書館蔵、パリ。

仏教

◆アプサラス（アプサラ）[インド神話の水の精・天女]。アンコール・ワットのレリーフ、カンボジア。

インド・ヒマラヤ圏

　7世紀のチベットは、吐蕃王ソン＝ツェン・カンポ［569-649頃］とその直系の後継者のもとで、強大な王国となっていた。ティソン・デツェン王［在位755-797。チベット最初の僧院サムエー寺を創建］によって国教とされた仏教は、約1世紀のあいだ（755年-838年）、たび重なる軍事的勝利と王国の強化にともなって発展した。経典のチベット語訳も行われた。それをきっかけに、今もなお使われているチベット文字が、インドないしカシミールの文字［ブラーフミー文字］をモデルとして考案されてもいる。だが、9世紀以降、吐蕃王国は衰退し、仏教もまた制度的な後ろ盾を失って危機的状況におちいった。11世紀初頭、インド人のアティシャ（982-1054）［ビハール州の僧院ビクラマシラーの座主で、カダン派の宗祖］がチベットを訪れ、タントリズムを教えた。チベット仏教の再建者とみなされてもいる彼は、すくなくとも12年間に200点あまりの著作や翻訳書を出しているという。一方、「訳経師」マルパをはじめとする数多くのチベット人巡礼者が、仏教の教義を修得するためインドを訪れている。こうしてカギュ派やサキャ派、さらにカダン派といった新しい宗派がチベットに誕生し、のちにこれらの一部がゲルク派になる。

　このタントラ仏教は、チベットの隣国にも教勢をおよぼした。イ

チベットの仏教諸派　今日、チベットの仏教は4宗派に分かれている。もっとも古い歴史を有するニンマ派は、8世紀にチベットを訪れたインド出身のパドマサンバヴァ［字義は「蓮華に生まれた者」。吐蕃の初代王ティソン・デツェン（前出）に招かれてチベットに入り、ボン教などの伝統宗教に抗して仏教を広めた］を宗祖とする。他の3派はいずれもチベット仏教の第2普及時に登場している。ヨギ（ヨーガ行者）のマルパ（1012-97）［数多くの仏典をチベット語に訳したことから、「訳経師マルパ」と呼ばれる］とミラレパ（1040-1123）［マルパの弟子］の教えに従うカギュ派、サキャ派、そしてツォンカパ（1357-1419）［チベット仏教学の大成者で、主著に『菩提道次第論』がある］によって創設されたゲルク派である。ニンマ派とカギュ派は世俗ヨギの伝統を有し、妻帯する。これに対し、サキャ派とゲルグ派はより厳格に僧院的規律と哲学的学習を主張する。歴代のダライ・ラマはゲルク派に属するが、霊的な指導者ではない［宗教的権威を有するチベット元首・政治的最高指導者］。この霊的な権威は、1409年にツォンカパが創設したゲルク派の総本山であるガンデン寺の座主に託されている。

　これらの宗派は、長いあいだ政治的な対立と抗争に明けくれてきた。だが、19世紀になると、より寛容な運動によって霊的な刷新がなされた。この4派のほかに、さらにボン教を忘れてはならない。チベット人たちの伝統的な宗教だったそれは、仏教の実修をとりいれ、今日では4派とほとんど見分けがつかなくなっている。とりわけボン教はチベットの東部やブータンおよびネパールに定着しており、後代に編まれた独自の経典を有しているが、その僧院組織は他の宗派のそれを模したものである。公認の宗派とボン教は長きにわたって対立関係にあったが、現在、ダライ・ラマはボン教をチベット仏教の第5の宗派とみなしている。

ンを統一する。こうしてブータンは、世襲の君主制が発足した1907年まで神政治が営まれることになる［初代国王ウゲン・ウォンチュック（在位1907-26）］。

一方、ステップ地帯のモンゴルでは、チンギス・ハン（1162頃-1227）が、現在の北京からトルキスタンまでを東西の版図とする強大な国家をつくりあげた。その好戦的な気質にもかかわらず、モンゴル人はすみやかに仏教徒となった。チンギス・ハンの孫であるフビライ・ハン（1215-94）は、ラマ僧たちを諮問役として周囲に配した。さらにアルタイ・ハン（1543-83）は仏教を国教化し、ゲルク派の歴代指導者にダライ・ラマの称号を与えた。

極東諸国

中国とその周辺国は、もうひとつの一大仏教圏となっている。この地に仏教が伝来した時期は、一説に最初の僧院が中国で建立された後67年だという［求法説話］。この古代帝国の東側へは海路で、西側へは陸路、つまりシルクロードを経て伝わった。仏教の考えを中国語で表現しようとした最初期の翻訳者たちは、現在では滅んでしまっているが、かつてセリンディア［古代ギリシア人やローマ人による現在の新疆ウイグル自治区や中央アジアの呼称で、セルないしセレス（絹＝中国）とインドの合成語］を往き来していた、ソグド人ないしクシャン人だった。当初、中国における仏教はかぎられた集団内にとどまっていたが、4世紀から12世紀にかけて、中国社会に本格的に浸透するようになり、唐代（7-10世紀）にその最盛期を迎えた。そして浄土教や禅宗といった宗派が登場する。これら大乗仏教に属する宗派によって、仏教の晦渋な教義が最終的に中国人の心に浸透し、やがて儒教や道教とともに中国の三大宗教の一翼をになうまでになった。

さらに仏教は中国の周辺国にも伝播し、韓国には4世紀に伝わった。高麗時代の10世紀から、仏教は韓国社会に受け入れられたが、15世紀末、儒教の反発によって衰退を余儀なくされる。それが真に復興するには、20世紀初頭まで待たなければならなかった。現在、その最大の宗派は禅仏教の曹渓宗で、信者数は韓国仏教徒のじつに80-90パーセントに達するという。

これに対し、日本は、神道と結びついていた古いシャーマニズム的信仰をすて去ることなく仏教をとりいれ、伝統的な日本社会の柱のひとつにまでした。6世紀に百済から招来され、列島に根を下ろしたこの仏教は、多様な宗派によって特徴づけられる。空海（774-835）と最澄（767-822）をそれぞれ宗祖とする真言宗と天台宗にくわえて、鎌倉時代には浄土宗や禅宗、さらに日蓮［1222-82］

◆伝統的な仏教寺院であるハイバオ・パゴダ。中国寧夏回族自治区。

ンド僧のパドマサンバヴァ（8世紀）［チベットに密教をもたらしたニンマ派の開祖］はまた、ヒマラヤ地方巡歴の途中に中印国境のブータンを訪れている。12世紀からは、カギュ派の分派［カルマ・カギュ派］が以後数世紀にわたってこの地の政治的・宗教的生活を支配した。そして13世紀に、僧シャプドゥン・ガワン・ナムギャル（1594-1651）が最終的にその霊的・世俗的な保護のもとにブータ

インドにおける仏教への回帰　今日、インドでは仏教への改宗運動がダリット（不可触民）ないし下位カーストの人々のあいだで起きている。総人口の10パーセントにあたるおよそ1億人が、たんにその生まれによって社会階層の下位に追いやられている。公式にカースト制が廃止されているにもかかわらず、である。こうしたカースト制はなおもインド社会を組織化しており、それゆえ多くのダリットにとって、平等主義を唱える仏教への改宗は抑圧的な階級化に対する救いとなっているのだ。この改宗運動は、インド中西部マハーラーシュトラ州出身の思想家で政治家でもあった、ビームラーオ・ラームジー・アンベードカル［1891-1956。インド憲法の草案者］が始めたものである。「不可触民」出身でありながら、インド独立直後の政権［ネルー内閣］で法務大臣をつとめた彼は、生涯をかけて差別的なカースト制を廃止するために闘った。そして死の直前、抗議の意思を示すため、みずから仏教に改宗し、ダリットたちに集団改宗を呼びかけたのである。今日、600万ものダリットが彼の呼びかけにこたえたとされるが、これによりインドで何世紀も前に姿を消した宗教がふたたび息を吹き返している。

の日蓮宗（法華宗）なども登場した。これらすべての宗派は現代まで存続しているが、日蓮宗から興った創価学会や立正佼成会といったさまざまな新宗教の運動によって、多少とも衰退を余儀なくされている。

一方、中国や東南アジア諸国の影響を受けた交差路にあるベトナムは、より特異な位置を占めている。この地での仏教は前2世紀から存在しているが、李朝（1010-1225年）や陳朝（1225-1400年）のもとで、禅宗のベトナム的形態である竹林派が国家の公式宗教となった。今日、禅と浄土宗が混淆して、国内で優勢を誇っている。上座部仏教も南部にみられる。

近年における仏教の世界化

ここ数十年のあいだ、とくにアジアの離散民のおかげで、仏教は発祥地の枠を超えて広まっている。たしかに仏教は18・19世紀以降、西欧世界に知られてはいたが、おそらくそれへの関心は一部の知識人にかぎられていた。最初期の改宗は20世紀初頭までさかのぼるものの、一般民衆が真に関心をいだくようになったは1950-70年代になってからで、先駆けとなったのはアメリカ合衆国やドイツ、イギリスだった。そのきっかけをつくったのが、東洋からヨーロッパ諸国やアメリカに移り住んだ僧たちである。さらに、チベットで起きた非劇的な事件や数多くのラマ僧が西欧に拠点を設けたことで、この宗教が広く知られるようになった。国によって濃度差はあるが、今日ではほとんどの仏教宗派が西欧世界に進出している。

フランスではおよそ300か所の仏教センターが一般に開かれており、推定で2万から3万の非アジア系フランス人が仏教を実修しているという。ほかに仏教徒として数十万のアジア系フランス人（ベトナム系、カンボジア系、ラオス系など）を数える。

◆カギュ・リン・センター。フランス（ブルゴーニュ地方）で建立された最初期のチベット寺院のひとつ。

日本は数多くの神や神格が住む国である。これらは仏教の守護仏や神々、さらに中国から招来された神格である。各寺院にはいくつかの堂宇があり、そこではさまざまな菩薩や土着の神格が、互いに排斥されることなく、むしろ協和的に崇拝されている。こうした寺院をめぐる巡礼［お遍路］は、つねに日本人の宗教生活における重要な禁欲と信仰の実践を形づくってきた。この巡礼の多くは、大慈大悲を本誓とする観（世）音菩薩を祀る33か所の観音霊場（寺刹）を巡歴するもので、一説に菩薩は33通りの姿で現れるという。これら巡歴のなかでもっとも歴史のある「西国三十三所」巡礼は、京都を起点とする。伝承によれば、8世紀のある公卿が、妻を亡くした悲しみに駆られて、観音菩薩の慈悲にすがろうとはじめてこの巡礼をなしとげたという。かつては40日あまりをかけて行われた四国八十八箇所巡礼は、今もなお人気がある。かつての巡礼は真言密教の修験者にのみ認められていたが、18世紀以降、巡礼は一般化し、あらゆる宗派の信者たちがそれを行うようになっている。

　巡礼者たちの伝統的な出で立ちは、白衣に草鞋履き、それに巡礼（金剛）杖である［ほかに菅笠や袈裟、金剛鈴、念珠など］。彼らは「納経帳」をたずさえ、各寺院［札所］でそこに墨書や朱印をもらう。通常、車やバスによる巡礼に例年数百万の日本人が参加し、その3分の2は女性だという。ただし、今では旅行代理店の社名が入った肩掛けが、しばしば伝統的な白衣にとって代わっている。

仏教

人間観と世界観

目覚めた生

　他のすべての宗教と同様、仏教もまた人間のアイデンティティや生存、そして死にかんするさまざまな疑問への答えを提供する。それは輪廻、つまりサンサーラの教義にもとづく。昨日は動物や亡霊、今日は人間、明日はおそらく神になる、という教義である。

迷いと悟り

　仏教の輪廻の教義とその多様な世界および条件は、あきらかに西洋人たちを驚かせるものである。そこでは転生に対する意識がつねにはっきりと意識されているが、転生の周期もまた説明の枠組みとして現れている。これによって、仏教は存在の問題を深く追い求めることができる。いかにして存在（人間にかぎらず）はそのアイデンティティを生み出し、維持し、将来へと向けることができるのか。心の働きや意志、衝動、情動といったものを探求する仏教は、それゆえときに「精神の科学」と呼ばれたりもする。すべての仏教宗派では、輪廻の宇宙論的な解釈が、もうひとつの心理学的な輪廻解釈と体系的かつ分かちがたく結びついている。つまり、われわれが越えてゆくいくつもの世界はまた心の世界でもあるというのだ。
　人間は夢のなかにいるように、迷いながら生きている。自分自身（もしくは心の働きを支配するメカニズム）について本来的に無知・無理解であるため、人間は輪廻をひき起こすさまざまな条件［業］へと引きこまれる。それは現世における精神的な生のみならず、転生をくりかえして生きる将来の生のなかでも起こる…。こうした説のため、仏教はしばしば悲観主義だとみなされてきた。たしかに、仏教がこの迷いを不可避的でのりこえがたいものとするかぎり、そうみなされてもむべなるかな、である。だが、そうではない。ブッダの教えは迷いとはまったく別の次元を明らかにしようとするものなのだ。事実、ブッダは論している。幻想や情熱を支配し、かき立てる貪欲さや怒りや無知は打ち破れると。のみならず、ブッダは内的な回心の可能性を力説し、さらにこの回心は、身分や過去をとわず、行いをただし、ひたすら瞑想に励んで智慧を得れば、だれにでもできるとするのである。そのかぎりにおいて、まさに仏教とは普遍的な使命をおびた数少ない宗教のひとつといえる。

我へのこだわり

　パーリ語で『ダンマパダ』と呼ばれる『法句経』は、とくに東南アジア諸国で高く評価されている書である。ブッダ自身が語ったとされるこれらの法句は、悟りの道に入るための進言を集約したものである。この書の一部は人が慈しむべき我（アートマン）に捧げられているが、進言のいくつかは、無我（アナートマン）という仏教の教義を知る読者には、いささか意外な内容といえる。
　たとえば、ブッダはこう論している。「他の同様に重要な我のために、みずからの我に対する関心をすて去ってはならない。みずからの我に対する関心を認識し、それにこだわらなければならない」（『法句経』、フラマリオン社《GF》叢書、パリ、1997年、83ページ）［中村元の『ブッダの真理のことば』（岩波書店、1984年）では、この個所の訳文は以下のようになっている。「たとい他人にとっていかに大事であろうとも、（自分ではない）他人の目的のために自分のつとめをすて去ってはならぬ。自分の目的を熟知して、自分のつとめに専念せよ」］。仏教が存在を永遠かつ実体的なものとみなすことを否定するとしても——フランス語のâme「霊魂」という語は、サンスクリット語のâtman「アートマン」［字義は「最奥部にあるもの」］と同じ語根からの派生語である——、経験的な個の背後にある我へのこだわりないし回帰は、仏教が唱える道にとってはなおも基本的な意味をおびている。ここに引用した一文において、「我」とは自分およびその内面への不可欠な関心を示す。自分自身に関心をいだく者のみが、自分自身から解放されるというのである。この逆説は自己愛（ナルシスム）でもなければエゴイズムでもない。べつだん驚くべきことでもない。ルイ・デュモン［1911－98。フランスの文化人類学者。フランスの民俗文化からインドへ社会と調査対象を移し、とくにカースト研究で一時代を築いた。邦訳書に『個人主義論考』（渡辺公三・浅野房一訳、言叢社、1993年）や『ホモ・ヒエラルクス』（田中雅一・渡辺公三訳、みすず書房、

十善戒　仏教にはブッダの教えを要約したきわめて実践的な10通りの戒めがある。「十善戒」と呼ばれるもので、最初の3戒は身体行為、次の4戒は言語行為、残りの3戒は心的行為にかかわる。それは、カルマ（業）が身体と言葉と心に同時に起因するという教えにもとづく。中国語と日本語では、それらは以下の10種である。1　不殺生、2　不偸盗、3　不邪淫（不倫の禁）、4　不妄語（虚言の禁）、5　不綺語（無意味な言葉の禁）、6　不悪口、7　不両舌、8　不慳貪（異常欲の禁）、9　不瞋恚（怒りの禁）、10　不邪見。

第2部　東洋的伝統

◆アンコール・ワットに集う僧たち。カンボジア。

2001年）などがある］は、すでに古典となったその一連のインド研究書をとおして、自律的な個人という意味における主体の概念は、決して近代だけの産物ではないとしている。それはすでに古代インドにもあり、そこでは、本質は多少とも異なりこそすれ、個人は世界を放棄してはじめて自分自身になることができたというのである。「（インドの）現世放棄者はみずから自足しており、自己にのみ専念している。現世放棄者の考えることは近代的個人の考えに類似しているが、両者のあいだには、本質的な違いがある。すなわちわれわれは世俗社会に生活するのに対して、彼はその外に生きる」（『個人主義論考』［浅野房一訳、42ページ］）。「現世放棄者（修道者）」は俗世以上に、現実的ないっさいの自律性を妨げる義務や因果関係をすてさる。それゆえ彼はみずからの解脱を実現するよう努力することができる。ただし、それには前提がある。彼がその目的に到達するため、みずからあらゆる内的な可能性を駆使できる、という前提である。こうした主張は、やがて仏教にとりいれられるようになった。

上座部仏教によれば、ブッダは入滅［大般涅槃］にのぞんで弟子たちにこう論したという。「汝自身を島としなさい。汝自身を避難所として、他にそれを求めてはならない。島としての教えをもって、避難所としての教えをもって、他に避難所を求めてはならない」（『大般涅槃経』）［中村元『ブッダ最後の旅（大パリニッバーナ経）』はこの個所を以下のように訳出している。「それ故に、この世でみずからを島とし、みずからをたよりとして、他人をたよりとせず、法を島とし、

悟りの実修　7世紀に、インド僧のシャーンティデーヴァ［寂天、685頃-763頃。中観派中期ブラーサンギカ（帰謬論証）派］は、10章に分かれた900詩節以上の長編詩『入菩提行論』［『悟りへの道』金倉円照訳、平楽寺書店、1958年］を書いている。彼はそこで中観派の教えにもとづいて菩薩への道を説いている。チベットでとくに読まれているこの書は、全体が人間のための慈・愛に満ちている。以下の詩句はその願いをうたいあげたものである。

「病人のために、病が消えうせるまで、私は医薬や医師や介護人でありえるか！

おびただしい食べ物や飲み物によって、私は飢えや渇きの苦しみを鎮めることができるか。そして、飢饉のとき、私自身が飲み物や食べ物になりうるか！

貧者たちのために、私はつきることのない宝物になれるか、彼らが望むすべての奉仕を行えるか！

来るべき私の転生や財産、そして私の過去と現在と未来の功徳のすべてを、私は万人の目的が達成できるようおしげもなくすてさる」（『入菩提行論』、ルイ・フィノ訳、レ・ドセアン社、パリ、1987年、35ページ。一部表記変更）。

仏教

法をよりどころとして、他のものをよりどころとせずにあれ」（岩波文庫、第2章26、1980年）］。この最後の教えはブッダの遺言とされている。各種の翻訳は「汝自身を島としなさい」のかわりに、「汝自身の灯明となりなさい」という定言を用いている。たしかにパーリ語のディーパ（dīpa）は、「島」と同時に「明かり」もさすからである。とすれば、仏典でいく度となく用いられるこうした定言が、より一般的に「汝自身を島としなさい」を意味するとしても、そこには前述した「我への回帰」としての「汝自身」、「自灯明」としての「汝自身」という二重の意味が読みとれ、それらは互いに呼応しあっているともいえる。

さらに、この一文のすぐあとには、避難所＝教え（ダルマ）と避難所＝汝自身という対句的表現が続く。たしかにここには、瞑想において精神生理学的な過程ないし手法に心を向けよと諭す、ブッダの示唆が読みとれる。仏教では、人はみずからの生を左右できず、最終的に自分を輪廻に結びつけるもろもろの絆［執着］を断ち切って、はじめて我に回帰する［悟り］。この回帰は心の働きを探求する独創的な方法である瞑想のみならず、自分自身との親和関係によってもなされるという。そこでは他者への愛は自己愛と対立する、もしくはそれにとって代わるものとはみなされない。

因果

人間を支配し、そこからのがれさせたりしない抗いがたい力とでもいうべき宿命という考えは、反仏教的以外のなにものでもない。仏教にいうカルマ（業）は、いかなる幻想とも無縁である。どれほど決定的にみえようと、因果の鎖は人を翻弄する仕掛けとはみなされない。いっさいが運命づけられているとすれば、結局のところ解脱など考えられなくなるだろう。我への回帰もまた空しいものとなるはずだ。仏典は諸仏のみが、個人を生きるままに生かす因果関係全体について思いをめぐらせることができると主張しているが、仏教の著者たちは人の現実に意味を与えるため、因果関係による説明をくりかえし唱えてきた。たとえば、過去世が吝嗇だったために貧しく生まれた、といったようにである。あきらかにこのような考えは因果関係を冷酷な運命に単純化するものである。それは人間の解放志向をすべて無効にする。このような考えに立つかぎり、個人の生活を改善するため、なぜ経済的・政治的・社会的な構造を変革すべきかが理解できない。苦しむ者たち、たとえば貧者たちは、ひたすら過去の過ちを償わなければならないのか。因果にかかわる悲観主義は、実際にははるか遠くにまでおよんでいるのかもしれない。

こうした危険な解釈とは無縁の仏教は、過去を理解したり見たりせず、過去に罪悪感をいだかせたりすることもない。仏教は未来を見すえているからである。もしも現在が過去に依存するなら、未来もまた現在に依存する。各人はみずからの生を現在から新たに方向づけることができる。カルマとはみずからのうちにその結果［果報］を宿す行為［業］である。これらの結果は善悪、苦楽＝不運いずれの場合もありうる［業因業果］。だが、厳密にいえば、カルマとはいかなる行為も意味しない［本来は未来に向かう人間の努力を強調したものだったが、過去の行為が果報として現在におよぶとする宿業説が広まるにつれて、宿命観に組みこまれていった］。実修者はその目的を

◆ 2001年9月11日に起きたニューヨーク世界貿易センタービル爆破テロの犠牲者たちを悼んで祈る日蓮宗の僧たち。

第2部　東洋的伝統

◆六道輪廻図［死が輪廻世界を支配している図］。絹布油彩、7世紀、ロンドン大英博物館蔵。

ることを説いている。いっさいは流転する。とすれば、生命の流れはいかにして行為に打ち勝つのか、いかなる選択をすれば行為の責任を引き受け、自分を超克できるのか。中国のある禅僧はこう述べている。「迷う人間は一日中つねに時間に導かれ、覚者はその時間を導く」

倫理観

仏教徒たちはその精神的な原則がときに共同体を律する社会的倫理に合致する場合でも、各人に課せられる公益の規則と、みずからが心にいだき、最終的にひとりでに生じる倫理とを区別する。だが、この内的な道程において、他者、つまり社会的倫理が遠ざけられることはない。そこでは、たとえば死にかんするもっとも基本的な問題の解決は、内向的な規律によってではなく、徹底した瞑想を行うことによってなされる。こうして行為や責任、社会的関心、寛大さといったものは、もっとも完璧な形をとる場合、各仏教徒が発展させようとする多様な功徳となる。

仏教徒は宗派で異なるものの、誓願を行う。大乗仏教のほとんどの宗派は、たとえば菩薩の誓願、つまり禁欲と善行と慈悲を重視している。一般的にそれらは「悪をなさず、善（義）を行い、他者を助ける」という定式にまとめられる。まず、実修者は一部の行為をやめ、暴力をこばむことを誓う。その内容は、前述したように殺さず、盗まず…などである。次に、彼は徳と善行を積む意志をはっきりと示す。そして3番目に、つねに利他的に心の道を考える。

他人に善をほどこす。仏教はこれによってすべての行為を方向づけるいきいきした倫理観を展開するようになっている。こうした展開は、あきらかに存在にかかわる問題に答えるだけではない。実修者もまた、自分の隣人の物質的・心理的な要請を考えなければならないからだ。他人に悪影響をおよぼすものはすべて実修者を抑圧し、苦しめる。つまり、それはたんに実修者とかかわるだけでなく、彼らを全体的に拘束するのである。

「私は確信している。非暴力の道が無効だと多くの人々が言うおもな理由が、それを約束することを恐れ、落胆するものに由来しているということを。だが、かつて人は自国や自分の土地の平和を望むだけで満足していたのに対し、今では世界の平和を願っている。

意識して、一連の所作を行う。彼らはみずからの選択をあらためて手に入れられる。仏教はそう主張する。実修者はまた自分が置かれた状況を意識し、隷属よりむしろ自由を選ぶことができる。

仏教は輪廻を生み出す行為をたんに身体的な所作にかぎることなく、さまざまな次元でとらえる。伝統的な考え方では、その行為は身業・口業・意業の三業に区分される。実際に殺すこと、殺そうとする意志を口に出すこと、あるいは殺害を心に思うこと。これらの三業は可能性や影響力を異にするが、所作と言葉と思考は各人の未来のうちにその結果を宿すという。仏教は実修者が貪欲さや憎悪、さらに無知の絆を断つように、三業のそれぞれを考えながら行動す

六道輪廻図　チベット世界のどこにでも見られる六道輪廻図は、輪廻転生の周期を象徴的に造形化した表現である。ブッダの十大弟子のひとりマウドガリヤーヤナ（マハーモッガラーナ）［目連］は、超自然的な能力で知られ、神通力の持ち主でもあったという。ある最初期のマンダラでは、1番目の輪の中央に1頭の豚と1羽の雄鶏、さらに1匹の蛇がいて、それぞれ互いの尾を咬んでいる。これらは貪欲さと怒りと無知を象徴し、車輪のいわば原動力である。2番目の内輪はふたつに分けられており、左側の黒い区画には、人間たちが苦しみの餌食となって奈落へと落ちている。右側の白い区画では、別の人間たちが徳行を積んだおかげで天へと向かう。これは車輪の二重の極で、正と負の行為が人間たちを上・下の世界へと導くことを示す。

第3の輪は6通りの区画に分けられ、それぞれが地獄、亡霊、動物、人間、半神、神という6通りの運命を表す。ときにこの輪はさらに5つの区画に分かれ、同一の区画に半神や神々が集められている。そして周縁部には、それぞれが属性と結びつけられた12の要素が象徴的な姿形でならぶ。杖と盲目の人間、ろくろと陶工、花をつけた木の上の猿、4人の客を乗せた船、空家、抱きあったカップル、目に矢を受けた男、座った男に酒をさし出す女性、樹上の果実を集める男、妊娠した女性、出産する女性、死体の近くにいる男である。こうした車輪全体は、インドにおける死の擬人化であるヤマ［冥界の王。閻魔の原型］の鉤爪につかまれている。通常、この車輪は、図の右手に別の車輪、すなわちダルマ（教え）のそれを指さすブッダ像が描かれて、完璧なものとなる。輪廻の（車）輪は打ち砕かれなければならないからである。

仏教

当然のことである。人間の相互依存はますます自明となっており、人が語るにふさわしい唯一の平和とは、世界のそれであるからだ」（第14世ダライ・ラマ『古代の智慧と現代世界』、フェヤール社、パリ、1999年）

社会参画仏教

ここ数十年来、新しい仏教思想の流れが生まれて、社会的な関心を強くしている。アジアでも西欧でも現代仏教の中心要素となりつつあるこの運動［行動する仏教］は、とくに社会参画仏教（ブッディスム・アンガジェ）と呼ばれている。現世ダライ・ラマとならぶもっとも重要な人物である、ベトナム人禅僧ティク・ナット・ハン（1926-）がつくった用語で、特定の宗派に由来しない汎仏教的なこの運動は、革新的な立場を表している。すなわち、仏教徒は正しく平等な社会という理想を具体化するため、たとえ既存の組織ないし構造と対立することがあっても——運動の新しさのひとつがここにある——、社会的・経済的ないし世俗的な生活に参画できるとするものである。

仏教の長い歴史のなかで、僧が彼らの発展の場となった政治体制を、たとえどれほど独裁的なものであれ、問題視することはめったになかった。しかし今日、仏教徒たちは単純な心ないし存在の苦しみより、むしろ世界的な苦しみに答えなければならないと考えるようになっている。社会的不公平や物質的問題、経済的苦境、さらに抑圧問題ですら、立ち向かわなければならないというのだ。尊敬、非暴力、慈悲。これが新しい平和活動家たちのライトモチーフである。はたして彼らは世界を変えられるのか。即断はひかえるべきだが、彼らは「救うべき衆生がいるかぎり」という、仏教的誓願にのっとって行動することを約束しているのである。

◆ミンドルリン僧院の砂マンダラ。チベット。

◆仏旗

　1950年、コロンボで開かれた第1回世界仏教徒会議の際、27か国の代表たちは5色の仏旗を公式に採用した。この旗はそれより65年前にシンハラ人仏教徒とアメリカ人のヘンリー・スティール・オルコット（1832-1907）によって考案されていた。アメリカの元陸軍大佐だったオルコットは、神秘主義運動の神智学協会を創設したひとりである［神智学とはさまざまな宗教や神秘主義を折衷したもので、協会創設は1875年。オルコットはその初代会長］。東洋に強く魅せられたオルコットと、この協会の魂とも称されたエレナ・ブラヴァツキー［1831-91。ウクライナ出身の神秘主義者］は、シンハラ人の寺院に世俗の教えをとりいれた最初の西欧人となった。ふたりが仏教に改宗した1880年のことである。オルコットはスリランカ島に定住し、衰退しつつあったシンハラ仏教を再建するため、すみやかに仏教的神智学協会を立ち上げた。そして、わずか数年のあいだに、キリスト教系学校で行われている教育に代わるものとして、一連の仏教学校を発展させた。1881年にはこれら学校の教師用に『仏教教義要綱』［『仏教問答』、原成美訳、1889年］を書いてもいる。オルコットは彼が基本的な教義とみなすものへ回帰することで、仏教の改革と統一を決して止めようとはしなかった。

　そんな彼の考案になるこの仏旗は、あきらかに各仏教徒が奉じるべき目標を表している。1885年、これはコロンボの寺院にはじめて掲げられたが、縦縞の5色は、ブッダが悟りを開いたときにその体をとりまいていた光輪のそれだという。ブッダの頭から放たれた青い光［頭髪の色］、肌からの黄色い光［身体の色］、肉からの赤い光［血液の色］、骨からの白い光［歯の色］、掌や踵、唇からの橙色の光［袈裟の色］である。これら光輪の色は横縞にも同じ順でくりかえされている。それぞれの色は特性と結びつけられ、青は慈悲［定根］、黄は中道の均衡［金剛］、赤は実修の徳［精進］、白は教えの純潔さ［清浄］、橙は知性［忍辱］を象徴する。

　一部の仏教宗派は、韓国最大の宗派である曹溪宗のように、独自の旗をもっている。曹溪宗のそれは、青・黄・赤・白・橙の5枚の花弁をもつ、雨に濡れた蓮の花をあしらったものである。

関連用語解説

[とくに注記のない見出し語のアルファベットはサンスクリット語の転写。パーリ語とは上座部仏教の経典に用いられた言語]

アートマン Ātman （個）我。永遠の霊魂。
アナートマン Anātman パーリ語でanattā。単独では存在しえない非我（無我）、もしくは次々と転生する永遠の原理。仏教教義の基本原理のひとつ。
アニチャ Anitya パーリ語でanicca。無常。
アビダルマ（阿毘達磨） Abhidharma パーリ語でabhidhamma。「上位の教義」。仏教の教義にかんする伝統的かつ哲学的な注釈［字義は「ブッダの教え（ダルマ）に対する考究（アビ）」］。上座部仏教の経典［経蔵・律蔵・論蔵］の第3部分。
阿羅漢 Arhat パーリ語でarahant。輪廻から解き放たれ、再生することのない「聖者」。
阿梨耶 Ārya パーリ語でariya。ブッダの道を実修する「聖者」ないし「賢者」。
優婆塞 Upāsaka パーリ語も同じ。不殺生、不偸盗、不邪淫、不妄語、不飲酒の五戒を遵守する信者。女性は優婆夷Upāsikā。
縁起 Pratītya samutpāda パーリ語でpaticca samuppāda。現象世界の一般的な経験を構成する過程の全体［依って起こること。因縁生起］。
応身 Nirmāṇakāya ブッダの人間的・身体的現れ。
戒 Śīla パーリ語でsīla。仏教の三学［戒・定・慧］のひとつ。
カルマ（業） Karman パーリ語でkamma。現世ないし来世の生に報いをもたらす意図的な行為。
観 Vipaśyanā ［現実にかんする］正しい想ないし熟考。
苦（憂悩） Dhkka パーリ語も同じ。転生周期である輪廻をひき起こす不満足。
グル Guru 精神的・霊的指導者、導師。
金剛乗 Vajrayāna 「金剛（宝石）の乗り物」。インド起源の密教的要素を組み入れた大乗仏教の思潮。金剛（杵）とは幻影を破壊する力の象徴。同義語にタントラ乗（tantrayāna）や真言乗（mantrayāna）がある。
金剛力士（執金剛、持金剛） Vajradhara 字義は「金剛杵をもつ者」［護法善神］。チベット仏教では原初の仏とされる。
悟り（菩提、成道など） Bodhi パーリ語も同じ。教義にかんする知、完全かつ直観的な理解力。
三昧 Samādhi パーリ語も同じ。瞑想・精神集中。
止観 Śamatha パーリ語でsamatha。心の平安をはかる瞑想法。
手印（印相・印契） Mudrā 字義は「印」。通常、マントラを唱える際になされる儀礼的所作。
須弥山 Sumeru 「中心の聖山」［インド神話のメ（ー）ル山］。仏教宇宙論における世界の軸。
上座部 Theravāda （パーリ語）「長老派」。仏教最古の宗派。
小乗 Hinayāna 大乗仏教にいう「小さな乗り物」。輪廻からのひとりだけの解放をめざす者たち［上座部仏教徒］をさす。
信 Śraddhā パーリ語でsaddhā。信仰・確信。
真言宗 空海（774-835）を宗祖とする日本の密教宗派。「真言」とはサンスクリット語の「マントラ」の訳語。
ストゥーパ Stūpa パーリ語でthupa。仏塔・卒塔婆。（聖遺物の）奉納建築物。
接（摂）心 日本の禅宗で行われている数日間の座禅修行。
禅 中国語chan。中国で生まれ、朝鮮（曹渓宗）やベトナム（thiền）、そして日本に広まった大乗宗派。日本には13世紀に招来された。
禅定 Dhyāna パーリ語でjhāna。瞑想三昧ないし瞑想による精神集中。
僧伽 Sangha パーリ語でsamgha。僧たちの共同体。
大乗仏教 Mahāyāna 「大きな乗り物」の意。紀元初期に登場した改革派仏教で、できるかぎり多くの衆生に悟りを得させようとする菩薩の理想を強調する。
ダルマ Dharma パーリ語でdhamma。教義［法］、教え、現象。
ダルマカーヤ Dharmakāya 大乗仏教で、ブッダ三身の1番目である法身［他のふたつは報身と応身］。絶対的ないし本質的身体。
中観派 Mādhyamika ナーガールジュナ（龍樹。150-250頃）によって創唱された「中道」宗派。
如来 Tathāgata ブッダをさす美称［如来十号］のひとつ。
涅槃（ニルヴァーナ） Nirvāṇa パーリ語でnibbāna。字義は「吹き消すこと」ないし「吹き消した状態」。輪廻のうちに導く絆を断ち切ること。これにより、輪廻の力をあおりたてる業火は、完全に吹き消される。
波羅密（波羅密多・到彼岸） Pāramitā パーリ語も同じ。字義は「完全な」。仏教の実修者が積む徳行。六波羅密ないし十波羅密がある。
パリニルヴァーナ Parinirvāṇa パーリ語でparinibbāna。字義は「完全な消滅」。輪廻の過程の最終的な停止。諸仏や阿羅漢の入滅。
比丘 Bhikṣu パーリ語でbhikkhu。授戒を受けて戒律に従う乞食＝僧。比丘尼はサンスクリット語でbhikṣuṇī, パーリ語でbhikkhunī。
プージャ Pūjā パーリ語も同じ。供犠儀礼。
ブッダ Buddha, Bouddha パーリ語も同じ。仏教の開祖ガウタマ［サンスクリット語］。パーリ語ではゴータマ。字義は「最上の牛」の伝統的な呼称のひとつ。
仏典 Sūtra パーリ語でsutta。ブッダが説いた教えを集めたもの。ブッダの死後、弟子たちが結集によって編んだ三蔵［律蔵・経蔵・論蔵］のなかの経蔵をさし、つねに次の定言から始まる。「私はこのように聞いた」
プラジュニャー Prajñā パーリ語でpaññā。智慧（般若）。
ブラフマー Brahmā ヒンドゥー教の最高神で、宇宙を支配する。
報身 Sambhogakāya 「歓喜の身体」。悟りを得た者のみが見えるブッダの栄光の身体。
菩薩 Bodhisattva パーリ語でbodhisatta。「悟りを求める修行者」で、成道前のブッダ。とくに大乗仏教では、解脱へ向かう多くの衆生に身を捧げるブッダをさす。
マンダラ（曼荼羅） Maṇḍala パーリ語も同じ。字義は「円」。一般に瞑想に用いられる造形表現。
マントラ（真言） Mantra 唱えるだけで効力を発揮するとされる庇護ないし祈願の聖句。
唯識派 Vijñānavāda 無著（アサンガ）、世親（ヴァスバンドゥ）兄弟によって創唱されたインドの学派［瑜伽行唯識学派とも呼ばれる］。
ラマ Lama サンスクリット語のguruのチベット語訳。チベット仏教における教師をさす総称［ラマ僧］。
律 Vinaya パーリ語も同じ。比丘（僧）や比丘尼（僧尼）が守るべき規則。律蔵はパーリ語経典をなす三蔵のひとつ。
輪廻 Samsāra パーリ語も同じ。字義は「回転」。転生の周期。
蓮華座 Padmāsana 足を交差させる伝統的な瞑想姿勢。

チベットの細密画（部分）、11世紀。

瞑想する僧。ニャチャン・パゴダ、ベトナム。

関連年表

紀元前
5世紀　ブッダ・シャカムニの活動期
268年　インドを統一したアショカ王即位
250年　アショカ王の王子マヒンダ、仏教をセイロンに伝える
1世紀-紀元1世紀　セイロンにおける大乗仏教経典編纂。大乗仏教に由来する『般若（波羅密多）心経』（Prajñā-pāramitā）編纂

紀元後
1世紀　『蓮華経（法華経）』編纂。中国に最初の仏典
2-3世紀　ナーガールジュナ（龍樹）、中観派の宗祖に。ベトナムや中国での仏教普及
3世紀　東南アジアへの仏教進出
4世紀　無著と世親、最初の唯識派論書を執筆
372年　仏教、朝鮮半島に
409年（？）　中国語による主要な仏典翻訳者のひとりである鳩摩羅什（Kumārajīva）、長安で没
420年　インド北部出身の仏典注釈者ブッダゴーサ（Buddhaghosa）、セイロンを訪れ、大著『清浄道論』（Visuddhimagga）を著す
6-7世紀　中国仏教諸派の出現と発展。智顗（583-597）によって創唱された天台宗、慧能（638-713）を第6祖とする禅宗、金剛智（669-741）を祖師とする密教など
552年　仏教、日本に伝来［538年とする上宮聖徳法王帝説など、伝来時期については諸説ある］
7世紀　チベットに仏教伝来
604年　仏教を日本の基盤のひとつとした聖徳太子（574-622）による憲法十七条の制定［異説あり］
712年　ムスリムの最初のインド侵攻
805年　最澄（766/767-822）、中国の天台教学にもとづく宗教混淆的な天台宗［台密］創唱
806年　空海（774-835）、真言宗［東密］創唱
824-845年　中国での仏教大弾圧［唐・武宗期における会昌の廃仏］
11-12世紀　チベットへの第2次仏教伝播。1073年、サキャ（赤帽）派の最初の僧院建立

第2部　東洋的伝統

1071年　ヴィジャヤ・バーフ1世、ビルマ僧たちの助力でセイロンに上座部仏教再導入

11-14世紀　上座部仏教、インドシナ半島に影響力を拡大

1175年　法然（1133-1212）、浄土宗創唱

1192年　テュルク系ムスリム、ヒンドゥー教徒を駆逐してインド北部支配。デリー・スルタン朝樹立

1198年　ナーランダ大学［インド北東部。427年創設］の破壊

1224年　親鸞（1173-1262）、浄土真宗創唱

1228年　道元（1200-53）、南宋から帰国して、禅宗を伝える

1253年　日蓮（1222-82）、『法華経』にもとづく新たな教義を唱え、法華宗（日蓮宗）を開く［立教開宗］

1299年　ベトナム第3代皇帝の陳仁宗（1257-1308）、帝位をしりぞいて［1293年］僧となり、竹林禅派創設。陳朝時代（1225-1400年）、ベトナム仏教の最盛期

1388年　儒教信奉者の将軍李成桂［1335-1408］、高麗の実権を掌握して、仏僧追放

1642年　チベットにおいて、ダライ・ラマ5世時代始まる

1868-72年　日本で廃仏毀釈の神仏判然（分離）令施行

1871年　ビルマ王ミンドン［1808-78］、上座部仏教の僧2400人による大規模結集開催

1956年　インドの思想家・政治家ビームラーオ・ラームジー・アンベードカル（1891-1956）、仏教に改宗

参考文献

BRÜCK, Michaël von et Whalen LAI, *Boudhisme et Christianisme: histoire, confrontation, dialogue*, Éditions Salvator, Paris, 2001（ミヒャエル・フォン・ブリュック&ウォーレン・ライ『仏教とキリスト教——歴史、対立、対話』、サルヴァトル社、パリ、2001年［原著ドイツ語］）：キリスト教と仏教の対話にかんする濃密かつ基本的な書。

CORNU, Philippe, *Dictionnaire encyclopédique du bouddhisme*, Seuil, Paris, 2001（フィリップ・コルニュ『仏教百科事典』、スイユ社、パリ、2001年）：800ページを超す大著。

FAURE, Bernard, *Bouddhismes, philosophies et religions*, Flammarion, Paris, 1998（ベルナール・フォール『仏教・哲学・宗教』、フラマリオン社、パリ、1998年）：中国・日本仏教の専門家であるスタンフォード大学教授の文化人類学的・哲学的考察。

GIRA, Dennis, *Le Boudhisme à l'usage de mes filles*, Le Seuil, 2000, Paris（ドゥニ・ジラ『わが娘たちのための仏教』、ル・スイユ社、パリ、2000年）：仏教研究の碩学によるすぐれた入門書。著者はパリ・カトリック・インスティテュート名誉教授で、神学者・仏教専門家。

HARVEY, Peter, *Le Boudhisme: Enseignements, histoire, pratiques*, traduction française, Seuil, Paris, 1993（ピーター・ハーヴェー『仏教——教え、歴史、実践』、英文原著からのフランス語訳、スイユ社、パリ、1993年）：仏教にかんするわかりやすい総論。

LENOIR, Frédéric, *La Rencontre du boudhisme et de l'Occident*, Fayard, Paris, 1999（フレデリック・ルノワール『仏教と西欧の出会い』、今枝由郎・富樫瓔子訳、トランスビュー、2010年）：西欧の魅力と無理解の歴史。

LEVENSON, Claude B., *Le Dalaï-lama*, Autrement, Paris, 1998（クロード・B・ルヴァンソン『ダライ・ラマ』、オートルマン社、パリ、1998年）——感動的で活き活きした物語。

LIOGIER, Raphaël, *Le Boudhisme mondialisé: une perspective sociologique sur la globalisation du religieux*, Ellipses, Paris, 2004（ラファエル・リオジェ『世界化された仏教——宗教の世界化にかんする社会学的展望』、エリプス社、パリ、2004年）：現代仏教の社会・政治学的分析。やや入手しがたいが、きわめて重要な研究書。

MAGNIN, Paul, *Boudhisme, unité et diversité*, Cerf, Paris, 2003（ポール・マニャン『仏教、統一性と多様性』、セール社、パリ、2003年）：仏教にかんする壮大な総論。著者はフランス国立中央研究所（CNRS）の主任教授で中国学者［とくに中国仏教］。

OBADIA, Lionel, *Boudhisme et Occident : la diffusion du boudhisme tibétain en France*, L'Harmattan, Paris, 1999（リオネル・オバディア『仏教と西欧——チベット仏教のフランスでの普及』、ラルマタン社、パリ、1999年）：チベット仏教の中国での普及にかんする社会学的・民族学的分析［著者はリヨン第2大学の社会・文化人類学教授］。

http://www.boudhisme-universite.org：1966年にパリに創設されたヨーロッパ仏教大学のウェブサイト。この機関は仏教にかんする学術的なセミナーを催している。

チャンタンの僧。ラサ（チベット）。

ビルマ（ミャンマー）北西部サガインのウ・ミン・キャウクセ・パゴダ。

次ページ：ワット・プラ・マハタートの木の根に挟まれた仏頭、タイ中南部アユタヤ県。

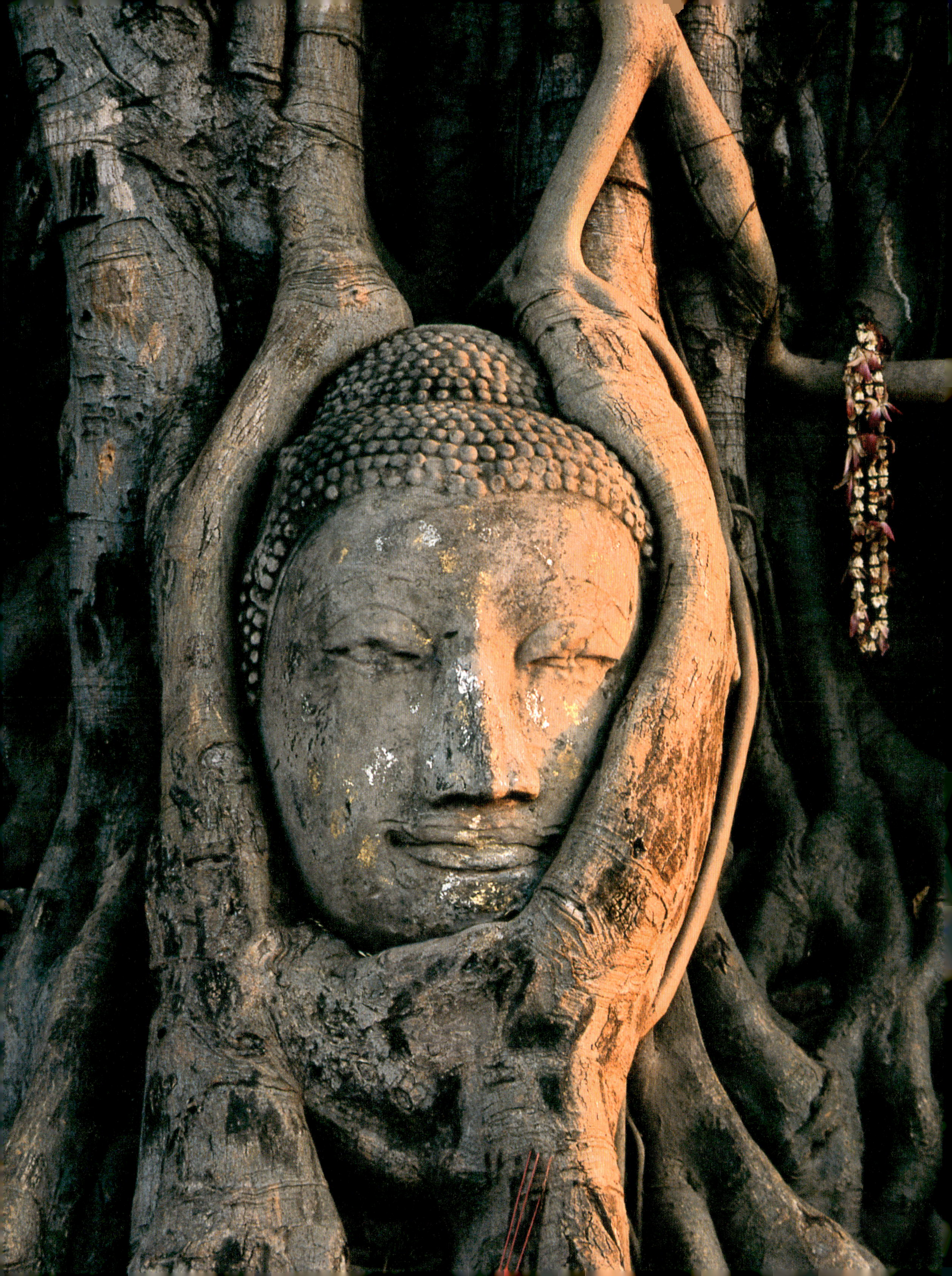

その他の思想と叡智

アンリ・タンク

　前8世紀から前5世紀にかけて、地中海沿岸部から中国にまでいたるアジア全域には本格的な宗教改革がみられた。古代ペルシアのザラスシュトラ、インドのブッダやマハーヴィーラ［ジナ（勝利者）］、中国の老子や孔子といった偉大な宗教改革者が、新しい教えを説き、人々の不幸や死および彼岸にかんする不安、さらに物事の自然な摂理を理解しようとする要求に答えようとしていた。これらすべての宗教的思想ないし思潮は互いに真っ向から対立する一方で、しばしば補完しあい、豊かなものとなって、アジアを多様な儀式や行事を有する魅力的な「智恵の土地」［アジアの代名詞］に仕立てていった。

　こうした思想なり思潮なりをひとつずつ検討していくのは、他の地域からの借用が数多いことからむずかしいが、そのいくつかの傾向を見定めることはできる。

次ページ：1302年に建てられた北京の孔子廟にある孔子像。儒教は神や天啓が不在の思想で、自然や祖先崇拝を重視する。

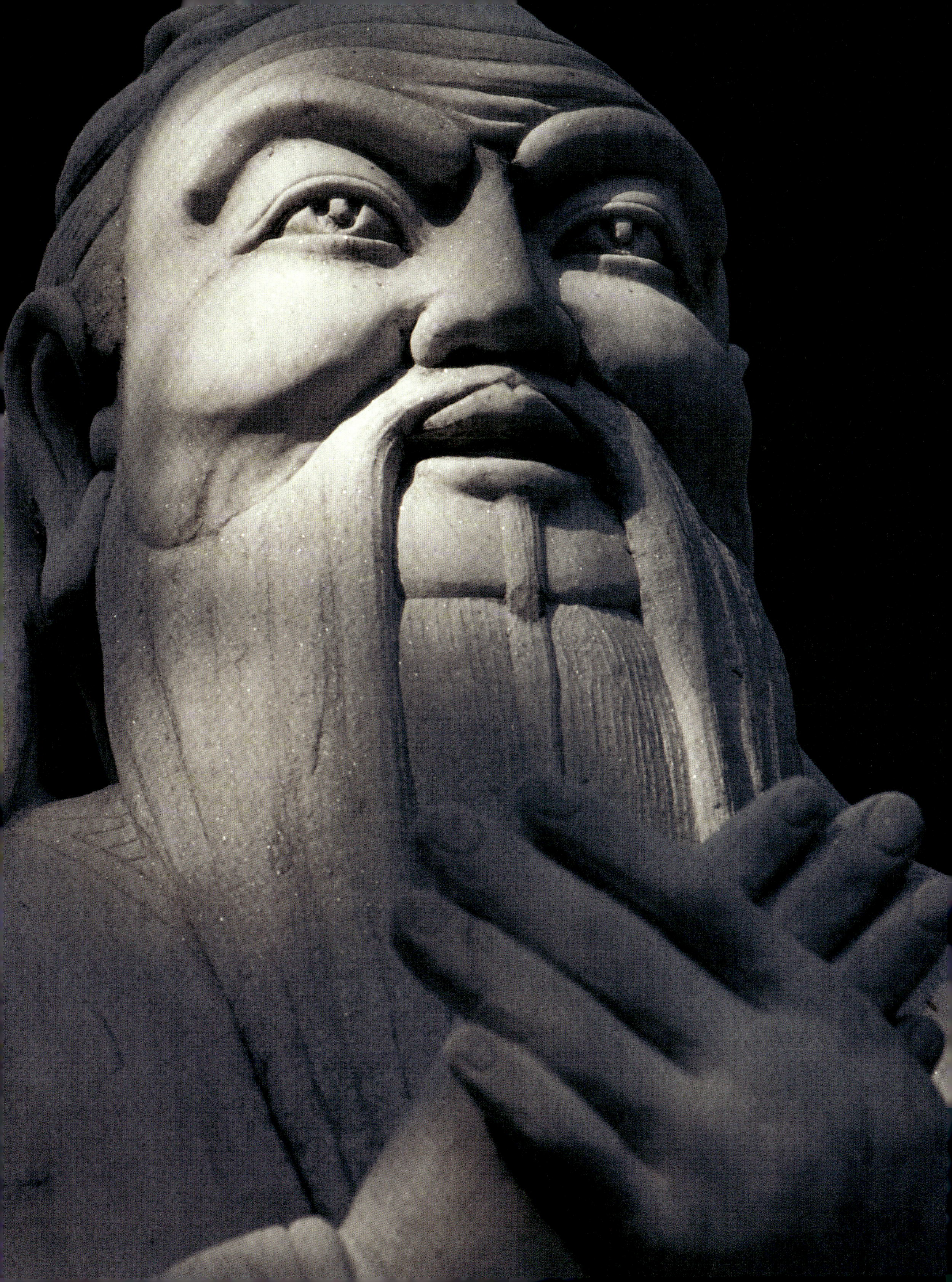

第2部　東洋的伝統

儒　教
宗教か処世術か？

　儒教は中国文化の根幹をなすもののひとつである。孔子の教えは中国全土のみならず、朝鮮半島や日本、さらにはベトナムなど、中国の影響を受けたさまざまな国にも移出された。思想家の孔子は、釈迦［前463頃-前383頃］より1世紀以上前、つまり前551年から前479年まで生きたが、当時は中国を分割支配していた諸侯たちのあいだで争いがくりかえされていた。生まれは軍人の家だったが［生地は魯国の曲阜］、幼くして孤児となった彼は苦学して礼学を修め、これにより早くから独自の一門を立ち上げることができた。

　孔子の名声は、彼が礼学を学ぶために東周の都であった洛邑［洛陽］に旅をしたあとで増すようになる。伝承によれば、彼はそこで道教の祖老子と出会ったという［孔子が老子に教えを請うたとする説もある］。だが、この話自体は疑わしく、おそらくは古代中国におけるふたりの偉大な精神的師の象徴的な邂逅を語るものだろう。

　とはいえ、孔子は、すでに生まれつつあった道教の影響を受ける時代の多神教に慣れ親しんでいた。自分がその重要性をほとんど認めていなかった神々との戦いに出立するには、あまりにも既存の秩序を尊重しすぎてもいた。

　孔子は神々の存在を否定せず、すべての神の上に立つとされる最高神の存在すらこばんでいなかった。だが、彼の教えは神学より実践を重んじていた。

　ありていにいえば、孔子はひとつの宗教を立ち上げたわけではない。「天は語らず」［『論語』陽貨編第17］。彼はそう述べている。彼にとって天啓の真理などはなかった。著作を遺すこともなかった。弟子たちによってまとめられた対話・言行集『論語』は、彼の死後に編集されたものである。

　それゆえ儒教は、宗教というより、むしろ道徳的な理念といえる。孔子の教えは国家の秩序維持と家庭内の調和を可能にする徳を発展

◆動物像が載った石碑群は、孔子が自然を重視したことを物語る。西安碑林の孔子廟。

332　その他の思想と叡智

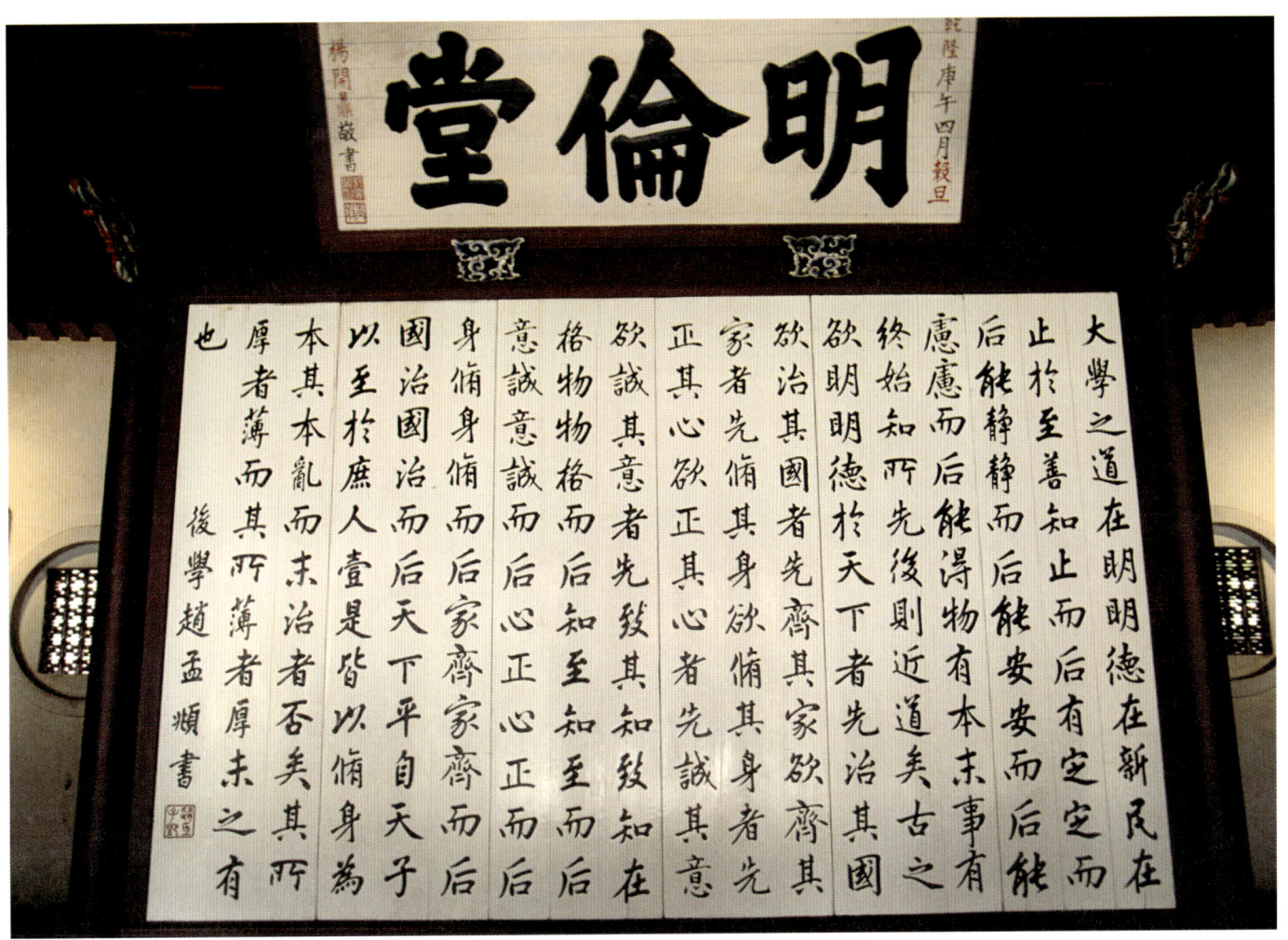

◆知識人の宗教だった儒教は数多くの文献を遺している。写真は台湾のある孔子廟に展示されているその一部。

させようとするものだった。彼によれば、社会には幸福や均衡を得るのに適した5通りの関係［五倫］があるという。君臣、父子、夫婦、長幼、そして朋友の関係である。国の調和は、家族のそれと同じように、権威に対する服従や子どもが親に捧げる敬愛、長兄に対する尊敬、忠誠、貞節によってもたらされるともいう。

こうしたよい関係は、寛容さと崇敬にもとづく道徳を前提とする。創造主や神への崇敬、自然への崇敬、祖先崇拝や伝統的な儀礼によって築かれた歴史への崇敬などである。儒教における「徳」の原理は、誠実さや善行、正義、廉潔、名誉観、儀礼遵守からなる［一般には仁・義・礼・智・信の五常］。これらの徳目は王国間の戦争や当時の社会的混乱にゆさぶられていた状況で重要な意味をおびていた。

しかし、孔子の教えが開花して、中国史のなかに刻まれるようになるには、かなりの時間を待たなければならなかった。前2世紀の漢代になって、ようやく儒学者たちが朝廷に入り、最初期の「高級官吏」となったのである。儒教は後220年に漢が滅亡したのちも生き残り、やがて中国ではふたつの宗教的ないし思想的潮派が互いに覇を競うようになる。王国や家庭の権威を安定化させ、知識人たちに特権を与えることを基本的な理想とする儒教と、人々に象徴的な世界と不老不死に達するための手段を唱える道教である。そして後者は、仏教の影響下で内的に変化し、祭司［道士］と祭祀と聖典をそなえた本格的な宗教となっていった。

その後もなお、儒教と道教は中国内で共存していく。民衆は強大な権力が支配する時代には儒教を、貧困や無政府状態の時代には「仏教・道教」の宗教混淆を選び、宗教と超自然的なもののうちに救いと希望の形を求めた。儒教が発展したのは、12世紀頃の宋代と15世紀からの明代だった。

当初は知識人、のちに民衆の宗教となった儒教は、中国の文化的・社会的生活に浸透しつづけていったが、他の宗教のように真の痕跡（寺院や聖典など）を遺さなかった。いわばそれは処世術としてあった。1905年までは、科挙の受験者には孔子の著作にかんする問題が課されていた。

道 教
調和と自己制御

　道教（タオイズム）の出現とともに、錬金術［煉丹術］の世界が訪れた。それは、人体の観察と宇宙的秩序への物理的かつ形而上学的な秘儀伝授にもとづく、知識と神秘の世界である。「タオ」（tao）とは中国語で「道」、つまり調和のとれた不老長生を約束してくれる力と徳、身体的・精神的健康の道を意味する。道教はまた心身の鍛練全体と象徴的な宇宙観でもある。この道教は、孔子とほぼ同時代の老子にまでさかのぼる。

　道教にはふたりの創唱者がいる。老子と荘子［前369頃－前286頃］である。前者の存命期間は、孔子から少し遅れて前6世紀から前5世紀にかけて（前570頃－前490頃）とされる。彼が書いたとされる『易経』［一般的には神話上の人物である伏羲を著者とする］は、宇宙の神秘と一体性を解く鍵を示している。それを本格的な思潮にまで高めたのが、荘子だった。

◆智慧の擬人化で、唯一かつ隠れた力の源泉でもある盤古［元始天王。その息からは風、左目から太陽、右目から月、頭と体から中国の聖なる泰山が生じたとされる］は、中国神話では宇宙開闢の創世神の化身とされる。大地に対応する女性原理の陰と、空と対応する男性原理の陽の象徴［太極］を手にしている。大英博物館蔵、ロンドン。

　道教は宇宙を、個人が互いに結びつき、たえず変化しながら依存する形と相反する気に満ちているひとつの全体としてとらえる。この気こそが、存在するすべてのものの根源的な補完性を象徴する陰と陽にほかならない。陰は架空の谷の日陰となる北斜面、陽は反対斜面の日向である。陰は女性や闇の象徴で、女性的・受動的原理、影響を受けやすい柔らかな原理でもある。一方、陽は男性と光の象徴で、男性的・創造的原理、明るく堅固な原理とする。だが、そこには別の要素も結びつけられている。陽ないし南は太陽の火、夏、龍、雄鶏、山といった、熱くて光輝き、そして赤いものすべて、陰は反対に南・冬・雲・川の水などと、である。

　人間はすべて陰であると同時に陽である。この人間における男・女の原理は、宇宙全体と同様に、しかるべき比率で調和している。たとえば夫婦や集団の生活にとっては、陰陽の気の融合が不可欠となる。したがって、性的行為はこれら陰（＝女性）と陽（＝男性）が合体するところから、世界調和の場とみなされる。道教信者は他方の気をとらえることを重視したため、古代中国においてはかなり自由に性的行為がなされ、一夫多妻が正当化されていた。

　大いなるタオ（道）は、大地を母、天空を父とし、さまざまな神仙が住む36天からなる宇宙だという。これらの神仙としては北極星をさす「天皇大帝」や八仙人［李鉄拐、漢鍾離、呂洞賓、藍采和、韓湘子、何仙姑、張果老、曹国舅］がいる。そこにはほかに「三清」と呼ばれる元始天尊や霊宝天尊、道徳天尊（太上老君）［玉清境、上清境、太清境の三清天］、さらに太陽、月、河川、山、皇帝、収穫の庇護者などが住むという。今日でもなお一部の中国人は、多神教やアニミズムの段階を経て、悪霊や福をもたらす神々［七福神など］

> **鍼治療**　鍼治療は病人の皮膚内に、経絡上の経穴（ツボ）を選んで細い針を刺すものである。これらの針は気の流れを修正し、神経の流れを妨げるので、施術で患者に痛みを与えることはない。

道教

◆経文を唱えながら日々の儀礼を行う道士。マカオ（中国）。道教の基本的経典としては『老子道徳経』や『荘子』、『列子』がある。

に囲まれていると感じている。

　こうした道教の実践はいくつかの儀礼や供物奉納、祝祭によって特徴づけられる。とりわけ重要な祝祭は火帝（竈神、灶君）に捧げる火祭りで、この祭りのあいだ、盛装した道士たちに導かれた信者たちが熱い油に身を浸す。

　装飾芸術（陶器や貴金属）へのかかわりにくわえて、道教はまた鍼治療や体操を奨励してもいる。気や体内の血流を刺激するために、である。たしかに鍼治療は多くの病人を治癒させるとの高い評価を得ている。

　中国文化において、道教はそれまで支配的だった儒教に対して頭角を現した。陰陽の原理にもとづくそれは、儒教が御用宗教だったのに対し、むしろ反体制の思想を唱えた。だが、その大きな柔軟性のおかげで存続でき、1949年以後、中国共産革命の制服には長いあいだ道教のシンボルがあしらわれていた。

　呪術的・秘儀的力への一種の信仰と結びついて、道教はまた中国人の記憶や魂のなかになおも強く生きている。調和と自己の制御にもとづく智慧であるそれは、現代の中国社会に確固とした影響力を保っているが、理解するよりむしろ組織するものとして世界をみる道教は、きわめて緩やかな寛容さを示してもいる。

第2部　東洋的伝統

神　道
日本文化の基層

　神道は日本固有の伝統で、きわめて古くから日本文化の原動力となってきた。この神道はしばしばアフリカやシベリアのアニミズムと比較されるが、それは自然や動物の力の神格化のみならず、高名な人物の人格神まで、じつに多様な神々を擁しているからである。

　これら神々のなかでもっとも知られているのは、日の丸に象徴される太陽（神）である。それゆえ日本は「日の出ずる国」と自称するが、周知のように国名の「日の本」とは「日の出」の謂いである。だが、恐れや崇敬の念をいだかせる他の下位神のなかには、虎や蛇ないし狼といった聖獣や聖山の神がおり、さらにかつては天皇自体を神格化した現人神も存在した。まさに「神国」日本である。天はこれら神々の住まいである。人々は豊作を願って神々に雨を祈ったりもする。

　日本の歴史は、こうした神道と仏教のとぎれることのない影響に特徴づけられる。しかし、そこでは神道の独自性を守ることを意図した、仏教に対する宗教混淆の働きかけ［神仏習合］や民族・国家主義的な圧力もあった。1868年、明治新政府は神仏分離令を発布し、以後、僧は神社で祭祀を行うことができなくなった。

　さまざま祭祀を営む神道は、それによって宗教的な独自性を打ち出している。たとえば太陽の神格化である天照大神を祀る皇室神道や、多様な神々を祀るもっとも一般的な神社神道などだが、これらの神道はとくに明治時代から第2次世界大戦末まで、ときの政治当局によってその正統性を認められ、国家宗教とされた。

　こうした神道の多様な実践は、日本文化の基底と融合し、と同時にそれをつくりあげてもきた。たとえば現人神は、日本の歴史における強力な国家主義と帝国主義を物語っている。1945年の敗戦は、明治時代以降発展してきた神道制度に大きな打撃を与えた。昭和天皇はこの敗戦から教訓を得たが、同年12月15日、GHQは神道指令を出し、神道を他の宗教と同様の組織にすることを命じた［翌年2月、一宗教法人として神社本庁設立］。以後、天皇自身に対する国民の崇敬は、その神性や現人神信仰とは切り離されるようになった。今日、神道信者は1億人を超えるとされていて［文部科学省の統計上の数値］、神社には多くの参詣者があり、にぎわいをみせる。

◆絵馬やおみくじの奉納。出雲大社。

◆次ページ：他の成立宗教と異なり、神道には神官に教えるべき教義はなく、あるのはただ祭祀を行うための教育のみである。写真は神社の公式な祭祀を準備している神官。那智大社。

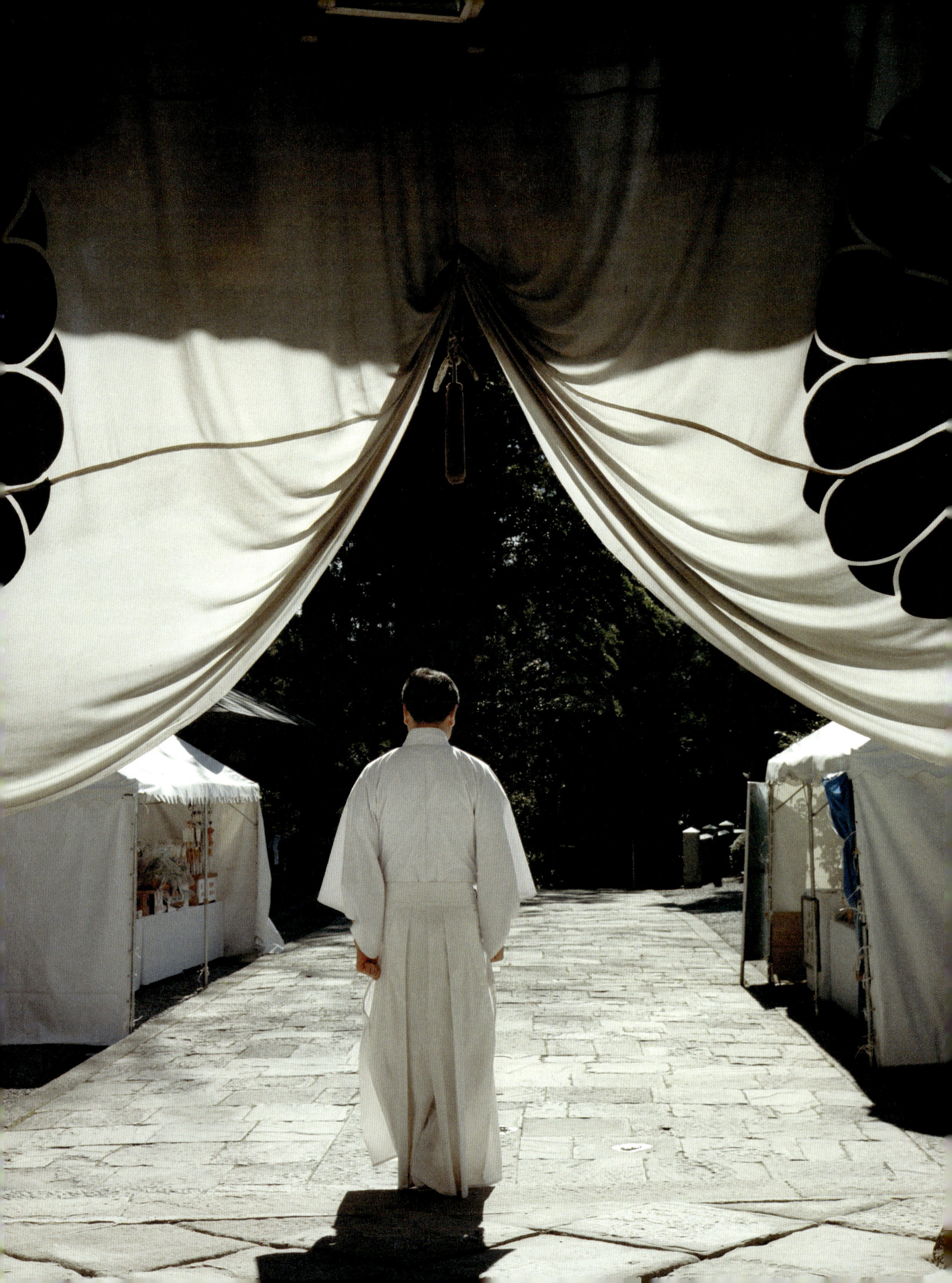

第2部　東洋的伝統

シク教
イスラーム教とヒンドゥー教の狭間で

インドは多宗教国家だが、シク教はそれとは離れた場所に位置する。プロテスタントと同じ16世紀に生まれたこの宗教は、ヒンドゥー教のグル（尊師）・ナーナクが創唱したもので、彼はインド北西部のパンジャーブ地方で、唯一神の尊崇によってイスラーム教とヒンドゥー教の共存を説いた。

グル・ナーナク［guruとは「闇（gu）から光（ru）へと導く者」の意］の生涯は史実と伝承とに彩られているが、彼は1469年、ラホール（現パキスタン）近郊に生まれている［1539没］。のちにインドはイスラーム教を奉じるムガル朝［1526-1858年］に支配される。世界的に名高いタージ・マハルはその建築的遺産である。ナーナクの時代のインドは文化的な衝撃をもろに受けていた。一方で、人々は多くが多神教徒となり、他方では支配権力がアッラーを信仰していたからである。そこでナーナクは長旅に出て、長駆メッカまで足を伸ばした。55歳の頃、彼はある幻想を見る。それは彼に伝道者と再統一者としての役割を確信させるものだったという。一説に、彼は、ヒンドゥーの神々に対して、平等を神性とするがゆえに下位カーストの人々から崇拝される唯一神の信仰を広めようとしていた、インドの宗教改革者カービル［1440頃-1518頃］に出会ったともいう。

こうしてシク教――shikとは「弟子」の意――の創唱者は、イスラームの神観とヒンドゥー的な多神信仰を結びつけるようになる。彼にとって、神は形のない存在であった。神は名前をもたず、カーストも苦痛もない。限界もなければ国ももたない。それがナーナクの考えた神のイメージだった。

やがてナーナクはヒンドゥー教に特有のカーストやいっさいの蔑視的行為、とくに寡婦が夫の遺体とともに燃やされる野蛮な風習「寡婦殉死（サティー）」から解き放たれた、新たな宗教を唱えるようになる。と同時に、女性たちにムスリムのヴェールをかぶることを強要したり、女性たちを公的生活から排除したりすることもしなかった。

第4代のグルとなったラーム・ダース（在位1574-81）は、シク教の聖地・総本山で、「不死の都市」を意味するアムリトサル［パンジャーブ州］に、有名な黄金寺院（ハリマンディル・サーヒブ）を建設している。さらに彼の息子で第5代グルのアルジャン［在位1581-1606］は、先師たちの教えをまとめ、それを経典『グル・グラント・サーヒブ［おもなる尊師の書］』、通称『グラント（書）』として公刊した。じつに1430ページにもおよぶそれは、シク教の寺院［グルドワーラー、ダルバール］で男女の別なく延々と朗唱されている。この教典にはヒンディー語とパンジャーブ語による3384の頌歌が含まれており、そこではとくにシク教の独創性が以下のようにうたわれている。

　私は四書の『ヴェーダ』に問うてみた。だが、そこに神の限界は記されていなかった。
　私はムスリムたちの四書に問うてみた。だが、そこに神の言葉は記されていなかった。

◆シク教徒は一度も切ることのない長い髪をターバンで包む。写真の教徒は、儀礼の核心ともいうべきシク教の聖典『グル・グラント・サーヒブ』の読誦を準備している。この聖典は17世紀初頭に編まれ、黄金神殿に安置されている。

私は河で沐浴し、60か所の聖地を巡礼した。
私は現世の7地方と天上にある天空を見た。そして私ナーナクよ、私は汝に告げる。
「人は神を信じ、善を行えば、みずからの信に忠実になれるだろう」

今日、世界中におよそ1800万［2300万とも］いるとされるシク教徒は、ヒンドゥー教と同様に輪廻転生観をいだいているが、永遠を欲望の消滅（ニルヴァーナ）ではなく、神との滞在、つまり慈悲と友愛と寛大さの生に対する一種の褒美とみなしている。シク教徒になろうとする者は水に入って身を浄め、甘水をふりかけてもらわなければならない。そのあとで、麦とバターと砂糖でつくった菓子による食事が共食される。この宗教では男女の区別やカーストも存在せず、共食が重要な意味をおびている。各寺院には一種の食堂であるランガーが付設されており、貧者たちに無償で食事（菜食）が提供される。

男性シク教徒のターバンは、信仰の証である。彼らは髪を切ることが公式に禁じられている。そのため、ていねいに頭の上に髪を束ね、ターバンでおおう。髭も豊かに伸ばしている。

重要な祭祀は教典『グラント』の称揚である。聖地アムリトサルでは、毎夕、行列をつくってこの教典がひとつの寺院から次の寺院へと運ばれ、信者たちが花を捧げてこれをたたえる。経典を前にして、信者たちは男女やカーストの別なく朗唱し、バクティ［字義は「神への熱烈な帰依」。『バガヴァッド・ギーター』にすでにその記述があるが、15・16世紀に再解釈されてヒンドゥー教内の民衆的な改革運動の原理となり、これがシク教誕生の一因になった］儀礼を行う。

シク教徒はまたきわめて厳格な清浄規則の遵守を義務づけられている。この規則が一般に「5K」と呼ばれるもので、それは髭と髪（ケシュ Kes）を伸ばすこと、木製の櫛（カンガ Kanga）を髪に挿すこと、短い丈のパンツ（カッチャー Kacha）をはくこと、鋼鉄製の腕輪（カラ Kara）をつけること、そして短剣（キルパン Kirpan）をたずさえることからなる。ここでの腕輪はシク教徒の友愛と一体性、短剣は防御と力のシンボルである。

◆聖地アムリトサルに16世紀に建立された黄金寺院を向いて瞑想するシク教徒。

不浄なものと接触しないかぎり、誰とも行き来ができるシク教徒は、インドでは商人やタクシー運転手、あるいは軍人となっている。かつてインド軍の柱であった彼らは、今もなおインド人公務員の10パーセントを占めているという。総人口の2パーセントたらずの彼らであってみれば、たしかにこれは過剰といえる。インド国内、とくにパンジャブ地方に多く住むが（住民数の85パーセント）、世界各地にも移住しており、そのおもな移住先は北アメリカやアフリカ東部、オーストラリア、イギリス（ロンドン）、ドイツ（中西部エッセン）などである。そんな彼らの多くは「シング」（字義は「虎」）という名前をもっている。これは、シク教第10代、つまり最後のグルとなったゴーヴィンド・シング［在位1675-1708。シク教徒にタバコやアルコール、麻薬を禁じた。だが、4人の息子全員をムガル帝国軍との戦闘で失って後継者が断たれたため、彼の死後は経典がグルとされた］の名を記念して選ばれたものである。

ゾロアスター教ないしマズダー教

　ゾロアスター教は、7世紀にイスラーム勢力に征服され、今日イランとなっているペルシア帝国のいわば生き残りである。その大規模な共同体は、もはや世界中で2か所あるにすぎない。ムンバイ（ボンベイ）一帯と、この宗教が生まれたイラン中央部の都市ヤズド（イェズド）で、教徒たちはパールシー［字義は「ペルシア人」］と呼ばれている。前7世紀から前6世紀にかけて生きた［諸説ある］ザラスシュトラないしゾロアスターは、「神」（アフラ）と「光」（マズダー）を意味する神アフラ・マズダーの名にちなんだ、古いマズダー教の改革者だった。

　ゾロアスター教はきわめて簡素な二元論的宗教である。最高神アフラ・マズダーのメッセージは人類再生のそれである。この宗教は神と『アヴェスタ』と呼ばれる聖典を有し、後者は編纂当時は21書あったという。

　祭祀は「拝火殿」で営まれるが（パールシーの三大神殿ないし寺院はムンバイにある）、祭司階級［マギ］に導かれたそれは、とくに祈りと供物奉納とからなる。

　教徒の葬送儀礼はかなり特殊で、彼らは自然の聖なる要素、すなわち大地と火と遺体との接触を避ける。それゆえ、遺体は埋葬も火葬もされず、「沈黙の塔」（ダフマ）に置かれてハゲタカたちの餌食となるのだ［鳥葬］。

◆イラン伝来の古い宗教であるマズダー教の儀礼では、遺体は「沈黙の塔」の上に放置されて、ハゲタカたちの餌食となる。この風習は腐敗の穢れに対する怖れを示す。ムンバイ（インド）。

関連用語集

陰 Yin 道教思想において、陽やタオと分かちがたく結びついている宇宙論的力。受動性として現れる。女と闇のシンボル。

シク教 Sikhisme 15世紀末にナーナクによってパンジャーブ地方で創唱された、インドの主要宗教のひとつ。唯一創造神の存在を説き、ヒンドゥーのカースト制度をこばむ。

儒教 Confucianisme 孔子（前551-前479）とその弟子たちの教え。神や天啓とは無縁で、死後の生も認めない唯物論的思想。そこでは自然への服従や祖先崇拝、さらに中庸［ほかに仁・義・礼など］の道徳が重視される。

シンクレティズム（宗教混淆） Syncrétisme 複数の教義・教説を融合させる宗教システム。

神道 仏教が6世紀に招来される以前からの日本の宗教。

平安神宮。京都。

タオ／ダオ Tao, Dao 中国語で「道」の意。古代中国の思想で、宇宙の秩序と一体性にかんする至高かつ非人格的な原理。

道教 Taoïsme 老子（前6世紀）の教えにもとづく中国の民衆宗教で、とくに気や瞑想、「長生」の教えを説く。信者はしたがって宇宙の原初の原理であり、その無限の変容の動因でもあるタオと一体化しなければならない。

バクティ Bhakti シク教徒の崇拝儀礼で、5Kを特徴とする。すなわち、髭と髪（ケシュ Kes）を伸ばすこと、木製の櫛（カンガ Kanga）を髪に挿すこと、短い丈のパンツ（カッチャー Kacha）をはくこと、鋼鉄製の腕輪（カラ Kara）をつけること、そして短剣（キルパン Kirpan）

をたずさえること。

マンダリン Mandarin 文人のなかから選ばれた、中国清朝の高級官吏に対するヨーロッパ人による呼称［(北京)官話の意味もある］。

マズダー教 Mandéisme 前7世紀にザラスシュトラによって改革された古代オリエントの宗教。二元論的な宗教で、世界は対立する悪の原理［アンラ・マンユ（アーリマン）］と善の原理［スプンタ・マンユ］の戦いの舞台だとする。この戦いでは最終的に後者が勝利する。ゾロアスター教と同じ。

陽 Yang 中国道教の思想において、陰やタオと分かちがたく結びついている宇宙論的力。とくに運動体として現れる。男と光のシンボル。

宮島の鳥居。広島県。

関連年表（中国）

紀元前
- 1046頃-256年　周王朝
- 551頃-479年　孔子の生涯。老子もほぼ同時代。伝承によれば、老子は『老子道徳経』を書き、孔子は晩年に『五経』をまとめたとされる
- 403-221年　戦国時代
- 372頃-289年頃　儒家孟子の生涯
- 369頃-286年頃　道家荘子（古典的な道教の書を書いた）の生涯
- 298頃-235年頃　儒家荀子の生涯

紀元後
紀元後になると、儒教は中国の影響下に入った諸国（現在のベトナム、韓国、日本など）に普及していく
- 前202-後220年　漢王朝。儒学（儒教）、官学（国家宗教）に［前漢の武帝が薫仲舒の建議を受け入れて］
- 1130-1200年　朱熹（儒学の中興者で、朱子学の創始者）の生涯
- 1911年　儒教、中国の国家宗教としての地位喪失

参考文献

儒教・道教

BARBIER-KONTLER, Christine, *Sagesses et religions en Chine*, Bayard-Centurion, Paris, 1996（クリスティヌ・バルビエ＝コントレ『中国の智恵と宗教』、バヤール・サンテュリオン社、パリ、1996年）

CHENG, Anne, *Histoire de la pensée chinoise*, Le Seuil, Paris, 1997（アンヌ・チャン『中国思想史』、志野好伸・中島隆博・廣瀬玲子訳、知泉書館、2010年）

GRANET, Marcel, *Le Religion des Chinois*, Imago, Paris, 1922/1989（マルセル・グラネ『中国人の宗教』、栗本一男訳、平凡社東洋文庫、1999年）

GERNET, Jacques, *Le Monde chinois*, Armand Colin, Paris, 1972（ジャック・ジェルネ『中国世界』、アルマン・コラン社、パリ、1972年）

KALTENMARK, Max, *La Philosophie chinoise*, PUF., coll. «Que sais-je?», No. 707, Paris, 1994（マックス・カルタンマルク『中国哲学』、フランス大学出版局、

クセジュ文庫707、パリ、1994年）

LARRE, Claude, *Tao Te King: le livre de la voie et de la vertu*（*Lao-T'seu*）, Desclée de Brouwer, Paris, 1977（クロード・ラル『老子、道と徳の書』、デクレ・ド・ブルウェル社、パリ、1977年）

MALHERBE, Michel, *Les Religions de l'humanité*, Critérion, Paris, 1996（ミシェル・マレルブ『人類の宗教』、クリテリオン社、パリ、1996年）

MIRIBEL, Jean de et VANDERMEERSCH, Léon, *Sagesse chinoise*, Flammarion, Paris, 1997（ジャン・ド・ミリベル＆レオン・ヴァンデルメールシュ『中国の智恵』、フラマリオン社、パリ、1997年）

SCHIPPER, Kristofer, *Le Corps taoïste*, Fayard, Paris, 1982（クリストフェル・シペル『道教的身体』、ファヤール社、パリ、1982年）

マズダー教

DU BREUIL, P., *Zarathoustra: Zoroastre et la transfiguration du monde*, Payot, 1979（P・デュ・ブルイユ『ザラスシュトラ――ゾロアスター教と世界の変容』、ペイヨ社、パリ、1979年）

シク教

DELAHOUTRE, Michel, *Les Sikhs*, Brepols, Paris, 1989（ミシェル・ドゥラウトル『シク教徒』、ブレポル社、パリ、1989年）

MATRINGE, Denis, *Encyclopédie des religions*, Universalis, Paris, 2002（ドゥニ・マトランジュ『宗教百科』、ユニヴェルサリス社、パリ、2002年）

神道

PUECH, C. dir., *Histoire des religions*, Encyclopédie de la Pléiade, t. III, Gallimard, Paris, 1968（C・ブーシュ『宗教史』、プレイヤド叢書第3巻、ガリマール社、パリ、1968年）

老子像。

第3部
アニミズム、シンクレティズム、セクト主義

アンリ・タンク

第3部　アニミズム、シンクレティズム、セクト主義

アニミズム
神話の源泉

　ラテン語で「霊魂」をさす名詞アニマ（anima）に由来するアニミズムは、21世紀の異常なまでの宗教繁殖とは離れた場所にある。それは動物であれ植物であれ、生きとし生けるものすべてに霊魂が宿るとする。万物に精霊が宿るともいう。とくにアフリカで顕著にみられるこうした伝統的なアニミズム的宗教は、祖霊や自然力の崇拝を重視するところに特徴がある。

　アニミズムは自然界のいたるところに、つまり人間を含むあらゆる生物のうちに霊的なものが存在していることを信じる。それは人類最古の宗教的表現のひとつといえる。だが、この用語には2通りの注意が必要である。まず、アフリカの伝統的な宗教はたしかにアニミズム的だが、それだけではない。また、生き物のうちに霊魂が宿ると信じる宗教はほかにもある。さらにいえば、アニミズム的信仰は西欧人の想像力をかき立てるようなフェティシズム（呪物崇拝）や邪術に集約されるものでもない。こうした信仰はいつの時代にも、そしてアフリカのみならず、地球上のあらゆるところに存在してきた。たとえば、しばしば「新異教」とも呼ばれる西欧社会の生や再生にかかわる俗信は、アフリカにおける一部のアニミズム的実践とさほどへだたってはいないのだ。

　世界には、他の宗教とは別に、アニミズムを実践している人々が男女あわせて推定1億人いるという。アフリカでは、アニミズム的な信仰や実践は通常キリスト教やイスラーム教の信仰・実践にもとづいている。1964年、アフリカ西部の専門家である文化人類学者のジャン＝クロード・フルリッチは、アフリカ人口の約55パーセントがアニミスト（アニミズム信奉者）だと見積もっていた。だが、のちに彼はイスラーム教やキリスト教の普及を認め、この数値を改め、1990年代以降、アフリカの宗教人口はアニミスト、キリスト教徒、イスラーム教徒がそれぞれ3分の1を占めるまでになっているとする。ともあれ、アニミズム的実践はなお存続して他の宗教と混ざりあい、移民受け入れ国で、つまりヨーロッパと同様アメリカ合衆国で、そしてパリと同様ニューヨークでも新たな実践が生み出されているのである。

　アニミズムはまた太古の神話にも影響を与えている。それは聖典にもとづく啓示宗教ではなく、伝統的な思想や教義の集成に規定されたり、機関や階級的な権力によって組織されたりする宗教でもない。霊能者たちにとって、アニミズムの実践は自然に住む神々と緊密になる手段にほかならない。彼らによれば、神を体験的に知ることで、呪術力や治癒力が得られるという。こうしたアニミズムには、次の2通りがある。

——「シャーマニズム型」：周知のように、シャーマンは神々をその居場所まで探しに行く者である。彼の霊魂はその身体を抜け出し［脱魂・忘我］、旅をして［トリップ］、常人では近づけない場で神々に合流する。これによって彼（女）は病や呪詛の原因を見出す力、さらに犠牲者を治す力を得る。このシャーマニズム型アニミズムは、今日でもなおシベリア東部の先住民族や韓国、ジャワ島、さらにチリのマプチェ族などにみられる。

——「アフリカ型」：ここではシャーマンが神々に会いに行くのではない。神々が人間たちを訪れ、イニシエーションや憑依儀礼ののちに、人間界に住むようになる。「呪術師」とはそうした神々を来臨させる力を有する者をさす。神々は人々がトランス状態に入ると、特定の「信者」の体に乗り移る。この種のアニミズムは黒人奴隷交易によって新大陸にもたらさ

◆神々をその居場所まで探しに行くシャーマンによる、母なる大地（パチェ・ママ）への供物奉献。彼の魂は旅をして、常人では近づけない神々と合流する。この儀礼は、かつてインカの要塞が設けられていたルミクチョ神殿の跡地で行われる。エクアドル。

れた（後述）。

　伝統的なアフリカの諸宗教は、ほとんどが一種の「至高神」をいただいている。定義や呼称、特性は部族ないし民族ごとに異なるが、これらの至高神は、身近にいて自分に力を貸してくれると同時に、神格化された祖先神として人間たちにも近い下位神たちと共住している。

　たとえば、マリに住むドゴン族の伝統的な宗教では、アンマと呼ばれるこの至高神が世界や空間、時間、さらに他の神々や人間を創造したとされる。カメルーンやソマリアの厳格に階層化されたバントゥー族では、至高神がすべての階層や時間の上に存在している。さらに、ベナンやナイジェリアのヨルバ族が営む伝統的な宗教では、至高神はオロルン（字義は「天空の主」）と呼ばれる。彼らによれば、最高の力をもちながら抽象的な存在でもあるオロルンが、さまざまな神々を送りこんだという。まず、創造神とされるオドゥドゥワ、次に大地を「たずさえ」て現れ、不妊の女性たちが祈りを捧げるオバタラ、至高神の相談役で預言者でもあるウルンミラ、そして最後が下位神たちの長オグンである。ヨルバ族の場合はアフリカ型汎神論のもっとも典型的な事例だが、言語や出自の多様さゆえに、これらすべての神々やそれらと結びつけられる宇宙論は、表現上きわめて異なるものとなっている。

　イスラーム教やキリスト教といった世界的な一神教がアフリカで定着しえたのは、たとえ一部であれ、部族民たちの祈りや賛美、供犠、さらに祭祀のなかにつねに姿を現す、こうした至高神への親しさがあったおかげだろう。イスラーム教であれキリスト教であれ、そこではただ信仰のもうひとつの型を示すだけでよかったからだ。イシアカ＝プロスペル・ラレイエは『宗教的事実』（ジャン・ドリュモー編、フェヤール社、パリ、2004年）で次のように指摘している。「こうした信仰輸出はきわめて巧妙かつ現実的に行われたため、今では一神教が外部からもちこまれたとの印象を与えないほどである。ただ一神教自体は、他の地域同様、おそらくアフリカにも古くからあった」

　膨大な数の神とこれらの神々に捧げられる豊かな信仰形態。それは神がたえずどこにでもいるとの気持ちをいだかせる。イスラーム教やキリスト教が勢力を拡大したとしても、あるいは改宗者が数多くなったとしても、伝統的な慣行はなおも根強く残っている。とりわけそれは誕生や割礼、婚姻、予言、さらには邪術や疾病ないし死と結びつけられる祖先崇拝にみられる。

　その一方で、シンクレティズム（宗教混淆）も現実に数を増している。たとえば、コートジヴォワールのハリス教会やコンゴのキンバング教会——いずれも名称はその預言者・創設者の名前から［前者のウィリアム・ワデ・ハリス（1865-？）は、アニミズムの家に生まれたが、メソジストの教徒となる。1912年、大天使ガブリエルが出現する神秘体験から教えを説きはじめる。彼の教会は旧約聖書を「アフリカの鏡」とし、洗礼を義務化して呪術や呪物崇拝を批判し、10万以上の信者を擁する。世界教会協議会加盟。後者のシモン・キンバング（1887-1951）は説教師・治療師出身。「特使シモン・キンバングによる地上でのイエス・キリストの教会」を正式名称とするその教会は、隣人愛や善行を説く一方、飲酒やダンス、豚・猿肉摂食、多妻婚などをタブーとする。信者数は公称1700万（！）］——といったアフリカのキリスト教独立教会は数を増し（推定2-3万）、1世紀前はわずか数十万だった信者数は、いずれ数千万にふくれあがるだろう。キリスト教の福音や祭儀を土台としながら、憑依やトランス、病気診断用の幻視、民間医薬の投与や治療といったアニミズム的実践は、こうしてきわめて広範囲に存続しているのである。

◆バサリ族（セネガル）のイニシエーション・ダンス。ラフィア椰子の繊維でつくった円形仮面仮装者が、子どもの通過儀礼を主宰している。

伝統的なアニミズム的実践

　供物の奉献は、守護神の恩寵を得て病や災難から身を守るため、きわめて一般的に行われている。供物には食物や布、貝類（カウリス）などもあるが、通常は水と油、酒、そして［動物の］血である。水の新鮮さは平和の、水気は生命のシンボルとされる。反対に、熱湯は分離の意志を象徴し、たとえば死者との別離に際しては、遺体を埋葬する前に、地面に熱湯がまかれる。また、祭壇に流された油は、幸運をもたらし、奇跡をなす力をおびると考えられてもいる。

　イニシエーション（秘儀伝授）は宗教の理論的な要素と実践を伝えることからなる。イニシエーションでは水をそなえたり、供犠獣の首を切り落としたりするが、むろんそれはイニシエーションを盛り上げる行為ではない。また、祭壇をこしらえること、祭儀の場でどのような言葉を発するべきか、いかなる所作を行うべきかを知ることは、だれにでもできるわけではない。イニシエーションは秘儀的な条件や祭祀を遵守する。ひとたび秘儀が伝授されると、それにあずかった者は新しい名前をつけられ、衣食を含む新しい生活に入

第3部　アニミズム、シンクレティズム、セクト主義

供犠はアフリカ各地の村落になおも広くみられる慣行である。通常、それは聖樹の下で行われるが、生贄にされる動物は供犠が捧げられる神によって異なり、ある神は犬を、別の神は羊ないしアヒル（！）を好む。生贄にする動物や供犠のやり方を指示するのは、下位神の代弁者とでもいうべき予言者（字義的には「占い師」）である。供犠は崇拝者と神とを結びつける関係の重要な一部をなす。したがって、それは手順があらかじめ定められており、救いの道のひとつとなっている。

祖先（祖霊）崇拝と葬送儀礼は、アフリカのアニミズム的伝統においてなおも盛んである。模範的な道徳生活を地上にもたらした者、あるいは王や大祭司、族長、そして数多くの家長など、歴史的・社会的ないし政治的役割をもっていた者も真の祖先として崇められている。この祖先崇拝はキリスト教の成聖ないし聖化と符合する。

呪いによって死んだ個人の遺体は、祭司に託される。祭司は家族をその呪いから解きはなち、葬送儀礼を行う。この儀礼の目的は、死者があきらかに穢れた状態にあるとみなされた場合、霊魂を死者から去らせるところにある。伝統的な宗教では、他界が一種の共同体的・拡大家族的な生活世界と似ているとされるため、祖先崇拝はきわめて重要なものといえる。他界における死者の住む場所は「祖先の村」ないし「祖先の寄宿舎」と呼ばれる。葬送儀礼の基本的な役割は、それゆえ死者が他の死者たち、家族の祖先たちの共同体にくわわるのを支えることにある。アフリカ人［一部］の家族観はかなり広く、生者と死者を包括している。

こうしたアニミズム的信仰は大部分が家庭的・家族的なものである。そこでは女性たちも無視しえぬ役割を演じている。事実、供物奉献の際に、うやまう神の祭壇に水ないし飲み物をふりかけるのは、女性たちの役目である。供犠儀礼では、彼女たちが小動物（鳩や鶏）の首を切ることができる。ただし、仔山羊や雄羊ないし雄牛の血をしぼるのは、男たちの仕事である。これらの儀礼を行うには一連の禁欲が必要で、とくに性的行為を断たなければならない。女性たちはある一定の年齢をすぎた場合を除いて「聖職者」になれないが、子孫を祝福したり呪ったりするのは、母親である。

アニミズム的信仰には「終末観」がない。世界は確実に永遠なのだという。キリスト教やイスラーム教への改宗が完全かつ全体的なものでないかぎり、当然のことではあるが、呪術や神々ないし妖術師への畏れはなおも存続するだろう。実際には、イスラーム教やキリスト教の要素をとりこんだシンクレティズムや独特のアニミズム実践が、しだいに数を増していくはずだ。

◆ドゴン族では、男だけの仮面結社（アワ）が服喪の最後の3日間、一連の儀式をとりしきる。祖先崇拝を示すこの儀礼は、おそらく世界を創造した「至高神」アンマ崇拝の枠内で営まれている。

るようになる。供犠祭司の養成はより高度なイニシエーションや詳細な祭儀によって行われる。この祭司は家長や村長、あるいは霊媒ないし呪術師になることもできる。

憑依はアフリカのすべての宗教に共通する儀礼的伝統である。これはイニシエーションのもっとも高度な段階で行われ、祭司たちによって制御されるその目的は、信者と神を一体化させるところにある。こうした憑依はつねにタムタム太鼓や歌による音楽、長い祈り、ダンス、さらにトランス状態をともなう。信者の身体をとおして、神ははじめて自分に捧げられた崇拝にくわわるのである。憑依者は透視力や治癒力、「蛇神」のイメージを喚起するような体の柔軟さといった能力を、一時的に身につける。

シンクレティズム

シンクレティズム
教会の周縁で

シンクレティズム（宗教混淆）はいくつもの異なる教義を融合させようとする宗教システムとして定義される。ハイチのブードゥー、ブラジルのカンドンブレ、キューバのサンテリアなどがその例である。一方、グアテマラやメキシコでは、アメリカ先住民の古い宗教が植民地化や福音布教、さらに都市化の波にあらがってきた。これらは「アフロ・キリスト教」とよばれる混合宗教となっている。

ブラジルでは、ポルトガルからの入植者たちが各地にカトリック教会を建てている。迫害されたカンドンブレ教の黒人信者たちが、避難所に選んだのがこれらの教会だった［カンドンブレとは、プランテーションの奴隷たちの宗教的舞踊カンドンベと、ヨルバ語で「家」をさすイレの合成語］。その結果、聖母マリアとともに海の女神イエマンジャ［オシャラの妻神で、オリシャ（下位神）たちの母。妊娠・出産をつかさどる］を、さらにイエス・キリストとともに最高神オシャラ［太陽神。宇宙の支配者］をうやまうシンクレティズムが生まれた。ブラジルのなかでもっともアフリカ的なバイーア州の州都サルバドールには、カンドンブレの礼拝所がなおも1000か所あまりある。その有名なノッソ・セニョール・ド・ボンフィム教会では毎年洗浄式が営まれ、信者たちが祈りやリズム、ダンス、トランス、そして酒に酔いしれる儀式が続く。

キューバでは、サン・ラサロ（聖ラザロ）が、やはり黒人奴隷たちによってもちこまれたサンテリア教のもっとも信仰を集めるオリシャとなっている。皮膚病を治すアフリカの神と結びつけられたサン・ラサロは、ぼろをまとい、聖痕を全身につけた物乞いの姿で現れ、その傷をなめる（！）犬を伴っている［キリスト教の聖人信仰では、聖ラザロはハンセン病、つれていた犬が傷をなめて治してくれた聖ロックはペストの治癒聖人となっている］。サンテリアの民衆的なカテキズムでは、イエス・キリストは、ゆかりの聖地に無数の巡礼者がつめかけるサン・ラサロないしカリダ・デル・コブレ（字義は「銅の慈悲」）の聖母より、一段下の地位に甘んじている。

矛盾する実践

これら宗教混淆的なアフロ・キリスト教的儀礼の実践者たちは、多くがカトリック教徒である。秘儀を伝授されるには、洗礼を受けなければならない。だが、ミサのあと、同じ「信者」は鶏や仔山羊ないし仔羊を生贄として祖先に捧げる。

こうした慣行は今もキューバやハイチおよびブラジルで広くみられる。夜ともなれば、同じ顔ぶれの信者たちが憑依のセアンス（一種の交霊会）に集まる。そして、太鼓が激しく打ち鳴らされるなか、トランス状態に入って、自分の体をゆさぶりながら霊力の訪れを待つのである。彼らはまた予言のセアンスにも参加する。そこでは地面に投げ出された貝殻によって、神々のメッセージが解釈される。

これらアフロ・キリスト教的儀礼は、1930年代にサンパウロやリオで生まれたより近代的なウンバンダと区別しなければならない。後者は供犠儀礼を重視しないかわりに、天文学の要素を組みこんで、黄道十二宮をアフリカの神々やカトリックの聖人たち、さらにニュ

◆1930年代のブラジルに明確な形をとって登場したウンバンダの儀礼時に行われる、ダンスやトランスによる不可視の存在との交感。

第3部　アニミズム、シンクレティズム、セクト主義

ーエイジ（波動、生命エネルギー）や仏教にまで結びつけているからである。

ミシェル・ロヴィ［1938-。ブラジル出身の哲学者・マルクス主義社会学者で、現在はフランス中央科学研究センターの名誉主任教授］の書名にならえば［『神々の戦争——ラテンアメリカにおける宗教と政治』1996年］、神々の戦争は南北アメリカ大陸で始まっている。ペンテコステ派と福音主義派は、これらシンクレティズムに対してきわめて厳しい態度をとっている。一部の知識人たちからアフリカ的伝統を真に伝えるものとして擁護されているにもかかわらず、である。だが、教会の規律はアフロ・キリスト教的儀礼よりも複雑であり、キリスト教信仰から祖先たちの文化要素を「除去・浄化」しようとする教会のすべての公式声明は、完全に徒労化している。キューバで、もし司祭が信者たちにサンテリアの実践を禁じたりすれば、たちどころに誰もその教会に寄りつかなくなってしまうだろう。

教会の慎重さ

それゆえ、教会は慎重な態度をとり、土地の宗教と最小限の妥協をしている。リズムや太鼓、さらにより熱気をおびた祭儀の導入などである。ハバナ南方のリンコンにある聖地サン・ラサロへの巡礼も軽視したりしない。それどころか、ハバナ大司教は毎年そこでミサをあげてさえいるのだ。それ以外のことについては、教会は信者たちを育て、キリスト教の信仰心や義務感を教えるため、長い努力を積み重ねている。だが、文化変容にかんする神学的な熟慮、つまりカトリックの規律や祭儀（洗礼や結婚、死者崇拝といった通過儀礼）を、この国で支配的な文化モデルに適応させるまでにはいたっていない。

◆カンドンブレはアフリカ的な信仰要素が優越するアフロ・ブラジル的な宗教である。写真にみられるような信奉者のボディー・ペインティングは、伝統的な供犠儀礼を特徴づける。ポルトガル語を起源とするカンドンブレという語はまた、アフリカの言語［ヨルバ語］にも由来する。

いさかいと赦し　以下は、ヨンベ族（コンゴ民主共和国南西部）の赦しと和解の儀礼時に、罪を悔いている息子を受け入れた父親の言葉である。それは、病を癒し、その行為のために「死」を余儀なくされた者を再生させる言葉でもある。「相続こそさせなかったが、お前は私の嫡子である。よこしまで自分勝手な息子とはいえ、私のもとに来た以上、恨みをいだこうとは思わない。（…）収穫を豊作とし、椰子から酒をつくり、だれからも尊敬されるよう。そして、長やウガンガ（祭司、治療師）たちから評価されるようになり、大地と天の仕事を果たせ。お前が得た物は気前よく与えよ。下腹部（内臓、愛情の場所）から出た物は天へとのぼる。女たちや男たちから評価されるよう。お前を生んだ父親であるこの私を、二度と侮蔑するな。私とお前のあいだの緊張は終わった。問題は解決した。だが、お前が犯した罪は、二度とくりかえすな」（ルイ＝ヴァンサン＝トマ『サブサハラ・アフリカの宗教』、フェヤール社、1993年、628ページより）。

バハーイー教

　バハーイー信仰は、近年になってイランから伝えられた宗教である。19世紀に創唱されたそれは一方で世界のすべての宗教をまとめようとし、他方でその慣行（断食や飲酒の禁など）がイランないしイスラーム教の影響をうけているところから、一種のシンクレティズムとされる。バハーイー教の本部は、イスラエルのハイファにある創唱者たちの霊廟［カルメル山］に置かれているが、およそ300万といわれる信者［公称600万］は世界各地、とくにイラン（ただし、イスラーム教シーア派により、異端・邪教として迫害を受けている）や移民受け入れ国（アメリカ、オーストラリア、フランスなど）に分布している。この信仰の原点ともいうべきバーブ教は、1844年、イラン人ムスリムのセイイェド・アリー・ムハンマド（1819/1820-50）［イスラーム教十二イマーム派の宗教改革者］が創唱したもので、彼はすべてのシーア派信者と同様、神の使者であるイマーム（最高指導者）がまもなく再臨することを確信し、バーブ、すなわち神のもとに行くことができる「門」を自称した。だが、時のシャーによって追われた彼は、タブリーズで処刑されてしまう。やがて彼の後継者であるミールザー・ホセイン・アリー（1817-92）は、最終的にイスラーム教と絶縁し、バハーウッラー（字義は「神の素晴らしさ」）を自称するようになる。これがバハーイーという呼称の由来である。

　バハーイー教は非暴力の近代宗教で、12の基本原則をたて、あらゆる宗教との共存を唱えている。それによれば、神は唯一絶対であり、人類も唯一の家族だという。すべての宗教は共通の基盤を有し、各宗教は理性や科学と合致しなければならない。また、男女は平等で、女性は教育を受け、男と等しい力をもつ権利があるともしている。バハーイー教はさらに女性解放にも熱心で、一夫多妻や夫婦の不貞を否定し、飲酒や喫煙も禁じている。信者のあいだには通過儀礼はなく、聖職者もいない。基盤となる共同体は地方および全国精神行政会である。基本的な戒律は断食と祈りで、19日間の断食は、19日からなる19か月に4日（閏年は5日）をくわえた1年の、最終月［アラー月］に行われる。

　一方、祈りはふつうは日に3度、朝と昼と夜に行われる。「19日間の祝祭」（毎月末）が日曜日の代わりとなる。この日には精神行政会が開かれて、バーブないしバハーウッラーをたたえる祈りが朗唱され、共同体生活にかかわるさまざまな問題が、物質的な問題も含めて討議される。

◆イスラエルの地中海岸都市ハイファのバハーイー教本部。新古典主義様式のこの建物には、とくに1844年にイランで創設されたこの宗教の開祖たちの霊廟や古文書館がある。

シンクレティズム

ペンテコステ運動

発展する宗教

専門家たちの意見によれば、ペンテコステ運動は21世紀の宗教だという。グループや祭儀、信仰が組織化された宗教と呼ぶにはあまりにも混然としているその教会は、第三世界のもっとも民衆的な場やラテンアメリカ、アフリカ、アジアのメガロポリス、さらに西欧世界における大都市の貧しい郊外で生まれ、拡大している。

通常、移民や産業化および新自由主義的経験への幻滅（農村人口の都市への流出、失業、大規模都市改造）で満ちた貧民地区で興り、第三世界の独裁体制によって助長・利用されたペンテコステ運動は、ここ何年かのあいだ、すべての大陸でまさに幾何級数的な発展をとげている。アメリカの社会学者ハーヴェー・コックス［1929–］は、『神の再臨』［原著題名『天からの火』、1995年］において、1990年代にその信者数をじつに5億（！）と見積もっている。

ペンテコステ運動のもっとも目をみはる事例は、19世紀に長いあいだ社会の片隅に置かれていた歴史的なプロテスタント（チリやブラジル南部に移住したルター派や、メソジスト派、長老派、英国国教会、バプテスト派などの伝道活動）からこの運動が派生した、ラテンアメリカでみられる。北アメリカの霊感的な福音派運動によって強化されたペンテコステ運動は、まず20世紀初頭にチリ（バルパライソ［サンティアゴ近郊の港町］）、ついでメキシコ北部やブラジルの貧しい地区でひっそりと生まれている。そこでは、導師であり、企業の経営者でもあった「牧師」を中心に、きわめて細分化された「神の集会」や「キリストの教会」といった宗派が、プロテスタント教会や福音派教会の周縁で隆盛した。カトリック共同体のなかですら信者を獲得した。

ペンテコステ運動のおもな特徴

きわめて多様な、そしてときに風変わりなまでの呼称をもつこれらペンテコステ派教会は、以後も存続して伝統を築きあげた。たとえば、1930年代にグアダラハラ（メキシコ中西部）で発展し、今日では世界各地に展開している「世界の光教会」［1926年創設］や、「ペルー・ユダヤ人教会」［創設年不詳］の「千年王国（至福千年）」という伝統である。これら2通りの「宗教事業」は、恵まれない土着の人々を引き寄せるための、新しい地上の「楽園」とみなされた。

ペンテコステ運動は、1950年代からその基本的な特徴をそなえるようになる。個人的改宗の重要視、戦士的禁欲、飲酒や性の抑圧、神学的考察の衰退、聖書の字義どおりの解釈、異言（神によって直接鼓吹されたとされる一種の祈り）［典拠は『使徒言行録』2章。そこには、ペンテコステの日（五旬祭）に、イエスの弟子たちが聖霊の働きで異国の言葉で話しだしたとある］の実践、さらに終末とキリストの再臨待望などである。こうした特徴は半世紀を超えてなおも受け継がれているが、それらはむしろ貧弱なキリスト教的神学とプロテスタント敬虔派の古い伝統を物語るものとしてある。ペンテコステ運動はまた治療や悪魔払いの実践にも基盤を置き、なにかしら情緒的・感情的なもの、熱情をかきたてるものを渇望する宗教的な近代性と結びついてもいる。

1980年代からは、「ネオ・ペンテコステ運動」が発展する。ブラジルでもっとも有名なそれは、「司教長」エディール・マセド［1945–］を指導者にいただく「神の国の普遍的教会」（EURD）［1977年、リオで設立］である。この教会は現在30あまりの国に約300万の信者を擁しているという。より上流の階層にも影響を与えているそれ

◆ 何枚ものCDを出しているブラジルの歌う神父マルセロ・ロッシは、大衆コンサートのスターで、そのヒット曲「神の子の母マリア」で知られるカリスマ的な説教師である。彼はもはや伝統的なカトリック信仰を説いたりせず、情緒的な体験を前面に押し出すペンテコステ運動の効果を象徴している。

は、テレビやインターネットのおかげで普及し、「繁栄の神学」と呼ばれる社会的な成功思想を展開しているだけでなく、政治的な協定もいろいろ結んでいる。たとえば、自由党とその党首であるルイス・イナシオ・ルラ・ダ・シルバ［1945-。労働組合出身のカリスマ政治家で、2003年から11年まで大統領をつとめた］は、2002年の総選挙で勝利する前、この「神の国の普遍的教会」と協定を結び、今もその影響下にある。

ネオ・ペンテコステ運動では、ピューリタン的な倫理観は後退している。そこでは神は仕事を見つけ、病を治し、不幸から守ってくれる存在、暴力に対する安全さを保証し、豪華な家や、「王イエスのための車」とか、「私が運転し、神が導く」といったステッカーを貼りつける自家用車を提供してくれる存在となっているのだ。

情動のキリスト教

デラシネ（根なし草）の宗教、情動のキリスト教、政治や金融の力にすみやかにとりこまれるファストフード型の宗教…。長いあいだペンテコステ現象につけられていたこうしたレッテルは、今日の大きな展開をもはや何ほども語るものではなくなっている。きわめて柔軟性に富むがゆえに、この運動はこれを商業や政治的にとりこもうとする動きにさほど抵抗感を覚えないのだ。ラテンアメリカの国家元首たちはペンテコステのなかにパイプ役をもち、一部は彼らのおかげで元首に選ばれてさえいる。

長いあいだ新保守主義的な「セクト宗教」とみなされてきたペンテコステ運動の教会は、しかしさまざまな分野で要職を手に入れてきた。事実、少なからぬ政治家やサッカー選手、人気歌手（メキシコのユーリ、ドミニカのホセ・ルイス・ゲラなど）は自分の入信を公言している。前述のエディール・マセドは以前はロトの販売店で働いていたが、ブラジルに「神の国の普遍的教会」を立ち上げて「司教長」を自称し、国内第3のテレビ局「レコード」や10局あまりの地方ラジオ局、さらに発行部数数百万を誇るフレリーペーパを支配下に置くまでになっている。

しばしば既存の福音派教会と網状に結びついて活動している**自立的な小宗教結社の増殖**は、おそらくペンテコステ運動の現状を明確に示すものといえる。集会の場としてのスタジアムは、もはや大きくなくてもよい。だが、典礼は熱気をおび、「聖書」市場はロックのカセットとならんで、インターネット上で拡大している…。メキシコでの最近行われたある調査によれば、メキシコシティやチアパス州に集中しているペンテコステ運動を、8パーセントの国民が重要視しているという。

ラテンアメリカでの影響力を保つため、カトリック教会は1950年代まで異端的な宗教デモをつねにコントロールしてきた。だが、今日、カトリック教会はどうやら先を越され、「ペンテコステ化」しているようにも思える。伝統的なカトリック（巡礼、聖母・聖人信仰）は反発しているものの、一般信者やブラジルの「歌う神父」

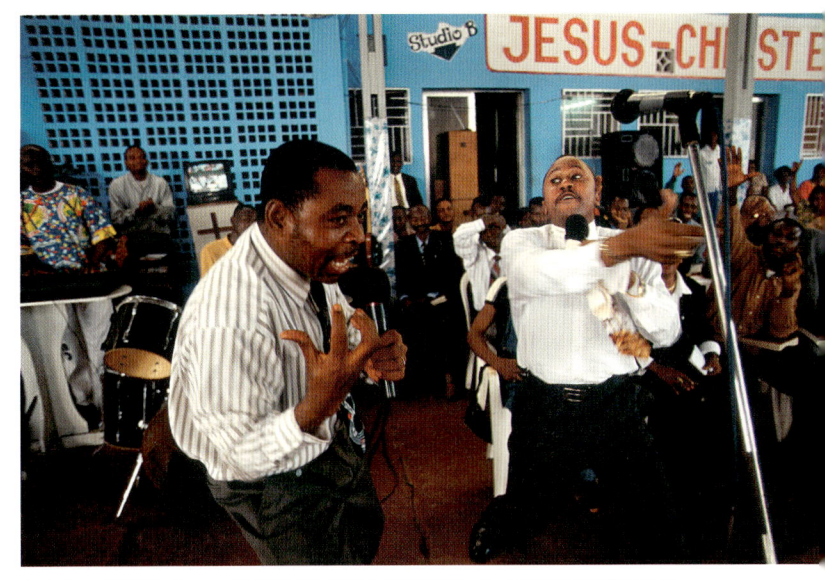

◆クティノ牧師は「コンゴを救おう」運動の唱道者である。2003年の騒乱でフランスに亡命した彼は、ネオ・ペンテコステ運動の重要人物となっている［2005年（？）に帰国した彼は、2008年、反社会的言動を行ったとして逮捕拘禁された］。

マルセロ・ロッシといったカリスマ的な説教者たちによる、神学を用いての話や典礼の活性化モデルは、じつはペンテコステ運動から直接とりいれられているのだ。さらにいえば、ラテンアメリカの信者たちはカトリック教会を渡り歩いてもいる。この大陸では、宗派間の関係が教義的というよりはるかに実利的なものだからである。

以上のことをまとめていえば、20世紀初頭に生まれ、1980年代から面目を一新したペンテコステ運動は、一個の宗教的思潮として、情緒的・個人的ないし集団的な経験を前面に押し出せば押し出すほど拡大していった。それについては、あるいはこうも理解できるだろう。この運動は、神学的素材や複雑な儀礼のなかで形成されたのではない、と。そこでは、「聖書のみ」というプロテスタントの重要な命題が、教義や位階制度と無縁な信者たちをまとめている。そんな彼らの牧師たちは、そう自称する・速・成・者なのである。

発展途上国におけるペンテコステ運動の拡大は、最下層の人々と最上層の人々（ほとんどが白人）とを結びつけたことによる。これらの信者たちは、伝統的な宗教や歴史的な教会の教条主義的な「冷淡さ」（とくにラテンアメリカで強力なカトリック）になじめない人々である。

「それ（ペンテコステ運動）は抑圧された人々やデラシネの人々、そして日々暴力的な状況に苦しみ、すべての苦しみを癒してくれる神に、直接的で生の信仰を捧げる以外に表現手段をもたない人々の宗教なのである」。宗教社会学者のダニエル・エルヴュ＝レジェ［1957-。パリ高等社会科学研究院元院長］はそう結論づけている。

第3部　アニミズム、シンクレティズム、セクト主義

秘教的・神秘的結社群
宗教の新時代到来か？

　神秘主義が神との完全な一体化の可能性を主張する教えであるのに対し、秘教は秘儀伝受者にのみ秘儀的な知を与えようとするところに特徴がある。

　いわゆる「ニューエイジ」の宗教と、神秘主義や秘教主義、あるいはグノーシスとかかわる無数の結社（ネビュルーズ）の出現は、かつてなかった現象といえる。新しい占星術的時代（水瓶座の時代）［西欧文明やキリスト教による支配が終焉したあとの新時代］の幕開けに、おそらく人類は新しい精神的・地球的意識の時代に入ったのかもしれない。きわめて宗教混淆的なこれらの結社は、古い秘教やエジプト・メソポタミア・オリエントの似かよった伝統、さらにキリスト教を同時にとりこんでいる。

　フランス国内だけでも、広義の秘教や地球外生物（宇宙人）から、はてはチベットの偉大な師までを論じた書物が、毎年100万部あまり売れている。そこでは、イエスは仏教の精神的な師のひとりとして紹介されている。つまり、イエスはパレスティナで磔刑にされたが生きのび、インドにおもむいてその使命を継続したというのである。さらに、三位一体の神秘は古代文明の三幅対（父・母・子）と同一視されてもいる。秘教的かつ神秘的な秘密結社であるバラ十字会は、フランスとアフリカのフランス語圏に20万、世界全体で600万ものメンバーを擁しているとされるが、原点はファラオ時代の神秘学にある。この組織は男女の別や信条をとわずメンバーを受け入れ、教義や神の啓示による真理もいっさい奉じず、メンバーの身体的・精神的な健康のみに関心を向けているという。

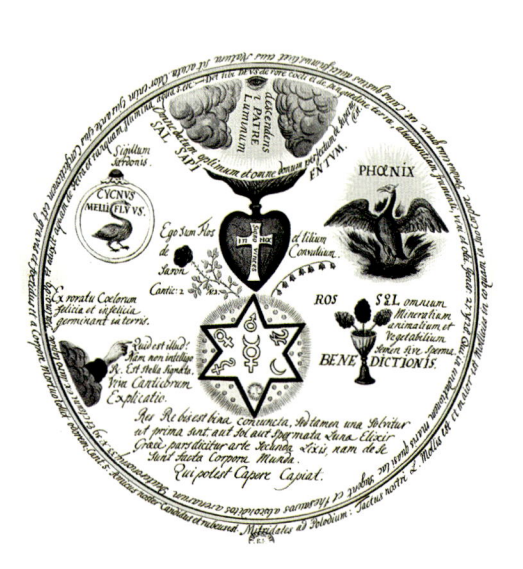

　一方、19世紀に創設された神智学や人智学の結社は、その成功が決して色褪せていない昔の著作、たとえばエレナ・ブラヴァツキー［1831-91。神智学の提唱者で、その協会の創設者］やアニー・ベサント［1847-1933。ロンドン出身の作家・フェミニズム運動家・社会主義者で、神智学協会の第2代会長］、さらにルドルフ・シュタイナー［1861-1925。クロアチア出身の神秘思想家で、人智学の大成者。社会問題を解決するため、社会有機体三層化運動を唱えた］などの著作を中心として、たえず発展している。世界白色友愛会［1922年、ペタル・ドゥノヴ（1863-1944）によってブルガリアのソフィアで設立］や聖杯会［ザクセン生まれのドイツ人作家オスカル・E・ベルンハルト（1875-1941）が、1932年に創設］、超越瞑想［インドの修行者マハリシ・マヘシュ・ヨーギー［1918-2008］が開発したという瞑想技術。ビートルズがその教えを請うたことで一躍世界に知られるようになった］、さらにさまざまな仏教ないしヒンドゥー教の影響を受けた結社や、「人間能力発達」グループ［1960年にカリフォルニアで生まれた運動］などが、多くの信奉者を引き寄せるようになってもいる。

　研究者のみならず、神秘主義や秘教に関心をもつ人々を集めるこうした分野のサークルや結社、フォーラム、サロンなどの多様性を見定めるには、《スールス（源泉）》や《トロワジエーム・ミレネール（第3千年紀）》といった雑誌にあたらなければならない。ちなみにパリでは、「トランスパーソナル医学・心理学」の会議や、占い・民間医療・人間進化治療関連サロン、「人間のエネルギーと統一」会議、占星術とシンボリズム国際フォーラムなどが開かれている。

　結社ごとに外見は異なるものの、教義の中味は比較的似かよっている。たとえば、世界的意識の覚醒や人間の身体的・知的・精神的能力の十全な開発などがそれで、再生ないし転生と、ヒンドゥー教の基軸であり、いっさいの行為が人間の運命のなかにきざまれるとするカルマの法則は、共通の信条といえる。1985年にフランス世論研究所（IFOP）がヨーロッパ連合に加盟する国ごとに実施した、価値観や信仰にかんする調査によれば、22パーセントのヨーロッパ人が再生を信じているという。この数値は10年で倍化している。

　失われたあるいは不可能な一体性を懐古するこれらニューエイジ宗教のネットワークは、人間と世界について一元論的な、つまり包括的な見方をしている。それは「天体的世界（プラン・アストラル）」と、おそらく精神と物理的身体とのあいだを仲介する「天体的身体（コール・アストラル）」とが存在している、ということを前提とする見方でもある。この宗教の人々は、男女を

◆18世紀の未公刊の文書にあるバラ十字会の神秘的運動を描いた象徴図。15世紀に創設されたバラ十字会の神秘主義運動は、ファラオ時代の秘密結社に原点をもつ。

とわず、天使や精霊たちをともなう「宇宙神」を信じている。宇宙神が人間と自分自身、人類全体、さらに宇宙の調和を保証してくれるからだという。こうした信念は、可視の世界と不可視の世界の境界において、通常現象と異常現象とを近づける（透視、テレパシー、予言、物体浮揚など）。フランスのような国にはおそらく透視者が4万人いるという。これは一般医の数とほぼ同じである。3人に1人のフランス人が、日常的にホロスコープに頼っているとのデータもある。

調和の名のもとで　ニューエイジの宗教では、コード化された言葉が「調和」や「波動」、「波動光」、「神のエネルギー」といったキーワードや、一部が日常化している実践を中心として語られている。たとえば、ゆっくりとした咀嚼や朝日の凝視（世界白色友愛会）、火渡り（ボディー・アンド・エネルギー運動）といった儀礼において、である。こうした言葉が用いられるより一般的な事例としては、占星術や並行医学（代替医療）、禅、ヨーガ、瞑想法、菜食、武術、占い（タロットカード、易）、ダルヴィーシュ型ダンス［ダルヴィーシュとはイスラーム教の禁欲的な神秘主義（スーフィー）の修行僧・托鉢僧をさす。その教団のひとつであるメヴレヴィーは、延々とまわりながら踊りつづけるセマー（旋舞）で知られる］、「ゲシュタルト療法」、「前世療法」、「ロルフ式マッサージ（カリフォルニア・マッサージ）」［身体を柔軟にし、姿勢を矯正して活力をとりもどそうとするマッサージ法］などがある。

1970年代のカウンターカルチャー（対抗文化運動）や、カリフォルニアを震央とするニューエイジ運動の特徴については、社会学者のフランソワズ・シャンピオンが網羅している［『心理療法と社会』、2009年］。彼女によれば、その特徴とは以下のようだという。エコロジー、ソフトテクニック、「ホーリスティック」科学（「機械論的」、「二者択一的」科学と対比的な）、トランスパーソナル心理学、共同生活様式、健康や摂食における代替的実践（菜食主義）、霊的探究。

これらすべての現象は、現代世界の信仰が有する異常なまでの流動性を示すものといえる。非正統派ないし異端と呼べるかもしれないが、もはや決して周縁的ではないこうした新しい霊的・宗教的な形態は、いくつかの代表的なセクトにかぎらない。ニューエイジの信者たちは、男であれ女であれ、一般に社会的に豊かであり、高等教育も受けている。彼らは教会やイデオロギー、あるいは合理主義に失望した秘書や幹部社員、情報処理技術者、教授、科学者などである。コミュニケーションや個人的表現、さらに自分の生活条件の改善をめざすという同じ願いをいだきながら、彼らは新しい脱出経路を探しているのだ。そんな彼らはだれはばかることもなく二股をかけている。キリスト教徒でありながらバラ十字会のメンバーであったり、ユダヤ教徒でありながら神智論者であったり、というようにである。

この新しい集団はセクトとはなんら共通点をもたず、ひとりの指導者やグルに代表されることもない。実践者たちは家族や職場から切り離されたりせず、自分の思想的・精神的な選択と結びつく活動に多くの金銭をつぎこむこともない。そこでは個人的かつ内面的な経験が優先している。まさにそれこそが信仰が有効であるかどうかを決める基準となっているのである。「各人が自分だけの経験によって自分の進むべき道を見出さなければならないとする。こうした精神的な進路の多様性を意識することの背景には、すべての宗教が同じ価値をもち、一致するという考えがある」。フランソワズ・シャンピオンはそう指摘している。

かつてアンドレ・マルロー［1901-76］が考えたように、21世紀が精神的であるとするなら、われわれの時代は、ピーター・バーガー［1929-。アメリカの宗教社会学者・神学者。邦訳書に『異端の時代──現代における宗教の可能性』（1989年）などがある］が既成教会と独占的宗教と呼んだものの終末をみることになるのだろうか。2000年、全米宗教研究所所長（カリフォルニア州サンタ・バーバラ大学）のジョン・ゴードン・メルトン［1942-］は、キリスト教ないし秘教主義に由来する新しい「スピリチュアリズム（心霊主義）」系の集団が、世界中に数千あると見積もっている。日本には、神道や仏教の要素を組みこんだ新しい宗教結社がおそらく1500ほどあるとされ、アフリカでは、独立教会の数が1万5000から3万にのぼるともいう。一方、フランスの専門家たちは、国内にスピリチュアリズム的性格を有する結社や精神工学集団、さらにヨーガクラブや新しいキリスト教共同体が1000あまりあると推定している。これらはここ20年間、毎年のように創設されている。宗教ははたしてどのような時代に入っていくのだろうか。

→ ニューエイジは1970年代にアメリカで生まれた宗教活動である。それを標榜する結社は神秘的かつ秘教的なイメージにもとづく並行治療によって、個人の病状が回復できるとする。写真にみられるような儀礼的なマッサージはその一部である。

第3部　アニミズム、シンクレティズム、セクト主義

セクトとセクト主義

定義と反発

情熱と幻想が支配するところ、そこにはつねにセクトがある。20世紀末のさまざまな重大事件のあと、事態はどう変わったのだろうか。2千年紀から3千年紀への切り替わりが想像力を刺激して、人々をさながら自殺的な眩暈(!)にまで追いこんだかのようである。

ここではきわめて悲劇的な出来事をいくつかとりあげるだけにしよう。まず1993年、ウェーコ(テキサス州)の牧場風大邸宅で、終末論的な猛火に包まれながら破局を迎えた、ブランチ・ダヴィディアンズのことを思い起こそう［このセクトはセブンスデー・アドベンチスト(安息日再臨教団)の流れをくみ、1934年に結成された当初は終末思想を唱える小教団だった。1990年に自称預言者のデーヴィッド・コレーシュことバーノン・ハウエル(1959-93)が教祖になると、信者のみが最終戦争に生き残れるとする選民思想を打ち出し、その戦いのために大量の銃器を秘匿したり、教団内の反社会的行為などで注目を集めた。しかし、この年の4月、まずATF(アルコール・タバコ・火器局)、ついでFBIの強制捜査をバビロニア軍の襲撃とみなして徹底抗戦し、テレビカメラの前で最終的に子どもを含む80余名が命を落とした］。1995年3月には、東京の地下鉄内でオウム真理教によるサリンガス攻撃があり、さらに1994年と95年［および97年］には、スイスとフランスおよびカナダで、太陽寺院教団(OTS)［ベルギー人のリュック・ジュレ(1947-94)が、1984年、バラ十字会メンバーの友人ジョゼフ・ディ・マンブロ(1924-94)とともにジュネーヴで立ち上げた教団。イエスの再臨やキリスト教とイスラーム教の合体、世界における正しい権威と権力の構築などを唱えた］の集団自殺も起きている。

また、フランスではサイエントロジー教会［後述］をめぐる裁判がいくども開かれ、2001年12月には、ラエリアン運動［フランス人の歌手でジャーナリストのクロード・ヴォリロン(1946-)、通称ラエルを指導者とするセクトで、人類の創造主である地球外生物「エロヒム」のメッセージを人類に伝えることや、不死へといたるクローン技術の開発、性的解放などを主張する。ラエリアンとは「エロヒムの使者」の意］が最初のクローンの子どもの啓示を受けたとし──ただし、確かな証拠の提出はない──、2000年には、ウガンダの教会で、「十戒復古運動」の信者数百人が生きたまま焼かれている［ローマ・カトリックの分派であるこの千年王国主義のセクトは、1980年、ウガンダの村でビールを売っていたクレドニア・ムウェリンド(1952-2000)らが創設した。当初、この事件は集団自殺と報じられたが、毒殺や暗殺の被害者も入っていた］。

セクトとは何か

「セクト(secte)」という語は罠をしかけられているようで、定義がむずかしい。20世紀初頭、ドイツ社会学の碩学たち(マックス・ウェーバー［1864-1920］やエルンスト・トレルチ［1865-1923］など)が一部教会の分派運動に用いたこの語は、1960年代から70年代にかけて激増・分派していった、宗教的な主張を唱える小集団を意味するようになった。

たしかに、セクト現象は多様性をおびている。世界中でその数を増し、「グル」や医者、ヨーガ導師ないし聖職治療者に従う思想的・宗教的・治療的・秘教的小集団をすべて網羅することは不可能といえる。これらの集団は多少とも閉鎖的であり、儀礼を行い(そうでない場合もある)、講演会や会議、セミナーに常連の信者たちを集め、しばしば売れゆきのよい書物も刊行する。それは、セクト現象の細分化や非理性的で疑似宗教的な新しい文化の台頭を示すものでもある。

世界全体に影響を与えているこうしたセクトの一大市場には、専門家たちが宗教の「ハイパーマーケット」と呼ぶものがある。たとえば世界中に数百万もの信者を擁する世界基督教統一神霊協会、通称統一教会［1954年、文鮮明(1920-2012)によってソウルに創設］や、500万(フランスには数千)の信者を誇るサイエントロジー教会、13世紀の僧日蓮の教えを基盤として日本で生まれた創価学会、ニュー・アクロポリス［1957年に、歴史家・哲学者のホルヘ・アンヘル・リヴラーガ・リッツィ(1930-91)が、アルゼンチンのブエノスアイレスで創設した国際組織で、普遍的な友愛や哲学・芸術・科学・宗教の研究をとおしての世界的視野の醸成、人種差別の撤廃、人権擁護、ボランティア活動を特徴とする］、ラエリアン運動、マンダロム［字義は「聖都」。マントラの「オーム」を世界の根源の音として重視するから、オーミズムとも呼ばれる。マルティニク出身のジルベール・ブルダン(1923-98)が、1969年、ヒンドゥー教や仏教、儀礼・秘教をとりいれてカンヌ北西部のカステラヌに創設した結社。アルプス山麓の聖都に巨大な菩薩像や宇宙的キリスト像、さらに巨大なブルダン像(違法建築物として、のちに軍隊によって解体)を建てて話題を呼んだ］などである。

これらさまざまな結社のうち、一部は今も活動して徐々に発展している。たとえば、世界中に数百万、フランスではどちらかといえば一般民衆層に14万ほどの信者をもつエホバの証人(ものみの塔)やサイエントロジー教会、あるいはニュー・アクロポリスのように、である。他の結社は、たとえばクリシュナ意識国際協会［バクティヴェダンタ・スワミ・プラブパーダ(1896-1977)が1966年に創設した組織で、本部はインド・ヴリンダーヴにある。クリシュナを最高神と崇め、組織の通称となっている「ハリー・クリシュナ」と唱えながら、神との一体化をめざす「クリシュナ意識」の高揚を目的とする］のように、停滞ないし長いあいだ危機的状態にあるか、低落傾向をみせて

サイエントロジー教会

サイエントロジー教会は免税特権を受けるアメリカ合衆国の教会として認められている。だが、この教会はドイツでは周縁的な存在であり、バイエルン州のように信者が公職につくことを禁じている地域さえある。こうした対応は国や地方の伝統や法体制の違いだけで説明できるものではないが、サイエントロジーは21世紀の宗教として、精神性と高度のテクノロジーを結びつけるものとしてある。

サイエントロジー教会の究極の目的は世界を「クリアー」にすること、つまり精神錯乱や麻薬、戦争、犯罪、失業から解放することにある。創設者であるロン・ハバード［1911-86。アメリカのSF作家］が1950年に著した聖典ともいうべき『ダイアネティックス』は、ロシア語を含む多くの言語に翻訳され、フランスだけでも数十万部の売り上げを記録している。フランスの場合、その信者は過半数が高額所得ないし中間所得層のホワイトカラーである。彼らの学歴は半数以上が大学卒で、3分の1近くが独身だという。さらに、半数以上が宗教教育を受けている。彼らはまた自分がなおもキリスト教会に属していると自認しており、3分の2はカトリック教徒である。

フランスにおけるサイエントロジー教会のセンターはパリに数か所、地方にも10か所ほどあるが、彼ら信者たちがその教会の門をたたいたのは、生活条件の改善や自分自身および他人に対するさらなる理解、仕事の業績向上などを求めてのことである。ストレスを感じていたり、皮膚病や閉所恐怖症に悩んでいたり、あるいは離婚の瀬戸際にあったり、失業し

◆サイエントロジー教会創設者のロン・ハバード。アメリカの一教会として認められたこの運動は、スピリチャリティーとテクノロジーを結びつけている。信者たちは自分のストレスをとりのぞき、セルフコントロールを向上させるため、彼があみだした手法を用いている。

ていたり…といった理由からでもあった。自分自身を「クリアー」にする、すなわち、「オーディティング」［一種のカウンセリング。カウンセラーを「オーディター」、被験者を「プリクリアー」と呼ぶ］の際、セルフコントロールをエレクトロメーターによって規則的に測定して高い段階にまで引き上げるには、平均的な信者でも1年かからない。だが、問題はその費用である。公式筋からの情報では、じつに1万5000ユーロ［約150-180万円］かかるというのだ。元信者たちはそれをマインドコントロール、詐欺だと4回以上告発している。

サイエントロジストたちはまた、「心の健康を独占しているわけでない」世界のあらゆるプシ（心理学者・精神病学者）と戦い、自分たちの活動が宗教的なものであると主張する。その「聖職者」たちは秘跡を授ける権限をもち、活動の一環としてしだいに洗礼や結婚のそれを行うようになっているが、彼らが用いるさまざまな手段は、なおも批判をまぬがれていない。たとえば、サイエントロジーは精神的に弱い人々をもてあそんでいるのではないか、といった批判である。その人道的な活動は、たんなるアリバイ作りではないかという批判もある。

1986年1月24日、ロン・ハバード没。しかし、信者たちにとって彼はなおも生きている。そんな彼は悪くいえばあくどい事業家、よくいえば悪戯者となるだろうか。路上での執拗な勧誘、元信者たちへのハラスメント、高額な会費…。悲しみのリストは延々と続く。

第3部　アニミズム、シンクレティズム、セクト主義

◆統一教会の教祖である韓国人の文鮮明は大規模な結婚式を組織した。この写真は1992年8月25日のものだが、彼はソウルのスタジアムに集まったじつに3万5000組ものカップルを結婚させている。

いる。統一教会はかつて極右政党のフロン・ナショナル（国民戦線）と結びついていた、傘下の政治結社「コーザ」によってフランスでも知られていたが、今ではフランスではおそらく数百の信者を数えるだけとなっている。ただし、発祥地の韓国内ではなおも数百万の信者を擁している［2006年の教団発表では、世界全体の信者数は約150万］。

こうしたセクトの実際の規模は時代で異なり、実態はさほど明確ではない。自由や人権を擁護する団体や政府機関に包囲されるそれらはかつての尊大さを失い、一連の裁判から教訓を得て、自衛手段を改善している。今では一歩後退して、教育や人道主義、さらに社会活動を目的とする「支部」、たとえば幼稚園や学校、麻薬中毒者矯正センター、管理職養成所などを立ち上げている。そして、これらの支部は商業やメトロの地下道［看板広告］にかなりめだつ形で姿を現している。サイエントロジー教会のもっとも成功しているショーウィンドウのひとつであるエコール・デュ・リトゥム（リズム学校）のように、である。

セクトの集団と流れ

1983年、フランスの下院議員アラン・ヴィヴィアン［1938-。歴史学者・社会党党員。省庁横断的なセクト調査委員会の責任者。後出］による第1次調査報告書は、フランスの広義におけるセクト集団の信者と共鳴者の数を50万と推定している。太陽寺院教団の集団自殺［前出］があった数週間後の1996年1月には、第2次報告書が出されたが［議会承認は1995年12月］、そこでは国内172セクトの「ブラックリスト」にくわえて、信者数16万、共鳴者は10万いるとの指摘がなされている。このリストにはマックス・ウェーバー的な意味でのセクトが網羅されている。たとえば、エホバの証人や秘教的教団、治療を使命とする教団——なかには危険なものもある——、さらにサイエントロジー教会やマンダロムといった教団である。これらフランスのセクトの一部は、由々しき事件によってしばしば裁

判ざたをひき起こしてもいる。

エソンヌ県選出の社会党下院議員ジャック・ギヤール［1937-。2000年、人智学運動を「真摯な調査」を行わずにセクトと断じた廉で罰金刑を受けている］がまとめたセクトの第2次調査報告書は、ブラックリストに載せられた教団から激しい反発を受けた。とりわけその調査が司直、つまり総合情報局［内務省国家警察総局に所属する機関］の手によってなされたためだが、リスト自体は国内のリストを主要なタイプに分類しているという点で役に立つ。科学的価値に問題があり、しかじかのセクトに「セクト」という語がしばしば恣意的に用いられたとしても、第1次調査報告書から13年後に刊行されたそこで開示された概観は、なんら変化することのなかった集団の傾向を示している点で価値がある。

「ニューエイジ」——これは1980年代にアメリカ合衆国からフランスに輸出された精神性や思想を主体とする、どちらかといえばむしろ「ごたまぜ」の感なきにしもあらずの新宗教で、その「教義」は、世界が新しい時代、水瓶座の時代への入り口にあるという考えにもとづいている。それによれば、キリスト教を生んだ魚座の時代に続くこの新時代は、新しい意識が生まれるという。1996年の報告書に記載された172のセクトのうち、50あまりがニューエイジに属しており、そこには、すでに古株となっている世界白色友愛会やニュー・アクロポリスにくわえて、「個人の能力再開発をはかるセミナーを組織するだけのたんなる運動や、結社をコントロールする本格的なグルのセクト」もあるという。

同報告書はまた、ニューエイジが「危険なもの」だともしている。信者たちに影響を与えて、危うい道に入らせようとするからである。前記報告書はこう結んでいる。ニューエイジは、たとえば自然回帰を唱えるさまざまな共同体にみられるように、「1970年代以降、セクト的風景のなかに深く根を張った偏狭なまでに二者択一的な優先種をいちじるしく衰退させた」。

オリエンタリスト派——1996年の報告書は、仏教や道教、ヒンドゥー教といった東洋の宗教や形而上学にもとづく教団を、このように命名している。これらは1970-80年代に支配的だったセクトの流れを引き継ぐもので、報告書にはパリのスリ・シモワ協会［バングラデシュ出身のグルの名をとった瞑想中心の結社。スリ・シモワ（1931-2007）は人間愛と世界平和のため、1500点の書、11万5000編の詩、20万曲の歌、20万枚の絵を創作し、さらに800回にのぼるコンサートを開いたという］や、マハータヤナ瞑想センター、全仏クリシュナ意識連盟、さらに創価学会などの名が列挙されている。

民間医療派——単純な祈祷から治療過程の全体にいたるまで、公的な医学では認められていない治療法を用いる集団。1996年の報告書は、その危険度が「もっとも重篤な病人に対する対処法ではなく、むしろ彼らが何を主張するかによって」異なると指摘している。このカテゴリーには、知が苦しみを生み出し、信仰がそれを除くとするアントワヌ派［ベルギーの鉱員・民間治療師だったルイ・アントワヌ（1846-1912）が1912年に創設したセクト］や、病気治療のためにエネルギー回路のブロック解除法を唱える、人間的・普遍的エネルギー研究所のフランス支部であるHUE運動などが含まれる。とりわけ報告書は、1977［1983年？］年にイヴォンヌ・トリュベール［1932-2009］が創設し、「調和」と「波動」によって病態の治癒をはかる集団、すなわち「内的生命への招待協会」（IVI）を俎上にあ

げているが、「表面上カトリック」をよそおっているこのセクトに対し、フランスのカトリック教会はかなり厳しく非難している。報告書によれば、「これら神ないし自然に由来する疑似治療がセクト的風景の大部分をかたちづくり、今ではオリエンタリスト派やキリスト教、オカルト、シンクレティズム、超心理学などにもとづくセクト的流れのほとんどに組みこまれている」という。民間治療を手段化したこれらの運動は、健康関連の専門家（精神療法医、看護師、福祉介護者など）をかなりの数集めているともいう。

オカルト派——オカルティズムとは、占星術や占い、錬金術、カード占い、降霊術、磁器感知占いなど、伝統的な宗教ないし科学から認められておらず、特別なイニシエーションを必要とする実践とその信仰を意味する。このカテゴリーには、ニュー・アクロポリスや黄金バラ十字会［オランダのバラ十字会指導者だったヤン・レーネ（1896-1968）らが1945年に創設した組織で、グノース（霊知）とキリスト教を基盤とする秘儀的な友愛を目的とする］、さらに各種の文化・伝統運動などが含まれる。前述した太陽寺院教団も、集団自殺によって消滅するまではここに属していた。

ギャールの報告書は、たしかにさほど多くの秘教主義的運動をとりあげているわけではないものの、そこには次のような指摘もある。「多様なネオ・テンプル騎士団的かつ秘儀的な構造は、今日、しばしばニューエイジないし民間治療教団と交雑したオカルト的流れのうちに生きている」。これらの構造は、「民俗的側面をおびながらも、エリート主義的で攻撃的、さらにその多くは民族差別的である」悪魔主義的な運動を引き寄せてもいるともいう。そして報告はこうも付言している。悪魔主義的な教団は「決して軽視できないさまざまな恐怖心をいだかせるが、それは、フランスのルシフェル派が、アメリカやスカンディナヴィア諸国の同信者たちと同様、現実の民俗的活動をかえりみずに、墓地の冒瀆や麻薬取引、殺人といった悪事を重ねていると疑われているためである」。

福音派と疑似カトリック派——これらはキリスト教の伝統にもとづく運動で、牧師や元聖職者を中心に集まっている。報告書はこの勢力に、イエス・キリストの活動を「完全な人類家族」をつくりあげようとしたものとして訴える文鮮明のセクト（統一教会）や普遍的同盟［1952年にキリストの化身を自称して普遍的教会を創設した民間治療師ジョルジュ・ルー（1903-81）の没後、1983年にその思想を受け継いで創設された組織。信者たちは菜食主義で、聖霊の交わりに参加する。本部はアヴィニョン］、フランス東部ブザンソンのペンテコステ福音教会［絶望視された胸膜炎から奇跡的に快癒したことを神の奇跡として、福音伝道の道に入ったアルド・バンジ（1919-?）が、1963年にブザンソンで創設した教会。再洗礼派とアルザス・ロレーヌ改革教会の流れをくみ、聖書を神の言葉として字義どおりに解釈する原理主義や偶像否定などを教義とし、信者には慈善活動や社会奉仕を課す］、ザ・ファミリー（旧「神の子どもたち」）［カリフォルニアの牧師だったデーヴィッド・B・バーグ（1918-94）が、1968年、おもにヒッピーを対象として興した結社。テレビ伝道を行い、話題を集めたが、勧誘のために女性信者に「聖なる売春」を行わせたり、組織内部でのフリーセックスを認めるなど、社会的な指弾を浴びた。1973年には、彗星が衝突してアメリカが崩壊するとのバーグの予言で、2000人もの信者がヨーロッパに避難した。「神の子どもたち」は78年に解体するが、その後、さまざまに改称して現在の呼称になった］などを分類している。

一方、もっとも活発な疑似カトリック教団として、報告書はさらに内的生命への招待協会（前出）や、ブラジル人のプリニオ・コヘイア・デ・オリヴェイラ［1908-95。弁護士・政治家・ジャーナリスト・思想家で、サンパウロ大学文明史教授などをつとめた］が1960年に創設した伝統・家庭・私有財産権擁護協会をあげている。この協会は、十数年前、フランスにおけるピンク・ミニテル［パソコンを用いて情報通信網にポルノ情報を流す商売］やコンドーム使用のみならず、ジャン＝リュック・ゴダール監督の「こんにちは、マリア（アベマリア）」［1985年］や、マーティン・スコセッシ監督の「最後の誘惑」［1988年］といった映画に対する一連の反対キャンペーンで知られるようになった、文化の未来協会［伝統的なカトリックの価値観によってメディアの道徳的堕落を一掃することを目的として、1986年にフランスで組織された］と結びついている。

精神分析派——これは超心理学的な技術を開発して、さまざまな外傷におかされた無意識を治すと主張する集団である。このカテゴリーに属する中心的なセクトは、前述したサイエントロジー教会である。ギャール報告書によれば、「現代のセクトがブームとなっている理由が、超心理学を標榜しているところにあるということは否定できない」という。報告書はさらにこう追加している。「サイエントロジーをはじめとする先兵によって、今日、この超心理学は伝統的な宗教的教義の特権的な代替物となっているようにも思える。だが、逸脱したセクトには事件が多発している。こうしたセクトでは、マインドコントロールが極端なまでに改良されているため、犠牲者の被害は甚大である（破産や精神錯乱、自殺など）」

シンクレティズム派——原初的／近代的、東洋的／西洋的なさまざまな宗教を総合したと説く教団。報告書は、その例として、1947年に太陽崇拝とカルマの法則にもとづいて創設された世界白色友愛会をあげている。同様に、自称「宇宙地球的師」のジルベール・ブルダンが、フランス南部アルプ＝ド＝オート＝プロヴァンス県のカステラヌにある、マンダロムの「聖都」を拠点として創設し、やがて未成年者への性的暴行でしばしば裁判ざたをひき起こすようになった黄金のロータス騎士協会も、宗教混淆派のカテゴリーに入

◆ラエリアン運動の指導者であるフランス国籍のラエルは、複数の生物居住世界や地球外生物が存在しているとする考えを擁護している。彼はまたクローン人間をつくりだそうとする世界初の協会であるクローンエイドの創設者であり、選民原理の擁護者でもある。

第3部　アニミズム、シンクレティズム、セクト主義

る。その教義はオーミズムと呼ばれるもので、神が最初に発した言葉が「オーム」だったと説く。この音を「オーム」ないし「オーム・アブ・フム」とくりかえし唱えれば、神秘的力の波動を無力化できるという。

UFO研究派（ユフォロジック）——宇宙に生物が住む世界がいくつも存在することや、地球外空間からの訪問者がいることなどを信じる集団。そのもっとも典型的なのは1977年に創唱されたラエリアン運動である。なおも「UFO信者」と呼ばれるこれらの運動体は、しかしほとんど一派をなしてはいない。報告書が記しているところによれば、活動者の実数は減少傾向にあるという。ここでもまた、風変わりさがしばしばより気がかりな思想を隠している。最初のクローン人間（！）をつくりだそうとしている、ラエリアン内部の「天才（エリート）政治」（ジェニオクラシー）といった思想を、である。

標的

1990年代末には、セクト研究の専門家や社会学者、哲学者、政治家たちがセクト現象の広がりや一部のセクトにおける自殺志向について自問していた。社会学的な調査や警察による捜査でわかったのは、宗教的な性格をもつ一部セクトの「逸脱」過程がつねに同じだということである。それは、経済状態や都会生活の不調、宗教（アウシュヴィッツ以降？）、科学（広島への原爆投下以降？）、イデオロギー（ベルリンの壁の崩壊以降？）、医学（エイズ以降？）、さらにこうした現象に責任を負うべき政治に対する確信のゆらぎに起因する、人間個人や集団の弱さである。ヨーロッパを代表するセクト研究家であったジャン・ヴェルネット［1929-2002。フランス南部モントーバンの教区司祭で、30年の長きにわたって全仏セクト・新宗教運動研究司教団の事務局長をつとめた］は、すでに故人となっているが、次のように書いている。「もはや政治活動で世界が変えられなくなると、人は世界をのりかえる。想像力という世界の衛星軌道に乗るのだ」

人格や個性の弱体化を背景として、セクトは治癒や個人の潜在能力の開発といった希望をもてあそぶ。グルないし指導者が約束するというかたちで、確実性や直接的な信仰、権威などを求める声にこたえようとするのである。それは信者たちに社会や家族との絆を断ち切ることを課す提言でもある。調査者たち（社会学の調査や1996年の議会報告書を主導した警察当局の調査の）は、対象となったそれぞれのセクトに共通する、常軌を逸したもしくは非理性的な行動を確認しているが、これらの行動はいずれもセクトへの帰属を示すとともに、セクトの逸脱を見定めるうえでの判断基準ともなっている。マインドコントロールや家族ないし友人との関係断絶、グルないし多少ともシャーマン的な「指導的人格者」に対する個人崇拝、個人の人格喪失（断食や深夜行など）、セクトのための借金がそれである。

1996年の報告書はセクト的な行動を見分ける指標を次の10通りに分類している。精神の不安定化、法外な金銭的要求、住みなれた生活環境との絶縁、健常な身体に対する加害、子どもの入会、反社会的言動、公的秩序の攪乱、たび重なる裁判ざた、正常な経済活動からの逸脱、公権力への進出。

この報告書によれば、セクトの信者は「たとえ意志を阻喪させるような出来事がセクト集団に入る引き金になった場合でも、心理学的には正常圏にいる」という。報告書はさらにこう明示している。「しかし、セクトの発展を、たんに強制的な集団や心をそこなう技術を用いて弱い人格に働きかけるということにのみ収斂させるのは、おそらく誤りである」。セクトへの入信はしばしば「社会的・家族的軋轢への反動」だからでもあるからだ。「個人的完成」という約束は、それまで近寄らなかった顧客、たとえば学生や知的エリート、心理療法士、介護人、科学者たちをリクルートするうえで、重要な要素のひとつともなっている。こうした傾向を、報告書は次のように説明している。「一部の科学者にとって、猜疑心を立証することはむずかしく、その結果として、包括的な説明をするセクトへの魅力にあらがうこともむずかしくなるからである」

信者たちに低所得者層の出身はほとんどいない。最大の理由はおそらく支払い能力にある。一方、信者を年齢別にみれば、2世代が突出している。東洋系やグノーシスないしニューエイジ系セクトでは若い成人層（25-35歳）、祈祷や治療系セクトの場合は50-60歳代の成人である。

だが、セクトの台頭が、もはや統制も囲いこみもできない信仰の規制緩和という一般的な現象の副産物とでもいうべき、刺激的ないし劇的な一種の吹き出物であることを見逃してはならない。秘教文学の成功や宗教的帰属における劇的な変化、さまざまなかたちをとる商業や文化の世界化によってうながされた、地球的規模での東西スピリチュアリティの混淆。これらを無視することははたしてできるだろうか。1988年上梓されたブラジル人作家パウロ・コエーリョ［1947-］の『アルケミスト』は、1000万部近くを売り上げ［2008年現在で世界65か国語に翻訳され、総売り上げは6500万部にのぼる］、ダン・ブラウン［1964-］の『ダヴィンチ・コード』［2003年］にいたっては、2004年から翌年にかけて2000万部も売れたという。

かつてのゆるぎない確信の時代に続いて、今は多元主義や流動的な信仰や帰属意識の時代、さらに絶対的なものとして生み出された相対主義の時代となっている。おそらく21世紀の宗教は、しだいしだいに混淆が進み、伝統化したスピリチュアリティや既存の宗教ないし東洋的な知が結びつけられた、雑多なものとなるだろう。

セクトとの戦い

太陽寺院教団の虐殺ないし集団自殺の後、世論やメディアの審判が、この種の悲劇にかならずみられるように、ギロチン台の刃のように落とされた——セクトは禁止しなければならない。

だが、ここで登場するのが結社や表現の自由という基本的人権で、議員や法曹家たちは次のような問いを決まったように発する。どのような客観的基準にもとづけば、しかじかの結社がセクトであるのかどうか、危険なものか無害なものかを明確にできるのか。「セクト」という言葉を使えば、それが少数派であり、あるいはその思想がエキセントリックだというだけの理由で、思想的ないし宗教的な運動の信用を失わせる危険をおかすのではないか。本来的な意味でのセクトが存在しているのが明らかなら、それと戦うために特別の法規制を用意すべきなのか、それとも予防的・抑圧的な武器の補強だけでよいのか。

1992年、欧州評議会はセクト対策を定め、注目すべき見解を発表している。欧州人権条約［1950年ローマで締結、53年発行］によって保証された思想・良心・宗教の自由［第9条］は、セクトに対して重要かつ特定の法律に訴えることをふさわしくないものとしている。しかし、過ちを防ぎ、反撃するためなら、厳格な教育的・法的対策が勧められた経緯もある。

そののちも、セクトの位置づけとその無害化のためにいかなる手段を講ずるべきかという問題は、たえず新たな展開をみせているが、

長いあいだアメリカ合衆国（宗教的自由が神聖視され、抑制できない）とヨーロッパを対立させてきた背景があるゆえに、それは政治的な賭けにもなっている。アメリカは内務省の年次報告書で、セクトとの戦いに腐心し、ドイツと同様、サイエントロジー教会と敵対している国々（たとえばフランス）の限定的とおぼしき対応を、くりかえし告発しているのである。

　フランスにはじつはもうひとつの歴史なり実践なりがある。その反セクトの戦いは、かつての聖職者に対する戦いや、統御不可能となった宗教的熱狂に対する安全対策と長いあいだ同一視されてきたのである。1996年の国会調査報告書の172のセクトを列挙した「ブラックリスト」は、結社・信仰の自由を擁護する側（裁判官・弁護士・社会学者・聖職者）と、しばしば［セクトの］警戒心と集団的パニックとを混同してきた一部の政治勢力とのあいだで、くりかえし論争をまねいた。やがてセクトに対する差別的な法律を求める声がかまびしくなる。だが、セクトとは何か。いかなる法曹家もそれを先入観なしに正確に定義することができない状態は、今もなお続いている。

　セクトを禁止できず、対セクト法も制定できない。そのため、当局は民法や刑法、租税法、社会法といった現行法を最大限厳しく適用して攻撃しなければならない。これにかんしては、目的が目的だけに、大方の賛同は得られている。

　では、どのような攻撃を行えばよいのか。おもなところは、違法な医療行為や詐欺ないし誇大広告の抑圧である。当局はまた1905年の政教分離法（およびその税法条項）の厳格な運用や、企業の財務・経理の透明化をはかり、脱税行為などを締め出すための法律の容赦のない適用を唱えてもいる。この対応は、十数年前［1995年］、兵役をこばむエホバの証人と国防省とのあいだで合意がなり、今も施行されている実利的な手法に似ている。エホバの証人の信者は、良心的兵役拒否者でないかぎり、公務員になれるとする手法である。

　しかし、こうした対応は被害者援助団体からすればまるで論外といえる。これらの団体は一連の法律や条例の制定が不十分かつ迂回的であり、具体的に適用されていないとも主張しているのだ。セクトが権力の上層部やさまざまな関連機関のなかで得ているという──実際か風説かは定かでない──援助についてはいうにおよばず、ともしている。

　これら反セクト組織の話によれば、金銭的な詐取や公秩序の攪乱ないし未成年者保護法違反は比較的容易に特定でき、事件が立件されれば正当に告訴もできるが、個人の「マインドコントロール」ないし「精神的破壊」は、太陽寺院教団の集団殺害の生存者が報告しているように、立証はきわめてむずかしいという。そこで［セクトの被害を受けた］家族・個人擁護協会とマインドコントロール対策センターは、「マインドコントロール」ないし「呪詛」罪をつくるよう求めてきた。そうすれば、自由な判断力を奪われた個人の事例を、より容易に訴追できるというのである。セクトはまた、しばしばかなりの資金力を用意して弁護団を維持し、法文を自分たちに有利に変えたり、審理の延期や威嚇操作、名誉棄損の告訴（たとえば新聞に対するそれは数多い）、さらに証人への攻撃などによって裁判機構を阻害できるともしている。

　つまり、セクトを追放しようとする組織や政治家たちからすれば、フランスの法律が個人の自由や公秩序への攻撃をコントロールできるなら、セクトによる無法な、ときには悲劇的な陰謀に反撃するために武装をする必要はまったくない、ということになる。

　上下両議会が採決した**2001年の反セクト法**［正式呼称「人権および基本的自由を侵害するセクト的運動の防止および取締まりを強化する2001年6月12日の法律第2001-504号」］は、しかしこうした問題をほとんど解決できなかった。「マインドコントロール罪」──制定されれば、フランス法の重要な革新となっただろう──の提案が採択されなかったからである。反対に、「衰弱状態の悪用」という訴因（すでに刑法に存在していた）は拡大された。同様に、税法や社会的・教育的措置も強化された。

　そうしたなかにあって、リオネル・ジョスパン［1937-。ミッテラン政権下での首相］が1998年に定めた省庁間セクト対策ミッション（MILS）は、2002年11月に廃止される。その座長で、きわめて攻撃的な組織（対マインドコントロール闘争センター）の出身だったアラン・ヴィヴィアン［前出］も辞任した。だが、政府はこのミッションのあとを受けた、セクト的逸脱行為省庁間対策・監視ミッション（MILIVUDES）を新たに立ち上げる。名称や基軸およびトーンを変えたそこでは、たんに「セクト」ではなく、「セクト的逸脱行為」が対象となっている。

◆オレゴン州のアンテロープに本拠をかまえるセクト、ラージネーシュプラム［教祖はインドのグルだったオショーこと、チャンドラ・モハン・ジャイン（1931-90）］のメンバーは、朝の修行のために祈祷・ダンス・瞑想を行う。

第3部　アニミズム、シンクレティズム、セクト主義

■関連用語解説

医療師 Guérisseur　医師ではないが、治療や介護を行う人物。

占い Divination　隠れているものを知り、なんらかの現象を解読することによって未来を知るとされる能力。

占い師 Devin　占いを行う人物。

エホバの証人 Témoins de Jéhovah　チャールズ・テイズ・ラッセル（1852-1916）によって1874年頃にアメリカで創設された宗教集団。聖書のきわめて厳密な解釈を標榜し、戸別訪問による勧誘で知られるこの教団は、千年王国的信仰［ハルマゲドン］を唱え、自然と聖書解釈について保守的な考えを擁護している［ほかに、三位一体の聖性や霊魂不滅性の否定、兵役拒否、政治的中立性など］。

グノーシス（霊知） Gnose　一般信者の知識を超えた神的な現実にかんする知識。

グリオ Griot　過去からの神話や物語を語り歌うことを役目とするサハラ以南アフリカの口承伝承者。

グル Gourou/Guru　語源はヒンディー語で「導師・尊師」をさすgurū。思想の師。

原理主義（ファンダメンタリズム） Fondamentalisme　根源的、原初的と思えるものに回帰する一部信者たちの傾向。

呪詛 Envoûtement　呪う行為ないしそれによってひき起こされた結果。

呪物 Fétiche　語源はポルトガル語で「魔術」を意味するfeitiço。呪術的・招福的な特性をおびているとされる事物。

聖者 Marabout　語源はアラブ語で国境守備兵を意味するmarābiṭ。北アフリカで存命ないし死んでいる「聖人」をさす語。転じて、この聖人の霊廟や後継者ないし弟子たち、さらに聖界に属しているとされる動物ないし事物の意。

セクト Secte　語源はラテン語で「従う」をさすsequiから派生したsecta。支配的な思潮に対して生み出された閉鎖的な宗教集団。「セクト的」（sectaire）という語は、精神的な不寛容さや偏狭さを意味する。

転生 Réincarnation　人間がつねに人間の姿で生まれ変わることへの確信。この意味で、さまざまな起源をもつ信仰をさす語として用いられる。ヒンドゥー教や仏教の影響によって、各人がその囚われの身となる生と死の周期、すなわち輪廻（サムサーラ）という語が語られるようになっている。西洋の仏教徒たちは、この転生という語より、むしろtransmigration「（霊魂の）移住」やrenaissance「再生」といった語を好んでいる。再生が可能な存在形態には物質的な側面が含まれないからである。→再生、輪廻

サイエントロジー教会 Scientologie（Église de）アメリカ人のロン・ハバード（1911-86）がみずから発展させた教えに冠した呼称で、セクト的な組織によって適用され、普及していった宗教的な運動・思想。

再生 Palingénesie　字義はギリシア語で「ふたたび」（palin）と「誕生」（génesis）。現代語ではrenaissance（再生）［ストア学派では歴史循環や輪廻の意］。

シャーマン Chaman　アジアやアメリカ、アフリカなどの一部の社会における聖職者・治療者［呪医］。トランスや脱魂（忘我）、秘儀的な旅（トリップ）といった超自然的な力と結びついたさまざまな術を駆使して、精霊世界と交流するとされる。

シャーマニズム Chamanisme　シャーマンに託された役割を特徴とする思考［信仰］形態。他界との交流実践の全体。

呪い Envoûter　なんらかの効果を期待してなされる、生きものに対する呪術的な行為。通常は害を与える行為。

秘教 Ésotérisme　秘儀を伝授された者しかわからない伝統的な思想の一部。

モルモン教徒 Mormon　1830年にアメリカでジョーゼフ・スミスによって創設された宗教運動、末日聖徒イエス・キリスト教会の信者。その教義は聖書や創設者の著作を源泉とする。

輪廻 Métempsychose　霊魂の継続的な状態を示す観念。この霊魂は人間や動物の肉体ないし植物のうちに転生できる。

＊ジャック・ギヤール『フランスのセクト』（パトリック・バノン社、パリ、1996年）所収のセクト一覧に用いられた危険度の指標
——精神の不安定化
——法外な金銭的要求
——住みなれた生活環境との絶縁
——健常な身体に対する加害
——子どもの入会
——反社会的言動
——公的秩序の攪乱
——たび重なる裁判ざた
——正常な経済活動からの逸脱
——公権力への進出

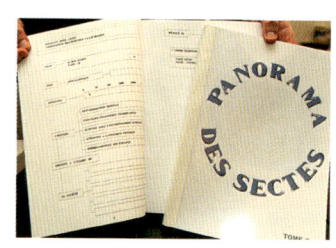

フランス総合情報局［内務省国家警察局機関］のセクト関連報告書。

■参考文献

伝統的宗教

GUIART, Jean, *Les Religions d'Océanie*, PUF., Paris, 1972（ジャン・ギヤール『オセアニアの宗教』、フランス大学出版局、1972年）

LENOIR, Frédéric & TARDAN-MASQUELIER, Ysé, dir.,《Les religions indigènes》, in *Encyclopédie des religions*, I, Éds. Bayard, Paris, 1997, pp. 1153-1363（フレデリック・ルノワール&イゼ・タルダン=マスクリエ編『宗教百科』第1巻、「先住民の宗教」、バヤール社、パリ、1997年、1153-1363ページ）

THOMAS, Vincent-Louis & LUNEAU, René, *Les Religions d'Afrique noire: Textes et traditions sacrés*, Éditions Fayard / Denoël, Paris, 1969（ヴァンサン=ルイ・トマ&ルネ・リュノー『ブラック・アフリカの宗教——聖典と聖なる伝統』、ファヤール／ドゥノエル社、パリ、1969年）

La Terre africaine et ses religions: traditions et changements, L'Harmattin, Paris, 1992（『アフリカの大地と宗教——伝統と変容』、ラルマタン社、パリ、1992年）

現状

AUGÉ, Marc, *Génie de paganisme*, Gallimard, Paris, 1982（マルク・オジェ『異教の特性』、ガリマール社、パリ、1982年）

BERGER, Peter, *L'Impératif hérétique: Les possibilités actuelles du discours religieux*, Van Dieren, 2005（ピーター・バーガー『異端の時代——現代における宗教の可能性』、薗田稔・金井新二訳、新曜社、1987年）

CHAMPION, Françoise,《Religieux flottant, éclectisme et synchrétisme》, in *Le Fait religieux*, dir. de Jean DELUMEAU Fayard, Paris, 1993（フランソワーズ・シャンピオン「浮遊する宗教。折衷主義と混淆」、ジャン・ドリュモー編『宗教的事実』所収、ファヤール社、パリ、1993年）

CHAMPION, Françoise & HERVIEU-LÉGER, Danièle, *De l'émotion en religion*, Centurion, Paris, 1990（フランソワーズ・シャンピオン&ダニエル・エルヴュー=レジェ『宗教的感情』、サンテュリオン社、パリ、1990年）

HERVIEU-LÉGER, Danièle, *Le Pèlerin et le converti: La Religion en mouvement*, Flam-marion, 1999（ダニエル・エルヴュー=レジェ『巡礼者と改宗者——動く宗教』、フラマリオン社、パリ、1999年）

Id., *La Religion en miettes ou la question des sectes*, Calmann-Lévy, Paris, 2001（同『宗教の破片ないしセクト問題』、カルマン=レヴィ社、パリ、2001年）

COX, Harvey, *Le Retour de Dieu*, Desclée de Brouwer, Paris, 1995（ハーヴェー・コックス『神の再臨』［英語原題『天からの火』］、デクレ・ド・ブルウェル社、パリ、1995年）

FROELICH, Jean-Claude, *Animismes*, Orante, Paris, 1965（ジャン=クロード・フルリッチ『アニミズム』、オラント社、パリ、1965年）

Les Nouveax Dieux d'Afrique, Orante, 2000（『アフリカの新しい神々』、オラント社、2000年）

GUYARD, Jacques, *Les Sectes en France*, Patrick Banon, Paris, 1996（ジャック・ギヤール『フランスのセクト』（パトリック・バノン社、パリ、1996年）

MÉTRAUX, Alfred, *Le Vaudou haïtien*, Gallimard, Paris, 1989（アルフレッド・メトロー『ハイチのブードゥー教』、ガリマール社、パリ、1989年）

LAURENT, J.-P., *Ésotérisme*, Bayard Éds., Paris, 2001（J＝P・ローラン『秘教』、バヤール社、パリ、2001年）

LÖWY, Michaël, *La Guerre des dieux: religion et politique en Amérique latine*, Éds. Du Félin, 1998（ミシェル・ロヴィ『神々の戦争——ラテンアメリカにおける宗教と政治』、ル・フェラン社、パリ、1998年）

SCHLEGEL, Jean-Louis, *Religion à la carte*, Hachette, Paris, 1995（ジャン=ルイ・シュルジェル『宗教アラカルト』、アシェット社、パリ、1995年）

ブードゥー教の女性祭司。ハイチ。

螺旋状にならべられた小石のなかでの瞑想。

次ページ：スリランカのカタラガマ祭。

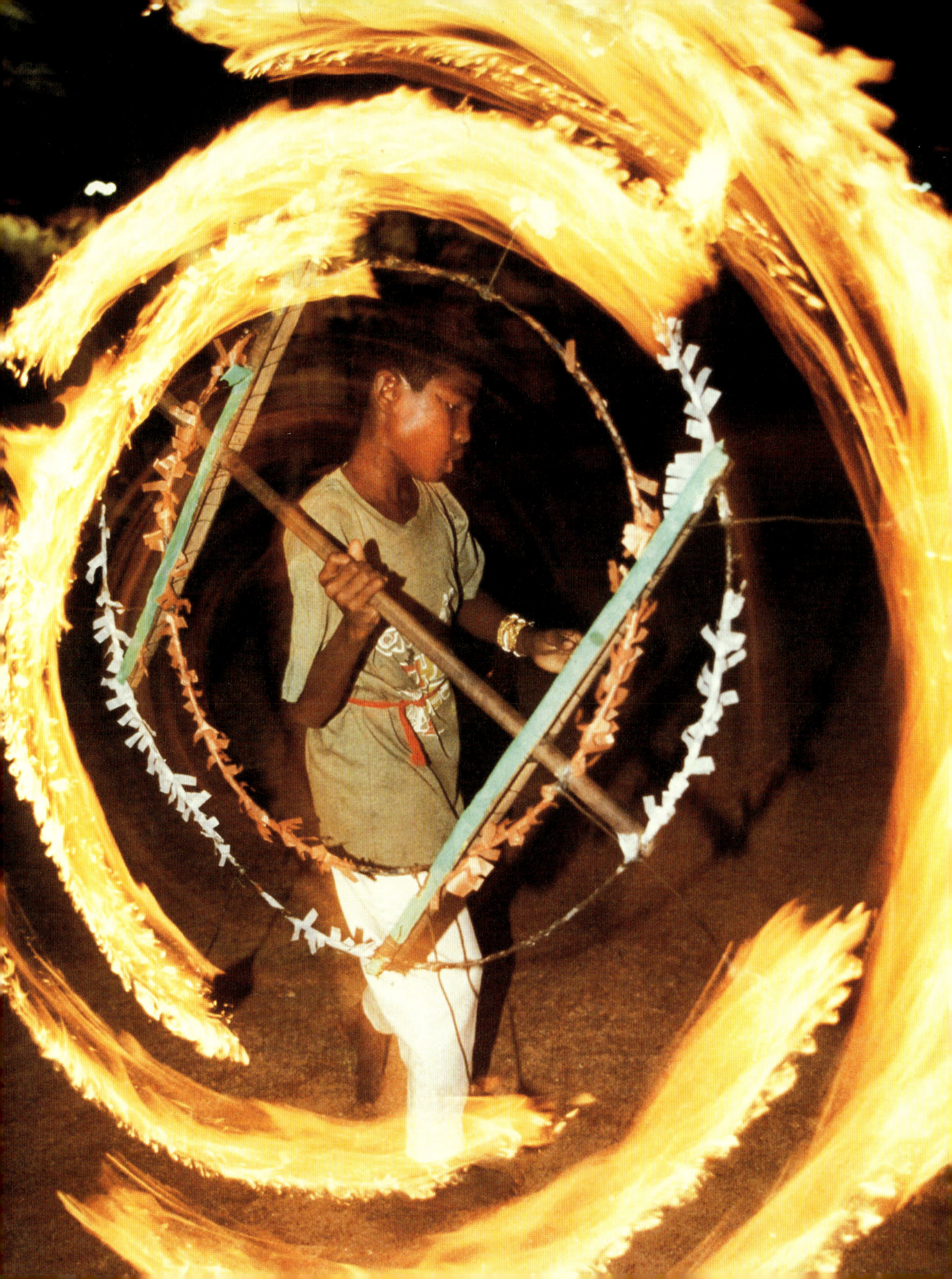

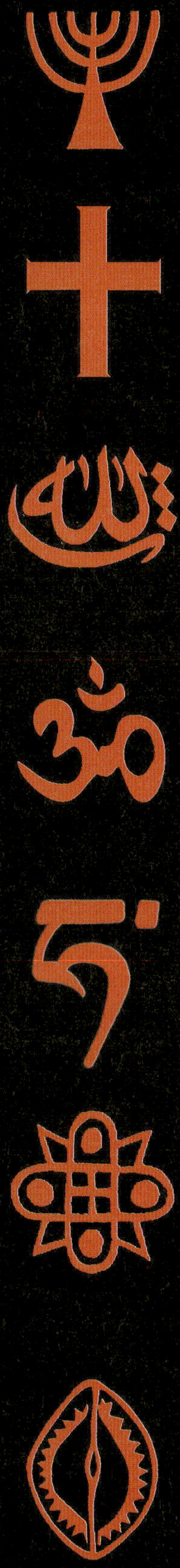

第4部
付録

詳細目次

●は黒ページのコラム、●は囲みのコラムを示す。

序文　アンリ・タンク　7

第1部　一神教　12

ユダヤ教　サロモン・マルカ　14

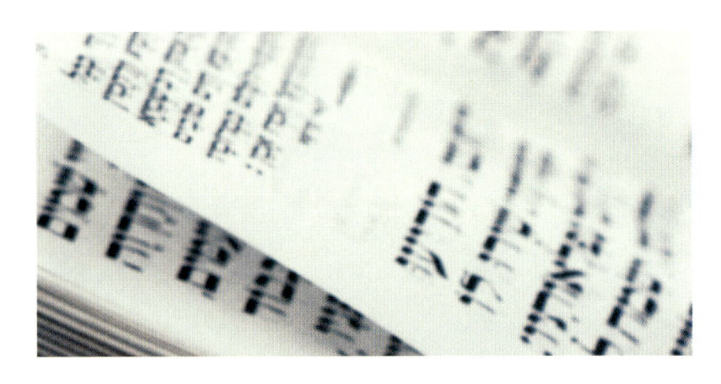

歴史——確固たる記憶　16
旧約聖書との密接なつながり　16
諸部族の民から統一王国へ　17
ユダヤ人の反乱に対するローマの勝利　19
イスラエルの地の継続的支配　21
ユダヤ教とキリスト教徒の分離　24
最初期の注釈と文献　27
ユダヤ人解放におけるフランスの役割　28
「ハスカラ」の運動とその結果　29
●サドカイ派・ファリサイ派・エッセネ派・ゼロテ党員　20
●マサダ　21
●預言者たち　22
●マイモニデス　25
●ラシ　27
●ハスカラ　28

教義と教理——トーラー教育　30
実践と信仰　30
●聖書　31
●タルムードの大海　31
●マイモニデスの13信条個条　32

祭儀と実践——人生階梯のための慣行　33
ハラハー　33
シナゴーグ　33
安息日（シャバット）　34
祝祭　34
死者と結びついた伝統　35
●過越祭（ペサハ）　34
●結婚　36

制度——各国のユダヤ教　37
ラビ　37
近代ユダヤ教の潮流　37
フランス方式　38
改革派と保守派　39
●ルバヴィッチ運動　39

分布と普及——アリヤーとディアスポラ　40
都市人口　40
アメリカのユダヤ人社会　41
フランスのユダヤ人社会　43
ユダヤ教徒とユダヤ人　43
●旧ソヴィエト連邦からのアリヤー　41
●人口動態と予測　42
●ファラシャ　44
地図　43

人間と世界のイメージ——各世代への回答　45
ショアーとイスラエル国家の誕生　45
戦争と平和　45
現代の諸問題　49
多様な潮派　51
宗教？　民族？　文化？　51
●ショアー　46
●シオニズム　48
●フランツ・ローゼンツヴァイクの「レルハウス」　50
関連用語解説　52
関連年表　53
参考文献　53

キリスト教　アンリ・タンク　56

創唱者イエス——歴史と解釈　58
処女懐胎　58
イエスの家族　59
キリスト教徒と歴史批判的注釈　65
●マリア　58
●四福音書　60
●イエスの家族　62
●イエスは実在したか　66

福音宣教と最初期の分裂——根本的論争　67
新しい信仰の布教者　67
異教世界との出会い　68

迫害と拡大　70
　　教会分裂と異端　71
　　●書簡集　68
　　●使徒ペトロとパウロ　69
　　●ユダヤ教とキリスト教——分裂　72
　　●「教父たち」　74

共通のクレド——イエスにおける一体性　76
　　このイエスは神自身か　76
　　「クレド」の内容　77
　　秘跡　79
　関連用語解説　81
　関連年表　82
　参考文献　83

東方正教　アンリ・タンク　84

歴史——断絶と接近　86
　　東方帝国と西方帝国　86
　　1054年の東西教会分離　87
　　十字軍とコンスタンティノープル劫略　88
　　スラヴ正教会の台頭　89
　　ロシアの殉教録　92
　　●フィリオクエ論争　88
　　●聖像破壊運動（イコノクラスム）　90
　　●ロシア——ロシア正教の死と再生　92

教義と教理——「真の」信仰と崇拝　93
　　神　93
　　三位一体　94
　　キリスト　94
　　神の母（テオトコス）としてのマリア　94
　　人間　94
　　悪　94
　　教会　95
　　●教皇の首位権も不可謬性も認めず　96

祭儀と実践——典礼と霊的生活　97
　　機密（秘跡）　97
　　聖職者　98
　　祝祭日　98
　　斎　98

　　イコン（聖画像）　98
　　祭式とアイデンティティ　100
　　●東方帰一教会信徒とはだれか　99

制度——地方に分散した教会　101
　　総主教座　101
　　教会　102
　　ディアスポラの教会　104
　　●総主教座（職・区）　101
　　●アトス山　105

分布と定着——歴史の気まぐれ　106
　　●フランス——およそ20万人の正教徒共同体　107
　地図　108

人間観と世界観——伝統と近代性　109
　　国家と地政学　109
　　エキュメニズム（世界教会一致運動）　109
　　倫理　110
　　エコロジー　110
　関連用語解説　111
　関連年表　112
　参考文献　112

カトリック　ドミニク・シヴォ　114

歴史——世俗権力の長い苦悶　116
　　君主対教皇　116
　　ローマ教会の豪奢さから反宗教改革まで　117
　　1789年の会えずに終わった待ちあわせ　118
　　ナチズムと共産主義に抗して　122
　　●グレゴリウス7世と「聖職者叙任権闘争」　118
　　●十字軍　119
　　●クリュニーと修道院の再生　120
　　●「教会の長女」　121
　　●「ローマ問題」　123
　　●巡礼者ヨハネ・パウロ2世　125

教義と教理——論争の歴史　126
　　ローマ的なるものと普遍的なるもの　126

トリエント公会議から第２ヴァティカン公会議まで　126
カタリ派、ジャンセニスム、ルフェーヴル派　129
マリアの位置　130
天国と地獄　130
神学者たちに対する教導権　134
●第２ヴァティカン公会議　127
●伝統完全保存主義(アンテグリスム)とルフェーヴル師　128
●聖母無原罪の宿りと処女懐胎　131
●ガリレイ裁判　132
●トマス・アクィナスとトマス主義　135

祭儀と実践──ミサと秘跡を中心とする信仰　137
典礼（教会）暦　137
ミサと聖体の秘跡　138
洗礼から病者の塗油まで　140
礼拝と崇敬　141
実践と信仰　144
●ロザリオ、ロザリオの祈り、十字架の道行き　138
●ラテン語とグレゴリオ聖歌　139
●スータン（キャソック）とキャロット　141
●奇跡と列聖　142
●ヨーロッパでの信仰実践　143

制度──中央集権制と集団指導制　145
ローマ司教と教皇　145
コンクラーヴェ（教皇選出会議）による選挙　147
教区と小教区（司祭区）　148
助祭と修道者　149
教会の権利　151
●観想生活と宣教生活　146
●ウルビ・エド・オルビ（都と世界に）　147
●ヴァチカン市国　148
●教会財政　150
●召命数の減少　151

分布と定着──普遍主義の限界　152
地中海のゆりかご　152
普遍主義の限界　155
●不均等な分布　152
●東方カトリック教会　154
地図　153

人間観と世界観──「自然の掟」を後ろ盾として　156
「生命の文化」　156
教会の社会的教義　157
国家と政治　159
平和と人権　161
●教会・国家・政治　158
●教会・個人・世界　160
●解放の神学　162
関連用語解説　163
関連年表　164
参考文献　164

プロテスタント　ジャン・メルシエ　166

歴史──ローマの拒絶から教会の多様化へ　168
マルティン・ルター　168
宗教改革の内部抗争　173
イングランドの宗教改革　174
フランスとジュネーヴにおける「改革派」のモデル　175
●ルター迫害　169
●ルターは反ユダヤ主義者だったか　170
●免償とは何か　171
●好意的な時代背景──ルネサンス　172
●機能不全におちいった中世教会　172
●ルターの真のライバル、ツヴィングリ　174
●プロテスタントの異名　175
●だれがミシェル・セルヴェを焚刑にしたのか？　176

教義と教理──宗教改革と現代性　177
霊的体験　177
罪とのかかわり　177
３通りの大いなる原理　178
補完的原理　180
救霊予定説とは何か　181
●われわれはだれもが聖職者である　177
●プロテスタントにとって教会とは何か　178
●ルターによるカテキズムの考案　179
●ソラ・グラティア　179
●プロテスタントたちはマリアを信じているか　180
●名誉を回復したルター　181

祭儀と実践──聖書の優先　182
礼拝　182
２通りの聖礼典　183
●プロテスタントの聖書はカトリックの聖書と違うのか　182
●プロテスタントはなぜ十字印をこばむのか　184
●プロテスタント音楽は存在するか　185
●エクレシア・レフォルマタ・センペル・レフォルマンダ・エスト　186

制度──権威の拡大　187
長老派教会会議（プレスビテロ・シノダル）システム　187
会衆派システム　188
プロテスタントのおもな宗派　188
より周縁的な宗派　192
自由プロテスタント　193
●プロテスタントの修道士？　191

- ●ルター派と改革派の違い 193

分布と定着——南方諸国での拡大 194
- ヨーロッパ 194
- 北アメリカ 194
- 南アメリカ 194
- アフリカ 194
- アジア 195
- 灯台の地ジュネーヴ 195
- 地図 195

人間観と世界観——信仰の自由 196
- 自由と平等に対するピューリタンの考え方 196
- 離脱 196
- プロテスタント系ファンダメンタリズム 196
- 民主主義と人権 197
- 信仰の自由 198
- 性的行為と習俗 198
- 同性愛問題 199
- 生命倫理 199
- プロテスタントは安楽死に賛成か 199
- 連帯と貧困 199
- プロテスタントと女性 199
- 政教分離 200
- 死刑廃止問題 200
- キリスト教以外の宗教との対話 201
- プロテスタントは個人主義か 201
- 「新生」現象 201
- ●「正義の戦争」は存在するか 200
- ●プロテスタントは資本主義の発展をうながしたか 201
- 関連用語解説 202
- 関連年表 202
- 参考文献 202

イスラーム教　ラシド・ベンジヌ 204

歴史——預言者ムハンマドの生涯とコーランの啓示 206
- 使徒 207
- メッカ期 208
- メディナ期 212
- メディナのイスラーム教 214
- ●ムハンマド以前の預言者たち 210
- ●コーランは「創造されたもの」か「創造されずに存在するもの」か 212
- ●ハディース（言行録）214

征服と分裂——後継者と王朝 215
- 最初の4人カリフ 215
- ムスリム王朝 217
- 征服民の増加 218
- ●スンナ派とシーア派 216
- ●ハワーリジュ派 218
- ●「黄金期」と十字軍の時代 219

教義と教理——唯一神と多元的信仰 221
- ムスリムの信仰告白［シャハーダ］221
- 神の掟に対する信仰 224
- 法学・神学派 224

祭儀と実践——「五行」226
1. 信仰告白（シャハーダ）226
2. 礼拝（サラート）226
3. ラマダン月の断食（サウム）228
4. 喜捨（ザカート）228
5. イスラームの聖地巡礼（ハッジ）230
- 日常生活の諸規定 231
- ●モスク 229
- ●ヒジュラ（イスラーム）暦と祝祭日 232
- ●シャリーア 234
- ●ジハードとは何か 235

分布と普及——大きな文化的多様性 236
- ●「アラブ人」と「ムスリム」を混同してはならない 238
- 地図 237

人間観と世界観——近代性に挑むイスラーム 239
- イスラーム原理主義・改良主義・近代主義 239
- 19世紀のエジプトとチュニジアにおける「近代派」の影響 240
- オスマン帝国の改革——「タンジマート」241
- 「アラブ再興（ナフダ）」241
- イスラーム改革——代表的人物と理論 243
- ワッハーブ派とムスリム同胞団 244
- 現代ムスリム世界の挑戦 245
- 国家・イスラーム・社会 245
- 民衆主義的イスラーム 246
- 現代イスラームにおける反体制的思想 247
- 関連用語解説 248
- 関連年表 249
- 参考文献 249

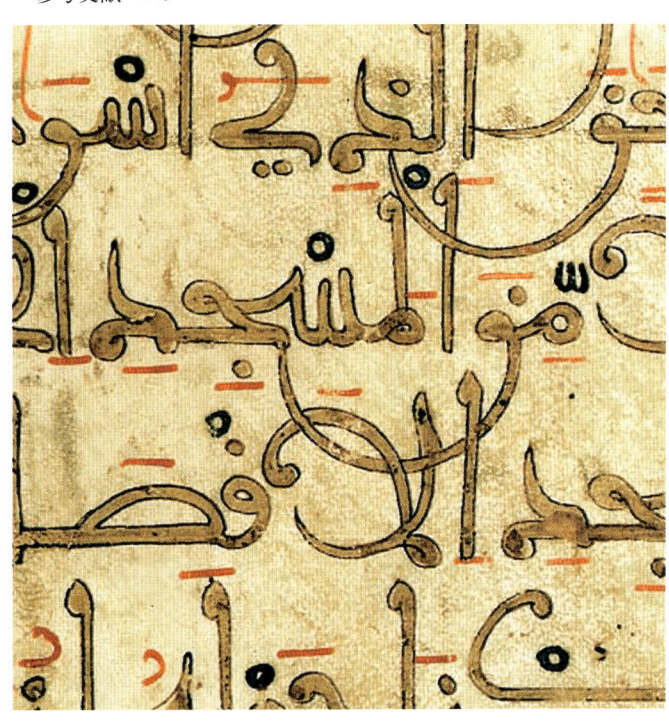

第2部　東洋的伝統　250

ヒンドゥー教　アンリ・タンク　252

歴史——ヴェーダの遺産　254
起源とインダス川の重要性　254
符合と差異　254
軍事的・宗教的服従　255

教義と教理——ヒンドゥー教の神体系　256
最古の聖典ヴェーダ　256
後代の聖典　256
仏教・ジャイナ教の影響下でのヒンドゥー教の展開　258
多様な神々　258
ヴィシュヌ、シヴァ、ブラフマー　258
寛容の重視　259
● 四ヴェーダ　256
●『バガヴァッド・ギーター』　259

祭儀と実践——供犠・奉献・祈祷　261
供犠　261
聖画・神像崇拝　261
プージャ、メラー、信仰　262
巡礼　262
祝祭日　263
グル　264
● 浄化　261
● ヨーガ　263

制度——カースト社会　265
ヒンドゥー教社会　266

分布と定着——抑制された宗教　267

人間観と世界観——救いの展望　268
輪廻　268
禁欲・苦行　269
女性の境遇　269
非宗教性　270
関連用語解説　272
関連年表　272
参考文献　272

仏教　エリック・ロムリュエール　274

仏教は宗教か？——しばしば論争の的となる問題　276
世界と方向づけられた人間的条件の説明　276
個人的・共同体的価値体系　276
● ダルマ　278

歴史——およそ2500年の伝統　279
ブッダの晩年　279
最初期の部派　281
大乗仏教　282
仏教の哲学的伝統　282
タントラ教（タントリズム）　283
インドにおける後代の発展　285
移動　285
● 仏暦　279
● ブッディストとブディック　280
● 仏教とジャイナ教　282
● 十大弟子　284
● ブッダの生涯　284
● 大乗、小乗、金剛乗　285
● ナーガールジュナ（龍樹）　286
● アショーカ王の勅令　287

仏教の教義——苦と解脱　288
輪廻　289
四聖諦　289
三法印　290
空性　293
ニルヴァーナ　293
菩提　294
大乗仏教の菩薩　294
● 菩薩（如来になるべき修行者）　290
● 縁起　291
● 六道　292
● ガンダーラ文書　292
● 空しい質問　293
● 法輪　294
● 仏の後に仏がくるとき　295
● 空とは何か　295

祭儀と実践——意識して生きる　296
八正道　296
瞑想　297
追悼と祈願　298
プージャとしての供犠　298
葬送儀礼　299
表現　299
ウェサク（ウェサーカ）祭　301
ストゥーパ　302
マンダラ　302
● 救い　297
● 三宝帰依　298
● 禅安居　300
● だが、彼らは何を食しているのか　303

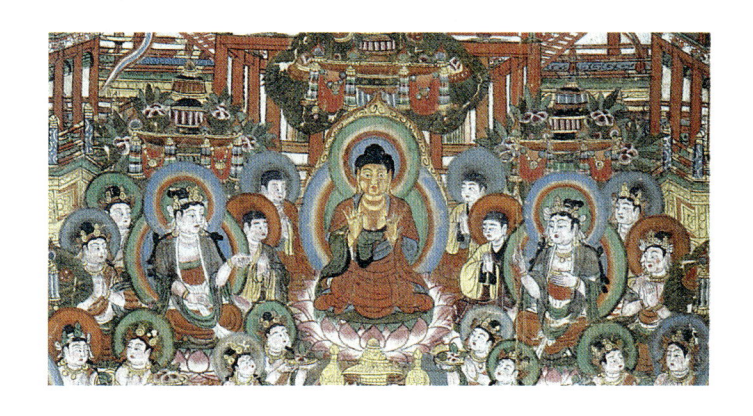

制度——多様な形態 304
- 僧伽 305
- 僧院戒律［具足戒］ 305
- 僧院 306
- グルと師資相承 307
- 僧伽と国家 307
- 近代の共存 308
- チベット 311
- ●だが、彼らはいかにまとうのか 306
- ●ダライ・ラマ14世、テンジン・ギャツォ 309
- ●女性たち 310

分布と定着——アジアのゆりかご 312
- インド北西部への普及 312
- インド亜大陸南東部 313
- インド 313
- 多様なアジア的融合 313
- 東南アジア 314
- インド・ヒマラヤ圏 317
- 極東諸国 318
- 近年における仏教の世界化 319
- ●ポタラ宮 314
- ●仏教の聖地 315
- ●敦煌 316
- ●チベットの仏教諸派 317
- ●インドにおける仏教への回帰 318
- ●日本の巡礼 320
- 地図 312

人間観と世界観——目覚めた生 321
- 迷いと悟り 321
- 我へのこだわり 321
- 因果 323
- 倫理観 324
- 社会参画仏教 325
- ●十善戒 321
- ●悟りの実修 322
- ●六道輪廻図 324
- ●仏旗 326
- 関連用語解説 327
- 関連年表 327
- 参考文献 328

その他の思想と叡智　アンリ・タンク 330
- 儒教——宗教か処世術か？ 332
- 道教——調和と自己制御 334
  - ●鍼治療 334
- 神道——日本文化の基層 336
- シク教——イスラーム教とヒンドゥー教の狭間で 338
  - ●ゾロアスター教ないしマズダー教 340
- 関連用語解説 341
- 関連年表 341
- 参考文献 341

第3部　アニミズム、シンクレティズム、セクト主義　アンリ・タンク 342

アニミズム——神話の源泉 344
- 伝統的なアニミズム的実践 345

シンクレティズム——教会の周縁で 347
- 矛盾する実践 347
- 教会の慎重さ 348
- ●いさかいと赦し 348
- ●バハーイー教 349

ペンテコステ運動——発展する宗教 350
- ペンテコステ運動のおもな特徴 350
- 情動のキリスト教 351

秘教的・神秘的結社群——宗教の新時代到来か？ 352

セクトとセクト主義——定義と反発 354
- セクトとは何か 354
- セクトの集団と流れ 356
- 標的 358
- セクトとの戦い 358
- ●サイエントロジー教会 355
- 関連用語解説 360
- 参考文献 360

第4部　付録 362

- 詳細目次 364
- 用語解説 370
- 世界の宗教 371
- 参考文献 372
- 図版出典 373
- 訳者あとがき 375
- 総索引 377
- 定義索引 386

用語解説

アーメン Amen
字義はヘブライ語で「しかり」、「かくあれかし」、「まことにそうである」などの意。ユダヤ教やキリスト教の祈りの最後にくる言葉。

カテキズム Cathéchisme
キリスト教の信仰と倫理・道徳の教え。この教えが授けられる講義。なんらかの教理や宗教などにかんする基本的な原理、たとえばクレド（使徒信条・使徒信経）や信仰個条などを教義的にまとめたもの。プロテスタントのカテキズムが成功したのを受けて、カトリック教会もトリエント公会議で、聖職者のためにピウス5世が承認したローマ・カテキズムを定めた［ピウス5世のカテキズム］。やがて数多くのカテキズムが出されるが、全教会用の新しいカテキズムの公式版が編集されたのは1998年のことである［日本語の表記としては、カトリック要理、教理問答、信仰問答、公教要理、要理教育、要理書などがある］。

カリスマ Charisme
語源はギリシア語の khárisma「神の恩寵」。キリスト教では、神が個人ないし集団に授けた超人的な霊的能力（預言、奇跡）の全体。

キリスト再臨 Parousie
語源はギリシア語のparousía「存在・臨在」。最後の審判のため、キリストがこの世の終わりに、栄光とともにふたたび帰ってくること。

形而上学 Métaphysique
語源はギリシア語のmetà tà physiká「自然学のあとに」（アリストテレスの著書名）。存在としての存在の学、第1原理や第1原因の探求、超越的な現実と事物それ自体の合理的な知などを特徴とする。

宗教 Religion
語源はラテン語のreligiō「集める・結びつける」。人間と聖なるものの関係を規定する信仰や教義の総体。信仰のそれぞれに固有の実践や祭儀・祭式の総体。宗教上の教義への同意（信仰）。

宗教的感情 Religiosité
一般的に受け入れられていると思われる理性より、感情や感性が優位をしめる宗教的な心性。

終末論 Eschatologie
語源はギリシア語のéskhatos「最後の」+ lógos「言葉、理性」。人間と世界の終焉にかんする教説。

神学 Théologie
語源はギリシア語のtheológos「神について語る」。神性やとくに宗教について考察する研究。

神秘学・神秘神学・神秘思想 Mystique
至高の霊的実在を非合理的なアプローチで考察する神学の一部。神秘主義に属する実践や知、著作などの総体。

神秘主義 Mysticisme
瞑想や忘我によって神ないし絶対的存在との完全な合一ができるとする宗教的ないし哲学・思想的見方。この合一の実現を認める教義。

神秘（主義）の Mystique
語源はラテン語の mysticus＜ギリシア語mystikós「秘儀の」。宗教の秘儀とかかわる形容辞。

注釈・釈義・注解 Exégèse
語源はギリシア語のec「前（を）」+ hēgeīsthai「歩く・導く」。学問的な批判規則によってテクスト、とくに聖書の意味を明確にする研究。

超越 Transcendance
語源はラテン語のtranscendens＜transcendere「登り越える」。形而上学で、神の超越のように、完全に別の、そして絶対的に上位の存在の性質をさす。カント哲学では可能的経験を超えたものの特性をいう。

秘教 Ésotérisme
秘儀伝受者以外にはわからない種類の古代［・中世］哲学。

非宗教性・世俗性・政教分離 Laïcité
宗教的ないし宗教信奉的な考え方から独立した、世俗的なものの特性。教会を政治的・行政的権力の行使、とくに公教育組織から排除するシステム。

不可知論 Agnosticisme
絶対的存在が人間には理解できないとし、内奥の自然や事物の起源と宿命について何ひとつわからないとする哲学的考え。

無神論 Athéisme
神や神格の存在を否定する個人の態度や考え。

唯心論・心霊主義・スピリチュアリズム Spiritualisme
精神を肉体や物質に還元できない実体とみなし、それに至高の価値を与える考え（反対語は唯物論）。

唯物論 Matérialisme
物質以外に何も存在しないとする考え。思想やあらゆる精神的現象も否定される（反対語は唯心論）。

ユダヤ・キリスト教 Judéo-christianisme
初期教会において、ユダヤ人キリスト教徒たちが唱えた教えで、彼らの多くはなおもモーセの律法に従うことを重視していた。また、西欧社会を立ち上げたユダヤ・キリスト教文明の構成要素全体をさすこともある。

理神論 Déisme
神の存在を信じるが、啓示などは否定する哲学・神学。

倫理・道徳 Morale
当該社会固有の規範や行動規則の全体。人間の行動目的を規範的な言葉によって定める善と悪の論理。

霊性 Spiritualité
唯心論にかかわるもあり方で、精神的（霊的）生活をさす。

世界の宗教

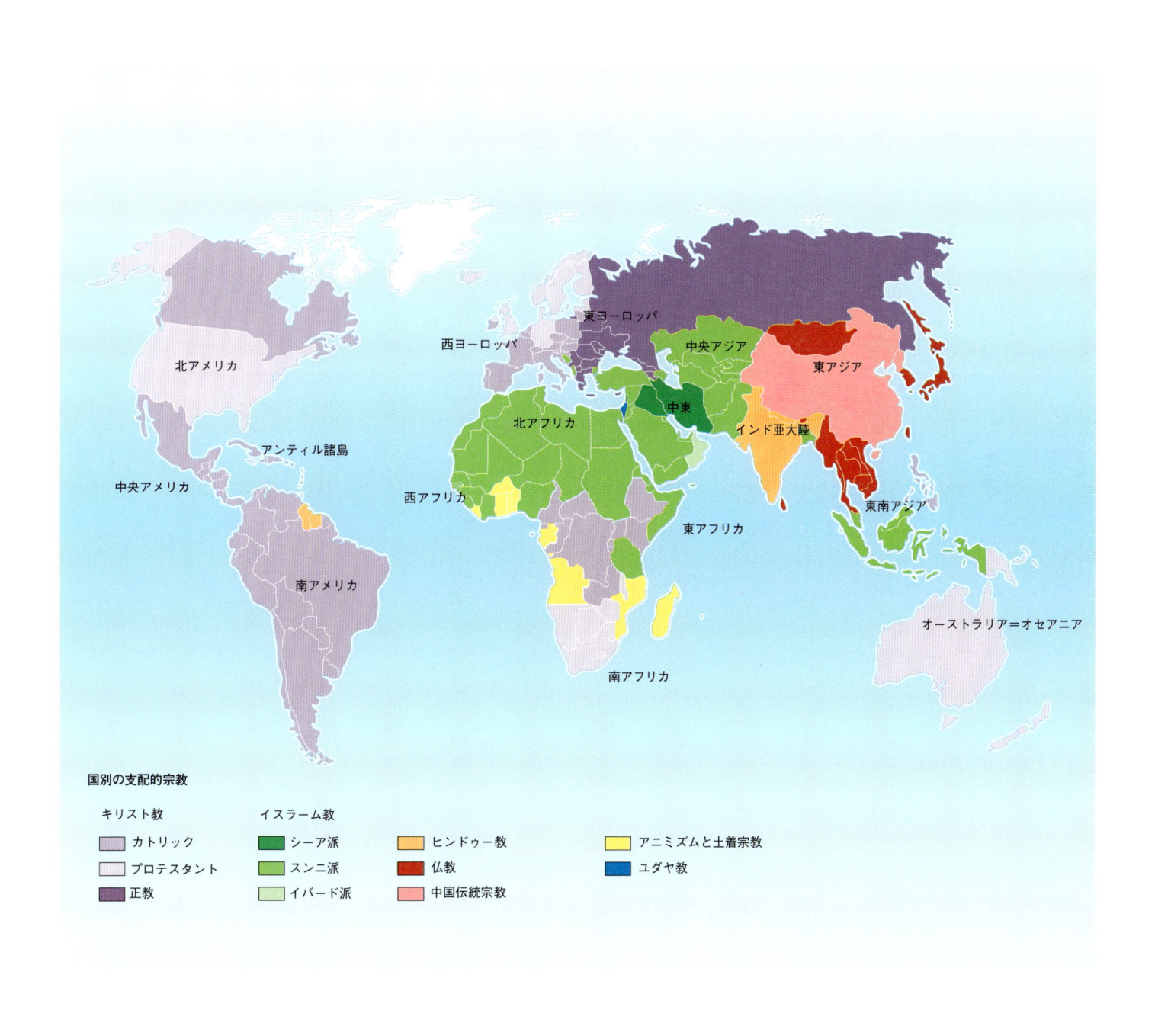

北アメリカ
東ヨーロッパ
西ヨーロッパ
中央アジア
東アジア
中東
北アフリカ
インド亜大陸
アンティル諸島
中央アメリカ
西アフリカ
東アフリカ
東南アジア
南アメリカ
南アフリカ
オーストラリア＝オセアニア

国別の支配的宗教

キリスト教
- カトリック
- プロテスタント
- 正教

イスラーム教
- シーア派
- スンニ派
- イバード派

- ヒンドゥー教
- 仏教
- 中国伝統宗教

- アニミズムと土着宗教
- ユダヤ教

参考文献

事典

L'Encyclopédie des religions, Collectif, Universalis, Paris, 2002（『宗教百科』、ユニヴェルサリス社、パリ、2002年）

Histoire des religions, sous la direction de Henri-Charles Puech, Folio (3 tomes), Gallimard, Paris, 2001（アンリ゠シャルル・ピュエシュ監修『宗教史』、フォリオ版、3巻、ガリマール社、パリ、2001年）

La Petite Encyclopédie des religions, sous la direction de Charles Baladier et Jean-Pie Lapierre, RMN/Éds. du Regard, Paris, 2000（シャルル・バラディエ＆ジャン゠ピ・ラピエール『宗教小百科』、RMN／ルガール社、パリ、200年）

Les Grandes Religions, sous la direction de Philippe Gaudin, Ellipses, Paris, 1995（フィリップ・ゴーダン監修『大宗教』、エリプス社、パリ、1995年）

その他

Giovanni Borradori, Jacques Derrida, Jürgen Habermas, *le Concept du 11 septembre*, Gallilée, Paris, 2004（ジョヴァンニ・ボラドーリ、ジャック・デリダ、ユルゲン・ハーバーマス『9月11日の考え方』、ガリレ社、パリ、2004年）

Jean Bottero, *Naissance de Dieu: la Bible et l'historien*, Gallimard, Paris, 1986（ジャン・ボテロ『神の誕生──聖書と歴史家』、ガリマール社、パリ、1986年）

Régis Debray, *Dieu, un itinéraire*, Odile Jacob, 2005（レジス・ドゥブレ『神、ある路程』、オデイル・ジャコブ社、パリ、2005年）

Christian Defevre et Mireille Estivalèzes, *les Religions et le monde actuel*, Bayard, Paris, 2004（クリスチャン・ドゥフェーヴル＆ミレイユ・エスティヴァレーズ『宗教と現代社会』、バヤール社、パリ、2004年）

Jean Delumeau, *le Fait religieux*, Fayard, Paris, 1993（ジャン・ドリュモー『宗教的事実』、パリ、1993年）

Sigmund Freud, *l'Homme Moîse et la religion monothéiste*, Folio, Gallimard, Paris, 1986（ジークムント・フロイト『モーセと一神教』、渡辺哲夫訳、筑摩書房、2003年）

Gilles Kepel, *la Revanche de Dieu: chrétiens, juifs et musulmans à la reconquête du monde*, Le Seuil, Paris, 2003（ジル・ケペル『宗教の復讐』、中島ひかる訳、晶文社、1992年）

Dennis Gira et Jean-Luc Pouthier, *les Religions d'aujourd'hui*, Petite Encyclopédie Larousse, Paris, 2004（ドゥニ・ジラ＆ジャン゠リュク・プティエ『今日の宗教』、プティ・アンシクロペディ叢書、ラルース社、2004年）

Jacques Lacan, *le Triomphe de la religion*, Le Seuil, Paris, 2005（ジャック・ラカン『宗教の勝利』、ル・スイユ社、パリ、2005年）

Michel Malherbe, *les Religions de l'humanité*, Critérion, Paris, 2004（ミシェル・マレルブ『人類の宗教』、クリテリオン社、パリ、2004年）

Odon Vallet, *les Religions dans le monde*, Flammarion, Paris, 1998（オドン・ヴァレ『世界の宗教』、フラマリオン社、パリ、1998年）

Max Weber, *l'Éthique du protestantisme e la naissance du capitalisme*, Gallimard, Paris, 2004（マックス・ウェーバー『プロテスタンティズムの倫理と資本主義の精神』、中山元訳、日経BP社、2010年）

Max Weber, *Hindouisme et bouddhisme*, Champs Flammarion, Paris, 2003（前同『ヒンドゥー教と仏教』、古在由重訳、大月書店、2009年）

La Bible, nouvelle traduction 2001, format poche, Bayard, Paris, 2005（『聖書新改約版』、ポッシュ版、バヤール社、パリ、2005年）

また、以下の参考文献リストも参照されたい。ユダヤ教は本書の53ページ、キリスト教は83ページ、東方正教会は112ページ、カトリックは164ページ、プロテスタントは202ページ、イスラーム教は249ページ、ヒンドゥー教は272ページ、仏教は328ページ、その他の思想と叡智は341ページ、アニミズムほかは360ページ。

図版出典

Première de couv © Olivier Föllmi/RAPHO — 4 g © Roland et Sabrina Michaud/RAPHO — 4 g © François le Diascorn/RAPHO et reprise en page 253 — 4 m © Roland et Sabrina Michaud/RAPHO — 4 d © Bruno Barbey/MAGNUM Photos — 4 d © Roland et Sabrina Michaud /RAPHO — 6 © Roland et Sabrina Michaud/RAPHO — 15 © Bruno Barbey/MAGNUM Photos — 17 © BRIDGEMAN-GIRAUDON Adagp Paris, 2005 — 18 Archives Larbor — 19 AKG — 20 © Eitan Simanor/HOA-QUI — 21 © Cameraphoto/AKG — 22 Archives Larbor — 23 Coll. Archives Larbor — 24 © Xavier Zimbardo/HOA-QUI — 25 © ROGER-VIOLLET — 26 © AKG — 27 Coll. Archives Larbor — 28 © Archives Larbor — 29 AKG — 30 © BRIDGEMAN-GIRAUDON Adagp, Paris 2005 — 31 Coll. Archives Larbor — 32 Dave Bartruff/CORBIS — 33 © RAPHO — 34 ©Maurice Rougemont/GAMMA/HFP© — 35 d © Roger Ressmeyer/CORBIS — 35 g Richard T. Nowitz/CORBIS — 36 © Abbas/MAGNUM Photos — 37 © Michael Nagle/Redux/REA — 38 David Rubinger/CORBIS — 39 et 364 g © RAPHO — 40 © Gueorgui Pinkhassov/MAGNUM photos — 41© Farabola/LEEMAGE© — 42 © Explorer/HOA-QUI — 44 Coll. Archives Larbor — 45 © Yael Tzur/Israel Sun/REA — 46 © Denis/REA — 47 © Cornell Capa Photo by Robert Capa 2001/MAGNUM Photos — 48 © Cornell Capa photo by Robert Capa 2001/MAGNUM Photos — 49 AFP — 51© Patrick Zachmann/MAGNUM Photos — 52 ht © BRIDGEMAN-GIRAUDON — 52 bas ©Ricki Rosen/REA — 52 d J.G.Berizzi/RMN — 53 g Coll. Archives Larbor — 53 d © Ted Spiegel /CORBIS — 54 © Ted Spiegel/Rapho — 57 Archives Larbor — 59 Archives Larbor — 60 © British Library/AKG — 61 © AKG — 62 © Joseph Martin/AKG — 63 ©Rabatti-Domingie/AKG — 64 et 364 d Coll. Archives Larbor — 65 Catherine Bibollet/HOA-QUI — 66 Coll. Archives Larbor — 68 Coll. Archives Larbor — 69 Heritage Image/LEEMAGE — 70 AKG — 71 © Selva/LEEMAGE — 73 © Erich Lessing /AKG — 74 © Peter Svarc/Fotostock/HOA-QUI — 75 A. Evrard/HOA-QUI — 77 © Erich Lessing/AKG — 78 © Thomas Hartwell /CORBIS — 79 Alfred/SIPA PRESS — 80 © Olivier Martel/HOA-QUI — 81 © Rabatti - Domingie/AKG — 82 © Archives Larbor — 85 © AKG — 86 Coll. Archives Larbor — 87 Coll. Archives Larbor — 88 Coll. Archives Larbor — 89 © Bruno Barbey/MAGNUM Photos — 90 © Tristan Lafranchis/AKG — 91 © J. Raga/HOA-QUI — 93 et 365 g © BRIDGEMAN - GIRAUDON — 94 © Archives Larbor — 95 © Alfred /SIPA PRESS — 96 Coll. Archives Larbor — 97 © Daoud/SIPA PRESS — 98 © Xavier Zimbardo/HOA-QUI — 99 © Haley /SIPA PRESS — 100 Coll. Archives Larbor — 102 © Sylvain Grandadam/HOA-QUI — 103 © Hervé Champollion/HOA-QUI — 104 © STR/AP/SIPA PRESS — 105 © Yves Gellie/HOA-QUI — 106 © AFP — 107 © J.-P. Lescourret/HOA-QUI — 109 ©Keystone — 111 g © Archives larbor — 111 d © Abbas/MAGNUM Photos — 112 ht © Wojtek Buss/HOA-QUI — 112 bas © Erich Lessing/AKG — 113 © Marie Docher/CIRIC — 115 © Daniel Faure/TOP — 116 Archives Larbor — 117 © Archives Larbor — 118 © Archives Larbor — 119 © Archives Larbor — 120 Coll. Archives Larbor — 121 © Farabola/LEEMAGE — 122 © Farabola/LEEMAGE — 123 © Dessin Laurent Blondel - Archives Larousse — 124 © AGF/LEEMAGE — 125 © SIPA PRESS — 126 Coll. Archives Larbor — 127 ht © Archives Larousse — 127 bas © Archives Larousse — 128 © Jean Gaumy/MAGNUM — 129 Archives Larbor — 130 © Archives Larbor — 131 Coll. Archives Larbor — 132 Archives Larbor — 133 © Electa/AKG — 135 Archives Larbor — 136 © Catherine Henriette/HOA-QUI — 137 © Xavier Zimbardo/HOA-QUI — 138 © John A.Rizzo/HOA-QUI — 139 Coll. Archives Larbor — 140 © Richard Manin/HOA-QUI — 141 © Interphoto/RAPHO — 142 © Selva/LEEMAGE — 143 © Ève Arnold/MAGNUM Photos — 144 ©Aguilla & Marin/HOA-QUI — 145 © Farabola/LEEMAGE — 146 © Francis Jalain/Explorer/HOA-QUI — 147 © AKG — 148 © Farabola/LEEMAGE — 149 © Origlia Franco/CORBIS/Sygma — 150 © Daniel Faure/HOA-QUI — 151 © Esteban Felix/SIPA PRESS —154 ©Jean-Michel Coureau/ HOA-QUI — 155 g © Portali/RAPHO — 155 d © Françoise Cavazzana/HOA-QUI — 157 © Rabati-Domingie/AKG — 158 © Leski/RAPHO — 159 © Henrik Saxgren/RAPHO — 161 g © Koren Ziv/CORBIS — 161 d © France Keyser/In Visu/CORBIS — 162 © Hervé Champollion /TOP — 163 ht Archives Larbor — 163 bas © Archives Larbor — 164 ht Archives Larbor — 164 bas © Fulvio Roiter/CORBIS — 165 © Archives Larbor — 167 © Doug Scott/Fotostock/HOA-QUI — 168 Coll. Archives Larousse — 169 Coll. Archives Larbor — 170 Coll. Archives Larbor — 171 Coll. Archives Larbor — 172 Coll. Archives Larbor — 173 © RAPHO — 174 et 366 © AKG — 175 © AKG — 176 Coll. Archives Larbor — 178 © AKG — 179 © AKG — 180 © AKG — 181 © Rabatti-Domingie/AKG — 183 © Abbas/MAGNUM Photos — 184 Archives Larbor — 185 © AKG — 186 Coll. Archives Larbor — 187 © Abbas/MAGNUM photos — 188 © Jean-Claude Coutausse /RAPHO — 189 © Kristi J. Black/CORBIS — 190 © Archives Larbor — 191 © Thomas Hoepker/MAGNUM Photos — 192 © Richard Hamilton Smith/CORBIS — 193 © BSE-CIRIC — 196 © Bettmann/CORBIS — 197 © Fernando Bizerra Junior/EPA/SIPA PRESS — 198 © Wally Mc.Namee/CORBIS — 199 © Ben Garvin/The Concord Monitor/CORBIS — 200 © Michael Zapf/AKG — 201 © Bettmann /CORBIS — 203 © Macduff Everton/CORBIS — 202 Coll. Archives Nathan — 205 et 367 Coll. Archives Nathan — 207 Coll. Archives Larbor — 208 Coll. Archives Larbor — 209 Coll. Archives Nathan — 210 Coll. Archives Larbor — 211© Archives Nathan — 212 Coll. Archives Larbor — 213 Coll. Archives Larbor — 214 Coll. Archives Larbor — 216 © Roland et Sabrina Michaud/RAPHO — 217 © Roland et Sabrina Michaud/RAPHO — 218 Jacques Langevin/CORBIS/Sygma — 219 Coll. Archives Larbor — 220 g © Roland et Sabrina Michaud/ RAPHO — 220 d © Ferdinando Scianna/MAGNUM Photos — 221 © Gueorgui Pinkhassov/Magnum Photos — 222 © Abbas/MAGNUM Photos — 223 © Roland et Sabrina Michaud/RAPHO — 224 Coll. Archives Larbor — 225 © Abbas/MAGNUM Photos — 226 © Abbas/ MAGNUM Photos — 227© Xavier Zimbardo/HOA-QUI — 228 © Roland et Sabrina Michaud/RAPHO — 229 © Jean-Luc Manaud/HOA-QUI — 230 © Christian Sappa/HOA-QUI — 231 © Annie Griffiths Belt/CORBIS — 232 Archives Larbor — 233 © Bruno Barbey /MAGNUM Photos — 234 © D. Dallet/Fotostock/HOA-QUI — 236 © Bruno Barbey/MAGNUM Photos — 238 © Emmanuel Valentin /HOA-QUI — 239 © Archives Larbor — 240 Coll. Archives Larbor — 241 © Ph. Girard/Sipa Icono — 242 © Abbas/MAGNUM Photos — 243 © Roland et Sabrina Michaud/RAPHO — 244 © Olivier Föllmi/RAPHO — 245 © Jean-Claude Coutausse/RAPHO — 247 © Roland et Sabrina Michaud/RAPHO — 248 © Roland et Sabrina Michaud/RAPHO — 249 g Coll. Archives Larbor — 249 bas © N.Cuvelier/HOA-

QUI — 249 d © Roland et Sabrina Michaud/RAPHO — 253 © François le Diascorn/RAPHO — 254© Michel Troncy/HOA-QUI — 255 © Archives Larousse-DR — 257© BRIDGEMAN-GIRAUDON — 258 © BRIDGEMAN-GIRAUDON — 259 Coll. Archives Larbor — 260 Coll. Archives Larbor — 262 © Roland et Sabrina Michaud/RAPHO — 263 © F.Soltan/HOA-QUI — 264 Roland et Sabrina Michaud /RAPHO — 265 Coll. Archives Larbor — 266 © François le Diascorn/RAPHO — 267 © Xavier Zimbardo/HOA-QUI — 269 © BRIDGEMAN -GIRAUDON — 270 g © Roland et Sabrina Michaud/RAPHO — 270 d © Emile Luider/RAPHO — 271 © François le Diascorn/RAPHO — 272 g © Alvaro de Leiva/Coll. Archives Larbor — 272 d © HOA-QUI — 273 et 368 © Jean-Louis Nou/AKG — 275 © Fotostock/Worldscapes/HOA-QUI — 277 © Archives Larbor — 278 © Philippe Body/HOA-QUI — 280 © Archives Larbor — 281 Coll. Archives Larbor — 282 © Archives Larbor — 283 Coll. Archives Larbor — 284 © Archives Larbor — 285 Coll. Archives Larbor — 286 © Jean-Louis Nou/AKG — 287 © Jean-Louis Nou/AKG — 288 © Olivier Föllmi/RAPHO — 289 Coll. Archives Larbor — 290 © Archives Larbor — 291 © Archives Larbor — 292 © Archives Larbor — 293 Ph. Coll. Archives Larbor — 294 © Roland et Sabrina Michaud/RAPHO — 295 et 369 © Archives Larbor— 296 © Sabine Weiss/RAPHO—297 Ph. Sonneville Archives Nathan—298 © Suzanne Held/AKG — 299 Coll. Archives Larbor—300 © Catherine Karnow/CORBIS—301 © J.- L. Dugast/HOA-QUI — 302 © HOA-QUI — 303 © Suzanne Held/AKG — 304 Archives Nathan — 305 © Archives Larbor — 306 © Jean-Louis Nou/AKG — 307 © Gilles Mermet/AKG — 308 Archives Nathan —309 © Raghu Rai/MAGNUM Photos —310 © Chris Lisle/CORBIS — 311 © Olivier Ploton — 313 © Marry/RAPHO — 314 © Colin Monteath/Fotostock/HOA-QUI — 315 © Jean-Louis Nou/AKG — 316 Ph. Coll. Archives Larbor — 317 © Véronique Durruty/HOA-QUI — 318 © Bruce Connolly/AKG — 319 © E.Sampers/HOA-QUI—320 © Thomas Hoepker/MAGNUM photos — 322 © R. Mattes/Explorer/HOA-QUI — 323 © Eli Reed/MAGNUM Photos — 324 © MP/Leemage — 325 © Christophe Boisvieux/HOA-QUI — 326 © Marie Laure Miranda — 327 g © AKG — 327 m © Steve Mc Curry/MAGNUM Photos — 327 d © Owen Franken/CORBIS — 328 bas © Christophe Boisvieux/HOA-QUI—328 ht © Olivier Föllmi/RAPHO—329 © Olivier Ploton — 331 © Véronique Durruty/HOA-QUI — 332 © Patrick Le Floc'h/HOA-QUI—333 © Michel Troncy/HOA-QUI — 334 Coll. Archives Larousse — 335 © Bruno Barbey /MAGNUM Photos — 336 © Abbas/MAGNUM Photos — 337 © Peter Marlow/MAGNUM Photos — 338 © Raghu Rai/MAGNUM Photos — 339 © Véronique Durruty/HOA-QUI — 340 © Bruno Barbey/MAGNUM Photos — 341 g © Sylvain Grandadam/HOA-QUI — 341 ht © Sylvain Grandadam/HOA-QUI — 341 bas Coll. Archives Larbor 342 — 344 © AFP — 345 © Michel Renaudeau/HOA-QUI — 346 © Charles et Josette Lenars/CORBIS — 347 © Ricardo Azoury/CORBIS — 348 © Barnabas Bosshart/CORBIS — 349 © Richard T Nowitz/CORBIS — 350 © Caras Bresil/CORBIS/Sygma — 351 © Job Roger/GAMMA/HFP — 352 © ROGER-VIOLLET — 353 © Catherine Karnow/CORBIS — 355 © Gilles Bassignac/GAMMA/HFP — 356 © Haruyoshi Yamaguchi/CORBIS/Sygma — 357 © AFP — 359 © François le Diascorn/RAPHO — 360 g © Bob Krist/CORBIS — 360 ht © Patrick Robert/CORBIS/Sygma — 360 bas © Sandro Vannini/CORBIS — 361 © Xavier Zimbardo/HOA-QUI.

＊ページ数のあとのアルファベットは、図版の位置をさす——　g (gauche)＝左、m (milieu)＝中、d (droite)＝右、ht (haut)＝上、bas＝下。

訳者あとがき

　今から30数年前、キリスト教学を学ぼうとパリの高等社会科学院に留学した訳者が、今は亡き師アンドレ・ヴァラニャックの講筵(こうえん)に列していたときのことである。師の友人で、『ラオスの歴史』(クセジュ文庫)の著者としても知られる、東南アジア民族学者のポール・レヴィ氏が特別講師として呼ばれ、仏教の話をした。胡乱(うらん)にも具体的な話の中身は失念してしまったが、彼がいく度となく訳者に対し、「仏教徒の君なら、おそらくこのことはわかっているだろうが」と断わりながら話を進めていったことだけは克明に覚えている。むろん碩学の専門的な話であってみれば、仏教徒とは名ばかりの訳者が知っているはずもなかった。それからしばらくして、同僚がキリスト教関連の発表をしたとき、訳者は初期の目的を断念した。さりげなく彼の口をついて出る聖書の文言を、訳者は懸命に頭のなかで反芻しながらも、それが聖書のどこにあるかを容易に探りあてることができなかったからだ(後年、訳者が聖アウグスティヌスの生地であるアルジェリアのタガステを訪れたのは、まさにこの敗北感を自分のなかで払拭しようとしてのことだった)。

　他愛もないといえばそれまでの私事である。本書の訳者あとがきを、そんな私事から書き出したのには、じつは理由がある。かねがね思っていることではあるが、たとえばわが国のヨーロッパ文学者が、はたしてどこまでキリスト教を知っているのか。どれほどが聖書を通読しているのか。すくなくとも訳者の経験では、学部でフランス文学を学びながら、教師からそうした方面での指導やアドバイスを受けたことは一度もなかった。だが、教会内に安置されたさまざまな聖人像がいかなる人物で、キーローやテトラモルフがいかなる意味をもつのかさえ知らずに、ヨーロッパの文学を真に語ることはむずかしい。むろん、ここでの文学を文化一般に、キリスト教を他の宗教に置き換えても、事情はさほど変わらないだろう。

　既成の世界宗教が全体的にかつての力を失い、おびただしいセクト的宗教ないし新(新)宗教が乱立する現代。その盛況ぶりからすれば、たしかに現代はもうひとつの「宗教の時代」といえなくもない。多くの出来事がときに無責任に宗教に端を発するとされ、経済的・社会的、そしてしばしば歴史的・政治的な要因を背景として起きた戦争までが、その真の原因を見定めようとしないまま、安易に民族問題と結びつけられて「宗教戦争」だと断じられてもいる。かつてヴォルテールは、1733年にロンドンで上梓した『哲学辞典』で、宗教に8通りの疑問をぶつけている。そしてその最後の疑問で、彼は宗教を国家宗教と神学的宗教に分け、前者がけっして問題を起こさないのに対し、後者はすべての愚行や想像しうるあらゆる問題の源泉であり、幻想や世俗の混乱の母でもあるとして、「人類の敵」とまで極言している(Voltaire, *Dictionnaire philosophique*, Imp. Nationale, Paris, 1994, pp. 414-415)。

　だが、すくなくともこの点にかんするかぎり、彼の慧眼(けいがん)はかならずしも正鵠(せいこく)をうがっているとは言いがたい。啓蒙時代であれ現代であれ、そして国家的であれ神学的であれ、宗教はつねに時代のイマジネール(社会的想像力)のなかで、つまり宗教を規制する文化の生態系のなかで営まれていた(いる)からだ。宗教の長い歴史をたどってみれば、たとえ人間にかんすることですら、倫理・道徳や宗教が名づける善と悪はしばしばそのところを変えて転位し、ものごとの「永遠」であるべき真理ですら、ときに無数に存在する。多少ともトートロジックな言い方をすれば、これこそがまさに無常という名の真理なのである。そこでは絶対的・超自然的なる存在への人格委譲(帰依)としての信仰ですら、時代のイマジネールに過不足なくからめとられているともいえる。だからこそ、人はそうした信仰に救いを求める。求めて自分のありかを築こうとする。それはみずからのうちに過去と現在と、そしておそらく未来を結びつけようとする懸命な営みにほかならない。そのかぎりにおいて、宗教のダイナミズムとは、畢竟人間存在のダイナミズムと過不足なく符合する。

　いささか前置きが長くなったが、本書はHenri TINCQ (éd.), *Larousse des religions*, Larousse, Paris, 2005の全訳である。編者アンリ・タンク(1945生)は、フランスの宗教言論界にその人ありと知られるジャーナリストで、1985年から98年まで、世界的な新聞「ル・モンド」紙の宗教記事を担当した。現在は、世界全体で読者数600万を誇る、アメリカ合衆国のオンライン雑誌「スレート」のフランス語版常連寄稿者として健筆をふるっている。研究者ではないが、一介の宗教学者の域をはるかに凌駕する彼は、キリスト教進歩主義の最前衛に身を置いて、聖職者の結婚や女性の聖職叙階などに対するカトリックの墨守主義を舌鋒鋭く批判し、カトリックとプロテスタントのさらなる接近を主張してもいる。そして2001年には、精神的現実の分野においていちじるしい研究をなした人物に授けられるテンプルトン賞(ジャーナリズム部門)を受賞している。「宗教問題にかんするヨーロッパ最高の情報提供者」。これが受賞理由である。以下、そんなタンクのおもな著作を紹介しておこう。

1991年　*L'Église pour la démocracie*, avec Jean-Yves CALVET, Centurion, Paris (『民主主義のための教会』、ジャン=イヴ・カルヴェとの共著、サンテュリオン社、パリ)

1993年　*L'Étoile et la croix*, J.-C. Lattès, Paris (『星と十字架』、J=C・ラテス社、パリ)

1997年　*Défis au pape du troisième millénaire : le pontificat de Jean-Paul II*, J.-C. Lattès, Paris (『3千年紀の教皇への挑戦──ヨハネ・パウロ2世の教皇位』、前同)

1997年　*Les média et l'Église : Évangelisation et information*, J.-C. Lattès, Paris (『メディアと教会──福音宣教と情報』、前同)

1999年　*Les Génies du christianisme*, Plon, Paris (『キリスト教の象徴的人物たち』、プロン社、パリ)

2003年　*Dieu en France, mort et réssurection du catholisisme*, Calmann-Lévy, Paris (『フランスの神──カトリックの死と再生』、カルマン=レヴィ社、パリ)

訳者あとがき

2005年 *Jean-Paul II, l'homme, le Saint-Père, le stratège*, J'ai lu, Paris（『ヨハネ・パウロ2世——人間、聖父、戦略家』、ジェ・リュ社、パリ）

2005年 *Jean-Paul II, les images d'une vie*, Phyb, Saint-Pierre d'Albigny（『ヨハネ・パウロ2世——写真で見る生涯』[写真集]フィブ社、サン＝ピエール・ダルビニ）

2006年 *Ces papes qui ont fait l'histoire, de la Révolution à Benoît XVI*, Stock/Perrin, Paris（『歴史をつくった教皇たち——革命からベネディクトゥス16世まで』、ストック／ペラン社、パリ）

2008年 *Les Catholiques qui sont-ils?* Grasset, Paris（『カトリックとはだれか？』、グラセ社、パリ）

2009年 *Catholicisme : le retour des intégristes*, CNRS., Paris（『カトリシズム——伝統完全保存主義者たちの回帰』、CNRS、パリ）

2010年 *Petit Larousse des religions*, Larousse, Paris（『プチラルース宗教図鑑』[本書の普及版]、ラルース社、パリ）

2012年 *Jean-Marie Lustiger : le cardinal prophète*, Éditions Grasset et Fasquelle, Paris（『ジャン＝マリ・リュスティジェ——預言者的枢機卿』、グラセ・ファケル社、パリ）

編者のほかに、本書の共著者は6人いる。まずイスラーム教担当のラシ・バンジヌ（Rachid BENZINE, 1971生）は、モロッコ出身のイスラーム学・コーラン解釈学者で、リヨン第2大学でコーラン学を修め、ルーヴァン・カトリック大学やパリ・プロテスタント神学自由大学をへて、現在はエクサン＝プロヴァンス政治学研究院の大学院で教鞭をとっている。クリスティヌ・ドゥロルムとの共著に『われわれは多くのことを自分に語らなければならない』（*Nous avons tant de choses à nous dire*, avec Christine DELORME, Albin Michel, Paris, 1997）や、単著『イスラームの新しい思想家たち』（*Les nouveaux penseurs de l'Islam*, Albin Michel, Paris, 2004）がある。カトリックの章を執筆したドミニク・シヴォ（Dominique CHIVOT, 1948生）は、フランスのカトリック系日刊紙「ラ・クロワ」のローマ特派員や、カトリック系テレビ局KTOの編集局長をへて、現在はパリ政治学研究院の准教授。ジャーナリストとしても活躍している。著書に、『ヨハネ・パウロ2世』（*Jean-Paul II*, Flammarion, coll. «Dominos», 2000）、『聖アエギディウス——アンドレア・リッカルディとの対話』（*Sant Egidio, entretiens avec Andrea Riccardi*, Bayard, 2001）がある。ユダヤ教の章を担当したサロモン・マルカ（Salomon MALKA, 1949生）は、ジャーナリスト・作家で、ユダヤ人共同体向けラジオ局RCJの代表でもある。著書に、『レヴィナスを読む』（*Lire Lévinas*, Le Cerf, Paris, 1984）や、『身内に戻されたイエス』（*Jésus rendu aux siens*, Albin Michel, Paris, 1999）、『タンジールもしくは未完の旅』（*Tinghir ou le voyage inachevé*, J.-C. Lattès, Paris, 2000）、『エマニュエル・レヴィナス——その人生と痕跡』（*Emmanuel Lévinas, la vie et la trace*, J.-C. Lattès, Paris, 2003）、『フランツ・ローゼンツヴァイク』（*Franz Rosenzweig*, Le Cerf, Paris, 2005）、『聖書の奥義事典』（*Dictionnaire intime de la Bible*, Armand Colin, Paris, 2011）などがある。プロテスタントの章の執筆者であるジャン・メルシエ（Jean MERCIER, 1964生）は、パリ・プロテスタント神学自由大学卒で、現在はキリスト教系週刊誌「ラ・ヴィ」の副編集長をつとめている。著書に、『神の王国のための女性たち』（*Les femmes pour le royaume de Dieu*, Albin Michel, Paris, 1994）がある。そして仏教を受けもったエリック・ロムリュエール（Éric Rommeluère, 1960生）は、フランスに禅を広めた弟子丸泰仙師（1914-82）のもとで修業し、副学長をつとめるヨーロッパ仏教大学で禅仏教を教えている。著書に、『空の花』（*Les fleurs du vide*, Grasset, Paris, 1995）や『禅入門』（*Guide du Zen*, LGF./Hachette, Paris, 1997）、『火から生まれるブッダたち』（*Les bouddhas naissent dans le feu*, Seuil, Paris, 2007）、『仏教は存在しない』（*Le bouddhisme n'existe pas*, Seuil, Paris, 2011）などがある。

こうした多彩な共著者からなる本書の特徴は、ラルースならではのおびただしい写真や図版にくわえて、序文に明記されているように、宗教的事象を、政治的・社会的・文化的生活とまったく同等の分野として扱い、一般人の宗教文化にかんする問いに答え、21世紀を理解するための参考文献や研究手段、さらに判断基準をも提供しようとするところにある。そして、記述に統一性をもたせるため、第3部を除く各章ごとにそれぞれの宗教の歴史、教義と教理、祭儀と実践、制度、地理的分布と定着、人間・世界観を柱として論述を展開させている。その視野は、伝統的な世界宗教からさまざまなセクト運動にまでおよんで遺漏がない。しかも、それぞれの論述はまことに精緻をきわめており、おそらく類書の追随を許さない。堂々たる宗教事典といえるだろう。

では、そこから宗教の何がみえてくるか。編者は序文でたとえばこう言挙げしている。「21世紀の始まりにある今日、真実はしたがって神の『死』と『復讐』という両極端のあいだにある。今世紀はかつて考えられていたような宗教の衰退の世紀などではない。反対に、貧しいもしくは弱体化した社会の真っ只中における信仰拡大の時代にほかならない」。そして、現代社会の「世俗化」や個人主義と無関心のいちじるしい増大は、無垢ないし危険な、あるいはセクト主義的ないしファンダメンタリズム的な多様で強い宗教的主張と共存しているとも指摘する。エミール・デュルケームのひそみにならっていえば、いかなる宗教もそれによって救われる者がいれば、社会的な存在理由があるとなるが、すくなくともかつて宗教と信者のあいだに存在したユートピア的な関係が衰退した今日、信仰の「真実」はときに宗教の「現実」を超えてもいる。宗教が信仰をつくるのではなく、むしろイマジネーション（個人的想像力）としての信仰が宗教をつくりあげる。そうした時代に入っているともいえる。これこそが現代の感性であり、イマジネールでもあると断言するのはいささか短絡とのそしりをまぬがれないだろうが、本書の濃密な記述と向きあいながら、訳者の念頭から離れようとしなかった思いのひとつがそれである。本書が諸宗教に対する読者の知的関心を満たし、と同時に信仰やもろもろの宗教的現実をあらためて考える契機になってもらえれば、原著者たちのみならず、訳者にとっても望外の喜びとするものである。

最後に、予想外にてまどった翻訳に根気よくつきあっていただいた、原書房の寿田英洋第1編集部長と同編集部の廣井洋子氏に対し、心より感謝したい。心許せる編集者との出会いと長年にわたる交誼。訳者にとってこのうえもなくありがたいことである。また、都立多摩総合医療センター副院長の上田哲郎先生、内科の西田賢司先生および唐鎌優子先生にも、こうして仕事ができることへの謝意を表さなければならない。

2013年初夏

蔵持識

総索引

凡例
- 太字＝該当する章も参照
- 原語表記は、原則として原著のフランス語にならう（本文により、一部表記変更）

【あ】

アイシャ Aïcha（ムハンマドの家族） 212, 217
アイユーブ朝 Ayyubides 219
アイルランド Irlande 152, 155
アヴィニョン Avignon 117
アヴェスタ Avestha（ゾロアスター教聖典） 256, 340
アウグスティヌス Augustin（聖人） 71, 74, 75, 134, 135, 146, 161, 181
アウクスブルク Augsbourg（信仰告白書） 170
アウシュヴィッツ Auschwitz（強制収容所） 46, 142, 357
アガダー →ハガダー
アキバ Akiba（ラビ） 32, 33
アグラブ朝 Aghlabides 218
アジア Asie 8, 40, 109, 118, 134, 151, 152, 155, 194, 195, 199, 330, 350
アシュケナジ（アシュケナジム）Ashkénaze（西欧出身ユダヤ人集団） 26, 27, 43, 44
アシュラム Ashram（ヨーガ修行場） 264
アショカ王 Ashoka 281, 282, 286, 287, 307, 314, 315
アズハル Al-Azhar（大学） 219, 240, 242
アズラーイール Azraël（天使） 223
アゼルバイジャン Azerbaïdjian 236
アタテュルク、ムスタファ・ケマル Atatürk, Mustapha Kemal（政治家） 241, 242
アダム Adam 16, 94, 157
アタルヴァ＝ヴェーダ Atharva-Veda（聖典） 256
アッバース朝 Abbasides 206, 218, 219, 220, 225
アテナゴラス Athénagoras（総主教） 109, 116, 124
アテネ Athènes 89
アドヴァリユ Adhvaryu（祭官） 261
アトス山（アトス半島）Athos 102, 105
アドベンチスト派（セブンスデー・アドベンチスト）Adventisme 192
アートマン Âtman 258, 268, 290, 292, 321
阿離陀（アーナンダ）Ânanda 284, 306
アニミズム Animisme 138, 313, 336, **344-345**
アパルトヘイト Apartheid 110, 189

アフガニスタン Afghanistan 217, 240
アブド・アッラフマーン3世 Abd al-Rahman III（皇帝） 218
アブド・アル＝ダル Abd al-Dar（一族） 206
アブド・アル＝ムッタリブ Abd al-Muttalib（ムハンマドの一族） 206
アブドゥッラーフ Abdallah（ムハンマドの父） 206
アブドゥルワッハーブ、ムハンマド・イブン Abd-al-Wahhab, Muhammad ibn（開祖） 225, 244, 248
アブド・マナフ Abd Manaf（一族） 206
アブー・バクル Abu Bakr（カリフ） 212, 213, 215, 217, 229
アブラハム Abraham（旧約聖書の族長） 16, 49, 64, 76, 182, 230, 233, 255
アフラ・マズダー Ahura-Mazdā（神） 340
アフリカ Afrique 40, 101, 108, 118, 134, 139, 149, 151, 152, 155, 190, 194, 195, 199, 225, 233, 236, 336, 344, 345, 348, 350
アーミッシュ Amish（教団） 192
アーミナ Amina（ムハンマドの母） 206
アメリカ合衆国 États-Unis 7, 9, 39, 40, 41, 42, 104, 108, 155, 190, 192, 196, 198, 199, 200, 236, 244, 319, 339, 349, 353, 355, 356, 359
アメリカ大陸（南北アメリカ）Amérique 93, 102, 118, 152, 155, 344, 345
アッラー Allah 211, 222, 228, 232, 338
阿羅漢（アルハット）Arhat 281
アラスカ Alaska 91
アラティ（光）Arati 262
アーラニヤカ（森林書）Aranyaka（ヴェーダ付随の天啓文学） 256
アラビア Arabie 213, 227, 231, 233, 241, 244
アラビア半島 Péninsule Arabique 207
アラファト、ヤーセル Arafat, Yasser（政治家） 49
アラム人 Aramites 16
アリー Ali（カリフ） 206, 208, 212, 216, 217, 227, 228, 232
アリウス Arius（開祖） 71
アリストテレス Aristote（哲学者） 134, 135
アルジェリア Algérie 38, 43, 218, 244, 245, 246
アルジュナ Arjuna（神格） 259
アルゼンチン Argentine 42
アルタン・ハン Altan Khan（皇帝） 311
アルバニア Albanie 103, 106, 236
アルメニア Arménie 70, 154, 217
アルモワデ朝 Almoravides 218
アレクサンデル4世 Alexandre IV（教皇） 135
アレクサンデル6世 Alexandre VI（教皇） 117
アレクサンドリア Alexandrie 67, 70, 71, 75, 86, 96, 101, 102, 106, 239
アレクサンドロス大王 Alexandre le Grand 19, 254
アレクシイ2世 Alexis II 92, 99, 103
アロン Aaron（モーセの兄弟） 22, 222
アンコール Angkor（聖地） 302, 317, 322
アンダルシア Andalousie 26
アンティオキア Antioche 86, 96, 101, 106, 152, 154 →トルコも参照
アンナ Anne（聖女） 168
アンモン人 Ammonites 16
アンリ4世 Henri IV（皇帝） 118
イェシヴァ Yeshiva（タルムード学院） 50
イエス Jésus 24, 33, 58, 59, 60, 61, 62, 63, 64, 65, 66, 67, 68, 69, 70, 71, 72, 73, 74, 76, 77, 78, 79, 80, 86, 88, 96, 98, 130, 131, 133, 134, 135, 137, 138, 140, 142, 143, 144, 149, 156, 162, 178, 181, 183, 185, 190, 193, 196, 197, 201, 210, 222, 254, 259, 260, 279, 283, 286, 288, 292, 295, 297, 301, 313, 315, 330, 345, 347, 350, 351, 352, 354, 357
イエズス会 Jésuite 146
イェフダ・アルカライ Yehuda, Alkalay（ラビ） 48
イエメン Yémen 206
異教 Paganisme 101
イギリス（イングランド）Grande-Bretagne 42, 120, 174, 190, 192, 194, 198, 240, 244, 267, 319
イグナティウス4世ハジム Ignace IV Hazim（総主教） 103
イサキオス2世 Issac II（皇帝） 88
イサク Isaac（旧約聖書の族長） 49, 58, 182, 222
イザーク、ジュール Isaac, Jules（歴史家） 24
イザヤ Isaïe（預言者） 22, 210, 222
イスマーイール派 Ismaélien 216
イスラエル Israël 16, 17, 18, 21, 22, 23, 28, 30, 33, 38, 39, 40, 41, 45, 47, 49, 50, 66, 69, 72, 239, 349
イスラーフィール Izrail（天使） 223
イスラーム（教） Islam 26, 28, 51, 71, 86, 88, 89, 102, 109, 134, 152, 155, 161, 201, **204-249**, 254, 271, 313, 316, 338, 344, 345, 346, 353, 354
イタリア Italie 29, 41, 70, 120, 123, 129, 135,

155, 161
異端 Hérésie 91, 116, 117, 119, 126, 129, 132, 169, 170, 174
異端審問 Inquisition 118, 130, 132, 134, 152
イブン・アッバース Ibn Abbas（ムハンマドの叔父）217
イマーム Imam（イスラーム教指導者）216, 225, 349
イラク Irak 40, 47, 75, 102, 155, 162, 200, 215, 216, 217, 232, 239
イラン Iran 102, 215, 216, 220, 233, 239, 247, 312, 349
陰 Yin 334, 335
イングランド →イギリス
イングランド国教会 →英国国教会
インダス（川）Indus (fleuve) 217, 254, 256
インド Inde 70, 75, 118, 154, 190, 195, 217, 220, 236, 247, 254, 255, 256, 257, 258, 261, 262, 263, 264, 265, 266, 267, 268, 269, 270, 271, 276, 279, 281, 282, 285, 286, 287, 295, 300, 301, 302, 305, 306, 309, 311, 312, 313, 315, 317, 322, 330, 338
インドネシア Indonésie 195, 236, 247, 267, 313
インノケンティウス3世 Innocent III（教皇）88, 116
インノケンティウス4世 Innocent IV（教皇）116, 117
インノケンティウス8世 Innocent VIII（教皇）117
ヴァイシャ Vaishya（カースト）255, 265, 266
ヴァイシャーカ（ヴァイサカ）Vaisakha（ヒンドゥー教の祝日）264
ヴァウェンサ（ワレサ）、レフ Walesa, Lech（政治家）158
ヴァスバンドゥ（世親）Vasubandhu（仏僧）283
ヴァチカン Vatican 69, 99, 109, 117, 121, 123, 127, 145, 147, 148, 149, 188
ヴァチカン、第1公会議 Vatican I 122, 126, 130
ヴァチカン、第2公会議 Vatican II 51, 65, 73, 79, 100, 109, 124, 126, 127, 128, 129, 130, 133, 134, 138, 139, 141, 144, 145, 149, 151, 162
ヴァルド、ピエール Valdo, Pierre（開祖）169
ヴァルナ Varna（カースト）265, 293
ヴァルナ Varuna（神）258
ウィクリフ、ジョン Wyclif, John（神学者）169
ヴィシュヌ Vishnou（ヒンドゥー神）258, 259, 263, 264, 269
ヴィットーリオ・エマヌエーレ2世 Victor-Emmanuel II（国王）123

ヴェイユ、シモーヌ Veil, Simone（思想家）46
ウェサク（ウェサーカ）Vesak（仏教の祝日）301
ウェスパシアヌス Vespasien（皇帝）68
ヴェズレー Vézelay（大修道院）150
ヴェーダ Vedas（聖典）254, 256, 265, 282, 338
ヴェール Voile 141, 243
ヴォルテール Voltaire 240
ウガンダ Oyganda 102, 108, 267, 354
ウクライナ Ukraine 42, 91, 99, 104, 105, 154
ウズベキスタン Ouzbékistan 236
ウスマーン、イブン・アッファーン Uthman, Ibn Affan（カリフ）209, 212, 217, 229
ウッタル・プラデーシュ州 Uttar Pradesh 271
ウディノ Oudinot（将軍）123
ウパニシャッド Upanishad（奥義書）256, 257, 258, 265, 267, 289
ウマイヤ朝 Omeyyades 219, 229
ウマル Omar（カリフ）209, 215
ウラジーミル1世 Vladimir I（大公）99
ウルバヌス2世 Urbain II（教皇）119
ウンバンダ Umbanda（土着宗教）347
ウンマ Oumma（ムスリム共同体）213, 216, 244
英国（イングランド）国教会 Anglicanisme 190, 198, 200
永眠 Dormition 98, 131 →聖母被昇天も参照
エイレネ Irène（女帝）90
エカテリーナ2世 Catherine de Russie（ロシア女帝）91
易 Yi-king 353
易経 Yi Ling（儒教聖典）334
エキュメニズム（世界教会一致運動）Oecuménisme 79, 104, 109, 110, 122, 127, 130, 133, 134, 143
エーゲ海 Égée 105
エコロジー Écologie 110, 159, 160
エジプト Égypte 16, 21, 25, 26, 34, 41, 43, 47, 64, 67, 89, 101, 154, 211, 215, 218, 225, 233, 238, 239, 240, 241, 244, 245
エステル記 Ésther（旧約聖書）35
エストニア Estonie 103, 195
エズラ Esdras（預言者）222
エズラ、通称「書記官」Ezra, le Scribe（旧約聖書の登場人物）19
エゼキエル Ézéchiel（預言者）22, 210, 222
枝の主日（受難の主日）Rameaux（キリスト教の祝日）63, 98, 144
エチオピア Éthiopie 40, 44, 101, 108
エックハルト、マイスター Eckhart, Maître（神秘主義者・思想家）134
エッセネ派 Ésséniens 20
エドワード6世 Édouard VI（国王）175

エノク Énoch（旧約聖書の登場人物）222
エバ（イヴ）Ève 16, 157
エバン、アバ Eban, Abba（政治家）49
エピファネス、アンティオコス4世 Épiphane, Antiochus IV（国王）19
エフェソス Éphèse 87, 94, 130, 154
エホバの証人 Témoin de Jéhovah 193, 354, 359
エラスムス Erasme 182
エリザベス1世 Élisabeth Ier 175
エリシャ Élisé（預言者）222
エリツィン、ボリス Eltsine, Boris（政治家）92
エリヤ Élie（預言者）34
エルサレム Jérusalem 17, 19, 21, 23, 24, 28, 31, 35, 36, 42, 45, 59, 60, 63, 64, 67, 69, 70, 72, 73, 77, 86, 96, 101, 102, 119, 124, 125, 134, 137, 211, 228, 229, 242
エレミア Jérémie（預言者）22, 23, 222
黄金神殿 Temple d'or（聖所）338
オシャラ Oxala（神）347
オーストラリア Australie 102, 104, 108, 339
オーストリア Autriche 29, 155, 174
オスマン帝国 Ottoman 89, 102, 103, 238, 239, 240, 241, 242
オランダ Hollande, Pays-Bas 26, 29

【か】
悔悛 Pénitence 97, 140 →告解も参照
カイロ Caire 28, 74, 239, 240, 242
ガウタマ（ゴータマ）Gautama（ブッダ、釈迦）280, 281
カウラヴァ Kaurava（ヒンドゥー教の一族）259
カエサル、ユリウス Cesar, Jules 45
ガオン、サーディア Gaon, Saadia（歴史家）26
覚者 Éveillé 276, 279, 280, 289, 295, 299, 324
ガザ地区 Gaza 49
カースト Caste 255, 262, 264, 265, 266, 267, 268, 269, 270, 318, 338
カストロ、フィデル Castro, Fidel 159
カスピ海 Mer Caspienne 254
カタリ派 Cathares 116, 129
カトリック（カトリシズム）Catholique (Catholicisme) 58, 62, 64, 72, 75, 76, 79, 87, 88, 93, 94, 96, 97, 99, 100, 101, 103, 104, 107, 109, 110, 114-164, 174, 175, 177, 178, 179, 180, 181, 182, 184
ガーナ Ghana 108
カナダ Canada 40, 42, 104, 194
カナン Canaan（ユダヤ教聖地）17
ガネーシャ Ganesh（神）259, 262, 264
カーバ神殿 Kaaba（聖所）209, 211, 213, 230
カバラ Kabbale（ユダヤ神秘主義）27, 71
カピラヴァストゥ Kapilavastu（聖所）315

総索引

ガビロル、イブン・ソロモン Gabirol, Ibn Salomon（詩人）　25, 26
カフカス Caucase　89
ガブリエル Gabriel（天使）　76, 100, 207, 223, 227
ガマ、ヴァスコ・ダ Gama, Vasco de　118
カーマ・スートラ Kama-Sutra（文学）　267
神 Kami　336
カメルーン Cameroun　101, 345
仮庵祭 Souccot（ユダヤ教祝日）　18, 34
ガリエヌス Gallien（皇帝）　70
カリシャー、ツヴィ・ヒルシュ Khalisher, Hirsch Zwi（シオニズム先駆者）　48
カリフ Calife　215, 217, 218, 219, 220, 229
ガリラヤ Galilée　17, 24, 58, 60, 62, 63
カール5世 Charles Quint　169, 170
カルヴァン、ジャン Calvin, Jean　75, 117, 175, 176, 178, 180, 181, 183, 185, 187, 189, 193, 196, 198, 199
カルカッタ Calcutta　263
カルケドン Chalcédoine（公会議）　87, 108
カール大帝（シャルルマーニュ）Charlemagne　87
カルトゥジオ Chartreux（修道会）　141
カルパティア Carpathes　89
カルマ（業）Karma（karman）　258, 268, 278, 280, 289, 321, 323, 357
カロ、ヨセフ Caro, Joseph（著作者）　27, 32
カロリング朝 Carolingiens　87
漢 Han　333
韓国 Corée　155, 190, 195, 307, 310, 313, 318, 326, 344, 356
ガンジー、マハトマ Ghandi, le Mahatma　162, 266
ガンジス川 Gange, le　252, 263
観（世）音菩薩 Avalokiteshvara　314, 320
ガンダーラ文書 Gandhâra　292
カンドンブレ Candomblé（土着宗教）　347
カンボジア Cambodge　279, 286, 301, 302, 310, 314, 319, 322
北アフリカ Afrique du Nord　70, 71, 152
キップール Kippour（ユダヤ教の祝日）　34, 41, 52
キプリアヌス Cyprien　74
キプロス Chypre　67, 106, 154
ギャツォ、テンジン（ダライ・ラマ）Gyatso, Tenzin（Dalaï-lama）　309, 311
ギャツォ、トゥプテン（ダライ・ラマ）Gyatso, Thoubten（Dalaï-lama）　311
ギャツォ、ロサン（ダライ・ラマ）Gyatso, Lobsang（Dalaï-lama）　311
ギャール Guyard, Jacques（政治家）　356, 357
救世軍 Armée du salut　199
旧約聖書 Ancien Testament　58, 62, 71, 74, 94, 182, 183
キューバ Cuba　347, 348
キュリロス Cyrille（アレクサンドリア総主教）　74
キュリロス Cyrille（聖人）　89
キュロス Cyrus（大王）　18
共観福音書 Évangile synoptique　61
教皇（権）Pape, papauté　87, 88, 89, 90, 96, 117, 118, 121, 127, 129, 130, 134, 135, 138, 145, 147, 148, 169, 171, 174, 196, 243
教皇庁 Saint-Siège　88, 122, 123, 139, 147, 150
教父 Pères de l'Église　74, 130, 134, 135, 172
極東 Extrême Orient　276, 282, 298, 301, 305, 313
ギリシア Grèce　68, 89, 96, 100, 103, 105, 106, 109, 110, 152, 219
ギリシア正教 →東方正教会
キリスト教 Christianisme　24, 26, 56-203, 215, 217, 219, 222, 233, 239, 242, 243, 254, 257, 259, 267, 270, 271, 308, 313, 344, 345, 346, 348, 350, 351, 352, 353, 354, 355, 357
キリスト降誕（祭）Nativité　59, 98
キルギス Kirghizistan　236
キング、マーティン・ルーサー（牧師）King, Martin Luther　162, 190, 198
近東 Proce-Orient　101, 109, 110, 207, 227, 233, 242
グアテマラ Guatemala　194, 347
クウェーカー Quakers（教団）　192
クウェート Koweït　102, 238
クシャトリヤ Kshatriya（カースト）　255, 265, 266
クシュナガル Kushinagara（聖地）　315
クック、アブラハム Kook, Abraham（ユダヤ神学者）　48
グーテンベルク Gutenberg　172
クムラン Qumran（聖地・教団）　20
クライシュ族 Quarayshites　206, 209, 211, 213, 222, 242
クリジェ、リヴォン Kryger, Ryvon（ラビ）　39
クリシュナ Krishna（神）　259, 264, 354
クリスマス Noël　59, 137, 170
クリュニー Cluny（大修道院）　120
クリントン、ビル Clinton, Bill（政治家）　49
グル Guru, Gourou　264, 267, 269, 307, 338, 354
グル・グラント・サーヒブ Guru Grant Sahib（聖典）　338
グルジア Géorgie　89, 104, 106, 110
グレゴリウス5世 Grégoire V（教皇）　89
グレゴリウス7世 Grégoire VII（教皇）　87, 116, 118
グレゴリウス10世 Grégoire X（教皇）　135
グレゴリウス11世 GrégoireXI（教皇）　117
グレゴリウス16世 Grégoire XVI（教皇）　121
グレゴリオス・パラマス Grégoire Palamas（聖人）　91
クレタ Crète　102, 108
クレメンス7世 Clément VII（対立教皇）　174
クレメンス8世 Clément VIII（教皇）　118
クレルヴォー Clairvaux（大修道院）　120
クロアチア Croatie　103, 109
クローヴィス王 Clovis　121
ゲオルギウス Grégoire（聖人）　70
化身 Avatar, Incarnation（再生・受肉）　260, 264, 268
結婚（婚姻）Mariage　36, 79, 98, 116, 126, 140, 144, 149, 156, 157, 160, 185, 197, 198, 233, 266, 345, 348
ケニヤ Kenya　102, 108
ゲマラー Gemara（聖典）　30
ケレスティヌス1世 Célestin Ier（教皇）　74
玄奘 Xuangznag（仏僧）　285, 313
堅信 Confirmation　79
業 →カルマ
公現祭・神現祭 Épiphanie（キリスト教の祝日）　98
孔子 Confucius　255, 330, 332, 333, 334
荒野の修道者たち Pères du désert（宗団）　93
ゴーゴリ、ニコライ・ヴァシーリエヴィチ Gogol, Nikolaï Vassilievich（作家）　91
古スラヴ語 Slavon　89, 97
コソヴォ Kosovo　103
告解（悔悛、赦しの秘跡）Réconciliation　79, 140
コックス、ハーヴェー Cox, Harvey（社会学者）　8, 350
コートジヴォワール Côte d'Ivoire　345
コドル、ゲオルグ Khodr, Georges（府主教）　103
コプト Copte(s)　75, 101
コペルニクス Copernic　132, 134
コヘレトの言葉 Ecclésiaste（旧約聖書）　18, 31
コーラン（クルアーン）Coran　204, 206, 207, 208, 209, 212, 214, 216, 217, 221, 224, 226, 227, 228, 231, 232, 234, 238, 242, 243, 247
ゴラン Golan　47
ゴリアテ Goliath（聖書の登場人物）　17
コリント Corinthe　91
コルドバ Cordoue　25, 218, 219
ゴルバチョフ、ミハイル Gorbatchech, Mikaïl（政治家）　41, 99
コロンブス、クリストファー（コロンボ、クリストーフォロ）Colomb, Christophe　118
コンゴ Congo　108, 345, 348
金剛乗 Véhicule de Diamant（密教）　283, 285
コンスタンティヌス1世 Constantin Ier（皇帝）　21, 70, 86
コンスタンティヌス5世 Constantin V（皇帝）　90

コンスタンティノープル（コンスタンティノポリス）Constantinople　75, 86, 87, 88, 89, 90, 91, 93, 96, 97, 101, 102, 103, 104, 105, 107, 108, 109, 116, 119, 126, 152, 220

【さ】

サイエントロジー（教会）Scientologie　193, 354, 355, 356, 357
再洗礼派 Anabaptisme　173, 174, 200
ザイド派 Zaydite　216
サウジアラビア Arabie Saoudite　225, 230
サウード朝（家）Saoud, Séoud　244
サウル Saül（国王）　17, 22
ザカート（喜捨）Zakat（イスラーム教の五行のひとつ）　228
サダト、アンワル・アル Sadate, Anouar el-（政治家）　49
サティー（寡婦殉死）Satee　269
サドゥー Sadhu（苦行者）　269
サドカイ派 Sadducéens　20
サファヴィー朝 Séfévides　216, 220
サマリア（現サバスティーヤ）Samarie (Sabastiyya)　67
サマルカンド Samarcande　220
サムエル Samuel（予言者）　22, 31, 58, 182
サムサーラ（輪廻）Samsâra　258, 268, 279, 289, 290, 293, 321, 323
サムソン Samson（旧約聖書の登場人物）　16
サラ Sarah（聖書登場人物）　16, 58
ザラスシュトラ Zarathushtra　255, 330　→ゾロアスター教も参照
サラート（礼拝）Salat（イスラーム教の五行のひとつ）　226
サラーフッディーン Saladin　219
サリーフ Salih　222
サルヴァースティヴァーダ（説一切有部）Sarvâstivâda　293
サルナート Sarnath（聖地）　315
サロヴスキー、セラフィム Sarov, Seraphin（修道士）　91
サンティ（平安）Santi　268
サンティアゴ・デ・コンポステーラ Saint-Jacques de Compostelle　137
サンテリア Santeria（土着宗教）　347, 348
サン・バルテルミ（の虐殺）Saint-Barthelémy　118
サン・ピエトロ大聖堂 Basilique Saint-Pierre（ヴァチカン）　69, 117, 127, 147, 149
サンヒター Samhita（聖典）　256
三位一体 Trinité　65, 71, 78, 94, 96, 126, 130, 352
シーア派 Chiite　216, 217, 218, 219, 220, 228, 235, 249
シヴァ Shiva（神）　259, 262, 263, 264
ジェームズ1世 Jacques I（国王）　175
シオニズム Sionisme　48

死海 Mer Morte　20, 62, 292
シク教 Sikhisme　271, **338-339**
四旬節 Carême　98, 137
十戒 Décalogue　76
実体変化 Transsubstantiation　126, 172, 180
使徒 Apôtre　59, 64, 67, 68, 69, 87, 96, 149, 174, 177, 179, 254
使徒言行録 Actes des Apôtres（新約聖書）　67, 69, 72, 77
使徒書簡 Épitres（新約聖書）　66, 67, 68, 72, 168
シナイ Sinaï（戦争）　47
シナイ Sinaï（山、半島）　16, 30, 35, 38, 47, 49, 52, 102, 202
ジナーナ Jnana（霊知）　268
ジハード Djihad（聖戦）　235
シベリア Sibérie　336
詩編 Psaumes（新約聖書）　18
シモン Simon（聖人）　62
シモン、メノ Simons, Menno（開祖）　174
ジャイナ Jina（開祖）　255
ジャイナ教 Jaïnisme　258, 279, 282
シャイレーンドラ朝 Shailendra　313
シャヴオット Shavouot（ユダヤ教の祝日）
シャガール、マルク Chagall, Marc　17, 30
シャーキャ Shâkya（ブッダの一族名）　306
シャクティ（性力）Shakti　264
邪術・妖術 Sorcellerie　344, 346
ジャーティ（出自）Jati　255
シャハーダ Shahada（イスラームの信仰告白。イスラーム教の五行のひとつ）　226, 233
→信仰告白も参照
シャバット Shabbat（ユダヤ教の安息日）　24, 34, 63, 76
ジャハル、アブー Jahl, Abu（政治家）　209, 213
シャーフィイー Chafiite（イスラーム教学派）　225
シャーマン Chaman　344, 358
シャリーア（神の道）Charia　231, 233, 234, 241
シャルダン、テイヤール・ド Chardin, Teilhard de（神学者・思想家）　122, 134
ジャワ Java　302, 313, 344
ジャンセニスム Jansénisme（キリスト教思想・運動）　129, 130
シャーンティデーヴァ（寂天）Shantideva（チベット仏教の学僧）　322
シュアイブ Chouayb（旧約聖書の登場人物）　222
周 Zhou　332
シュヴァイツァー、アルベルト Schweitwer, Albert　65
宗教改革 Réforme　88, 117, 126, 168, 170, 172, 173, 177, 178, 180, 183, 184, 185, 186, 193, 194, 243

十字軍 Croisades　88, 119, 130, 219, 239
修道院制度 Monachisme　91, 146
儒教 Confucianisme　314, 318, **332-333**
シュタインサルツ、アディン Steinsaltz, Adin（ラビ）　31
出エジプト Exode　30, 34, 211
シュッドーダナ（浄飯王）Suddhodana　280
シュードラ Shudra（カースト）　255, 265, 266
受難 Passion　67, 68, 69, 72, 77, 78, 138
主の昇天 Ascension（キリスト教の祝日）　67, 77, 98, 130, 137, 211, 232
須弥山 →メル山
ショアー Shoah（ユダヤ人大虐殺）　45, 46, 50, 122
上座部仏教 Theravâda　279, 282, 286, 291, 293, 299, 301, 303, 304, 305, 306, 307, 310, 314, 319　→小乗仏教も参照
小乗仏教 Petit Véhicule (Hînayâna)　282, 285　→上座部仏教も参照
生神女福音祭（神のお告げ、受胎告知）Annonciation（キリスト教の祭日）　98
浄土 Terre pure　318
昭和天皇（裕仁）Hirohito　336
叙階 Ordre, Ordination　80, 97, 133, 140, 155
贖罪 Rédemption　78
ジョシ、ニルマラ Joshi, Nirmala（修道女）　151
諸聖人の日（万聖節）Toussaint（キリスト教の祝日）　137
ショファル Chofar（角笛）　28
ショーレム、ゲルショム Sholem, Gershom（神学者・思想家）　27
シリア Syrie　47, 102, 154, 206, 215, 217, 219, 238
シング Singh（シク教徒の異名）　339
シンクレティズム（宗教混淆、混合宗教） Synchrétisme　259, 345, 346, **347-348**, 349, 357
箴言（集）Paraboles（旧約聖書）　63
信仰告白 Confession　79, 97, 170, 172, 178
人工中絶（堕胎）Avortement　110, 198, 199
新時代 →ニューエイジ
神道 Shintôisme　313, **336-337**, 353
シンドゥール Sindhur　270
申命記 Deutéronome（旧約聖書）　16, 21, 30
新約聖書 Nouveau Testament　67, 68, 71, 74, 76, 94, 183
スイス Suisse　29, 120, 170, 174, 176, 183, 191, 192, 194, 200
スウェーデン Suède　170, 198, 200
スカンディナヴィア Scandinavie　188
過越祭 Pâque（ユダヤ教の祝日）　64, 67
スコットランド Écosse　200
スターリン、ヨシフ Staline, Joseph（政治家）　92, 99, 122

スーダン Soudan 101, 233, 236
ステファヌス2世 Étienne II（教皇） 87
ステファノ Étienne（殉教者） 67, 69
ストゥーパ Stûpa 280, 299, 302, 313, 314, 315
スートラ(経) Sûtra（聖典） 288, 294, 298, 303, 305
スペイン（イスパニア）Espagne 27, 41, 120, 122, 129, 134, 155, 217, 239
スマトラ Sumatra 313
スマヤー Soumaya（女奴隷殉教者） 209
スリランカ Sri Lanka 286, 301, 308, 310
スルーティ Sruti（聖典） 257
スレイマン大帝 Soliman le Manigique 242
スロヴァキア Slovaquie 99, 101, 106, 154
スンナ Sunna（ムハンマドの規範的行動書） 225, 244
スンナ（スンニー）派 Sunnite 152, 216, 218, 220, 224
正教会 →東方正教会
聖香油 Saint chrême 79
聖餐・陪餐 Cène（秘跡） 61, 64, 80, 126, 140, 170, 179, 183, 184, 186
聖書 Bible 16, 24, 29, 30, 33, 58, 93, 139, 169, 170, 172, 173, 177, 178, 179, 182, 186, 187, 188, 198, 200, 201, 210, 222, 223, 350, 351
清浄観（シャウチャ）Sauca 261
聖書外典 Évangiles apocryphes 59
聖像破壊運動（イコノクラスム）Iconocrasme 87, 90
聖体（の秘跡）・聖餐（式）Eucharistie 64, 79, 80, 140, 169, 170, 174
聖体拝領 Communion 97, 126, 134, 140, 144
聖母被昇天 Assomption（キリスト教の祭日） 98, 129, 130, 137
聖霊 Saint-Esprit 56, 58, 64, 67, 68, 78, 79, 94, 96, 130, 132, 137, 141, 143, 156, 173, 178, 183, 190, 212
聖霊降臨祭 Pentecôte 64, 67, 94, 98, 138, 170
セイロン Ceylan 286, 312, 314
ゼウス Zeus 84
セクト Secte 155, 354, 355, 356, 357, 358, 359
セクト主義 Sectarisme **354–359**
セデル Seder（ユダヤ教の祝宴） 34
セネガル Sénégal 236
セファルディ（セファルディム）Séfarade 26, 27, 43, 44
セルヴェ、ミシェル Servet, Michel（神学者） 176, 192, 200
セルギイ Serge（府主教） 92
セルギイ・ラドネジェスキー Serge Radonège（修道士） 91
セルジューク朝 Seldjoukides 218
セルビア Serbie 89, 92, 101, 103, 108, 109
禅 Zen 263, 286, 300, 318, 353
禅宗 Chan 286
占星術 Astrologie 352

洗礼 Baptême（秘跡） 62, 63, 79, 80, 98, 121, 133, 140, 155, 170, 177, 179, 183, 188
洗礼者ヨハネ Jean-Baptiste 58, 62, 63, 140, 183, 227
洗礼派 Baptisme 110, 188
宋 Song 333
僧（侶）Bonze 300, 322
創価学会 Sôka Gakkaï 319
僧伽 Sangha（僧院） 276, 281, 298, 305, 306, 307, 308, 310
荘子 Zhuangyi 334
創世記 Genèse（旧約聖書） 16, 30
創造されずに存在するもの Incréé 212, 225
ゾーハル（光輝）の書 Zohar（聖典） 28
ソマリア Somalie 345
ソルジェニーツィン、アレクサンドル・イサーエヴィチ Soljenitsyne, Aleksandr Issaïevitch 92
ゾロアスター教 Zoroastrisme 340 →ザラスシュトラも参照
ソロモン王 Salomon 18, 45, 182, 222
ソロモンの雅歌 Cantique des Cantiques（旧約聖書） 18, 31

【た】
タイ Thaïlande 195, 274, 279, 286, 301, 304, 307, 308, 312, 314
第1次世界大戦 Première Guerre mondiale 107, 241, 244
大乗仏教 Grand Vehicule, Mahâyana 282, 285, 286, 288, 291, 293, 294, 295, 297, 298, 299, 303, 314, 318, 324
第2次世界大戦 Seconde Guerre mondiale 42, 46, 92, 99, 103, 162, 198, 336
台湾 Taïwan 333
道 Dao 334 →道教も参照
タキトゥス Tacite（歴史家） 66
タージ・マハル Taj Mahal（聖所） 338
多神教 Polythéisme 7, 210, 332, 338
ダダ、イディ・アミン Dada, Idi Amin（政治家） 267
磔刑（十字架刑）Crucifixion 64, 65, 72, 76
ダニエル Daniel（旧約聖書の登場人物） 222
ダビデ（ダヴィデ）王 David 18, 20, 22, 45, 58, 62, 63, 76
ダマスカス Damas 69, 72, 101, 215, 218, 229
ダマスケノス、ヨアンネス Damascène, Jean（聖人） 90, 96, 98
ダライ・ラマ Dalaï-lama 309, 311, 314, 325
ダリット Dalit（カースト） 255, 264, 266, 268, 269, 318
タリート Tallith（祈祷用肩掛け） 33
ダルシャン Darshan（神の姿・幻影） 262
ダルマ Dharma（世界秩序） 257, 264, 269, 276, 277, 278, 280, 284, 290, 293, 298, 307, 323, 324
タルムード Talmud（聖典） 8, 25, 28, 30, 31, 33, 50
タロット（カード）Tarot 353
タンザニア Tanzanie 236
断食 Al-siyam（イスラーム教の五行のひとつ） 228
断食（大斎・斎）Jeûne 98, 100, 110, 138, 170, 171, 228, 232
ダンティエール、マリ Dentière, Marie（女子修道院長） 199
タントラ教 Tantrisme 283, 303, 317
チェコ République Tchèque 106
地中海 Méditerranée 16, 67, 220, 255, 330
チベット Tibet 284, 292, 295, 298, 299, 302, 305, 306, 309, 311, 314, 316, 317, 324, 352
チャウシェスク、ニコラエ Ceausescu, Nicolae（政治家） 108
チャド Tchad 236
中央アジア Asie central 225
中国 Chine 91, 108, 118, 143, 152, 155, 195, 225, 236, 255, 282, 285, 286, 298, 300, 307, 309, 310, 312, 313, 316, 318, 319, 330, 332, 333, 334, 335
チュニジア Tunisie 43, 217, 218, 239, 240
チューリヒ Zurich 170, 173, 174, 176, 188
チリ Chili 194, 345, 350
チンギス・ハン Gengis Khân 220, 318
沈黙の塔（ダフマ）Dakhma 340
ツヴィングリ、フルドリヒ Zwingli, Huldrych（宗教改革者） 170, 173, 174, 183, 184, 200
ディアスポラ Diaspora 18, 21, 41, 50, 67, 70, 104, 154, 155
ディオクレティアヌス Dioclétien（皇帝） 70, 71, 86
ティコン Tikhon（総主教） 92
ティシャ・ベアヴ Ticha Beav（ユダヤ教の祝日） 18, 35
ティトー Tito（政治家） 103
ティトゥス Titus（皇帝） 21, 45, 61, 68, 73
ティベリアス（ガリラヤ）湖 Tibériade（聖地） 62
ティボン、サムエル・イブン Tibbon, Samuel Ibn（翻訳者） 25
ティムール（タメルラン）Timurlang (Tamerlang)（王朝開祖） 220
テオトコス（神の母）Theotokos 75, 93, 94
テオドシウス1世 Théodose I（皇帝） 71
テオドシウス2世 Théodose II（皇帝） 75
テューダー、メアリー Tudor, Marie（女王） 175, 200
テレージエンシュタット Therenzenstatt（強制収容所） 46
天国（楽園）Paradis 95, 133, 171, 179, 209, 223

転生 Réincarnation 144, 268
デンマーク Danemark 29, 170, 200
ドイツ Allemagne 50, 120, 122, 129, 155, 161, 169, 173, 174, 192, 193, 194, 200, 244, 319, 339, 355, 359
唐 Tang 318
ドヴィジャ Dvija（「再生族」） 255, 265
統一教会 Moon 193, 354, 356
道教 Taoïsme 332, 333, **334-335**, 356
道元 Dôgen 300
同性愛 Homosexualité 110, 157, 186, 191, 197, 198, 199
東南アジア Asie du Sud-Est 267, 276, 286, 299, 303, 306, 310, 312, 314
東方帰一教会 Unitarisme（正教） 99, 100, 103
東方正教会（ギリシア正教、東方教会） Orthodoxie 62, 75, 76, 79, 84-113, 119, 133, 138, 177, 182, 187, 195
ドゴン族 Dogon 345, 346
ドストエフスキー、フョードル・ミハイロヴィチ Dostoïevski, Fiodor Mikhaïrovitch 91
ドデカネス諸島 Dodécanèse 102
ドナトゥス Donat（開祖） 71
トマス Thomas（聖人） 70, 254
トマス・アクィナス Thomas d'Aquin（聖人） 134, 135, 161, 177
ドミニコ Dominique（聖人） 116, 129
ドミニコ会 Dominicain 117, 138, 146
塗油（聖香油）Chrismation, Onction（秘跡） 80
トーラー Torah（聖典） 8, 25, 30, 31, 33, 35, 37, 38, 50, 63, 72, 211, 222
トラピスト会 Trappiste 146
トランシルヴァニア Transylvanie 103, 192
トランスヨルダン Transjordanie 47
トリヴィドヤ Trividya（三重の知） 256
トリエント公会議 Concile de Trente 126, 138, 141, 179
トリムルティ Trimurti（ヒンドゥー教の三神一体） 259
トルクメニスタン Turkménistan 236
トルコ Turquie 27, 66, 67, 68, 70, 102, 106, 152, 225, 239
ドレフュス Dreyfus（事件） 43, 45, 48
トレブリンカ Treblinka（強制収容所） 46
敦煌 Dunhang（石窟寺院） 282, 316

【な】
ナイジェリア Nigeria 190, 225, 345
ナーガ Nâga（神） 277
ナーガールジュナ（龍樹）Nâgârjuna 283, 286, 294
ナザレ Nazareth 58, 77
ナーセル、ガマル・アブドゥル Nasser, Abdel Gamal（政治家） 47, 245, 246
ナーナク、グル Nanak, Guru（開祖） 338, 339
ナフダ Nahda（アラブ再興運動） 241
ナポレオン Napoléon 28, 29, 38, 121, 239, 240
ナポレオン3世 Napoléon III 123
ナントの勅令 Édit de Nantes 118, 176, 198
ニカイア Nicée（公会議） 71, 87, 90, 93, 177
ニコライ2世 Nicolas II（皇帝） 92
ニコラウス5世 Nicolas V（教皇） 117
ニザール Nousayri（一族名） 216
ニジェール Niger 236
ニーチェ、フリードリヒ Nietzsche, Friedrich 7
日本 Japon 91, 104, 286, 295, 298, 299, 300, 306, 313, 318, 332, 336, 353, 354
ニューエイジ New Age（新宗教運動） 194, 352, 356, 357, 358
ニュージーランド Nouvelle-Zélande 40
ニルヴァーナ Nirvâna 278, 290, 293, 294, 339
ネストリウス Nestrius（大主教） 74, 75
熱心党 Zélotes（ユダヤ教の過激派） 20
ネパール Népal 279, 295, 312, 315, 317
ネブカドネツァル（ネブカドネザル）Nabuchodonosor（バビロニア国王） 18, 19
ネルー、ジャワハルラール Nehru, jawaharlar（政治家） 271
ネロ Néron（皇帝） 67, 68
ノア Noé（旧約聖書の族長） 222
ノルウェー Norvège 170, 195

【は】
ハイチ Haïti 345, 347
バイバルス Baybar（国王・スルタン） 220
パウロ Paul（聖人） 67, 68, 69, 72, 77, 78, 86, 98, 168, 177, 185
パウロ3世 Paul III（教皇） 126
パウロ6世 Paul VI（教皇） 109, 116, 122, 124, 141, 147, 163
バーガヴァタ・プラーナ Bhagavata-Purana（聖典） 260
バガヴァッド・ギーター Bhagavad-Gita 259, 267
ハガダー（アガダ）Haggada (Aggadah)（ユダヤ教聖典） 34, 35
ハギア・ソフィア Saint-Sophie（大聖堂） 88, 97
パキスタン Pakistan 233, 236, 247, 271, 312, 338
バグダード Bagdad 75, 218, 219, 224, 225
バクティ Bhakti（帰依） 268, 339
ハザン Hazan（礼拝司式者・先導者） 33
ハサン、イブン・アリー Hassan Ibn Ali（ムハンマドの孫・カリフ） 220
ハーシム家 Hachémites 206
ハスカラ Haskala（ユダヤ啓蒙運動・思想） 28, 37, 45, 50
パスカル、ブレーズ Pascal, Blaise（思想家） 130
ハスモン朝 Hasmonéenne 19, 35
ハッジ（聖地巡礼）Hadj（イスラームの五行のひとつ） 230
バッハ、ヨハン＝ゼバスティアン Bach, Jean-Sébastien 179, 185
ハディージャ Khadija（ムハンマドの最初の妻） 207, 211
ハディース Hadith（聖典） 214, 221, 223, 225, 228
ハドリアヌス Hadrien（皇帝） 68
ハドリアヌス6世 Adrien VI（教皇） 124
パトリック Patrick（聖人） 152
ハナシ、ラビ・イェフダ（ユダ）Hannassi Rabbi Yehuda（ラビ） 30
ハナフィー学派 Hanafite 224
ハヌカ Hanoukkah（ユダヤ教の祝日） 35
バヌ・ハーシム家 Banu Hashim 206
バハーイー教 Bahaïsme **349**
バヒーラ Bahîra（修道士） 206
バビロン Babylone 24, 209, 254
バーブ（本名アリー・ムハンマド）Bab (Ali Muhammad)（開祖） 349
ハマス Hamas（イスラーム主義組織） 245
バーミヤン Bamiyan（聖地） 312, 313
ハムザ、アッバース Hamza, Abbas（開祖） 209
破門 Excommunication 88, 116, 117, 128, 157, 169, 174, 176
バラク、エフード Barak, Ehud（政治家） 49
バラ十字会 Rose-Criox（神秘主義結社） 352, 353, 354
ハラハー Halakhah（ユダヤ教の宗教的法則） 27, 37, 44, 50
バラモン教 Brahmanisme 254
鍼 Acupuncture 334
パリサイ派 →ファリサイ派
ハリジャン →ダリット
パリニルヴァーナ Parinirvâna（輪廻の停止） 293
パールヴァティー Parvati（神） 259, 263
バルカン諸国 Balkans 91, 109, 110, 162, 236
バール・シェム・トフ（トーヴ）Baal Chem Tov（ハシディズム創唱者） 28, 39
バルトロメオ1世 Bartholomée Ier（総主教） 96, 110
バルフォア Balfour（政治家） 18, 47
バル・ミツヴァ Bar-mitzvah, Bat-mitsva（ユダヤ教の祝日） 33
ハールーン・アッ＝ラシード Harum al-Rashid（カリフ） 219
ハレヴィ、イェフダ Halévy, Juda（詩人） 26
パレスチナ Palestine 18, 20, 26, 47, 48, 49, 59, 60, 66, 67, 69, 70, 97, 152, 154, 218, 219, 238, 245, 352
ハワーリジュ派 Kharidjite 217, 218, 235

ハンガリー Hongrie 42, 154, 194
バングラデシュ Bangladesh 236
盤古 P'an-Kou（神）334
パンジャーブ地方 Pendjab 338
反宗教改革 Contre-Réforme 117, 134
パーンダヴァ Pândava 259
バントゥー族 Bantou 345
ハンバル学派 Hanbalite 225
ピウス5世 Pie V（教皇）118, 139
ピウス6世 Pie VI（教皇）121
ピウス7世 Pie VII（教皇）121
ピウス9世 Pie IX（教皇）121, 123, 126
ピウス10世 Pie X（教皇）122
ピウス11世 Pie XI（教皇）122, 123
ピウス12世 Pie XII（教皇）69, 122, 131, 141, 142
ピエール（隠者）Pierre l'Ermite（PR）119
ヒエロニムス Jérome（聖人）74
ピオ Padre, Pio（聖人）142
東アフリカ Afrique-Orientale 339
秘教（主義）Ésotérisme 144
比丘 Bhiksu（仏僧）305
ピサ Pise 117
ビザンティン、ビザンツ Byzantin, Byzance 86, 87, 88, 89, 119, 215, 217, 220
ヒジュラ（聖遷）Hégire 211, 212, 232, 238
秘跡（聖礼典、機密）Sacrement 79, 134, 137, 138, 140, 141, 157, 169, 170, 171, 174, 176, 177, 180, 183, 184, 192
ヒトラー、アドルフ Hitler, Adolph 46, 47, 122
ピピン Pépin le Bref（国王）87
ヒマラヤ Himalaya 276, 286, 303, 312
ピョートル大帝 Pierre le Grand（初代ロシア皇帝）91
ヒラー山 Hira 207
ピラトゥス、ポンティウス（ポンテオ・ピラト）Pilate, Ponce（総督）64, 66, 72, 78
ビラル Bilal（初代ムアッジン）208
ヒルシュ、サムソン・ラファエル Hirsch, Samson Raphaël（ラビ）37
ビルンバウム、ナータン Birnbaum, Nathan（シオニズム提唱者）48
ヒレル Hillel（ユダヤ教律法学者）32
ヒンドゥー教 Hindouisme 252-273, 299, 301, 308, 313, 338, 339
ファキール Fakir（「貧者」）269
ファティマ Fatima（聖地）125, 141
ファティマ Fatima（ムハンマドの娘）212, 215, 232
ファーティマ朝 Fatimides 218, 219
ファラオ Pharaon 222, 228, 232
ファラシャ Falashas（エチオピア系ユダヤ人）40, 44
ファリサイ（パリサイ）派 Pharisiens（ユダヤ教聖職者階級）20, 24

ブイヨン、ゴドフロア・ド Bouillon, Godefroy de（十字軍英雄）119
フィリオクエ Filioque（論争）88
フィリピン Philippines 155, 195
フィロン、アレクサンドリアの Philon d'Alexandrie（哲学者）20
フィンランド Finlande 41, 108, 188, 195
フェティシズム（呪物崇拝）Fétichisme 344
フェニキア人 Phéneciens 16, 67
フェヌロン Fénelon（作家・聖職者）134, 240
福音書 Évangiles 24, 58, 59, 60, 61, 62, 66, 67, 69, 71, 74, 76, 77, 79, 135, 146, 162, 169, 178, 180, 186
福音派 Évangéliste 185, 188, 190, 191, 201
プージャ Pûjâ（供犠）262, 269, 270, 298, 299
プシュカル Pushkar 259
ブータン Bhoutan 317, 318
プーチン、ウラジーミル Poutine, Vladimir（政治家）92
復活 Résurrection 61, 63, 64, 67, 70, 77, 78, 93, 137, 144, 193, 197
復活祭 Pâques 80, 97, 98, 137, 138, 141, 144, 170
仏教 Bouddhisme 255, 258, 267, 271, **274-329**, 333, 336, 352, 353, 354, 356
ブッシュ、ジョージ Bush, George（政治家）9, 196, 200
ブッダ（釈迦）Bouddha 255, 259, 274, 276, 277, 278, 279, 280, 281, 282, 283, 284, 285, 287, 288, 289, 290, 293, 294, 295, 296, 297, 298, 299, 300, 301, 302, 303, 304, 305, 306, 307, 312, 321, 322, 332, 330
ブッダガヤ（ボードガヤー）Bodh-Gaya 315
ブッダ・シャカムニ（釈迦牟仁仏陀）Bouddha Shâkamuni 281, 284, 295, 299, 301, 315, 326
フード Houd（預言者）222
ブードゥー教 Vaudou（土着宗教）138, 347
フナファ（フナハ）派 Hunafa（教団）207
ブーメディエン、ウアリ Boumediene, Houari（政治家）246
プラサダ Prasada（聖饌）262
ブラジル Brésil 155, 187, 190, 194, 347, 350
プラダクシナ Pradakisina（旋回）262
ブラフマー Brahma 256, 258, 259
ブラフマナ（バラモン）Brahmane 257, 259, 260, 261, 262, 265, 266, 268, 269, 270
ブラマンテ Bramante（建築家）117, 127
フランシスコ会 Franciscain 117, 134, 138, 141, 146, 162
フランス France 8, 27, 28, 37, 38, 41, 43, 44, 46, 65, 107, 118, 119, 120, 121, 128, 130, 134, 135, 144, 148, 150, 151, 155, 161, 175, 176, 182, 183, 190, 193, 198, 199, 200, 201, 236, 240, 319, 349, 352, 358
フランソワ・ド・サル François de Sales（聖人）146

フランチェスコ François（聖人）83, 116
ブランディヌ Brandine（聖女）70, 121
ブリト・ミラ Birth Milah（ユダヤ教の割礼）16, 52
プリニウス（父）Pline l'Ancien（著作家）20
プリニウス（子）Pline le Jeune（著作家）66
プーリム Pourim（ユダヤ教の祝日）35
ブルガコフ、セルゲイ Bourgakov, Serge（神学者）107, 109
ブルガリア Bulgarie 92, 100, 103, 106, 108, 110, 154
フルシチョフ、ニキータ・セルゲーエヴィチ Khrouchtchev, Nikita Sergueïvitch（政治家）92
プルシャ Purisha（宇宙的原人）258, 265
ブルーノ、ジョルダーノ Bruno, Giordano（哲学者・修道士）118
ブルボン王家 Bourbons 118
フロイト、ジークムント Freud, Sigmund 7
プロテスタント（プロテスタンティズム）Protestant (Protestantisme) 62, 65, 76, 78, 79, 97, 103, 107, 126, 129, 131, 133, 141, **166-203**
ベイト・ディン Beth Din（ラビ法廷）38
ベギン、メナヘム Begin, Menahem（政治家）47
ペサハ Pessah 18, 34, 35 → 過越祭
ヘス、モーゼス Hess, Moïse（政治家）48
ベッサラビア Bessarabie 103
ヘッセン方伯フィリップ Hesse, Philippe de 170
ベツレヘム Bethléem 59, 76
ヘデル Heder（タルムード初等学校）50
ベトナム Vietnam 195, 286, 306, 307, 311, 312, 313, 319, 332
ペトロ Pierre（聖人）60, 67, 68, 69, 70, 73, 76, 86, 96, 98, 121, 124, 133, 145, 152, 171
ベナレス（ワーラーナシー）Bénarès (Varanasi) 263, 277
ベナン Bénin 345
ベネディクト16世 Benoît XVI（教皇）124, 128, 139, 147, 148, 157, 162
ベネディクトゥス Benoît（聖人）146
ベネディクトゥス15世 Benoît XV（教皇）122
ベネディクト会 Bénédictin 146
ヘブロン Hebron（聖地）16
ペラギウス Pelage（修道士）75, 177, 181
ベラルーシ Biélorussie 91, 103, 108
ペリシテ人 Philistins 17, 18
ペルー Pérou 350
ベルギー Belgique 29, 42, 155
ベルゲン・ベルゼン Bergen-Berzen（強制収容所）46
ペルゴラ、セルジオ・デッラ Pergola, Sergio Della（人口統計学者）42

383

ペルシア Perse　75, 218, 219, 227, 238, 255, 330, 340
ペルーシム　→ファリサイ派
ヘルツル、テオドール Herzl, Theodor（シオニズム運動提唱者）　48
ヘルツル山 Herzl　46
ベルナルドゥス（ベルナール）Bernard（聖人）　119, 120, 134
ベルニーニ Bernin（彫刻家）　117
ペレス、シモン Peres, Shimon（政治家）　49
ペレストロイカ Perestroïka　92
ヘロデ王 Hérode　19
ベン・グリオン、ダヴィド Ben Gourion, David（政治家）　47, 48
ベンジャミン Benjamin（府主教）　92
ペンテコステ運動 Pentecôtisme　188, 189, 190, 194, 195, **350-351**
ヘンデル Haendel　19
ベン・ベラ、アフマド Ben Bella, Ahmed（政治家）　246
ヘンリー 8 世 Henri VIII　174
法輪 Roue　287, 294, 299, 324
菩薩 Bodhisattva（覚者）　282, 289, 290, 291, 294, 295, 298, 299, 302, 305, 322, 324
ボスニア Bosnie　89, 103
ホセア Osée（預言者）　22
ポタラ宮 Potala（チベットの聖地・宮殿）　314
ホートリ Hotri（祭官）　261
ボナヴェントゥーラ Bonaventura（聖人）　134
ボニファティウス 8 世 Boniface VIII（教皇）　124
ホフマン、メルキオール Hoffmann, Melchior（説教師）　174
ポーランド Pologne　28, 39, 41, 99, 106, 108, 137, 155
ホーリー Holi（ヒンドゥー教の祝祭）　264
ボルジア、チェザーレ Borgie, César（枢機卿・軍人）　117
ポルトガル Portugal　26, 137, 155
ボロブドゥール Borobudur（聖地）　302, 313
ボン教 Bön（チベットの伝統宗教）　286, 317
ボンベイ（ムンバイ）Bombay　264, 340
ポンペイウス Pompée（皇帝）　19

【ま】
マイダネク Maïdanek（強制収容所）　46
マイモニデス Maimonide（ラビ・哲学者）　25, 26, 27, 28, 29, 30, 32, 50
マキャヴェッリ、ニッコロ Machiavel　117
マグレブ Maghreb　8, 218, 224
マケドニア Macédoine　19
マサダ Massada（聖地）　21
マザー・テレサ Mère Teresa　142
マズダー教（ゾロアスター教） Mazdéisme 340
マセド、エディール Macedo, Edir（宗教家）　351
マゼラン Magellan　118
マタイ Matthieu（聖人）　58, 59, 60, 63, 66, 69, 72, 76, 180
マティス、ヤン Matthys, Jan（宗教家）　174
マハーバーラタ Mahabharata（叙事詩）　255, 257, 259, 262
マハーモッガラーナ（マウドガリヤーヤナ、目連）Maudgalyâyana（仏僧）　284, 324
マムルーク朝 Mamelouks　220, 240
マーヤー夫人 Mâyâ（ブッダの母）　280
マラバール地方 Malabare　70, 75
マリ Mali　236, 238, 345
マリア Marie（聖母）　58, 60, 62, 74, 75, 78, 93, 98, 121, 130, 131, 133, 137, 141, 142, 143, 144, 222, 243, 347, 351
マーリク Malékite（イスラーム教の学派）　224
マルキアヌス Marcien（皇帝）　75
マルキオン Marcion（宗教思想家）　71
マルクス、カール Marx, Karl　7, 48
マルグリット・ド・ナヴァル Marguerite de Navarre（王妃）　175
マルコ Marc（聖人）　59, 60, 62, 64, 66, 70
マルロー、アンドレ Malraux, André（作家）　7, 353
マレーシア Malaisie　225
マロ、クレマン Marot, Clément（プロテスタント詩人）　185
マンダラ（曼荼羅）Mandala　283, 302
マントラ Mantra（真言）　262, 264, 283, 298
ミカエル Michel（天使）　223
ミカエル 3 世 Michel III（皇帝）　90
ミケランジェロ Micher-Ange　117, 127, 133
ミサ Messe　80, 137, 139, 144, 155, 170, 179, 184, 347
ミシュナ Mishna（聖典）　25, 30
ミツヴァ（ミツヴォト）Mitsva /mitsvot（戒律）　35, 63
南アフリカ（国名）Afrique du Sud　42, 102, 189, 247
ミュンツァー、トマス Müntzer, Thomas（宗教改革者）　173, 192
ミリアム Myrian（モーセの姉妹）　22
ミールザー、ホセイン・アリー Mizra, Hussein Ali（開祖）　349
ミロシェヴィッチ、スロボダン Milosevic, Slobadon（政治家）　103
明 Ming　333
民数記 Nombres　30
ムアーウィヤ Mu'awyia（カリフ）　215, 216, 217
ムガル朝 Moghols　338
ムクティ Mukti（輪廻転生）　258, 268

無原罪の御宿り Immaculée Conception　94, 126, 130, 131
無神論 Athéisme　91, 161
ムスリム Musulman　88, 271
ムスリム同胞団 Frères musulmans　244
無着 Asanga（仏僧）　283
ムハンマド（マホメット）Muhammad, Mahomet　26, 206, 207, 208, 209, 210, 211, 212, 213, 214, 215, 216, 217, 222, 223, 226, 227, 228, 229, 230, 232
メイア、ゴルダ Meir, Golda（政治家）　49
明治時代 Meiji　336
瞑想・観想 Méditation　226, 297, 298
メキシコ Mexique　42, 104, 155, 347, 350
メシア（救世主）Messie　59, 61, 63, 72, 73, 76, 201
メズザー Mezouza（ユダヤ教徒の一種の門札）　33
メソジスト派 Méthodisme　110, 189, 194, 198, 199
メソポタミア Mesopotamie　16, 21, 215, 238, 254, 352
メッカ Mecque（聖地）　206, 207, 208, 209, 210, 211, 212, 213, 214, 217, 226, 228, 230, 232, 234
メディチ、ロレンツォ・デ Médicis, Laurent de（フィレンツェ共和国支配者）　117
メディナ（ヤスリブ）Médine（Yatrib）　24, 207, 208, 211, 212, 213, 214, 215, 217, 224, 226, 228, 230
メトディアス Méthode（聖人）　89
メノー派 Mennonite　192, 200
メヘメト＝アリ Méhémet-Ali（副王）　240
メラー Melà（ヒンドゥー教の祝祭）　262, 267
メル（須弥）山 Méru　258
メンデルスゾーン、モーゼス Mendelssohn, Moses（哲学者）　28, 29
モア、トマス Moore, Thomas（思想家・法律家）　174
モアブ人 Moabites　16
黙示録 Apocalypse（新約聖書）　61, 67
モーセ Moïse（預言者）　16, 22, 30, 32, 59, 64, 76, 210, 211, 222
モーセ五書 Pentarteuque（旧約聖書）　16, 30, 31, 33
モルドヴァ、モルダヴィア　Moldavie 91, 103
モルモン教 Mormons　193
モロッコ Maroc　41, 43, 220, 244, 245, 246
モワイヤン＝ムーティエ、ユンベール・ド（枢機卿）Moyen-Moutier, Humbert de　87
モンケ Mangu（皇帝）　218
モンゴル Mongolie　311, 312, 318
モンゴル人 Mongols　218, 238, 318
モンテスキュー、シャルル・ド Montesquieu　118, 240, 242

【や】

ヤコブ Jacob（旧約聖書の族長） 16, 49, 222
ヤコブ（大ヤコブ）Jacques（Jacques le Majeur） 62, 66, 68, 70, 73
ヤジュル・ヴェーダ Yajur-Veda（聖典） 256
ヤロブアム Jéroboam（国王） 18
ユグノー Huguenots 118
ユーゴスラヴィア Yougoslavie 109
ユダ王国 Juda 18, 62
ユダヤ教 Judaïsme 14-55, 58, 59, 61, 62, 63, 64, 67, 68, 69, 70, 72, 77, 78, 121, 122, 124, 125, 170, 182, 201, 209, 212, 215, 217, 218, 219, 222, 223, 229, 231, 233
ユダヤ（ヘブライ）人 Hébreux 58, 68, 77, 223, 232
「ユダヤ人の王、ナザレのイエス」INRI 64
ユダヤ地方 Judée 18, 19, 23, 58, 59, 63, 68, 72
ユニテリアン派 Unitarien（プロテスタント） 192
ユリアヌス、背教者 Apostat Julien（皇帝） 70
ユリウス2世 Jules II（教皇） 22, 117
赦しの秘跡 →告解
陽 Yang 334, 335
ヨーガ Yoga 258, 263, 269, 282, 353
ヨーギン Yogin（ヨーガ行者） 259
預言者 Prophète 58, 72, 76, 206, 210, 211, 212, 213, 214, 215, 216, 217, 220, 221, 222, 223, 224, 225, 229, 232, 243, 245
ヨシュア Josué（モーセの後継者） 17, 30, 31, 59
ヨセフ Joseph（旧約聖書登場人物） 58, 62, 66, 131, 222
ヨセフス、フラウィウス Joséphe, Flavius（著作家） 19, 66
予定説 Prédestination 95, 181, 224
ヨナ Jonas（預言者） 222
ヨナタン Jonathan（旧約聖書登場人物） 17
ヨハネ Jean（聖人） 59, 61, 63, 78
ヨハネ23世 Jean XXIII（教皇） 124, 159
ヨハネ・パウロ1世 Jean-Paul I（教皇） 124
ヨハネ・パウロ2世 Jean-Paul II（教皇） 8, 51, 99, 122, 124, 125, 128, 132, 133, 134, 139, 142, 145, 147, 148, 156, 158, 159, 160, 161, 162
ヨハン・フリードリヒ Jean-Frédéric de Saxe（ザクセン選帝侯） 170
ヨブ Job（旧約聖書の登場人物） 222
ヨーム・キップール（戦争）Yom Kippour（Guerre de） 47
ヨルダン Jordanie 47, 102, 154, 245
ヨルダン川 Jourdain 16, 47, 62, 97, 140, 183
ヨルダン川西岸地域 Cisjordanie 49, 102
ヨルバ族 Yorouba 345
ヨーロッパ Europe 102, 109, 116, 170, 193, 194, 236, 240, 241, 316, 344, 357

【ら】

ライデン、ヤン・フォン Leyde, Jean de（神秘主義宗教家） 174
ラオス Laos 279, 286, 319
ラキシュ、レーシュ Lakish, Rech（改宗者） 33
ラクシュミー Lakshmi（女神） 259
ラケル Rachel（旧約聖書の登場人物） 16
ラザロ Lazare（聖人） 63, 347, 348
ラシ（ラビ・ソロモン・ベン・イサーク）Rachi（Rabbi Salomon Ben Issak）（注釈学者） 27, 31, 50
ラジャスタン Rajastan 259
ラダック Ladakh 308
ラテラノ Latran（公会議） 122, 123, 147, 150
ラテラノ（宮殿）Latran（Palais） 117
ラテンアメリカ Amérique latine 40, 108, 138, 149, 151, 162, 350, 351
ラーマ王子 Rama（ヴィシュヌ化身） 259, 263, 264, 271
ラマダン Ramadan 228, 232
ラーマーヤナ Ramayana（叙事詩） 255, 256, 257, 258, 263
ランズマン、クロード Lanzmann, Claude（映画監督） 46
リヴォフ Lvov 99
リグ・ヴェーダ Rig Veda（聖典） 256
リシ Rishi（見者・賢者） 256
律法の石版 Tables de la Loi 16
リトアニア Lithuanie 28
ルイ14世 Louis XIV 118, 121
ルカ Luc（聖人） 58, 59, 62, 64, 67, 180
ルクセンブルク Luxembourg 155
ルター、マルティン Luther, Martin 75, 78, 117, 130, 168, 169, 171, 173, 174, 175, 177, 178, 179, 180, 181, 183, 184, 185, 188, 193, 196, 198, 199, 200

ルバヴィッチ Loubavitch（宗教運動） 39
ルフェーヴル師 Lefebvre, Mgr.（司教） 65, 124, 128, 129, 130
ルブリョフ、アンドレイ Roublev, Andreï（画家） 91
ルーマニア Roumanie 89, 92, 103, 106, 108, 154
ルルド Lourdes（聖地） 142
ルワンダ Rwanda 152
レヴィナス、エマニュエル Levinas, Emmanuel（哲学者） 31, 45
レオ1世 Léon Ier Le Grand（大教皇） 75
レオ3世 Léon III（教皇） 87
レオ9世 Léon IX（教皇） 87
レオ10世 Léon X（教皇） 117, 168
レオ13世 Léon XIII（教皇） 122
レオン3世 Léon III（皇帝） 90
レーガン、ロナルド Reagan, Ronald 197
レッシング、ゴットホルト・エフライム Lessing, Gotthold Ephraim（詩人・劇作家・思想家） 29
レバノン Liban 47, 102, 154
レビ記 Lévithique（旧約聖書） 30
老子 Laozi（Lao-Tseu） 255, 330, 332, 334
ロシア Russie 29, 40, 42, 48, 89, 91, 92, 97, 100, 103, 105, 106, 109, 241
ローシュ・ハシャナ（ハッシャーナー）Rosh Ha-Shanah（ユダヤ教の祝日） 34
ローゼンツヴァイク、フランツ Rosenzweig, Franz（哲学者） 50
ロッシ、マルセロ Rossi, Marcelo（神父） 350
ロバートソン、パット Robertson, Pat（テレビ伝道師） 197
ローマ Rome 19, 59, 66, 67, 69, 70, 75, 77, 79, 86, 93, 100, 101, 109, 116, 117, 118, 119, 120, 121, 122, 123, 125, 126, 127, 128, 129, 130, 133, 134, 137, 143, 145, 147, 149, 150, 152, 154, 155, 161, 169, 174, 176
ロンバルディア人 Lombards 87

【わ】

ワイズ、アイザック Wise, Issac（ユダヤ教改革者） 38
ワッハーブ派 Wahhabisme（イスラーム改革派） 225, 241, 244

定義索引

【あ】

アガダー Aggadah →ハガダー
アグニ Agni 272
アザーン Ad-adān 248
アシュケナジ Ashkénazes 52
アスバブ・アル＝ヌズル Asbab al-nuzul 248
アダブ Adab 248
アッ＝ラフマーン Al-Rahmân 248
アドヴァリュ Adhvaryu 272
アトス山修道士 Athonite 111
アートマン Ātman 327
アートマン＝ブラフマン Ātman-Brahman 272
アド・リミナ訪問 Visite ad limina 163
アナートマン Anātman 327
アニチャ Anitya 327
アニ・マーミン Ani Maanin 52
アニミズム Animisme 370
アビダルマ（阿毘達磨）Abhidharma 327
アーヒラ Akhira 248
アヒンサー Ahimsa 272
アマン Aman 248
アーメン Amen 370
アーヤトッラー Ayatollah 248
阿羅漢 Arhat 327
アラティ Arati 272
アリウス主義 Arianisme 81
アリム Alim 248
阿梨耶 Ārya 327
アリヤー Allyah 52
アル＝アスル Al-asr 248
アル＝アミン Al-Amin 248
アンサール Ansar 248
安息日 Shabbat 52
イェシヴァ Yeshiva 52
異教 Paganisme 81
イクラー Iqra 248
イコン Icône 111
イスラーム Islam 248
異教・異端者 Hétérodoxe 111
異端 Hérésie 81, 163
一元論 Monisme 272
イード・アル＝アドハー Aïd el-addah／イード・アル・カビール Aïd el-kébir 248
イード・アル＝フィトル Aïd el-Fitr 248
イハー Ikha 248
イマーム Imâm 248
医療師 Guérisseur 360
陰 Yin 341
イングランド国教会 →英国国教会
隠修 Anachorèse 81

隠修士 Anachorète 81
インドラ Indra 272
ヴァイシャ Vaishya 272
ヴァルナ Varna 272
ヴァルナ Varuna 272
ヴィシュヌ Vishnou 272
ヴェーダ Veda 272
宇宙発生論 Cosmogonie 81
優婆塞 Upāsaka 327
『ウパニシャッド』Upanishad 272
占い Divination 360
占い師 Devin 360
ウラマー Oulema, Uléma →アリム
ウルビ・エト・オルビ Urbi et obri 164
ウンマ Oumma 248
『ウンム・アルキターブ』Oum el-Kitab 248
英国国教会（聖公会）Anglicanisme 202
栄唱 Doxologie 81
永眠 Dormition 111
エキュメニズム Oecuménisme 81
エッセネ派 Esséniens（Essenes）52
エホバの証人 Témoins de Jéhovah 360
縁起 Pratītya samutpāda 327
応身 Nirmānakāya 327
恩寵（神の）Grâce 81

【か】

我 →アートマン
戒 Śila 327
悔恨 Componction 81, 111
会衆制 Congrégationalisme 81, 202
悔悛 →赦し
回勅 Encyclique 81, 163
外務局長 Secrétaire pour les relations avec les États 163
隠れたイマーム Imâm caché 248
カシェール／コシェール Cacher/Kacher/Kocher 52
カースト Caste 272
カディッシュ Kaddish 52
カテキズム Cathéchisme 370
カトリック Catholicisme 81
神の母 Theotokos 81, 112
カメルレンゴ Camerlingue 163
仮庵祭（スコット）Sukkot 52
カリスマ Charisme 370
カリフ Calife 248
カルヴァン主義 Calvinisme 202
カルヴァン派 Calvanistes 81, 202
カルマ Karma, Karman 272, 327
観 Vipaśyanā 327

キドゥーシュ Kiddush 52
記念唱 Anamnèse 81
キブラ Qibla 248
キプール Kipur 52
救済 →救い
教会 Église 81
教会分離 Schisme 81
教会法・カノン法 Droit canonique 163
教会論 Ecclésiologie 81
教義・教条 Dogme 81, 163
教皇冠 Tiare 164
教皇自発教令 Motu proprio 163
教皇主宰枢機卿会議 Consistoire 163
教皇選挙会議（場）Conclave 81, 163
教皇大使 Nonce 163
教皇評議会 Conseil pontifical 163
共住生活修道士 Cénobite, cénobitique 81, 111
教父学 Patristique 81
キリスト教 Christianisme 81
キリスト再臨 Parousie 111, 370
キリスト単性説 Monophysisme 81
苦（憂悩）Duhkha 327
悔い改め Métanoïa 111
苦行・禁欲 Ascèse 81
クシャトリヤ Kshatriya 272
グノーシス（霊知）Gnose 81, 360
グノーシス主義 Gnosticisme 81
クーポール →丸天井
グリオ Griot 360
クリシュナ Krishna 272
グル Gourou/Guru 272, 327, 360
クルアーン（コーラン）Qur'an 248
クレド（使徒信条、使徒信経）Credeo 81
形而上学 Métaphysique 370
化身 Réincarnation 272, 360
ゲマラ／グマラ Gemara 52
堅信 Confirmation 81
原理主義 →ファンダメンタリズム
ゴイ Goi 52
業 →カルマ
高位聖職者 Pontife/Prélat 81
公会議 Concile 81
（全地）公会議 Concile 163
合議制 Collégialité 163
皇帝 Basileus 111
国務長官 Secrétaire d'État 163
沽聖（聖職売買）Simonie 81, 163
告解 →赦し
言葉 Verbe 81
暦 Calendrier 111

定義索引

ゴラ Gola 52
金剛乗 Vajrayāna 327
金剛力士（執金金剛、持金剛）Vajiradhara 327
根本主義 →ファンダメンタリズム

【さ】

サイエントロジー（教会）Scientologie（Église de）360
最後の聖餐（聖餐式）Cène, Sainte Cène 81, 202
再生 Palingénesie 360
再洗礼派 Anabaptisme 81, 202
祭壇 Autel 81
裁治権 Juridiction 81, 111
サウム Siyam 248
サドゥー Sadhu 272
サドカイ派 Tzedokims 52
悟り（菩提、成道など）Bodhi 327
サムサーラ →輪廻
サラー Salat 248
サラフ Salaf 248
サリー Sari 272
サンヘドリン Sanhedrin 52
三昧 Samādhi 327
シーア派 Chiite 248
自印聖像 Mandylion 111
シヴァ Shiva 272
止観 Śamatha 327
司教（主教、監督）Évêque 81, 163
司教会議 Conférence épiscopale 81, 163
司教冠（ミトラ）Mitre 163
司教区（監督官区）Diocèse 81, 163
司教区会議（教会会議、主教会議）Synode 81
司教座聖堂 Cathédrale 163
シク教 Sikhisme 341
四旬節 Carême 81
至聖所 Saint des saints 81
七十人訳旧約聖書（セプトゥアギンタ）Septante 52
自治正教会 Autonome 111
実体変化 Transsubstantiation 81, 163
使徒 Apôtre 81
シドゥール Siddur 52
使徒憲章 Constitution apostolique 163
使徒的勧告 Exhortation apostolique 163
ジナーナ Jnana 272
ジハード Djihad 248
詩編集 Psautier 81
シムハット・トーラー Simkhat Torah 52
シャイフ（シェイフ、シーク）Sheikh 248
シャヴオット Shavuot 52
シャウチャ Sauca 272
ジャーティ Jati 272
シャハーダ Shahada 248

シャーマニズム Chamanisme 360
シャーマン Chaman 360
シャリーア Sharia 248
手印（印相・印契）Mudrā 327
宗教 Religion 370
宗教改革 Réforme 202
宗教行列 Procession 81
宗教的感情 Religiosité 370
集住修士 Acémète 111
終末論 Eschatologie 81, 370
儒教 Confucianisme 341
首座司教 Primat 164
呪詛 Envoûtement 360
シュテットル Shtetl 52
主堂 Catholicon 111
シュードラ Shudra 272
受難 Passion 81
受肉・化身 Incarnation 81
主の公現（公現祭、神現祭）Épiphanie 81
主の昇天（昇天祭）Asension 81
呪物 Fétiche 360
須弥山 Sumeru 327
掌院 Archimandrite 111
上座部 Theravāda 327
小乗 Hinayāna 327
贖宥状 Indulgence 81
助祭職 Diaconat 81
処女懐胎 Conception virginale 163
女性聖職者 Sacerdoce féminin 81
ショファル Shofar 52
信 Śraddhā 327
神学 Théologie 81, 370
シンクレティズム（宗教混淆）Syncrétisme 341
神現祭 Théophanie →主の公現・公現祭
信仰覚醒 Réveil 202
信仰告白・信仰宣言 Confession 81
信仰告白者（教会）Professants（Église de）202
真言 Shingon 327
シンドゥール Sindhur 272
神秘学・神秘神学・神秘思想 Mystique 370
神秘主義 Mysticisme 370
ズィンミー Dhimmi 248
枢機卿会 Collège des cardinaux 163
救い Salut 81
ストゥーパ Stūpa 327
スーフィー Sufi, Soufi 248
ズフル Al-zuhr 248
スーラ Sourate, surate 248
スルタン Sultan 248
スルーティ Sruti 272
スンナ Sunna 248
スンナ派 Sunnisme 248
正教 Orthodoxe 111
政教協約 Concordat 81, 163

聖香油 Chrème ou saint chrême 81
聖座・教皇座 Saint Siège/Siège apostolique 81
聖者 Marabout 360
聖書 Bible/Ecrirtures（Saintrs）111
聖省 Congrégation romaine 82, 163
聖書外典・偽書 Apocryphe 82
聖職 Sacerdoce 82
聖職位階制 Hiérarchie 82
聖人 Saint 82
聖像破壊運動（イコノクラスム）Iconoclasme 111
聖像屏壁・聖像障 Iconostase 111
聖体（の秘跡）Eucharistie 82
聖体拝領（聖体礼儀、陪餐／聖餐）Communion 82
聖庁 Dicastère 163
聖徒の交わり Communion des saints 82
聖年（大赦年）Jubilé 163
聖餅 Prosphore 111
聖母 Vierge 82
聖母の被昇天 Assomption 82, 163
聖母マリアの無原罪の御宿り Immaculée Conception 82
世界教会一致運動 →エキュメニズム
セクト Secte 360
接（摂）心 Sesshin 327
セデル Seder 52
セファルディ Sephardi 52
禅 Zen 327
宣教（伝道・布教）（の）Apostolique 82
禅定 Dhyâna 327
全地公会議 →公会議
全地総主教 Patriarche oecuménique 111
千年王国思想（至福千年説）Millénarisme 202
洗礼志願者 Catéchumène 82
洗礼派 Baptistes 82
僧伽 Sangha 327
総大司教（総主教）Patriarche 82, 111, 163
総大司教職・区（総主教職・区）Patriarcat 82, 111
総務局長 Substitut 164
族長 Avot 52
ゾロアスター教 Zoroastrisme →マズダー教

【た】

戴冠 Couronnement 111
待降節 Avent 82
大乗仏教 Mahāyâna 327
タオ／ダオ Tao/Dao 341
タスリム Taslim 248
タリカ Tariqa 248
ダリット Dalit 272
ダリル Dalil 248
ダール・アル＝イスラーム Dar-el-islam 248

ダール・アル＝ハルブ Dar-el-Harb 248	ハラハー Halakhah 52	ホートリ Hotri 272
ダルシャン Darshan 272	波羅密（波羅密多・到彼岸）Pāramitā 327	
ダルマ Dharma 272, 327	ハラーム Haram 248	【ま】
ダルマカーヤ Dharmakāya 327	ハラール Halal 248	マ Ma 272
タルムード Talmud 52	パリウム Pallium 163	マズダー教 Mazdéisme 341
中観派 Mādhyamika 327	パリニルヴァーナ Parinirvāṇa 327	マドラサ Madrasa 248
注釈（釈義・注解）Exégèse 370	バル・ミツヴァ Bar Mitzvah 52	マニ教 Manichéisme 82
超越（超越性）Transcendance 82, 370	ハワーリジュ派（ハーリージー主義）Hharidjisme 248	マムルーク Mamelouks 248
長官 Préfet 163	パントクラトール Pantocrator 112	マリア学 Mariologie 82
長老派教会会議 Presbystéro-synodal 202	万人祭司 Sacerdoce Universel 202	丸天井 Coupole 112
ディアスポラ Diaspora 82	秘教 Ésotérisme 360, 370	マンダラ（曼荼羅）Mandala 327
ティシャ・ベアヴ Tishah be-Av 52	比丘 Bhiksu 327	マンダリン Mandarin 341
テシュヴァ Teshuvah 52	非宗教性（世俗性・政教分離）Laïcité 370	マントラ（真言）Mantra 272, 327
テフィリム Tephillim（ないしテフィリン Tefillin）52	ヒジュラ Hégire 248	ミシュナ Mishna 53
典院 Higoumène 111	秘跡（聖礼典、機密）Sacrement 82	ミツヴァ Mitzvah 53
転生 →化身	ピューリタニズム（清教）Puritanisme 202	ミドラシュ Midrash 53
伝道 →宣教	ピューリタン（清教徒）Puritain 82	ミフラーブ Mihrab 248
伝統完全保存主義者（アンテグリスト）Intégriste 82, 163	ビレッタ Barrette 163	ミ（―）ラージュ Miraj 248
典礼（聖礼典、聖餐式）Liturgie 82, 111	ファトワー Fatwa 248	ミンバル Minbar 248
典礼年 Année liturgique 111	ファリサイ（パリサイ）派 Parushim 52	ミンヤン Minyan 53
ドヴィジャ Dvijas 272	ファンダメンタリズム Fondamentalisme 82, 202, 360	ムアッジン Muezzin 248
道教 Taoïsme 341	フィクフ Fiqh 248	ムクティ Mukti 272
同質の Consubstantiel 82	不可触民 Intouchable 272	ムジュタヒド Moujtahidin 248
東方帰一教会 Uniates 111	不可知論 Agnosticisme 370	無神論 Athéisme 370
独立正教会 Autocéphalie 82	不可謬性（不謬性、無謬性）Infaillibilité 163	ムスリム Muslim 248
ドセティスム・キリスト仮現論 Docétisme 82	福音史家 Évangéliste 82, 202	メズザー Mezuzāh 53
塗油 Onction 82	福音派 Évangélique 202	メソジスト派 Méthodistes 202
トリプティカ・三連祭壇画 Triptyque 111	傅膏 Chrismation 82	メノー派 Mennonites 202
トリムルティ Trimurti 272	プージャ Pûjâ 272, 327	メラー Melâ 272
	復活 Résurrection 82	免償 →贖宥状
【な】	復活祭 Pâques 82	目的論 Téléologie 82
内陣 Sanctuaire 82	復活祭用ロウソク Cierge pascal 163	沐浴 Ablution 248
ナフダ Nahda 248	ブッダ Buddha, Bouddha 327	モナシスム Monachisme 82
ニヒリズム Nihilisme 82	仏典 Sūtra 327	モルモン教徒 Mormon 360
如来 Tathāgata 327	フトバ Khutba 248	
涅槃（ニルヴァーナ）Nirvāṇa 327	フナファ（フナハ）派 Funafa 248	【や】
呪い Envoûter 360	プラサダ Prasada 272	唯識派 Vijñānavāda 327
	プラジュニャー Prajñā 327	唯心論・霊術・心霊主義 Spiritualisme 370
【は】	プラダクシナ Pradaksina 272	唯物論 Matérialisme 370
ハガダー Haggadah 52	ブラフマー Brahma 272, 327	ユグノー Huguenots 202
バクティ Bhakti 272, 341	ブラフマーナ Brahmane 272	ユダヤ・キリスト教 Judéo-christianisme 370
ハシディズム Hassidisme 52	ブリト・ミラ Brith Milah 52	赦し Pénitennce 82
柱（5本の）Pilliers（les cinq）248	プーリム Purim 52	陽 Yang 341
バシリカ（式大聖堂）Basilique 163	プルシャ Purisha 272	ヨーガ Yoga 272
ハスカラ Haskalah 52	ベイト・ディン Beit Din 52	預言者 Nabi/Prophètes 53
ハタ・ヨーガ Hata yoga 272	ペサハ Pesach/Pessah 53	予言者的隠者 Starets 112
ハッジ Hadj 248	ヘシカスト・安静観想主義者 Hésychaste 82, 111	予定説 Prédestination 82, 202
閥族主義 Népotisme 82, 163	ペトロの墓 Confession de Pierre 163	
ハディース Hadith 248	奉献 Anaphore 82	【ら】
バヌ Banu 248	報身 Sambhogakāya 327	ラスル Rasûl 248
ハヌカ Hanukkah 52	亡命先 Réfuge 202	ラマ Lama 327
ハヌキヤ Hanukkiya 52	牧師 Pasteur 82, 202	ラーマ Rama 272
バプテスト派 Babtestes →洗礼派	菩薩 Bodhisattva 327	ラマダン Ramadan 248
破門 Excommunication 82, 163		リシ Rishi 272
		理神論 Déisme 370
		律 Vinaya 327

定義索引

輪廻 Métempsychose 360
輪廻 Saṃsāra 272, 327
倫理・道徳 Morale 370
ルター派 Luthérien 82, 202
霊性 Spiritualité 370
霊知 →グノーシス

列聖 Canonisation 82
列福 Béatification 82
蓮華座 Padmāsana 327
煉獄 Purgatoire 82
連祷 Litanie 82
ローシュ・ハシャナ Roch ha-Shanah 53

ローマ教皇庁 Curie（romaine） 82, 163
ローマ教皇への信者の自由献金 Denier de Saint-Pierre 164

【わ】
ワッハーブ派 Whahhabisme 248

◆訳者略歴◆

蔵持不三也（くらもち・ふみや）

1946年、栃木県今市市（現日光市）生まれ。早稲田大学第1文学部卒。パリ第4大学ソルボンヌ校修士課程、パリ高等社会科学研究院博士課程修了。早稲田大学人間科学学術院教授。文化人類学（歴史人類学・フランス民族学）専攻。博士（人間科学）。

著書・編著書に、『シャリヴァリ』（1991年）、『ペストの文化誌——ヨーロッパの民衆文化と疫病』（1995年）、『ヨーロッパの祝祭』（編著、1996年）、『神話・象徴・イメージ』（編著、2003年）、『シャルラタン』（2003年）、『図説ヨーロッパ怪物文化誌事典』（監修・著、2005年）『エコ・イマジネール』（監修・著、2007年）、『医食文化の世界』（監修・著、2010年）、『英雄の表徴』（2011年）、『医食の文化学』（共著、2011年）ほか多数。

訳書に、E・バンヴェニスト『インド＝ヨーロッパ諸制度語彙集Ⅰ・Ⅱ』（共訳、1986-87年、日本翻訳出版文化賞）、J・アタリ『時間の歴史』（1986年）、J＝L・フランドラン『農民の愛と性』（共訳、1989年）、N・ルメートルほか『キリスト教文化事典』（1998年）、ル・ロワ・ラデュリ『南仏ロマンの謝肉祭』（2000年）、F・イシェ『絵解き中世のヨーロッパ』（2003年）、H・マソン『世界秘儀秘教事典』（2006年）、F・コント『ラルース世界の神々 神話百科』（2006年）、R・キング『図説人類の起源と移住の歴史』（監訳、2008年）、B・ステファヌ『図説パリの街路歴史物語』（2010年）、R・ミケル『パリのメトロ歴史物語』（2011年）、P・アナワルト『世界の民族衣装文化図鑑』（監訳、2011年）、M・ライアンズ『本の歴史文化図鑑』（監訳、2012年）、Ph・カヴァリエ『図説パリ魔界伝説』（2012年）ほか多数。

LAROUSSE DES RELIGIONS
Edited by Henri Tincq
© Larousse 2009
Japanese translation rights arranged with Editions Larousse, Paris
through Tuttle-Mori Agency, Inc., Tokyo

ラルース
世界宗教大図鑑
歴史・文化・教義

●

2013年8月25日　第1刷

編者………アンリ・タンク
訳者………蔵持不三也
装幀………川島進（スタジオ・ギブ）
本文組版・印刷………株式会社ディグ
カバー印刷………株式会社明光社
製本………小高製本工業株式会社

発行者………成瀬雅人
発行所………株式会社原書房
〒160-0022　東京都新宿区新宿1-25-13
電話・代表 03（3354）0685
http://www.harashobo.co.jp
振替・00150-6-151594
ISBN978-4-562-04916-5

©2013 FUMIYA KURAMOCHI, Printed in Japan